KB211021

교회 역사를 빛낸
위대한 설교자들

교회 역사를 빛낸
위대한 설교자들

The Great Preachers Who Wrote Church History

오덕교 지음

기독교 2,000년의 역사는 설교자들에 의해 이루어진
하나님의 역사이다

좋은땅

들어가는 말

───────◆───────

교회 역사는 교회의 주인이신 예수 그리스도의 역사이다. 그는 신실한 설교자들을 세워 교회 역사를 만들어 왔다. 교회가 정치적, 경제적, 사회적 또는 학문적 도전을 당할 때마다 그는 설교자들과 그들의 설교를 통해 영적 각성과 회개 운동을 일으켜서 교회 갱신을 이루었다. 이스라엘 백성이 이집트 사람들로부터 학대와 괴롭힘을 당할 때는 선지자 모세를 보내어 그들을 구해 내어 온 세상을 이끄는 제사장 나라가 되게 하였고, 이스라엘이 혼란 가운데 있을 때 선지자 사무엘을 보내어 미스바의 영적 각성을 전개하여 이스라엘의 영적 기틀을 바로 세웠으며, 이스라엘이 바벨론의 포로가 되었을 때는 학사 에스라를 통해 무너진 교회를 재건하였다.

기독교 2,000년의 역사도 마찬가지다. 예수 그리스도의 설교와 함께 시작된 초대교회는 베드로와 바울 같은 설교자들에 의해 터를 잡고 성장했으며, 크리소스토무스와 아우구스티누스에 의해 든든히 세워졌다. 말씀의 암흑시대인 중세에도 하나님은 소수의 사람을 사용하여 설교 운동을 전개하였고, 종교개혁 시대에는 루터와 칼빈 같은 설교자들을 통하여 교회를 새롭게 하였다. 그 후 청교도에 의해 설교의 전성기를 맞았고, 영적 각성과 교회 개혁 운동을 통하여 세상의 질서를 바꾸어 놓았다. 이처럼 기독교 2,000년의 역사는 설교자들에 의해 이루어진 하나님의 역사이다. 필자는 이러한 확신으로 교회 역사를 빛낸 설교자들과 그들의 설교에 관심을 가지고 연구해 왔고, 그것을 책으로 내어 독자들과 나누게 되었다.

이 책은 3부로 구성되었다. 첫 부분에서는 초대교회의 설교자들로 시작하여 중세에 이르기까지의 설교자와 설교 운동에 대해 다루면서 설교 운동이 어떻게 강화되거나 약화되었는지 살펴보려고 한다. 곧 설교 운동의 성경적 배경, 예수 그리스도, 베드로와 바울, 동방교회의 기초를 놓은 크리소스토무스와 라틴 신학의 기초를 놓은 아우구스티누스와 그들의 설교 특징에 대해 논한 후, 말씀의 암흑시대인 중세 시대를 밝힌 클레보의 베르나르, 베르톨트와 안토니우스, 그리고 피터 왈도와 존 위클리프와 같은 위대한 설교자들이 어떻게 설교 운동을 통하여 어두움을 밝혔는지 탐구할 것이다. 둘째 부분은 종교개혁 이후 일어난 위대한 설교자들과 그들의 설교에 관해 탐구할 것이다. 종교 개혁자 루터와 츠빙글리, 개혁주의 설교 운동의 기초를 놓은 칼빈과 그의 설교, 교회 역사상 설교의 전성기를 이룰 뿐만 아니라 설교 운동의 모범을 보였던 윌리엄 퍼킨스를 비롯한 다수의 청교도와 조지 휫필드, 조너선 에드워즈와 같은 개혁주의 설교자들의 설교 운동, 그리고 그들의 설교 특징에 관하여 논할 것이다. 마지막으로 18세기 이후 등장한 복음주의적 설교자와 그들에 의해 전개된 설교 운동을 고찰할 것이다. 곧 조지 휫필드를 비롯한 18세기의 설교자들을 비롯하여 19세기와 20세기를 밝힌 설교자와 그들의 설교 운동을 다루면서 개혁주의적 설교 운동이 어떻게 세속적 부흥 운동으로 변해 갔는지 고찰하고, 끝으로 1970년대 한국을 휩쓴 설교 운동과 그 특징에 대해 살펴볼 것이다.

우리는 이처럼 교회 역사를 빛낸 설교자와 그들의 설교에 관하여 고찰하면서 죽어 있는 교회가 살아날 수 있는 유일한 길이 설교뿐이라는 걸 확인할 수 있을 것이다. 곧 성경의 영감과 권위를 믿고, 하나님의 말씀만 온전히 전하는 설교자들이 일어난다면 언제 어떠한 상황이든지 교회가 다시 살아나지만, 그렇지 않으면 교회의 영적 침체를 막을 수 없다는 것을 발견할 것이다. 졸저를 통하여 코로나바이러스 19라는 대재앙을 만난 한국 교회가 격려를 받고, 힘을 얻어서 설교의 불씨를 키울 수 있길 기대해 본다. 곧 불같은 설교자들이 일어나 설교 운동을 전개하여 어두움을 몰아내고, 영적 각성의 계절을 맞이하게 되길 기대한다.

이 책의 출판에 도움을 주신 분들께 감사의 말씀을 드리고 싶다. 설교에 대해서는 문외한이었던 필자에게 설교자와 설교의 중요성에 대해 눈을 뜨게 해 주신 미국 예일 대학교(Yale University)의 해리 스타우트(Harry S. Stout) 교수께 감사를 드리고 싶다. 그분은 필자가 젊은 시절 예일 대학교에 있을 때 특별한 관심과 도움을 주었다. 특히 「영미 설교사」(Anglo-American Preaching) 강의를 통해 설교자와 설교의 중요성을 가르쳐 주었으며 필자의 모교인 웨스트민스터 신학교(Westminster Theological Seminary)의 철학 박사 학위 논문 외부 심사 위원으로서 좋은 평을 해 주었다. 그분의 「영미 설교사」라는 강의가 없었더라면 이 책을 펴낼 생각도 못 했을 것이다. 또한 미국 웨스트민스터 신학교 총장인 피터 릴백(Peter Lillback) 박사에게 감사의 말씀을 전하고 싶다. 그는 필자가 몽골 울란바타르 대학교(Ulanbataar University) 총장으로 있을 때 몽골까지 찾아와 격려했을 뿐만 아니라 사역을 다 마치고 귀국했을 때 웨스트민스터 신학교로 초청하여 연구실과 숙소를 제공해 주는 등 여러모로 도움을 주었다. 그리고 졸고를 출판할 수 있도록 후원해 주신 한국유나이티드제약 회사 회장 겸 히스토리캠퍼스 이사장이신 강덕영 장로님, 그리고 정효제 총장님, 나영 교수님과 김무정 국장님께도 감사의 인사를 드린다. 언제나 필자에게 격려와 위로, 힘이 되는 나의 아내 이정화, 사랑하는 두 딸 은일과 혜일, 두 사위 이상은과 추성은, 그리고 노년의 엔도르핀이 되어 준 사랑스럽고 보석 같은 손주들 이연오, 이인오, 추시연에게 감사를 전하고 싶다.

주후 2021년 11월 독서당에서

차례

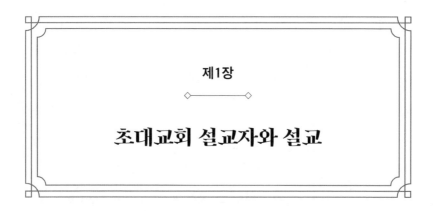

제1장

초대교회 설교자와 설교

하나님은 천지를 만드신 후, "자기 형상, 곧 하나님의 형상대로 사람을 창조"하셨다(창 1:27). 하나님이 그들에게 복을 주시며 "생육하고 번성하여 땅에 충만하라, 땅을 정복하라, 바다의 물고기와 하늘의 새와 땅에 움직이는 모든 생물을 다스리라"라고 말씀하셨다(창 1:28). 하지만 최초의 인류인 아담과 하와는 사탄의 계교에 빠져 하나님이 금지하신 선악과를 따먹음으로 하나님께 죄를 지었다. 죄를 범함으로 하나님과의 교제가 깨어지게 되었고, 의와 지식, 거룩함과 같은 하나님의 형상을 잃어버리게 되었다. 그 결과 온 세상은 사탄과 죄의 지배 아래 놓이게 되었고, 탐욕과 시기, 증오와 살인, 불의와 무질서가 만연하게 되었다.

하나님은 이처럼 비참한 운명에 처하게 된 인간들을 구원하기 위한 새로운 계획을 세우셨다. 하나밖에 없는 그의 외아들을 세상의 구세주로 보내어 택한 백성들을 구원할 계획을 세운 것이다. 하나님은 구원 계획을 완성하기 위해 수많은 선지자를 보내셨다. 선지자들은 하나님이 택한 백성들을 구원할 메시아가 어느 곳에 태어나고, 어떤 모습으로 오실지, 그리고 어떤 죽임을 당할지를 구체적으로 예언하였다. 하나님은 이 언약을 성취할 수 있는 "때가 차매"(갈 4:4) 독생자 예수 그리스도를 베들레헴에서 태어나게 하셨다. 그는 선지자들의 예언대로 고난의 종으로 살다가 십자가에 매달려 죽었고, 3일 만에 무덤에서 다시 살아났고, 많은 이들이 보는 가운데 하늘에 올라갔다. 하나님은 이러한 구속 사역에 기초하여 신약 교회를 세우셨고, 교회를 통해 마지막 날에 하나님을 아는 지식이 "물이 바다를 덮음과 같이 온 세상에 충만하게" 될 것(사 11:9)이라고 말씀하셨다. 설교 운동을 통한 교회의 회복을 예시하신 것이다.

1. 광야 교회 설교자와 설교

인간 역사상 최초의 설교 운동은 아담의 7대 후손인 에녹에 의해 일어났다. 그는 "므두셀라를 낳은 후 300년을 하나님과 동행하며"(창 5:22), "가인의 길로 행하며, 발람의 어그러진 길로 몰려다니며, 고라의 패역을 따라 행하는 자들"을 향하여 다가올 하나님의 심판에 대해 설교하였다(유 11). "주께서 수만의 거룩한 자와 함께 임하여 뭇 사람을 심판"하실 것을 외치면서 "모든 경건하지 않은 자가 경건하지 않게 행한 모든 경건하지 않은 일과 또 경건하지 않은 죄인들이 주를 거슬러 한 모든 완악한 말"을 버리고 하나님께 돌아올 것을 설교하였다(유 14~15).

에녹의 설교 운동은 그의 증손자요 "의를 전파하는 노아"(벧후 2:5), 곧 "의의 설교자"(the herald of righteousness)인 노아에 의해 이어졌다. 하나님은

"사람의 죄악이 가득함과 그의 마음으로 생각하는 모든 계획이 항상 악할 뿐임"을 보시고, 그들을 심판하고자 하였다. 그러나 노아는 "여호와께 은혜를 입었을 뿐만 아니라"(창 6:5) "의인이요, 당대에 완전한 자"로 하나님과 동행하며(창 6:9) 죄악 세상에 대한 하나님의 심판이 있을 것을 알렸다. 그는 다가올 심판에 대해 말로만 외치지 않고, 방주를 지어 실제로 예시하였다.

대홍수 이후에도 죄악의 역사는 계속되었지만, 하나님의 구속 사역도 이어졌다. 하나님이 아브라함을 부르시고, 그에게 복을 주시며 우상의 도시 갈대아 우르를 떠나라고 말씀하셨다. 하나님은 아브라함의 자손을 통해 메시아가 오실 것을 약속하였고, 그를 통해 구원의 역사를 이루어 간 것이다(창 12:1~3). 그 후 하나님은 "너희 형제 가운데서 나와 같은 선지자를 세우리라 하던" 모세를 불러서 이스라엘을 이집트의 멍에로부터 구출하심으로 구원의 역사를 새롭게 시작하였다. 모세는 "이집트와 홍해와 광야에서 사십 년간 기적과 표적을 행하고" 하나님으로부터 십계명을 비롯한 율법을 받아 이스라엘에 선포하였고, '광야 교회'(행 7:36, 38)를 세웠다.

'광야 교회'가 세속화되면서 이스라엘 백성은 "여호와를 알지 못하며 여호와께서 이스라엘을 위하여 행하신 일도 알지 못하였다"(삿 2:10). 사람들은 소견에 좋은 대로 살았고, "여호와의 말씀이 희귀하여 이상이 흔히 보이지 않았다"(삼상 3:1). 이러한 시기에 하나님은 선지자 사무엘을 불러 설교 운동을 전개하였다. 성경은 이렇게 기록해 놓았다. "여호와께서 그 (사무엘)와 함께 계셔서 그의 말이 하나도 땅에 떨어지지 않게 하시니 단에서부터 브엘세바까지의 온 이스라엘이 사무엘은 여호와의 선지자로 세우심을 알았더라"(삼상 3:19~20). 설교 운동과 함께 "사무엘의 말이 온 이스라엘에 전파되었고"(삼상 4:1). 이스라엘 백성은 미스바에 모여 "우리가 여호와께 범죄 하였나이다"라고 고백하며 회개 운동을 벌였다(삼상 7:6).

그 후 사울에 의해 무너진 교회를 다윗과 솔로몬을 통해 회복하셨다. 열왕기 시대를 거치면서 교회의 타락은 더욱 심화하여 그 모습이 완전히 사라진 것처럼 보이기도 하였다. 하나님의 백성인 이스라엘은 이방인이 섬기던 신을 섬기고, 자녀들을 번제물로 이방의 신들에게 바치는 등 종교적 부패가 심하였다. 이러한 영적인 암흑 상태에 있을 때, 하나님은 요시야를 들어서 다시 한번 말씀 운동을 전개하였다. 그는 어린 왕이었지만, 산당(山堂)과 아세라 목상(木像), 그리고 우상들을 제거하여 유다와 예루살렘을 정결하게 하였고, 예루살렘 성전을 수리하였다. 그는 성전을 수리하다가 율법 책을 발견하였고, 서기관 사반에게 주어 그 율법 책을 읽게 하였다. 그는 율법서의 말씀을 듣고 마음에 찔려서 자신의 옷을 찢으며 통곡하였다(대하 34:19, 22, 27). 그 결과 종교개혁이 크게 일어나, 이스라엘은 이교도들이 섬기던 제단과 신당을 부수어 버리고 하나님께 돌아왔다(왕하 22장~23장). 그 후에도 이사야와 예레미야 같은 선지자들이 나타나 설교를 통해 죄에 대한 회개를 촉구하였고, 아모스와 요엘, 하박국과 말라기와 같은 선지자들과 스룹바벨과 에스라에 의하여 설교 운동이 이어졌다(스 5장~6장, 느 8~9장, 13장).

이러한 구약의 설교 운동 중 기억할 만한 것이 에스라의 설교 운동이다. 에스라는 율법에 능통한 학사로, 이스라엘이 바벨론의 포로가 된 후 교회 공동체가 거의 멸절될 상황에 있을 때 설교 운동을 전개하였다. 그는 바벨론에서 예루살렘으로 돌아온 후 무너진 성전 재건을 주도하면서 백성들에게 하나님의 말씀을 들려주었다. "새벽부터 정오까지" 모든 이스라엘 사람들에게 율법 책을 읽어 주었다. 그가 율법 책을 펼 때 "모든 백성이 일어섰고"(느 8:5), 위대하신 하나님 여호와를 송축할 때는 "모든 백성이 손을 들고 아멘, 아멘하며 응답하면서 몸을 굽혀 얼굴을 땅에 대고 여호와께 경배"하였다(느 8:6). 에스라의 설교를 들은 모든 이스라엘 백성은 죄로 인해 슬퍼하고 통곡하며 울었다. 회개 운동이 크게 일어나 여호와의 성일을 지킬 수 없을 정도가 되자, 에스라와 느헤미야는, "오늘은 성일이니 슬퍼하지 말며, 울지 말라"고 설득하였다(느 8:9). 에스라의 설교 운동에 힘입어 "이스라엘 자손이 다 모여 금식하며 굵은 베옷을 입고 티끌을 무릅쓰며 모든 이방 사람들과 절교하고, 서서 자기의 죄와 조상들의 허물을 자복하였다"(느 9:2~3). 그렇지만 이러한 에스라의 설교 운동은 얼마 후 잊혔고, 말씀의 빛이 사라지면서 영적 암흑 시기로 이어졌다.

2. 예수 그리스도와 사도들의 설교

이러한 영적 암흑 상태가 가장 심했던 시기가 바로 메시아이신 예수 그리스도께서 오시기 전이었다. 이스라엘은 정치적으로 주권을 빼앗겨 로마제국의 지배 아래 있었고, 유대의 종교는 심히 부패했으며 무력하였다. 종교 지도자들은 사두개파, 바리새파, 에세네파 등으로 나누어져 있었고, 외식과 권위의 노예가 되어 있었다.[1] 이처럼 영적으로 암울했던 시

---

1)　사두개인들은 현실주의자들로 유대인의 중앙 사법 기관인 산헤드린의 회원이 많았다. 그들은 세속 정치에 관심이 많아 로마 정부 시책에 협력하였으며, 로마 집정관의 명령에 잘 따랐다. 종교적으로는 천사와 악마의 존재를 부정하고, 육신의 부활과 사후 심판을 믿지 않았다.
　　바리새인들은 배타적인 성향이 강한 종교 집단으로, 이스라엘 고유의 문화와 신앙 전통을 지킬 것을 주장하면서 이스라엘이 헬라 문화에 예속되는 것을 거부하였다. 또한 문자적으로 율법을 지킬 것을 주장하고, 천사와 같은 영적인 존재를 인정하고, 육체의 부활을 믿었다. 그렇지만 위선과 배타성 그리고 이중성 때문에 예수님으로부터 "회칠한 무덤"이라는 비난을 받았다(마 23:27).

기에, 모세가 "여호와께서 너희 가운데 네 형제 중에서 너를 위하여 나와 같은 선지자 하나를 일으킬" 것이라고(신 18:15) 예언한 그 선지자인 예수 그리스도께서 사람의 몸을 입고 이 세상에 오셨다.

• 예수 그리스도와 설교

예수 그리스도는 "회개하라! 천국이 가까이 왔느니라."(마 4:17)라고 설교하시면서 공적 사역을 시작하였다. 그는 온 유대와 사마리아, 그리고 갈릴리를 두루 다니시면서 "회당에서 가르치시며 천국 복음을 전파하시며, 백성 중의 모든 병과 모든 약한 것을 고치셨다"(마 4:23).[2] 예수께서 세상에 오신 것은 새로운 종교를 창시하러 온 것이 아니라 하나님의 약속을 이루기 위함이었다. 그는 모세와 선지자들에 의해 예언된 메시아로, 율법이나 선지자를 폐하려고 온 것이 아니라, 오히려 그것을 완전히 이루려고 오신 것이다(마 5:17). 곧 십자가에 달려 돌아가심으로 하나님의 구속 사역을 완성하기 위해 오셨다.

예수 그리스도는 설교를 통해 기독교의 기본적인 교리와 생활 규범을 제시하였다. 그는 설교를 통해 하나님의 나라, 성부 하나님과 자신의 관

에세네파는 금욕주의자들로 공동생활을 하였다. 재산을 공유하고, 일상의 모든 생활을 관리자로부터 통제받았다. 육체노동을 중시하고, 금욕적으로 생활하였고, 바리새인처럼 모세 율법과 안식일, 정결 의식을 철저히 지켰고, 죄에 대한 하나님의 심판을 믿었다. 영혼의 불멸을 주장했지만 육체의 부활을 부인하였고, 세상 문화를 거부하는 등 도피주의적 성향이 있었다.

2) 예수 그리스도의 사역은 설교(preaching)와 가르침(teaching), 그리고 병을 치료하는 것(healing)이었다. 하지만 병 고치는 일이나 가르치는 일은 설교 사역에 수반되는 것이었고, 설교가 최우선적인 사역이었다. 간혹 병 고침을 받기 위해서 또는 배움을 얻기 위해 따르는 자도 있었지만, 그들의 주된 동기는 설교를 듣는 데 있었다. 그의 설교를 통해 변화된 수천 명의 사람이 갈릴리 해변에 모였으며, 예루살렘 성으로 입성할 때는 예수님을 향하여 "호산나! 다윗의 자손이여!"라고 외치면서 환영하기도 하였다(마 21:9).

계, 세상의 종말, 내세 문제 등 기독교의 근본 교리만이 아니라 헤롯 왕 또는 로마 황제 가이사와 관련하여 교회와 정부의 관계, 세금과 같은 사람들이 겪는 문제 등에 대해 말씀하였다. 한 예로 예수 그리스도는 산상수훈을 통해 기독교인이 추구해야 할 윤리 규범을 제시하였다. 그리스도인이 추구할 것은 물질이나 세속적인 것이 아니라 내적이며 영적임을 밝힌 것이다.

예수 그리스도의 설교를 듣고 수많은 사람이 몰려왔다. 예수께 찾아온 사람은 가난한 자들과 병자만이 아니라 서기관과 율법 학자, 그리고 니고데모와 아리마대 요셉과 같은 고위층 인사들도 있었다. 청중의 수효도 엄청나게 많았다. 어떨 때는 남자 성인 4천 명 또는 5천 명이 몰려오기도 하였다. 남녀노소를 모두 포함한다면 1만 명에서 2만 명의 군중이 그의 설교를 듣기 위해 온 것이다. 이 점에서 볼 때, 예수 그리스도의 설교는 영향력이 컸다. 당대의 설교와 구별되고 설교 기법도 특이하였다고 볼 수 있다. 그러면 예수 그리스도의 설교가 어떤 점에서 특이했는지 간단히 살펴보도록 하자.

첫째로 성경의 불변성과 무오성에 기초하여 설교하였다. 예수 그리스도는 하나님의 말씀이 정확하고 무오하며, 영원불변하고 절대적인 권위가 있다고 가르쳤다. "천지가 없어지기 전에는 율법의 일점일획도 결코 없어지지 아니하고 다 이루리라"라고 말씀하신 것처럼(마 5:17), 하나님의 말씀이 영원히 변하지 않는 진리라고 가르치신 것이다. 그는 제자들에게 부자와 나사로의 비유를 통해 성경의 권위를 절대화하셨다. 지옥에서 고통받던 부자가 아브라함의 품 안에 있던 나사로를 다시 살려서 형제들에게 보낼 것을 요구하였을 때, 아브라함이 "모세와 선지자들이 있으니 그들에게 들을지어다."라고 말한 것처럼(눅 16:27~30) 성경만이 절대적인 권위가 있다고 가르치셨다. 성경을 믿지 못하면 이적 또는 종교적 체험도

허사라고 밝힌 것이다. 그리고 바리새인과 사두개인들이 종교적 전통에 기초하여 제자들을 정죄할 때, 예수 그리스도는 "인간의 전통으로 하나님의 말씀을 폐하도다"라고 지적하셨다(마 15:2~6). 신앙에서 교회의 전통이 아닌 하나님의 말씀만이 최종적인 권위를 가진다고 가르치신 것이다. 이처럼 예수 그리스도는 성경의 무오와 절대적 권위, 그리고 영구성을 가르치셨고, 그에 기초하여 설교하였다. 그래서 성경 기자는 예수 그리스도의 "가르치시는 것이 권위 있는 자와 같고 …… 서기관과 같지 않았다"(마 7:29)라고 논하였다. [3]

둘째로 설교에 비유를 많이 사용하였다. 예수 그리스도는 청중의 이해를 위해 '씨 뿌리는 자의 비유', '겨자씨와 누룩의 비유', '지혜로운 처녀의 비유', '선한 사마리아 사람의 비유', '탕자의 비유', '나사로와 부자의 비유', '들에 핀 백합화', '공중의 새', '과부의 동전 한 닢' 등 예화를 적절하게 사용하여 설교하였다. 마태가 지적한 것처럼, 예수 그리스도는 "모든 것을 무리에게 비유로 말씀하시고, 비유가 아니면 아무것도 말씀하지 아니하셨다"(마 13:34).

셋째로 설교 내용을 회화적(繪畵的)으로 묘사하였다. 예수 그리스도는

---

3)　　앨버트 본드(Albert Bond)는 『마스터 설교자』(The Master Preacher)에서, 예수님의 설교 특징이 "단순하고, 회화적(繪畵的)이며, 순발력이 뛰어나며, 실천적이며, 창의적이요, 낙관적이었으며, 그의 어조에는 권위가 있었다."라고 하면서 구약성경을 통해 자신의 교훈을 인증하는 데 특징이 있다고 지적하였다. Warren W. Wiersbe & Lloyd M. Merry, The Wycliffe Handbook of Preaching and Preachers (Chicago: Moody Press, 1984), 3, 9, 5. 키더(Kidder)는 『설교학』(Homiletics)에서 예수 그리스도의 설교는 교훈적이며 (instructiveness), 지시적(directiveness)이었고, 적응성(adaptability)이 뛰어날 뿐만 아니라 간소함(austerity)에 특징이 있다고 하였다. 이러한 특징을 버럴(Burrel)은 예수 그리스도의 설교가 간단하고, 회화적이며, 융통성이 있으며, 성경을 자주 인용하고, 내용상으로 낙관적이며, 권위 있는 자세와 음성을 사용하고 있는 점이라고 하였다(Wiersbe 1984, 13).

비유와 예화 등을 통해 설교 내용을 논리적이면서도 구체적으로 묘사하여 청중이 설교 속에 빠지도록 만들었다. "공중에 나는 새를 보라!" 또는 "들의 백합화를 보라!" 등 청중에게 "보라!"고 말씀하심으로 청중의 시각에 호소하였고, 탕자의 비유에서 보여 주신 것처럼 하나님을 떠난 자의 비참한 형편을 실제로 눈으로 보는 것처럼 묘사하였다. 그래서 설교를 들은 청중은 한 폭의 명화(名畵)나 영화를 감상하는 것처럼 느꼈다. 그래서 설교에 몰입된 청중들은 종종 인간의 기본적 욕구인 배고픔까지 잊기도 하였다(마 15:32 참고).[4)]

넷째로 재치와 순발력이 뛰어났다. 예수 그리스도는 즉각적이면서 임기응변적으로 말씀하였지만, 그의 설교에는 항상 재치와 위트, 순발력이 차고 넘쳤다. 예수 그리스도는 하나님이 미물에 불과한 새와 꽃들을 돌보시는 것처럼, 그의 자녀들을 보호하신다는 것을 설교하였고(눅 12:27), 탐욕에 빠져 살아가는 자는 천국과 무관하다는 것을 가르치기 위해 부자가 천국에 들어가는 것이 낙타가 바늘귀로 들어가는 것보다 더 힘들다고 설명하기도 하였다(마 19:24). 바리새인들이 예수님을 함정에 빠트리려고 가이사에게 세금을 바치는 것이 옳은지 아닌지 물었을 때는 "세금 낼 돈을 내게 보이라"고 말씀하신 후, "가이사의 것은 가이사에게, 하나님의 것은 하나님께 바치라"라고 하는 등(마 22:15-21) 순발력 있게 말씀하였다. 그리고 장로들의 전통만 강조하던 바리새인의 그릇된 교훈을 경계할 때는 '새 술은 새 부대에 넣어야 한다.'(마 9:17)고 말씀하심으로 재치와 순발력을 보여 주었다.

---

4)　예수 그리스도의 회화적 설교는 근대의 설교자인 조지 휫필드(George Whitefield)나 찰스 스펄전(Charles Spurgeon)에 의하여 재등장하는데, 그들은 오관에 호소하는 설교를 하여 교회의 부흥을 이루었다.

다섯째로 의지(意志)에 초점을 두고 설교하였다. 예수님은 설교를 통해 자신의 지식을 드러내거나 청중의 감정에 호소하지 않고, 들은 설교를 실천에 옮길 것을 가르쳤다. 설교의 목적이 지식 축적이나 감정을 고조시키는 것이 아닌, 변화와 실천을 유도하는 데 있었기 때문이다. 어떤 율법 교사가 자신을 옳게 보이기 위해 예수께 "누가 내 이웃이냐?"고 물었을 때, 예수님은 선한 사마리아 사람의 선행을 소개하면서 이웃에게 자비를 베풀 것을 요구하였고(눅 10:30~39), 산상수훈을 말씀하신 후에 지혜로운 자는 말씀을 듣는 자가 아니요 행하는 자임을 밝히면서 실천을 강조하였다(마 7:24~27). 그리고 서로 높아지려고 하는 제자들 앞에 한 어린아이를 세운 후 "누구든지 이 어린아이처럼 자기를 낮추는 사람이 천국에서 큰 자니라."(마 18:4)고 하면서 겸손할 것을 강조하였다. 십자가에 달리시기 전에는 제자들의 발을 씻어 주며 섬김의 본을 보인 후, "너희도 서로 발을 씻어 주는 것이 옳으니라(요 13:14)고 말씀함으로 실천을 강조하였다. 이처럼 예수님은 설교의 초점을 지성이나 감정보다는 행함을 유발하는 의지에 초점을 두었다.

여섯째로 형식에 매이지 않았다. 예수 그리스도의 설교 내용은 단순하고 간결하였다. 그는 미사여구나 철학적 용어를 사용하지 않았고, 청중이 이해할 수 있는 언어, 곧 쉬운 말로 설교하였다. 그는 설교 도중에 간절히 기도한 후 다시 설교하기도 하였다. 기존의 형식을 중시하지 않았다.[5] 그는 설교 장소를 성전이나 회당으로 제한하지 않았고, 시장, 길가, 언덕, 해변 등 어디든지 사람들이 모인 곳, 개인의 집이나 잔칫집 등 장소를 구분하지 않고 말씀을 전하였다. 때를 얻든지 못 얻든지 말씀을 전하

---

5)   복음서에는 16개의 예수 그리스도의 기도가 나오며, 그 가운데 6개가 생애의 마지막 주간에 하신 것이다.

신 것이다. 그는 설교를 통해 공공 윤리를 선포하였고, 때로는 설교 도중 사적인 권면을 하거나 청중과 직접으로 대화하며 설교하기도 하였다.[6] 이러한 방식으로 예수 그리스도는 하나님 나라를 건설해 가면서 언행일 치의 삶을 통해 설교자가 어떻게 설교하며 살아야 하는지 보여 주셨다.

• 베드로와 설교

예수 그리스도의 설교 운동은 큰 열매를 거두었고, 허다한 사람들이 그의 설교를 듣기 위해 몰려왔다. 심지어 헤롯왕까지 그의 설교를 듣고 싶어 하였다. 그렇지만 설교 운동에 대한 사탄의 방해 작업도 커 갔고, 결국 그는 본디오 빌라도에 의해 십자가에 달리게 되었다. 십자가 사건 으로 예수 그리스도의 설교 운동은 잠시 막을 내리는 것처럼 보였다. 그 렇지만 예수 그리스도의 설교 운동은 끊어지지 않았다. 그의 제자들에 의해 설교 운동이 이어진 것이다. 제자들은 예수께서 하늘로 올라가신 후, 마가의 다락방에 모여 예수께서 약속하신 성령 강림을 위해 전혀 기 도에 힘썼다(행 1:14). 오순절을 맞아 성령께서 불의 혀 같이 임한 후 사람 들이 성령에 충만하여서 방언으로 말하기 시작하였다. 방언 운동이 일 어나자, 사람들은 제자들이 새 술에 취하였다고 조롱하였다(행 2:13). 이때 베드로가 사도와 함께 서서 유대인들과 예루살렘 사람들에게 방언 사건 에 대해 변증하는 설교를 하므로 베드로의 설교 운동이 시작되었다.[7]

---

6) 복음서에 48개의 설교가 기록되어 있고, 거기서 예수님은 168번에 걸쳐 청중들에 게 질문을 던졌다. 그의 질문 중 58개가 생애의 마지막 주간에 행한 설교에 나타나며, 이 질문들을 통하여 예수님은 당신이 전한 복음을 재확인하였다.

7) 베드로의 설교 운동이 있기 전에 유대인들은 회당에서 구약성경을 낭독하고, 그 교훈을 적용하곤 하였는데 이러한 전통이 교회로 이어졌다. 신약시대가 되면서 예배드 릴 때 복음서를 낭독하기 시작하였다. 이는 순교자 유스티누스의 글에 분명하게 나타나

베드로는 먼저 방언 사건이 술 취함에서 비롯된 것이 아님을 밝혔다. "때가 제3시(오전 9시)니 너희 생각과 같이 사람들이 취한 것이 아니"라고 밝힌 후, 그는 이 사건이 요엘서에 예언된 마지막 때의 현상이라고 설명하면서 예수께서 구약에서 예언한 바로 그 메시아이고, 예수 그리스도의 고난과 죽음, 그리고 부활을 자세히 소개하였다. 베드로는 설교의 마지막 부분에서 "너희가 십자가에 못 박은 이 예수를 하나님이 주와 그리스도가 되게 하셨다."고 말한 후 "너희가 회개하여 각각 예수 그리스도의 이름으로 세례를 받고 죄 사함을 받으라"고 하였다(행 2:36, 38). 베드로의 설교를 들은 사람들은 "마음에 찔려 베드로와 사도들에게 물어 이르되 형제들아! 우리가 어찌할꼬?"라고 하면서 외쳤다(행 2:37, 41). 베드로의 설교는 최초의 기독교 설교였다. 필립 샤프(Philip Schaff) 교수가 지적한 것처럼, 베드로의 설교는 "단순하였으나 성경 진리로 가득했고, 자연스러우면서도 적절했고, 초점이 있었으며, 후대에 아무리 박학하고 웅변으로 타오르는 설교가 있다 한들 이 설교를 능가하지 못하였다. 그 결과 3천 명이 회개하고 세례를 받아 교회의 곳간에 첫 열매로 거둬들였다."(Schaff 2004, 1:213~214).

베드로는 본래 지식이 없는 어부였지만 예수 그리스도의 제자가 된 후 위대한 설교자로 바뀌었다. 그는 가룟 유다의 배반으로 사도 수에 궐석(闕席)이 생기자, 교회 회의를 통해 맛디아를 세우는 등 예루살렘 교회에서 뛰어난 지도력을 발휘하였고(행 1), 이방인들을 교회 공동체로 받아들여 유대인과 이방인의 벽을 허무는 데 앞장서기도 하였다(행 10). 그는 바

고 있다. 설교는 처음에 회중 가운데 연설에 은사가 있는 교인이라면 누구든지 할 수 있었지만, 시간이 흐르면서 감독들의 주된 업무로 제한되었다. Philip Schaff, *History of the Christian Church* 『교회사 전집』 8 vols. 이길상 역 (서울: 크리스챤 다이제스트, 2004), 2:218~219.

울이 선교 여행 중 집으로 돌아갔다는 이유로 내어 버린 바 있는 마가 요한을 영적인 "아들"(벧전 5:13)로 삼아 말씀으로 양육하여 마가복음을 기록하게 하였고, 스스로 베드로전서와 베드로후서를 써서 소아시아의 교회들을 지도하기도 하였다. 그는 영향력 있는 설교자였기 때문에 그의 설교를 듣고 3천 명(행 2:41), 또는 5천 명이 회개하여 그리스도의 제자가 되었다(행 4:4). 이렇게 시작된 베드로의 설교를 통해 최초의 교회인 예루살렘 교회가 세워졌다. 그러면 갈릴리 어부 베드로가 이처럼 위대한 설교자가 될 수 있었던 요인이 무엇이었는지 살펴보도록 하자.

첫째로, 많은 기도가 그를 능력 있는 설교자로 만들었다. 베드로는 그리스도께서 승천하신 후 제자들과 함께 마가의 다락방에 모여 오로지 기도에 힘쓰며, 성부께서 약속하신 성령의 강림을 기다렸다(행 1:14). 그 결과 오순절에 강림한 성령의 은혜를 체험하였고, 그와 함께 그곳에 모인 무리가 "성령이 말하게 하심을 따라 다른 언어들로 말하기를 시작"하였다(행 2:4). 오순절 사건이 있고 난 뒤 베드로는 시간을 정하여 매일 기도하였다(행 3:1). 그는 기도하기 위해 성전에 올라가다가 성전 미문에서 나면서부터 걷지 못하게 된 사람에게 "은과 금은 내게 없거니와 내게 있는 이것을 네게 주노니 나사렛 예수 그리스도의 이름으로 일어나 걸으라!"고 명하였다(행 3:6~7).

둘째로, 성경에 능통하였기 때문이다. 베드로는 어부 출신이었지만 성경에 정통하였고, 많은 성경 구절을 암송하고 있었다. 이러한 사실은 그가 행한 오순절 설교에 잘 나타난다. 오순절 설교는 사도행전 2장에 나오며 23절로 구성되어 있는데, 그 가운데 11절이 성구 인용이었다(행 2:14~36). 흥미로운 것은 베드로의 오순절 설교는 준비된 것이 아닌, 성령 강림 이후에 유대인과 예루살렘 사람들이 교회를 조롱하자 행한 설교였다. 임기응변적인 설교였던 셈이다. 이처럼 임기응변적인 설교에도 불구하고 그의 설교 내용 가운데 반 이상이 성구 인용이라는 점은 베드로가 평소에 성경을 많이 암송했을 뿐만 아니라 정통하였다는 것을 보여 주는 것이다.

셋째로, 논리적이었기 때문이다. 베드로의 설교는 즉흥적이었지만 논리적이었다. 그는 설교에 삼단논법을 사용하였다. 오순절 설교를 예로 들어 보자. 그는, '메시아는 고난을 받고 부활할 것이라고 예언되었다'고 전제한 후(행 2:22~30), '예수 그리스도가 그러한 고난을 겪으시고 부활하였다'(행 2:31~35)고 밝힌 후, 마지막 부분에서 '예수가 바로 그 메시아'라고 결론을 내림으로 예수 그리스도의 메시아 됨을 확증하였다(행 2:36). 그는 이와 같은 전제, 소전제, 결론이라는 삼단논법에 근거하여 설교하였고, 그 말씀을 청중에게 적용함으로 설교를 마쳤다. 곧 청중들을 향하여 '회개하고 죄 용서받을 것'을 촉구한 것이다. 그 결과 그의 설교를 들은 청중 대부분이 "마음에 찔려 …… 형제들아! 우리가 어찌할꼬?"라고 물었고, 회개한 후 3천 명, 나중에는 5천 명이 하나님께로 돌아오는 이적이 일어났다.

베드로는 설교의 중요 역할이 영혼 구원에 있다고 보았다. 그는 영혼 구원 과정에서 거듭남의 중요성을 강조하곤 하였는데, 그에 의하면 "거듭나는 것은 썩어질 씨로 된 것이 아니요, 썩지 아니할 씨로 된 것이니, 살아 있고 항상 있는 하나님의 말씀으로" 된다(벧전 1:23). 하나님의 말씀이 설교의 기초가 되어야 함을 강조한 것이다. 하나님의 말씀은 살았고 운동력이 있기 때문이다. 아울러 그는 올바른 설교는 바른 성경 해석에 기초함을 밝혔다. 그는 성경에 "알기 어려운 것이 더러 있다"고 말하면서, "무식한 자들과 굳세지 못한 자들이 다른 성경과 같이 그것도 억지로 풀다가 스스로 멸망에 이른다"(벧후 3:16)고 하였다. 따라서 성경을 바로 해석하기 위해서는 인간의 지혜가 아닌 성경으로 해석해야 한다고 하였다.

"성경의 모든 예언은 사사로이 풀 것이 아니니, 예언은 언제든지 사람의 뜻대로 낸 것이 아니요, 오직 성령의 감동하심을 받은 사람들이 하나님께 받아 말한 것"이기 때문이라는 것이다(벤후 1:20~21). 이러한 원리에 따라 베드로는 성경을 해석하며 설교하였고, 그의 설교 운동으로 "하나님의 말씀이 점점 왕성하여 예루살렘에 있는 제자의 수가 더 심히 많아졌다"(행 6:7).

• 바울과 설교

베드로 설교 운동은 스데반 순교 사건이 일어나면서 잠시 주춤거리는 듯하였다. 스데반 순교 사건은 사울이라고 불리던 바울에 의해 주도되었다. 그는 스데반이 순교당할 때 "증인들이 옷을" 맡아 보관하였고, 스데반의 "죽임당함을 마땅히 여겼다"(행 7:58, 60). 바울은 원래 바리새파 사람으로 유대인 율법 학자 가말리엘 밑에서 율법을 배웠고, 한때 "주의 제자들에 대하여 위협과 살기가 등등"(행 9:1)하였던 인물이었다. 그는 제사장에게 가서 예수 그리스도를 믿는 자들을 결박하여 예루살렘으로 잡아 올 수 있는 공문을 받아 다메섹으로 떠났다. 그 도중에 홀연히 하늘로부터 빛이 나타나 그를 둘러 비추면서 "사울아, 사울아 네가 어찌하여 나를 박해하느냐?"는 예수님의 말씀을 듣고 아나니아를 통해 다시 보게 되었다. 이러한 과정을 통해서 그는 회심하고 세례를 받았다(행 9:1~18).

회심 후 바울은 "즉시로 각 회당에서 예수가 하나님의 아들이심을 전파하였다"(행 9:20). 그는 어디로 가든지 먼저 유대인 회당을 찾았다. 그들에게 복음을 전하기 위해서였다. 그는 유대인들에게 구약성경을 강해하면서 메시아로 오신 예수 그리스도를 설명했고, 메시아 예수의 죽음과 부활에 대해 강론하거나 설명하였다(행 13:5, 14; 14:1, 15:21, 17:10, 18:4, 19, 26; 19:8, 26:11 등). 그는 3번의 선교 여행을 통해 소아시아와 유럽에 하나님의 말씀을 전파하였고, 마지막으로 로마로 가서 "하나님의 나라를 전파하며 주 예수 그리스도에 관한 모든 것을 담대하게 거침없이 가르쳤다."(행 28:31). 바울의 설교 운동에 힘입어 많은 이들이 하나님의 품 안으로 돌아왔다. 64년 네로 황제가 로마시의 재건을 꿈꾸며 불을 질렀다. 방화 여론이 나빠지자, 그는 방화의 책임을 그리스도인에게 돌렸다. 네로가 적대시할 정도로 신자들의 수가 많아진 것이다. 네로에 의해 기독교 박해가 시작되었고, 바울은 65년경 참수형에 처하여졌다.

바울은 자신의 사명을 선교사요, 설교자라고 간주하였다. 예수 그리스도께서 아나니아를 통하여 자신을 "이방인과 임금들과 이스라엘 자손들에게 전하기 위하여 택한" 하나님의 그릇이라(행 9:15)고 말씀하신 것처럼, 자신에게 부여된 사명이 설교자라는 것을 인식한 것이다. 이런 맥락에서 그는 믿음의 아들 디모데에게 편지하면서 자신을 말씀을 "전파하는 자와 사도"(a preacher and an apostle)라고 소개하였다(딤전 2:7, 딤후 1:12). 또한 에베소 장로들에게는 "나의 달려갈 길과 주 예수께 받은 사명 곧 하나님의 은혜 복음을 증거하는 일을 마치려 함에는 나의 생명조차 조금도 귀한 것으로 여기지 않는다."(행 20:24)고 하였다. 설교가 바로 자신에게 주어진 사명으로 간주한 것이다.

바울은 설교를 통하여 예수 그리스도만 전하였다. 예수가 성경에 약속한 메시아라는 것과 그가 당한 십자가의 죽음, 그리고 부활에 대해서 전하였다. 예수 그리스도를 "힘입어 죄 사함을 전하는 것"을 자신의 사명으로 삼은 것이다(행 13:32, 38). 바울은 또한 인간의 전적 부패와 "하나님에 대한 회개와 우리 주 예수 그리스도에 대한 믿음을 증거" 하였고(행 20:21), "하나님께 돌아가서 회개에 합당한 일을 행하라"(행 26:20)고 외쳤다.

이와 같은 바울의 설교를 통하여 허다한 사람들이 회개하고 하나님께로 돌아왔고, 소아시아와 유럽에 교회들이 세워졌다. 바울의 설교는 사도행전에 간단한 형태로 남아 있고, 그 특징들을 다음과 같이 정리할 수 있다.

첫째로, 언어 구사력이 뛰어났다. 바울은 항상 수사법을 활용하여 설교하였다. 그가 설교에 사용한 문장들은 수려하고 아름다웠다. 대표적인 예로 에베소 교회의 장로들에게 행한 설교(행 20:18~35), 벨릭스 총독(행 24:10~21)과 아그립바 왕 앞에서의 설교(행 26:2~23, 24:25~29) 등을 들 수 있다. 그는 에베소 교회의 장로들에게 자신의 모범을 따라 주를 섬길 것을 권하였고, 벨릭스 앞에서 자신을 고발하는 유대인들의 오류를 일목요연하게 지적하면서 자신의 무죄를 주장하였고, 아그립바 왕에게는 자신이 걸어온 인생 역정을 밝히면서 회개하고 하나님께로 돌아올 것을 권하였다. "말이 적으나 많으나 당신뿐 아니라 오늘 내 말을 듣는 모든 사람도 다 이렇게 결박된 것 외에는 나와 같이 되기를 하나님께 원하나이다"(행 26:29). 바울은 이처럼 청취자의 기분을 상하게 하지 않으면서도 자신이 전하고자 하는 말을 수사법을 사용하여 온전하면서도 탁월하고 아름답게 전한 것이다.

둘째로, 논리적이었다. 바울은 삼단논법을 사용한 베드로와는 달리, 반복 논리를 사용하여 설교하였다. 성경의 예언이 예수 그리스도에게 성취되었음을 반복적으로 설명하여 청중이 복음을 수용하도록 촉구한 것이다. 한 예로 사도행전 13:16~41에 나타난 설교를 살펴보자. '메시아는 다윗의 씨로 오신다고 하였다'(행 13:16~22). '예수가 바로 그분이다'(행 13:23). '세례 요한이 메시아에 대해 예언하였다'(행 13:24~26). '사람들이 그 메시아를 정죄하고 죽였다'(행 13:27~29). '시편 2편에는 메시아가 다시 살아날 것을 예언하였다'(행 13:30~36). '예수께서는 그 예언대로 돌아가시고 살리심을 받아 부활하셨다'(행 13:37).' 바울은 이처럼 반복법을 사용하여 메시아에 대해 증거한 후, '이 예수로 말미암아 죄 사함과 의롭다고 함을 입게 된다.'고 하는 교리를 유출해 내었고(행 13:38~39), 결론적으로 회개할 것을 권하였다(참고, 행 13:40~41).

셋째로, 성경적이었다. 바울은 성경에 정통한 학자로 구약에 대한 해박한 지식을 가지고 있었다. 그는 항상 구약을 인용하여 그리스도에 대한 신앙을 논증하였고, 그리스도에 대한 남다른 사랑을 고백하곤 하였다. "모든 성경은 하나님의 감동으로 된 것으로 교훈과 책망과 바르게 함과 의로 교육하기에 유익하며" 하나님의 사람을 온전하게 하는 능력을 갖추었다고 하였다(딤후 3:16~17). 성경만이 신앙과 생활의 원리임을 천명한 것이다.

바울은 설교를 하나님이 교회에 주신 가장 큰 은혜 수단으로 간주하였다. 설교를 통해 하나님의 교회가 영적으로 회복되고 건강해질 수 있다고 믿었으므로, 그는 믿음의 아들 디모데에게 다음과 같은 유언을 남겼다. "하나님 앞과 살아 있는 자와 죽은 자를 심판하실 주 예수 그리스도 앞에서 그가 나타나실 것과 그의 나라를 두고 엄히 명하노니, 너는 말씀을 전파하라. 때를 얻든지 못 얻든지 항상 힘쓰라. 범사에 오래 참음과 가르침으로 경책하며 경계하며 권하라"(딤후 4:1, 2). 목회자의 궁극적인 관심이 설교 사역에 있어야 함을 밝힌 것이다.

바울의 설교는 감동이 있었고, 청중에게 큰 영향력을 미쳤다. "이방인들이 듣고 기뻐하여 하나님의 말씀을 찬송하며, 영생 주시기로 작정(作定)된 자는 다 믿었다"(행 13:48, 49). 아울러 삶에서 변화가 나타났다. 에베소에서는 "마술하던 많은 사람이 책을 모아서 와서 모든 사람 앞에서 불사르고……. 주의 말씀이 힘이 있어 흥왕하여 세력을 얻었다"(행 19:19, 20). 이와 같은 바울의 설교 사역을 통해 아시아와 유럽 지역에 많은 교회가 든든히 세워졌고, 복음이 소아시아를 넘어 마케도니아와 그리스 지역으로 번져 갔다.

・ 사도들과 설교

베드로와 바울만 아니라 모든 사도는 설교 사역을 목회 사역의 핵심으로 간주하였다. 그들은 구제와 봉사 사역을 교회의 중요한 사역으로 간주했지만, 그것이 설교보다 더 귀하다고 생각하지는 않았다. 가난한 자와 병든 자를 돌아보는 것이 교회의 중요한 사명이지만, 목회자에게 맡겨진 사명을 설교 사역으로 본 것이다. 그래서 사도들은 구제와 설교 사역에 대한 문제로 논쟁이 벌어졌을 때, 온 교인들을 모아 놓고, "우리가 하나님의 말씀을 제쳐 놓고 접대를 일삼는 것이 마땅하지 않다"고 선언하면서 "우리는 오로지 기도하는 일과 말씀 사역에 힘쓰리라"고 선언하였다. 사도들이 전심전력을 다하여 설교 사역을 우선시하겠다는 말에 대해서 온 교회는 그 제안을 기쁘게 받아들였다(행 6:2, 4, 5).[8]

사도들은 설교에 하나님의 말씀만 전하고자 하였다. 자신의 경험이나 생각을 말하지 않고, 성경에 기록된 진리만을 증거하고자 한 것이다. 사람의 말이나 미덥지 않은 이야기는 사람의 귀를 즐겁게 해 줄 수 있지만, 영혼을 치료하거나 새롭게 할 수 없다고 보았기 때문이다. 따라서 사도들은 사람의 귀를 즐겁게 해 주는 말보다는 성경이 보여 주는 진리만을 전할 것을 강조하였다(딤후 4:3). 사도 바울의 고백처럼, 그들은 설교할 때 "설득력 있는 지혜의 말로 하지 아니하고, 다만 성령의 나타나심과 능력으로"만 설교하고자 하였다(고전 2:4). 설교를 사람의 말이 아닌 오직 하나님의 말씀을 전하는 것으로 본 것이다.

---

8)   사도들이 설교를 그들의 가장 중요한 사역으로 간주하였지만, 말씀을 전매 맡은 자로 간주한 것은 아니다. 그들은 집사들에게도 설교할 기회를 주었고, 빌립 집사 같은 경우 사도들을 도와서 말씀을 전하였다(행 8:4). 이처럼 사도 시대에는 모든 교직자가 설교 사역에 참여하였다. 하지만 시간이 흐르면서 설교가 전문직을 가진 자들의 전유물로 간주되어 갔다.

사도들이 하나님의 말씀만 전하고자 한 것처럼, 성도들도 설교 말씀을 하나님이 주시는 말씀으로 받아들였다. 데살로니가 교회의 성도들은 설교를 들을 때 "사람의 말로 받지 아니하고 하나님의 말씀으로" 받았다(살전 2:13). 설교자들이 성경 말씀만 전하려 하고, 청중이 그것을 하나님의 말씀으로 받아들임으로, "하나님의 말씀이 점점 왕성하여 예루살렘에 있는 제자의 수가 더 심히 많아졌다"(행 6:7). 설교 운동을 통하여 "온 유대와 갈릴리와 사마리아 교회가 든든히 서 갔고, 주를 경외함과 성령의 위로로 진행하여 수가 더 많아"졌을 뿐만 아니라(행 9:31), 지중해 연안에서도 "하나님의 말씀이 흥왕하여 (제자의 수가) 더하여졌다"(행 12:4).

사도들은 임기응변적으로 설교하였다. 그들은 성경 본문을 깊이 묵상하며 준비하는 현대적 설교와는 달리, 설교해야 할 경우가 생기면 언제든지 즉흥적으로 설교하곤 하였다. 앞에 언급한 베드로의 설교가 바로 그런 경우이다. 그는 성령 강림 이후 방언 운동이 일어나면서 교인들이 술에 취하였다는 소문이 퍼지자, 이를 바로잡기 위해서 유대인과 예루살렘 사람들 앞에서 즉흥적으로 설교하였다. 성전으로 기도하러 가던 베드로와 요한이 앉은뱅이를 나사렛 예수의 이름으로 일으키자, 사람들은 그들에게 큰 능력이 있는 것처럼 생각하여 기이하게 여겼다. 이때에도 베드로와 요한은 즉흥적으로 설교하였다(행 3:12~26). 이러한 임기응변적인 설교 방식은 2세기경 오리게네스에 의해 강해 설교 운동이 일어날 때까지 계속되었다.

사도들의 설교에 힘입어 초대교회는 꾸준히 성장하였다. 심지어 로마 황제의 "시위대 안과 그 밖의 사람들에게까지" 복음이 알려졌고, 주의 제자가 된 "가이사 집의 몇 사람"은 고난 중에 있던 빌립보 성도들에게 문안하기도 하였다(빌 1:13, 4:22). 설교 운동이 확산하자, 바울은 당시 천하의 중심이었던 로마제국의 수도 로마로 갔고, 거기서 2년간 머물면서 "하나님의 나라를 전파하며 주 예수 그리스도에 관한 모든 것을 담대하고 거침없이 전하였다"(행 28:31). 그의 설교 운동은 65년쯤 폭군 네로에 의해 순교당할 때까지 이어졌고, 그의 설교 운동에 힘입어 소아시아, 그리스, 그리고 로마에 교회들이 세워져 갔다.

3. 교부들과 오리게네스의 설교

거침없이 전개되던 설교 운동은 로마제국의 박해로 인하여 시련을 겪기 시작하였다. 로마제국의 박해는 정치적·종교적 이유도 있었지만, 사회적 요인으로 인한 것이 더 심하였다. 그리스도인들의 생활상이 비기독교인과 달랐기 때문이다. 음란하고, 비윤리적인 삶을 추구하던 로마인들과는 달리, 기독교인들은 정결한 삶, 도덕성, 자유와 평등사상을 추구하며 살았다. 계급 구조적인 사회구조를 가졌던 로마인들과는 달리, 그들은 만민이 하나님 앞에서 평등하다고 주장하면서 인간의 신격화 또는 우상화를 거부하였다. 검투사 경기 등 잔인한 살상을 즐기던 로마인과 달리, 그들은 살인하지 말라는 교훈에 따라 인간의 생명을 중시하고자 하였다. 그들은 살상을 즐기던 극장 문화를 거부했고, 쾌락과 음란을 멀리하였고, 근면과 성실을 강조하였다. 이처럼 그리스도인의 높은 윤리적 가치관은 우상 중심의 로마인들에게 무언의 압력이 되었고, 이러한 사회적 갈등으로 인하여 여기저기서 박해가 이어졌다.

기독교인이 박해받은 이유 가운데 하나가 황제 숭배에 대한 거부였다. 로마 황제들은 황제의 권한을 강화하기 위하여 스스로 신격화하고, 백성들에게 자신을 신처럼 섬길 것을 요구하였다. 그리스도인들은 황제의 이러한 요구를 받아들이지 않았다. 하늘 위와 땅 아래에 계신 하나님은 오직 한 분밖에 없기 때문이다. 로마 황제 도미티아누스(Domitianus, 81~96)가 자신을 신이라 칭하면서 모든 백성은 자신의 형상 앞에 나와 절해야 한다고 명했을 때 기독교인들은 한결같이 거부하였다. 황제를 신처럼 숭배하는 것은 피조물을 창조주 하나님보다 높이는 것이기 때문이다. 그 후 트라야누스(Trajanus, 98~117)와 하드리아누스(Hadrianus, 117~138), 안토니우스 피우스(Antonius Pius, 137~161)와 같은 로마 황제에 의한 박해가 이어졌고, 로마 황제 중 '현인'이라고 불리던 마커스 아우렐리우스(Marcus Aurelius, 121~180)도 기독교 박해를 적극적으로 지지하였다. 기독교인들이 사랑을 내세우자, 로마인들은 그들이 인육을 먹는 자들이라고 조롱하기도 하였다. "인자의 살과 피를 먹고 마시지 않는 자는 내게 상관이 없다"고 하신 예수 그리스도의 말씀(요 6:52) 때문에 기독교인이 인육을 먹는 자라고 오해하여 박해하였다.

- 속사도와 설교

로마제국의 박해로 말미암아 교회는 좀 더 큰 시련 가운데 빠졌다. 공개적으로 모이거나 예배를 드릴 수 없게 되었다. 설교가 공적으로 금지되었다. 그런데도 설교 운동은 은밀하게 이어졌고, 수많은 이들이 신앙을 지키기 위하여 순교의 제물이 되었다. 이처럼 조직적인 박해로 설교 운동은 금지되었고, 당시 교회를 지도하던 속(續)사도들의 설교도 거의 찾아볼 수 없을 정도이다. 그래서 주후 70년부터 170년 사이에 활동하던 속사도들의 설교나 그들의 행적을 찾아볼 수 없다. 다만 당시의 정부 공문서들을 통해서 그들의 흔적을 겨우 찾아낼 정도이다.[9] 박해에도 불구

---

9) 한 예로, 순교자 유스티누스(Justin Martyr, 96~166)는 유대인 「트리포와의 대화」(Dialogue with Tripho)에서 구리 뱀에 대해 설교를 하였다. 그는 거기서 "이 예표는 아

하고 설교 운동은 이어졌고, 이러한 설교 운동으로 말미암아 2세기 중엽, 복음은 지중해를 넘어 남유럽까지 전파되었다.[10]

속사도 시대가 끝나고 2세기 후반부터 교부들을 통하여 설교 운동이 다시 살아나기 시작하였다. 알렉산드리아의 클레멘트(Clement of Alexandria, c. 150~216), 오리게네스(Origen, c. 184~253), 이레니우스(Irenaeus, 130~200), 히폴리투스(Hippolytus, 170~236)와 같은 교부들에 의하여 설교의 횃불이 이어져 온 것이다. 교부들의 설교는 주로 당시의 교회들이 당면했던 문제들을 다룬 것이 많다. 그들의 설교 내용은 성경보다는 당시 철학 사상의 영향이 많아 나타난다. 이러한 이유로, 학자들은 교부들의 설교가 사도 시대보다 질이나 내용 면에서 뒤떨어진다는 평을 하고 있지만, 설교에 단순한 문체와 직접 화법을 사용한 점은 크게 발전된 모습이라고 할 수 있다.

로마제국에 의한 기독교 박해는 예배에도 많은 영향을 미쳤다. 예배의 핵심 요소이던 설교가 회중 대표에 의한 성경 낭독으로 대체되었다.[11]

담에게 죄를 범하게 한 뱀의 세력을 끊어 버리겠다고 하는 하나님의 선포입니다. 또한 이 예표는 십자가에 달리신 예수 그리스도에 대한 예표로 이것을 주신 하나님을 믿는 사람들에게 악한 행실과 우상숭배와 다른 불의한 행위를 저지르게 하는 뱀의 날카로운 이빨로부터 구원을 가져다주신다는 것을 보여 줍니다."라고 하였다. Justin Martyr, 「율법의 완성이신 그리스도」 in Frederick Barton edited. 『부흥 설교 103선 집』 홍성국 역 (서울: 보이스사, 2005), 15. 이 글에 보면 예표론을 사용하고 있는데, 이는 초대교회 당시에 이미 예표론적인 성경 해석이 널리 퍼져 있음을 보여 주는 것이다.

10)   이러한 사실은 프랑스 리용(Lyon)의 감독이던 교부 이레니우스(Irenaeus, c.130~200)가 177년경 쓴 『이단 논박』에서 기록해 놓았다. 그는 복음 전파의 "목적을 성취하기 위해 성부께서 성자를 드러내셨는데, 이는 성자를 통하여 모두에게 나타내시며, 그를 믿어 의롭게 된 자들이 영원히 죽지 않고 영원한 부흥(eternal refreshment)에 참여하게 하려는 데 목적이 있다"고 하였다. Irenaeus, *Adversus Haereses: A Select Library of the Nicene and Post Nicene Fathers of the Christian Church* (Grand Rapids, Michigan: Eerdmans Publishing Company 1980), 4.20.6.

11)   T. H. L. Parker, *The Oracle of God: An Introduction to the Preaching of John Calvin.*

그렇지만 이러한 풍습은 박해가 약해지면서 사라졌고, 2세기에 이르면서 성경 본문에 대한 해석이 덧붙여지기 시작하였다. 교인 대표가 성경을 순서대로 읽은 후, 그것을 상황에 맞추어 해석하여 삶의 현장에 적용하는 메시지를 전하기 시작한 것이다. 이러한 설교 방식은『클레멘트의 제2 서신』(Second Epistle of Clement)[12]에 처음 소개되었는데, 클레멘트는 즉흥적으로 주제를 택한 후, 적절한 성경 구절을 인용하여 해석함으로 설교하였다.

교부 시대에 이르면서 즉흥적인 설교들은 점차 사라졌다. 즉흥 설교는 성경에 능통한 설교자에게는 유용한 수단이 될 수 있었지만, 그렇지 않았을 때 교회에 큰 해악을 끼칠 가능성이 컸기 때문이다. 어떤 경우에는 설교가 주관적인 내용으로 채워지기도 하였고, 그 결과 이단이 등장할 가능성을 열었다. 이러한 연유로 성경 본문을 묵상한 후 그것을 강해하려는 시도들이 등장하였다. 이러한 움직임을 이끈 대표적인 이가 '강해 설교의 아버지(the father of expository preaching)'라고 불리는 아프리카의 설교자 오리게네스(Origen, c. 184~253)였다.

· 오리게네스와 설교

오리게네스는 알렉산드리아 학파를 대표하는 학자로, 184년경 이집트의 알렉산드리아에서 태어났다. 그의 부친인 레오니데스(Leonides, d. 202)는 경건한 그리스도인이요 헬라 문학을 가르치던 수사학자로, 오리게네스를 설교자로 양육하기 위하여 문법과 수학, 논리와 수사학을 가르쳤

황영철 역『하나님의 대언자』, (서울: 익투스, 2006), 14.

12) 이 서신은 로마의 클레멘트(Clement of Rome)가 작성한 것으로 알려져 있으며, 서간체라기보다는 설교 문으로 보는 것이 더 좋다.

고, 매일 한 구절씩 성경을 암송하게 하였다.
오리게네스는 이러한 아버지의 가르침에 따
라 소년 시절에 성경전서를 암기하였다(Schaff
2004, 2:679). 그는 성경 말씀을 묵상하는 가운데
"성경이 지혜의 완전한 보고"라는 믿음을 가
졌고, 암송한 말씀을 묵상함으로 설교자로 훈
련되어 갔다.[13]

오리게네스

오리게네스는 판태누스(Pantaenus, d. 190)가 알렉산드리아에 세운 학습
학교(Catechist School of Alexandria)에 입학하여, 알렉산드리아의 클레멘트
(Clement of Alexandria, 150~215)로부터 신학 훈련을 받았다. 그는 클레멘트로
부터 성경의 우의적 해석, 죄에 대한 회개, 금욕 생활의 실천을 배웠다.[14]
특히 기도의 필요성을 강조한 클레멘트의 가르침을 따르기 위하여 기도
하는 일에 전념하였고, 금주와 금식을 추구하였다. 그는 마태복음 19장
12절의 말씀을 따라 스스로 거세하였고, 신발을 신지 않고 맨땅 위에서
자면서 육체를 괴롭혔다. 고행의 길을 걸음으로 그리스도를 닮아 가고자
했다.

오리게네스는 202년 세베루스(Severus, 193~211) 황제의 박해 때 아버지
레오니데스가 순교하자, 그를 뒤이어 순교의 제물이 되고자 하였다. 그

---

13)   T. Harwood Pattison, *The History of Christian Preaching* (Philadelphia, American
Baptist Publication Society, c1903), 53.

14)   클레멘트는 다음과 같이 설교하였다: "그러니 우리는 정욕의 노예가 되거나 돼지
처럼 되지 말고 빛의 자녀로서 우리의 눈을 들어 빛을 바라봅시다. 그래야 태양이 독수
리들을 밝혀 주듯이 주님이 우리가 참된 자들임을 밝혀 줄 것입니다. 그러므로 우리는
회개하여 무지에서 지식으로, 어리석음에서 지혜로, 탐욕에서 절제로, 불의에서 의로, 하
나님 없는 삶에서 하나님을 향한 삶으로 옮겨져야 합니다." Clement of Alexandria, 「어
둠에서 빛으로 부음 받음」 (Barton 2005, 23 재인용).

렇지만 어머니의 간곡한 만류로 그는 순교하는 대신 살아서 복음을 전하기로 하였다. 박해로 말미암아 클레멘트가 알렉산드리아로부터 추방되면서 알렉산드리아 학습학교는 폐교 위기에 처하게 되었다. 이때 감독 데메트리우스는 18살의 소년 오리게네스에게 이 학교를 맡아 복구시킬 것을 명하였다. 오리게네스가 어렸지만, 헬라어와 히브리어와 그리스 철학에 능통한 학자였다. 그래서 그는 주민들의 전폭적인 지지를 받아 학교를 잘 운영하였다. 215년 카라칼라(Caracalla, 188~217) 황제에 의해 다시 박해가 시작되자, 오리게네스는 팔레스타인의 가이사랴로 피신하였고, 그곳에서 228년에 장로로 장립받았다.

그렇지만 오리게네스의 장로 장립은 알렉산드리아 감독 데메트리우스(Demetrius, d. 232)의 심기를 불편하게 만들었다. 오리게네스의 능변과 학식을 시기하던 그는 오리게네스가 자신의 허락을 받지 않고 장로에 임직하자, 231년과 232년 교회 회의를 소집하였다. 오리게네스가 만인의 구원을 강조하는 등 보편구원론을 주장할 뿐만 아니라 자신이 속한 교구가 아닌 다른 곳에서 장로에 임직함으로 교회법을 어겼다는 이유였다. 오리게네스는 교회 회의에서 정죄를 받은 후 출교당하였다. 그렇지만 그는 이 논쟁 중에도 그리스도인다움 모습을 보여 주었다. 그는 대적들에 관해서 말하기를, "우리는 그들을 미워하기보다 동정하여야 합니다. 그들을 저주하기보다 그들을 위하여 기도해야 합니다. 우리는 저주를 베풀기 위해 있는 자들이 아니라 복을 끼치기 위해 지음을 받은 자들이기 때문입니다."(Schaff 2004, 2:681)라고 하였다.

오리게네스는 오랜 친구인 가이사랴 감독을 찾아 팔레스타인으로 가서 은둔하면서 저술과 교육에 전심전력을 쏟았다. 그는 가이사랴에 학교를 세웠고, 그가 세운 이 학교는 알렉산드리아 학교보다 더 유명한 학교가 되었다. 235년 막시미누스 트락스(Maximinus Thrax, c. 173~238)의 박해가 시작되자, 그는 카파도키아로 피신하였다. 그는 그곳에서 지내다가 그리스로 갔고, 그곳에서 팔레스타인으로 돌아왔다. 그 후 250년 시작된 데키우스(Decius, 201~251)의 박해 때 체포되어 심한 고문을 받았고, 고문 후유증으로 253년경 하나님의 부르심을 받았다.

오리게네스는 뛰어난 성경학자요, 변증적인 기독교 사상가요. 조직 신학자였다. 그렇지만, 그가 교회에 미친 신학적 업적 중 가장 큰 것은 성경 강해 전통을 세운 것이다. 그는 유대인 성경 해석자 필로(Philo, B.C. 20~A.D. 50), 순교자 유스티누스(Justin Martyr, 100~165), 교부 클레멘트(Clement of Alexandria, c. 150~215) 같은 알렉산드리아 출신 학자들의 영향을 받아 성경을 영적으로 해석하였다.

필로는 구약을 비유적으로 해석하고, 구약이 플라톤과 스토익 학파의 사상과 조화된다고 하였다. 하나님이 우주를 지으신 목적은 자신의 선하심을 나타내려는 데 있다고 하였고, 로고스가 하나님과 우주 사이를 중재한다고 하였다. 로고스로 말미암아서 인간이 만들어졌고, 인간은 로고스를 통해서만 하나님과 연락할 수 있다고 가르쳤다. 필로의 이러한 비유적 성경 해석 방식은 유스티누스에 의해 발전하였다. 그는 성경 해석에서 "변증적이고 예표적이며, 우의적인 특성"을 찾아냈다. 특히 그는 "구약에서 그리스도에 관한 언급을 찾아내었고, 구약을 기독교 신학의 교과서로 삼았다. 신약을 구약과 구분하지 않고 구약에 대입하였고, 그로써 두 성경의 구분을 없앴다"(Schaff 2004, 2:638). 클레멘트는 이러한 알렉산드리아의 신학 전통에 따라 성경을 영적으로 해석하곤 하였다.

오리게네스는 이러한 알렉산드리아 신학적 전통에 기초하여 성경을 해석하였다. 그의 성경 해석 원리는 『원리에 관하여』(De Principiis)에 잘 나타난다. 그는 이 책의 제4권에서 인간이 영과 혼과 몸으로 구성되었다는 성경 말씀에 기초하여(살전 5:23), 성경도 그것에 맞추어 3중적으로 해석해야 한다고 주장하였다. 즉 성경으로부터 몸에 해당하는 역사적 의미 또는 문법적 의미(sensus historicus or literalis), 혼에 해당하는 도덕적 의미(sensus moralis), 영에 해당하는 영적 의미(sensus spiritualis)를 찾아내야 한다고 하였다.[15] 그는 이 세 가지 해석 가운데 영적 해석을 좋아하였다. 영적인 해석은 구약의 율법과 신약의 복음을 쉽게 조화시킬 수 있기 때문이라고 하였다.[16]

그렇지만 오리게네스의 성경 해석을 주관적이며, 전적인 영해라고 보아서는 안 된다. 그의 영해는 오늘날의 영해와 큰 차이가 있기 때문이다. 오늘날의 영해가 주관적 해석이라고 한다면, 오리게네스는 성경 교훈을 일반화할 수 있는 어떤 객관적인 원리에 따르려고 하였다. 구약을 그리스도의 예표 차원에서 해석하고자 했다. 오리게네스는 순교자 유스티누스(Justinus, ca. 100~165)의 예표론(typology)을 좋아했고, 예표론에 따라 성경을 해석하곤 하였다. "'아브라함의 3일간의 여행'은 판단, 소망, 통찰력을, 창세기의 '포도주'는 그리스도의 피를, '요셉의 채색옷'은 다양한 지식

---

15)　　Origen, *De Principiis*, IV.1.11~14. In *The Ante-Nicene Fathers. The Writings of the Fathers down to AD 325* (Grand Rapids, Michigan: Eerdmans Publishing Company, 1982), IV. 359~364. 이와 같은 오리게네스의 성경 해석은 종교 개혁자인 칼빈(John Calvin)의 적극적인 지지를 받았다. 그는 고린도후서 3장 6절 주석을 통하여 다음과 같이 논하였다: "오리게네스에 의하여 고안된 [성경 본문] 강해 전통에 따라, 수 세기 동안 '문자'는 성경의 문법적이며 순수한 의미, 또는 그들이 말하는 것과 같이 문자적 의미를 가진 것으로, "영"은 우의적 또는 영적인 의미를 뜻하는 것으로 알려져 왔다. 그 이상 더 말할 수도, 이것보다 더 덧붙일 필요가 없다. 바울도 여기에서 [고린도후서 3장 16절] 성경을 이처럼 우의적으로 해석하는 열쇠를 우리에게 제공하고 있다." Jay E. Adams, *Sermon Analysis: A Preacher's Personal Important Textbook and Workbook* (Denver: Accent Publications, Inc., 1986), 32.

16)　　C. E. Fant, Jr. & W. M. Pinson, Jr., *20 Centuries of Great Preaching* (Texas: Word Books, 1976), 1:136.

을, '부정한 고기에 관한 규정'은 검소함을, '발굽이 갈라지고 되새김질하는 정결한 동물'은 하나님의 율법을 확실하게 전하는 정통파를, '욥이 모태로부터 적신으로 나온 것'은 악으로부터의 해방을, '보리떡'과 '기적'은 유대인과 이방인을, '물고기'는 희랍 철학을 의미한다."고 하였다.[17] 이처럼 오리게네스는 예표론을 사용하고, 구속사적인 입장에서 성경을 해석하였다. 성경이 제시하는 객관적인 의미를 찾고자 노력한 것이다. 이러한 연유로, 많은 학자가 그를 "성경 강해의 아버지"(father of Bible exposition)라고 부른다.

오리게네스는 성경 본문을 석의(exegesis)와 강해(exposition)에 초점을 두고 해석한 후 적용 부분에 알레고리를 사용하였다. 본문을 알레고리로 해석한 것이 아니라 풍유적으로 적용한 것이다. 아가서 설교(아 1:1~12)에서, 그는 다음과 같이 해석하였다: "아가서의 내용은 신부, 신부와 함께 온 시녀들, 신랑, 신랑의 친구들이 주고받은 이야기입니다. 결혼식 때 신부가 시녀와 함께, 신랑이 친구들과 함께 모이는 것은 참으로 아름다워 보입니다. 그러나 이 본문의 결혼 잔치 모습을 단순한 결혼 잔치의 노래로 해석해서는 안 됩니다. 여기 참석한 이들은 복음을 듣고 구원받은 무리이기 때문입니다. 성경은 신랑인 그리스도와 점도 티도 없는 신부인 교회를 티나 주름잡히지 않은 거룩하고 흠이 없는 영광스러운 교회로 세우려고 한다고 말하고 있습니다. 신부와 함께 온 시녀들은 아직 완전한 단계에 이르지는 않았지만, 구원에 이른 자라고 생각해야 하겠습니다. 즉 믿는 자의 영을 가졌다고 보겠습니다. 신랑과 함께 온 친구들은 천사

---

17)   John Kerr, *Lectures on History of Preaching* (New York: A. C. Armstrong & Son, 1889), 113~114.

들로서 완전한 인간의 모습으로 임한 자들이라고 보아야 합니다."[18]

오리게네스는 성경을 전체의 맥락에 따라 강해하고자 하였다. 그는 설교하면서 설교 제목을 붙이지 않는데, 그 이유는 설교 제목을 붙임으로 성경 본문을 성경 전체 맥락에서 보지 못하게 만들 가능성이 있다고 보았기 때문이다. 그는 또한 성경 강해의 목적이 성경을 통해 보여 주는 하나님의 뜻을 찾아내는 것이라고 보았다. 그러므로 성경에서 하나님의 뜻을 발견하였다면, 그것을 장황하게 설명할 필요가 없다고 하였다. 왜냐하면 설교는 성경 본문에 대한 단순한 설명이기 때문이다. 설교는 성경 본문에 대한 강해이어야 하고, 성경 해석은 간단명료해야 하고, 성경 각 권을 연속적으로 강해해야 한다고 가르쳤다.[19]

오리게네스의 이러한 성경 강해는 5세기 크리소스토무스가 등장하기 전까지 크게 영향을 미쳤다. 성경 해석에서 그의 독창성과 지적 열정 그리고 학문의 폭은 크리소스토무스에 비길 수 있을 정도였다. 그러나 그는 성경에 대한 단순하고 자연스러운 분석, 본문의 실제적 분석 면에서는 크리소스토무스를 따라가지 못하였다. "그의 약점은 성경 해석에서 문법적이고 역사적인 의미를 소홀히 하고, 본문에 감추어진 신비적인 의미만 찾고자 한 것이었다"(Schaff 2004, 2:684).

그럼에도 불구하고 오리게네스가 설교 발전에 미친 영향은 대단히 컸다. 그의 영향으로 3세기 중반 이후 즉흥적인 설교가 사라지고, 강해 설교가 교회 속에 정착되어 갔다. 설교가 설교자의 생각이 아닌 성경 말씀을 강해하는 것으로 간주되어 갔고, 성경이 올바로 증거됨으로 회개하고

---

18) 정장복, 『인물로 본 설교의 역사』(서울: 장로회신학대학출판부, 1986), 46.
19) 오리게네스의 설교는 약 175편가량 남아 있다. 그 가운데 누가복음 설교 39편, 나머지는 구약의 각 권 설교들이다.

하나님께 돌아오는 이들이 늘어났다. "하나님의 말씀이 점점 왕성하여" 진 것이다. 하지만 이러한 강해 설교 운동은 4세기에 이르면서 내적인 도전을 받았다. 313년 콘스탄티누스 대제(Constantine the Great, 272~337)가 종교 관용령을 선포한 후 교회의 세속화가 시작되고, 교권주의가 확산하면서 설교 운동이 약화되어 간 것이다.

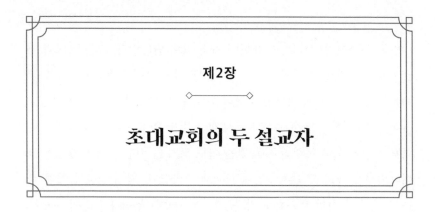

제2장

초대교회의 두 설교자

313년 3월 콘스탄티누스 대제가 기독교를 공인한 후 그리스도인의 지위가 크게 달라졌다. 공인 이전에는 박해의 대상이었으나 공인 후에는 선망의 대상이 되었다. 성직자들은 군 복무와 같은 군사적 의무와 부역과 같은 공민으로서의 의무를 면제받았다(Schaff 2004, 3:97). 315년 그리스도인을 모욕하는 다양한 관습과 법령이 폐지되었고, 기독교인 노예들의 해방이 시작되었다. 321년 일요일이 국정 공휴일로 정해졌고, 교회에 유산을 기증하는 것이 합법화되었다.[1] 재산 기증이 늘어나서 4세기 말, 교회는 로마제국에 속한 모든 토지의 1/10을 소유하게 되었다(Schaff 2004,

---

1)   Philip Schaff, *History of the Christian Church* 『교회사 전집』 8 vols. 이길상 역 (서울: 크리스챤 다이제스트, 2004), 3:41~43.

3:98).

　기독교 공인 후 성직자의 생활이 가장 많이 변하였다. 그들은 교회 기금만 아니라 황실과 지방 정부로부터 고정적인 급여를 받았고(Schaff 2004, 3:100), 황궁 만찬에 초대받곤 하였다. 이러한 변화와 함께 목회 지망생도 늘어났다. 목회 지망생 가운데는 내적인 소명 없이 단지 세속적 부귀와 영광을 얻기 위해 목회의 길을 찾는 이도 적지 않았다. 교회의 재산이 늘어나면서 교회의 세속화가 눈에 보이게 나타났다. 악이 선을 잠식해 가는 것처럼, 교회의 세속화도 가파르게 일어났다. 부귀와 영화를 추구하면서 더 큰 권세를 누리려고 교회의 고위직을 탐하기 시작하였다. 교권을 추구하면서 교권주의가 자리 잡아 갔고, 교회에서 영적 형제애는 사라져 갔다. 성도의 모임인 교회가 계급 구조적 집단으로 변해 갔다.

1. 콘스탄티누스 대제 이후의 설교 운동

　콘스탄티누스 대제의 기독교 공인 이전에 기독교인들은 박해의 두려움 가운데 생활하였다. 박해 때 신앙을 지키는 유일한 길은 희생 또는 순교의 길을 걷는 것이었다. 이러한 상황에서 설교자들은 성경에 기초하여 성도들을 신앙으로 격려하였다. 인간의 위로나 격려가 아닌 하나님의 말씀만 전하고자 하였다. 설교자들은 성경을 객관적으로 해석한 후 그 말씀으로부터 교훈 또는 교리를 유출하여 설교하였다. 하지만 기독교 공인 이후로 기독교가 대중적인 종교가 되면서 청중의 설교에 대한 자세와 설교자들의 설교 내용이 달라졌다.

　기독교 공인 전의 설교는 주로 예수 그리스도의 구속과 부활을 전하였다. 예수가 성경에 약속된 그리스도라는 것, 성경에 약속한 대로 십자가에 달리셔서 속죄 사역을 이루셨다는 것, 죽은 지 사흘 만에 부활하여 하나님 오른편에 앉아 계신다는 것을 소개한 후 죄를 버리고 하나님께로 돌아올 것을 권하였다.

그러나 공인 후 설교에서 복음이 사라지고 정치적이고 윤리적 내용으로 꾸며졌다. 설교에 대한 청중의 자세도 달라져 갔다. 순수하게 하나님의 말씀만 전하는 복음적 설교보다는 귀를 즐겁게 해 주는 설교를 더 좋아하였다. 이러한 변화 속에서 설교자들은 청중의 귀를 즐겁게 해 줄 수 있는 주제를 찾기 시작하였다. 설교자들의 관심은 청중의 관심을 끌 수 있는 주제를 찾는 데 있었고, 청중의 열광적인 호응을 받는 데 있었다. 이를 위해 설교자들은 자신의 학문성을 과시하기 위해 미사여구로 설교를 꾸미기 시작하였고, 설교를 만담 형식으로 만들어 갔다. 순수하게 하나님의 말씀만 전하는 설교자들은 배척당하였고, 만담가나 능변가가 더 존경과 사랑을 받는 시대가 왔다.

그렇지만 세상 조류에 부응하지 않고 성경 말씀만 전하고자 한 소수의 설교자도 있었다. 그들은 설교를 교회에 주신 가장 큰 은혜의 수단으로 간주하면서 설교를 통해 교회를 바로 세우고자 하였다. 그 가운데 바실 (Basil the Great, c. 330~379), 나지안젠의 그레고리(Gregory of Nazianzus, 329~389), 니사의 그레고리(Gregory of Nyssa, c. 330~395), 요한 크리소스토무스(John Chrysostom, 347~407), 힐러리(Hilary of Poitiers, c. 315~367)가 동로마에서, 암브로시우스(Ambrose, c. 339~397), 아우구스티누스(Augustine of Hippo, 354~430)는 서로마에서 활동하였다. 그 가운데 5세기 후반 동방교회를 빛나게 한 요한 크리소스토무스와 그의 설교, 서방교회를 말씀으로 변화시킨 아우구스티누스와 그의 설교에 관하여 간단히 살펴보도록 하자.

2. 크리소스토무스와 설교

요한 크리소스토무스가 활동하던 4세기 후반의 유럽은 정치적으로
나 종교적으로 매우 혼란스러운 시대였다. 395년 테오도시우스 황제
(Theodosius, 347~395)가 로마제국을 그의 두 아들에게 나누어 준 후 콘스탄
티노플을 수도로 한 동로마제국과 로마를 수도로 한 서로마제국이 수위
권을 놓고 싸웠고, 그 결과 로마의 힘은 약화되어 갔다. 이러한 상황에서
몽골에서 일어난 훈족(The Huns)의 침략이 시작되었고, 410년에는 훈족
추장 알라리크(Alaric, d. 410)에 의해 로마가 약탈당하였다. 종교적으로는
예수 그리스도의 신성을 부정하던 이단자 아리우스(Arius, d. 336)가 등장하
여 교회를 혼란 가운데 빠트렸다. 교회가 혼란에 빠지자, 콘스탄티누스
대제는 325년 니케아에 교회 회의를 소집하였다. 교회 회의는 그리스도
의 신성을 선언한 후 아리우스를 이단으로 정죄하였다. 그렇지만 아리우
스를 지지하는 이들의 반발이 심하였다. 그 결과 교회는 아리우스 지지
파와 반대파로 나누어져서 대립하였다.

• 설교자 크리소스토무스의 형성

이처럼 혼란스러운 상황에서 등장한 인물
이 바로 요한 크리소스토무스이다. 그는 347
년경 시리아의 안디옥에서 귀족 가문에서 태
어났다. 그의 아버지는 시리아 군대의 사령관
이던 세쿤두스(Secundus)였고, 어머니는 경건
한 신앙의 여인이던 안투사(Anthusa)였다. 요한
의 아버지는 그가 태어난 지 얼마 지나지 않
아 사망하였다. 그는 20살의 과부인 어머니

요한 크리소스토무스

교회 역사를 빛낸 위대한 설교자들

안투사의 손에서 자라났다. 안투사는 어린 요한에게 성경 말씀을 가르쳤고, 학령기에 이르자 당대 최고의 수사학자요 궤변가로 알려진 리바니우스(Libanius, c. 314~392)에게 보내어 수사학을 배우게 하였다. 요한은 그 밑에서 그리스어와 그리스 문학, 그리고 수사학을 배운 후 법률가가 되었다. [2]

크리소스토무스는 나이가 들면서 법률가의 일에 만족하지 못하였고, 신학에 관심을 쏟기 시작하였다. 부패한 세상에서 세속적 영광을 누리는 것보다 하나님을 위해서 고난을 겪는 것이 좋겠다는 결론을 얻은 그는 학습반에 들어가 3년간 성경을 배웠고, 368년 또는 373년 주교 멜레티우스(Meletius)로부터 세례를 받았다. 그 후 그는 "맹세하거나 다른 이를 욕하거나 거짓되게 말하거나 저주하거나 우스운 농담을 하지 않았다"(Schaff 1983, 6). 그는 금욕 생활을 추구하면서 수도사가 되려고 하였다. 그렇지만 어머니의 만류로 수도원에 들어가는 대신 집에서 금욕 생활을 실천하였다. 식사량을 적게 하고 가끔은 금식하였고, 마룻바닥에서 자면서 기도하곤 하였다(Ibid., 7).

372년 크리소스토무스는 설교자가 되기 위하여 다소의 디오도루스(Diodorus of Tarsus, d. c. 390)의 문하생이 되었다. 디오도루스는 당대의 뛰어난 설교자로서 안디옥 학파 신학을 재건하였고, 수도원 개혁 운동을 주도하여 큰 영향을 미친 신학자였다. 크리소스토무스는 그로부터 성경 해

---

2)   리바니우스는 나중에 황제에 오른 율리아누스(Julian)을 가르칠 정도로 명성이 있는 학자였지만 이교도였다. 율리아누스는 그의 영향으로 나중에 배교자라는 칭호를 받을 정도로 이교적인 정책을 폈다. 교회사가인 소조먼(Sozomen)에 의하면, 리바니우스는 임종 시에 "크리스천들이 그를 우리로부터 빼앗아 가지 않았다면 그가 내 후계자가 되었을 텐데"라고 하였다고 한다. Philip Schaff, "The Life and Work of St. John Chrysostom" in John Chrysostom, *A Select Library of the Nicene and Post-Nicene Fathers*. vol. IX (Michigan WM. B. Eeerdmans Publishing House, 1983), 6.

석 방법에 관하여 배웠다. 설교를 바르게 하려면 성경 저자의 의도를 깨달아야 하는데, 이를 위해서는 성경을 문법적으로 해석해야 한다고 가르쳤다.

374년 어머니가 죽자, 크리소스토무스는 안디옥 남쪽의 산지로 들어가 은둔 생활에 들어갔다. 그는 당시 수도사처럼 낙타나 염소의 털로 된 옷을 입고 움집에서 홀로 생활하였다. 해가 뜨기 전에 일어난 후 수도원장의 인도 아래 찬송을 부르고, 기도한 후에 각자 할당된 분량의 독서를 하고 가난한 자들을 돕기 위하여 노동하였다. 매일 4시간가량 기도와 찬양하곤 하였고, 빵과 물로 끼니를 이었다. 밀짚으로 된 소파에서 잤고, 항상 서 있거나 성경 암송을 하였다. 이 같은 금욕 생활로 그는 위장병과 신장병을 얻었고, 결국 2년여의 수도원 생활을 마치고 병 치료를 위해 안디옥으로 돌아와야 하였다.

크리소스토무스는 안디옥에서 대주교 멜레티우스(Meletius, d. 381)의 영접을 받았고, 380년 멜레티우스로부터 집사(부제) 임직을 받았고, 386년에는 플라비아누스(Flavian, c. 320~404)에게 사제, 곧 장로 서품을 받았다. 크리소스토무스는 부제로 안수받은 후 가난한 자와 병자들을 돕는 데 열중하였고, 장로 취임 후 대주교 앞에서 행한 첫 번째 설교를 통해 청중들에게 큰 은혜를 끼쳤다. 크리소스토무스는 탁월한 수사학자요 웅변가로서 청중의 영적 요구와 그들이 당면한 문제에 대해 설교하여 그들의 필요를 채워 주고 문제를 해결해 주었다.

• 크리소스토무스의 설교 사역

크리소스토무스가 설교 운동을 시작한 안디옥은 20만 명의 인구를 가진 도시로 로마와 콘스탄티노플, 알렉산드리아와 함께 로마제국의 대도시였다. 그 안에는 시리아인, 그리스인, 유대인과 로마인이 함께 생활하였고, 인구의 절반 정도가 기독교인이었다. 그렇지만 대부분이 이름뿐인 신자들이었고, 이교 사상을 따르고 있었다. [3] 그리스도인 가운데 대부분은 탐욕, 사치, 호색에 빠져 있었고, 시민들은 서커스와 극장 출입을 즐겼다. 또한 당시 풍조를 따라 쾌락, 사치스러운 복장과 화려한 가구로 장식하는 것을 인생의 목표로 삼곤 하였다(Schaff 1983, 10).

크리소스토무스는 이처럼 세속화된 안디옥을 개혁하기 위해서 설교에 전념하였다. 그는 매 주일 강단에서 설교하였고, 사순절 기간에는 주중에 2번씩 설교하였으며, 어떨 때는 5번씩 연속으로 설교하기도 하였다. 그는 설교를 통하여 당시 사회에 만연하였던 사치와 낭비, 쾌락, 이기와 탐욕을 비판하며 사회 개혁을 추구했고, 교회가 가난한 자에 대해 관심 가질 것을 주장하였다. 성령 안에서 서로 교제하며 돌보던 초대교회의 신앙 공동체를 세우고자 한 것이다. 그는 마태복음 설교를 통해 이렇게 외쳤다. "그리스도의 몸을 영화롭게 하길 원하십니까? 그가 헐벗었을 때 지나치지 마십시오. 성전에 비단옷을 입고 온 자에게는 경의를 표하면서, 남루하게 옷을 입고 추위에 떨고 있는 자들을 밖에 버려두지 마십시오. '이것이 나의 몸'이라고 하신 그분께서는 '너는 내가 배고플 때 내게 아무것도 주지 않았다.'라고 말씀하십니다. …… 여러분의 형제가 굶주려 죽어 가고 있는데 황금 술잔으로 성찬 상을 채운다면 그것이 옳은 일입니까? 먼저 굶주린 자들을 먹이고, 남은 것으로 제단을 섬기십시오."[4]

이처럼 크리소스토무스는 성도들에게 그리스도인의 의무와 책임을 다

---

3) 안디옥에 명목상의 그리스도인이 증가한 이유를 362년 배교자 율리아누스가 안디옥에 아폴로 신전을 재건하는 등 이교 운동을 전개한 데서 찾을 수도 있다.

4) John Chrysostom, *Homilies on the Gospel of Saint Matthew: A Select Library of the Nicene and Post-Nicene Fathers*. vol. 10 (Michigan WM. B. Eerdmans Publishing House, 1983), 312-313.

할 것을 주장하였다. 곧 안디옥 사회에 만연된 부도덕, 귀족들의 사치와 낭비, 성직자 사이에 퍼져 있던 동성애, 그리고 극장과 전차 경기 대회에 대해 날카롭게 비판하였다. 그는 또한 이러한 죄악이 초래할 하나님의 엄중한 심판에 관하여 설명하면서 회개하고 그에 합당한 열매를 맺으라고 촉구하였다. 그 결과 회개 운동이 일어났다. 특히 387년에는 허다한 이교도들이 교회로 돌아왔다(Schaff 1983, 11).

크리소스토무스는 언행이 일치하는 설교자였다. 그의 금욕적이면서 도덕적이고, 언행이 일치하는 생활은 교인들의 존경과 사랑을 불러일으켰다. 특히 성경적이면서도 은혜로운 설교로 말미암아 그는 설교자로서 명성이 높아졌고, 교인들은 그를 '크리소스토무스' 곧 '황금 입을 가진 자'(the golden mouthed)라고 부르곤 하였다. 그의 명성은 동로마제국의 수도인 콘스탄티노플에까지 알려졌고, 동로마제국의 황제도 그의 설교를 듣고 싶어 하였다. 이러한 상황에서 397년 콘스탄티노플의 총대주교 넥타리우스(Nectarius, d. 397)가 사망하자, 콘스탄티노플 교회가 그를 넥타리우스의 후임으로 결정하고 초청하였다. 그렇지만 크리소스토무스는 교회를 떠날 의사가 없었고, 안디옥 교회도 그의 이적을 반대하였다.

콘스탄티노플 교회는 4개월이 넘게 안디옥교회에 크리소스토무스를 보내 달라고 설득했다. 그렇지만 청빙이 무산되었다. 콘스탄티노플 교회는 은밀한 계획을 세워 그를 납치하다시피 하여 콘스탄티노플로 데려왔다. 크리소스토무스는 군사들의 호위를 받으며 397년 말경 콘스탄티노플에 도착하였고, 그다음 해 2월 콘스탄티노플 총대주교에 취임하였다.

크리소스토무스는 콘스탄티노플에서 환영받았다. 특히 그의 금욕적이면서도 언행일치되는 경건한 삶과 웅변적인 설교는 콘스탄티노플 시민들의 존경을 받기에 조금도 부족함이 없었다. 크리소스토무스의 설교에 대한 찬사는 청중은 물론이고 황실 사람들도 마찬가지였다. 황제 아르카

교회 역사를 빛낸 위대한 설교자들

디우스(Arcadius, 377~408)는 그의 설교를 좋아했고, 나중에 크리소스토무스를 사경에 몰아넣은 황후 아에리아 에우독시아(Aelia Eudoxia)도 예외가 아니었다.

크리소스토무스는 설교를 통해 귀족들의 사치와 낭비, 그리고 성직자 사회에 만연했던 동성애 등 부도덕한 죄를 지적하며 하나님께 돌아올 것을 외쳤다. 그가 "거친 말로 책망한 후 부드럽게 [회개를] 촉구하며, 생활로부터 나온 적절한 예화를 사용하면서 성경 구절을 인용"하여 설교하자,[5] 많은 이들이 회개하고 새롭게 변화되어 갔다. [6] 설교 운동이 일어나면서 교회당은 항상 사람으로 가득 찼다. 청중은 크리소스토무스의 설교를 듣고 진솔한 반응을 나타냈다. 지은 죄를 크게 뉘우치며 울음을 터트리거나 감격하여 손뼉을 치기도 하였다(Neill 1962, 13).[7]

한 걸음 더 나아가 크리소스토무스는 설교 운동을 통해 사회 개혁을 촉구하였다. 그는 먼저 당시 만연했던 사치와 허식을 비판하였다. 인간의 탐욕으로 노예제도와 사유재산 제도가 생겨났고, 그로 인하여 빈부 격차가 심하여졌다고 지적하면서 노예제도와 사유재산 제도의 폐지를 주장하였다. 그는 교회 안에 있는 고가의 가구와 접시를 팔아 자선기금을 마련하고, 그 기금으로 가난한 자와 병자를 돕자고 외쳤다. 그 결과 교회 자선기금이 생겨났고, 그것으로 가난한 자와 병원을 도왔다. 크리

---

5)   Stephen Neill, *Chrysostom and His Message* (New York, Association Press, 1962), 12.

6)   John Chrysostom, *Homilies on the Acts of the Apostles and the Epistle to the Romans: A Select Library of the Nicene and Post Nicene Fathers of the Christian Church* (Grand Rapids: Eerdmans Publishing Company 1980), 11:ix. 크리소스토무스의 설교 가운데 현존하는 것들은 대부분 개인 속기사가 기록한 것이다.

7)   그렇지만 크리소스토무스는 교회에서 소리 내어 울거나 손뼉을 치면서 설교에 반응할 때 신비주의로 갈 수 있다고 보고 엄히 금하였다(Neill 1962, 13).

소스토무스는 전임 총대주교가 시행한 사치스러운 행사를 축소하거나 폐지하였고, 스스로 검약을 실천하였다. 사치스러운 연회 초대를 거부하고, 만찬 자리에 참석하지도 않았다. 초대교회의 단순하고 검소한 삶을 회복하고자 한 것이다.

그러나 크리소스토무스의 이러한 개혁 운동은 많은 이들의 질투와 시기를 불러일으켰다. 그 대표적인 인물이 사치와 향락을 일삼던 황후 에우독시아였다. 황후는 사치와 향락을 비판하는 크리소스토무스의 설교를 시민들과 황제 아카디우스가 열광적으로 지지하자, 크리소스토무스에 대해 불편한 마음을 품고 경계하기 시작했다. 이러한 상황에서 황후 에우독시아가 399년 환관 유트로피우스(Eutropius)를 살해하자, 크리소스토무스는 황후를 나봇을 죽인 이세벨에 비교하며 정죄하였다. 이 일로 두 사람의 관계는 더욱 나빠졌다. 그 후 400년 5월 크리소스토무스가 6명의 주교를 성직 매매 혐의로 해임하고, 성직자들이 동거하며 동성애를 즐기던 소위 '영적 자매'(spiritual sisterhood) 제도를 폐지하는 등 개혁 운동에 박차를 가하였다. 이때부터 기존 질서에 안주하려던 성직자들이 크리소스토무스에게 반발하기 시작하였다. 귀족과 고위 성직자 그리고 황실의 저항이 본격적으로 시작된 것이다.[8]

이러한 상황에서, 401년 말경 오리게네스의 신학을 지지한다는 이유로 알렉산드리아 대주교 테오필루스(Theophilus)로부터 박해를 받던 4명의 수사가 콘스탄티노플에 도착하였다. 크리소스토무스가 그들을 받아들이자, 크게 노한 테오필루스의 도전이 시작되었다. 테오필루스는 크리소스토무스가 수사들을 받아들임으로 교구 관할권을 침해하였다고 주장하면서 그들을 돌려보내라고 하였다. 테오필루스는 크리소스토무스가

---

8)   W. H. C. Frend, *The Rise of Christianity* (Philadelphia, Fortress Press, 1984), 750.

그의 요구를 받아들여지지 않자 황후 에우독시아를 찾아갔다. 그는 황후의 도움을 받아 콘스탄티노플 근교에 있는 오크(Oak)에 교회 회의를 소집하였다. 403년 6월 교회 회의가 열리자, 그는 황후의 사치에 대한 크리소스토무스의 비난이 왕권에 대한 도전이요 반역이라고 주장하였다. 교회회의는 그의 제안을 받아들여 크리소스토무스를 정죄하면서 그를 총대주교직에서 파면하고 유배시킬 것을 결의하였다(Neill 1962, 15).

• 크리소스토무스의 유배

교회 회의가 크리소스토무스의 폐위와 추방을 결의하자, 황제 아르카디우스는 교회 회의의 결정을 승인하였다. 크리소스토무스는 제국의 군대에 둘러싸여 유배지로 떠나야 했다. 그때 그는 친구 시리아쿠스(Cyriacus) 주교에서 다음과 같은 글을 써서 보냈다. "내가 그 도시(콘스탄티노플)로부터 추방될 때 아무 염려도 하지 않았습니다. 나는 마음속으로 이런 말을 했습니다. '황후가 나를 추방하기를 원한다면 그렇게 하라. 세상은 주님의 것이다.' 만일 황후가 나를 톱으로 자르길 원한다면 이사야가 내 모델이 될 것이다. 나를 바닷물에 수장시킨다면 나는 요나를 생각할 것이다. 만일 불에 던진다면 풀무 불에 던져진 세 용사와 같이 될 것이다. 사나운 짐승에게 던진다면 사자 굴속에 던져진 다니엘을 기억할 것이다. 내게 돌을 던진다면 첫 순교자인 스데반이 내 앞에 있을 것이다. 어머니의 태로부터 빈손으로 왔으니 빈손으로 이 세상을 떠날 것이다"(Schaff 1983, 14). 그가 유배 길에 오르고 하루 후 콘스탄티노플에 대지진이 일어났다. 죄 없는 크리소스토무스를 황실이 추방하였기 때문에 하나님이 진노하여 지진이 일어났다는 소문이 시민들 사이에 퍼져 갔다. 결국 황후는 그를 다시 콘스탄티노플로 불러들일 수밖에 없었다.

크리소스토무스는 복권되고, 콘스탄티노플 시민들은 기뻐하였다. 그의 대적 테오필루스는 화가 난 주민들의 눈을 피하여 밤늦게 배를 타고 알렉산드리아로 도망쳤다. 그 후 2개월이 채 안 된 403년 9월 황후 에우독시아가 세례 요한 순교기념일에 성 소피아 교회(St. Sophia Church) 옆에 자신의 이름을 새긴 은상 제막식을 거행하였다. 이때 크리소스토무스는 세례 요한의 순교에 대해 설교하던 중 황후를 헤로디아로 비유하여 설교하였다. "다시 헤로디아가 미친 듯이, 그녀가 다시 춤을 추고 있습니다. 그녀가 다시 요한의 목을 요구하고 있습니다"(Schaff 1983, 14). 자신을 세례 요한으로, 황후를 헤로디아에 비유하여 설교한 것이다. 이 일로 말미암아 크리소스토무스는 404년 6월 9일 다시 추방되어 흑해 근처 아르메니아의 코카서스(Caucasus)로 유배되었다(Frend 1984, 752).

유배지에서 크리소스토무스는 추위와 고독, 야만족으로부터 위협을 받으며 살아야 하였다. 3년여의 유배 생활로 그의 건강은 심히 악화하여 있었다. 그렇지만 그의 대적들은 그에게 더 큰 고통을 주기 위해 혈안이었다. 그들은 아르메니아보다 더 춥고 척박한 흑해 근처의 작은 마을 피티우스(Pithyus)로 떠날 것을 명하였다. 크리소스토무스는 병든 몸을 이끌고 새로운 유배지로 떠났지만, 유배지로 가는 길 위에서 하나님의 부르심을 받았다. 407년 9월 14일이었다. 임종을 맞이한 그는 "범사에 그분에게 영광이 있기를! 아멘"이라고 말한 후 하나님의 품에 안겼다(Neill 1962, 17). 시대의 불의와 싸우면서 초대교회의 회복을 꿈꾸었지만 부패한 교회 지도자들과 황실의 희생양이 된 것이다.

크리소스토무스는 글쓰기를 좋아했고, 고난 가운데서도 많은 글을 남겼다. 그는 논리학자라기보다는 수사학자였고, 그의 글들은 수사학적인 재질이 넘쳐흐른다. 유작으로는 신학 논문들과 700여 편의 주해 설교 그리고 강론 집이 있다. 창세기 설교 75개, 시편 설교 140개, 선지서 설교 77개, 마태복음 설교 80개, 요한복음 설교 88개, 사도행전 설교 55개, 그

교회 역사를 빛낸 위대한 설교자들

리고 244편의 바울 서신 설교들이 남아 있다. 그의 설교 분량은 보통 15페이지 정도로, 약 한 시간 정도 설교하였다(Neill 1962, 16).

• 크리소스토무스의 설교 이해

크리소스토무스는 뛰어난 수사학자요 경건한 목회자였지만, 그의 최고의 장점은 설교자로서 탁월함이다. 그는 헬라 교부 가운데 최고의 설교자였고, 라틴 교부들 가운데서도 그만한 이를 찾기 어렵다. 그는 데모스테네스(Demosthenes)와 리바니우스에게 수사학을 배웠고, 헬라 문화와 철학자들의 영향을 받은 수사학자였다. 그는 웅변가 이소크라테스(Isocrates)의 광택, 웅변가 데모스테네스(Demosthenes)의 중력, 역사가 투기디데스(Thucydides)의 위엄, 철학자 플라톤(Platon)의 숭고함을 찬양했고, 그들의 영향을 받아 웅변가로 수사학자로 성장하였다(Schaff 1983, 22).

크리소스토무스는 이와 같은 장점이 있었지만, 그의 외모는 볼품이 없었다. 키는 작았고, 턱은 뾰족하였다. 머리는 컸지만, 머리카락이 없었다. 그래서 그는 스스로 대머리 엘리사와 같다고 말하였다. 눈은 맑았지만 깊이 파였고, 이마에는 주름으로 가득하였고, 턱수염은 꼬불꼬불한 갈색이어서, 그는 자신을 거미에 비유하기도 하였다(Schaff 1983, 16). 그런데도 그가 기독교 역사상 위대한 설교자로 알려질 수 있게 된 것은 오직 그의 뛰어난 설교 때문이다. 그가 저명한 설교자로 인정을 받게 된 이유를 간략하게 정리해 보자.

첫째로, 성경에 통달하였고 성경 해석이 탁월했기 때문이다. 그는 알렉산드리아 학파에 속한 오리게네스와는 달리, 안디옥 학파의 신학적 전통에 충실하였다. 성경의 숨은 뜻 또는 영적인 의미를 추구한 알렉산드리아 학파와 달리, 안디옥 학파는 성경 본문이 제시하는 의미를 찾아내기 위해 성경의 역사적 배경 연구와 본문의 문법적인 해석을 강조하였다. 크리소스토무스는 이러한 안디옥 학파의 전통에 따라 성경의 역사적인 배경을 고찰하였고, 이해되지 않는 성경 구문은 그와 연관된 성경의 다른 부분을 연구·관찰함으로 해석하였다. 그는 성경이 성령의 영감으로 쓰였음을 믿었고, 성경의 모든 내용이 통일성과 조화를 이룬다고 보았다(Krupp 1991, 76~77). 이러한 크리소스토무스의 역사적·문법적 성경 해석 원리는 종교 개혁자 칼빈에 의해 수용되었고, 후대 개혁주의자들의 해석 원리로 자리 잡았다.

둘째로, 수사학적인 기법 때문이다. 그는 성경 본문의 순서에 따라 말씀을 강해하였고, 강해는 항상 수사학적인 기법을 활용하였다. 그러므로 그의 언어는 명쾌하고, 극적이었다. 그는 현란한 언어를 구사하여 설교를 꾸미는 것을 싫어하였다. 그는 『디모데서 설교』에서 이렇게 기록해 놓았다. "그[설교자]가 사용하는 언어는 어떤 언어여야 합니까? 화려한 언어나 외적으로 장식된 언어가 아니라 성령의 강력함을 소유한, 그리고 지혜와 이해력이 뛰어난 언어여야 합니다."[9] 설교에 미사여구가 아닌 평범한 이들의 용어가 사용되어야 하며, 설교가 성령의 감화 가운데 증거되어야 함을 강조한 것이다.

셋째로, 묘사에 능하였기 때문이다. 18세기의 설교자인 조지 휫필드(George Whitefield, 1714~1770)나 19세기 말의 찰스 스펄전(Charles H. Spurgeon, 1834~1892)과 마찬가지로, 그는 묘사에 뛰어난 설교자였다. 그는 성경에 나오는 사건이나 교훈에 대해 적절한 비유를 즐겨 사용하였고, 설교의 장면을 구체적으로 설명하는 데 모든 지혜를 동원하였다. 본문에 관한

---

9)   John Chrysostom, *Homilies on the Epistle of St. Paul the Apostle to Timothy, Titus, and Philemon: A Select Library of the Nicene and Post Nicene Fathers of the Christian Church* (Grand Rapids, MI: Eerdman Publishing Company, 1983), 7:461.

심층 연구를 거쳐 신중하게 설교 문을 작성하고, 예화의 적절한 사용으로 청중의 감각적 인지 요소에 호소함으로 큰 반응을 끌어냈다.

넷째로, 웅변술 덕분이다. 그의 언어 구사력은 능란하고 자유스러웠다. 그는 직설적인 묘사로 사회적 불의를 고발하였다. 또한 수사학에 기초하여 성경을 해석하고, 웅변적으로 하나님의 말씀을 전하였으므로, 회중들은 감동의 도가니에 빠지곤 하였다. 펠리컨(Jaroslav Pelikan)이 지적한 대로, "크리소스토무스가 주석에서 예화로, 성경의 원리에서 실제적인 호소로 설교를 바꾸어 나아갈 때 말의 속도가 점차로 빨라지며 몸짓이 활발하여지고 목소리가 점점 더 커 갔다. 그러면 기대감에 부푼 청중들은 숨을 죽이고 긴장하다가 때에 따라 열광적인 박수를 보내었다."[10]

마지막으로, 적용에 초점을 두고 설교했기 때문이다. 크리소스토무스는 성경을 성경으로 해석한 후에 교리와 도덕적 교훈을 끌어냈고, 도덕적 교훈을 논한 후 삶의 현장에 적용하곤 하였다. 그는 청중의 칭찬을 원하지 않고, 그들의 변화를 위해 설교하였다. 그가 원하는 것은 청중의 박수가 아니라 그들의 생활이 변하는 것이었다. 그는 다음과 같이 말하였다: "당신들은 나의 말을 칭찬하고 나의 권면에 큰 박수로 응수하였습니다. 그러나 당신들이 나의 전한 말씀에 따른다는 것을 순종하므로 보이십시오. 그것이 내가 원하는 칭찬입니다." 또한 회중이 설교에 대해 권태감을 느끼는 것은 들은 바를 실행하기 싫어서라고 지적하였다(Chrysostom 1983, 428). 교회 부흥에 대한 책임이 설교자와 청중에게도 있음을 확실하게 밝힌 것이다.

크리소스토무스는 이처럼 설교자의 덕목을 논하였고, 설교를 본문에

---

10)   Jaroslav Pelikan, ed. *The Preaching of Chrysostom* (Philadelphia: Fortress Press, 1967), 21.

대해 강해, 논증 그리고 적용의 순으로 작성하여 논리화하였다. 그는 설교 본문으로 주로 신약을 택하였고, 히브리어를 몰랐기 때문에 주로 헬라어 번역판인 70인 역에 의존하여 설교하였다(Schaff 1983, 19). 아우구스티누스가 은혜를 강조한 것과는 달리 그는 성화에 대해 많이 설교하였다(Adams 1986, 36). 설교의 초점을 믿고 구원을 받는 데 두지 않았고, 구원받은 성도들이 어떻게 살아야 할지 설교하였다. 이러한 맥락에서 볼 때 그는 칼빈의 선구자였다. 그는 로마서 6장 3절과 4절을 중심으로 설교하면서 다음과 같이 성화를 강조하였다. "그의 죽음과 같이 합하여 세례받았다고 하는 것이 무엇입니까? 그것은 그가 돌아가신 것처럼 우리도 죽는다는 의미가 됩니다. 세례는 십자가입니다. 그렇다면 십자가와 장사됨이 그리스도에 해당하는 것처럼, 세례는 우리에게 해당합니다. 그는 스스로 돌아가시고 육체적으로 장사되었으나 우리는 죄에 대해 죽고 장사되었습니다. 바울은 그의 돌아가심 속에 우리가 들어간 것이 아니라 그의 돌아가심과 같이 되라고 말하고 있습니다. 양자 모두 다 죽었다는 것이지만 똑같은 죽음은 아닙니다. 그리스도의 죽음은 육체적이고, 우리 자신은 죄에 대한 죽음입니다."[11]

한 걸음 더 나아가 크리소스토무스는 회개와 거듭남의 필요성을 역설하였다. 세상의 유혹을 벗어나 하나님께로 돌아오는 영적인 변화를 통해서만 성화를 이룰 수 있다고 본 것이다. 그는 이렇게 설교하였다. "바울은 우리에게 습관의 변화를 통한 지금의 삶에 있어서 변화된 삶을 요구하고 있습니다. 만일 색을 탐하는 자가 순결한 자로, 탐욕스러운 자가 긍휼을 베푸는 자로, 거친 자가 부드러운 자로 바뀐다면 그것은 현세에서도 부활이 일어난 것이고, 앞으로도 있을 부활의 전주(前奏)가 되는 것입

---

11)   Chrysostom, 「죄에 대하여 죽다」(Barton 2005, 39 재인용).

니다. 그렇다면 그것이 어떻게 부활이 됩니까? 죄가 극복되었고, 의가 다시 살아났기 때문입니다. 옛 삶이 제거되고 새로운 삶이 살아지기 때문입니다." 그는 이러한 삶의 변화가 회개를 통해 이루어지며, 회개는 방향의 전환을 통해 이루어진다고 하였다. 회개하고 "돌아오는 일은 첫발을 내디디면 됩니다. 악에서 멀리 있고, 그리로 이제는 들어가지 말아야 합니다. 그렇다면 모든 것을 이미 행한 게 됩니다. 병이 더 악화하지 않는 것은 더 나아지는 것의 시작인 것처럼, 악도 마찬가지입니다. 그러므로 더 이상 들어가지 말아야 합니다. 그렇다면 당신의 행동들이 종말에 다다를 것입니다. 만일 당신이 그렇게 이틀을 지낸다면 셋째 날에는 더 쉽게 악한 행동에서 멀어질 수 있습니다. 그리고 나면 10일, 20일, 100일 그리고 당신의 전 생애 동안 악으로부터 멀리 떠나 살 수 있습니다(Barton 2005, 42~43).

크리소스토무스는 시리아 안디옥에서 12년, 콘스탄티노플에서 6년간 목회하면서 설교를 통하여 큰 부흥을 경험했지만, 설교의 은사를 천부적인 것으로 간주하지 않았다. 설교의 은사는 선천적인 것이 아닌 후천적이라고 하였고, 누구든 노력하면 좋은 설교자가 될 수 있다고 주장하였다. 381년에 저술한 『제사장직에 관하여』(On the Priesthood)의 제5권에서, 그는 설교자가 갖추어야 할 덕목으로 다음과 같은 사항을 제시하였다.

(1) 공적인 설교에는 큰 노력과 연구가 필요하다.

(2) 이 일에 임명된 사람은 찬사에 무관심해야 하고, 말재주가 있어야 한다. 훌륭한 설교자는 스스로 자신의 설교에 비판자가 되고, 사람들의 혹평과 찬사에 무관심해야 한다.[12] "만일 설교자가 칭찬에 무관심하며

---

12) 그에게 있어서 설교의 주된 목적은 사람들로부터 칭찬을 받는 데 있지 않고 하나님을 기쁘게 하는 데 있었다(Petry c. 1950, 72~73).

'은혜 가운데 소금으로 고르게 함' 같이 교리를 생산해 낼 수 없다고 한다면, 많은 이들로부터 멸시를 받을 것이며, 자신의 마음으로부터 아무것도 얻을 수 없을 것이다. 또한 설교자가 성공하기를 원하거나 박수갈채를 받는 것에 관심을 둔다면, 이는 설교자 자신만이 아니라 회중에게도 해가 될 것이다. 왜냐하면 칭찬에 대한 열망 때문에 교인들에게 보탬이 되는 말씀을 전하는 것보다 그들의 귀를 즐겁게 하려는 설교를 할 수 있기 때문이다."[13]

(3) 설교는 하나님을 위한 일이므로 그 대상을 잊어서는 안 된다. 설교자는 사람을 즐겁게 해 주기 위해 있는 자가 아니라 하나님의 뜻을 전하는 자라는 것을 인식하고, 설교를 듣는 청중의 상태를 살피고 알아야 한다.

(4) 만일에 서두르고 주저한다고 해도, 솔직하고 정직하게 말하는 데는 관행이 없다. 연설의 아름다움은 사람이 말하는 데 있지 않고 말한 그것을 행하는 데 있다. 설교자에게는 정직성이 요구된다.

(5) 숙련된 설교자는 그의 설교 기술을 늘 향상하려고 노력한다. 보통의 설교자보다 더 웅변적으로 되려고 한다면 설교 기술을 향상해야 한다. 만일 설교자가 설교 내용과 전달에 대해 계속하여 연구하지 않는다면 그의 설교는 쇠퇴하게 될 것이다.

(6) 태어나면서부터 연설(설교의 기술)을 잘하는 이는 없다. 연설은 후천적인 기술이기 때문이다. 그러므로 목사는 좋은 설교를 하기 위해 수사와 연설 기술을 익혀야 한다.

---

13)   John Chrysostom, *On the Priesthood: A Select Library of the Nicene and Post Nicene Fathers of the Christian Church* (Grand Rapids, MI: Eerdman Publishing Company, 1983), 9:70~71.

(7) 다른 이의 설교를 참고할 수는 있어도 표절해서는 안 된다. 게으른 자들은 남의 설교를 표절하기 쉽다. 그렇지만 표절하는 것만을 즐기는 자에게 하나님의 저주가 임할 것이다. "그러한 설교자는 돈을 도둑질한 사람보다도 더 큰 수치를 드러내는 것이다"(Chrysostom 1983b, 70).

3. 아우구스티누스와 설교

크리소스토무스가 설교를 통해 동방교회에서 교회 부흥을 주도할 때, 서방에서는 히포의 감독인 아우구스티누스(Augustine of Hippo, 354~430)에 의한 설교 운동이 있었다. 그는 서방 기독교와 서양철학에 큰 영향을 미친 신학자일 뿐만 아니라 철학자로, 354년 11월 13일, 오늘날 알제리인 북아프리카 누미디아의 타가스테(Thagaste)에서 이교도인 아버지 파트리키우스(Patricius)와 기도와 눈물의 여인이며 경건한 그리스도인이었던 어머니 모니카(Monica) 사이에 태어났다.

• 설교자 아우구스티누스의 형성

아우구스티누스의 부모는 그가 11살이 되던 365년 집에서 30km 떨어져 있던 마다우루스(Madaurus)로 보내었고, 371년 카르타고(Carthage)로 보내어 학문의 길을 걷게 하였다. 아우구스티누스는 마다우루스에서 문법을 배운 후 당시 중요한 라틴어 고전 작품들에 대한 상세한 본문 연구를 하였고, 카르타고에서 수사학을 배웠다.

아우구스티누스

369년 아우구스티누스는 카르타고에서 수업을 마친 후 고향에 돌아가서 잠시 수사학을 가르치다가 다시 카르타고로 갔다. 그는 카르타고에 머무는 동안 한 여인을 만나 내연 관계에 빠졌고, 18살이 되던 372년 사생아 아데오다투스(Adeodatus, 372~388)를 낳았다. 그해 그는 키케로의『호르텐시우스』를 읽었고, 이때부터 참다운 지혜가 무엇인지 추구하기 시작하였다. 374년 이 세상의 일을 빛과 어두움의 싸움터로 이해하던 마니교(Manichaeanism)에 빠졌고, 383년에는 마니교의 이원론에 환멸을 느끼고 신플라톤주의(Neo-Platonism)에 귀의한 후 로마로 이주하였다.

아우구스티누스는 383년 더 넓은 세상에서 활동하기 위해 로마에 갔고, 그곳에서 동료들의 주선으로 로마 장관 심마쿠스(Symmachus)를 만났다. 그리고 얼마 후 그의 추천을 받아 밀라노 수사학교의 교수직을 얻을 수 있었다. 그는 384년 밀라노로 가서 수사학을 가르치던 중 385년에 돈 많은 젊은 여인을 만나 사랑에 빠졌다. 그는 이 여인과 약혼하기 위해 15년간 동거했던 내연의 처를 버렸다. 이러한 일 때문에 양심의 가책을 받아 갈등하고 고민하던 중 당시 최고의 수사학자요 설교자인 암브로시우스(Ambrose, c. 340~397)가 섬기던 교회의 문을 두드렸다. 그는 암브로시우스의 설교를 듣고 영적으로 깨어나기 시작하였다.

386년 아우구스티누스는 신플라톤파의 책을 읽고 영적인 세계에 대한 눈을 떴고 암브로시우스의 설교를 듣고, 사도 바울의 글을 읽으며 그 의미를 이해하기 시작했다. 심플리키우스를 방문하여 빅토리누스가 회심한 이야기를 들었고, 폰티키아누스의 방문을 받고 그의 이야기를 들은 후 기독교로 개종을 다짐하였고, 그해 9월 어느 날 집 주변에서 "집어서 읽어라. 집어서 읽어라"(tolle lege, tolle lege)라는 아이의 노래를 들은 후 즉시 집에 들어가서 성경을 펼쳤다. 그때 그의 시선이 멈춘 곳은 "낮과 같이 단정히 행하고 방탕과 술 취하지 말고 음란과 호색하지 말고 오직 우리 주 예수 그리스도로 옷 입고 정욕을 위하여 육신의 일을 도모하지 말라"(로마서 13:11~14)는 말씀이었다. 그는 자신의 영적인 상태를 잘 말해 주고 있는 이 말씀을 "단숨에 읽어 내렸다. 평화의 빛이 마음 가득히 쏟아지고 의심의 그늘은 모두 사라지는 듯하였다."[14] 아우구스티누스는 이 말씀을 통해 철저히 회개한 후 하나님의 품에 돌아왔다.

회심 후 아우구스티누스는 밀라노 근교에 카시키아쿰(Cassiciacum)에 있는 친구 베레쿤두스의 별장으로 옮겨 세례받을 준비를 하고, 387년 4월 부활절 전야에 아들 아데오다투스(Adeodatus)와 함께 암브로시우스(Ambrose, c. 340~397)로부터 세례를 받았다. 귀향을 결심한 그는 388년 어머니 모니카와 함께 고향으로 향하였다. 하지만 여행 도중 노쇠해진 어머니 모니카가 임종하였고, 388년 가을에 아들 아데오다투스와 함께 고향 타가스테에 도착하였다.

• 아우구스티누스의 설교 사역

고향에 돌아온 아우구스티누스는 아버지로부터 물려받은 많은 유산을 가난한 사람들에게 나누어 주고, 친구들과 수도원 같은 공동생활을 시작하였다. 389년 그는 아들과의 대화인 「교사론」을 썼고, 그다음 해 아들 아데오다투스가 죽었다. 391년 그는 회중의 소리에 의해 장로에 선출되었다. 키프리아누스와 암브로시우스가 그랬던 것처럼, 장로가 되는 것을 고사했으나 회중의 강력한 요구로 장로로 취임하였다. 395년 누미디아의 해안 도시 히포의 감독 발레리우스(Valerius, d. 395)가 죽자, 그를 이어 주교에 선출되었고, 그해 감독에 취임하여 38년간의 사역을 마친 후 430년

---

14)   Augustine, *Confessions: A Select Library of the Nicene and Post Nicene Fathers of the Christian Church.* (Grand Rapids, Michigan: Eerdmans Publishing Company, 1980), VIII: xii.

히포가 반달족에 포위당한 가운데 8월 28일 하나님의 부름을 받았다.

아우구스티누스는 목회 사역 중 설교 사역에 전념하였다. 그는 일주일 가운데 닷새를 설교하는 경우가 많았고, 때로는 하루에 두 번 설교하였다. 그는 설교의 목적을 그리스도 안에서 모두가 자신과 더불어 살고, 자신이 모든 이들과 더불어 살 수 있도록 하는 데 두었다(Augustinus 2004, 3:839). 그 결과 그는 북아프리카에서 "강력하고 유명한 설교자"가 되어 아프리카 어느 곳을 가든지 설교해 달라는 부탁을 받곤 하였다. 설교자로서 그의 명성은 북아프리카만 아니라 스페인에도 알려져서 "아우구스티누스 없는 설교는 베이컨 없는 스튜와 같다."고 하는 격언이 스페인 사람들의 손에서 나올 정도였다(Pattison c 1903, 62).

아우구스티누스는 많은 저술을 저술하여 후대에 영향을 미쳤다. 그의 대표적인 저술로는 397년에서 398년 사이에 쓴 『고백론』(Confessions)과 410년 비시고트 족에 의해 로마가 함락되자 동료들을 위로하기 위해 쓴 『하나님의 도성』(City of God)을 꼽을 수 있다. 또한 아우구스티누스는 『기독교의 교리에 관하여』(De Doctrina Christiana)라는 책을 썼는데, 이 책에서 그는 성경 해석과 수사, 그리고 설교에 관해 설명하였다. 이 책의 마지막 부분인 제4권에서는 설교와 성경 강해에 관하여 다루고 있다.[15]

아우구스티누스는 『기독교의 교리에 관하여』의 제2장에서 설교에서 수사학의 유용성, 제3장에서 수사의 사용 방법에 대해 논한 후 제4장에서는 설교자의 의무에 대해 논하였다. 설교자는 성경의 해석자요 성경 교사로 "참된 믿음을 옹호하는 자요. 거짓에 대항해 싸우는 자"라고 하였다. 제5장과 제6장, 그리고 제7장에서는 웅변과 지혜의 조화에 대해, 제

---

15)   Ray C. Petry, *Preaching in the Great Tradition: Neglected Chapters in the History of Preaching* (Philadelphia, The Westminster Press, c 1950), 53~58.

15장에는 강단에 올라가기 전 기도의 필요성, 제18장부터 제26장에는 설교체에 대해 논하면서 단순한 스타일을 취할 것을 권했고, 제27장에서 제29장에는 설교자의 삶이 어떠해야 하는지 논하였다.

아우구스티누스의 설교 사역은 그가 히포에서 주교에 취임 후 즉시 시작되었다. 그는 성경을 알렉산드리아 신학 전통에 따라 은유적으로 해석하였다. 성경을 문자적으로 해석하면 과학이나 이성과 모순될 수 있지만, 은유적으로 해석하면 이런 어려움을 극복할 수 있다고 믿었기 때문이다. 그는 성경 각 구절에 문자적인 의미가 있다고 보았고, 이 문자적 의미는 역사적인 의미만이 아니라 그 이상의 은유를 내포하고 있다고 하였다. 그러므로 성경은 은유적으로 해석되어야 한다고 하였다.

• 아우구스티누스의 설교 이해

아우구스티누스의 설교는 사람과 세상을 변화시키는 힘이 있었다. 그가 설교할 때마다 청중의 반응이 유별나게 나타나기도 하였다. 죄를 고백하고 회개하면서 가슴을 치거나 큰 소리를 내어 울부짖었고, 박수로 응답하기도 하였다. 아우구스티누스의 설교를 통하여 수많은 사람이 하나님께로 돌아오는 등 사회 개혁도 일어났다. 히포 시에는 매년 실컷 먹고, 마시고, 떠들곤 하는 '희락'(Laetitia)이라는 축제가 있었다. 아우구스티누스가 이 축제의 잘못됨에 대해 지적하자, 히포 사람들은 다시는 이 축제를 열지 않았다(Adams 1986, 53). 이러한 사회 개혁 운동은 서북 아프리카의 모리타니아(Mauritania) 가이사랴에서도 일어났다. 이곳에는 매년 이웃, 형제, 아버지와 아들이 두 편으로 나누어 사상자가 나올 때까지 돌을 던지며 싸우는 카테르바(Caterva)라는 축제가 있었다. 그러나 아우구스티누스가 이곳에 와서 이 축제의 야만성을 지적한 후로 사라졌다.[16] 이처럼 아우구스티누스의 설교를 통해 회심과 사회 개혁이 일어났다. 그의 설교가 이처럼 영향력이 컸던 데에는 그럴 만한 몇 가지 이유가 있었다.

첫째로, 그는 신앙과 삶이 일치하는 설교자이었기 때문이다. 그는 사치와 향락을 멀리하였고, 금욕적이면서도 고행을 즐기는 단순한 삶을 살았다. 그는 육식보다는 채식을 즐겼고, 성도들과 공동생활을 하며 성경 말씀을 가르쳤다. 아울러 그는 말씀과 신앙에서 스스로 모범을 보였다. 그러므로 그의 설교는 항상 힘이 있었고, 그의 설교가 미치는 파급력이 대단하였다.[17]

둘째로, 수사학적 기술이 뛰어났기 때문이다. 아우구스티누스는 설교를 잘하려면 수사학적 기술을 익혀야 한다고 믿었고(Augustine 1983, 4.2), 설교자에게는 말을 잘 꾸미는 지혜가 필요하다고 하였다(Augustine 1983, 4.5). 성경 저자들이 웅변과 지혜로 성경을 기록했으므로(Augustine 1983, 4.6), 성경 해석자는 그에 맞추어 수사 기술을 익히고, 수사 기술을 활용하여 무엇이 옳은지 그른지를 분별해야 한다고 하였다(Augustine 1983, 4.4). 그는 이러한 믿음으로 평행법, 대조법, 반복법과 같은 다양한 수사학 기법을 설교에 활용함으로 청중의 관심을 끌어냈고, 이를 통해 회심 또는 삶의 변화를 촉구하였다. 그는 이 같은 수사학적 기술을 활용하여 당대 최고의 설교자로 인정받았고, 그의 대적자들인 도나투스주의자들(Donatists)도 수

---

16)   Augustine, *On Christian Doctrine: A Select Library of the Nicene and Post Nicene Fathers of the Christian Church.* (Grand Rapids, Michigan: Eerdmans Publishing Company, 1983), Book 4, chapter 24.

17)   Philip Schaff, "St. Augustine's Life and Work" in Augustine, *Confession: A Select Library of the Nicene and Post-Nicene Fathers of the Christian Church*, Vol. 1 (Grand Rapids: WM. B. Eerdmans Publishing Company, 1983b), 5.

사 기술을 배우려고 은밀히 예배에 참석하곤 하였다고 한다.[18]

셋째, 사회 경험과 신앙 체험에 기초하여 설교하였기 때문이다. 아우구스티누스는 설교에서 학문성을 드러내지 않았고, 성경을 연구하여 받은 은혜만을 증언하곤 하였다. 그는 성경 교리를 논증하면서 자주 자신의 영적 체험을 간증하였고, 이러한 간증은 청중의 공감대를 불러일으켰다. 곧 부모를 떠나 유학하던 중에 있었던 방탕 생활의 공허함, 마니교에서 신플라톤주의로, 신플라톤주의에서 기독교로 개종하는 등의 지혜 추구 과정에서 겪은 체험을 설교 가운데 소개함으로 청중의 이해를 도왔다. 이러한 인생에 대한 풍부한 경험은 설교의 상승효과를 내었다. 도널드 디머레이(Donald Demaray)가 지적했던 것처럼, "수사학적인 지식이 아우구스티누스에게 공적인 연설에 대한 이론을 제공하여 주었던 것처럼, 그의 체험적인 지식은 그에게 의사 전달에 성공할 수 있는 비결을 제공하였다."[19]

넷째, 설교에 쉬운 단어를 사용하였기 때문이다. 그는 설교에 수사학적 기술을 사용할 것을 주장하였지만, 가능한 한 미사여구를 피하였다. 청중이 알아들을 수 있는 쉬운 말로 설교하려고 하였다. 설교의 목적이 "가르치고, 기쁨을 주고, 행동하게 만드는" 데 있고(Augustine 1983, 4.12), 청중은 깨달을 때 반응하기 때문이다(Augustine 1983, 4.13). 그러므로 설교자는 청중이 이해할 수 있는 쉬운 말로 설교해야 한다고 하였다. 특히 설교자는 분명하게 말하고, 어눌하게 말해서는 안 된다고 하였다(Augustine

---

18) 그의 설교에는 큰 은혜가 넘쳤고, 청중들은 설교에 매료되어 시간을 잊을 정도였다. 설교가 끝나면 청중은 다른 설교를 해 달라고 요구하였으므로, 그는 한곳에서 여러 번 설교하였고, 같은 청중에게 5일간 설교하기도 하였다(Schaff 1983b, 5).

19) Donald Demaray, *Pulpit Giants: What made them Great*『강단의 거성들』, 나용화 역 (서울: 생명의 말씀사, 1976), 19.

1983, 4.11). 이러한 이유로 그는 청중의 다수였던 지식 계층보다는 무지한 하층에 맞추어 그들의 언어로 설교하였다. 그 결과, 말씀을 들은 사람들은 거의 다 회개하였고, 이는 히포의 부흥으로 이어졌다.

마지막으로, 원고에 얽매이지 않았기 때문이다. 아우구스티누스는 설교를 준비할 때 성경 본문 말씀을 깊이 묵상하였고, 묵상한 말씀으로부터 얻은 교훈을 마음속에 주의 깊게 되새김질하곤 하였다. 그는 설교 전에 항상 기도하였고(Augustine 1983, 4.15, 30), 설교의 초점을 인간의 지성과 감성, 그리고 의지에 두도록 하였다. 곧 "가르치고, 기쁨을 주고, 행동으로 나타날 수 있도록" 조화롭게 설교를 구성하였다(Augustine 1983, 4.17). 모든 설교는 논지가 있었고, 논지는 성경으로 인증되어야 하였다(Augustine 1983, 4.20). 이러한 원리에 따라 설교가 마련되면, 그는 설교의 주제와 논점을 암송하였다. 그리고 설교 내용 중 지엽적인 부분이나 예화는 즉흥적으로 첨가하여 설교하였다(Adams 1986, 53).

아우구스티누스는 이처럼 설교에 수사학적 기술을 사용하여 자신의 경험을 말하면서 쉽게 설교하여 큰 설교자가 될 수 있었다. 그는 성경을 강해하는 방식의 설교를 선호하였고, 설교에 예화를 거의 사용하지 않았다. 그런데도 청중들이 그의 설교에 감동적인 반응을 보이며, 회심하며, 사회 개혁을 이룰 수 있었던 것은 그의 뛰어난 수사학적 기술 덕분이었다.

아우구스티누스는 이 세상에 속한 것 또는 이 세상에서 누릴 복에 대해 설교하지 않았다. 그는 영원한 하나님의 나라에 관해 설교하였고, 현세적인 복보다는 영적인 복을 더 강조하곤 하였다. 당시의 전통에 따라 그는 앉아서 설교하였고 청중은 일어서서 말씀을 들었다. 아우구스티누스는 설교 원고를 쓴 적이 없다. 하지만 그의 설교는 오늘날 394편이 남아 있다(Pattison c. 1903, 63). 속기자에 의하여 그의 설교들이 기록되었기 때문이다. 그의 설교 내용은 아주 간단한 것이 많으며, 심지어 11줄밖에 안 되는 것도 있다.

맺는말

지금까지 우리는 설교 운동을 통해 초대교회가 생겨났고, 설교를 통해 하나님의 나라가 확장되어 온 것을 살펴보았다. 사도들에 의해 전개된 설교 운동으로 로마제국이 복음화된 것을 확인할 수 있었다. 오리게네스에 의해 주관적이며 즉흥적인 설교는 사라지고 강해 설교 운동이 시작되었다는 것, 기독교 공인과 함께 교회의 세속화가 시작되고, 교회의 세속화는 설교 운동을 약화시켰다는 것도 확인할 수 있었다. 그렇지만 하나님의 말씀만을 전하고자 하는 설교자들을 통하여 동로마와 서로마제국에서 설교 운동이 다시 전개되었다는 것도 알 수 있었다. 설교 운동은 말씀의 암흑시대인 중세 시대에도 몇 명의 설교자들에 의해 이어졌고, 그들에 의해 교회가 다시 일어났고 새롭게 변화되었다.

제3장

◇———————◇

중세 시대를 빛낸 설교자와 설교

크리소스토무스와 아우구스티누스의 설교 운동이 막을 내린 5세기 중엽부터 기독교회에서 설교 운동은 거의 사라졌다. 특히 476년 로마가 게르만의 용병대장 오도아케르에 의해 멸망한 후, 서유럽은 무질서와 혼란 가운데 빠져 갔다. 교회는 세속화의 길을 가게 되었고, 교권이 세속권을 다스리는 중세 시대로 나아가게 되었다. 그와 함께 교회 조직은 평신도와 성직자로 구성된 계급 조직으로 되어 갔다. 예배는 형식을 중요하게 간주하기 시작하였다. 성경은 스콜라 철학자들에 의해 사변적으로 해석되었다. 교리적·도덕적 타락이 눈에 띄게 늘어났고, 성경보다는 세속적 가치관이 사제들의 마음을 사로잡았다. 교회와 세상, 신자와 불신자를 구별할 수 없게 되었다. 교회는 성경 말씀보다는 교회의 전통, 신앙보다는 이성을 더 중시하였고, 설교보다는 미사가 예배의 중심이 되어 갔다.

교회 역사를 빛낸 위대한 설교자들

1. 중세 설교 운동의 배경

중세 시대에 접어들면서 이처럼 설교 운동이 약화된 이유는 목회자들이 설교보다는 교권 추구에 더 많은 관심을 두었기 때문이다. 목사들의 교권 추구는 교회 조직의 계급화와 깊은 관계가 있는데, 교회 조직의 계급화는 감독 중심 사상이 등장하면서 나타났다. 감독 중심 사상은 초대교회가 로마제국의 박해를 당한 후 배교자 처리 문제 과정에서 나타났다. 배교자 처리를 놓고 교인 사이에 의견 대립이 있었고, 이는 교회의 분열로 이어졌다. 조건 없이 배교자를 교회로부터 추방하여야 한다는 이들, 그들에게 관용을 베풀자는 이들, 그리고 신중하게 배교자를 처리해야 한다는 이들로 나누어진 것이다. 이 틈을 타서 이단 사상이 퍼져 교회가 극심한 혼란에 빠지자, 교부들은 감독을 중심으로 뭉쳐서 혼란을 극복할 것을 주장하였고, 그와 함께 감독 우위 사상이 널리 퍼졌다.

• 교회의 계급화

감독 우위 사상은 콘스탄티누스가 종교 관용령을 선포하면서 새로운 모습으로 나타났다. 성직자들이 존경과 보호를 받자, 목사 지망생이 늘어났다. 그 가운데는 소명 없이 세상 권세를 누리기 위해 성직자가 되려고 하는 이들도 많았다. 그들은 양 떼를 돌아보는 것보다 세속적 권세를 더 추구하였다. 성직자의 권위를 높이기 위하여 복장 제도를 도입하였고,[1] 사제를 통하여 하나님의 은혜가 내린다고 주장하면서 사제주의 사

---

1) 사제복의 등장은 시대적 상황과 밀접한 관계가 있다. 초대교회 당시 모든 사람은 같은 복장을 착용했지만 4세기 말경 로마제국 안에서 복장이 변하면서 성직자의 복장이 등장하였다. 주민들은 새로운 복장을 착용하기 시작하였지만, 성직자들이 이전에 입던 옷을 고수하였다. 5세기경에 이르면서 복장 제도가 정착되면서 복장으로 사제와 일반인

상을 확산시켰다. 사제들은 더 높은 권세와 지위, 부와 영화를 누리기 위해 수단과 방법을 가리지 않았다. 큰 교회를 맡은 이들이 인정을 받자, 그들은 더 큰 교회를 맡고자 하였다. 큰 교회를 맡은 감독은 작은 교회를 맡은 감독에게 명령하고 지시하기 시작하였다. 이러한 과정에서 주교(bishop of diocese) 제도가 생겨났고, 한 나라의 수도에 있는 주교를 대주교(metropolitan bishop 또는 archbishop)라고 부르고, 모든 교회는 그에게 복종하였다.[2] 그 후 대주교 사이에 권력 투쟁이 전개되어 총대주교(Patriarch) 제도가 생겨났고, 총대주교들의 권력 투쟁은 결국 교황제도(Papacy)를 탄생시켰다.

이러한 교권 투쟁은 로마시를 중심으로 전개되었다. 4세기 말부터 로마교회의 감독들은 로마가 제국의 수도라는 점을 이용하여 지방에 있는 교회의 문제에 개입하며 영향력을 행사하기 시작했고, 나중에는 스스로 전 세계 교회의 머리라고 주장하였다. 로마교회가 다른 교회보다 높다는 수위권을 강조하기 시작한 것이다. 그들은 로마교회가 베드로의 권세를 계승하고 있다고 주장하였다. 곧 예수님이 시몬을 반석, 곧 베드로라고 칭한 후 반석 위에 교회를 세우시겠다고 하시면서 베드로에게 천국 열쇠를 주셨는데, 이러한 권세를 가진 베드로가 세운 교회가 로마교회며, 로마 감독이 베드로의 권세를 계승하고 있으므로 지상의 모든 교회는 로마 감독의 지배를 받아야 한다고 주장한 것이다.

그렇지만 이러한 로마 가톨릭교회의 주장은 성경적이지 않다. 예수께

을 구분할 수 있게 되었다.

2)　교회의 계급화는 성직자 계층만 아니라 평신도 사이에서도 나타났다. 사도 시대에 가난한 자와 병자를 구호하던 집사 직분은 세월이 흐르면서 집사와 부제(subdeacon)로 나누어졌다. 시대가 변하면서 집사들은 공 예배와 성례 때 사제를 보좌하였고, 이때부터 집사를 부제로 부르기 시작하였다.

서 교회의 기초라고 하신 그 반석은 베드로가 아니라 예수 그리스도 자신을 의미하기 때문이다. 바울은 교회를 성도들의 모임으로 설명하면서 "너희는 사도들과 선지자들의 터 위에 세우심을 입은 자라. 예수 그리스도께서 친히 모퉁이 돌이 되셨느니라"고 하였다(엡 2:20). 교회의 기초인 반석이 베드로가 아니고 예수 그리스도임을 밝힌 것이다. 그리고 베드로도 자신 위에 교회가 세워진 것이 아니라 "보배로운 산 돌이신 예수 그리스도" 위에 세워졌다고 가르쳤다(벧후 2:4~8). 그리고 로마교회를 세운 이는 베드로가 아니고 교부 이레니우스(Irenaeus, 130~202)가 지적한 것처럼, 오순절 사건을 체험한 무명의 사람들이었다. 그들에 의해 교회가 세워진 후 사도 바울이 섬겼고, 그 후에 베드로가 순교 직전에 갔다.[3] 그러므로 베드로를 교회의 기초인 반석이라거나 로마교회의 설립자라고 주장하는 것은 논리적으로 맞지 않는다.

그리고 로마교회가 기독교 초기부터 교회들에 영향력을 미쳤다는 것도 근거 없는 주장이다. 로마교회는 4세기 중반에 이르기까지 역사 속에 보이지 않고 교회 문제들에 대해서도 침묵해 왔다. 325년 이단자 아리우스(Arius, 256~336) 처리를 위해 니케아 교회 회의가 열렸을 때 수많은 교회 지도자의 활동상이 기록으로 남아 있지만, 로마 감독의 행적은 어디도 나타나지 않는다.[4] 만일 로마교회가 교회들 사이에 중요한 위치에 있었다고 한다면 초대교회의 운명을 건 중요한 논쟁에서 결코 로마 감독이 침묵할 수 없었을 것이다.

---

3)   이러한 입장은 초대 교부의 입장이기도 하다. "The Decretals." *Ante-Nicene Fathers: Fathers of The Third and Fourth Centuries* (Michigan, Wm. B. Eerdmans Publishing Company, 1978), VIII, 641.

4)   Minucius Felix, *Ante-Nicene Fathers: Translations of the Writings of the Fathers down to AD 325* (Michigan: WM. B. Eerdmans Publishing Company, 1979), IV, 641.

사실상 로마교회가 교회 무대에 등장하기 시작할 때는 앞에서 언급한 것처럼 4세기 후반이다. 이때부터 로마교회는 스스로 다른 교회들보다 우위에 있음을 주장하기 시작하였고, 6세기 말 그레고리 대제(Gregory the Great, 540~604) 때 본격적으로 영향력을 행사하기 시작하였다. 4세기 말부터 로마교회는 로마제국의 수도에 있다는 이유로 다른 교회보다 우위에 있음을 주장하였고, 6세기 말에 이르러 로마교회의 절대적 우위를 주장하기 시작했다.

이처럼 로마교회가 갑작스럽게 교회 역사에 나타나게 된 데는 로마제국 안에서 정치적·사회적 혼란이 있었기 때문이다. 410년 서고트족 알라리크(Alaric, 370~410)가 로마를 함락하였고, 451년 몽골의 훈족 추장 아틸라(Attila, c. 406~453)가 이탈리아 북부를 노략질했으며, 476년에는 게르만족 오도아케르(Flavius Odoacer, 433~493)가 서로마제국을 점령하였다.

이러한 정치적 혼란을 맞아 지도력이 공백 상태에 있을 때 등장한 인물이 로마 감독 그레고리 대제(Gregory the Great, c. 540~604)였다. 그는 전쟁의 참화로 병든 자와 굶주린 자를 구제하여 군중의 신망을 얻었고, 사회질서를 회복함으로 교회의 영향력을 사회 속에 확대해 갔다. 그는 이때 로마교회의 우위성을 주장하면서 세속권에 대한 교권의 우위성을 강조하기 시작하였다. 그 후 그레고리의 후계자인 보니페이스(Boniface III, 540~607)는 606년 자신을 지상 교회의 머리라고 선포하고, 모든 교회는 로마에 복종할 것을 명하였다.

이때부터 로마 감독들은 세속권을 손에 넣기 위해 수단과 방법을 가리지 않았다. 프랑크 왕국의 대신(大臣) 페핀(Pepin, c. 714~768)이 751년 쿠데타를 일으켜 왕권을 찬탈하자, 교황 자카리아스(Zacharias, 679~752)는 시종(侍從) 보니페이스(Boniface, c. 675?~754)를 보내 그를 프랑크의 왕으로 대관해 주었다. 왕권을 찬탈한 페핀의 악행을 정당화해 주면서 스스로 교권을 왕권 위에 놓았다. 이를 통해 교황청은 페핀의 군사적 지원을 받게 되었고, 왕권의 정통성은 교황의 대관으로부터 나온다는 사상이 정립되어 갔다.

그러나 교권의 세속권 장악은 교회의 세속화를 가속했고, 이는 교회 생활 전반에 나쁜 영향을 미쳤다. 신령과 진정을 강조하며 설교 중심적으로 드리던 예배는 사라지고, 상징과 의식 중심으로 변해 갔다. 예배당은 호화롭고 사치스럽게 꾸며지기 시작했고, 교회당 내부는 하나님을 상징하는 조형물과 그림으로 장식되어 갔다. 기도는 미사여구로 꾸며졌고, 자신의 마음을 쏟는 것보다는 미사여구로 장식된 기도문을 암송하거나 낭독하는 것으로 대체되었다. 외식과 형식에 따라 예배가 진행되면서 설교의 역할은 점차로 약화되었다. 예배당의 구조도 바뀌었다. 하나님의 말씀을 선포하는 강단이 사라지고 교회당의 중심에 제단이 자리 잡았다.

• 성례제도주의의 확산

교회 생활이 제도화되고 예배가 의식화되자, 하나님과의 영적 관계를 회복하고자 하는 움직임도 강하게 나타났다. 어떤 이는 세상과 단절한 후 수도원에 들어가서 은둔하면서 신앙을 지키려고 하였고, 다른 이는 성례와 교회 의식을 통하여 기독교인으로서 정체성을 취하고자 하였다. 전자 가운데는 세상 문화에 대해 비판적인 경향이 강하였고, 후자는 현실 교회 안에서 새로운 영적 빛을 찾고자 하였다.

의전 중심의 성례제도주의는 새로운 성찬론인 화체설(化體說)이 등장하면서 강화되었다. 사실상 화체설은 초대교회 당시만 해도 이단적인 사상으로 간주하던 사상이었지만[5] 코르비(Corbie)의 수도사 라드베르투스 (Paschasius Radbertus, 785~865)가 831년『주님의 몸에 대하여』(Of the Body of the Lord)라는 책을 펴내면서 널리 퍼져 나갔다. 그는 사제가 성찬식을 베풀며 떡과 포도주를 가지고 '이것은 나의 몸이다.'(Hoc est corpus meum)라고 축성하는 바로 그 순간, 그것들이 그리스도의 몸과 피로 즉각적으로 변한다고 주장하였다.[6] 그는 축성과 함께 떡과 포도주의 외형이 변하지는 않지만, 내적으로 그리스도의 몸으로 변한다고 주장하였다.

라드베르투스의 화체설은 라트람누스(Ratramnus, d. 870)에 의해 강하게 비판받았다. 라트람누스는 844년에 라드베르투스와 같은 제목으로 책을 내고, 화체설이 초대교회에서 이단으로 정죄된 학설임을 밝히면서 성찬의 진정한 의미는 창시자인 예수 그리스도께서 '이것을 행하여 나를 기념하라.'고 하신 것처럼, 그리스도의 수난을 기념하는 것이라고 하였다. 기념설을 주장한 것이다. 하지만 교황청은 라트람누스의 주장을 정죄하고 라드베르투스의 주장을 지지하였고, 1215년 제4차 라테란 교회 회의 (Council of Lateran)를 통해 화체설을 정통 교리로 공인하였다. 그 후 예배의 중심은 설교에서 성찬으로 확정되었고, 사제들은 설교보다는 의전 집례를 가장 중요한 업무로 간주하기 시작하였다.

• 사변적 성경 해석

설교 운동을 약화시킨 또 다른 원인으로 성경의 영해를 들 수 있다. 성

---

5)　교부 이그나티우스(Ignatius)나 유스티누스 마터(Justin Martyr), 테르툴리아누스 (Tertullian) 등은 화체설을 이단적인 사상으로 보았고, 성찬은 그리스도의 몸을 상징할 뿐이라고 지적하였다.

6)　이 같은 화체설은 프랑크 왕이었던 대머리 샤를 왕(Charles the bald)이 843년 꼬르비 수도원을 방문한 이후로 중세 교회에 널리 소개되었다.

경을 영적으로 해석하는 전통은 오리게네스(Origen, c.185~254)로부터 시작되어 아우구스티누스(Augustine of Hippo, 354~430)와 제롬(Jerome, c. 342~420)에 의하여 발전되었다. 그들은 성경이 하나님에게서 온 말씀이므로 세상의 관점이 아니라 하나님의 나라 차원에서 의미를 찾아낼 것을 주장하였다. 곧 성경을 영적으로 해석할 것을 주장하였다. 성경 본문을 인과(因果)관계로 관찰하고, 내세 지향적으로 해석하고, 그것으로부터 영적인 교훈을 유출해야 한다고 하였다. 이러한 해석 방법은 카시안(John Cassian, c. 360~435), 베데(Bede, c. 673~735), 살리스베리의 존(John of Salisbury, c. 1115~1180), 토마스 아퀴나스(Thomas Aquinas, c. 1225~1274), 단테(Dante, 1265~1321)와 같은 인물들의 지지를 받았고, 중세 교회의 정통적인 성경 해석 방법이 되었다.[7]

그렇지만 성경의 영해는 기독교 신앙의 사변화(思辨化)를 초래하였다. 성경을 영적·도덕적으로 해석하면서 성경 본문이 제시하는 의미가 왜곡되게 해석되기 시작한 것이다. 이러한 상황에서 스콜라 철학자들은 영적인 해석을 공개적인 영해와 신비적인 영해로 나눔으로 성경 해석의 사변화를 심화시켰다.[8] 신학의 사변화가 심화하면서 설교의 핵심 내용은

---

7)　　노겐트(Gilbert de Nogent)는 예루살렘이 문자적으로는 지상의 예루살렘 성을, 우의적으로는 거룩한 교회를, 도덕적으로는 영원한 평화를 갈망하는 자들의 영혼을, 목적론적으로는 하나님을 보는 하늘에 거하는 자들을 의미한다고 하였다. 14세기의 휴(Hugh of Cher)는 이러한 사중적인 해석을 "법궤를 덮는 네 개의 덮개, 네 개의 바람, 네 겹으로 된 그룹 그리고 에덴동산을 흐르는 네 개의 강"과 같다고 하였다. Harry Caplan, "The Four Senses of Scriptural Interpretation and the Mediaeval Theory of Preaching." *Speculum* Vol. 4. No. 3(July, 1929) 286.

8)　　스콜라 철학자들이 해석한 예를 살펴보자. '다윗이 골리앗을 무찔렀다.'(삼하 17:51)라는 말씀은 '겸손으로 교만을 물리쳐야 한다.'는 의미라고 하였고, 제사장이 '그의 옷을 빨 것이니라.'(레 13:6)는 말씀은 '당신의 행위를 늘 정결하게 하라'는 신비적인 의미가 있다고 가르쳤다. '다윗이 예루살렘을 다스렸다.'는 말씀은 '그리스도께서 전투적인

성경보다는 인간의 경험, 세속적인 철학과 사상이 되어 갔다. 이러한 상황에서 교회 당국이 성경을 아전인수 격으로 해석하고, 그에 기초하여 작성한 설교문을 배포하면서 설교는 교시(教示) 형태로 되어 갔고, 시간이 흐르면서 교회에서 설교 횟수(回數)도 점차 줄어 갔다. 교인들은 한 달에 한두 번, 그것도 라틴어로 된 설교를 듣는 것으로 만족해야 하였다.

• 교회 법령

성경이 우의적으로 해석되고, 신학이 사변화되면서 설교 운동은 매력 없는 행사가 되었다. 그리고 교회 당국이 교역자의 주된 업무를 설교가 아닌 예식 집전에 두면서 말씀의 빛은 더욱 사라져 갔다. 한 예를 들어 보자. 755년 메츠의 대주교 크로데강(Chrodegangus of Metz, d. 766)이 프랑크 왕실의 명에 따라 「크로데강의 규정」(Rule of Chrodegang)으로 알려진 『교회 법 규정』(Regulia Canonicorum)을 발표하였다. 34장으로 구성된 이 법령집은 교역자의 주된 업무를 성사(聖事)의 집행으로 규정하였다. 곧 성직자는 학문 연구와 목회, 신앙 교육에 먼저 힘써야 하되 특히 예배 의식을 거룩하고 엄숙하게 집례하는 것을 배워야 한다고 하였다. 성직자의 주요 업무를 설교가 아닌 의식 집행으로 규정한 것이다. 더구나 법령은 설교자가 예배 때마다 설교할 필요가 없고 사제의 형편에 따라 한 달에 2번 정도 설교해도 충분하다고 규정해 놓았다. 설교 없는 예배의 가능성을 열어 놓은 것이다.

그 후 800년경 프랑크 왕실은 『법령집』(Capitulania)을 선포하여 자유로운

교회를 다스린다.'는 우의적 의미이며, '어린 양의 피로 그의 옷을 빠는 자는 복이 있나니 생명의 나무에서 나는 열매를 먹을 것이다.'라는 말씀은 '그들의 생각을 정결케 하는 자는 복이 있나니 예수 그리스도를 보게 될 것이다.'라는 신비적 의미가 내포되어 있다고 가르쳤다.

교회 역사를 빛낸 위대한 설교자들

설교 사역을 막았다. 성직자는 스스로 성경을 연구하거나 묵상할 수 없고, 그들이 준비한 설교를 설교할 수 없다고 밝혔다. 『법령집』은 사사로이 성경을 읽거나 연구하고 깨달은 것을 설교할 수 없고, 교회 당국이 보내 준 설교문만 교회 앞에 낭독해야 한다고 명시하였다. 이 같은 법령이 나온 후 설교는 교황청이 보내온 문서를 낭독하는 것으로 대체되었고, 이때부터 독창적인 설교 운동은 불가능하였다.

2. 십자군 운동과 설교자들

그렇지만 11세기에 들어오면서 설교 운동이 잠시 일어났다. 아이로니컬하게도 설교 운동은 설교 운동을 억제하던 교황청에 의해 일어났다. 그레고리우스 7세(Gregory VII, c. 1020~1085)는 교권 강화를 위해 성직 매매와 성직자의 결혼 금지, 추기경단에 의한 교황 선거 제도 등 교회 정화 운동을 전개하였다. 그는 교회 개혁이 성직자들이 그 본연의 업무에 충실함으로 이루어질 수 있다고 믿고, 모든 사제에게 기도와 설교에 전무를 할 것을 명하였다. 그 결과 잠시나마 하층 사제 사이에서 설교 운동이 일어났다. 그렇지만 설교 운동은 오래가지 못하였다.

그러나 11세기 말 일어난 십자군 운동과 설교 운동이 다시 일어났다. 교황청은 십자군을 모병하기 위해 연설에 능한 이들을 선발하였고, 그들을 후하게 대접함으로 설교 운동이 일어나게 되었다. 이때 등장한 대표적인 설교자로 은둔자 피터,[9] 베르나르, 베르톨트, 파두아의 안토니우스

---

9)   은둔자 피터(Peter the Hermit, 1050~1115)는 제1차 십자군에 참여한 설교자로, 교회당과 길거리, 시장 등지에서 설교하였다. 그는 예루살렘에 있는 예수 그리스도의 무

등이 있다. 먼저 당시 최고의 설교자로 꼽혔던 클레보의 베르나르와 그의 설교에 관하여 살펴보도록 하자.

• 클레보의 베르나르

베르나르

베르나르(Bernard of Clavoux, 1090~1153)는 귀족 가문으로서, 1090년 프랑스 부르고뉴 디종 (Dijon) 근처의 퐁테느에서 6남 1녀 중 하나로 태어났다. 그는 어머니로부터 성경을 배웠고, 어머니의 영향으로 인생의 목표를 그리스도 께 헌신하는 데 두었다. 아홉 살이 되던 1099 년 샤티롱(Châtillon)에 있는 학교에 입학하여 문학과 수사학을 공부하였고, 그곳에서 마리아 신앙에 깊이 빠지기도 하였다. 1098년 디종 근처의 시토(Citeaux)에 로베르(Robert)가 이끄는 사람들이 베네딕트 수도원 규칙에 따라 수도원을 세우자, 베르나르는 수도 생활에 호기심을 갖기 시작하였다. 1113년 어머니가 죽자, 베르나르는 30 여 명의 부르고뉴 귀족들과 함께 시토(Cistercian) 수도원에 들어갔다. 수도원에서 그는 "빵과 우유 혹은 채소를 삶은 물을 먹고 지냈고," 종일 서서 기도하여 몸을 가눌 수 없을 정도로 혹독한 금욕 생활로 몸을 상하기도 하였다(Schaff 2004, 5:313). 동시에 그는 성경과 교부들에 관하여 연구하였다. 1115년 베르나르는 12명의 동료와 클레르보에 수도원을 세웠고, 그후 시토 수도원은 베르나르의 지도력 아래 크게 성장하였다. 그가 수도원장에 재직하면서 70개의 수도원이 프랑스, 163개의 수도원이 유럽 전

___

덤이 이방인들에게 더럽힘을 받고 있다고 외치면서 십자군 모병을 독려하였다(Pattison, c1903, 92).

역에 세워졌다.

베르나르는 흡인력을 갖춘 인격, 풍부한 교양, 하나님과 인간에 대한 뜨거운 사랑을 지닌 인물이었다. 당대의 전기 작가에 의하면, "그의 용모에서 배어 나오는 순수함은 지상의 것이 아닌 천상의 것이었으며, 그의 눈에는 천사의 맑음과 비둘기의 온유가 있었다."고 한다(Schaff, 2004, 5:311). 이 같은 베르나르의 경건과 신앙이 교황청에도 알려졌고, 교황 인노켄티우스 2세(Innocent II, d. 1143)와 유게니우스 3세(Eugenius III, 1145~1153)는 그를 가까이하며 그의 도움을 받았다. 1130년 교황 호노리우스 2세(Honorius II, 1060~1130)가 사망한 후 교황 후보자끼리 싸우다가 교황청이 나누어지자, 베르나르는 프랑스 왕 루이 6세(Louis VI, 1081~1137)를 설득하여 교회 회의를 소집하였고, 영국과 독일 왕에게 도움을 구하여 인노켄티우스 2세(Innocent II, ?~1143)를 교황으로 세웠다. 그리고 1146년 제2차 십자군 원정(1146~1149)이 시작되자, 1147년부터 십자군 모집을 홍보하는 설교 운동을 전개하여 교황청을 도왔다.

베르나르는 수도사였지만 학문과 경건을 겸비한 신학자였다. 그는 특정 성경 본문과 주제를 가지고 여러 권의 설교집과 논문집을 낼 정도의 실력을 갖춘 뛰어난 학자였고, 설교를 통해 수많은 영혼을 구원한 설교자였다. 설교자로서, "그는 설교문을 미리 작성하지 않았다. 간단한 메모를 가지고 강단에 올라가 말씀을 전하였고, 때로는 수도원 정원에서 묵상한 것으로 즉흥적으로 설교하기도 하였다. 그는 근실한 도덕성과 비약적 상상, 경건한 독백으로, 열정적으로 신앙적인 주제에 대해 설교하였다"(Schaff 2004, 5:758).

상상력과 열정이 넘치는 설교자였던 베르나르의 설교 특징 가운데 하나는 성경을 많이 인용한 것이다. 그는 다른 저서들과 마찬가지로 항상 성경에 기초하여 언급했고, 성경을 주로 인용하여 설교하였다. 둘째로,

그의 설교 주제가 확실했다. 그의 설교 주제는 하나님의 크고 넓은 사랑이었다. 셋째로, 즉각적인 결단을 요구한 것이다. 그는 하나님의 사랑을 소개하면서 항상 하나님 사랑의 상징인 예수 그리스도를 주님으로 즉각적으로 영접하라고 외쳤다. 이 같은 특징 때문에 루터는 베르나르의 설교를 최고의 설교로 간주하였다. 루터는 "자신의 설교에 참조하는 모든 박사 가운데 베르나르가 가장 뛰어나며, 심지어 아우구스티누스도 능가한다. 왜냐하면 그가 그리스도를 가장 훌륭하게 전하기 때문이다."라고 말했다(Schaff 2004, 5:318-319).

베르나르의 대표적인 설교집은 『아가서 설교』(Sermons on the Song of Solomon)이다. 이 설교집은 클레르보 수도원에서 행한 86편의 설교로 구성되어 있다. 그는 이 책에서 그리스도 예수에 대한 사랑을 비유와 알레고리로 설명하였다. 또한 신자의 삶에서 영적 생활의 중요성을 역설하면서 하나님과의 신비적 연합을 주장하기도 하였다. 그는 다음과 같이 십자군을 향하여 설교하였다. "내 말을 듣고 있는 여러분이여! 하늘의 진노를 다시는 헛된 불평으로 그의 선함에 탄원하는 방법이 아닌 다른 것으로 진정시키도록 서두르십시오! 여러분 스스로 베옷을 입고, 뚫을 수 없는 방패로 무장하십시오! 무기의 부딪히는 소음, 위험함, 수고, 전쟁의 피로는 하나님이 여러분에게 부과한 참회입니다. 이교도들을 이김으로 당신의 죄에 대한 속죄를 이루도록 서두르십시오! 그리고 여러분의 회개를 보상함이 성지 회복이 되게 하십시오!"[10] 지루한 장문이나 복문으로 설교하지 않고 간단한 단문으로 설교하며 결단을 촉구한 것이다.

베르나르 설교의 장점 중 또 다른 하나는 청중에 대한 이해이다. 그는 항상 청중에 가장 잘 부합하는 설교를 하곤 하였다. "농민들에게는 마치

---

10) "Bernard of Clairvaux", *Wikipedia*.

교회 역사를 빛낸 위대한 설교자들

자신이 농촌에서 살아온 사람처럼, 그리고 다른 모든 계층의 사람들에게는 마치 자신이 그들의 직업을 매우 깊이 연구한 사람처럼 설교했다. 많이 배운 사람에게는 학자처럼, 배우지 못한 사람들에게는 평이하게 설교했다. 영성이 깊은 사람들에게는 지혜로운 권고를 풍성히 담아서 전했다. 어떻든 모든 사람을 그리스도의 빛 가운데로 인도하고 싶은 심정에서 모든 사람의 형편에 맞추어 주었다"(Schaff 2004, 5:319).

베르나르의 설교 운동은 왈도파(Waldenses), 도미니크회(Dominicans)와 프란시스코회 수도사(Franciscan) 등 탁발수도사들에 의해 이어졌다. 그들의 설교 내용은 베르나르처럼 간단하였다. 그렇지만 그들이 청중에 직접적으로 호소하는 형식을 취하였으므로, 그들의 설교는 보다 생동감이 넘쳐 흘렀다. 탁발수도사들은 기성 교회 주교들처럼 지식인의 언어인 라틴어가 아닌 청중의 언어인 백성들의 말로 설교하였다. 그러므로 그들은 설교자로서 인기와 영향력이 대단히 컸고, "그들이 있는 들판과 거리에는 청중이 구름처럼 몰려들었다."[11] 이 같은 탁발수도사 중 대표적인 설교자가 레겐스부르크의 베르톨트와 파두아의 안토니우스이다.

• 레겐스부르크의 베르톨트

레겐스부르크의 베르톨트(Berthold of Regensburg, ca. 1220~1272)는 1220년경 독일 라티스본(Ratisbon)에서 부유한 집안에서 태어났다. 그는 어린 나이에 레겐스부르크에 있는 프란시스코회 수도원에 들어갔고, 그곳에 있을 때부터 설교에 남다른 재능을 드러내 보였다. 그는 1246년 수녀원에서

---

11) 베르톨트와 안토니우스는 18세기의 대설교가 조지 횟필드, 19세기의 부흥사 무디보다 더 많은 사람에게 설교하였으며, 강해 설교와 우의적인 설교를 동시에 하였고, 교리 설교는 거의 하지 않은 것으로 알려져 있다(Schaff 2004, 5:755).

첫 설교를 시작한 후, 1250년경 바이에른(Bavaria) 최고의 수도사요 순회 설교자로 인정을 받았다. 그는 바이에른에서 오토 2세(Otto II, 1226~1253)를 교회에 복종시키기 위해 노력했다. 그곳에서 그의 설교 운동은 성공적이었다. 그의 설교를 듣기 위해 수많은 사람이 몰려와 교회당이 수용할 수 없게 되어서 옥외 집회를 열었다(Pattison 1903, 111).

베르톨트는 1254년과 1255년에는 슈파이어(Speyer)에서 순회 설교 운동을 했다. 그 후 스위스로 건너가서 라인강 상류에 있는 아르가우(Aargau), 트루가우(Thurgau), 콘스탄츠(Constance) 주에서 순회 설교를 하였다. 1260년에는 오스트리아, 모라비아, 헝가리, 실레시아, 튀링기아에서 회개 운동을 일으켰고, 1263년 교황 우르바누스 4세(Urban IV, 1195~c. 1264)에 의해 십자군 모병 설교자로 발탁되어 십자군 설교 운동을 이끌었다. 그는 십자군에서 알버트 대제(Albert the Great, c. 1206~1280)를 보좌하며 설교하였다. 베르톨트가 가는 곳에 인산인해를 이루었고, 최대 집회 인구수가 6만 명 정도였다(Schaff 2004, 5:759). 베르톨트가 이처럼 대설교자가 된 비결은 다음과 같다.

첫째로 설교 내용이 논리적이었기 때문이다. 그는 하늘의 별과 광활한 들판, 산과 강, 바다 등 아름다운 자연에서 설교의 예화 소재를 찾았고, 그것으로 성경이 제시하는 교리를 논증하였다. 성경 본문이 제시하는 교리 또는 교훈을 먼저 일반적인 지식이나 자연 계시를 통하여 예증하고, 그다음으로 특별 계시인 성경을 가지고 논증함으로 확정한 것이다.

둘째로 회화적(繪畵的)이었기 때문이다. 그는 쉬운 언어를 사용하여 청중이 이해할 수 있게 하였고, 예화를 통해 청중이 설교에 몰입하게 만들었다. 곧 뛰어난 묘사력을 동원하여 설교를 설명했기 때문에 청중의 마음을 사로잡을 수 있었다. 그의 설교를 들을 때 청중은 마치 한 편의 드

라마를 보는 것처럼 느꼈고, 설교에 몰입하였다.[12]

셋째로 설교를 통해 인간 속에 깊이 숨어 있는 사악한 죄를 드러냈기 때문이다. 베르톨트는 인간의 탐심과 탐욕, 음주, 춤과 잔치, 음행을 정죄하였으며, 간음과 가정 폭력을 가정 파괴죄라고 비난하였다. 그리고 당시 유행하던 마상 시합, 뇌물 재판, 부정한 무역, 고리대금을 사회악으로 취급하였고, 개인과 사회 속에 깊이 뿌리박고 있는 죄에 대해 신랄하게 비판한 후, 이 모든 사악한 죄악을 버리고 하나님께 돌아올 것을 촉구하였다.

넷째로 언행이 일치하는 삶을 살았기 때문이다. 베르톨트는 크리소스토무스가 그랬던 것처럼 거룩함을 외쳤고 스스로 경건의 모범을 보였다. 식자들의 언어인 라틴어보다는 청중이 알아들을 수 있도록 쉬운 독일어로 설교하였고,[13] 청중의 처지에서 생각하고 그들이 눈높이에 맞추어 설교하였다. 그래서 그는 설교하면서 농민의 언어를 사용하였고, 성경을 우의적으로 해석한 후 일화와 농담을 소개하곤 하였다. 그는 설교에 미묘한 신학적 이야기를 다루려고 하지 않았다. 하나님의 신비에 관한 것은 사제에게 맡겨진 것이므로, 성도는 단지 교회에서 가르치는 신조에 만족하라고 권하였다.

이처럼 베르톨트는 설교의 암흑시대에 설교 운동을 전개한 위대한 설교자였다. 베르톨트가 성공적인 설교자가 될 수 있었던 비결을 중세의 설교 역사가인 크루엘(Cruel)은 다음과 같이 논하였다. "첫째로 평신도들

---

12) 그의 대표적인 설교로 "요사밧의 계곡"(Valley of Josaphat)이라는 제목의 설교가 있는데, 그는 이 설교를 통해 최후의 심판을 묘사하며 회개를 역설하였다. 그런데 설교 문장이 아름다웠기 때문에 청중들은 그것을 널리 암송하였다고 한다.

13) 그의 현존하는 설교 가운데 500편이 독일어, 71편이 라틴어로 되어 있다(Schaff 2004, 5:755).

이 쉽게 이해할 수 있었던 대중적 언어를 사용한 점, 둘째로 남의 훌륭한 예를 인용하면서 뒤로 감추지 않았던 넉넉한 그의 인격, 셋째로 하나님과 인간을 향한 뜨거운 사랑이 있었다"(Schaff 2004, 5:759). 그의 온유한 성품 때문에, 청중은 그를 "달콤한 형제 베르톨트" 또는 "하나님과 사람을 사랑하는 자"라고 불렀고, 철저한 회개를 강조하였기 때문에 "제2의 엘리야" 또는 "열방의 교사"라는 별명을 붙여 주었다. 그는 순회 설교 사역을 마치고 1272년 12월 레겐스부르크에서 죽었다.

• 파두아의 안토니우스

파두아의 안토니우스

베르톨트가 독일과 동유럽에서 설교 운동을 전개할 때 프랑스와 이탈리아에서는 파두아의 안토니우스(Anthony of Padua, 1195~1231)가 부흥 운동을 이끌었다. 그는 포르투갈 리스본에서 귀족 또는 기사 계층에 속하는 사람의 아들로 태어나 리스본 근교의 성당학교에서 수학한 후 15살에 리스본 외곽에 있는 아우구스티누스파 수도원에 들어가 수도사가 되었다.[14] 1212년 코임브라 대학(University of Coimbra)에 진학하여 신학과 라틴어를 공부하였다. 그는 사제 서품 후 19살에 객원 장으로 임명받고 수도원 접대를 담당하였다. 그 후 순회 수도사 프란시스코를 존경하여 프란시스코회 수도사가 되었고, 평생을 수도사로 생활하다가 이탈리아의 파

---

14)   Edwin Charles Dargan, A History of Preaching. vol 1-2. (Grand Rapids, Michigan: Baker Book House, 1954), 253.

두아(Padua)에서 사망하였다. [15]

안토니우스는 1219년 5명의 프란시스코 교단 수도사들이 모로코에서 복음을 전하다가 참수당하였다는 소식을 듣고 수도사들의 발자취를 따르려고 1220년 모로코로 떠났다. 하지만 그는 모로코에서 열병을 얻었고, 병 치료를 위해 포르투갈로 돌아와야 했다. 그러나 항로를 잘못 택하여 시칠리아(Cicily)에 상륙했고, 거기서 건강을 회복하였다. 그는 프란시스코회 수도회 본부가 있던 이탈리아로 가서 수도 생활에 전념하려고 하였다. 그러나 이번에도 항해 도중 만난 폭풍우로 다시 시칠리아로 돌아와 포를리 근처에 있는 암자에 머물면서 은둔과 기도, 성경 연구에 전념하였다.

안토니우스는 1221년 순회 설교자로 인정받기 위해 아시시(Assisi)에 열린 종단 총회에 참석하였다. 그곳에서 한 나이 많은 프란시스코회 수도사를 만났고, 그를 따라 캄파냐(Campagna)로 갔다. 캄파냐에서 은둔 생활을 하며 그는 설교자로 훈련받았다. 스스로 낮아지는 법을 배운 그는 극기를 위해 고행 훈련을 하였고, 고행하면서 설교자로 자라 갔다. 1222년 시칠리아의 포를리에 도미니크회 수도사들이 신부 서품을 받기 위해 모이자, 안토니우스도 참석하였다. 그 모임에는 도미니크회와 프란시스코회 수사 대표들이 참석하였다. 그렇지만 두 교단의 책임자 모두 설교 준비가 되어 있지 않았다. 이처럼 난감한 상황에서 포를리의 암자 책임자가 안토니우스에게 설교를 부탁하였다. 안토니우스는 사양했으나 책임자는 그에게 "성령이 영감을 줄 수 있는 것은 무엇이든 말하라."고 명하였다(Dargan 1954, 1:253). 안토니우스는 즉석에서 설교하였다. 그때 청중은

---

15) 그는 '리스본의 안토니우스'라고도 불리기도 하지만 이탈리아의 파두아에서 사망하였기 때문에 파두아의 안토니우스라고 불린다.

안토니우스의 아름다운 목소리, 풍부한 성량, 능란한 자세 그리고 그의 설교 주제와 내용, 성경에 대한 깊은 지식과 뛰어난 설교 전달 방식에 감동하였다. 이 사건을 계기로 안토니우스는 종단으로부터 순회 설교자로 인정받았고, 그때부터 순회 설교를 시작하였다.

안토니우스는 성경을 중세 전통에 따라 4중적으로 해석하였다. 그는 "일월성신에는 징조가 있겠고, 땅에서는 민족이 … 혼란 중에 곤고하리라."는 누가복음 21장 25절을 다음과 같이 해석하였다. "여기에 그리스도의 출현과 관련하여 네 가지, 즉 육체, 마음, 죽음, 그리고 최후의 심판에 대해 언급되어 있습니다. 첫째로 육체로 출현하는 것, 곧 인간의 몸을 입는 것으로, 해에는 징조가 있겠다고 하였습니다. 해는 하나님의 아들이기 때문입니다. 둘째는 마음, 곧 영적인 것에 관한 언급입니다. 이것은 우리의 마음을 정결케 하는 것으로, 죄에 대항하고 보호하는 것, 또는 이 안에서 덕을 세우는 것이므로, 달이라고 하였습니다. 셋째는 몸과 영혼의 분리, 즉 죽음에 대해 언급으로, 별들로 소개했습니다. 별들은 하늘에서 떨어지기 때문입니다. 그리고 마지막으로 모든 것의 마지막에 있을 것을 언급했습니다. 마지막 때에 공을 쌓은 자들에게 보상이 있고, 악을 행한 자들에게는 벌이 있을 것이므로, 민족들이 혼란 중에 곤고(困苦)하리라고 했습니다"(Dargan 1954, 1:255). 그는 또한 "헤롯은 세상을 의미하고, 헤로디아는 육체를, 요한은 쾌락의 멍에에 매인 사람의 영혼을, 요한의 두 제자는 희망과 공포를 의미합니다"(Dargan 1954, 1:255)라고 하였다. 성경을 이처럼 4중적으로 해석하면서 그것을 통해 영적 의미를 찾아내고자 하였다.

안토니우스의 설교는 많은 이들의 사랑을 받았다. 성경을 우의적으로 해석하였지만, 설교가 흔하지 않았던 시대에 말씀의 빛이 비추어졌기 때문이다. 그의 소문을 들은 롬바르드의 행정관 그라티아누스(Gratian)은

1222년 그를 초청하여 롬바르드에서 설교하게 하였다. 그가 설교하는 곳에 3만 명이 넘는 사람이 몰려왔다. 그는 몰려오는 청중을 수용하기 위해 야외로 나가 설교하였다(Dargan 1954, 1:254). 안토니우스의 설교를 들은 사람들은 새롭게 태어났다. 사치하던 자들은 "그들의 장신구를 벗어던지고, 그것들을 팔아 가난한 자들을 돕도록 내놓았다." 아주 "고집불통이던 사람들도 회개하고 하나님의 품 안에 돌아왔다"(Pattison 1903, 108).

안토니우스의 설교 운동을 통하여 회개와 각성 운동이 일어나자, 1224년 로마교황청은 그를 로마로 불렀다. 교황청 산하의 사제와 수사를 설교자로 양육하기 위해서였다. 교황청의 지원에 힘입어 안토니우스의 설교 운동은 이탈리아를 넘어 프랑스로 넓혀졌다. 그는 프랑스 남부에 있는 몽펠리에(Montpellier)와 투르(Toulouse)에서 설교하였고, 1226년부터는 아를(Arles)과 프로방스(Provence)에서 설교 운동을 이끌었다. 그 후 1229년 북이탈리아의 파두아로 이주하여 3년간 그곳에서 설교 운동을 전개하였고, 1231년 6월 36세의 젊은 나이에 하나님의 부름을 받았다(Dargan 1954, 1:254).

안토니우스는 고매한 인격을 가진 설교자였다. 그는 뛰어난 설교자였을 뿐만 아니라 훌륭한 인성을 가지고 있었으므로 서민으로부터 고위 인사에 이르기까지 모든 청중의 사랑과 존경을 받았다. 특히 교황 그레고리 9세(Gregory IX, 1145~1241)의 사랑이 유별났다. 교황은 그를 자주 초청하여 설교를 들은 후 "참으로 이 사람은 신구약의 방주와 같고, 성경의 참된 곳간"과 같은 사람이라고 하였고, 그의 설교를 "성경의 보화"(treasure of the Bible)라고 칭송하기도 하였다(Pattison 1903, 108). 교황은 이러한 존경심으로 그의 설교를 출판하도록 후원하였고, 그때 나온 것이 『잔칫날을 위한 설교들』(Sermons for the Feast Days)이다.

이처럼 활발하게 타오르던 중세의 설교 운동은 십자군 전쟁이 끝나면서 사그라지기 시작하였다.[16] 십자군 전쟁의 종결과 함께 모병의 필요성이 없어지자, 교회 당국의 설교 운동에 대한 지원이 사라졌고, 그 결과 설교 운동이 약화되어 간 것이다. 하지만 하나님은 또 다른 이들을 통해 설교 운동을 예비하였고, 그들을 통하여 설교 운동의 맥을 이어 갔다. 프랑스의 피터 왈도와 영국의 존 위클리프, 그리고 이탈리아의 사보나롤라를 불러서 설교 운동을 전개한 것이다.

3. 개혁자 피터 왈도와 설교

피터 왈도(Peter Waldo, 또는 Valdo, Valdes, Pierre de Vaux, 1140~1218)의 생애에 관하여는 알려진 것이 거의 없다. 다만 전설을 통하여 그에 대하여 알 수 있다. 전설에 의하면, 그는 프랑스 리옹(Lyons)에서 태어나서 젊은 시절에 의류상을 운영하여 큰 재물을 모았다. 왈도는 어느 날 에뎃사의 주교 성 알렉시우스(St. Alexius, 412~435)의 생애에 관하여 노래하는 음유시인들의 노랫소리를 듣고 각성하였다. 그 내용은 부잣집 아들 알렉시스가 결혼식을 마치고 돌아온 후 독신 생활에 관한 교훈에 감동되어 신부를 버리고 동방으로 떠났고, 그가 순례를 마치고 귀가하면서 쉴 곳을 찾아 친척들을 찾았으나 그들이 알아보지 못했고, 그가 죽은 다음에야 알아보았다는 것이었다. 그는 이 노래를 통하여 인생이 짧고, 시대가 악하며, 천국

---

16) 설교 운동이 약화된 배경에는 이러한 사회적인 요인만이 아니라 내적인 혼란도 있었다. 설교자 대부분이 성경 본문보다는 상황에 따라 증거하였고, 설교가 모병(募兵) 수단으로 오용되거나 도덕과 윤리 강화의 수단이 되었다. 그 가운데 설교자들이 사람의 귀를 즐겁게 하는 설교를 하여 설교가 개그와 만담 형식으로 변질하기도 하였다. 그 결과 설교의 약화가 시작된 것이다.

에 갈 마음의 준비를 해야 한다는 교훈을 얻었다.[17] 이런 와중에 그의 친한 친구가 급사하자, 왈도는 어떻게 인생을 살아야 할지 묻기 위해 사제를 찾아갔다. 사제는 천국 가는 길은 여럿이 있지만, 완전해지고 싶다면 주님의 말씀처럼 "네 소유를 다 팔아 가난한 자들에게 주라. 그리하면 하늘에서 보화가 네게 있으리라"(마 19:21)고 말씀해 주었다.[18] 왈도는 성경 말씀대로 재산을 팔아 가난한 사람들에게 나누어 준 후 예수 그리스도의 발자취를 따르려고 하였다. 가난하고 단순하게 살겠다는 '자발적 가난의 실천'을 결심한 후 1170년 평신도 설교 운동을 시작하였다.

• 성경 번역과 설교 운동

왈도는 설교 운동을 시작하면서 예수 그리스도처럼 청빈한 삶을 살 것을 외쳤다. "누구도 두 주인, 신과 맘몬을 섬길 수 없다."[19]고 주장하면서 예수 그리스도를 본받을 것을 주장했다. 그는 하늘과 땅의 모든 것을 소유하신 분이지만 모든 것을 버리고 스스로 낮아지셔서 청빈하게 살았다고 외치면서 예수 그리스도처럼 겸손과

피터 왈도

청빈, 검약과 단순한 삶을 살라고 촉구하였다. 그의 설교를 듣고 많은 이들이 각성하면서 프랑스 전역에서 회개와 개혁 운동이 일어났다. 그들은

---

17)   Philip Schaff, *History of the Christian Church*『교회사 전집』, vols 8. 이길상 역 (서울: 크리스챤 다이제스트, 2004), 5:445.

18)   Thomas Armitage, *A History of the Baptists* (New York: Bryan Taylor and Co., 1897), 294.

19)   "The Conversion of Peter Waldo", *Reading in European History*, J. H. Robinson, trans, (Boston: Grinn, 1905), 381-383.

사치와 낭비를 배척하고 청빈과 검약을 사랑하였고, 세상의 허영과 사치를 멀리하고 하늘의 영광을 추구하였다. 성경을 신앙과 생활의 절대적인 원리로 삼고, 성경이 가르치는 대로 살려고 하였다. 성경에 근거하여 교회 안에 존재하는 모든 의식과 전통을 점검하고, 비성경적인 것들을 제거하였다. 이러한 개혁 운동으로 말미암아 그들에게 "리옹의 가난한 사람들"(Poor Men of Lyons), 또는 왈도파(Waldensians 또는 Waldenses)라는 별명이 붙여졌다.

왈도는 교회의 부정과 부패의 원인을 성경에 대한 무지에서 찾고, 성경을 번역하여 백성들이 알 수 있게 하려고 하였다. 그는 1175년부터 1185년 사이 신약성경을 프랑스어로 번역하였고, 이를 프랑스 전역에 보급하였다(이로써 왈도는 유럽에서 라틴어 번역 외에 최초로 성경을 번역한 인물이 되었다). 그의 지지자들은 매일 성경을 읽고 묵상하며 암송하는 등 성경대로 살고자 하였다. 하나님이 성경을 모든 사람이 그것을 읽고 해석하고 가르칠 수 있도록 주셨으므로, 설교자는 하나님의 말씀을 백성이 바로 알아들을 수 있도록 자국어로 설교해야 한다고 하였다.

왈도는 성경에 기초하여 믿고 예배하며 교회를 운영할 것을 주장하였다. 그는 교황의 교서나 교회 회의의 결정, 그리고 교회의 전통에 오류가 있을 수 있다고 하였고, 오직 성경만 오류 없는 권위라고 하였다. 성경은 하나님의 영에 의해 감동된 선지자들이 기록한 것이기 때문이다. 왈도와 왈도의 추종자들은 이러한 믿음에 기초하여 예배와 교리를 개혁하고자 하였다. 곧 주기도 외의 다른 기도문을 가지고 기도하는 것, 라틴어로 된 기도문의 암송, 신부에게 고해성사하는 것, 성호를 긋는 것, 유아를 봉헌하는 헌아식(獻兒式), 견신례,[20] 미사 제도, 죽은 자를 위한 기도, 연옥 교

---

20) 견신례는 12세기 피터 롬바르드(Peter Lombard)에 의해 인정되어 16세기 트렌트

리 등은 성경에 기초한 것이 아니라고 주장하였다. 그리고 금식일과 축제일을 평일보다 더 귀하게 여길 필요가 없고, 교회가 지켜야 할 것은 오직 주일뿐이라고 주장하였다.[21] 유아에게 세례 줄 때 대부(代父), 대모(代母)를 세우는 것도 잘못된 것이라고 하였다. 유아세례가 대부모가 아닌 세례 받는 자의 부모와의 은혜 계약에 근거하기 때문이다. 그들은 교회를 회심한 성도들의 모임으로 규정하고, 회심을 체험하고 경건한 삶을 사는 자만 교회 회원이 될 수 있다고 보았다.[22] 그리고 자신의 구원만이 아니라 타인에 관한 관심을 두고 전도해야 한다고 주장하면서 예수께서 행한 것처럼, 두 명씩 짝을 지어 모직(毛織) 의복 한 벌에 낡은 샌들을 신고 전국 방방곡곡을 누비면서 전도하였다.

· **왈도파와 설교 운동**

왈도파는 성경을 가르치며 죄로부터의 회개를 외쳤고, 거짓된 맹세를 피하며, 십자군과 같은 맹목적인 전쟁을 거부하였다.[23] 그들은 교회의 헌금으로 설교 운동을 지원하였고, 설교자 양성을 위해 신학교를 세우기

종교회의에서 확정되었다. 이 성례는 유아세례를 받은 자들이 12세가 되면 성찬에 참여할 수 있게 하는데, 이 일을 하기 전에 행하게 된다. 이때 사제는 "내가 그대에게 십자가의 표를 인치며, 그리스도의 성유로 그대를 견신하게 하노라"라고 말하며, 평생에 단 한 번 시행된다. 천주교회에 의하면 신자가 견신 받을 때 성령의 7가지 은사(7 성례) 가운데 하나인 성례적 은사가 신자들에게 시여된다고 가르친다.

21)   Samuel Miller, *Presbyterianism The Truly Primitive and Apostolic Constitution of the Church of Christ* (Philadelphia: Presbyterian Board of Publication, 1842), 19.

22)   하지만 그들은 금욕주의자들이 아니었고, 다만 반(半) 수도원 형태를 유지하는 경건한 모임을 추구하였다.

23)   이들의 신앙을 본받아 13세기에 도미니크 수도원과 같은 여러 개의 걸인 수도승 운동이 일어났다.

도 하였다. 바울 사도가 "여자는 교회에서 잠잠하라"(고전 14:34)고 하였지만, 그들은 "늙은 여자로는 이와 같이 … 선한 것을 가르치는 자가 되게 하라"(딛 2:3)는 말씀을 인용하여 여자들도 가르칠 수 있게 하고, 평신도들이 교회 사역에 참여할 수 있게 하는 등 개방적인 자세를 취하였다. 그 결과 프랑스와 독일의 프랑크푸르트, 뉘른베르크, 그리고 오늘날 체코 지역인 보헤미아에서 설교 운동이 일어났다.[24)]

왈도는 로마 가톨릭교회가 부패하였지만, 그로부터 떠나려고 하지는 않았다. 교회 안에 있으면서 교회를 개혁하고자 한 것이다. 그는 '리옹의 가난한 설교자들'의 설교 운동을 허락받기 위해 1179년 제3차 라테란(Lateran) 교회 회의에 참석하였다. 그는 교황청이 지명한 3명의 사제 앞에서 왈도파에 대한 오해, 곧 만인 제사장직, 자국어로 설교하는 것, 자발적인 청빈 생활에 대해 해명하고, 교황의 승인을 받고자 하였다. 그는, 만인 제사장직은 성경에 기초한 것이고, 설교는 하나님의 뜻을 전하는 것이므로 백성들의 말로 하는 것이 옳고, 청빈한 생활은 주님의 발자취를 따른 것이라고 '리옹의 가난한 설교자들'을 옹호하였다. 그렇지만 교회 회의와 교황 알렉산더 3세는 왈도의 요청을 받아들이지 않았고, 설교 운동을 허락하지 않았다. 왈도파는 교황청이 그들을 정죄하였지만, "굽히지 않고 길거리와 집, 그리고 기회가 생기면 설교하기를 그치지 않았다"(Schaff 2004, 5:452).

---

24)   왈도를 따르는 무리를 둘로 나눌 수 있다. 하나는 로마 천주교회를 부패의 진원지로 보고, 이를 떠나 새로운 교회를 세우고자 한 그룹이다. 그들은 스스로 수사 서약을 하고, 청빈한 생활과 단순한 예배를 드릴 것을 주장하였다. 그러나 다수의 왈도파는 로마 천주교회 안에 남아 있으면서 개혁 운동을 전개하고자 하였다. 이들은 왈도파의 외곽 그룹으로 왈도의 '친구들'(Friends)이라고 불렸고, 이들에 후원에 힘입어 왈도의 설교 운동이 자리를 잡을 수 있었다.

왈도파가 설교 운동을 멈추지 않자, 1182년 프랑스 리옹의 주교는 왈도를 파문하였고, 설교 운동을 엄금하였다. [25] 왈도파는 교회의 박해를 피해 프랑스 동부 피에몬테(Piedmont) 산악 지대로 피하였다. 1184년 교황 루키우스 3세(Lucius III, 1100~1185)가 베로나 공의회(Council of Verona)를 연 후 왈도파를 카타리(Cathari)파와 같은 이단으로 분류하고 그들에게 저주를 선언하였다. [26] 그럼에도 불구하고 왈도파는 설교 운동을 전개했지만, 1205년 교황청의 포섭 작전에 넘어간 이탈리아 북부의 '롬바르드의 가난한 사람들'이 떠났다.

교황 인노켄티우스 3세(Innocent III, 1161~1216)는 1208년 칙령을 내려 설교를 그만두고 교황청의 가르침으로 돌아올 것을 명하였고, 1209년 왈도파 박멸을 명하면서 그들을 멸하는 자에게 십자군에 참전한 자들이 얻는 공로 혜택을 준다고 선언하였다. 1215년 제4차 라테란 교회 회의는 초대교회 때부터 이단 사상으로 간주하던 화체설(transubstantiation)을 정통 교리로 공인하였고, 1229년 투르(Tours) 발렌시아에서 열린 교회 회의(Council of Valencia)는 왈도파를 이단으로 정죄하고 평신도와 하층 성직자의 성경 소지를 금하였다. 그리고 1233년 교황 그레고리우스 9세(Gregory

---

25) 필립 샤프에 의하면, 그들이 박해받은 주된 원인은 설교 행위 때문이었다. 당시 문헌들은 그들이 설교하고 있다는 사실을 핑계 삼아 극악한 이단자들이라고 정죄하였고, 교황 인노켄티우스 3세도 1199년 메츠의 이단들에 대해 언급하면서 "성경을 이해하고 싶어 하는 그들의 욕구는 칭찬받을 만하나 그들이 비밀리에 집회하고 사제의 권한을 박탈하여 설교하는 점이 옥에 티"라고 하였다. 그들은 어떤 박해에도 불구하고 거리에서나 집에서, 그리고 기회가 생기면 교회에서도 전도하기를 그치지 않았기 때문이다(Schaff 2004, 5:452).

26) 왈도파를 중세의 반(反) 교회적 분파 운동이었던 알비파(Albigenses)나 카타리파(Cathari)와 동일시하는 것은 잘못이라고 할 수 있다. 그들은 로마 가톨릭교회가 성경에서 떠나 있음을 지적하였으나, 그것을 핑계로 로마 가톨릭교회를 떠나 새로운 교회를 세우려고 하지는 않았다.

IX, 1145~1241)는 왈도파를 박해하기 위해 종교재판소를 세웠다. 왈도파의 재산은 몰수되었고, 그들로부터 몰수한 재산은 밀고자와 교회 당국이 함께 나누게 가졌다. 이 같은 박해로 말미암아 왈도파의 설교 운동은 어려움을 당하였고, 교황청에 의해 100만 명 이상의 왈도파가 순교의 제물이 되었다. [27]

---

27)   John Cotton, *An Exposition Upon the Thirteenth Chap. of the Revelation* (London, 1655), 100, 104.

제4장

종교개혁 선구자들과 그들의 설교

1229년 성경이 금서로 지정되면서, 온 유럽에서 무지와 미신이 왕 노릇을 하였다. 교회의 지도자들은, "무지는 헌신의 어머니"(Ignorance is the mother of devotion)라는 말로 백성들을 지도하였다. 하나님의 말씀에 대한 무지가 전 유럽에 퍼져 나가면서 영적 암흑기가 도래하였다. 영적 암흑 가운데 유럽은 성자와 성물 숭배 등 미신이 판쳤다. 그렇지만 이러한 영적 암흑기에도 말씀의 빛은 꺼지지 않았고, 소수의 알려지지 않은 설교자들에 의하여 그 맥을 이어 갔다. 그 후 한 세기가 지나서 영국에서 "종교개혁의 계명성"(the Morning star of Reformation)이라고 불리는 존 위클리프를 통하여 본격적인 설교 운동이 시작되었다.

1. 존 위클리프와 설교

중세 시대 영국의 대표적인 신학자요 성경 번역가이며 '종교개혁의 계명성'(the Morning Star of the Reformation)인 존 위클리프(John Wycliffe, 1324~1384)는 1324년 (또는 1330년) 영국 요크서의 노스라이딩(North Riding)에서 부유한 집안에서 태어났다.[1] 그는 어렸을 때 집 근처에 있는 학교에서 조기교육을 받았고, 1356년 옥스퍼드의 머턴 대학(Merton College)을 졸업하였다.

존 위클리프

• 설교자 위클리프의 형성

위클리프는 1356년 「교회의 최후 시대」(The Last Age of the Church)를 썼다. 이 책에서 그는 자신이 사는 시대를 마지막 시대로 간주하면서 1348년 영국을 휩쓴 흑사병이 백성이 아닌 사제들의 죄악 때문이라고 지적하였다. 왜냐하면 사망자 가운데 성직자의 사망률이 다른 이들보다 높았기 때문이다. 그 후 1361년 밸리올 대학(Balliol College)에서 문학 석사 학위 취득 후 교수(master)로 임명받았다. 1361년 사제 서품을 받고, 1366년까지 교수 사역과 교구 사역을 겸하여 일하였으며, 1369년 신학학사(Bachelor of Divinity) 학위, 그리고 1372년에 신학박사 학위를 받았다. 1374년 4월 그는 레스터셔(Leicestershire)에 있는 루터워스(Lutterworth) 세인트 메리 교회의 담임 사제가 되었고, 죽을 때까지 그 교회를 섬겼다.

---

1)   위클리프의 집안은 영국의 상류층이었지만 독일의 색슨족 계통의 혈통을 이어받고 있었다.

위클리프는 1370년경 스콜라 신학 사상의 폐해를 발견하고, 초대교회의 신앙을 배우기 위해 교부 연구를 시작하였다. 교부 연구를 통하여 아우구스티누스(Augustine of Hippo, 354~430)의 신학이 가장 성경적임을 발견한 후 아우구스티누스의 충실한 제자가 되었다. 그는 인간의 전적 타락을 주장하면서 하나님의 예정을 주장하였고, 스콜라 신학의 실재론(Realism)을 거부하고 유명론(Nominalism)을 지지하였다. 그는 또한 당시 캔터베리 대주교였던 토머스 브래드워딘(Thomas Bradwardine, 1300~1349)의 영향을 받아 종교를 공적이며 의식적인 것이 아닌 하나님과 개인의 관계로 이해하였고, 전통과 이성의 권위를 부정하면서 성경의 절대적 권위를 주장하였다.

위클리프가 태어났을 당시, 영국 사회는 정치적으로나 사회적으로 매우 혼란스러웠다. 1337년 시작된 프랑스와의 '백년전쟁'(1337~1453)으로 수많은 사람이 죽었고, 1348년과 1349년, 그리고 1369년에는 흑사병이 만연하여 영국인의 절반이 목숨을 잃었다. 급격한 인구 감소로 노동력이 부족하게 되었고, 그 결과 임금 상승이 일어나 사회 불안을 초래하였다. 사회 안정을 위하여 의회가 노동과 임금을 규제하는 법을 제정하였지만, 이는 빈익빈 부익부 현상만 더욱 심하게 만들 뿐이었다.

이처럼 사회적 혼란이 극심하던 1365년경 위클리프는 에드워드 3세(Edward III, 1312~1377)의 전속 사제단으로 임명받아 영국의 경제 재건을 위해 연구하였다. 연구 결과 얻은 결론은 국내 재산의 해외 유출을 막는 것이었다. 그래서 그는 1366년부터 교황청에 보내던 십일조를 비롯한 세금 납부를 반대하기 시작하였다. 그의 영향으로 영국 의회는 1367년 교황청에 세금을 보내지 않도록 결의하였다. 위클리프는 1374년 7월 에드워드 3세의 특사로 임명받아서 프랑스 아비뇽으로 갔다. 그는 그곳에서 교황을 알현한 후 추기경들과 교황청에 내는 세금 납부에 관하여 논쟁을 벌였다.

위클리프는 교황청 방문 후 교황의 사치와 향락, 교황정치의 부패를 확인하였고, 이때부터 교회 개혁에 관하여 연구하기 시작하였다. 교회 개혁이 효율적으로 이루어지려면 통치권의 도움이 절대적으로 필요하다고 보았고, 이를 위하여 통치권과 교회의 관계에 관하여 연구하였다. 그 첫 열매는 1374년에 쓴 『결정론』(Determinatio)이었고, 이 책을 발전시켜 1375년 『하나님의 주권』(De Domino divino)을 냈고, 1376년 『세속권』(Civili domino)을 출판하였다.

위클리프는 『하나님의 주권』에서 하나님만 만유의 주인이시며, 절대적 주권자라고 밝혔고, 인간의 모든 권세는 제한적이라고 선언하였다. 인간의 권세는 하나님 밑에 있고, 상대적이라고 하였다. 그러므로 왕권만이 아니라 교황권도 제한받아야 한다고 하였다. 그는 『세속권』에서 세속권이든지 교권이든지 권세를 가진 자들에게는 사명이 있는데, 그들의 중요한 사명은 공의의 실현이라고 하였다. 그리고 공의는 공직자들이 은혜 안에 거할 때만 실현될 수 있다고 하였다. 인간이 하나님의 은혜로부터 떠나면 죄성의 영향을 받게 되고, 공의를 실천하고 백성에게 자비를 베풀 수 없게 되기 때문이다. 따라서 주권자의 덕목은 항상 하나님의 은혜 가운데 머물려고 노력하고, 그 안에 머무는 것이라고 하였다. 은혜를 떠난 권세는 항상 악으로 기울 수밖에 없다고 본 것이다.

위클리프는 1379년 『교황의 권세』(The Power of Pope)를 출판하였다. 이 책에서 그는 교황제도가 하나님으로부터 온 것이 아닌 인간이 만든 제도라고 하였다. 교황의 업무는 영적인 일이기 때문에, 교황의 권세는 교회 일에만 국한되어야 하고, 세속적인 일은 왕에게 맡겨야 한다는 것이다. 따라서 교황이 세속 영역에 영향력을 행사하는 것은 월권이라고 하였다. 그는 또한 주장하기를 교회의 권위가 교황이라는 지위로부터 오는 것이 아닌, 교황이 가진 도덕성에 기초하고 있다고 하였다(그는 나중에 교황제도를 완전히 부정하고 모든 교황을 적그리스도로 간주하였다).

1380년 위클리프는 로마 가톨릭교회 안에서 시행되는 각종 제도를 비판하였다. 그는 수도승을 사회의 해충이며, 종교의 적이고, 모든 범죄의 후원자요 조장자라고 비판하면서, 수도승의 부도덕과 구걸 행위, 죽은 자를 위한 미사, 선행을 통한 공로 쌓기, 성인 숭배, 비밀 고해, 연옥과 성지 순례 사상이 비성경적임을 밝혔다. 그는 또한 계급 구조적인 로마 가톨릭교회를 비판하면서 초대교회의 행정 원리를 회복할 것을 주장하였다. 곧 모든 교직자 사이의 평등(equality), 지교회의 자율(autonomy), 그리고 교회의 연합(unity)과 같은 초대교회의 행정 원리를 회복할 것을 주장하였다. 장로정치의 회복을 역설한 것이다.

위클리프는 또한 교회가 온전해지려면 예배의 개혁이 필요하다고 주장하였다. 그는 1379년에 쓴 『배교』(Apostacy)와 1381년 낸 『성찬』(The Eucharist)에서 미신적인 화체설을 비판하고 초대교회 예배의 회복을 주장하였다. 그는 이 책들에서 중세 스콜라 신학자들의 성찬관을 비판하였다. 곧 떡과 포도주가 그리스도의 살과 피로 변한다는 아퀴나스(Thomas Aquinas, 1225~1274)와 그것들이 전부 소멸한다고 가르친 둔스 스코투스(Duns Scotus, 1266~1308)의 주장을 동시에 비판한 후, 성경이 밝히 제시하고 있는 것은 영적 임재설이라고 하였다. 그는 이렇게 논하였다. "우리가 성찬 때 사용하는 떡이 바로 그리스도의 몸이라고 믿어서는 안 되고, 오히려 그리스도의 몸이 그 안에 성례적으로 감추어 있다고 믿어야 한다……. 비록 그 효과에 있어서는 그리스도의 몸의 표시가 되지만, 우리 그리스도인들은 봉헌된 떡을 그리스도의 몸과 동일시하는 것을 부정할 권리가 있다……. 그것을 동일시하는 자는 비유와 비유된 사물을 구별할 수 없고, 또한 비유적 의미를 알 수도 없다."[2]

• 위클리프와 설교

위클리프는 이처럼 교회 정치와 예배의 개혁을 외치면서 그 부패 원인이 성경에 대한 무지라고 주장하였다. 성경은 하나님의 말씀이요 진리의 유일한 지침이지만, 교황청이 성경을 금서로 지정하면서 무지가 판치게 되었고, 그 결과 온갖 부정과 부패 현상이 나타나게 되었다고 본 것이다. 그러므로 교회와 사회 개혁을 위하여 할 일은 성경을 백성의 말로 번역하여 그들에게 돌려주는 것이었다. 그래서 그는 라틴어 성경 벌게이트 (Bulgate) 판을 영어로 번역하기 시작하였다. 1382년 신약성경을 내었고, 1384년 그의 동료들이 구약성경을 영어로 번역하여 영국 전역에 보급하였다. [3]

좋은 법과 제도가 정착됨으로 이상향이 이루어지지는 않는다. 아무리 좋은 법과 제도가 세워졌더라도 그것을 다루는 인간이 악하다면 이 세상은 유토피아가 아닌 디스토피아가 될 수 있기 때문이다. 그러므로 하나님이 기뻐하는 세상을 만들려면 먼저 사람을 올바르게 되어야 한다. 사람이 올바르게 되는 것은 물리적 힘이 아닌, 영력인 힘인 감화와 감동을 통해 이루어진다. 위클리프는 이처럼 한 사람에게 영적 감화를 주고, 그를 변화시킬 수 있는 가장 효율적인 수단이 설교라고 보았다. 설교를 통해 증거되는 하나님의 말씀을 통해 사람의 심성을 바꾸기 때문이다. 그는 이렇게 외쳤다. "오! 경이로운 하나님 말씀의 씨앗이여! 말씀은 강력

---

2)   John Wycliff, *On the Eucharist.* 1:2,11. In *Advocates of Reform: From Wycliff to Erasmus.* Edited by Matthew Spinka (Philadelphia: Westminster Press, 1953), 61, 64.

3)   이를 통해 영국인들은 최초로 자국어로 된 성경을 가질 수 있었는데, 그의 번역본은 관용어를 많이 사용하고 있으며, 문체가 힘이 있다는 특징이 있다.

한 전사(戰士)를 정복하고, 돌과 같이 굳은 마음을 부드럽게 하며, 죄로 인하여 야수와 같이 되어 하나님으로부터 멀리 떠나 있는 인간을 하나님의 형상으로 회복시킨다"(Workman 1926, 210). 이처럼 설교가 세상을 변화시키는 원동력이라고 본 것이다.

위클리프는 설교가 설교답게 되려면 성경이 바르게 해석되어야 한다고 하였다. 성경이 바르게 해석되기 위해서는 성경 속에서 말씀하시는 하나님의 뜻을 찾아야 하며, 이를 위해서는 스콜라 철학자들처럼 성경을 사변적, 또는 영적으로 해석해서는 안 된다고 하였다.[4] 성경을 사변적 또는 영적으로 해석할 경우, 본문의 의미를 왜곡할 수 있기 때문이다. 그러므로 설교자는 성경을 문자적으로 해석해야 한다고 하였다. 곧 성경의 한 부분을 읽고, 그 구절을 문법적으로 분석하며 설명해야 한다는 것이다.

위클리프는 이처럼 성경을 문법적으로 분석하고, 그것으로부터 교훈을 얻고, 거기서 얻은 교훈으로 성도들이 서로 토론한 후, 그 교훈을 생활에 적용하라고 하였다.[5] 그는 누가복음 12:35~36절 설교인 「경각심을 가질 것」에서 이렇게 설교하였다. "그리스도께서 말하는 허리는 영혼과 결합한 육체의 성격을 말합니다. 이 육체는 영혼의 상태와 직결되어

---

[4] 스콜라 철학자들은 설교는 (1) 설교의 주제, (2) 회중의 관심을 일으키는 부분, (3) 주제의 의미를 설명하는 주제의 서론 부분, (4) 대지와 소지의 구분하는 부분, (5) 마지막으로 각 요지와 소지를 발전시켜 나가는 부분으로 구성되고, 주제에는 세 가지 이상의 주요한 단어가 포함되고, 설교 요지는 세 부분으로 되어야 한다고 주장하였는데, 위클리프는 이러한 설교 방식을 "천박하고 형식적"이라고 비난하였다(Parker 2006, 18).

[5] 위클리프는 설교를 통해 오직 복음만을 해설하고 제시하고자 하였다. 그는 먼저 성경 본문에 대한 기초적인 해석을 가하였고, 그다음에 성도들을 권면한 후 설교를 마치기 전에는 회중들이 들은바 말씀을 토론할 수 있게 한 후, 토론으로 설교를 마쳤다(Fant 1976, 232).

있습니다. 영혼에 대해 말하려면 영혼이 아픔당할 때 육체도 같이 고통당하고, 영혼이 행동하려고 할 때 육체도 같이 행동한다고 말하면 됩니다. 그러므로 바울은 그리스도께서 아브라함의 허리에 있었다고 말하였습니다. 이 허리띠는 분별력을 가지고 있는 사람이 육체의 양분을 공급하거나 아니면 죄를 범하기 전에 육체를 훈련하려고 할 때 졸라매는 것입니다. 등불은 사람이 자력으로 일할 때 필요한 물건입니다……. 혼인은 여러 가지 방법으로 이해할 수 있습니다. 첫째로, 그리스도께서 영혼과 결합하는 것입니다. 둘째로, 그리스도께서 영혼 속에 내주하는 것입니다. 셋째로 그리스도로 말미암아 영혼이 공급받는 복된 양식으로 이해할 수 있습니다."[6] 이처럼 위클리프는 문법적 성경 강해에 기초하여 설교하곤 하였다. 이러한 위클리프의 설교는 워크맨 박사(Dr. Workman)가 지적한 것처럼, "중세 시대의 설교라기보다는 종교개혁 시대의 설교였다.[7] 그 강해 형태에서 칼빈의 제네바나 낙스의 스코틀랜드 냄새가 더 풍기기 때문이다."[8]

위클리프는 설교를 가장 큰 은혜의 수단으로 간주하였다. 설교를 통해 죄인들이 그리스도에게로 인도되고 양육되기 때문이다(Stacey 1982, 139). 이러한 맥락에서 그는 설교를 성직자에게 맡겨진 가장 귀하고 중한 업무라고 하였다. 성직자에게 "올바르게 생활하는 것 다음으로 설교보다 더 중요한 것이 없다."는 것이다(Petry 1950, 106). 그는 주장하기를, "인간이 지상에서 성취할 수 있는 가장 큰 일은 하나님의 말씀을 전하는 것이다. 이

6)   John Wycliffe, 「경각심을 가질 것」, (Barton 2005, 48~49).
7)   위클리프의 설교 구조는 16세기 청교도에 채택되었고, 그들은 설교를 성경 본문 해석, 교리 유추, 예증, 그리고 적용으로 구성했다.
8)   Herbert Workman, *John Wyclif* (Oxford: The Clardon Press, 1926), 2:213~214.

직분은 특별히 성직자들에게 주어졌다. 하나님이 성직자들에게 하나님의 말씀을 전할 것을 요구하시므로, 예수 그리스도와 사도들은 오직 설교에만 몰두하였다. 그리고 하나님이 설교자를 누구보다도 사랑하는 것은 그들이 하나님의 말씀을 전하기 때문이다. 교회는 오직 하나님의 말씀을 전하기 때문에 영광을 받는다. 그러므로 설교는 성직자가 하나님께 드릴 수 있는 최고의 선물이다."[9]라고 하였다.

위클리프는 목사의 주된 사역을 설교로 보았다. 그에 의하면, "목사가 존재하는 것은 설교하기 위함이다. 그리스도께서도 세상에 오셨을 때 설교 사역을 가장 중요한 것으로 간주하셨고(눅 11:28; 마 28:19; 요 14: 12 참고), 제자들도 때를 얻든지 못 얻든지 말씀을 전하려고 하였다"(Fant 1976, 234). 그는 『성경의 진리』(De Veritate Sacrae Scripturae)에서 "설교는 성직자의 가장 큰 의무이다. 왜냐하면 그의 권위가 설교에 있기 때문"이라고 하였다. 모든 성직자는 설교자가 되어야 한다고 본 것이다. "설교 사역을 무시하는 이들은 예수를 십자가에 죽인 자와 같고", 설교에 대한 자세를 통해 하나님의 사람인지 아닌지를 분별할 수 있다고 하였다. "진실한 하나님의 사람들은 그들의 가장 큰 업무인 설교를 위해 일하지만, 거짓된 자들은 명상의 삶만을 강조한다."(Fant 1976, 234)[10]는 것이다. 이러한 논리에 따라 위클리프는 좋은 설교자가 되려면 적어도 두어 가지 조건을 갖추어야 한다고

---

9)　　C. E. Fant, Jr. & W. M. Pinson, Jr., *20 Centuries of Great Preaching* (Texas: Word Books, 1976), 234.

10)　하지만 위클리프는 설교를 사제들의 독점물로 간주하지 않았다. 목회자나 신학자만이 아니라 모든 그리스도인에게 부과된 의무라고 본 것이다. 그는 『복음서』(*Opus Evangelicum*)에서 신학자에게 주어진 사명 가운데 "설교보다 더 고상한 것은 없다."고 하였고, 『목사직에 관하여』(*De Officio Pastorali*)와 『성경의 진리에 관하여』에서 설교를 모든 성도에게 부과된 의무로 간주하였다.

하였다.

첫째는 경건이다. 설교자를 설교자답게 만드는 것은 설교 기술이 아니라 설교자의 덕행이라고 하였다. 왜냐하면 설교를 설교 되게 만드는 것은 설교자의 경건이기 때문이다. 그는 누가복음 10장 16절을 본문으로 삼아서 한 설교에서 "경건하고 겸손한 설교자의 말씀은 그리스도 자신의 말씀"이라고 하였고, 마태복음 10장 20절을 본문으로 한 설교에서는 "삼위일체 하나님이 (경건한) 설교자의 설교 가운데 말씀하신다."라고 하였다. "설교자는 말만 아니라 생활을 통하여 설교해야 한다."는 것이다. 이러한 맥락에서 "사제는 기도와 소원과 생각과 대화와 가르침에서 하나님의 계명들과 복음을 늘 입술에 둔 채 거룩하게 생활해야 한다. 그리고 행실을 바르게 하여 아무도 흠잡지 못하도록 해야 하며, 생활을 공개하여 죄가 크거나 악한 사람들이 사제의 생활을 보고 뉘우쳐 하나님을 섬길 수 있는 참된 교과서가 되어야 한다. 이는 생활의 본이 그저 말뿐인 설교보다 사람들에게 더욱 큰 감동을 준다"(Schaff 2004, 6:308).

둘째로 하나님의 말씀만 전해야 한다. 설교가 사람의 귀를 즐겁게 하는 농담 또는 만담이 아닌 천지의 주재이신 하나님의 말씀을 선포하는 행위이기 때문이다. 비록 청중이 흥미 위주의 설교를 원하더라도, 설교자는 설교를 흥밋거리로 만들어서는 안 된다고 하였다. 누가복음 5장 1절을 본문으로 한 설교에서 그는, "설교자는 비극이나 희극, 이야기나 농담처럼 말하지 말고, 엄중히 하나님의 말씀을 선포해야" 하며, 성경에서 발견된 진리만을 증거해야 한다. 성경은 무시간적인 권위일 뿐 아니라 영원한 진리요, 하나님께서 친히 기록해 주신 책이며, 기독교 신앙의 유일한 기초이고, 설교가 흘러나와야 하는 옹달샘이기 때문이다. 그래서 그는 "분명히 말하지만, 생명을 주는 성령의 열기가 말씀과 함께 일하지 않는다면, 결코 성직자들의 말에 의하여 이러한 일도 일어나지는 않는다"(Workman 1926, 210)고 하였다. 거듭남의 역사는 말씀과 함께 일하시는 성령에 의해 일어난다는 것이다. 이처럼 위클리프는 설교를 하나님의 사역으로 간주하였으며, 설교자를 박대하는 것을 삼위일체 하나님에 대한 훼방으로, 설교 방해를 신성모독에 해당하는 죄라고 하였다.[11]

이러한 확신으로 위클리프는 그의 추종자들을 영국 방방곡곡에 보내어 설교 운동을 전개했다. 그들은 교회와 장터, 들판 등 사람이 모일 만한 곳이면 어디든지 찾아가서 설교하였다. 그들이 벽에 기대어 자장가를 부르는 것처럼 조용히 설교한다고 하였기 때문에 그들을 독일 남부 말인 '룰렌'(Lullen) 혹은 '아인룰렌'(einlellen)에서 나온 말인 '롤러드'(Lollard)라고 불렀다(Schaff 6:329). 롤러드는 성자와 성물 숭배, 순례, 교회의 토지 보유, 성직자 간의 서열, 수도회, 미사, 맹세, 전쟁을 반대하였고, 고위 성직자들의 축재와 사치를 비판하며 그리스도의 가르침대로 살 것을 외쳤다. 곧 겸손과 사랑, 청빈의 삶을 사랑할 것을 외쳤다. 그 결과 영국 전역에서 각성 운동이 크게 일어났다.

그렇지만 위클리프의 설교 운동은 교회 당국의 박해를 받았다. 1382년 열린 런던 교회 회의는 위클리프를 이단으로 정죄하였고, 위클리프와 그의 지지자들을 핍박하였다. 이러한 상황에서 1384년 위클리프가 죽었고, 1399년에는 위클리프의 후견인 건트의 존(John of Gaunt, 1340~1399)[12]이 사망하였다. 위클리프와 설교 운동의 후견인이 죽은 뒤 박해가 더 심해졌다. 1401년 영국 의회는 이단 화형 법안을 통과시켰다. 이 법은 롤러드파는 설교하거나, 학교를 운영하고, 집회를 열고, 서적을 간행하는 행위

---

11)   John Stacey, "Wyclif and the Preaching Art," *The Expository Times*, No 93 (1982): 139.

12)   건트의 존은 영국 왕 에드워드 3세의 아들로, 리처드 2세(Richard II, 1367~1340)를 섭정하였는데, 위클리프가 영국과 전쟁 중이던 프랑스 교황청에 세금 납부 거부 운동을 전개하자 적극적으로 후원하였다.

를 금지하였다. 범법 행위자들은 주교 법원에서 재판하게 하였고, 유죄가 확인되었음에도 철회를 거절하면 세속 관리에게 넘겨 화형에 처하도록 하였다. 1415년 열린 콘스탄스 교회 회의(Council of Constance, 1414~1418)는 위클리프를 이단자로 정죄하였고, 1428년 링컨의 주교는 위클리프의 유해를 파내어 불태우는 부관참시(剖棺斬屍)를 하였고, 남은 재들을 스위프트 강에 뿌렸다.

위클리프가 남긴 설교들은 세월이 흐르면서 많이 사라졌고, 오늘날 94편의 영어 설교와 24편의 라틴어 설교가 남아 있다. 그 가운데 대부분이 신약성경을 본문으로 삼아서 한 것들이다. 그는 가능한 한 쉬운 말을 사용하여 설교하려고 하였다. 그의 문체는 단순하였고, 언어는 직설적이었다. 그는 뛰어난 풍자로 세상의 불의와 부정을 고발한 후 교황청의 부정과 부패를 지적하고, 교회의 폐습들을 비판하였다(Pattison 1903, 116). 위클리프의 설교 운동은 '롤러드'에 의하여 영국 전역에 소개되었고, '보헤미아의 종교 개혁자'인 얀 후스(Jan Huss, c. 1369~1415)를 통해 보헤미아에서 큰 열매를 맺었다.

2. 대중적 설교 운동

위클리프와 롤러드의 설교 운동 이후 순수한 복음적 설교자들은 거의 없었다. 다만 로마교황청이 군중 동원을 위해 후원한 대중 설교자들이 나타나 설교 운동의 맥을 이어 갔다. 그 가운데 시에나의 베르나르디노(Bernardino of Siena, 1380~1444), 카피스트라노의 요한(John of Capistrano, 1386~1456), 빈센티우스 페러(Vincentius Ferrer, 1357~1419) 등이 있었다.

• 시에나의 베르나르디노

시에나의 베르나르디노는 1380년 이탈리아 중부에 있는 토스카나(Tuscany) 시에나(Siena)에서 귀족의 아들로 태어났고, 6세 때 부모가 사망하여 고모의 집에서 자라났다. 1397년 그는 종교 자선단체에 들어갔고, 3년 후 전염병이 퍼지자 환자들을 돌보다가 기진맥진하여 병원에서 몇 개월 보내기도 하였다.

시에나의 베르나르디노

1403년 프란시스코회에 가입하였고, 1406년 이탈리아에 속한 피에몬테 산악 지대에서 설교 운동을 시작하였다.[13] 그는 선교사 겸 순회 설교자로서 널리 알려졌고, 교황 피우스 2세(Pius II, 1405~1464)는 그를 "제2의 바울"이라고 불렀다(Schaff 2004, 6:212).

베르나르디노는 이탈리아 전역을 다니며 30년 이상 설교하였다. 그는 당시 설교자들처럼 준비된 설교를 읽거나 수사학적으로 꾸며진 연설문을 암송하여 설교하지 않았고, 즉흥적이면서도 직접적으로 설교하였다. 그는 교회 예전대로 설교 주제를 택하지 않고, 사람들의 평범한 생활에서 찾아 설교하였다. 청중의 관심사를 찾아낸 후 그에 초점을 맞추기 위해 성경 본문을 택하는 형식을 취한 것이다. 그의 목소리는 쉰 소리였고 성대가 약했지만, 탁월한 논리와 설득력 있는 어조 덕분에 따르는 청중이 많았다.[14] 그 가운데 대부분이 여성이었다. 그는 매번 서너 시간 정도 설교하였고, 한 장소에 몇 주 이상 머물지 않았다. 그는 단순한 스타일의 설교, 창의적인 언어 사용, 그리고 친숙하고 풍부한 묘사로써 청중의 마

---

13)   Cochrane, Eric, and Julius Kirshner. eds. *Readings in Western Civilization: The Renaissance*. Chicago: The University of Chicago Press, 1986.

14)   Foley, Leonard, "St. Bernadino of Siena", *Saint of the Day, Lives, Lessons, and Feast*, revised by Pat McCloskey, Franciscan Media, 1975.

음을 사로잡았으므로 그가 설교하는 곳에 청중이 몰려왔다. 그가 설교하는 마을은 그의 설교를 들으러 온 청중으로부터 돈을 벌기도 하였다.[15]

베르나르디노는 고리대금과 동성애, 그리고 귀족들의 사치와 낭비에 대해 비판하였다. 1419년 롬바르디아 지역을 순회하며 그는 탐욕과 사치를 지적하면서 회개를 촉구하였고, 그때 허다한 무리가 회개하며 장신구와 오락 도구 등을 가져와 불살랐고(Schaff 2004, 6:212), 1424년에는 페라라에서 사치스러운 복장 착용을 비판하였다. 볼로냐에서는 카드 제조업자와 판매자들의 반대가 있었지만, 도박을 비판하며 설교하였다. 그리고 1425년 4월 시에나에서 50일간 계속된 집회 때는 그의 설교를 들은 사람들이 거울, 높은 굽의 신발, 향수, 가발, 카드, 주사위, 체스와 같은 것을 불사르기도 하였다(Schaff 2004, 6:212). 베르나르디노의 설교가 이처럼 큰 영향을 미쳤음에도 불구하고, 부정적인 영향도 많았다. 지나칠 정도로 엄격하고 도덕적인 면을 강조한 점, 모든 것을 비난하는 데 초점을 둔 점 그리고 여성을 도둑으로 부르고, 교황청을 조건 없이 옹호한 점이 바로 그런 것들이다.

• 카피스트라노의 요한

베르나르디노의 제자 가운데 카피스트라노의 요한이 있다. 그는 나폴리의 카피스트라노에서 나폴리 왕국의 궁정 관리의 아들로 태어났다. 그는 페루자 대학에서 법을 공부하였고, 1412년 나폴리 왕에 의하여 교황의 영지 페루자의 총독으로 임명받아 일하였다. 1416년 페루자와 말라테스타의 전쟁 때 말라테스타 군에 의해 체포되었고, 감옥에서 자기 성

---

15)　　Mormando, *The Preacher's Demons: Bernardino of Siena and the Social Underworld of Early Renaissance Italy* (Chicago: University of Chicago Press, 1999), 5.

찰한 후 프란시스코회 수도원에 들어가서 시에나의 베르나르디노 밑에서 신학을 수업하였고, 그의 가르침에 따라 엄격하게 생활하며 교황청 옹호에 앞장섰다.

요한은 북유럽과 중부 유럽에서 순회 설교를 하였다. 보헤미아, 모라비아, 오스트리아, 헝가리, 크로아티아, 폴란드에서 설교하였고, 이탈리아의 브레시아 광장에서 12만 6천 명의 군중을 상대로 설교했다. 그는 스승 베르나르디노가 죽자 그의 유골을 가지고 다니며 설교하기를, 그의 유골을 보면 이적을 체험한다고 하였다. 그래서 3만여 명이 그의 유골을 보기 위해 몰려들기도 하였다. 그는 청중의 허영과 사치를 정죄하며 다가올 심판을 외쳤고, 설교를 들은 이들은 사치와 오락에 대해 회개하면서 사치품을 불살랐다(Schaff 2004, 6:212~213).

• 빈센티우스 페러

1399년부터는 빈센티우스 페러의 설교 운동도 있었다. 그는 스페인의 발렌시아에서 1357년 태어나 1374년 성 베드로 수도회에 들어가 설교자와 선교사로 훈련을 받았다. 그 후 바르셀로나로 가서 학문 연구에 매진하면서 설교 훈련에 전념하였다. 그 후 약 20년간 아비뇽에서 교황청 업무를 돕다가 1394년경부터 설교 운동을 시작하

빈센티우스 페러

였다. 그는 스페인의 거의 모든 지방에서 전도하였고, 프랑스, 이탈리아, 독일, 프랑스, 잉글랜드, 스코틀랜드, 아일랜드에 가서 하나님의 심판이 가까이 왔음을 경고하면서 회개를 외쳤다.

페러의 설교 대상자는 주로 유대인과 이슬람교도였다. 그는 그들에게 설교하여 이만오천 명의 유대인과 팔천 명의 모슬렘을 개종시켰다. 그

는 설교자였지만 철두철미한 교황주의자였다. 교황정치를 옹호하고, 교황청이 적대하던 수많은 왈도파 교인을 죽였다. 전도자였지만 박해자였던 셈이다. 그는 은사주의자였고, 동시에 고행주의자였다. 그는 은사 집회를 이끌면서 '채찍질 고행파'를 동행시켜 채찍질 고행 운동을 일으켰던 셈이다(Schaff 2004, 6:213~214).

3. 기롤라모 사보나롤라와 설교

이처럼 교황청의 전통적인 대중 설교자와는 달리, 오직 성경에 기초하여 회개와 생활 개혁을 촉구했던 설교자들이 15세기 중반에 나타났다. 그는 대표적인 설교자가 자신을 하나님의 말씀의 "채찍이요, 혁신자요, 새로운 시대와 행복한 세기의 선구자"(Pattison 1903, 126)로 간주했던 프렌체의 설교자 기롤라모 사보나롤라(Girolamo Savonarola, 1452~1498)였다.

• 설교자 사보나롤라의 형성

사보나롤라는 1452년 9월 이탈리아 페라라 (Ferrara)에서 태어났다. 그의 할아버지는 당시 성공한 유명한 의사요 박식한 이로 사보나롤라의 교육을 맡고 있었다. 1468년 사보나롤라는 공립학교에 들어가 르네상스 당시 최고의 인문주의자인 페트라르카(Petrarch, 1304~1374)를 통해 시와 글, 고전을 연구하여 인문주의자가 되었다. 그 후

기롤라모 사보나롤라

페라리 대학에 진학하여 학사 학위를 받은 후 할아버지의 뒤를 잇기 위해 의대에 진학하였지만, 사회의 부패상에 깊은 환멸을 느낀 후 설교자

가 될 생각으로 1475년에 볼로냐(Bologna)에 있는 도미니쿠스회에 들어가 수도승이 되었다.

사보나롤라는 수사로서의 복종 서약을 한 후 일 년 뒤인 1476년 사제 서품을 받았다. 그는 수도원에서 성경과 논리, 아리스토텔레스의 철학과 토마스 아퀴나스의 신학을 공부하고, 동료 수사들과 함께 설교 연습을 하면서 논쟁을 벌였다. 1482년 청년들을 지도하라는 교회 당국의 명을 받아 피렌체(Florence)의 성 마가 수도원으로 옮겨 논리를 가르치면서 윤리, 논리, 철학과 정부에 대한 교육 안내서를 썼고, 지역 주민을 위해 설교를 준비하였다.[16] 그 후 그는 이탈리아 북부의 회당과 교회에서 회개와 개혁의 메시지를 전하기 시작하였다. 그의 설교 운동이 널리 소개되자, 1490년 메디치가 사람으로 피렌체의 지배자인 로렌조(Lorezo de Medici, 1449~1492)는 그를 정식 설교자로 초대하였다.[17] 사보나롤라는 그해 6월경부터 피렌체에서 설교 운동을 시작하였다.

• 설교자 사보나롤라

사보나롤라는 "키가 중간쯤 되었고, 얼굴빛이 검은 편이었다. 눈동자는 짙은 회색에 안광이 있었으며, 입술은 두껍고, 코는 매부리코였다." 이처럼 용모가 준수하다고 할 수는 없었지만, 진지하고 사색적인 표정과 강렬한 눈빛으로 인하여 보는 이들을 사로잡았다. 그의 설교는 "번개의 섬광과 천둥의 울림과 흡사했다"(Schaff 2004, 6:643). 그는 사죄의 위안과 하

---

16) *Selected Writings of Girolamo Savonarola Religion and Politics, 1490–1498.* Translated and edited by Anna Borelli and Maria Pastore Passaro (New Haven, Yale University Press, 2006).

17) Michael Tavuzzi, "Savonarola and Vincent Bandello," *Archivum Fratrum Praedicatorum* 59 (1999). 216~217.

나님과의 사귐을 전하지 않고 불신앙과 방탕을 책망했다. 그의 주된 메시지는 "주께서 오시는 날에 누가 살아남겠으며, 주께서 임하실 때 누가 감히 서겠는가?"였다(Schaff 2004, 6:641). 이러한 사보나롤라의 설교를 듣기 위해 허다한 무리가 몰려왔다. 한 번에 1만 명에서 1만2천 명이 그의 설교를 듣기 위해 몰려와서(Schaff 2004, 6:643), 피렌체 "성당의 모든 계단과 창가까지 사람들이 앉아 그의 설교를 경청하였다"(Pattison 1903, 126).

사보나롤라는 요한 일서와 요한계시록을 본문으로 삼고 설교했다. 설교를 통해 국민의 자유를 찬탈한 폭군들을 날카롭게 비판했고, 사제들의 도덕적 부패, 가난한 자들을 등한시하고 착취하는 교황청과 교회법을 비판하였다. 아울러 인간이 만든 교리를 모래성에 비유하고, 성경대로 가르치지 않는 사제들을 악의 분신이라고 정죄하면서 회개를 촉구하였다. 그는 「이교도로 전향한 그리스도인」이라는 설교를 통하여 가톨릭교회 지도자들이 "그리스도의 발자취를 따라가는 것을 부끄러워하고", "그리스도를 섬기는 것을 귀하게 여기는 대신 오히려 가볍게 여기며, 세례 때에 행했던 약속을 어기고 있고", "그리스도의 피를 발로 짓밟고", "그리스도의 법에 반역하고" 있다고 지적하였다. 교회 지도자들은 "매일매일 탐욕적으로 되어 가고, 고리대금업이 성행하고 있다. 사치가 모든 것을 오염시키고, 교만이 충천하고 있으며, 신성모독이 하나님의 귀에 들려지고 있으며, 종교적 비웃음이 하나님의 앞에 일어나고 있다"고 주장하였다.[18]

사보나롤라는 로마 천주교회 지도자들의 위선을 비판하였다. 그는 성직자들의 진실치 못함을 다음과 같이 묘사하였다: "오늘날 고위 성직자들과 설교자들이 땅의 것을 향한 애착에 사로잡혀 있습니다. 영혼들을

---

18) Savonarola, 「이교도로 전향한 그리스도인들」 (Barton 2005, 56).

보살피는 일이 그들의 관심사가 아닙니다. 그저 수입만 챙기면 그만입니다. 설교자들이 제후들의 비위를 맞추고 그들에게 칭찬을 듣기 위해서 설교합니다. 그들이 지은 죄악은 악한 것입니다. 그들은 하나님의 교회를 무너뜨리는 것으로 그치지 않고, 자신들의 방식대로 새로운 교회를 세우고 있습니다. 로마에 가서 보십시오. 고위 성직자들은 저택에 살면서 시와 예술품 외에는 어디에도 관심을 두지 않습니다. 그곳에 한 번 가서 둘러보십시오. 그들이 저마다 손에 문학 서적을 들고서 베르길리우스, 호라티우스, 키케로 등의 교훈으로 인간을 선도할 수 있다고 서로 말하는 것을 보게 될 것입니다. 지난 시대의 고위 성직자들은 어지간해서는 금으로 된 주교관과 성배를 갖고 있지 않았고, 그것마저 가난한 자들을 구제하기 위하여 녹여 사용했습니다. 그러나 우리의 고위 성직자들은 성배를 얻기 위하여 가난한 사람들의 몇 푼 안 되는 소유마저 빼앗아 갑니다. 제가 드리는 말씀을 주여, 아시지 못하시나이까! 다 아시지 않으시옵니까! 일어나사 당신의 교회를 악마의 손에서, 폭군의 손에서, 불법을 저지르는 성직자들의 손에서 건지시옵소서"(Schaff 2004, 6:644). 그는 이처럼 교회 지도자들은 비판하면서 그들이 겉으로는 그리스도인처럼 행세하지만, 사실은 이교도처럼 산다고 하였다. 그는 다음과 같이 외쳤다. "그들은 오히려 이교도라고 부르는 것이 훨씬 좋을 것입니다. 자기만을 사랑하며, 탐욕스럽고, 오만하며, 교만하며, 불경하고, 부모에게 불순종하며, 감사하지 않으며, 야비하며, 사랑이 없으며, 평안함이 없고, 비판적이며, 자제하지 못하고, 악의에 차 있으며, 자비가 없으며, 배반하며, 속이며, 관능적인 것을 사랑합니다"(Barton 2005, 56~57). 한 걸음 더 나아가 그는 로마교황청의 부패를 지적하였다. "온 세계의 성지라고 하는 로마에는 남창과 여창이 아주 많고, … 죄악과 음행과 포주들로 가득 차 있습니다."라고 비난하였다.[19] 그리고 사제들의 "신앙은 오류투성이"라고 비판하면서, 그들은 탐욕스러운 꿈을 믿으며, 금식을 통하여 구원을 받을 수 있다고 가르친다고 주장하였다.

사보나롤라는 교회 지도자 외에 일반인들의 형식주의에 대해서도 비난을 서슴지 않았다. 그는 아모스 4장 1절을 본문으로 한 「비판자들에 대한 답변」이라는 설교를 통하여 천주교도들의 형식주의를 비꼬기를, "성 주간 중 마지막 3일 동안 이들이 행하는 것들을 살펴보십시오. 그리고 당신들이 죄 용서를 위한 면죄부를 얻으려고 애쓰는 모습을 보십시오. 당신들은 여기저기 오락가락하며 성 베드로, 성 바울을 비롯한 이 성자 저 성자들의 형상에 입 맞추곤 합니다. 당신들은 부활 주일 전 3일 동안 종을 울리며, 제단을 장식하고 교회를 치장하느라고 분주히 보내고, 그 후에는 아무것도 하지 않습니다. 당신들의 행위에 대해 하나님이 비웃을 것이며, 당신들의 의식에 대해 무관심하실 것입니다……. 왜냐하면 부활절이 지나고 나면 당신들은 이전보다 더 악해질 것이기 때문입니다"(Baron 2005, 59). 이 같은 사보나롤라의 설교는 큰 반향을 일으켰다. 피렌체 사람들이 크게 각성하였고, 그들은 사보나롤라의 부흥 운동이 마지막 시대에 대한 하나님의 예언 성취로 간주하였고, 머지않은 장래에 심판의 날이 올 것이라고 믿었다.

이처럼 종교적 각성 분위기가 뜨겁게 달아오르자, 사보나롤라는 극단적으로 나아가기 시작했다. 그는 마지막 시대의 징조에 대해 담대하게 외치기 시작했다. 그는 하나님이 자신에게 증거를 주셨다고 주장하면서 "하나는 하나님이 자신의 교회를 거듭나게 하는 것인데, 이러한 거듭남이 있기 전에는 전 이탈리아에 재앙이 올 것이며, 끝으로 이러한 일들이

---

19)   Savonarola, 「비판자들에 대한 답변」(Barton 2005, 58, 61).

빨리 성취되리라는 것입니다"(Barton 2005, 64)라고 외쳤다. 곧 회개의 필요성과 하나님의 진노, 임박한 심판에 대해 설교한 것이다. 아울러 그는 하나님을 떠난 자들에게 무서운 심판이 임할 거라고 외쳤다. 하나님이 "천사들의 강한 바람으로" 오실 터인데, 그 목적은 언약을 버리고 타락한 땅을 심판하는 것이라고 하였다. 그는 다음과 같이 설교하였다: "선택받은 땅, 그대 이탈리아여! 그대는 하나님을 그대의 성전에 모시지 않고 오히려 그것을 더럽히지 않았습니까? 보시오! 그의 진노의 일군들은 그대들 위에 머물러 있으며, 그대의 문턱에 이르지 않았습니까?"(Barton 2005, 65) "선택받은 도시인 피렌체여! 지금 그 소리를 들으시오! 회개하고 악을 버리며 공의와 사랑을 베푸시오. 그대들 중에서 더러운 죄들을 제거해 버리십시오. 거룩함과 진리의 영이 그대들의 영혼을 가득 채워서 모든 거리와 주민들에게 붙게 하십시오."(Barton 2005, 66).

사보나롤라는 신앙적 열정이 뜨거웠던 설교자였고, 경건한 사람이었다. 그는 신비적인 눈으로 외적이고 의식적인 것을 꿰뚫어 보면서 그 속에서 움직이는 영적 능력을 인식했다. 그는, "나는 성경을 유일한 인도자로 삼아 교회가 거듭나도록 하려고 설교한다."고 외쳤던 것처럼 성경의 권위를 인정하였고, 그는 또한 언행이 일치하는 인격자였다. 이러한 요소들이 그를 위대한 설교자로 만들었다. 그렇지만 시간이 흐르면서, 사보나롤라의 설교는 점차 주관적으로 되어 갔고, 이는 그를 몰락으로 이끌었다. 하나님의 계시보다는 주관에 근거하여 세상의 임박한 종말을 논하였기 때문이다. 그는 1494년 12월 10일 이렇게 설교하였다. "내가 몇 년 전에 환상을 보았고, 소리를 들었다고 그대들에게 말하지 않았습니까? 보십시오! 이제 그것이 이루어지고 있습니다. 큰 군대를 거느린 왕이 그대들의 문 앞에 있지 않습니까? 말발굽 소리와 병거(兵車)의 바퀴 소리에 땅이 흔들리지 않습니까…? 그대들에게 말하노니 프랑스 왕과 그

군대가 바로 하나님의 사자입니다. 하나님이 예리한 낫을 사용하듯이 그를 사용하실 것입니다. 그들이 악한 자들을 산산이 부수어 버릴 것입니다"(Barton 2005, 66). 여기에 언급한 "악한 자"는 피렌체의 지배자 로렌조를, 프랑스 왕은 샤를 8세(Charles VIII, 1483~1498)를 의미하였다. 특별 계시로부터 자연 계시로, 객관적인 진리로부터 주관적인 체험에 빠져 설교하기 시작하였다. 성경 전체를 전하지 않고, 자신의 견해를 강화하는 데 필요한 주제를 택하고, 균형감을 상실한 한쪽으로 치우친 설교를 했다(Pattison 1903, 130).

사보나롤라는 이처럼 주관적 체험과 자신의 이해관계에 기초하여 좋고 싫음을 나타내었다. 그가 설교했던 것처럼 피렌체를 점령하고 있던 프랑스의 샤를 8세가 로렌조를 몰아내고 자신을 선지자로 인정하자, 그는 피렌체에 '새 예루살렘'이 이루어진다고 선언하였다. 하지만 1495년 교황청이 프랑스에 대해 전쟁을 선포하자, 피렌체는 고립무원의 상태에 빠졌다. 전쟁은 교황청의 승리로 끝났고, 사보나롤라는 교황 알렉산더 6세(Alexander VI, 1431~1503)에 의해 로마로 소환되었고, 1496년에는 설교 금지 명령을 받았다.

사보나롤라가 이처럼 정치적으로 소외되자, 추종자 대부분이 등을 돌렸다. 지지자들이 떠나면서 사보나롤라의 지지 기반이 약화되었고, 교회 당국은 그의 수도원을 공격하였다. 결국 그는 교회 당국에 의해 체포되었고, 1498년 5월 23일 두 동료와 함께 처형당하였다. 그의 시신은 장작불에 태워진 후 아르노(Arno)강에 뿌려졌다. 사보나롤라의 죽음과 함께 설교 운동은 유럽에서 잠시 지하화되었지만, 마르틴 루터에 의한 설교 운동으로 이어졌다. 종교개혁이 일어나면서 본격적인 설교 운동이 시작되었다.

제5장

◇——————◇

종교 개혁자와 그들의 설교

왈도와 위클리프, 그리고 사보나롤라와 같은 설교자들의 활약에도 불구하고, 중세 교회는 오랫동안 영적인 암흑에 묻혀 있었다. 하지만 이러한 어두움은 독일의 아우구스티누스파(Augustinian) 수도승 마르틴 루터가 종교개혁의 봉화를 높이 들면서 사라졌다. 말씀의 빛이 비치면서 무지와 어두움 가운데 있던 사람들이 인간 구원을 위한 하나님의 거룩하신 뜻을 알게 되었고, '황금으로 된 입을 가진 설교자'(the golden mouthed)라고 불리던 크리소스토무스(John Chrysostom, 347~407)이나 경건한 설교자 아우구스티누스(Augustine of Hippo, 354~430)의 영감 넘치는 설교만 아니라, 그보다 더 은혜롭고, 훌륭한 설교들을 접할 수 있게 되었다.

1. 루터와 설교

마르틴 루터(Martin Luther, 1483~1546)는 1483년 11월 독일 아이슬레벤(Eisleben)에서 광산업을 하던 한스 루터(Hans Luther)의 아들로 태어나 에르푸르트(Erfurt) 대학에서 1502년 학사, 1505년 석사 학위를 받았다. 1505년 7월 법대 진학 문제를 상의하기 위해 부모를 방문하고 에르푸르트로 돌아오던 중 동행했던 친구가 벼락으로 죽자, 루터는 두려움과 공포 가운데 수호성인인 성 안나를 부르면서 "성 안나여! 나를 도우소서! 살려주시면 수도승이 되겠습니다."라고 서원하였다. 그는 에르푸르트에 도착과 함께 서원한 대로 그곳에 있는 아우구스티누스파 수도원에 들어가 수도 생활을 시작하였다.[1]

• 루터와 종교개혁

마르틴 루터

친구의 갑작스러운 죽음을 본 이후로 루터는 하나님이 엄격하고, 죄를 찾아 벌하는 무서운 심판자라고 생각했다. 그는 두려움 가운데 진노하시는 하나님을 피하려고 수도승이 되어 금식하며 고행하였다. 그렇지만 영적인 평안을 누릴 수 없었다. 루터가 두려움과 공포 가운데 방황하자, 수도원장 요한 슈타우피츠(Johann von Staupitz, 1460~1524)는 그에게 인간적 노력으로 죄책에서 벗어나려고 하지 말고, 모든 것을 하나님께 맡기라고 권하였다. 루터는 스승의 가르침대로 초연함을 추구

---

1)   루터의 각성과 종교개혁에 대해서는 필자의 『종교개혁사』(수원: 합동신학대학원 출판부, 2018), 58~59를 참고하시오.

했지만, 무서운 하나님을 피할 수 없었다. 그때 수도원장은 그에게 성자들의 유물과 은혜의 보고가 풍성하다는 로마 순례를 주선해 주었다. 성지 순례를 통해 영적인 평화를 얻을 것으로 기대했기 때문이다. 1511년 루터는 로마를 방문하여 순례하였다. 그러나 여전히 그는 영적 평안을 얻지 못했다. 그때 슈타우피츠는 루터를 비텐베르크 대학교 교수에 추천하며, 성경을 연구하며 가르칠 수 있게 하여 주었다.

루터는 수도원장의 보호 아래 1512년 시편과 로마서를 연구하였고, 1515년 신앙적인 각성을 하였다. 그는 로마서 1장 16절과 17절을 통해 그리스도의 죽음이 죄인을 위한 것이며, 의롭다고 함을 얻는 것이 인간의 행위가 아닌 하나님께서 행하신 일을 믿음으로 온다는 것을 깨달았다. 그 후 그는 로마 가톨릭교회의 오류를 발견하였고, 1517년의 10월 31일 비텐베르크 대학교회 정문에 95개 조항의 항의문을 내걸었다. 종교개혁의 횃불을 든 것이다.

루터는 인간의 구원이 적선이나 공로를 쌓음으로 되는 것이 아니라 하나님이 인간의 구속을 위해 이루신 그 구속 사역을 믿음으로만 가능하다고 보았다. 그는 교황의 말씀이나 가르침은 오류가 있고, 오직 성경만이 오류가 없는 유일무이한 권위라고 보았고, 교황의 교서나 교회 회의의 결의, 그리고 교회의 전승(holy tradition)은 성경에 비추어 옳고 그름이 규정되어야 한다고 주장하였다. 이러한 믿음으로, 그는 1521년부터 성경을 독일어로 번역하기 시작하여 1534년 독일어 성경을 출판하였다(오덕교 2018, 91-92).

• 루터와 설교 운동

루터는 1515년 각성과 함께 설교 운동을 시작하여[2] 1546년 임종할 때까지 설교에 전념하였다. 그는 설교가 교회 개혁과 사회 개혁의 중요한 수단이 된다고 믿었고, 설교 운동을 통해 왜곡되고 부패한 교회와 사회를 개혁하였다. 그는 교회 개혁이 복음적인 예배를 회복함으로 이루어지며, 복음적인 예배는 하나님 말씀의 선포와 해석, 그리고 기도가 포함된다고 보았다. 예배의 핵심 요인이 설교라고 본 것이다. 그에게 있어서 설교는 단순히 성경을 읽는 성경 봉독이 아니었고, 봉독한 말씀에 관하여 강해하고, 그 말씀을 청중의 생활에 적용하는 것이었다. 그래서 그는 동역자 부겐하겐(Johannes Bugenhagen, 1485~1558)과 함께 비텐베르크 교회에서 매주 주일 가정 예배를 포함하여 4번 이상, 주중에는 그날그날 한두 번씩 설교하였다.[3]

루터는 교회력과 각 주일에 맞추어 연속적 강해 방식으로 설교하였다. 그는 주일 오전 5~6시 새벽 예배에 바울 서신, 9~10시 예배에 복음서를 설교하고, 주일 오후의 예배에 요리 문답을 강해하였다. 그리고 월요일과 화요일에는 요리 문답 강해, 수요일은 마태복음, 목요일과 금요일은 사도들의 서신, 토요일에는 요한복음을 설교하였다. 그리고 강림절, 성탄절, 주현절, 사순절, 부활절과 오순절 등 교회 절기에는 교회력에 따라 정해진 순서대로 설교하였지만, 매년 같은 본문에 기초하여 설교하였다. 그는 1528년에 145일에 걸쳐 195편의 설교를 연속적으로 하였다. 2~3일에 한 번 이상 설교한 것이다(Bainton 1982, 370~371). 루터의 설교 가운데 약

2)   Donald Demaray, *Pulpit Giants: What made them Great* 『강단의 거성들』, 나용화 역 (서울: 생명의 말씀사, 1976), 103.

3)   Roland Bainton, *Here I Stand* 『마틴 루터의 생애』, 이종태 역 (서울: 생명의 말씀사, 1982), 370~371.

2,300편 정도가 남아 있다.

• 루터의 설교 구성

이제 루터가 어떻게 설교를 작성했는지 살펴보도록 하자. 루터는 성경 각 권을 연속적으로 강해를 하였으므로, 본문 선택을 놓고 고민하지 않았다. 그는 다만 본문 해석에만 전심을 쏟을 뿐이었다. 그는 성경을 한때 알레고리로 해석하였지만, 종교개혁과 함께 문자적으로 해석하였다. 그는 『탁상 담화』에서 이렇게 증언했다: "나는 수사 시절에 성경을 영적 의미 곧 알레고리로 해석하는 데 익숙해 있었습니다. 그것이 내가 가진 전부였습니다. 훗날 로마서를 읽으면서 그리스도에 관해 조금 알게 된 다음에는 알레고리가 그리스도에 관한 것을 제외하면 허황한 것임을 알게 되었습니다. 그전까지는 모든 것을 알레고리로 풀었고, 심지어 인간 본성의 가장 저급한 욕구까지도 그런 방법으로 해석했습니다. 그러나 후에는 역사적 사실들에 눈을 돌렸습니다."[4] 그는 알레고리를 통해 영적 의미를 찾아 믿음에 적용하는 방법이 권장할 만하다고 보았지만, "그것을 지나치게 자주 사용하면 믿음의 도리를 왜곡시키기 쉽다."고 하였다(루터 2005, no 806). 그래서 알레고리보다는 성경의 단순한 의미, 곧 문자적 의미를 파악하고자 하였다.[5]

루터는 이처럼 성경을 해석한 후 설교 구성 작업에 들어갔다. 그는 설교의 서론에서 청중의 관심을 이끌기 위해 간단히 말하였고, 본론은 성경 해석으로 채워졌다. 그는 성경을 해석하면서 고차원적으로 세분된 연

---

4)　Martin Luther, *Table Talk* 『탁상 담화』, 이길상 역 (서울: 크리스챤 다이제스트: 2005), no. 811.

5)　이러한 루터의 성경 해석은, 중세 시대의 4중적 성경 해석을 문맹자들이나 의뢰하는 사악한 해석이라고 비난한 바 있는 멜랑히톤에게 큰 영향을 미쳤다.

구로부터 일반화된 수필에 이르기까지 이용할 수 있는 모든 것을 이용하여, 성경의 객관적 의미를 찾아내고자 하였다. 그리고 간단하게 결론을 맺음으로 설교를 마쳤다. 그는 설교와 성경 강해 구별하지 않았다. 그래서 그의 모든 설교는 강해였고, 모든 강해는 설교였다.[6] 이런 점에서 멜랑히톤(Philip Melanchton, 1497~1560)은, "어떤 이는 해석자이고, 다른 이는 논리학자고, 또 다른 이는 웅변가지만, 루터는 그들의 모든 기능을 갖춘 설교자였다."고 평하였고, 17세기 프랑스의 설교자 보쉬에(Jacques Bossuet, 1627~1704)는 루터의 설교 특징 가운데 하나가 "청중을 기쁨과 감동으로 사로잡는 생생하고 열정적인 웅변술"이라고 하였다(Demaray 1976, 103).

루터는 "설교자의 직무가 십계명의 첫째 돌판과 둘째 돌판의 계명을 어기고도 부끄러워할 줄 모르는 죄인들을 책망하는 것"이므로(Luther 2005, no. 407), 설교자는 성경의 핵심 교리인 도덕법을 신실하게 증거해야 한다고 하였다. 곧 설교자는 "교만하고 콧대가 높은 자들에게는 지옥 불을, 경건한 자들에게는 낙원을, 악인들에게는 책망을, 착한 이들에게는 위로를 전하여야 한다."고 하였다(Luther 2005, no. 398). 루터가 이처럼 도덕적 의무 수행을 강조했지만, 그것을 구원의 전제 조건으로 가르친 것은 아니다. 구원은 행위가 아닌 오직 믿음으로만 얻을 수 있기 때문이다. 루터는 또한 오직 신앙을 강조하면서 행위를 부인하는 율법 폐지론자나 신비주의자들을 멀리하였다. 행위 없이 '내적인 빛'(inner light) 또는 하나님과의 직접적인 교통만 강조하면 재세례파처럼 주관주의에 빠질 수 있기 때문이었다. 성경의 바른 해석, 곧 바른 신앙은 좌로나 우로 치우치지 않고 오직 성경의 가르침에 따르는 것으로 본 것이다.

---

6)   Harwood Pattison, *History of Christian Preaching* (Philadelphia: American Baptist Publishing Society, c1903), 136~137.

• 루터의 설교 특징

루터는 성경 본문을 읽은 후, 그 말씀을 깊이 묵상하였고, 묵상한 말씀을 기초하여 설교를 구성하였다. 그는 원고 없이 강단에 올라서서 성경 본문의 문맥을 따라 설교하였다. 루터의 문체는 "유머, 상상력, 대적자에 대한 조소, 자신에 대한 풍자적 견해, 그리고 저작권에 대한 자랑이 없었다."[7] 이러한 점이 루터의 설교가 스콜라 철학자들이나 당대의 설교들과 다른 점이라고 할 수 있다. 이제 루터의 설교 특징에 관하여 살펴보도록 하자.

첫째로, 루터는 주제에 충실하였다. 루터는 신약과 구약의 주제가 예수 그리스도인 것처럼, 설교에는 예수 그리스도가 나타나야 한다고 하였다. 그래서 그는 에드윈 다간(Edwin Charles Dargan)이 지적한 것처럼, "성경을 해석하고 적용하면서 구세주이신 그리스도만을 설교하고, 유일한 구원의 길로써 믿음에 의한 그리스도와의 연합을 선포하였다."[8] 그는 1520년 출간한 『크리스챤의 자유』(The Freedom of a Christian)에서 "사람들의 감정을 움직여서 그리스도를 동정하고 유대인들에 대해서 격분하도록" 하는 설교자들을 "어리석고 나약한 헛소리하는 자들"이라고 비난한 후, 참된 설교자는 설교를 통해 "그리스도에 대한 신앙이 생겨나 그리스도께서 그리스도 될 뿐만 아니라 당신과 나를 위한 그리스도가 되며, 또한 그에 관하여 증거되고 그의 이름으로 표시된 것이 우리 가운데 효과를 낼 수 있도록 그리스도가 올바르게 전해져야 한다."[9]고 주장하였다. 설교

---

7)   Bernhard Lohse, *Martin Luther: An Introduction to His Life and Work* 이형기 역 (서울 크리스챤 다이제스트 1993), 141.

8)   Edwin Charles Dargan, *A History of Preaching.* vol 1-2 (Grand Rapids, Michigan: Baker Book House, 1954), 1:390.

9)   Martin Luther, 『크리스챤의 자유』(*The Freedom of a Christian*) 지원용 역 (서울: 콘

를 통해 예수 그리스도의 주되심과 그의 구속 사역에 관하여 설교할 것을 주장한 것이다. 이러한 이유로 그는 언제나 예수 그리스도와 그 안에 있는 하나님의 영광에 대해 설교하고자 하였고, 설교를 작성할 때 이 주제에 얼마나 충실한지 스스로 묻곤 하였다.[10]

둘째로, 교육적이다. 루터는 설교를 통해 무지와 미신에 빠져 있던 독일 기독교인들을 영적으로 계몽하고자 하였다. 그래서 그는 설교를 단순한 말씀 선포로 보지 않고, 청중을 설득하고 계몽함으로 그들이 성경적 신앙으로 돌아오게 하는 것이라고 보았다. 교육을 통해 진리를 찾게 하는 것이라고 본 것이다. 그래서 그는 비텐베르크 교회에서 설교할 때 먼저 교황청과 로마 가톨릭교회의 신앙과 삶이 성경의 교훈으로부터 얼마나 멀리 이탈했는지를 지적한 후, 성경이 제시하는 바를 소개해 줌으로 성도들이 가톨릭 신앙을 버리고 성경적 신앙으로 돌아오게 하였다. 설교를 통해 성경 지식을 심어 줌으로 교회 개혁을 이루고자 한 것이다. 이러한 맥락에서 예일 대학교(Yale University)의 해리 스타우트(Harry S. Stout) 교수는 루터의 설교가 매우 교육적이었다고 주장하였다.[11]

셋째로 논쟁적이다. 루터는 믿음이 하나님의 말씀을 들음에서 생기고,

콜디아사, 1970), 47~48.

10) 루터는 비텐베르크에서 십계명, 주기도, 회개, 그리고 참다운 삶 등을 설교하였다. 당시의 설교자들이 외적인 의식이나 천주교의 교리만을 설교하는 것과는 대조적으로 그는 스스로 깨달아 알게 된 것을 설교하였다. 루터는 로마서 연구를 통하여 얻은 교훈인 이신득의 교리에 대해 자주 설교하였는데, 이신득의 교리는 독일에서 로마 천주교회의 뿌리를 송두리째 흔들어 놓는 결과를 가져왔다.

11) 해리 스타우트 교수에 의하면, 루터는 성도들에게 천주교회와 기독교회의 차이를 알려 주어야 했으므로 교육적인 성격을 강하다고 하였다. 이는 필자가 예일 대학교 신학대학원(Yale University Divinity School)에 있던 1986년 가을 학기, 그의 강의 「영미설교사」(Anglo-American Preaching)를 통해 들은 것이다.

믿음이 발생함으로 회개하게 되고, 회개 운동이 일어나므로 교회의 개혁이 가능해진다고 믿었다. 죄 가운데 있는 하나님의 자녀들을 불러 모으고, 그들에게 무엇이 바르고 그릇된 신앙인지 알려 주어 신앙으로 양육하는 것이 바로 설교의 역할이라고 본 것이다. 그래서 그는 설교자가 "전사인 동시에 목자여야 한다. 한편으로는 잘 양육하여야 하며, 다른 한편으로는 하나님 말씀을 무기로 삼아 싸워야 한다."고 하였다(Luther 2005, no. 403). 설교자는 진리와 거짓을 구별하는 논쟁가가 되어서 바른 신앙을 가르쳐야 한다는 것이다. 그래서 그는 설교할 때마다 성도들에게 "당신들은 이것들에 대해 들었습니다. 그것의 참된 뜻은 이렇습니다. 그러므로 로마 천주교회는 잘못되었습니다."라고 설교함으로 성도들이 바른 신앙에 설 수 있게 하였다.

넷째로, 가난하고 비천한 청중에게 초점을 맞추어 설교하였다. 그는 하나님의 말씀이 모든 사람에게 전파되어야 한다고 믿었지만, 그 가운데 그가 더 관심을 두어야 할 대상은 가난하고 비천한 자들이라고 하였다. 그는 이렇게 말하였다: "교회에서 고상하고 중대한 일에만 뜻을 두고 가난하고 배우지 못한 사람들의 구원에는 소홀하며, 자신의 영달만을 추구하여 소수의 야심가만 만족시키는 설교자들에게 화가 있을 것입니다. 나는 설교할 때 눈높이를 바닥에 둡니다. 이 교회에 약 40여 명의 박사와 고관대작이 있는데, 그들을 조금도 안중에 두지 않습니다. 오히려 2,000여 명의 젊은이들과 어린이들, 하인들에게 시선을 맞춥니다. 하나님의 말씀이 갈급해서 교회에 나온 그들을 바라보며 설교하면 나머지 사람들도 내 설교를 듣지 않겠습니까? 정직하고 경건하고 참된 설교자가 되려면 가난하고 단순한 사람들에 초점을 맞춰 말씀을 전해야 합니다. 마치 어머니가 보채는 아이에게 젖을 물려 다독이되, 아무런 대가도 바라지 않고 그리하는 것과 같습니다. 설교자는 쉽게 가르치고 설교함으로써 배우지 못한 단순한 사람들도 듣고 깨달아 그 말씀을 간직하고 준행할 수 있게 해야 합니다"(Luther 2005, no. 427). 이처럼 루터는 가난하고 비천한 이들에게 관심 두었고, 그들의 눈높이에 맞추어 설교하였다.

다섯째로, 루터는 청중의 언어로 설교했다. 그는 설교할 때 학자 층의 언어인 라틴어가 아닌 청중 모두가 알아들을 수 있는 독일어로 설교하였다. 그는 "공적인 설교에서 히브리어와 헬라어, 라틴어를 남발하는 사람일수록 속이 비었을 가능성이 크다."고 생각했다(Luther 2005, no. 427). 그는 주장하기를, "나는 설교자가 설교 도중에 히브리어와 헬라어, 외국어를 사용하는 것을 좋게 여기지 않습니다. 강단에서는 누구에게나 친숙한 쉬운 모국어를 사용해야 합니다. … 사도 바울은 데모스테네스와 키케로가 사용한 고상하고 품위 있는 언어를 사용하지 않고, 쉽고 적당한 단어들을 사용하여 숭고한 내용을 전했는데, 그것이 훌륭한 태도였습니다"(Luther 2005, no. 412). 그는 이처럼 설교자가 청중의 언어로 설교하는 것이 옳다고 믿었고, 언제 어디서든지 독일어로 설교하곤 하였다.

마지막으로, 단순하고 명료하게 설교하였다. 그는 미사여구로 설교를 장식하지 않고, 단순하고 쉬운 말로 설교하였다. "설교자가 청중을 불필요하게 괴롭게 하거나, 길고 지루한 설교로 붙들어 두는 것이 옳지 않고, 설교자가 청중으로부터 말씀 듣는 즐거움을 앗아 가 버리면 결국 그 해가 설교자 자신에게 돌아온다."고 하였다(Luther 2005, no. 395). 따라서 설교자는 단순하게 설교해야 한다고 하였다. 그는 이렇게 말했다: "설교할 때 청중의 형편을 참고하여 생각해야 합니다. 그러나 설교자 대부분이 이 점에서 실패합니다. 그들의 설교는 가난하고 단순한 사람들을 믿음으로 일으켜 세우는 데 조금도 도움이 되지 않습니다. 설교를 단순하고 쉽게 하는 것은 큰 재능입니다. 그리스도께서는 밭에 씨 뿌리는 비유나 겨자씨 비유처럼 일상적이고 이해하기 쉬운 비유를 사용하였습니다"(Luther

교회 역사를 빛낸 위대한 설교자들

2005, no. 410). 이러한 믿음으로, 그는 설교 가운데 자신의 학문을 과시하지 않았고, 대화체 방식으로 신중하면서도 천천히 말하여 청중과 소통하였다. 설교자가 신중하게 천천히 말해야 "하나님의 말씀을 더 효과적으로 인상 깊게 전할 수 있기" 때문이다(Luther 2005, no. 408).

루터는 이러한 원리에 기초하여 전하고자 하는 핵심 교훈만 전하였다. 그는 본문 강해와 비유를 통한 예증으로 청중의 지성과 감정을 고조시켰고, 청중이 영적으로 고무되면 결단을 촉구한 후 설교를 마쳐서 다음 번 설교를 기대하도록 만들었다. 그는 보통 약 15~16분 정도 설교했고, 길 때는 40분 정도 하였다. 지루하고 긴 설교를 싫어했다. 이러한 생각으로, 그는 비텐베르크 교인들이 동사목사 부겐하겐(Johannes Bugenhagen, 1485~1558)의 설교가 너무 길다고 불평할 때 부겐하겐에게 "멈추어야 할 때를 알라"고 권하였다. 그는 후배 목사들에게 설교에서의 자기 절제를 권하면서 이렇게 말했다. "신선하게 시작하라; 담대하고 거리낌 없이 말하라; 짧게 끝내라"(Schaff 2004, 7:398).

결론적으로, 필립 샤프가 지적한 것처럼, "그에게는 심오한 사상을 일반 회중이 알아들을 수 있도록 분명하고 강력한 용어로 표현할 수 있는 비범한 능력이 있었고, 그의 설교는 정곡을 찔렀다. 그는 대범하고 용감하였다. 마귀든 교황이든, 성찬을 상징적인 것으로 보는 이든 아니든 그냥 놔두지 않았다"(Schaff 2004, 7:398).

· **설교자의 자질**

루터는 좋은 설교자가 되려면 다음과 같은 능력과 덕목이 필요하다고 하였다. "첫째, 하나님의 말씀을 체계적으로 가르쳐야 합니다. 둘째, 기지(機智)가 있어야 합니다. 셋째, 언변이 뛰어나야 합니다. 넷째, 음성이 좋아야 합니다. 다섯째, 기억력이 좋아야 합니다. 여섯째, 맺고 끊는 일을 잘해야 합니다. 일곱째, 교리를 확실히 깨닫고 있어야 합니다. 여덟째, 하나님의 말씀을 위하여 생명과 재물과 명예를 버릴 각오를 해야 합니다. 아홉째, 모든 사람의 조롱과 비방을 받을 각오를 해야 합니다"(Luther 2005, no. 400). 그리고 이러한 능력과 덕목과 함께 학문적 자질이 요구된다고 하였다. 설교자는 단순한 웅변가가 아니라 성경을 풀어서 성도들에게 전하는 자가 되어야 하기 때문이다. 그는 이렇게 논하였다. "설교자는 논리학이자 수사학자여야 합니다. 첫째로, 잘 가르칠 뿐만 아니라 알아듣도록 타일러야 합니다. 둘째로, 그것을 잘 정의하고 기술하고 증명해야 합니다. 셋째로, 성경의 다른 구절을 가지고 그것을 입증하고 뒷받침해야 합니다. 넷째로, 예를 들어 설명하고, 선포하여야 합니다. 다섯째로, 비유로 그것을 장식하여야 합니다. 마지막으로, 나태한 자를 훈계하고 일으켜 세우고, 그들의 불순종과 그릇된 교리를 근실하게 책망하여야 합니다"(Luther 2005, no. 422).

루터는 설교자들에게 세상의 영화보다는 설교 사역에 관심을 두라고 권하였다. 설교자는 "이 세상에 속하지 않고 훨씬 더 좋은 저 세상에 속한 자"이므로, "이 세상에서 아무런 영광도 구해서는 안 되고"(Luther 2005, no. 405), "몸과 영혼, 재물과 명예를 다 바쳐 주의 백성들을 섬기되, 고난과 위험과 배은망덕을 감내하려는 원대한 정신을 품어야 한다."고 하였다(Luther 2005, no. 414). 비록 구약시대에 제사장들이 부유하게 살았고, 예수님 당시 대제사장이던 가야바와 안나스가 큰 부자였지만, "영원한 생명과 구원을 전하는 말씀 사역자들은 굶어 죽을 지경에 이를 정도로 고난을 겪더라도"(Luther 2005, no. 409) 천국을 소망하면서 말씀 전파에 전력해야 한다고 하였다. 이것이 설교자의 사명이기 때문이다. 그는 이러한 이유로, 어떤 상황에서든지 "설교자는 본문에 충실하여 본문에 담긴 교훈을 그대로 전달함으로써 청중이 잘 이해할 수 있도록 해야 합니다. 그렇게 하지 않고 생각나는 것을 다 말하는 설교자는 마치 장터에 간 하녀가 다른 하녀를 만나 시간 가는 줄 모르고 수다 떠는 것들과 같은 것입니다."라고 하였다(Luther 2005, no. 402).

　목사가 설교에 관심을 두고 살지만, 목사도 인간이어서 설교에 대한 스트레스를 받게 되고, 스트레스 때문에 목회를 포기하고 싶은 마음이 생길 수도 있다. 이러한 상황에서 목사가 해야 할 일은 기도라고 하였고 (Pattison c 1903, 135), 사람의 박수를 기대하지 말고 하나님만 바라보라고 하였다. 한 동료 설교자가 설교에 대한 부담 때문에 목회 사역을 접고 이전에 하던 일로 돌아가겠다고 하자, 루터는 다음과 같이 권하였다: "만약 베드로와 바울이 여기 있었다면, 자네가 당장 그들처럼 능숙하게 되고 싶어 하는 것을 보고 꾸짖었을 것일세. 걸을 수 없을 때는 기어 다니는 것만도 다행이네. 최선을 다하게. 한 시간 동안 설교할 수 없거든 30분만 하게. 그것도 못 하겠으면 15분만 하게. 제발 다른 사람을 흉내 내려고 하지 말게. 문제의 핵심을 짤막하고 간단하게 이야기하는 것이고, 오직 그분의 영광만을 바라보게. 사람의 박수갈채를 기대하지 말고, 하나님께 맡기게. 하나님께서 자네에게는 말하는 입을, 듣는 사람에게는 듣는 귀를 주시도록 기도하게. 사실 설교는 사람의 일이 아닐세. 내 나이가 많고 (이때 그는 48세였다), 설교 경험이 많지만 설교할 때마다 두려워하네. 이 세 가지 사실이 가장 확실하다고 할 수 있네. 첫째, 있는 재주 없는 재주 다 부려서 설교를 준비했어도 물이 손가락 사이로 다 빠져나가듯이 허탕을 치는 일이 있네. 둘째, 자네가 준비한 설교 초안을 내팽개칠 때 하나님께서 은혜를 주시는 때도 있네. 그때 자네는 아주 훌륭한 설교를 하고 청중은 흐뭇해할 것일세. 그러나 자네는 양이 차지 않을 것일세. 셋째, 자네가 아무것도 준비할 수 없었지만 듣는 사람이나 자네 자신이 모두 만족해하는 경우가 있네. 그러나 기도하고 모든 것을 하나님께 맡기도록 하게"(Bainton 1982, 371~372).

루터는 이처럼 설교를 통하여 말씀의 빛을 온 세상에 비추었다. 그의 설교 운동을 통해 하나님에 대한 바른 지식이 온 누리에 펴져 나가 영적 무지와 미신이 사라져 갔고, 물이 강을 덮듯이 말씀의 빛으로 온 유럽이 밝아져 갔다. 중세 교회를 덮고 있던 깊고 어두운 그림자가 사라지고 하나님을 아는 지식이 강물처럼 넘쳐흐르게 된 것이다. 하나님의 말씀이 교인 가운데 자리 잡으면서 성경이 교회와 사회의 지침서가 되어 갔다. 이러한 설교 운동은 취리히의 종교 개혁자 츠빙글리를 통하여 스위스 전역으로, 칼빈의 제네바를 넘어 영국과 네덜란드 등으로 펴져 갔다.

2. 츠빙글리와 설교

스위스에서의 설교 운동은 취리히의 종교 개혁자 츠빙글리(Ulrich Zwingli, 1484~1531)에 의하여 시작되었다. 그는 1484년 1월 스위스의 빌트하우스(Bildhous)에서 농부의 아들로 태어나, 1496년 베른 대학교에 입학하여 고전과 음악 등 인문주의 교육을 받았다. 그는 1498년 학문의 폭을 넓히기 위해 비엔나 대학교로 전학하였고, 1502년에는 바젤 대학교로 옮겨 인문주의자로 양육받았다.

• 설교자 츠빙글리의 형성

츠빙글리는 대학 졸업과 함께 사제가 되기로 하고, 1506년 서품을 받았다. 22살의 어린 나이임에도 불구하고 사제로 임직될 수 있었던 것은 대학 졸업자였기 때문이다. 사제 서품 후 그는 글라루스(Glarus)에서 목회를 시작하였다. 그는 글라루스에서 목회하는 가운데 성경 원어에 관한 관심을 가졌고, 1513년부터 독학으로 헬라어와 히브리어를 공부하였다. 그해 그는 교황의 명에 따라 군목으로 스위스 용병들과 함께 로마에 갔다. 로마에서 생활하면서 용병 제도의 폐해를 발견하였다. 죄 없는 스위스 청년들 가운데 일부가 용병으로 죽고, 살아난 자들이 귀국한 후에 성병이 만연하게 되고, 그 결과 많은 가정이

울리히 츠빙글리

파괴되는 것을 본 것이다. 그는 귀국과 함께 용병 파병 반대 설교를 시작하였고, 이 일로 인하여 교회 당국의 미움을 받아서 1516년 글라루스보다 작은 마을인 아인시델른(Einsiedeln)으로 좌천되었다. 그는 그해 에라스무스(Desiderius Erasmus, 1466~1536)의 헬라어 성경이 출판되자, 즉시 구하여 연구하였다. 성경과 함께 초대 교부의 글을 읽어 나가면서 그는 신학적 정체성을 세워 갔다.

성경과 초대 교부 연구를 통해 츠빙글리는 설교의 중요성을 깨달았고, 그때부터 설교 운동을 전개하였다. 그는 헬라어로 된 신약성경과 히브리어로 된 구약성경을 펴 놓고 성경 본문을 주석하였고, 거기서 얻은 교훈을 청중들에게 적용하며 설교하였다. 그의 설교는 은혜가 넘쳤고, 설교를 듣고 많은 변화가 일어났다. 글라루스에 영적인 각성이 일어난 것이다. 이와 함께 설교자 츠빙글리의 이름이 알려지기 시작했고, 1518년 취리히시의 가장 큰 교회인 그로스뮌스터 교회로부터 청빙받아 그해 12월 목회지를 옮겼다. 그는 1519년 1월 첫 주일부터 마태복음을 강해하기 시작하였고, 사도행전, 바울 서신, 디모데전서, 갈라디아서, 디모데후서, 베드로전서와 베드로후서, 히브리서 등을 1526년까지 강해하였다.[12]

---

12)   Lee Palmer Wandel, *Always among us: Images of the poor in Zwingli's Zurich*

츠빙글리는 간단하고 친숙한 언어로 설교를 꾸미고, 불필요하고 가식적인 말을 피하여 누구든지 그의 설교 내용을 이해할 수 있게 만들었다. 그는 가능한 한 청중들에게 성경의 메시지를 바르게 전달하기 위해 다양한 접근 방법을 동원하고, 허다한 형태의 언어 표현을 사용했다(Wandel 1900, 39). 이에 힘입어 츠빙글리의 초기 설교 운동은 순조로웠지만, 소시지 파동[13]과 함께 어려움을 당하였다. 소시지 파동은 1522년 봄, 츠빙글리의 친구들이 고난 주간에 성경을 인쇄한다는 명분으로 금식을 깨고 소시지를 먹으므로 일어난 사건으로써 이때부터 츠빙글리의 설교 운동은 교회 당국으로부터 감시와 방해를 받았다. 이러한 와중에서, 츠빙글리는 그해 7월 취리히 의회와 취리히 교회를 담당하고 있던 콘스탄스(Constance)의 주교에게 설교할 자유를 달라고 요청하였다.

자유로운 설교를 달라는 청원이 무시되었지만, 교회 개혁 요구는 점차로 커 갔다. 츠빙글리는 취리히시 당국에 교회 개혁을 위한 공개 토론을 요청하였다. 취리히시 정부는 공개 토론 요청을 무시하였다. 그러나 츠빙글리는 공개 토론 요청을 멈추지 않았고, 결국 시 의회는 1523년 1월 제1차 공개 토론회를 열었다. 수많은 시민이 공개 토론에 참석하였고, 그들은 토론을 통해 성경 중심적인 참 종교와 전통과 미신을 중시하는 거짓 종교가 어떻게 다른지 확인하였다. 제2차 공개 토론이 끝난 후 취리히시 정부는 종교 개혁자들의 주장을 수용하였다. 취리히는 점차 프로테스탄트 도시로 변모해 갔다. 그러나 1530년 후반 종교 갈등으로 말

(Cambridge: Cambridge University Press, 1990), 38~39.

13)   소시지 파동은 1522년 츠빙글리의 동료들이 성경을 부활절 이전에 출판하기 위해 고난절 금식을 깨고 소시지를 먹음으로 시작되었다. 교회 당국이 이를 문제 삼아 동료들을 징계하자 츠빙글리는 그들을 옹호하였고, 이를 계기로 취리히의 종교개혁이 시작되었다.

미암아 스위스는 종교개혁을 지지하는 주(canton)와 반대하는 주로 나누어졌다. 1531년 10월 종교개혁을 반대하는 주들이 종교개혁을 지지하던 주들에 대해 선전포고하자, 츠빙글리는 취리히 시민들을 이끌고 카펠에서 있었던 전투에 참여하였다. 그렇지만 그는 애석하게도 죽임을 당하였다.

• 츠빙글리의 설교와 영향

1519년 1월 초부터 츠빙글리는 성경을 강해하며 설교자로서 성장하였다. 그는 성경 연구를 통하여 로마교황청과 가톨릭교회가 성경으로부터 아주 멀리 이탈했음을 발견하였고, 성경대로 사는 길만이 로마 가톨릭교회를 개혁하는 것으로 생각하였다. 성경대로 바로 살기 위해서는 성도들이 성경을 알아야 하고, 그들이 성경을 알게 하려면 설교 운동이 일어나야 했다. 그래서 그는 설교를 준비하기 전에 먼저 성경을 읽었고, 읽은 말씀을 묵상하면서 성경 본문의 문맥을 진지하게 숙고하였다. 본문이 제시하는 의미를 파악한 후, 본문으로부터 영적인 교훈을 찾아내고, 그 교훈을 성도들의 삶 속에 적용하도록 하였다.

츠빙글리는 목사의 사명을 설교와 가난한 자를 돌보는 것이라고 보았다. 그는 1523년 10월 28일 취리히에서 열린 제2차 논쟁에 참석하여 「목자」(Shepherd)라는 제목으로 설교하면서 목사의 사명은 설교와 구제이며, 그 가운데 더 중요한 것이 설교라고 하였다(Wandel 1990, 39). 그는 설교하는 목적이 청중을 하나님의 말씀으로 계몽하는 데 있다고 하였고, 이를 위해 설교자는 청중들이 쉽게 알아들을 수 있게 설교해야 한다고 하였다. 곧 길거나 복잡한 문장 대신, 단순한 문장과 쉬운 말로 설교해야 한다고 하였다. 곧 신학자들처럼 성경을 난해하게 해석하지 말고, 청중이 알아들을 수 있는 말로써 설교해야 한다고 주장하였다. 이러한 믿음으로

그는 평이체 설교를 좋아하였고, 라틴어가 아닌 청중의 언어인 독일어로 원고 없이 설교하였다. [14]

츠빙글리의 설교는 취리히의 부흥으로 이어졌다. 그의 설교를 듣고 많은 사람이 참된 신앙이 무엇인지 깨달았다. 그들은 무지와 미신에서 벗어나려고 그로스뮌스터 교회당으로 몰려왔다. 대성당은 성도들로 가득 채워졌다. 청중은 말씀을 사모하고, 경건을 추구하였고, 그에 비례하여 사회에 만연하던 죄악과 사치 풍조가 사라지고, 검소와 절약, 근면이 정착되어 갔다. 로마교황청의 세력은 약화되어 갔고, 성경만을 최종적인 권위로 인정하는 성도들의 수가 늘어났다.

하지만 츠빙글리가 1531년 카펠 전투에서 전사하면서 설교 운동은 정지 위기에 처해졌다. 이러한 상황에서 설교 운동을 이어 간 인물이 바로 츠빙글리의 사위인 하인리히 불링거(Heinrich Bullinger, 1504~1575)이었다. 그는 학식이 깊었을 뿐만 아니라 훌륭한 설교자였다. 성경을 평이하게 해석하여 "크게 찬사를 받기에 합당한 인물"이었다. [15] 그는 교인들이 바른 신앙 가운데 굳게 서게 하려고 십계명, 사도신경, 성례 등에 대해 10편씩의 설교를 한 후, 그것으로 1549년『10편의 설교집』(Decades)을 발간하였다. 이 설교집은 1550년에 제2권, 그리고 1551년에 제3권을 추후에 발간하였다.

---

14) 츠빙글리는 1529년 9월 29일 프로테스탄트교회의 연합을 추구하며 루터와 마르부르크에서 모였다. 그때 그는 '하나님의 섭리'라는 주제로 설교했고, 큰 은혜를 받은 제후 필립이 그에게 설교 원고를 요구하였다. 츠빙글리는 원고 없이 설교하였기 때문에 기억을 되살려서 설교 원고를 작성하여 보내 주었다. 김지훈, "하나님의 섭리가 교회와 성도에게 주는 위로: 츠빙글리의 "하나님의 섭리에 대한 설교"『한 권으로 읽는 츠빙글리 신학』(서울: 세움북스, 2019), 239.

15) John Calvin, *Commentary on the Romans*,『로마서』박문재 역 (크리스챤 다이제스트, 2013), 7.

불링거는 츠빙글리의 가르침에 따라 설교를 준비하곤 하였다. 그는 성경을 역사적·문법적으로 해석하였고, 그것으로부터 교훈 또는 교리를 찾아내었고, 그에 대해 적절히 예증한 후 생활에 적용하는 형식으로 설교를 작성하였다. 그는 주로 기독교의 핵심 교리인 삼위일체 하나님과 인간, 교회와 성례에 대하여 강해하였고, 이러한 강해 설교들은 로마 천주교회의 그릇된 신앙으로부터 개혁 신학을 구별하는 기준이 되었다. 그의 설교집인『10편의 설교집』은 영어와 프랑스어, 네덜란드어로 번역되어 서유럽에 있는 교회 지도자들의 사랑을 받았다. 당시는 종교개혁의 초기여서 설교집이 거의 없었고, 어떻게 설교해야 하는지 모르는 이들이 대부분이었다. 그래서 불링거의 설교집이 그들에게 설교의 지침서가 되었다. 특히 영국에서는 그의『10편 설교집』이 강도사 인허 시험을 위한 설교 교본으로 사용되기도 하였다.

종교개혁 운동이 확산하면서 설교는 참 교회와 거짓 교회를 구별하는 척도가 되었다. 말씀이 바로 선포되고 성례가 올바르게 시행되고 있는 교회는 참된 교회로 인정을 받았지만, 그렇지 않으면 거짓 교회로 간주되었다. 이처럼 설교가 교회의 참된 표지(標識)로 간주된 것은 칼빈과 부처의 영향이다. 칼빈은 하나님의 말씀이 신실하게 선포되는 곳에 바른 교회가 세워진다고 하였고,[16] 부처(Martin Bucer, 1491~1551)도 그의 명저『그리스도의 왕국에 관하여』(De Regno Christi)에서 권징의 올바른 실시와 성례의 바른 시행, 말씀의 바른 선포를 참된 교회의 표지로 간주하였다.[17] 설

---

16)   John Calvin, *Institutes of the Christian Religion*, 1536 edition. (Grand Rapids, Michigan: William B. Eerdmans Publishing Company, 1975), 62.

17)   Martin Bucer, *De Regno Christi*. In *Melanchthon and Bucer*. The Library of Christian Classics: Ichthus Edition. Edited by Wilhelm Pauck. Philadelphia: The Westminster Press, 1969), 210.

교가 '교회를 교회답게' 만드는 중요한 수단으로 간주되기 시작한 것이다. [18)

---

18)　종교 개혁자들은 교회를 교회답게 만드는 것은 찬송이나 연극, 또는 성례가 아니라 설교라고 믿었다. 교회가 하나님의 풍성한 은혜 가운데 있으려면 훌륭한 설교자를 배출해야 하고, 그들을 배출하기 위해서는 학교가 필요하다고 믿었다. 그래서 칼빈은 제네바 아카데미(Geneva Academy)를, 영국 청교도는 케임브리지 대학교에 임마누엘 대학(Emmanuel College)을, 뉴잉글랜드 청교도는 하버드 대학(Harvard College)과 예일 대학(Yale College) 등을 세워서 설교자를 배출해 내었다.

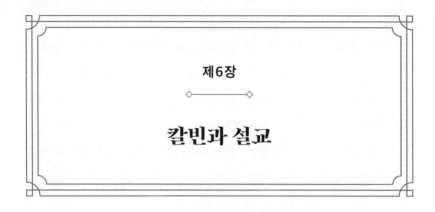

제6장

칼빈과 설교

　루터에 의해 움튼 설교 운동은 츠빙글리에 의하여 교회 안에서 자리를 잡아 갔고, 칼빈에 의해 만개하게 되었다. 루터가 하나님의 말씀을 재발견하였다면, 칼빈은 그 말씀을 삶의 전 영역에 적용하고자 하였다. 칼빈은 무력을 사용하여 사회질서를 바로잡고자 했던 과격파와는 달리 설교를 통해 교회와 세상을 개혁하고자 하였다. 설교라는 영적인 무기를 적극적으로 활용하여 교회와 사회를 개혁하고자 한 것이다.

1. 설교자 칼빈의 형성

　존 칼빈(John Calvin, 1509~1564)은 1509년 7월 10일 프랑스 느아용에서 꼬

벵(Gerad Cauvin)과 르 프랑(Jeanne Lefrance)의 다섯 명의 자녀 가운데 셋째로 태어났다. 그는 1523년 8월 마르쉐 대학(Collège de la Marche)에 입학하여 법을 공부하였고, 얼마 후 아버지의 명에 따라 사제가 되려고 몽테규 대학(Collège de Montaigu)으로 전학하였다. 사제 수업을 받던 중, 교회 당국과 불편한 관계를 갖게 된 아버지가 신학을 포기하고 법을 연구할 것을 요구하자, 효자인 칼빈은 오를레앙 대학(University of Orléans)으로 가서 법률을 공부하였다. 칼빈은 대학 생활을 통하여 인문주의자가 되었고, 그의 스승들로부터 종교개혁 사상을 알게 되었다.[1]

• 칼빈의 회심과 박해

존 칼빈

칼빈의 생애에 전환점이 된 것은 1533년 10월 동료 니콜라스 콥(Nicholas Cop, 1501~1540)의 파리 대학 총장이었다. 그는 콥의 총장 취임 연설문 작성을 도왔고, 이 일로 말미암아 교회 당국의 지명 수배를 받았다. 연설문에 종교개혁 운동을 지지하는 내용을 밝혔기 때문이다. 그 후 1534년 종교 개혁자들이 종교개혁을 지지하는 벽보를 왕궁 여러 곳에 부착한 후, 정부 당국의 종교 개혁자 색출이 시작되었다. 칼빈은 체포를 두려워하여 그해 10월 니콜라스 콥과 함께 바젤로 피신하였다.

칼빈은 1536년 바젤에서 종교개혁 운동에 대한 오해를 불식하고, 종교개혁을 옹호하기 위하여『기독교 강요』(Institutes of the Christian Religion)를 출

---

1)　칼빈의 종교개혁에 관하여는 필자의 졸저인『종교개혁사』제9장을 참고하십시오.『종교개혁사』(수원: 합동신학대학원출판부, 2018), 219-276.

판하였다. 그는 이 책을 프랑스 왕 프랑수아 2세(Francis II, 1544~1560)에게 헌정하면서 종교개혁 운동이 미신이 아닌 성경에 기초한 바른 신앙 운동이라고 프로테스탄트를 옹호하였다. 그는 로마 가톨릭교회에 퍼져 있는 무지와 미신을 지적하고, 참된 교회는 말씀과 성례가 바르게 시행되는 곳에 세워진다고 주장하면서 프로테스탄트에 대한 박해를 중지할 것을 요청하였다.

그러나 정부 당국의 박해는 더욱 심해졌다. 점점 박해가 가중되어 오자, 칼빈은 프랑스를 떠나 스트라스부르로 피신하려고 하였다. 파리에서 스트라스부르로 가는 길에서 그는 신성로마제국과 프랑스가 전쟁을 벌인 것을 보았고, 제네바를 거쳐 스트라스부르로 가려고 하였다. 그는 1536년 9월 제네바에 도착하였고, 그곳에서 화렐(William Farel, 1489~1565)의 영접을 받았다. 화렐의 설득으로 스트라스부르로 가는 것을 포기하고 제네바에 정착하였다.

칼빈이 도착했을 당시의 제네바는 소망이 없는 것처럼 보였다. 사람들은 가무와 음주 등 쾌락을 즐겼고, 도박, 간음, 신성모독 등 온갖 종류의 죄악에 길들어 있었다. 특히 매춘이 크게 성업하였고, 파괴된 가정이 다수였다. 정치적으로 제네바에서 시행되던 공화정치는 비틀거렸고, 종교적으로 종교개혁 사상을 수용하였지만 미성숙한 가운데 있었다. 교회만 아니라 사회의 개혁이 절실하게 요구되고 있었다.

· 제네바에서의 설교 운동

이처럼 음란과 불법이 판치던 제네바에 도착한 칼빈은 1536년 9월 5일 성 베드로(St Pierre) 교회당에서 바울 서신을 강해함으로 설교 운동을 시작하였다. 그는 매 주일 다섯 차례에 걸쳐 설교하였고, 주중에는 두 차례에 걸쳐 신약을 본문으로 삼아 설교하였다. 때때로 요리 문답 교육과 심방을 통하여 성경이 제시하는 생활에 대해 가르쳤다. 칼빈의 설교는 제네바 시민들에게 큰 영향을 미쳐서 제네바시에서 죄와 방종, 도덕적인 문란함이 사라졌고, 제네바시는 점차 하나님의 동산처럼 되어 갔다.

칼빈은 제네바 의회의 도움을 받아 설교 운동을 전개하였다. 1537년 1월 제네바시 200인 대 의회는 칼빈의 제안을 받아들여 비도덕적인 관습의 타파, 추잡한 노래와 도박의 금지, 그리고 주일 성수 방해 행위 금지 명령을 내렸다. 그렇지만 칼빈을 반대하는 이들도 많았다. 대표적인 집단이 방종파(Libertine)였다. 그들은 1538년 2월 선거에서 승리하자, 칼빈의 제네바 개혁을 무효화시키고 그 일행을 제네바시에서 추방하였다. 칼빈은 스트라스부르로 가서 프랑스 난민 교회를 섬겼다.

종교 개혁자들이 떠나면서 제네바시는 엄청난 혼란 가운데 빠졌다. 칼빈이 떠나자 추기경 야코보 사돌레트(Jacopo Sadolet, 1477~1547)가 제네바 시민들에게 로마 천주교회로 다시 돌아올 것을 호소하였기 때문이었다. 민심이 크게 요동쳤다. 그렇지만 제네바 시민들은 로마 천주교회로 돌아갈 수도 없었다. 그들은 로마 가톨릭교회가 성경으로부터 너무 멀리 떠나 있다는 것을 이미 알았기 때문이다. 이러한 상황에서 제네바시는 칼빈을 다시 초청하기로 하고 대표들을 칼빈에게 보냈다. 그때 칼빈은 제네바로 다시 돌아갈 생각이 전혀 없지만, 화렐과 부처의 강력한 권면을 거절하지 못하고 1541년 제네바에 돌아왔다.

제네바에 돌아온 칼빈은 교회와 제네바시 정부 개혁을 위해 혼신을 기울였다. 그는 시의회에 교회와 정부 개혁을 위한 입법안을 제출하였다. 시 의회는 그가 제안한 교회법과 예배 의식을 승인하였고, 자연스럽게 신학 논쟁을 끝내고, 당파 간의 이견을 조정할 수 있게 되었다. 칼빈의 노력으로 제네바시는 점차 새로워져 갔다. 그는 설교를 통하여 다른 기독교 도시들이 수 세기에 걸쳐 노력해야 이룰 수 있는 것을 몇 년 만에 이루어 놓았다. 교회의 평화가 찾아왔고, "정부 당국자들은 목사 못지않게 교회의 명예와 그리스도의 영광을 지키고자 하였다. 교회는 사람들로 가득 찼고, 하나님의 말씀이 매일 선포되었다. 모든 가정에서 가정 예배가 드려졌고, 기도와 시편 찬송이 멈추지 않았다. 온 도시는 자신이 믿는 바 그 신앙을 실천하는 신실하고 정직한 그리스도인의 공동체처럼 보였다."[2] 저급한 오락을 일삼던 선술집과 주점들이 문을 닫았고, 주정뱅이도 줄어들었다. 노상에서의 구걸 행위가 사라졌고, 병든 자와 가난한 자를 위한 병원과 빈민 구제소가 세워지는 등 이상적인 도시로 변해 갔다.

제네바시가 이처럼 개혁된 배경에는 칼빈이 전한 설교의 영향이 컸다. 1545년 2월 12일 그가 동료인 비레(Pierre Viret, 1511~1571)에게 편지하면서 제네바를 "10편의 설교를 통하여 뒤집어 놓았다."고 말했던 것처럼, 제네바의 개혁은 바로 칼빈의 설교 영향이었다.[3] 1555년 제네바에 도착하여 개혁된 제네바의 모습을 본 스코틀랜드의 종교 개혁자 존 낙스(John Knox, 1514~1572)는 그의 친구 로크(Locke)에게 이렇게 편지하였다: "제가 아무런 두려움이나 부끄러움 없이 말씀드릴 수 있는 것은 이곳이 '사도 시대 이후에 이 땅에 존재했던 가장 완벽한 그리스도의 학교'라는 것입니다. 다른 곳에서도 그리스도가 참되게 전파되고 있다는 것을 알고 있습니다. 하지만 저는 생활 방식과 종교가 이처럼 진지하게 개혁된 예를 다른 곳

---

2)   Philip Schaff, *History of the Christian Church*, 박경수 역 (서울: 크리스챤 다이제스트, 2004), 8:444.

3)   오늘날의 교회들이 칼빈의 제네바 교회와 같이 빛을 발하지 못하는 것은 교회 개혁에 대한 꿈이 없을 뿐만 아니라 목회자들이 교회에 영적인 영향을 미치지 못하고 있기 때문이다. 곧 "칼빈과 같은 사회 개혁에 대한 꿈이 없고, 하나님이 세우신 설교에 대하여 무지한 데 그 원인이 있을 수 있다"(Adams 1986, 78). 즉 현대 목회자들은 은혜의 주된 수단인 설교를 가볍게 여기고, 하나님 나라의 도래보다는 교인 숫자 늘리기와 같은 사소한 일에 전력을 기울임으로 설교의 부흥이 없는 것이다. 참으로 아쉬운 일이다.

에서 결코 찾아볼 수 없습니다"(Schaff 2004, 8:446).

2. 칼빈의 설교

낙스의 보고처럼, 제네바시는 가장 "완벽한 그리스도의 학교"로 변화되었고, 그리스도의 말씀이 지배하는 도시가 되었다. 설교를 통하여 제네바시가 완전하고 철저하게 개혁된 것이다. 칼빈에게 있어서 설교는 하나님의 강력한 개혁 수단이었던 셈이다. 그에 의하면, 설교는 창조주 하나님이 그의 피조물인 인간을 찾아오셔서 그의 뜻을 펴는 진정한 은혜의 수단이었다. 설교를 통하여 하나님과 성도가 대화하게 된다고 본 것이다. 그는 이렇게 말했다: "우리에게 선포되는 말씀을 소유하는 그 시간에 하나님은 우리와 일반적이고 평범한 방법으로 대화하신다. … 이같이 복음적인 설교는 하나님께서 내려오셔서 우리를 찾아오시는 방편이다."[4] 그러므로 설교자는 하나님의 말씀에 인간의 교훈이나 철학을 섞어서는 안 되고, 오직 하나님의 말씀만 전하여야 한다고 하였다. 곧 "설교자들은 자신의 꿈이나 환상을 제시해서는 안 되며, 오직 자신들이 받은 것을 충실하게 전달하여야 한다."고 하였다(Opera Calvini 54:8).

칼빈은 설교자와 하나님의 말씀을 동일시해서는 안 되고, 구별되어야 한다고 하였다. 설교자는 하나님이 아니며, 단지 하나님이 보낸 일꾼이기 때문이다. 그러므로 "설교자가 봉사하여야 하는 말씀은 하나님의 말씀이지, 자신의 것이 아니다."[5] 설교자의 진정한 권위는 고상하거나 유

---

4)   박건택, 『칼빈의 설교학』(서울: 나비, 1990), 64~65.

5)   T. H. L. Parker, *The Oracle of God: An Introduction to the Preaching of John Calvin.*

식한 말을 하는 데서 나오는 것이 아니고, 오직 하나님의 말씀만을 전할 때만 나타난다. 곧 하나님의 말씀만을 전하고, 하나님께 합당한 영광을 돌리며, 하나님의 뜻을 나타내고자 할 때 설교자의 권위가 나타난다는 것이다. 이러한 믿음 가운데 그는 설교자는 설교에 하나님의 말씀만 전하고, 설교에만 전력할 것을 주장하였다.

이러한 믿음으로, 칼빈은 평생 설교에 전념하였다. 그는 1536년 9월 제네바 교회에 부임한 후 주일에 두 번, 매주 월요일, 수요일, 금요일에 한 번씩 설교하였다. 1542년에는 회중의 요청에 응하여 설교 횟수를 더 늘리기도 했지만, 건강 악화로 2개월도 못 되어 설교 횟수를 줄였다. 그의 건강이 심히 약해지자, 이를 염려한 교회 당국이 주일에 한 번 이상 설교하지 않게 권하였기 때문이다. 1549년 건강이 약간 회복되자, 칼빈은 주일에 일상적으로 두 번, 격주로 주간에 매일 설교하였다.[6]

칼빈은 설교하면서 특정한 성경만 본문으로 삼지 않았다. 모든 성경을 강해하며 설교하고자 하였다. 파커(T. H. L. Parker)에 의하면, 그는 1549년에서 1554년 사이에 189개의 사도행전 설교, 1554년에서 1558년에는 몇몇 바울 서신에 관한 짧은 일련의 설교, 1559년에서 1564년 사이에는 65개의 사복음서 대조 설교를 하였다. 주중에도 설교하는 일을 계속하였다. 1549년에서 1550년 사이에 예레미야와 애가, 1550년에서 1552년에는 소선지서와 다니엘서를 설교하였고, 1552년에서 1554년 사이에

황영철 역 『하나님의 대언자』 (서울: 익투스, 2006), 186.

6)   칼빈이 1549년 이전에 어떤 책을 주해하고 설교하였는지 알 수 없지만 1549년 8월까지 히브리서를 강해한 것은 분명하다. 그리고 1546년에서 1548년 사이의 주일날 오후에는 시편을 강해하였을 가능성이 크다. 1549년 이후 로마서, 요한복음, 빌립보서, 골로새서, 공동 서신을 설교하지 않은 것을 보면, 이미 이전에 이것들을 설교하였을 것으로 추정되기 때문이다(Parker 2006, 187).

는 174개의 에스겔서 설교, 1554년부터 1555년 사이에는 159개의 욥기 설교, 1555년에서 1556년 사이에는 200개의 신명기 설교, 1556년에서 1559년 사이에는 342개의 이사야서 설교, 1559년에서 1561년까지 123개의 창세기 설교, 1561년 사사기 설교, 1561년에서 1563년 사이에는 107개의 사무엘상 설교와 87개의 사무엘하 설교, 1563년에서 1564년 사이에는 열왕기상에 관한 일련의 설교를 하였다(Parker 2006, 188). 이렇게 선포된 칼빈의 설교들은 그의 비서 드니 라그니에(Denis Reguenier)[7]가 속기하였고, 그의 수고로 말미암아 책으로 출판되어 오늘날까지 전해지고 있다.

• 설교 작성

칼빈은 설교를 준비하기 위하여 특별한 시간을 투자하지 않았다. 다만 매일 성실하게 성경을 읽고 묵상한 후 연구하면서 독서에 전념할 뿐이었다. 그는 새벽 5~6시에 일어나 독서와 연구로 하루 내내 보냈다. 성경 말씀을 묵상하고, 초대 교부들로부터 스콜라 철학자들의 글, 당대 인물들의 글을 폭넓게 읽고 연구하였다. 그는 건강 때문에 늘 안락의자에 앉아 생활해야 했다. 그리고 노년에는 기력이 쇠하여 하루 한 끼 식사할 정도였다. 그렇지만 그는 항상 독서함으로 설교를 준비하였다. 그는 평상시 식사 후 30분간 산책하였고, 그 후로는 연구실로 돌아와 독서와 연구에 집중하면서 설교를 준비하였다. 독서와 묵상, 기도를 통하여 주옥과 같은 설교들을 준비한 것이다.

---

7) 왈도파였던 드니 라그니에(Denis Reguenier)는 한 시간에 6,000자를 쓸 정도의 속기사로 1549년 칼빈의 비서가 되어 1560년 죽을 때까지 칼빈의 설교를 기록하여 일련의 책으로 출판했다(Packer 2006, 187~188).

칼빈은 설교 작성을 위하여 먼저 본문을 해석하였다. 그는 루터처럼 성경을 연속적으로 강해했으므로 본문 선택을 놓고 고민하지 않았다. 언제 어떤 성경을 가지고 강해할지 결정하면 되었다. 그는 또한 뛰어난 언어 구사 능력과 성경 지식을 가지고 있었다. 그러므로 성경을 해석하는 데 어려움을 겪지 않았다. 다만 그는 본문에 대한 깊은 묵상과 분석, 설교에 사용할 용어들을 선별하는 작업에 공을 들였다. 따라서 그는 '설교하면서 무엇을 가르치며, 어떻게 명확하고 쉽게 전할지, 그리고 어떻게 사람들이 기억할 수 있도록 설교할지' 연구하곤 하였다.

칼빈은 평일에 구약, 주일 대 예배 때에 신약, 주일 오후에는 시편을 연속 강해 설교하였다. 본문은 길게 52절, 짧게 2~3절을 택하였다. 한 예로, 신명기의 19번째 설교는 20절의 본문, 다니엘서의 5번째 설교는 14절의 본문을 택했고, 때로는 1절을 가지고 설교하기도 하였다. 그리고 같은 본문으로 여러 번 설교하기도 하였다. 디모데전서 2장 1절~6절을 본문으로 삼고 5번 설교하였고, 디모데전서 3장 1절~5절로는 4번 설교하였다.

· 성경 해석

칼빈의 설교 준비에 있어서 가장 중요한 것은 본문을 주석하는 것이었다. 그는 성경 주석자들이 가져야 할 덕목으로 청중이 이해할 수 있도록 단순하게 해석하는 것, 쓸모없는 여담과 수다를 피하고 간결하게 해석하는 것, 하나님을 대항하는 악한 자들에 대하여 두려워하지 않고 용기 있게 증거하는 자세를 열거하였다(박건택 1990, 68~69). 그리고 성경 해석자는 "성경 기자의 마음을 청중에게 전해 주는 것"[8]을 목표해야 한다고 하였

---

8)   John Calvin, *Commentary on the Romans*, 박문재 역『로마서 주석』(크리스챤 다이

다. 설교자는 인간의 구원에 대해 단순 명료하며 분명하게 제시하고, 명백하고 단순하게 성경을 해석해야 한다는 것이다. 그는 이러한 단순 명료함이 성경 해석의 기본 원리라고 주장하고, 설교자는 성경 해석할 때 다음의 사항을 유념해야 한다고 하였다.

첫째, 성경이 기록된 당시의 상황과 문화에 비추어 해석해야 한다. 성경에는 시대와 상황에 따라 이해를 달리하는 표현들이 아주 많을 뿐만 아니라, 수천 년 전 유대인들에 의해 기록된 성경을 현대인의 관점에서 해석하면 큰 오류를 범할 수 있기 때문이다. 예를 든다면, 고개를 끄떡일 경우, 대부분은 긍정의 표시로 보지만, 스리랑카 사람들은 부정의 의미로 이해한다. 마찬가지로 성경에 묘사된 것을 자신의 문화에서 해석할 경우, 성경과 정반대로 해석할 수도 있다. 그러므로 성경 해석자는 그 자신의 역사적 또는 문화적 배경에서 성경을 해석해서는 안 되고, 성경이 기록된 당시의 역사적·문화적 배경에서 해석해야 한다고 하였다.

둘째로, 성경 본문을 문법적으로 해석해야 한다. 성경 본문이 제시하는 의미는 성경을 통하여 구체적으로 파악할 수 있으므로, "성경은 성경으로 해석"해야 한다는 것이다. 이처럼 성경을 해석하려면 먼저 성경 본문의 문맥을 철저히 연구하고, 다음으로 본문과 관련된 단어와 병행 구절을 연구해야 한다고 하였다. 칼빈은 성경 "말씀의 뜻을 분명하게 알려면 누구를 상대로 하신 말씀인지를 생각해야 한다. 그리스도의 말씀에 대해서는 언제든지 이러한 태도를 보여야 한다."고 하였다(Calvin 1960, 4.13.13). 칼빈은 다른 곳에서, "나는 이 어려움을 해결하는 데 도움 될 만한 다른 구절들도 이 두 구절과 비교해야 한다고 말한다. 성경에는 문맥에 따라서 뜻을 해석해야 할 구절이 많기" 때문이라고 하였다(Calvin 1960,

---

제스트, 2013), 5.

4. 16. 23). 그는 이러한 방식에서 본문에서 확실한 의미를 찾을 수 없을 때는 전 장(章)을 통해 찾고, 그래도 안 되면 전 성경, 그리고 신약과 구약으로 확대하여 의미를 찾아내야 한다고 하였다. 이러한 원리에 기초하여 그는 성경을 주석하였다. 그는 1549년 로마서 주석을 쓰면서 주해 작업을 시작하여 임종 전까지 계속되었고, 그에 의하여 구약 21권, 그리고 요한 2서와 3서, 요한계시록을 제외한 신약성경 24권이 주해가 이루어졌다.

칼빈은 성경을 해석한 후 해석된 모든 말씀을 성령으로부터 조명받을 것을 주장하였다. 성경이 성령의 감동으로 기록되었고, 성경의 저자가 성령이시고, 성령이 성경의 최종 심판관이시기 때문이다. 성경 해석에서 성령의 조명은 성경 해석자가 본문의 의미를 성령께서 해석해 주실 것을 그분께 맡기는 것(yielding)을 의미한다. 곧 성경 해석의 주도권이 인간에게 있지 않고 저자이신 성령께 있음을 인정하는 것이다. 그래서 칼빈은 성경이 "그 진리를 스스로 증명하기 때문에 이를 인간이 증명하려 하거나 논리적으로 설명하려고 하는 것은 옳지 않다. 그 내용의 확실함은 설교자가 아니라 성령의 증언으로 말미암는 것이다."[9]라고 하였다. 성령의 내적인 증거와 말씀에 대한 겸허한 복종이 전제될 때 하나님 말씀의 참 뜻을 깨달을 수 있게 되고, 성경이 전하고자 하는 원래의 의미를 찾아낼 수 있기 때문이다. 따라서 그는 설교 사역에서 "성령께서 능력 있게 일하시지 않는다면 설교는 죽은 것이요, 무능한 것일 뿐"이라고 하였다.[10]

---

9)   John Calvin, *Institutes of the Christian Religion*, ed. John T. McNeill 2 vols. The Library of Christian Classics (Philadelphia: The Westminster press, 1960), I. 7. 4.

10)   John Calvin, *Commentary on the Corinthians*, vol. 1 (Edinburgh: Calvin Translation Society, 1848), 128.

• 설교 구성

칼빈은 이러한 원리에 기초하여 설교를 준비하여 구성하였다. 그는 당대 설교자들처럼 설교 내용을 엄격하게 세분하지는 않았으나, 서론, 본론, 그리고 결론이라는 형식을 취하였다. 서론 부분에서 "우리는 어제 그것을 보았습니다."라고 말하던가, "우리는 이것을 오늘 아침에 보았습니다."라고 말함으로 전에 한 설교를 복습하였고, 결론에서는 "우리는 내일을 위하여 조금은 남겨 두어야 하겠습니다."라고 말하면서 다음 설교에 대해 기대하게 만들기도 하였다. 서론에서 지난번 설교를 복습한 후, 본문 강해로 들어갔다. 본문을 강해하고 적용한 후에는, 다시 본문에 대한 강해와 적용을 반복하고, 마지막으로 전체를 요약함으로 설교를 마쳤다. 제이 애덤스(J. Adams) 교수가 밝힌 것처럼, 칼빈은 설교하기 전에 (1) 기도, (2) 지난번 설교의 복습(회상), (3) (a) 봉독한 성구의 첫 구절에서 제시하는 요소에 대한 주석 및 강해, (b) 이 말씀에 대한 복종 및 의무, 권고, 적용, (4) (a) 두 번째 요소의 주석 및 강해, (b) 이 말씀에 대한 복종 및 의무, 권고, 적용, (5) 3번과 4번을 반복, (6) 설교의 요약, (7) 그리고 기도로 마쳤다(Adams 1986, 79). 이 같은 칼빈의 설교는 파커(T. H. L. Parker)가 지적한 것처럼, "가끔 주제에 따라 벗어날 때도 있지만 언제나 같은 구조를 가지며, 이와 같은 설교 형태는 성경의 가르침과 연결을 가지는 면에서 중요한 가치가 있다."고 할 수 있다(Parker 2006, 68~69).

칼빈이 설교 구성에서 가장 중시한 부분은 적용이다. 설교의 목적이 삶을 변화시키는 데 있으므로, 설교자는 성도들의 의식을 연구하고 탐구한 후 성경이 교훈하는 바를 신자들의 삶에 적용해야 한다는 것이다. 그렇지 못하면 생활의 변화를 기대할 수 없기 때문이다. 그러므로 설교자는 본문이 제시하는 교리를 청중에게 제시한 뒤, 여러 번 그것을 강조하여 성도들이 실천하도록 유도해야 한다. 디모데전서 4장 1절~2절의 설교에서 그는 이렇게 말하였다: "하나님의 율법과 약속과 교훈에 대하여 가르칠 때 학교에서 가르치는 것과 같이 설교하는 것은 매우 미흡한 것입니다. 우리는 오히려 적용하고, 협박하고, 권면하여야 합니다."[11] 말씀의 강력한 적용을 주장한 것이다.

칼빈은 말씀을 적용할 때 설교자는 이중적인 음성을 사용해야 한다고 하였다. 첫째는 양 떼를 울타리 안으로 이끌고 모으는 소리고, 둘째는 이리와 도둑을 우리에서 내쫓는 소리다. 설교자는 양 무리를 치는 부드러운 음성과 함께, 교회 안에 숨어 있는 이리와 도둑을 꾸짖는 소리를 내야 한다고 하였다. 양 무리는 친절과 자비로 대하여야 하나, 만인 제사장주의를 주장하면서 설교자를 무시하는 자들, 성령의 직접 계시를 주장하는 신령주의자 같은 악한 자들에 대하여는 거칠고 책망하는 음성을 발해야 한다고 하였다. 이단자들과 "율법이 오늘날에는 폐지되었다거나 더는 언급되지 않기를 원하는 자들은 개와 돼지와 다를 바 없기 때문이다"(Opera Calvin 54:283f). 이처럼 칼빈은 설교를 설교답게 만들었고, "역사상 가장 권위 있고, 가장 건전하며, 가장 분명하게 성경의 뜻을 드러내는"(Fant 1976, 2:140) 설교자로 명성을 얻었다. 조셉 하루투니안(Joseph Haroutunian)이 지적한 것처럼, 그는 "인문주의자로서의 박학다식함, 다른 성경 해석자들이 가지지 못한 해박한 지식, 종교 개혁자와 교회의 사람으로서 통찰력, 탁월한 성경 주석 기술과 성경의 핵심적 사상을 파악하고 있었다. … 이 모든 것이 그를 탁월하고 경이로운 설교자로 만들었다."[12]

---

11) C. E. Fant, Jr. & W. M. Pinson, Jr., *20 Centuries of Great Preaching* (Texas: Word Books, 1976), 2:140.

12) Joseph Haroutunian, *Calvin Commentaries*, 이창우 역 『칼빈의 조직신학 해석』 (서울: 기독교문화사, 1986), 17.

• 설교 전달

칼빈은 설교를 준비하면서 원고로 쓰지 않았다. 그에게 설교의 내용을 기록할 만한 시간적인 여유가 없었을 뿐만 아니라,[13] 원고 설교를 좋아하지 않았기 때문이다. 그는 미리 작성된 원고를 암송하여 설교하는 것을 기계적이라고 보았고, 그러한 설교는 성령께서 역사할 기회를 빼앗는다고 하였다(Adams 1986, 80). 이러한 신념으로 그는 성경 하나만을 가지고 강단에 올라가서 40분 정도 설교하였다(Parker 2006, 68).

칼빈이 원고를 쓰지 않았다고 해서 설교 준비를 전혀 하지 않은 것은 아니다. 앞에서도 지적한 것처럼, 그는 평상시 독서와 성경 본문에 대한 묵상과 연구를 통하여 설교를 준비하였다. 다음의 말은 칼빈이 설교를 준비하기 위하여 얼마나 철저했었는지를 보여 준다: "만일 내가 겸손하게 책을 한번 들여다보지 않은 채 경솔하게 말하기를 '좋아, 내가 설교할 때 하나님께서 말씀을 내게 주실 거야'라고 생각하고, 마땅히 선포해야 할 말씀을 읽거나 생각해 보는 수고도 없이, 또 성경을 회중에게 어떻게 적용해야 덕을 세울 수 있는지 생각도 안 한 채 강단에 오른다면, 나는 매우 오만하고 교만하며 건방진 인간일 것입니다"(Opera Calvini 26:437f.; Parker 2006, 189).

칼빈은 본문을 여러 번 읽고 묵상하며 말씀의 의미를 되새겼고, 설교를 효과적으로 청중에게 전달하기 위하여 설교 내용을 머릿속에 기억시키는 노력을 하였다. 서론에서 본론, 본론의 중요 내용과 요점, 결론에서 해야 할 말, 설교 가운데 간혹 인용할 예화들을 머릿속에 그려 넣어서 한

---

13) 칼빈은 주일 대 예배 때 신약, 오후 예배 때 시편, 평일에 구약을 설교하여 1년에 286개 이상의 설교를 하였고, 매년 186시간 이상을 신학 강의를 했고, 목회 사역과 제네바 시 의회의 자문, 그리고 다수의 사람에게 편지를 썼기 때문에 설교를 작성할 수 없었다.

교회 역사를 빛낸 위대한 설교자들

편의 설교를 준비한 것이다. 칼빈은 이처럼 설교를 준비한 후 강단에 맨손으로 올라가서 연상법을 통해 기억한 설교 내용을 거침없이 외쳤다. 이러한 칼빈의 설교 연상 방법은 19세기의 위대한 설교자 찰스 스펄전에 의해 계승되어 센스 어필(sense appeal) 방식의 설교로 발전하였다.

3. 칼빈 설교의 특징적 요소

제네바 사람들은 매 주일 혹은 매일 칼빈의 설교를 통해 교훈과 훈계, 책망을 받으며 훈련받았다. 그 결과 제네바시는 존 낙스(John Knox, 1514~1572)가 언급한 것처럼, "사도 시대 이후 가장 완전한 그리스도의 학교"로 변하였고, 죄악이 사라지면서 거룩한 도시로 되어 갔다. 아울러 칼빈의 가르침을 받고 설교를 듣기 위하여 수많은 청년이 영국, 스코틀랜드, 아일랜드, 라트비아, 폴란드와 네덜란드 등지로부터 몰려왔다. 자연스럽게 제네바는 16세기 종교개혁 운동의 중심지가 되었다. 칼빈의 설교는 오늘날 2,023개 남겨졌고, 현재 제네바 공립 도서관에 보존되어 있다.

그러면 제네바 개혁의 원동력이 되었고, 칼빈을 전 세계적 명 설교자로 만든 요소들이 무엇인지 간략하게 살펴보도록 하자.

첫째로, 역사적·문법적 성경 해석 원리에 기초하여 연속 강해(lectio continua)를 하였다. 연속 강해의 경우 루터처럼 문자적인 면을 지나치게 강조할 수 있고, 반대로 스콜라 철학자처럼 풍유적이거나 영적인 해석에 빠질 수 있지만, 그는 역사적·문법적 해석 원리에 근거하여 성경을 통전(通典)적으로 회중에게 소개하였다. 칼빈의 설교를 통하여, 교인들은 성경이 보여 주는 객관적인 뜻을 알 수 있었고, 좌로나 우로 치우치지 않게 되었다.

둘째로, 알기 쉬운 용어를 사용했다. 칼빈은 최고의 학자였지만, 학자의 말이 아닌 교인들의 눈높이에 맞추어 설교하였다. 설교에 학문적인 용어나 전문적인 용어를 가능한 한 피하고, 회중이 쉽게 이해할 수 있는, 쉽고 명료한 용어를 사용하여 설교하였다. 그는 성경 본문에 특이한 단어나 전문 용어가 나타날 경우, 성도들이 이해할 수 있게 설명하였고, 그 단어의 의미와 용어에 대하여 명확하게 알려 주었다. 그는 다음과 같이 설명하기도 하였다: "복음에는 2가지 면에서 엉벙(un van, 까부르는 키)이 있다는 점을 주목합시다. 여기서 말하는 것은 부르는 르벙(le van, 바람)이 아니라 까부르는 엉벙, 혹은 키를 말합니다. 이렇게 말해야 잘 이해하실 것입니다"(Parker 2006, 191). 이처럼 칼빈은 회중이 하나님의 말씀을 쉽게 이해할 수 있도록 명료한 단어를 사용하고자 하였다. 이 점에서 볼 때 "칼빈의 설교는 17세기의 산문에 가깝다고 할 수 있다"(Adams 1986, 80).

셋째로, 간결한 문체를 사용하였다. 칼빈은 청중의 이해를 돕기 위해 쉬운 말만 아니라 간결한 문체를 사용하였다. 스콜라 신학자, 설교자 또는 연사들은 자신의 학문성을 드러내기 위해 미사여구로 문장을 꾸미거나 청중이 알지 못하는 언어를 사용하곤 하였지만, 칼빈은 꾸밈없고, 자연스러우며, 간결한 문체를 사용하였다. 그래서 저명한 칼빈 연구자인 파커 교수는 칼빈의 설교를 다음과 같이 평하였다. "칼빈은 본질에서 근대에 속한 사람일 뿐 아니라 근대 세계를 창출한 사람이다. 만일 설교자로서 칼빈을 루터와 래티머(Hugh Latimer)에 비교한다면, 그는 1세기 이상 후대의 사람이었다"(Parker 2006, 191). 칼빈의 문어체와 당시 사람들의 문어체 사이에 큰 차이가 있을 뿐만 아니라 그의 설교에 사용된 구어체가 얼마나 간결했는지를 지적한 것이다.[14]

---

14)   이러한 언어 사용 습관은 칼빈이 가진 특징이었다. 칼빈의 프랑스어로 된 설교

넷째로, 단순하면서도 선명한 표현을 사용한 점이다. 칼빈은 훌륭한 설교의 특징으로 단순 명료함과 간결함을 꼽았다. 그는 같은 말을 하더라도 모호한 말보다는 쉽게 말하는 것이 좋다고 생각하였다. 한 예로, 그는 사도신경에 사용된 "지옥"과 "무덤"이 같은 뜻임에도 불구하고, 로마 가톨릭 학자들은 예수께서 "지옥"에 가셨다고 말하면서 그리스도의 죽음을 모호하게 만든다고 하였다. 곧 그들은 "그 자체로 전적으로 이해하기 어렵지 않은 일을 분명하고 쉬운 말로 표명한 다음에 그것을 밝히기보다 도리어 모호하게 만드는 말로 되풀이한다."(Calvin 1960, 2.16.8)는 것이다. 따라서 설교자는 모호한 말이 아니라 분명한 말로, 어려운 말이 아니라 쉬운 말로 설명해야 한다고 하였다. 그는 이러한 논리로 청중이 설교를 쉽게 이해하고 공감할 수 있도록 예화와 비유를 사용하였다. 예화는 대부분 일상적이며 평범한 생활에서 끌어내었고, 비유는 장황하지 않고 간결하였다. 설교에 형용사나 수식어보다 명사와 동사를 주로 사용하였고, 군말이 없이 단순하게 설교하였다. 꾸밈없는 단순체 설교를 한 것이다.

다섯째로, 대화체 중심의 설교를 하였다. 칼빈은 루터처럼, 청중의 이해를 돕기 위하여 천천히, 그리고 신중하게 말하였고(Fant 1976, 2:140), 때로는 설교에 자신과 상대방을 등장시켜 생동감 넘치는 설교 장면을 연출하기도 하였다. 그는 종종 다음과 같은 방식의 표현을 쓰곤 하였다. "저런! 자네는 내게 무엇을 해야 할지 말하지 않았어요." "친구여, 귀하가 실제

와 엘리자베스 시대에 영어로 번역된 설교를 비교해 보면 더욱 그렇다. 당대 설교자들의 언어는 풍자적이며 난해하였으나, 칼빈의 프랑스어는 부드럽고 간결하였다. 그래서 파커가 지적한 것처럼 오늘날 "학생들은 프랑스어로 쓴 칼빈의 설교보다는 그것을 영어로 번역한 아서 골딩(Arthur Golding)의 번역물이 더 어렵다고 불평할 정도이다"(Parker 2006, 77).

로 말하고 있는 것은 하나님이 귀하를 지배하기를 원하지 않으며, 율법을 폐하기를 원한다는 것이요"(Parker 2006, 191).

여섯째, 회화적이었다. 그는 설교를 통해 성도들이 한 편의 멋진 영화를 보는 것 같은 느낌을 갖게 하였다. 이를 위해서 그는 항상 구체적이고 생동감 넘치는 어휘를 많이 사용하였고, 이러한 어휘들이 그의 설교를 생생하고 빛나게 만들었다. 설교하면서 언어로 그림을 그려 가곤 한 것이다. 그는 창조의 아름다움과 하나님의 엄위하심을 설명할 때 탁월하면서도 찬란하고 멋진 말로 묘사하곤 하였다. 이 같은 회화적 설교를 보여 준 것이 시편과 욥기 설교, 특히 욥기 37장과 39장의 설교이다. 욥기 39장에서 그는 여호와께서 회오리바람 가운데 말씀하시는 장면을 장엄하면서도 멋지고, 아름다운 언어로 묘사하여 설명하였다.

일곱 번째, 논리적이었다. 칼빈은 법학을 공부한 학자로 논리를 중시하였다. 그의 『기독교 강요』는 논리적인 글이지만, 그의 설교는 더더구나 논리적이다. 그는 설교에서 한 문장을 설명한 후, 직접적인 상황에 적용하거나 회중에게 적용하곤 하였다. 그는 주제를 설명하려고 하지 않고, 본문이 제시하는 순서를 따라 설교하였다. 그의 설교에는 4~5개의 주제가 동시에 나와 사상적인 통일이 없는 것처럼 보이는 때도 있지만, 그가 유추해 내는 방법들은 언제나 냉엄할 정도로 논리적이었다. 이러한 점은 칼빈이 얼마나 뛰어난 목회자요, 통찰력 있는 설교자였는지를 보여 준다.

여덟 번째로, 설교를 통해 항상 하나님을 드러내려고 하였다. 칼빈은 설교의 목적이 피조물을 높이거나 찬양하는 데 있는 것이 아니라 창조주 하나님의 섭리와 주권을 높이는 데 있다고 보았다. 그는 다음과 같이 말하였다: "설교자들로 산들과 논쟁하게 하라. 그들로 언덕을 오르게 하라. 곧, 그들로 인간에 의하여 끌려다니지 말게 하고 그들에게 맡겨졌고 모든 피조물이 그들의 머리를 숙이고 무릎을 꿇게 될 하나님의 왕국의 홀인 하나님의 말씀이 그들을 이끌도록 하라……. 그들로 담대히 말하도록 하라. 그리고 이 세상의 모든 영광, 존귀, 권세를 억누르고 하나님의 권위에 자신을 복종하고 양보하도록 하라. 그들로 모든 사람에게 이 말씀에 따라 명하도록 하고, 그리스도의 집을 세우고 사탄의 왕국을 전복하도록 하라. 그들로 양 떼를 목장으로 인도하게 하고 이리를 쫓아내도록 하라. 그들로 천둥과 번개를 매고 풀게 하라. 만일 그것이 그들의 소명이라면. 그러나 모든 것을 하나님의 이름 안에서 하게 하라."[15] 이처럼 칼빈은 설교를 통하여 피조물이 아닌 창조주 하나님에 관하여 설교할 것을 주장하였다. 이러한 점이 칼빈이 다윗이나 욥 같은 이들에 대하여 설교하며 그들의 모범을 배울 것을 강조하는 현대 설교자들과의 차이점이라고 할 수 있다. 칼빈은 성경 본문이 보여 주는 하나님과 그 하나님이 성도들을 향하여 가지신 뜻만 소개하고자 했기 때문이다.

칼빈은 이러한 원리에 기초하여 설교 운동을 이끎으로 교회 개혁을 이루고자 하였다. 그는 설교 운동이 단지 설교자의 노력으로 이루어질 수 없고, 회중의 적극적인 참여가 있을 때 이루어진다고 생각했다. 회중은 마음으로 설교를 준비해야 한다고 하였다. 곧 설교자가 은혜 가운데 말씀을 전하고, 자신도 은혜받도록 기도해야 한다는 것이다. 아울러 은혜를 받으려면 육체적으로 준비해야 한다고 하였다. 그래서 그는 성도들에게 주일 아침 식사를 많이 먹지 말기를 권하였다. 설교 시간에 졸지 않고 말씀에 집중할 수 있게 하고자 함이었다.

이처럼 칼빈의 설교 운동은 당대에 새로운 것이었다. 그의 설교는 주

---

15)   Leroy Nixon, *John Calvin: Expository Preacher* (Grand Rapids, Michigan: William B, Eerdmans Pub. Co. 1950), 58.

해 중심이었고, 웅변적이었으며, 낡은 전통에 매이지 않았다. 창의적이며 현대적이었다. 그는 미사여구를 싫어하여 설교에 긴 문장을 사용하지 않았고, 학구적인 삼단논법이나 수사학적인 기교를 사용하지 않았다. 곧 아리스토텔레스의 고전적인 수사학을 떠나 성경에서 언급하는 설교 형태로 발전시켰다. 이러한 칼빈의 설교 신학은 영국에 이식되어 설교의 부흥이 크게 일어났다. 영국의 설교 운동은 제네바에서 칼빈으로부터 배운 청교도들을 통해 시작되고, 청교도의 영향으로 성공회 안에서도 설교를 중시하곤 하였다. 그 대표적인 설교자로 존 던을 꼽을 수 있다. 던의 설교 운동에 대해 다음 장에서 살펴보도록 하자.

제7장

◇――――◇

성공회 설교자 존 던과 설교

종교개혁과 함께 회복된 설교 운동은 17세기에 이르러 영국에서 큰 열매를 맺었다. 영국 교회 지도자들은 칼빈의 영향을 많이 받았는데, 그 이유는 칼빈이 루터와 츠빙글리와는 달리 영국인들에 대한 특별한 관심을 두고 교제했기 때문이다. 칼빈은 에드워드 6세(Edward VI, 1547~1553)의 섭정 서모셋 경(Sir Somerset), 곧 에드워드 세이머(Edward Saymour, 1510~1587)를 비롯한 영국의 정치 지도자는 물론이고 종교 지도자들에게 편지하면서 영국에서 일어난 종교개혁을 격려하였다. 그리고 1553년 메리 여왕(Blood Mary, 1553~1558)이 토머스 크랜머를 비롯한 수많은 프로테스탄트를 처형하자, 800명이 넘는 종교 개혁자들이 제네바로 피신하였다. 그때 그들을 보호하고 후원한 이가 바로 칼빈과 제네바 교회였다. 이로 인하여 영국과 제네바의 관계가 밀접해졌고, 칼빈의 설교 운동이 영국에 정착하게 되었다.

1. 종교개혁과 영국 성공회

영국에서 칼빈주의 설교 운동이 본격적으로 시작된 것은 16세기 후반부터이다. 1558년 메리 여왕이 죽은 후 왕위에 오른 엘리자베스(Elizabeth, 1559~1603)가 종교적 중용 정책을 취하자, 대륙으로 피신했던 8백여 명의 종교 개혁자들이 영국으로 돌아왔다. 그들은 제네바를 모델로 삼아 영국 교회와 사회를 개혁하고자 하였다. 오직 성경에 근거하여 믿고, 예배할 뿐만 아니라 영국 교회와 사회 속에 남아 있던 로마 가톨릭교회의 모든 잔재를 온전히 청소하고자 하였다. 청교도 운동이 시작된 것이다.

영국의 종교 개혁자들은 그들의 신앙이 로마 가톨릭교회와 다름을 천명하기 위해 1563년 『39개 조 신조』(39 Articles)를 작성하였다. 신조는 로마 천주교회의 미신적인 교리인 화체설을 부정하고, 성찬을 영적인 임재로 설명하는 등 칼빈의 사상을 많이 포함하였다. 한 걸음 더 나아가, 그들은 성찬 중심이 아닌 설교 중심의 예배를 드리고, 형식이 아닌 신령과 진정으로 예배드릴 것을 주장하였다. 계급적인 교회 직제의 교회 운영의 타율성을 거부하면서 지역 교회의 자율(autonomy)과 교직자 사이의 평등(equality), 교회의 연합(unity) 등을 내세웠다. 칼빈의 장로정치가 영국 교회의 정치체제로 선언된 것이다.

하지만 영국의 모든 종교 개혁자가 칼빈의 가르침을 따른 것은 아니었다. 교리 면에서는 성경의 절대적인 권위를 믿지만, 예배와 교회 정치에서는 로마 천주교회 전통을 그대로 견지하고자 하는 이들이 있었다. 그들은 설교를 중시하였지만, 예배에서의 인위적인 요소를 수용하였고, 계

교회 역사를 빛낸 위대한 설교자들

시보다는 이성의 역할을 강조하면서 논리와 철학을 신학 활동에서 중요한 부분으로 여겼다. 이러한 신학적 견해를 밝힌 이들을 성공회 교도(Anglican)라고 부르는데, 대표적인 인물로 토머스 크랜머(Thomas Cranmer, 1489~1556)와 리처드 후커(Richard Hooker, 1554~1600), 그리고 존 던(John Donne, 1572~1631) 등이 있다.

• 성공회 신학의 태동

크랜머는 캔터베리의 대주교로, 헨리 8세(Henry VIII, 1509~1547)와 에드워드 6세(Edward VI, 1547~1553)를 도와서 영국의 종교개혁을 이끌었고, 교권에 대한 왕권의 우위성을 강조하여 성공회의 기초를 놓았다. 그는 영국 교회의 교리와 예배를 개혁하였고, 에드워드가 즉위하자『공동기도서』(The Book of Common Prayer, 1549)를 작성하여 성공회 예배의 기초를 마련하였다. 이러한 개혁으로 말미암아 영국 교회에서 화체설(化體說)이 사라지고 영적 임재설(靈的 臨在說)이 자리 잡게 되었다. 성직자의 독신주의가 폐지되고, 성자숭배 사상이 사라져 갔다. 크랜머는 메리 여왕(Blood Mary, 1553~1558)이 등극한 후, 종교개혁 운동을 포기하고 천주교회로 돌아올 것을 종용받았다. 그렇지만 그는 모든 유혹을 거절하였고, 결국 1556년 순교의 제물이 되었다.

크랜머의 성공회 정책을 발전시킨 이가 리처드 후커이다. 그는 엘리자베스의 종교적 중용 정책을 지지하였고,『교회 정치법』(Laws of Ecclesiastical Polity, 1594)을 저술하여 영국 성공회의 신학적 기초를 놓았다. 그는 청교도와 로마 가톨릭을 반대하며 성공회 신학을 옹호하였고, 세속 정부가 교회 안에서 일정한 역할을 감당해야 한다고 주장하는 등 교회 권세에 대한 세속 권세의 우위성을 주장하였다. 또한 믿음과 행위의 근거로 성경과 함께 교회의 전통, 이성의 권위를 내세웠다. 이러한 후커의 견해는 교회의 전통을 절대화하는 천주교회와 성경만을 절대적 권위로 내세우는 청교도와 구별되는 것이라고 할 수 있다.

크랜머가 교회 정치 지도자요, 후커가 대표적인 성공회 신학자라면, 존 던은 17세기 성공회를 대표하는 설교자였다. 그는 철저한 성공회 교도로 성공회의 신학적 입장을 추구한 설교자였다. 예배에서 성찬보다는 설교의 중요성을 강조하였고, 설교를 통하여 영국 교회의 변혁을 시도했는데, 이러한 점은 그가 일반적인 성공회교도와 다른 점이라고 할 수 있다.

• 성공회 설교자들

존 던은 영국 성공회의 웅변가요 설교자였다. 그는 설교에 형이상학적인 면을 강조한 설교자였다. 그와 함께 이러한 설교 운동을 이끈 인물로 조지 허버트(George Herbert, 1593~1633), 랜슬롯 앤드류스(Lancelot Andrews, 1555~1626), 조셉 홀(Joseph Hall, 1574~1656), 토머스 홀(Thomas Hall, d. 1657) 등이 있는데[1] 그중 가장 두드러진 인물이 바로 존 던이었다. 그는 17세기 영국 사회에서 최고의 시인이었고, 설교에 시적이면서도 수사학적인 언어를 많이 사용한 인물이다. 이러한 점 때문에 그는 설교자로서 명성이 높았다. 그의 설교를 듣기 위해 많은 이들이 몰려왔고, 그의 설교를 들은 이들은 대부분 하나님 앞으로 돌아왔다. 그의 설교에는 시인으로서의 관능적 정열, 지적인 엄숙함, 미사여구와 재치, 세상의 야망과 뜨거운 신앙이 혼합되어 있었다.[2] 이제 영국인들에 의해 크게 사랑받았던 존 던의

---

1)   T. Harwood Pattison, *The History of Christian Preaching* (Philadelphia, American Baptist Publication Society, c1903), 173.

2)   그는 1633년에는 *Song and Sonnets*를 출판하여 자신의 신앙을 고백하였다. 그 가운데 하나인 『거룩한 소넷들』(*Holy Sonnets*)에서 그는 다음과 같이 하나님 앞에 외쳤다: "주께서 나를 지으셨으니, 주의 일이 썩겠습니까?

설교에 대해 살펴보도록 하자.

2. 설교자 존 던의 형성

존 던은 영국에서 엘리자베스 여왕에 의하여 반(反)로마 천주교회 운

지금 당장 나를 고쳐 주소서, 저의 마지막이 재촉하고 있습니다.
저는 죽음을 향해 달려가고 있고, 곧 죽음을 만나게 될 것입니다.
그리고 모든 저의 즐거움이 어제 일과 같습니다.
저는 어스레한 눈꺼풀을 이제는 뜰 수 없습니다.
뒤에는 절망이, 앞에는 죽음이 던져져 있나이다.
그러한 공포를, 연약한 저의 육체가 무게를 재나이다.
당신만이 위에 계시니 오직 당신을 향할 때,
당신의 은혜로 저는 볼 수 있고 다시 일어서게 됩니다.
그러나 간사한 저의 옛 원수가 저를 유혹하므로
저는 한 시간도 스스로 설 수 없습니다.
당신의 은혜만이 원수의 꾀를 막을 수 있사오니
당신께서 강철 같은 저의 굳은 마음을 깨소서."

> Thou hast made me, and shall Thy work decay?
> Repair me now, for now mine end doth haste;
> I run to death, and death meets as fast,
> And all my pleasures are like yesterday.
> I dare not move my dim eyes any way
> Despair behind, and death before doth cast
> Such terror, and my feeble flesh doth weigh.
> Only thou art above, and when towards Thee
> By thy leave I can look, I rise again
> But our old subtle foe so tempteth me
> That not one hour myself I can sustain.
> Thy grace may wing me to prevent his art,
> And thou like adamant draw mine iron heart.

동이 정점에 이르렀던 시기인 1572년, 런던의 한 명문 가문인 존 던(John Donne)과 엘리자베스(Elizabeth)의 6명의 자녀 중 셋째로 태어났다.[3] 아버지와 아들이 동명이었던 셈이다. 던의 외증조 작은할아버지는 인본주의자 토머스 모아(Thomas More, 1478~1535)였고, 어머니 엘리자베스는 극작가 존 헤이우드(John Haywood, ca 1498~1580)의 딸이었으며, 외삼촌 재스퍼 헤이우드(Jasper Heywood)는 예수회(Jesuits) 신부였다. 던이 네 살이었을 때 아버지가 죽자, 몇 달 후 어머니는 3명의 자녀를 둔 홀아비 존 시밍스(John Syminges)와 재혼하였다.

• 던의 개종

던은 1584년 옥스퍼드의 하트 홀(Hart Hall, 현재 Hertford College)에 입학하여 3년간의 모든 수업을 마쳤지만 졸업하지 못하였고, 1587년 케임브리지의 트리니티 대학(Trinity College)으로 옮겼다. 그는 6년의 대학 수업을 통하여 하여 대학 졸업 자격을 얻었지만, 학위를 취득할 수 없었다. 왕에 대한 충성 맹세(Oath of

존 던

Supremacy)를 거부하였기 때문이다. 영국 정부는 모든 졸업생에게 영국 왕을 교회의 머리로 고백하고, 오직 그에게만 충성할 걸 요구하였지만, 로마 가톨릭교도였던 그는 교황을 교회의 머리로 간주하였기 때문이었다.

---

3) 1572년은 프로테스탄트 역사에 기록될 만한 한 해로, 프랑스의 종교 개혁자들이 로마 천주교도에 의해 처참하게 죽임당하였고, 스코틀랜드 종교개혁가 존 낙스(John Knox)가 하나님의 부르심을 받은 해이다.

대학 졸업 후 던은 종교적 소외로 인하여 힘들게 생활했고, 결국 살아남기 위하여 1590년 성공회로 개종하였다. 던은 1591년 태비스 인(Thavies Inn)에 진학하여 법률 공부를 하였고, 1592년에는 링컨 인(Lincoln's Inn)으로 전학하였다. 이즈음에 그의 동생(Henry Donne)이 로마 천주교 사제를 숨겨준 일로 정부 당국에 체포·투옥되었고, 1593년 페스트에 걸려 사경을 헤매었다. 던은 동생의 건강 회복을 위해 간절히 마리아에게 기도하였지만 아무 효험을 얻지 못하였다. 동생이 죽자, 그는 마리아에 대한 신앙을 버렸고, 로마 천주교 신앙을 의심하기 시작하였다.

신앙적 회의에 빠진 던은 방탕하게 생활하였다. 부모로부터 물려받은 유산을 세상의 쾌락을 탐닉하며 낭비하였다. 3년 이상 영적인 방황을 계속하던 중, 1596년 에섹스의 백작 로버트 데베로(Robert Devereux, 1565~1601)와 월터 롤리 경(Sir Walter Raleigh, 1552~1618)을 만났고, 그들을 통하여 새로운 사람으로 태어났다. 성경을 읽기 시작하였고, 그 가운데 영적인 각성을 한 것이다. 신앙적 각성 후 던은 세상 형편을 알기 위해 그들과 함께 여행을 떠났다. 1596년 카디즈(Cadiz), 1597년에는 포르투갈 근교에 있는 아조레스 제도(Azores)로 갔다. 그는 여행 중 '무적의 함대'라고 불리던 산 펠리페호(the St. Philip)가 승무원과 함께 침몰하는 것을 보며 권력의 무상함과 인생의 허무함을 깨달았다. 그 후 몇 년에 걸쳐 스페인과 이탈리아를 여행하면서 무엇인가 새롭게 해야겠다는 생각으로 두 나라의 언어와 법률, 관습에 대해 익히고, 관찰한 후 영국으로 돌아왔다.

영국으로 돌아온 던은 외교관으로 살 결심을 하고, 준비하였다. 1598년 영국 의회 상원의장이었던 토머스 에거튼 경(Sir Thomas Egerton, 1540~1617)의 개인 비서로 들어갔고, 외교관으로서의 경력을 쌓아 갔다. 그의 수하에서 4년간 일하면서 외교 정책에 대해 많은 것을 배울 수 있었다. 하지만 에거톤 부인의 16살짜리 조카인 앤 모어(Ann More)를 만나 사랑에 빠지면서 어려움에 빠졌다. 이 사실을 안 앤의 가족들, 특히 에거톤 경이 그들의 결혼을 극렬하게 반대하였고, 던은 1601년 크리스마스 직전 앤과 비밀리 결혼식을 올렸다. 이 일로 그는 에거톤의 비서직에서 해임당하였고, 불법 결혼이라는 이유로 옥에 갇혔다. 던은 결혼이 합법적임을 호소하여 법원에 의해 석방되었다. 그렇지만 에거톤 경의 박해로 생계의 위협을 당하게 되었고, 결국 생계를 위해 변호사 일을 시작하였다. 그는 정치가로서의 꿈을 이루기 위해 하원 의원 선거에 나가 1602년과 1614년 당선되기도 하였다. 그렇지만 보수가 없었기 때문에 친구들의 도움을 받아서 겨우 연명하였다.

• 설교자 존 던

던은 하원으로 있으면서도 극심한 경제적 시련을 겪었고, 자녀들이 병에 걸리거나 굶어 죽는 등 고난을 겪었다. 이러한 시련을 통하여 인생의 의미를 재음미하게 된 던은 결국 하나님께로 돌아왔다. 그는 영적인 각성을 통하여 영국 사회에 만연한 죄악들을 보게 되었다. 법체계의 타락, 오만한 대신들과 로마 천주교 사제들의 위선 등을 본 그는 시를 써서 교회와 사회 당국의 부패를 풍자하여 비판하였다. 그 결과 그를 따르는 무리가 생겨났고, 그의 도덕적 영향력이 점차 커졌다. 던의 사회적 영향력이 커지자, 1607년 제임스 1세는 그에게 영국 성공회 사제로 서품받을 것을 권하였다. 하지만 던은 자신의 부족함을 들어 거절하였다.

1607년 이후 던은 철저한 반(反)천주교도로 변하였다. 그는 영국 사회의 부정과 비리를 지적하면서 그 배후에 로마 천주교회가 있다고 하였다. 그들은 반역을 일삼으므로 사회를 혼란 가운데 몰아넣고 있다고 주장하면서 정부가 강력히 응징해야 한다고 강조하였다. 로마 가톨릭교도들이 신앙 문제로 정부로부터 박해를 받고 있다고 주장하자, 그는 1610년『거짓 순교자』(Pseudo-Martyr)를 써서 그들이 벌 받는 것은 반역을 일삼기 때문이라고 일침을 가하였다. 그는 1611년『이그나티우스의 비밀회의』(Conclave Ignati)를 저술하여 예수회 사제들이 모반과 반역을 도모하고 국가를 전복하려 한다고 주장하며 정부의 대책을 촉구하였다.

던의 영향력은 영국 사회에서 커 갔다. 당시 청교도들이 공화정을 내세워 절대왕정을 추구하던 제임스 1세(James I, 1603~1625)를 압박하자, 제임스 왕은 그들에 대한 대항마로 던을 세우기로 하고 그에게 사제 서품을 받으라고 강력히 설득하였다. 던을 이용하여 반청교도 운동을 전개하고자 하였던 셈이다. 던은 결국 왕실의 집요한 설득 때문에 42살이 되던 해인 1615년 성공회 목사로 서품을 받았고, 케임브리지 대학으로부터 명예 신학박사를 받았으며, 그해 말에는 궁정 설교자로 임명받았다. 던은 제임스 1세 앞에서 설교하면서 설교자로 명성을 얻었다. 그는 1616년 키스톤(Keystone)과 헌츠(Hunts)에 있는 교회들을 돌아보면서 설교하였고, 링컨인(Lincoln's Inn)에서 법을 가르치면서 설교 운동을 이어 갔다.

던은 설교 운동을 시작하면서 잠시 행복한 시절을 가졌지만, 또 다른 시련을 겪어야 하였다. 1617년 아내가 12번째 아이를 출산한 후 해산 통으로 5일 만에 죽은 것이다. 그는 이 슬픔을 그의 저명한 시인 17번째 Holy Sonnet에 표현하였다. 이러한 고통 중에도 던은 설교하는 것과 학문 연구를 포기하지 않았고, 1618년에는 옥스퍼드에서 신학박사 학위를 받았다. 그리고 1621년 런던 중심부에 있는 세인트 폴 성당(St. Paul Cathedral)의 수석 사제로 임명받은 후 1631년 죽을 때까지 설교 운동을 벌

였다.[4]

던은 시련을 통하여 더욱 성숙해 갔다. 1623년 늦가을 던은 장티푸스 혹은 감기 합병증으로 보이는 중병에 걸려 7일간 고열로 사경을 헤매었다. 이 고통을 통해 그는 더욱더 영적으로 성숙해졌다. 그는 병에 걸려 사경을 헤매다가 건강을 회복할 때까지의 체험을 『긴급한 상황에서의 명상』(Devotions upon Emergent Occasions, 1624)이라는 제목으로 출판하였다. 이 책에서 그는 건강과 고통, 질병 가운데 하나님에 관하여 묵상했던 바를 소개하면서 하나님에 대한 신뢰, 하나님과의 심오한 교제와 기도의 필요성을 설파하였다. 던의 이러한 체험적 간증 설교는 많은 사람의 동감을 불러일으켰다. 그래서 1624년에서 1625년 사이 세인트폴(St. Paul's)에서 부흥 운동이 일어나 많은 이들이 회심하였다.

던의 세인트폴 설교 운동은 런던시의 부흥으로 이어졌다. 던은 설교하기 전에 설교 연습을 하였고, 자신에게 먼저 설교하였다. 그는 설교하면서 청중의 죄와 비참함 때문에 울었고, 그들과 함께 죄를 놓고 울었다 (Pattisson, 1903, 175). 수많은 이들이 던의 감성적이면서도 수사학적인, 그리고 간증적인 설교를 듣기 위해 세인트폴 교회로 몰려왔다. 세인트폴에 신분의 고하, 남녀노소를 불문하여 수많은 사람이 몰려왔다. 런던의 변호사들과 왕궁의 신하들, 상인들과 무역상 등과 같은 사회의 상류층만 아니라 어린아이와 비천한 계층의 사람들이 몰려왔다. 던의 설교를 들은 사람 가운데 대부분이 큰 은혜를 받았고, 새롭게 변화하였다. 그들은 은밀한 죄들을 회개한 후 옛 생활을 버렸고, 하나님의 자녀로 회복되어 갔

---

4)   David Colclouch, "John Donne(1572~1631)" *Oxford Dictionary of National Biography* (Oxford University Press, 2011).

다. 세인트폴의 부흥은 런던으로 퍼져 갔다.[5] 그렇지만 1631년 3월 던이 위암으로 하나님의 부르심을 받으면서 그의 설교 운동은 막을 내렸다.

3. 존 던과 설교

영국 성공회 예배의 특징 중 하나는 예배의 핵심에 성찬을 두는 것이다. 이러한 전통은 캔터베리 대주교 윌리엄 로드(William Laud, 1573~1645)의 고 교회(High Church) 정책을 펴면서 깊이 뿌리내렸다. 로드는 예배의 중심에 성찬이 자리 잡아야 함을 역설하였고, 이를 부정하는 자들을 엄하게 벌하였다. 로드의 이러한 사상은 1637년 존 배스트위크(John Bastwick, 1593~1654), 헨리 버턴(Henry Burton, 1578~1648), 윌리엄 프라인(William Prynne, 1600~1669)과 같은 청교도들을 심문한 글에 잘 나타나 있다. 그 글에는 청교도와 영국 성공회의 예배관의 차이점을 다음과 같이 설명하였다. "이들의 죄는 하나님이 지상에 임재하는 가장 큰 장소인 제단에 관한 것이다. 내가 제단이 가장 크다고 하는 것은 어느 강단보다도 더 크다는 말이다. 왜냐하면 제단에는 '이것은 나의 몸'(Hoc est corpus meum)이 있지만, 강단에는 '이것은 나의 말씀'(Hoc est verbum meum)만이 있기 때문이다. 따라서 의심할 여지없이 우리 주의 말씀보다는 주의 몸에 경외심이 드려져야 한다."[6] 이러한 로드의 성찬관은 엘리자베스 시대의 성공회 교도들에 의해 수용되었고, 영국 교회의 입장이 되었다.

---

5) 던의 대표적인 설교로 찰스 1세 앞에서 행한 「죽음의 결투」(Death's Duel)가 있는데, 이 설교에서 그는 인간의 죄성을 지적하고 회개의 필요성을 역설하였다.

6) John F. New, *Puritanism and Anglicanism: The Basis of Their Opposition, 1558-1640* (Stanford, California: Stanford University Press, 1965), 70.

• 설교 중심의 예배

하지만 청교도들의 견해는 달랐다. 그들은 설교 없는 성찬의 시행을 상상할 수 없다고 말하면서 성찬을 설교에 딸려 붙일 것을 주장하였다. 앞에서 지적한 것처럼, 존 던은 성공회 교인이었다. 그렇지만 그는 예배에 관련해 말한다면 성공회의 입장을 따르지 않았다. 다른 말로 하면, 그는 성공회교도처럼 성찬 중심의 예배를 강조하지 않고 설교 중심의 예배를 주장한 것이다. 교회의 부흥이 설교를 중시하는 곳에서 가능하다고 생각한 것이다.

던에 의하면, 설교는 천국 문을 여는 열쇠이며, 설교를 통해서만 하나님의 은혜가 성도들에게 임한다. 그는 설교와 성찬을 천둥소리와 번갯불로 비유하곤 하였다. 설교는 무지의 어두움을 몰아내고 하늘을 맑게 하는 천둥과 같으며, 성례는 그리스도의 임재 자체이신 번갯불과 같다는 것이다. 설교를 통해서 사람들의 영혼을 각성시키고, 성찬을 통해서 그리스도를 보여 준다고 본 것이다.

한 걸음 더 나아가, 던은 설교가 예배의 중심이라고 주장하였다. 왜냐하면 그리스도께서 성찬을 제정하시기 오래전부터 설교하셨고, 설교를 통해 하나님의 나라를 건설해 가시기 때문이다. 설교는 은혜의 중심적인 수단이지만, "성찬은 설교의 보조적인 것으로 제정되었다."는 것이다. 던은 아래의 말을 남겼다. "믿음에 의하지 않고는 구원이 없습니다. 듣지 못하고는 믿음을 가지지 못하며, 설교에 의하지 않고는 들을 수 없습니다. 교회의 열쇠를 하찮은 것으로 여기며, 교회의 사면(赦免)을 별수 없는 것이라고 말하는 사람들은 설교에 따라 열쇠들이 열리기도 하며 닫히기도 하며, 사면이 이루어지며, 또한 설교 가운데 통제된다는 것을 인정하게 될 것입니다."[7] 설교가 교회에 주신 은혜의 수단 가운데 가장 강력하다고 본 것이다.

• 일반계시와 특별 계시의 조화

던은 예배에서 설교가 중심이 되어야 한다고 하였지만, 설교 내용을 특별 계시인 성경으로만 제한하지 않았다. 하나님이 교회에 특별 계시와 함께 자연 계시도 주셨으므로, 설교자는 특별 계시인 성경을 자연 계시 곧 일반계시와 적절하게 혼합하여 설교해야 한다고 하였다. 자연계의 책인 세상과 말씀의 책인 성경이 상호보완적으로 하나님에 대하여 알려 주기 때문에 자연 계시를 적절하게 사용하여야 한다는 것이다. 더구나 "창조의 책인 자연은 성경보다 오래되었으므로"(Mueller 1962, 63), 설교에서 성경만을 주장하는 것은 한쪽으로 치우치게 만든다고 하였다. 이러한 던의 주장은 전통적인 성공회의 입장으로, 바울과 칼빈, 청교도의 입장과는 크게 다른 점이라고 할 수 있다.[8]

던은 설교자들이 자신이 전하는 말씀을 하나님의 말씀으로 간주하는 것은 잘못이라고 주장하였다. 기록된 하나님의 말씀(written word)은 완전하지만, 설교자에 의하여 구술되는 말씀(spoken word)은 불완전하므로, 이 둘을 동일시하는 것은 잘못이라고 본 것이다. 따라서 기록된 하나님의

---

7)   William Mueller, *John Donne: Preacher* (Princeton, New Jersey: Princeton University, 1962), 77. 이 설교는 바울의 로마서 10장 13절과 14절 말씀을 인용한 것이지만, 존 던이 설교를 성찬보다 더 중요한 은혜의 수단으로 간주하고 있음을 보여 준다.

8)   바울과 칼빈, 청교도들은 피조계가 하나님의 신성을 증명하고 하나님의 존재를 알려 주지만, 자연 계시만으로는 하나님에 관한 바른 지식을 얻지 못한다고 보았다(롬 1). 인간은 타락과 함께 영적으로 눈이 멀어져서 특별 계시를 통해서만 하나님에 관한 완전한 지식을 얻을 수 있다고 본 것이다. 곧 성경의 도움 없이는 하나님을 알 수 없으므로, 성경만을 전해야 한다고 주장하였다.

말씀과 구술되는 말씀의 권위는 구별되어야 한다고 하였다. 따라서 설교자는 구원하는 말씀의 근원이 아니고, 단지 하나님의 말씀을 선포하는 하나님의 도구라고 하였다.

존 던은 설교와 성경과의 관계를 벌집과 꿀의 관계로 보았다. 곧 설교가 벌집에서 꿀을 뽑아내어 분배하는 것이라면, 설교자는 하나님의 말씀을 벌집에서 뽑아내어 성도들에게 나누어 주는 자와 같다는 것이다. 이와 같은 원리에 근거하여 증거되는 설교들은 참된 설교로, 하나님 앞에서 "하늘의 이슬방울이요, 길르앗 산의 향유 방울이요, 주님의 보혈의 한 부분"이라고 하였다(Muller 1962, 78).

던은 한 걸음 더 나아가, 설교와 강의를 구별하고자 하였다. 곧 설교자가 하는 모든 말이 설교가 될 수 없으며, 어떤 것들은 강의라고 해야 옳다고 보았다. 설교와 강의는 지향하는 바가 다르기 때문이다. 강의는 인간의 지성에 초점을 맞추어 설득하지만, "설교는 주로 권면과 교화(edification)에 초점을 두며, 종교적인 열정을 고무하며, 또한 부가적으로 교리 문제와 신학적인 문제를 다루는" 등 지성과 감성, 의지에 초점을 둔다는 것이다(Mueller 1962, 80). 따라서 좋은 설교자가 되려면 설교의 초점을 전인적인 요소에 맞출 수 있도록 노력하며, 이를 효율적으로 적용하기 위해서는 하나님의 말씀과 인간에 대한 깊은 사색이 필요하다고 하였다.

• 설교의 목표

존 던은 좋은 설교자란 재치로 번뜩이는 설교를 하려는 욕망을 버리고 자신의 재능이나 학식을 자랑해서는 안 된다고 보았다. 설교자가 가진 세상의 지식을 나열하는 대신 하나님의 말씀만을 증거해야 하며, 정치나 사회적인 문제보다는 그리스도 중심적으로 되어야 한다고 하였다. 그러나 던의 설교에는, 그의 주장과는 달리, 미사여구와 학문성이 항상 넘치

교회 역사를 빛낸 위대한 설교자들

고 있는데, 이 점이 아이러니한 부분이다. 설교는 세상사를 논하는 것이 아니라 하나님의 일을 설파하는 것이기 때문이다.

던은 설교의 목적을 청중들이 죄악의 심각성을 깨닫고 회개하도록 만드는 데 두었다. 죄에 대한 고백과 회개를 촉구하는 성경 본문이 시편과 복음서라고 보고, 이 책들을 주로 설교 본문으로 삼곤 하였다. 특히 시편을 선호하였는데,[9] 그 이유 첫째 이유는 시편의 운율과 구조가 시인이었던 그에게 큰 흥미를 유발하였기 때문이다. 시편을 선호했던 둘째 이유는 초대 교부 아우구스티누스(Augustine of Hippo, 354~430)의 영향이다. 던은 젊은 시절에 아우구스티누스처럼 방탕하게 생활한 적이 있었으므로 그를 스승과 같이 여기고, 그의 설교들을 많이 읽었으며, 시편 설교에 아우구스티누스를 자주 인용함으로 그에 대한 애정을 드러냈음을 볼 수 있다. 던이 시편을 좋아하였던 또 다른 이유는 시편이 통회자의 보고(寶庫)였기 때문이다. 시편에는 다윗을 비롯한 허다한 성도들이 자신의 죄를 참회하고 있다. 던은 특히 시편 6편, 32편, 38편 등의 3개의 참회의 시를 좋아하였고, 이 3개의 시편으로 24개의 설교를 작성하였다.

던에게 있어 시편이 찬송의 보고였다면, 복음서는 믿음의 보루였다.[10] 복음서는 회개하고 하나님을 찾은 사람들이 살아야 하는 방법을 보여 준다고 생각한 것이다. 던은 특히 마태복음을 좋아했는데, 모세가 시내 산에서 율법을 받은 것과 같이 예수께서 산 위에서 산상보훈을 주셨기 때문이라고 말하였다. 그는 산상수훈을 즐겨 설교하였고, 산상수훈에서 보여 주는 것처럼 그리스도인다운 삶을 살 것을 강조하였다. 던의 복음서 설교 가운데 현존하는 것은 마태복음 16편, 마가복음 2편, 누가복음 3편,

---

9)   던의 설교 가운데 현재 약 160편이 남아 있는데, 그 가운데 34편이 시편 설교이다.

10)   E. M. Simpson, *A Study of the Prose Works of John Donne* (Oxford, 1948), 7.

요한복음 16편 등이 있는데, 던이 설교한 후 수정 보완한 것들이다.[11] 그러면 던의 설교 작성 과정을 살펴보도록 하자.

• 던의 설교 작성

설교자에게 요구되는 덕목 가운데 하나는 많은 독서이다. 설교에는 인간과 세상사에 대한 해박한 지식과 삶에 대한 지혜가 필요한데, 그것들을 충족시켜 주는 것이 독서이기 때문이다. 존 던은 종교 개혁자 칼빈처럼 다양한 책을 읽었을 뿐만 아니라 설교자의 인성과 덕목을 갖춘, 준비된 설교자였다. 그는 문학에 관심이 깊어 당시 저명인사의 글과 단테 (Alighieri Dante, 1265~1321), 라벨레이즈(François Labelais, 1483~1553), 피코 델라 미란돌라(Pico Della Mirandola, 1463~1494), 로이힐린(Johannes Reuchlin, 1455~1522)과 같은 르네상스 시대 작가들의 글을 두루 읽었다. 그리고 교부의 글과 교회법, 중세의 궤변, 당시의 저명한 성경 주석들을 섭렵한 학자였다. 그는 설교를 히브리어 원어, 라틴 벌게이트(Vulgate) 역, 『공동기도서』를 위하여 번역된 코버데일(Coverdale) 성경, 제네바 성경, 흠정역 성경(King James Version), 때로는 위클리프가 번역한 성경을 참고하여 설교를 준비하였다.

던은 설교를 작성하는 데 심혈을 기울인 설교자였다. 좋은 설교는 조심스럽게 문장을 꾸미고, 가지런히 설교의 구조를 세우며, 교회의 전통과 교리를 바로 제시해야 한다고 생각하였다. 그래서 그는 먼저 본문을 선택하고, 석의하는 데 많은 시간을 할애하였다. 그는 일주일에 한 번 정

---

11)　현존하는 던의 설교는 자신이 직접 설교한 것이 아니라 설교한 것을 수정한 것들이다. 이러한 사실은 마태복음 4장 18절에서 20절을 본문으로 설교한 설교 머리말을 통해 확인할 수 있다. 그는 이렇게 썼다. "1919년 12월 19일 나는 이 본문으로 설교하였다. 1630년 에섹스(Essex)의 이브레이 해취에서 아파 누워 있을 때 그 설교의 부족한 부분을 수정한 후 둘로 나누었다"(Mueller 1961, 88).

도 설교하였다. 그의 친구이면서도 수필가요 전기 작가인 아이작 월턴 (Issac Walton, 1593~1683)에 의하면, 던은 한편의 설교가 끝난 뒤에는 "새로운 본문을 선택할 때까지 결코 그의 시선을 다른 데로 돌리지 않았다. 본문을 선택한 후 그날 저녁에 본문을 토대로 설교 형태를 구성하였고, 본문을 여러 부분으로 나누는 작업을 하였다. 그리고 다음 날에는 교부의 글을 참고하였고, 묵상하면서 설교를 머릿속에 기억시키곤 하였다"(Pattison 1903, 175).

던은 성경 해석에서 전통적 스콜라 철학자들의 방법을 따랐다. 그는 오리게네스 이후 르네상스 시대까지 전승되어 온 문자적, 도덕적, 영적 해석 방식에 따라 성경을 해석한 것이다. 그 대표적인 예가 1618년 봄, 혹은 여름에 링컨 인에서 행한 설교이다. 그는 "주의 진노로 인하여 내 살에 성한 곳이 없사오며, 나의 죄로 인하여 내 뼈에 평안함이 없나이다."(시 38:3)라는 시편 말씀을 본문으로 삼고, 이 본문을 3중적으로 해석하였다: "이 본문에서 우리가 먼저 고려해야 할 것들, 곧 우리의 관심의 대상은 역사적으로 또는 문자적으로 다윗에 대하여 이해하는 것이다; 둘째로 [본문을] 과거 사건과 연관하여 해석하여야 한다. 첫 아담과 관련하여 살필 때, 인류가 집단적으로 관련되고, 그래서 귀하와 나, 그리고 우리의 모든 소유가 재앙 가운데 있다는 것을 알게 된다; 셋째로, 앞으로 전망하면서 해석하여야 한다. 모든 인간의 대표이신 둘째 아담이신 그리스도 예수와 미래의 관계성에서 해석되어야 한다. … 우리는 이 시를 역사적이요 개인적인 시, 곧 다윗과 관련한 시로 보며; 그리고 보편적이고 우주적인 시로 간주하여 모든 인간의 조건으로 해석하며; 예언적이고 복음적이 시, 곧 그리스도에 관련된 시로 해석한다"(Mueller 1962, 91 인용). 그는 이처럼 본문을 역사적, 문자적으로 해석한 후 과거의 입장에서 회고(retrospect)하며 해석하였다. 회고하는 부분에서 첫째 아담과 관련하여 전

인류를 고찰하고, 자신과 개인을 과거의 교훈에 비추어 자신의 비참함을 살피도록 하였으며, 제2 아담이신 그리스도와의 관계에서 미래를 전망(prospect)하였다. 이러한 전망을 통하여 설교자는 새로운 영력(靈力)을 얻게 된다고 생각하였다.[12]

던이 이처럼 중세의 4중적인 해석을 따랐지만, 그가 가장 중시했던 부분은 예표론적 해석(typological interpretation)이었다. 그는 구약의 인물들이나 사건들이 그리스도를 예표하고, 구약의 모든 내용이 그리스도의 강림을 구체적으로 예언하고 있다고 하였다. 한 예로, 구약 가운데 소선지서는 신약성경만큼 그리스도를 확실하게 보여 준다고 하였다. 구약의 율법은 장래 올 것의 그림자인 의식법(儀式法), 모든 사람이 지켜야 할 시민법(市民法), 사람의 마음에 늘 새겨져 있는 도덕법(道德法)으로 구성되었는데, 의식법은 그리스도 안에서 완성되었고, 시민법은 폐지되었다. 곧 도덕법을 제외한 구약의 율법은 신약시대의 그리스도인에게는 효력이 정지되었다고 주장하였다. 그리고 복음서는 유대인들에게는 봉인된 책이요, 구약은 두려움의 계약이며, 신약은 사랑의 계약이라고 단언하였다(Mueller 1962, 63).

던은 이처럼 석의 된 말씀에 기초하여 설교를 구성하였다. 그는 서론 부분에서 본문을 회중들에게 알리고 소개하는 데 전심을 기울였다. 본문을 해석할 때 본문에 대한 다양한 해석을 소개하고, 중요한 단어의 의미를 설명해 주었다. 그다음, 본문을 여러 대지(大旨)로 나누고, 한 개의 대지를 여러 개의 소지(小旨)로 나누었다. 나누는 것은 두 부분으로, 첫째 부

---

12)　밀러에 의하면, 던의 시편 38편 4절도 같은 구조로 되어 있다. 그는 이 본문을 해석하면서 "첫째로 이 모든 것들은 문자적으로 다윗에 대하여 말하고, 적용으로 말하면 우리를 의미하며, 상징적으로 그리스도를, 역사적으로는 다윗을, 도덕적으로는 우리를, 예표적으로는 그리스도가 이 본문의 주제이다."라고 설명하였다(Mueller 1962, 91).

분은 하나님이 인간에게 주는 경고 부분이요, 나머지는 위로하며 권면하는 부분이다. 경고 부분은 인간의 죄성을 다루고, 죄의 값과 그 불행을 다루었다. 이와 같은 설교의 구조가 만들어지면 설교를 완성하기 위한 미사여구를 동원하는 데 오랜 시간을 할애하였다.

던은 이렇게 철저하게 준비된 원고를 가지고 강단에 올라갔다. 그의 대부분의 설교 원고들은 한 시간 정도면 충분히 읽을 수 있는 분량이라고 할 수 있다. 그렇지만 그는 성 바울 예배당에서 같은 원고로 거의 2시간 가까이 설교하였다. 차분하면서도 진지하게 설교한 것이다. 던의 설교에 교인들의 반응은 유별났다. 그들은 2시간에 걸쳐 행한 던의 설교에 지루한 반응을 보이지 않았고, 설교에 큰 감명을 받곤 하였고, 교회를 떠나면서 다음 주에는 어떤 설교를 할지 기대하였다. 던은 세인트폴에서 창세기, 출애굽기, 잠언, 전도서, 이사야, 예레미야, 에스겔, 소선지서, 사도행전, 바울 서신, 야고보서와 요한계시록을 본문으로 삼아 설교하였다.

• 던의 설교 특징

존 던의 청중은 왕실의 대신들, 귀족들, 상인들과 무역업자 등의 상류층이 대부분이었다. 던의 설교 운동은 지성인 중심이었던 셈이다. 이러한 점에서 던의 설교는 당시 청교도 설교와 다른 점이 많았다. 그 몇 가지를 간략하게 살펴보자.

첫째로, 학문성을 과시하는 경향이 두드러지게 나타난다. 던은 설교를 통하여 언제나 성경과 세상에 대한 자신의 지식을 드러내고자 하였다. 비록 말로는 설교가 지성에 호소하는 것이 아니라고 외쳤지만, 그의 설교는 학문성을 지나치게 강조하는 면이 강하다. 1618년 2월 20일에 행한 설교를 예로 들어 보자. 그는 누가복음 23장 40절을 본문으로 삼고, "네가 같은 정죄를 받고도 두려워하지 않느냐?"라는 제목으로 십자가에 달린 두 강도에 초점을 맞추어 설교하였다. 먼저 그는 복음서들이 이 사건을 다루는 시각을 설명하였다. 그는 먼저 누가는 두 강도가 예수님을 욕한 것을 기록하지 않았으며, 요한은 언급도 하지 않았고, 마태와 마가만이 언급하였다는 것을 밝힌 후, 초대 교부들이 이 본문을 어떻게 해석했는지 설명하였다. 아타나시우스(Athanasius, c. 296~373)는 두 강도가 그리스도를 욕했음을 지적하였고, 오리게네스(Origen, c. 184~253)도 아타나시우스의 입장에 동의했음을 밝히면서 크리소스토무스(John Chrysostom, c 349~407)와 힐라리(Hilary, 461~468) 등에 대해 언급하였다. 던은 이처럼 자신의 학문성을 드러내면서, 회개한 강도는 선택자의 모형이라고 논한 후 결론을 유추하였다. 또한 그는 때때로 본문에 대한 로마 천주교회의 해석과 함께 종교 개혁자들의 해석을 소개하는 등 대비법을 사용하기도 하였다.

둘째로, 설교에 고전적 수사학을 응용하였다. 던의 수사학적인 기법은 그의 고전 연구에서 기인한다. 그는 고대 그리스 수사학자인 키케로(Cicero, 106 BC~43 BC))의 수사학을 배웠고, 그것을 설교에 적용하곤 하였다. 키케로는 연설가에게 '발견'(invention), '배치'(disposition), '표현'(elocution), '연기'(action), '기억'(memory) 등 다섯 가지 덕목이 필요하다고 하였다. 곧 설교자는 이러한 덕목을 활용할 수 있는 역량이 필요하고, 연설의 설득력은 이러한 역량에서 비롯된다고 하였다. 곧 연설가는 (1) 어떻게 사람들의 마음을 움직이며 신뢰를 줄 것인지 그 방안을 '발견'해 내고, (2) 연설에서 감동과 논증을 겨냥하되 연설의 목적에 따라 '배열' 방식이나 우선순위를 달리하여 구성해야 하고, (3) 단어나 단어의 연결 구성, 문법적 일치 등에 유의하되, 명백하고 간결하도록 '표현'해야 하며, (4) 사안과 단어에 맞게 적정한 목소리, 몸짓, 표정을 짓는 등의 '연기'를 통하여 설득력을 높이고, (5) 화제와 관련된 기록이나 기억을 잘 저장하여 사용해야

한다고 하였다(Mueller 1961, 103~104).[13]

던은 키케로의 수사학을 설교에 적용하였다. 키케로의 수사학에 기초하여 모든 설교를 미사여구로 가득 채우곤 했다. 그는 빌립보서 3장 2절의 설교에서 설교에 있어 수사의 중요성을 다음과 같이 말하였다: "언어는 재료(matter)를, 단어는 물건을 시중들어야만 합니다. 재료는 우리가 설교하는 교리입니다. 형태(form)는 그 영혼이요, 본질과 같습니다. 우리가 설교하는 그 언어와 단어는 바로 몸이요, 실재입니다"(Mueller 1961, 103~104). 이처럼 던은 설교 행위에서 수사와 언어 구사를 중요시하였고, 그 결과 그의 설교는 산문적이며, 운율적이며 극적이었다. 이러한 이유로 당시의 청중들은 그의 설교에 크게 감격하였고, 오늘날의 독자들도 그의 설교집에 매료되곤 한다.

셋째로, 설교에 연상법을 활용하였다. 던은 연상법, 반복법, 시의 운율을 동원하여 설교하면서 알레고리와 모형으로 어떠한 내용을 묘사하고 설명하였다. 성경에서 이미지를 찾아내거나 유추함으로 회중이 설교의 내용을 머릿속에 그릴 수 있게 만든 것이다. 던의 이러한 연상법에는 뮬러가 지적한 것과 같이, 4중적인 방식이다: "첫째, 그 구절들을 가지고 종교적인 체험과 그와 유사한 세속적인 경험의 차이를 간단하게 비교하게 하는 것, 둘째, 다양한 인간의 신체를 참고하여 상징적으로 또는 은유적으로 그것을 심의하고 비교하며, 셋째, 유추할 수 있는 것을 분석하며, 마지막으로 설교를 통하여 자주 등장하는 두 형상(image)을 연구하여 연

---

13)   던의 설교의 특징 가운데 하나는 탁월한 언어 구사력이다. 그를 유명한 설교자로 만든 것은 뛰어난 인격이나 금욕주의적 성향이 아니었고, 거룩했기 때문도 아니다. 바로 그의 언어 구사력 탓이었다. 그는 성직자로 안수받은 뒤, 링컨인에서 은유적인 문체, 해박함, 미사여구, 극적인 재치를 사용하여 설교하였다. 이를 통해 그는 설교자로서의 명성을 쌓아 갔고, 이러한 요소들이 그를 당대에 가장 위대한 설교자로 만들었다.

상하는 것이다"(Mueller 1962, 115).

넷째로, 성경을 많이 인용하였다. 심슨(E. M. Simpson) 교수에 의하면, 현존하는 던의 설교 가운데 160편을 살펴본 결과, 8천 개의 성구들이 인용되어 있다. 이는 한편의 설교에 50구절 이상 성경을 인용한 셈이다 (Simpson 1948, 4). 던의 이러한 성구 인용은 설교에 활력을 불어넣어 줌으로 온 청중을 말씀에 사로잡히게 했다. 전하는 말씀에 성경을 적절히 인용함으로써 설교의 교훈을 확증함으로 성도들이 큰 은혜를 받게 한 것이다.

맺는말

존 던의 설교는 철저하리만큼 지성 위주였다. 성경 본문을 해석하고, 설교를 구성하는 모든 과정이 인간의 이성적 판단에 기초하였고, 수사(修辭)를 통하여 말이나 글을 다듬고 꾸며 보다 아름답고 조리 있게 만들었고, 미사여구를 사용하여 사람들의 마음을 사로잡으려고 지성에 호소하곤 하였다. 이 점이 바로 청교도들과 다른 점이었다. 또한 성경만을 설교의 핵심 교본으로 삼지 않고, 성경과 더불어 이성과 전통을 중시함으로 중세의 스콜라 신학적 전통을 고수하였다. 그렇지만 던이 성찬보다는 설교를 예배의 핵심 내용으로 삼은 것은 그와 로마 가톨릭, 그리고 성공회와 구별되는 점이라고 할 수 있다. 이처럼 던의 신학적 입장과 설교 형태는 칼빈의 제네바와 로마 가톨릭적인 로마의 중간노선이었다.

제8장

◇────◇

청교도 설교 운동: 윌리엄 퍼킨스와 설교

청교도들의 설교 운동은 존 던의 설교 운동과 전혀 달랐다. 던의 설교가 런던의 세인트폴(St Paul's Cathedral)을 중심으로 일어난 국지적 운동이었다고 한다면, 청교도의 설교 운동은 영국 전역에서 전개되었다. 지성에 호소하는 형태의 던의 설교와 달리, 청교도들은 지성과 감성, 의지 등 전인적인 요소에 호소하였다. 던이 설교에 자연 계시와 특별 계시의 융합을 강조했지만, 청교도들은 자연 계시의 불충족성을 주장하면서 오직 특별 계시만 의지할 것을 주장하였다. 이처럼 던과 청교도의 설교는 내용만이 아니라 추구하는 목표도 달랐다. 던을 비롯한 성공회 교도들은 로마 천주교회로부터 정치적인 독립을 추구하며 교회 개혁을 추구했지만, 청교도들은 정치만이 아니라 교회와 사회 전반을 개혁하고자 하였다.

1. 영국 교회와 청교도 설교 운동

청교도의 설교 운동은 윌리엄 퍼킨스의 설교 신학에 기초하여 세워졌다고 할 수 있지만, 그 뿌리는 16세기 중반의 영국 교회에서 일어난 설교 운동에서 찾을 수 있다. 1559년 엘리자베스가 왕위에 오른 후 종교적 중용 정책을 취하면서 대륙에 피신했던 종교 개혁자들이 대거 귀국하면서 청교도의 설교 운동이 시작되었다. 그들은 제네바를 모델로 삼아서 영국 교회와 사회를 개혁하고자 하였다. 성경대로 믿고 예배하면서 사회에 뿌리박혀 있던 로마 가톨릭교회의 잔재들을 샅샅이 제거하여 영국을 하나님의 말씀이 다스리는 나라로 만들고자 하였다[그래서 그들에게 붙여진 이름이 청교도(Puritan)였다]. 그들은 하나님의 말씀에 기초하여 개혁함으로 영국을 유럽의 모든 나라가 우러러보는 '언덕 위의 도시'(City on a hill)로 만들고자 하였다.

청교도들은 이러한 개혁의 원동력을 설교라고 보았다. 그들은 교회와 사회의 개혁이 칼이나 총과 같은 물리력인 힘을 통하여 이루어질 수 없고, 영적인 감화력, 곧 설교를 통하여 이룰 수 있다고 믿었다.[1] 사회구조를 바꾸기보다는 사회를 구성하는 개개인의 생각과 삶을 바꿈으로 세상을 개혁하고자 한 것이다. 개인의 삶과 가치관을 바꿀 수 있는 것은 칼이 아니라 회심이라고 생각했고, 회심은 말씀을 듣는 데서 온다고 믿었다.

청교도들은 목사의 자격으로 설교 능력을 내세웠다. 그들은 설교할 줄

---

[1] 필자의 저서 "청교도와 교회 개혁의 수단으로서의 설교" 『언덕 위의 도시: 청교도의 사회 개혁 이상』(수원: 합동신학대학원출판부, 2004)에서 청교도의 설교관을 참고할 수 있을 것이다.

모르는 이를 목사로 세워서는 안 된다고 보았다. 저명한 청교도 설교자 토머스 비콘(Thomas Becon, 1511~1577)은 그의 「요리 문답서」(Catechism)에서 다음과 같이 주장하였다: "설교할 줄 모르는 목사는 애물단지와 같습니다. 그는 벽에 그려진 주교보다도 못하고, 선지자가 말한 것처럼 '짖지 못하는 귀머거리 개'에 불과합니다. 우리 구주 그리스도께서 말씀하신 것과 같이 그들은 '길에 내버려서 사람들에게 짓밟힐 수밖에 없는 맛을 잃은 소금'과 같습니다. 그리스도께서 그의 보배로운 피로 값을 주고 사신 그리스도의 양 무리 위에 이러한 애물단지와 회칠한 벽과 같은 자들을 세운 자들에게 저주가 있을지어다."[2] 설교할 줄 모르는 자를 설교자로 세울 수 없다는 견해는 비콘만이 아니라 청교도 대부분이 가지고 있던 생각이었다.

청교도들이 설교를 개혁의 수단으로 간주하고, 설교할 수 있는 이들만을 목사로 세우고자 한 것은 영국 종교개혁이 그들에게 끼친 영향이다. 영국의 종교개혁 운동은 헨리 8세로부터 시작되었고, 종교 개혁자들은 개혁 운동을 전개하면서 많은 시행착오를 겪었다. 정치적인 힘을 이용하거나 성례 등 교회 개혁을 위한 시도를 벌였지만, 거의 실패로 끝났다. 시행착오를 통하여 종교 개혁자들은 정치 세력 또는 물리적인 힘을 이용하여 개혁하는 것이 어렵고, 영적인 수단을 활용함으로만 이룰 수 있다는 교훈을 얻었다. 그들은 하나님이 교회에 주신 가장 강력한 은혜의 수단이 설교라고 보았고, 이때부터 설교 운동을 통해 영국을 개혁하려고 하였다. 설교를 참된 교회의 표지(the marks of true Church)로 내세우기 시작

---

2)   Thomas Becon, *Works*, 2 volumes. 2:320. In Philip Edgcumbe Hughes, *Theology of the English Reformers* (Grand Rapids, Michigan: William B. Eerdmans Publishing Company, 1966), 123~124.

한 것이다. [3]

• 영국 종교개혁과 설교 운동

제4장에서 살펴본 바와 같이, 영국에서 최초로 설교 운동이 최초로 일어난 것은 14세기 '종교개혁의 계명성'(the morning star of Reformation)이라고 불리는 존 위클리프(John Wycliffe, 1330~1384)의 설교 운동이었다. 위클리프의 설교 운동은 추종자들인 롤러드(the Lollards)에 의해 영국 전역으로 전파되었고, 동유럽의 보헤미아까지 소개되었다. [4] 15세기에 접어들면서 영국에서의 설교 운동은 박해로 인하여 약화하였고, 소수의 설교자를 통해서 겨우 명맥이 이어졌다. 그렇지만 16세기에 접어들어 영국에서 설교 운동이 다시 활발하게 일어났다. 이는 영국의 순교자 토머스 빌니(Thomas Bilney, 1495~1531)의 설교 운동과 밀접한 관련을 가진다.

빌니는 1495년경 영국 노퍽(Norfork) 근처의 노리치(Norwich)에서 태어나 케임브리지의 트리니티 홀(Trinity Hall)에서 대학 수업을 받았다. 그는 1519년 24살의 나이에 로마 천주교회의 사제가 되었고, 같은 해 에라스무스(Desiderius Erasmus, 1466~1536)가 출판한 헬라어 성경(1516 출간)을 사서 읽던 가운데 디모데전서 1장 15절을 통하여 회심하였다. 회심한 빌니는 케

---

3) 청교도들은 성찬을 목회자의 핵심적인 사역으로 간주하던 성공회 사제들과는 달리 설교를 예배의 중심에 놓았다. 아서 힐더샴(Arthur Hildersham)은, "설교는 목회자가 대 목자 장이신 그리스도로부터 받은 사역자의 소명 가운데 가장 중요한 부분이다. … 고린도전서 1장 17절에서 사도 바울도 그리스도께서 자신을 보내신 목적이 세례를 베풀게 함이 아니라 설교하게 하려고 보내셨다고 하였다."고 하였다. Peter Lewis, *The Genius of Puritanism* (Sussex, England: Carey Publications, 1979), 35.

4) 위클리프의 설교 운동은 15세기 초반 보헤미아의 종교 개혁자 얀 후스(Jan Huss)에 의해 프라하에서 크게 일어났지만, 1415년 후스가 교황청에 의해 화형에 처해 지면서 막을 내렸다.

임브리지의 화이트호스 인(White Horse Inn)에서 성경 공부를 인도하며 장차 영국 교회를 이끌어 갈 지도자들을 양육해 냈다. 그 가운데는 나중에 캔터베리의 대주교가 된 매슈 파커(Matthew Parker, 1504~1575)와 순교자 휴 래티머(Hugh Latimer, 1487~1555) 등이 있다. [5]

빌니의 설교 운동은 1525년 교회 당국이 그에게 설교 면허를 내주면서 시작되었다. 그는 케임브리지 학생들에게 성경을 가르치고, 설교하여 종교개혁을 이끌었다. 그는 설교를 통해 성경대로 믿고 살 것을 주장하면서 당시 영국 사회에 만연했던 성자와 성물 숭배, 그리고 성지 순례를 비판하였다. 성상을 향하여 기도하거나 성자들의 생활을 묵상하는 것이 성경에 기초한 것이 아니며, 오히려 미신적이라고 주장하였다. 빌니의 설교 운동에 힘입어 케임브리지에서 생활 개혁 운동이 일어나자, 교회 당국의 방해 공작도 시작되었다. 교회 당국은 1526년 그를 소환한 후 설교 운동을 금할 것을 명하였다. 그렇지만 빌니는 조금도 움츠러들지 않았다.

교회 당국의 반대와 협박에도 불구하고 빌리의 설교는 계속되었다. 빌니의 설교 운동이 점점 커지자, 런던 교구청은 1527년 그를 체포한 후 런던 타워(London Tower)에 가두었다. 죄목은 허가 없이 설교하였다는 것이었다. 그는 2년간 옥에 갇혀 심한 고문을 당한 후 1529년 석방되었다. 그는 석방하자마자 케임브리지로 돌아가서 설교 운동을 재개하였다. 교회 당국은 교회법을 어기고 설교하였다는 죄목으로 재수감시켰고, 2년 후인 1531년 8월 19일에는 그의 고향인 노리치(Norwich)에서 화형에 처하였

---

5)   빌니의 설교를 통해 휴 래티머가 개종하였고, 휴 래티머는 순교자 니콜라스 리들리 (Nicholas Ridley, c. 1500~1555)를, 리들리는 나중에 캔터베리 대주교가 된 토머스 크랜머 (Thomas Cranmer, 1489~1556)에게 성경을 가르쳐 줌으로 그들의 회심을 이끌었다.

다.[6] 설교 운동을 가시로 간주하고 박해한 것이다.

교회와 정부 당국이 설교 운동을 엄히 금했지만, 설교 운동은 멈추지 않았다. 빌니의 제자인 휴 래티머(Hugh Latimer, c. 1487~1555)를 통해 케임브리지에서 다시 일어난 것이다. 래티머는 케임브리지 대학 졸업생으로 1510년부터 클래어 대학(Clare College)에서 조교가 되어 학문에 정진하였고, 1514년 석사 학위를 받았으며, 1515년 로마 가톨릭교회의 신부로 서품받았다. 1522년 케임브리지 대학의 교목 겸 설교자로 임명받은 후 토머스 빌리가 이끌던 화이트호스인 신앙 강좌에 참석하였고, 그의 설교를 통하여 신앙적 각성을 하였다. 그 후 1524년 독일로 가서 종교 개혁자 필립 멜랑히턴(Philip Melanchthon, 1497~1560)이 주도하던 신학 토론회에 참석하였고, 그때부터 설교 운동에 전념하여 "영국 설교자의 아버지"(the father of the English Pulpit)라는 별명을 얻었다.[7]

래티머는 교회 개혁이 교회에 주신 은혜의 수단들을 올바르게 활용함으로 이룰 수 있다고 믿었다. 그는 하나님이 교회에 주신 가장 강력한 은혜의 수단이 성례와 말씀 선포라고 하였다. 성례가 바르게 시행되고, 말씀이 바르게 선포됨으로 교회 개혁이 가능하다고 본 것이다. 따라서 그는 로마 천주교회의 화체설을 비판하고, 희생으로서의 미사를 부인했다. 그것들이 성경에 근거하지 않았기 때문이다. 다만 설교는 하나님이 교회

---

6) 토머스 빌리는 화형에 처하여지기 전에 심문을 받았는데, 그때 다음과 같이 말하였다. "오늘날 사람들이 하나님의 법을 반대하며 설교를 금하지만, 나는 설교를 계속할 것이다. 첫째는 나의 주가 되는 추기경의 권위에 따라, 나는 그분이 준 면허장이 있다. 둘째는 대학의 권위에 따라, 셋째는 교황의 권위에 따라, 넷째는 하나님의 권위에 따라 설교할 것이다. 주교나 평신도, 심지어 교황까지도 복음 전하는 것을 막는 법을 만들 수 없다." John Foxe, *The Book of Martyrs*, article 171.

7) T. Harwood Pattison, *The History of Christian Preaching* (Philadelphia, American Baptist Publication Society, c1903), 149.

에 주신 가장 큰 은혜의 수단이므로, 교회로부터 "설교를 제거하면 구원도 제거된다."라고 주장하면서 "설교는 악마가 가장 거부하며 없애려고 해 온 것이다. 이 설교의 직분은 하나님이 우리 모두를 구원하기 위해 세우신 유일하고 일상적인 수단이다."(Pattison 1903, 149)라고 하였다. 성경적 설교 운동을 통하여 바른 신앙을 회복할 수 있다고 본 것이다.

래티머는 사람들이 미신에 빠지게 되는 이유를 성경 교훈에 대한 무지 때문이라고 보았다. 미신에 빠지지 않으려면 성경 지식이 보급되어야 하고, 성경 지식이 보급되려면 성경이 모국어인 영어로 번역되어야 한다고 주장하였다. 그는 이 일이 있은 지 얼마 후인 1528년 추기경 토머스 울지(Thomas Wolsey, 1473~1530)에 의해 소환받고, 경고를 받았다. 그러나 1529년 울지 대주교가 교황청에 낸 헨리 8세와 캐서린의 이혼 청원을 교황으로부터 허락받지 못하여 쫓겨나자, 그는 다시 설교 운동을 이어 갔다. 래티머는 1535년 워스터(Worcester) 주교로 임명받았고, 그의 교인들에게 종교개혁 신앙을 소개하였다. 1539년 헨리 8세(Henry VIII, 1509~1547)의「6개 신조」(6 Articles)가 나오자 신랄하게 비판하였고, 이 일로 주교직의 사임 압력을 받은 후 런던 타워에 투옥되었다.

래티머는 1547년 에드워드 6세(Edward VI, 1547~1553)가 왕위에 오른 후 복직되었고, 그와 함께 즉시로 설교 운동을 재개하였다. 그는 1550년까지 에드워드 왕의 궁정 설교자로 임명받아 매일 에드워드 앞에서 설교하였다. 그 후 서포크의 공작부인인 캐서린의 개인 목사가 되어 설교 운동을 계속하였다. 그는 성경에 기초하여 설교하였으므로, 그의 설교는 항상 복음적이었다. 그는 언제나 두려움 없이, 그리고 직설적으로 설교하여 많은 이들의 회심을 이끌었다.

래티머는 1553년 피의 메리(Mary Tudor, 1553~1558)가 왕위에 오른 후 다시 투옥되었다. 그는 옥에서 항상 기도와 성경 연구에 전념하였다. 신약을

3번 정독하고, 나머지 시간에는 무릎 꿇고 간절히 기도하곤 하였다. 오랜 시간 기도하였으므로 무릎이 펴지지 않는 경우가 많았기 때문에 다른 사람의 도움을 받고서 일어서곤 하였다. 그의 기도는 (1) 죽을 때까지 성경 교훈을 지키게 해 주실 것, (2) 하나님의 자비로 영국이 다시 한번 그리스도의 왕국으로 회복해 주실 것, (3) 엘리자베스 공주를 보호하사 그가 영국의 위로가 되게 해 달라는 것이었다(Pattison 1903, 157). 그는 끝까지 신앙을 지켰고, 1555년 이단적인 사상을 전파한다는 오명을 뒤집어쓰고 옥스퍼드에서 교회 당국에 의해 화형당하였다.

• 엘리자베스 치하의 설교 운동

위에서 살펴본 바와 같이, 16세기에 영국에서의 설교 운동은 생명을 담보로 하는 것이었다. 그런데도 영국의 설교자들은 말씀 사역을 포기하지 않았고, 설교 때문에 당하는 고통을 두려워하지 않았다. 세상과 타협하지 않으면서 하나님의 말씀만을 선포하고, 목숨을 바쳐 진리를 증명함으로 영국 교회의 개혁을 이끌고자 한 것이다. 이처럼 침울한 상황을 바꾸어 놓은 것이 엘리자베스 여왕(Elizabeth, 1559~1603)의 등극이다. 엘리자베스는 왕위에 오른 후 종교적 중용 정책을 취하였고, 설교 운동을 묵인하여 주었다. 이와 함께 설교의 전성시대가 전개되었다.

청교도들은 세속적 힘을 사용하여 법과 제도를 바꾸고, 그렇게 함으로 이상향을 만들려고 하지 않았다. 법과 제도의 개혁도 중요하지만, 개개인의 변화가 먼저라고 하였다. 영적 각성을 통해 새롭게 되고, 새롭게 태어난 사람들이 다스릴 때 모든 이들이 복을 누리는 사회를 건설할 수 있다고 본 것이다. 영적인 각성은 설교를 통해서만 가능하고, 이를 위해서는 설교 운동이 필요하다고 보았다.[8] 따라서 청교도들은 위대한 설교자의 배출이 교회와 사회 개혁의 대로를 확보하는 것이라고 믿었다. 설교자는 집의 기초를 놓으며 터를 세우는 건축가요(고전 3:10), 때를 따라 식구들에게 양식을 나누어 주는 청지기이며(눅 12:42), 하나님의 자녀들을 돌보는 영적인 아비일 뿐만 아니라(고전 4:15), 어린아이를 기르는 유모(살전 2:7)와 같기 때문이다. 설교자는 하나님의 과수원에서 물을 주며 기르는 과수원 지기이며(고전 3:6), 땅을 파고 개간하여 좋은 토양을 준비하는 일꾼이며(고전 3:9), 그 위에 씨를 뿌리는 자이며(막 4:26), 곡식을 모아 헛간에 저장하는 추수꾼(요 4:38)이므로, 좋은 설교자를 배출하면 그들을 통하여 이세상을 개혁할 수 있다고 믿은 것이다. 이러한 좋은 설교자들이 교회에 채워질 때 나라가 복을 받게 될 것이라고 믿었고, 이러한 신념에 기초하여 설교자를 양성하는 데 온 힘을 기울였다.

초기 청교도들이 양질의 설교자를 배출하기 위해서 활용한 방법은 도제(徒弟) 제도였다. 한 명의 목사가 여러 목사 후보생과 함께 생활하면서 인성 교육을 하면서 목회 전반에 대해 가르치고, 그들에게 설교 연습을 시킴으로 교회가 필요로 하는 설교자를 배출하고자 한 것이다. 하지만 청교도들은 시간이 흐르면서 설교자에게 전문적인 신학 교육이 필요하다는 것을 인식하게 되었다. 그래서 칼빈의 제네바 아카데미(Geneva Academy)와 같은 설교자 양성 기관을 세우고자 하였다. 그러던 중 1584년

---

8)   청교도들은 칼빈의 가르침에 충실하였다. 칼빈은, 이 책의 제6장에서 지적한 것처럼, 교회에 주신 가장 큰 은혜의 수단이며, 사회 개혁은 물리적인 힘이 아니 영적인 무기를 통해 이루어질 수 있다고 가르쳤다. 이러한 신념으로 그는 항상 성경을 묵상하며 설교를 준비하여 시민들의 삶에 적용함으로 제네바를 '사도 시대 이후에 이 땅에 존재했던 가장 완벽한 그리스도의 학교'로 만들었다. 청교도들은 이러한 칼빈의 교훈을 따라 설교 운동을 전개하였고, 영국을 지도할 설교자들을 배출하는 일에 최선을 다하였다.

월터 마일드메이 경(Sir Walter Mildmay, 1523~1589)에 의하여 케임브리지에 임마누엘 대학(Emmanuel College)이 세워졌다. [9]

철저한 칼빈주의자였던 마일드메이는 케임브리지의 그리스도 대학(Christ College)에서 공부하던 중 청교도 신앙을 수용했고, 1546년 그레이인(Gray's Inn)에 전학하여 법을 연구하였다. 그는 교회의 부흥이 설교 운동을 통해서 일어날 수 있고, 설교 운동은 좋은 설교자를 배출함으로만 가능하다고 믿었다. 이러한 배경에서 그는 설교자를 양성하기 위한 대학 설립을 계획하고, 1583년 케임브리지에 있는 도미니쿠스회 수도원을 매입하였다. 1584년에는 엘리자베스 여왕의 허락을 받아 성경 원어인 그리스어를 가르칠 교수 1명, 성경 신학을 교수할 신학자 6명, 그리고 설교학을 가르칠 교수 1명을 모집하였고, 청교도 신학자 로런스 차더톤(Laurence Chaderton, 1536~1640)을 학장에 임명하여 임마누엘 대학을 개교하였다.

설교자 양성을 위해 교회와 재력가들이 투자에 앞장서면서 뛰어난 설교자들이 많이 배출되었고, 그들에 의해 영국 교회는 크게 개혁되었다. [10] 특히 임마누엘 대학 졸업생들의 활동은 두드러졌다. 이 대학 졸업

---

9) 임마누엘 대학의 개교식 때에 이런 일이 있었다고 한다. 엘리자베스 여왕이 마일드메이에게 "월터 경! 귀하가 청교도의 토대를 세우고 있다는 말을 들었오."라고 말하자, 그는 "아닙니다. 여왕님(madam)! 당신께서 세우신 어떤 법에도 어긋나지 않게 될 것입니다. 제가 도토리를 심었는데 그것이 자라 상수리나무가 될 때 그 열매가 무엇이 될지는 하나님이 아십니다."라고 답하였다. 마일드메이는 설교 운동을 통해 영국의 개혁을 꿈꾸었다. Sidney Lee, "Mildmay, Walter" *Dictionary of National Biography, 1885-1900*, 37 (London: Smith, Elder & Co., 1894), 389.

10) King James Version의 번역 작업에 참여한 대부분은 임마누엘 대학 졸업자들이었는데, 이는 이 대학의 학장이었던 로런스 차더톤이 번역 작업을 주도했기 때문이라고 볼 수 있다.

생 가운데 다수가 영국 방방곡곡으로 나아가 교회를 세웠고, 교회 개혁에 앞장섰다. 임마누엘 대학 출신 가운데 뉴잉글랜드 건설에 참여한 이들도 많았다. 뉴잉글랜드 개척자 가운데는 100명의 대학 졸업자가 있었는데, 그 가운데 세 명 가운데 한 명이 임마누엘 대학 출신이었다. 임마누엘 대학이 배출한 대표적인 설교자로는 하버드 대학[11]을 세우는 데 공헌한 존 하버드(John Harvard, 1607~1638), 보스턴을 건설한 존 코튼(John Cotton, 1584~1652), 그리고 코네티컷주를 건설한 토머스 후커(Thomas Hooker, 1586~1647) 등이 있었다.

- 스튜어트 왕조의 설교 운동

1603년 엘리자베스가 자녀 없이 죽음으로 튜더 왕조(the Tudor)가 막을 내렸다. 왕실은 엘리자베스와 혈연적으로 가장 가까운 스코틀랜드의 스튜어트 왕가(the Stuart)의 제임스 6세(James VI)를 영국의 왕으로 옹립하였다. 그가 바로 영국과 스코틀랜드의 통합 왕인 제임스 1세(James I, 1603~1625)다. 제임스는 어려서부터 존 낙스(John Knox, 1514?~1572)를 비롯한 스코틀랜드 장로교도를 통하여 교육받았지만 1603년 통합 왕이 된 후로 영국 성공회의 정치체제를 더 좋아하였다. 청교도들은 공화정을 선호하였지만, 성공회의 정치는 왕정을 지지하였기 때문이다. 그는 성공회를 기반으로 절대 왕조를 건설하고자 하였고, 청교도들은 교회의 자율성을 강조하면서 민주적인 정치형태를 지지하였다. 제임스는 왕권신수설에 기초하여 절대왕정을 추구하면서 청교도의 설교 운동을 억제하고, 박해하였다.

---

11)   하버드 대학은 임마누엘 대학을 모델로 세워졌고, 모든 교과과정을 임마누엘로부터 채용하였으며, 대학 설립 목적을 설교자 배출에 두었다.

청교도의 설교 운동은 찰스 1세(Charles I, 1625~1649) 때도 박해받았다. 청교도들이 왕권신수설을 비판하고 주권 재민 사상을 강조하자, 분노한 찰스는 청교도 박해 정책을 폈다. 이러한 상황에서 의회가 청교도에 대하여 호의적인 자세를 취하자, 1629년 찰스는 의회를 해산하였다. 아울러 윌리엄 로드를 등용하여 청교도 박멸 정책을 전개하였다. 그는 의회 없이 영국을 다스렸다. 일반 백성은 물론 영주들의 정치에 참여는 금지되었다. 특히 부유한 계층에게 높은 세금을 매겼고, 세금 납부에 반대하는 이는 가차 없이 투옥시켰다.

폭정과 독재정치로 민심의 이반 현상이 일어나자, 찰스는 외부와의 갈등을 조장하여 국민을 하나로 묶으려고 하였다. 그는 1637년 스코틀랜드 장로교회를 폐지하면서 성공회를 국교로 삼으라고 명령하였다. 이 명령에 대해 스코틀랜드인들은 거세게 저항하였다. 결국 찰스는 스코틀랜드에 대하여 전쟁을 선포하고, 전비 마련을 위해 1640년 의회를 소집하였다. 11년 만에 소집된 의회는 아이러니하게도 그의 대적인 청교도들로 채워졌다. 실망한 찰스는 의회 해산 명령을 내렸고, 의회 지도자들은 반발하였다. 의회 지도자들이 저항하자, 찰스는 그들의 체포를 명하였다. 1642년 의회 지도자들은 정당방위 차원에서 군대를 조직하여 저항하였다. 영국은 이 일로 말미암아 왕당파와 의회파로 나누어져 내란(청교도혁명)을 겪게 되었다.

청교도들이 다수였던 의회는 영국 교회가 믿고 행해야 할 규범집을 만들기 위해 1643년 7월 런던 웨스트민스터 사원(Westminster Abbey)에 총회를 소집하였다. 의회는 상원과 하원에서 30명의 총대를 뽑고, 영국 전역에서 신망을 받는 120명의 목회자를 초청하여 총회로 모였다. 그들은 1,163번에 걸친 회의를 통하여 『웨스트민스터 신앙고백서』(Westminster Confession of Faith), 『공 예배 지침서』(Directory for Publick Worship of God)와 『장로교 정부형태론』(Form of Presbyterian Church Government)을 작성하고, 승인하였다. 그들은 설교 운동을 활성화할 방안도 마련하였다. 목사의 자격을 설교 은사를 가진 자로, 경건과 학문 면에 자격을 갖출 것을 요구하였다.[12] 목사 후보생은 "온유한 심령, 진실성, 겸손과 [인격적]으로 우수해야"만 했고, 성경을 바로 해석할 수 있는 학문적 기초가 있어야 하였다.[13]

웨스트민스터 총회와 함께 청교도 설교 운동은 절정기에 이르렀다. 웨스트민스터 총회가 마친 후 1649년 1월, 찰스 1세가 의회 군에 의해 처형되었다. 왕정이 폐지되었고, 공화정이 실시되어 올리버 크롬웰(Oliver Cromwell, 1599~1658)이 호민관(護民官)에 올랐다. 하지만 한 문명의 절정은 붕괴의 출발점이 되듯이, 청교도 운동 역시 이때부터 붕괴의 길을 걷기 시작하였다. 크롬웰이 정권을 잡은 후 독립파를 편애하고 장로교를 배척하자, 장로교의 불만이 일어났다. 청교도 분열 운동이 시작된 것이다. 1658년 크롬웰이 죽자, 장로교도는 독립파를 몰아내고 장로정치를 복구하고자 하였다. 그들은 해외에 망명 중이던 찰스 1세의 아들 찰스 2세(Charles II, 1660~1685)가 장로교 회복을 선언하자, 그에게 손을 내밀었다. 장로교도들은 그의 귀국을 도왔고, 1660년 그를 영국과 스코틀랜드의 왕으로 옹립했다. 찰스 2세는 왕위에 오르자마자, 장로교도를 자신의 성공회 정책의 위협 세력으로 간주하여 토사구팽했고, 이로써 청교도 운동이 막을 내리게 되었다.

청교도 운동은 찰스 2세에 의해 억압당하였다. 1661년 모든 성직자에게 성공회로 개종을 명하면서 개종을 거부할 경우, 공직에 오르지 못하

---

12)   이 부분에 대해서 필자의 『언덕 위의 도시: 청교도의 사회 개혁적 이상』 (수원: 합동신학대학원출판부, 2004), 228~234를 참고하십시오.

13)   "The Form of Presbyterian Church Government" in *The Confession of Faith; The Larger and Shorter Catechisms, etc.* (Scotland: Free Presbyterian Publications, 1983), 413.

도록 하였다. 1662년 5월 통일령을 선포하면서 예배에『공동기도서』를 사용할 것, 성공회 주교에게 안수받지 않은 이는 안수를 받을 것, 청교도들이 맺은 '엄숙한 동맹과 계약'을 폐지할 것을 명하였고, 그 명령을 따르지 않는 자들에게는 과중한 벌금을 부과하도록 했다. 많은 이들이 저항하자, 찰스 2세는 2,000명의 목사를 교회로부터 추방하였고, 1664년에는 그들을 투옥하였다. 교회 당국의 승인을 받지 않고 설교하면 누구든지 투옥되었고, 허락 없이 설교하였다는 이유로 사형선고를 받기도 하였다.[14] 설교 운동이 철두철미하게 제재를 받았다.

1685년 찰스 2세의 아들인 제임스 2세(James II, 1685~1688)가 왕위에 오르면서 영국은 더 큰 혼란 가운데 빠졌다. 제임스 2세가 영국을 로마 천주교회 국가로 환원시키고자 하자, 비국교도의 반발과 저항이 일어났기 때문이다. 제임스의 종교 정책에 대한 비판이 거세어지자, 왕의 지지 세력이던 토리당(Tories)도 저항 운동에 동참하였다. 이러한 상황에서 제임스는 1688년 일어난 명예혁명으로 폐위당하였다. 영국인들은 네덜란드로 시집간 왕녀 메리(Mary)와 그녀의 남편 오렌지의 윌리엄(William of Orange, 1650~1702)을 영국 왕으로 세웠다. 윌리엄은 종교적 문제로 국론이 분열되는 것을 막기 위하여 1689년 종교 관용령을 선포하였다. 단일신론자(Unitarian)와 로마 천주교도를 제외한 모든 이들에게 종교의 자유를 허락한 것이다. 종교 관용령이 내리면서 영국에서 설교 운동이 다시 일어나는 듯했지만, 그 여파는 미미하였다.

---

14) 존 번연(John Bunyan, 1628~1688)은 이때 설교하다가 체포되어 사형선고를 받은 후 브래포드(Bradford)에 있는 감옥에 12년간 갇혔고, 그때 쓴 책이 청교도 문학이라고 할 수 있는『천로역정』(The Pilgrim's Progress)이다.

2. 윌리엄 퍼킨스와 설교

우리는 지금까지 청교도 운동과 영국의 정치적 상황에 대해 살펴보았다. 그러면 이 같은 교회와 정부의 갈등 속에서 영국 속에서 일어난 청교도 설교 운동에 대하여 고찰해 보도록 하자. 필자는 이를 위하여 청교도 운동이 일어난 엘리자베스 여왕 시대에 영국의 많은 젊은이에게 설교에 대한 영감을 주고, 영국과 뉴잉글랜드 설교 신학의 기초를 놓았던 청교도 신학자요 설교자였던 윌리엄 퍼킨스에 대해서 살펴보고자 한다.

• 설교자 윌리엄 퍼킨스의 형성

엘리자베스 여왕의 통치 시기에 영향력 있
던 목사요, 케임브리지 대학의 신학자로서
영국 청교도 운동을 이끌었던 윌리엄 퍼킨
스(William Perkins, 1558~1602)는 1558년 워릭셔
(Warwickshire)의 마스톤 야벳(Marston Jabbett)에
서 토머스 퍼킨스(Thomas Perkins)와 안나(Anna
Perkins)의 아들로 태어났다. 그는 어렸을 때
가정교사인 청교도 신학자 로런스 채더톤

윌리엄 퍼킨스

(Lawrence Charderton, 1536~1640)의 가르침을 받고 자랐고, 1577년 케임브리지에 있는 크라이스트 대학(Christ College)의 장학생으로 입학하였다. 그는 대학생 시절에 마술(魔術)과 술에 취하여 방탕하게 생활하기도 하였다. 방탕한 생활을 하던 어느 날, 그는 한 여인이 찡얼거리는 어린 아들에게 "너 말조심해! 그렇지 않으면 저 건너편에 있는 술주정뱅이 퍼킨스에게 보낼 거야."라고 말하는 걸 본 후 크게 각성하였다. 자신이 사람들의 조롱거리가 되었다는 것을 깨달은 후 자신이 누구이며, 어떻게 살아야 하

는지 고민하였다. [15]

이 일이 있고 난 후 그는 좋아하던 마술과 술을 끊었고, 교회에 열심히 참석하여 설교 말씀을 듣고 신앙을 회복하였다. 그는 경건 생활과 학업에 전념하였고, 결국은 학생들만 아니라 교수 사이에도 실력 있는 학생으로 인정되었다. 1581년 우수한 실력으로 크라이스트 대학에서 문학학사 학위(B.A.), 1584년 문학 석사 학위(M.A.)를 받았다. 석사 학위 취득 후, 그는 크라이스트 대학의 조교(fellow)로 임명받아 1594년까지 일하였다.

· 퍼킨스의 설교 운동

퍼킨스는 1584년 목사 안수를 받았고, 1585년 케임브리지에 있는 세인트 앤드루 교회(St. Andrew Church)의 강사(Lecturer)로 임명받았다. 그는 이때부터 케임브리지에 있는 감옥에 가서 죄수들에게 설교하였다. 매주 토요일에는 케임브리지에 있는 감옥을 방문하여 죄수들에게 열정적으로 복음을 전하였다. 그는 죄수들에게 자신의 방탕했던 과거를 소개하고, 새로운 삶을 살 것을 역설하였고, 어느 날 죄를 지어 사형선고를 받고 지옥에 갈 것을 두려워하던 한 젊은 죄수를 만났다. 퍼킨스는 그에게 하나님이 그리스도를 통하여 그의 죄를 용서해 줄 수 있다고 설득하였고, 죽음의 공포 가운데 떨던 그는 담담하게 사형대에 올랐다. [16]

이 일이 일어난 후 퍼킨스의 설교에는 감동이 넘쳤고, 많은 이들이 그

---

15)   필자의 졸저『청교도 이야기』(서울: 도서출판 이레, 2001a), '윌리엄 퍼킨스' 편을 참고하십시오. Sinclair Ferguson, *The Art of Prophesying* (Edinburgh: Banner of Truth Trust, 1996), "Foreword" viii.

16)   Joel Beeke, "William Perkins", *Meet the Puritans* (Grand Rapids; Reformed Heritage Press, 2006).

의 설교를 듣기 위해 몰려왔다. 퍼킨스가 죄의 부패성과 심각성을 지적하자, 그들은 지은 죄를 뉘우치고 회개하였다. 하지만 케임브리지의 부흥은 오래가지 못하였다. 퍼킨스가 1587년 1월 13일 행한 설교에서 성찬을 받기 위해 무릎 꿇는 것을 우상숭배이며, 목사 직권으로 사사롭게 성례를 베푸는 것을 로마 천주교회의 잔재라고 비판하였기 때문이다. 이 일로 교회 당국의 감시와 박해가 시작되었고, 자연스럽게 그의 설교 운동은 위축되었다.

퍼킨스는 교회 당국의 방해와 감시에도 불구하고 열심히 설교 운동을 전개하였다. 시간을 얻든지 못 얻든지 하나님의 말씀을 전하였다. 그는 몸을 아끼지 않고 설교하며, 교회를 돌보던 가운데 1602년 신장결석으로 쓰러졌고, 그해 10월 22일 44세의 젊은 나이에 하나님의 부르심을 받았다. 그는 운명을 앞두고 설교 운동을 더 열심히 하지 못한 것을 애석해하였다. 그리고 마지막 한숨을 내쉬면서 "주여! 저의 태만하였던 죄들을 용서하소서."라고 말한 후 눈을 감았다(오덕교 2001a, 68). 그는 1595년 7월 2일 티모시 크래독(Timothye Cradocke)과 결혼하여 7명의 자녀를 두었다.

퍼킨스는 단명하였지만, 그의 영향은 영국과 서유럽, 그리고 미국에까지 전해졌다. 그의 글은 청교도 신학의 기초를 놓았고, 유럽과 아메리카의 개혁 신학 발전에 크게 공헌하였다. 그는 『황금 사슬』(Golden Chain)을 통하여 칼빈(John Calvin, 1509~1564)의 예정 교리를 영국 교회에 소개하였다. 특히 시어도어 베자(Theodore Beza, 1519~1605)의 타락전 예정론을 주장하였다. 『소명론』(Treatise on Vocation)을 통해서는 기독교인의 노동 윤리에 대해 논하였다. 그는 노동의 목적을 부의 축적에 두지 않고, 하나님과 이웃을 섬기는 것으로 보았다. 그리고 모든 사람은 자신에게 주신 은사를 따라 직업을 가져야 하되, 특히 소명에 충실해야 한다고 하였다. 그것이 바로 하나님을 섬기는 것이기 때문이다. 이러한 퍼킨스의 노동 윤리는, 막스

베버(Max Weber)가 『프로테스탄트 윤리와 자본주의 정신』(Protestant Ethics and Spirit of Capitalism)에서 주장했던 것처럼, 근대 자본주의 정신의 기초가 되었다.

또한 퍼킨스는 『기독교인의 가정』(Christian Oeconomy)을 써서 가정 제도의 신적인 기원을 주장하고, 가정의 개혁이 교회와 사회 개혁의 기초가 된다고 하였다. 그는 가정의 존재 목적을 상부상조(창 2:18), 자손 번식(창 1:22, 28), 음행 방지(고전 7:1~2), 그리고 경건한 자녀의 양육(말 2:15)으로 보았다. 가정의 경건을 유지하려면 부부가 먼저 말씀 안에서 생활하여야 하고, 믿음으로 자녀들을 양육해야 한다고 하였다. 이러한 믿음의 생활을 위해 매일 아침과 저녁으로 온 식구가 모여 가정 예배를 드릴 것을 주장하였다.[17]

퍼킨스는 이 외에도 많은 글을 썼지만, 그것들이 생전에 다 출판되지는 않았다. 그의 글들은 대부분 사후에 출판되었다. 그가 죽자, 동료들이 그가 쓴 원고들을 모아서 3권으로 출판하였다. 1608년 제1권이 나왔고, 그 뒤로 제2권과 제3권이 출판되었다. 이 책들은 2,500여 쪽이 넘는데, 이를 오늘날 국판으로 인쇄한다면 12,000쪽이 넘는 분량이다. 이 글들은 스위스, 독일, 보헤미아, 아일랜드, 헝가리 언어로 번역되어 17세기 유럽의 신학 형성에 지대한 영향을 미쳤다.

그리고 영국과 미국의 중요한 청교도들이 그의 영향을 받았다. 당시 가장 인기 있던 조직 신학자로 네덜란드에서 열린 도르트(Dort) 회의에서 큰 역할을 감당했던 윌리엄 에임스(William Ames, 1576~1633), 네덜란드 라

---

17)   이와 같은 윌리엄 퍼킨스의 가정 예배에 대한 제안은 루이스 베일리(Louis Bailly)의 『경건의 실천』(*Practice of Piety*)과 아서 덴트(Arthur Dent)의 『평범한 사람의 천국 가는 길』(*Plain Man's Pathway to Heaven*)과 같은 책을 통하여 구체화되었고, 청교도는 아침과 저녁으로 가정 예배를 드림으로 그들의 가정을 하나님의 동산으로 만들어 갔다.

이덴(Leiden)에서 회중 교회 운동을 전개하고 플리머스 식민지 개척에 도움을 준 존 로빈슨(John Robinson, 1576~1625), 웨스트민스터 총회에서 큰 역할을 감당했던 토머스 굿윈(Thomas Goodwin, 1600~1680), 케임브리지 신학 교수인 폴 베인스(Paul Baynes, 1573~1617), 아일랜드의 대주교 제임스 어셔(James Ussher, 1581~1656), 뛰어난 청교도 설교자 리처드 십스(Richard Sibbes, 1577~1635), 뉴잉글랜드 청교도 운동의 이끈 존 코튼(John Cotton, 1584~1652), 토머스 후커(Thomas Hooker, 1586~1647), 토머스 셰퍼드(Thomas Shepard, 1605~1649), 그리고 대각성운동을 주도한 조너선 에드워즈(Jonathan Edwards, 1703~1758)가 바로 그의 제자들이거나 영향을 입은 자들이다.

3. 윌리엄 퍼킨스와 『설교의 기술』

퍼킨스의 저서 중 영국과 유럽 대륙, 그리고 신대륙에 가장 큰 영향을 미친 것이 『설교의 기술』(The Arte of Prophesying, 1592)이다. 이 책은 청교도의 진솔하고 단순한 성경적 설교 모범을 제시하고 있고, 17세기와 18세기에 영국 케임브리지 대학과 미국 하버드 대학의 설교학 교재로 사용되었다. 그의 설교학에 기초하여 영미 청교도의 설교 운동이 일어난 것이다.

이 책을 퍼킨스가 저술한 배경을 간단히 살펴보자. 당시 영국에는 많은 성직자가 있었지만, 설교자는 없었다. 교회 지도자들은 어떻게 설교해야 할지 몰랐고, 정부 당국도 설교자 양성 대책을 갖고 있지 않았다. 1547년 교회 당국이 설교를 활성화하기 위하여 스위스의 종교 개혁자 하인리히 불링거(Heinrich Bullinger, 1504~1575)의 『10편의 설교집』(Decades)을 출판하여 목회자들에게 나누어 주었지만 그들의 욕구를 충족시킬 정도가 못되었다. 불링거의 설교는 이신득의 교리, 미신과 우상의 위험성, 사치스러운 복장의 금지, 그리고 근면의 권장과 같은 기독교 교리와 그리스도인의 생활 자세를 교훈하고 있었고, 어떻게 설교해야 할지 알려 주지 않았다. 더구나 대부분의 설교가 교리에 대한 설명이었고, 성경 강해는 없었다.[18]

목회자들이 더 많은 설교 자료를 요청하자, 교회 당국은 20개의 설교를 더 추가하여 보급하였다. 그렇지만 그것도 역부족이었다. 목회자들에게 참으로 필요했던 것은 설교 원고가 아닌 설교 작성 원리와 기술이었다. 퍼킨스는 이러한 시대적 요구를 감지하고, 성경에서 제시하는 설교 방법을 영국 교회에 소개할 생각으로 『설교의 기술』을 저술하였다. 이 책이 1592년 런던에서 출판되자, 목사들의 반응은 뜨거웠다. 이 책이 보급되면서 퍼킨스 방식의 설교 운동이 자연스럽게 전개되었다.

· 설교의 정의

퍼킨스는 설교를 "예언"(prophesying)이라고 정의하였다. 예언은 "선지자의 공적이며 엄중한 선포 행위"이며, 설교자는 "하나님을 경배하는 것과 우리 이웃의 구원에 관한 이야기를 전하여야 한다."고 하였다.[19] 설교를 통하여 설교자가 전해야 할 교리들은 모두 성경에 근거하여야 하는데, 왜냐하면 성경이 "경건과 관계된 진리 자체이며, 위로부터 내려오는 하나님의 지혜"이기 때문이다(Perkins 1617, 2:645).

퍼킨스는 설교를 하나님이 교회에 주신 가장 큰 은혜의 수단으로 간주하였다(Perkins 1617, 2:646). 설교를 예배의 필수 요건으로 본 것이다. 그는

---

18) Everett H. Emerson, *John Cotton* (New Haven, Conn.: College & University Press, 1965), 31.

19) William Perkins, *The Works of William Perkins*, 1~3 volumes (London, 1617), 2:646.

주장하기를, 공 예배(public worship)에 성례나 찬송, 기도가 없어도 되지만 설교가 없으면 예배라고 할 수 없다고 하였다. 찬송과 기도가 하나님이 교회에 주신 중요한 은혜의 수단이지만, 인간의 구원 사역에서 주된 역할을 하는 것이 설교이므로 설교 없는 예배를 예배라고 볼 수 없다는 것이다.[20] 그는 설교의 기능과 역할이 영적으로 죽어 있는 영혼을 거듭나게 하고, 거듭난 신자들을 하나님의 은혜 가운데 성장하도록 도와주는 데 있다고 보았다. 그에 의하면, "말씀 전파는 악마의 나라를 무너뜨리는 수단이며, 하늘나라의 열쇠"인 것이다.[21]

퍼킨스는 설교가 살아나려면, 목사가 자신의 본분에 충실해야 한다고 하였다. 사도들이 제자들에게 "우리는 오로지 기도하는 일과 말씀 사역에 힘쓰리라."(행 6:4)고 선언했던 것처럼, 목사는 자신의 본분인 기도와 설교 사역에 전념해야 한다고 보았다. 그는 논하기를, "예언에는 말씀을 전하는 것과 기도를 하는 두 부분이 있습니다. 예언자의 의무는 오직 두 가지입니다. 그것은 말씀을 섬기는 일로, 지혜의 말씀을 전파하는 것과 백성의 이름으로 하나님께 기도하는 것입니다(롬 12:6; 창 20:7). 이런 이유로 예언이라는 말에는 기도의 의미가 있습니다(대상 25:1; 왕상 18:26, 29). 그리고 모든 예언은 어떤 면에서 보면 하나님의 음성이요, 기도 속에 있는 사람들의 소리입니다(렘 15:19). 말씀의 설교는 그리스도의 이름으로 말씀을 전하는 일이고, 설교로 사람들은 은혜의 상태로 부름을 받고, 그 안에서 보존됩니다(고후 5:19-20; 살후 2:13-14; 롬 1:16; 잠 29:18; 롬 10:14)."(Perkins 1617,

---

20) 퍼킨스가 설교를 중시한 이면(裏面)에는 영국 성공회 교도들이 성찬과 세례를 예배의 가장 중요한 부분으로 여기면서 설교를 액세서리에 불과한 것으로 간주하였기 때문이다.

21) Ian Breward, edited. *The Work of William Perkins: The Courtenay Library of Reformation Classics* 3. (Appleford, England: The Sutton Courtenay Press, 1970), 316.

2:646). 그는 이처럼 설교자의 사명을 깨우치면서 성경에 기초하여 설교할 것을 외쳤다. 설교자는 성경이 성령으로 영감된 오류 없는 말씀이며, 그리스도인의 교훈과 지도에 완전한 교본이라는 것을 믿고 고백해야 한다고 하였다.

퍼킨스는 성경의 탁월성이 그 본질과 사역에서 증명된다고 하였다. 성경은 본질 면에서 완전하며 영원한 진리 자체라는 것이다. 성경의 완전함은 계시의 충족성과 순수성, 영원성을 통해 입증된다고 하였다. "계시의 충족성이란 하나님의 말씀이 완전하여 아무것도 빼거나 더할 수 없고, 그 자체에 의하여 적당한 목적이 충족되는 것을(시 19:7; 신 12:32; 계 22:18~19), 계시의 순수성이란 그 안에 속임수와 실수가 전혀 없음"을 의미한다(시 12:6). 계시의 "영원성은 그 신성함을 지키며 그 명령이 모두 성취될 때까지 결코 변할 수 없는 것"(마 15:8)을 의미한다. 성경의 탁월성은 실천적인 사역을 통해 입증된다. 곧 "첫째로 사람의 영혼을 분별하며, 둘째로 양심을 다스리는 것(히 4:11; 약 4:12; 사 32:22)"으로 입증된다. 그리고 하나님의 말씀이 양심을 다스린다고 함은 "하나님 앞에서 우리의 죄를 회개하거나 자신을 꾸짖도록 강요하는 것"을 의미한다(Perkins 1617, 2:646~647).

• 설교자의 자질

퍼킨스는 이처럼 성경이 본질적으로 완전하며, 영원한 진리이므로, 사람의 영혼을 살피는 기준이 될 뿐만 아니라 인간의 양심을 다스리는 권위가 있다고 하였다. 이러한 신적인 권위에 기초하여 회중의 죄를 책망하고, 회개를 유도할 수 있으므로, 설교자는 이러한 일들을 행할 수 있는 능력, 곧 그에 상응하는 영적 자질을 갖춰야 한다고 하였다. 곧 하나님의 말씀을 능력 있게 증거할 수 있는 내적·외적인 자질을 갖추어야 하는데, 이러한 자질은 목회자의 경건함과 비례한다고 하였다.

목회자의 경건함은 마음의 청결함 또는 성화 여부를 통해 확인된다. 그러므로 설교자는 항상 청결한 마음과 성화를 유지해야 한다. 마음속으로부터 청결을 유지하려면 어떤 작은 죄라도 품지 않아야 하고, 성화를 위하여 부단히 노력해야 한다. 왜냐하면 설교가 단순한 지식의 전달이 아닌 양심에 호소하는 것이기 때문이다. 퍼킨스에 의하면, "머리에서 나오는 지식은 청중의 마음에 호소할 수 없지만" 말씀과 기도로 청결하게 되고, 거룩하게 된 설교자의 설교는 성도들의 삶을 변화시키는 능력이 된다. 이러한 이유로, 퍼킨스는 설교자가 갖추어야 할 몇 가지 덕목을 제시하였다.

첫째로 신학 훈련이다. 설교자는 하나님의 말씀을 전하는 자이므로 성경에 정통할 뿐만 아니라 신학적으로도 바른 신학에 서 있어야 한다. 성경에 정통해야 올바르게 설교할 수 있고, 성경이 암시하는 진리를 객관적으로 전할 수 있기 때문이다. 그러므로 설교자는 성경을 올바르게 해석할 수 있는 지식을 갖추어야 한다. 곧 성경을 역사적으로 문법적으로 해석하고, 그것으로부터 바른 교리를 추출하여 낼 수 있도록 학문적인 연단을 받아야 한다. 설교자는 이러한 신학 훈련을 통하여 성경을 강해하며, 교리를 예증하고, 교훈을 회중의 삶에 적용할 수 있다고 본 것이다(Perkins 1617, 2:650).

둘째로 성경의 체계적 연구이다. 성령께서 성경을 저술하셨음으로 성경 어느 부분을 읽어도 은혜가 되지만, 설교자는 신학적인 해석자이므로 성경을 체계적으로 이해해야 한다는 것이다. 퍼킨스는 성경을 조직적으로 이해하려면 체계적으로 연구해야 한다고 하였다. 그는 이를 위하여 먼저 신약의 열쇠 역할을 하는 "로마서와 바울 서신을 읽고, 그다음에 요한복음을 읽어라."라고 권하였다. 이러한 순차를 따라 성경을 읽을 때 복음의 내용을 정확하게 파악하게 되고, 신약의 다른 책도 쉽게 이해할 수 있게 된다고 본 것이다. 그리고 구약의 교의를 더욱 잘 알기 위하여 "특히 시편과 이사야를 연구하고, 마지막으로 역사서 가운데 창세기를 연구하라"고 하였다. "왜냐하면 사도들과 복음서 기자들이 이사야와 시편을 많이 읽고 주로 인용하였기 때문이다." 이와 같은 순서에 따라 성경을 읽고 연구한 후, 비로소 설교할 성경 본문을 "문법적, 수사학적, 논리적으로 분석하라."고 하였다(Perkins 1617, 2:650). 성경을 역사적·문법적으로 해석하고, 각 단어 속에 숨겨진 의미를 수사학적으로 찾아내고, 문장과 문장 사이의 논리 관계를 고찰함으로 하나님이 성경을 통해서 하시고자 하는 말씀의 의미를 밝혀낼 수 있게 된다는 것이다.

셋째로 교회사적 지식이다. 교회 역사를 보면, 성경을 주관적으로 해석하거나 지나치게 영적으로 해석하여 본문의 의도를 왜곡시킨 경우가 많다. 이러한 오류를 이단자들에게서 쉽게 찾아볼 수 있다. 따라서 이러한 오류를 벗어나려면 성경을 올바르고 객관적으로 해석하여야 한다. 이를 위하여 필요한 것이 역사적인 안목이다. 그래서 퍼킨스는 "현재의 교회와 고대의 교회로부터 출판된 정통적인 책의 도움을 받을 때" 좌로나 우로 치우치지 않고 신앙적 균형을 이루는 설교를 할 수 있다고 하였다(Perkins 1617, 2:650).

넷째로 설교에 관한 개인적인 연구와 관리이다. 지식이 과거의 것으로 퇴색되지 않고 현재의 새로움으로 재창조되기 위해서는 "연구하며 발견한 자료들을 보존하여야" 하기 때문이다. 그는 "이렇게 준비된 것을 책상에 두거나 사용하는 책에 꽂아 넣으면 항상 옛것과 새것을 동시에 준비하는 셈이 된다."(Perkins 1617, 2:651)고 하였다. 신실한 하나님의 종들을 보면, 설교를 연구하고, 그것을 관리함으로 언제 어디서든지 하나님의 말씀을 전할 수 있는 준비를 해 왔다는 것이다.

마지막으로, 기도이다. 아무리 인간이 최선을 다하여 설교를 준비한다고 하더라도 하나님이 설교와 함께하지 않으시면 허사가 된다. 한 편의 설교를 작성하기 위하여 성경 신학적, 조직신학적, 교회사적, 실천신학적 준비가 필요하지만, 하나님의 도움 없는 설교는 죽어 있는 것이나 다름없기 때문이다. "설교는 하나님에 대한 증언이며, 예수 그리스도에 대한 지식의 고백이지 인간적 기술이 아니고, 회중 역시 그들이 얻는 믿음은 인간의 언어적 재능이 아닌 하나님 말씀의 능력으로 말미암기 때문이다"(Perkins 1617, 670). 그래서 퍼킨스는 "이 모든 것을 행하기 전에 하나님 앞에 진지하게 간구하라. 그분은 이 모든 수단에 복을 내리시며 소경인 우리에게 성경의 의미를 알려 줄 것이다"라고 하였다(Perkins 1617, 2:651). 설교를 위하여 인간적으로 최선을 다하면서도 하나님의 전적인 도움을 구할 것을 교훈한 것이다.

· 성경 해석

좋은 설교는 성경을 바로 해석함으로 가능하고, 바른 성경 해석은 성경이 성경을 해석하도록 하는 것이다(느 8:8). 성경 해석의 절대적인 기준이 성경 자체이기 때문이다. 이러한 이유로, 퍼킨스는 성경이 성경을 해석하도록 하면서 본문으로부터 교훈을 유추하고, 본문의 배경에 관해 연구하며, 구절들 사이를 상호 비교함으로 본문을 해석함으로 설교 준비할 것을 주장하였다. 그에 의하면, "신앙의 유추란 명백하며 가장 유사한 구절로부터 모은 성경의 요약 또는 합계를 말한다. 여기에는 두 가지가 있다. 하나는 사도신경에 다루어진 믿음에 관련된 것이요, 다른 하나는 십계명에서 설명하고 있는 사랑과 자비에 관계된 것이다(딤후 1:3)"(Perkins 1617, 2:651).

퍼킨스는 본문 해석이 육하원칙(六河原則)에 따라야 한다고 주장하였다. 곧 "제시된 구절에 대한 배경을 연구할 때 누가 쓴 글이며, 누구를 위한 말씀이며, 어떤 경우에 하신 말씀이며, 언제, 그리고 어디서 하신 말씀이고, 어떤 목적으로 하신 것인지, 전에 하신 말씀은 무엇이며 나중에 한 말씀은 무엇인지를 살펴야 한다."는 것이다. 그리고 본문 구절들에 대하여 서로 대조하고 비교해야 한다고 하였다. 대조와 비교는 이 구절들이 다른 구절과 평행적 구조로 되어 있는지, 의미가 더욱 선명하게 드러나는지를 살피는 것이다. 그는 다음의 예를 들었다: "'그러나 사울은 힘을 더 얻어 예수를 그리스도라 증명하여' -이는 마치 숙련공이 많은 것 가운데 어떤 하나를 다른 것과 하나 되도록 하며, 함께 있는 개체들을 하나의 집합체로 만들기 위하여 묶고 꼭 맞게 채워 넣는 것처럼 성경 구절들을 결합하고 연합하고 있다.- '다메섹에 사는 유대인들을 굴복시키니라'(행 9: 22). 그리고 구절을 대조하는 데는 두 가지 방법이 있다. 첫째는 성경의 다른 부분에 같이 기록되어 있거나 인용된 구절을 비교하는 것이고, 둘째는 한 구절이 제시된 다른 구절과 같은지 다른지를 비교하는 것이다"(Perkins 1617, 2:651~652).

퍼킨스는 성경을 해석할 때 성경 본문에 대한 문법적, 문맥적인 이해, 신학적인 이해 등 다양한 강해법을 사용하라고 하였다. 그는 이렇게 말하였다: "강해 방법은 다루어지는 성경의 본문에 따라야 한다. 성경 본문에는 뜻이 유추되거나 설명되고, 숨어 있거나 묻혀 있다. 뜻을 유추한다는 것은 이러한 구절에 관련하여 믿음의 유추에 동의할 만한 명백한 의미를 갖고, 이러한 규정을 먼저 받아들이는 것이다. 만일 제시된 낱말들의 자연스러운 의미가 똑같은 구절의 상황과 같다면, 그 구절의 적당한 의미가 되는 것이다. 우리는 구원에 필요한 믿음과 방법에 관련된 모든 기사와 교리에 대하여 더 깊이 알아야 할 것이다. 이에 대한 증거는 성경으로부터 매우 쉽게 도출될 것이다. 숨어 있고 감추어진 구절들은 (의미를 파악하기) 어렵거나 묻혀 있는 것을 말한다. 왜냐하면 그런 것들은 강해할 때 성경의 규칙과 인도에 내버려 두어야 하기 때문이다. 만일 단어의 자연적인 중요성이 믿음의 유추 또는 성경의 명백한 구절과 명백히 다르다면, 제시된 구절에 주어진 다른 의미가 자연스럽고 적당한 것이 된다"(Perkins 1617, 2:654).

• 교리화와 적용

퍼킨스는 성경 본문을 해석하여 얻은 교훈을 교리화(敎理化)하라고 하였다. 그에 의하면 교리화 작업은 분해와 적용으로 나누어지는데, 분해는 제시된 말씀을 여러 부분으로 나누는 것으로, 표기(notation)와 수집(collection)이 포함된다. "표기는 교리가 제시된 구절에 표현되는 것을 말하며, 수집이란 교리가 제시되지 않지만, 본문으로부터 신중하게 교리를 얻어 내는 것이다. 그리고 적용이란 옳게 모인 교리를 시간과 장소와 사람의 필요에 따라 다양하게 맞추는 것"으로(Perkins 1617, 2:662~663), 지적인 것과 실제적인 것이 있다. 지적인 적용에는 교리적인 것과 교정적인 것으로 나누어지는데, 교리적인 적용은 그릇된 신앙을 바로 잡는 것이며, 교정적인 적용은 그릇된 삶을 바로 잡는 것이다. 그리고 실제적인 적용은 삶과 행위를 고려한 것으로, 그 적용의 대상을 여럿으로 나눌 수 있다고 하였다. 즉 (1) 성경에 대해 무지하고 배움을 받을 수 없는 불신자, (2) 교육을 받을 수 있으나 아직은 무지한 사람, (3) 성경 지식이 있으나 아직은 겸손치 않은 사람, (4) 겸손하지만 아직은 믿음이 없는 사람, (5) 믿음을 가진 사람, (6) 타락한 사람, (7) 허위와 진실이 섞여 있는 사람으로 구분할 수 있다. 설교 말씀을 삶의 현장에 적용할 때 설교자는 청중의 사정과 형편을 고려하여야 한다. 적절한 적용은 설교 효과를 배가시킬 수 있지만, 그렇지 않을 때 설교 효과를 감소시킬 수 있기 때문이다(Perkins 1617, 2:665~668).

퍼킨스가 설명하는 교리화 작업을 정리하면 다음과 같이 도표화할 수 있다.

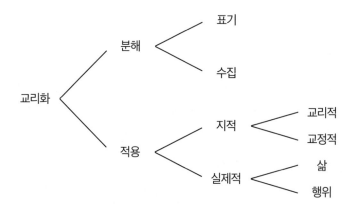

퍼킨스는 이처럼 본문을 역사적·문법적으로 주해하고, 그 말씀이 주시는 교훈을 찾아냄으로 하나의 교리를 찾아내려고 하였다. 그 후 교리를 삶의 현장에 적용하라고 하였다. 곧 설교를 본문의 해석(exposition), 교리 유추(doctrine), 논증(proof), 적용(application)으로 구성하고자 한 것이다. 퍼킨스는 이처럼 설교를 준비한 후 설교문 작성에 대해 언급하였다. 설교문을 작성할 때 조심하여야 할 두 가지가 있는데, "하나는 인간의 지혜를 숨기는 것이요, 다른 하나는 성령의 역사하심을 예증하는 것"이라고 하였다(Perkins 1617, 2:670). 이러한 설교 구조는, 퍼킨스에 의하면, 초대교회 교부 아우구스티누스(Augustine of Hippo, 354~430), 16세기의 인문주의자 에라스무스(Desiderius Erasmus, 1466~1536), 종교 개혁자 시어도어 베자(Theodore Beza, 1519~1605)와 프랜시스 주니우스(Franciscus Junius, 1545~1602)를 통해 이어온 전통이다(Perkins 1617, 2:673).

교회 역사를 빛낸 위대한 설교자들

• 설교의 전달

아무리 철저히 준비된 설교도 효과적으로 증거되지 못한다면 설교가 회중에게 미치는 영향은 반감(半減)되게 마련이다. 그러므로 설교 전달에는 기술이 필요하다. 웅변과 수사, 발성과 제스처 등, 설교 기술을 갖추고, 원고에 얽매이지 않고 자유자재로 설교할 수 있는 전달 훈련이 요구된다. 이러한 일에 가장 효과적인 것이 설교 본문을 암기하는 것이다.

퍼킨스는 설교를 효과적으로 암기하려면 적절한 논리를 이용해야 한다고 생각하였다. 그는 이를 위해 16세기 프랑스의 논리학자요 순교자인 라무스(Peter Ramus, 1515~1572)[22]의 논리를 채용하였다. 라무스는 칼빈의 영향을 받은 위그노(Huguenots)로 당대 최고의 논리학자였다. 그는 중세 스콜라 신학이 성경보다는 아리스토텔레스의 논리에 기초하고 있다고 지적하면서, 중세 설교자들이 아리스토텔레스의 논리에 기초하여 성경을 바로 설명하지 못하고 그릇된 신앙으로 인도했다고 지적하였다. 라무스는 이러한 믿음으로, 성경적 논리를 찾으려고 하였고, 이러한 관심으로 논리적 방법을 체계화하려고 노력했는데, 이것이 그의 논리학에 대한 기여 중 가장 영향력 있는 것이다.

라무스는 하나님의 말씀을 올바로 전하려면 성경이 제시하는 논리를 따라야 한다고 하였다. 성경이 제시하는 논리는 복잡한 중세 스콜라 철학자들의 사용한 연역 논리와 달리 단순하다고 하였다. 가장 자연스러운 논리적 배열은 일반적인 것에서 구체적인 것으로, 그리고 정의에서 예증으로 진행하는 것이며,[23] 성경이 사용하는 논리는 단순하고 분명한 정

---

22)　라무스는『변증법적 분석』(*Dialecticae partitiones*)과『아리스토텔레스 비평』(*Aristotelicae animadversiones*),『철학훈련을 위한 연설』(*Oratio pro Philosophica disciplina*) 등 많은 논리학 책을 발간하였다.

23)　Peter Ramus, *The Logike of Peter Ramus*, translated by Roland MacIlmaine and

의(定意), 허구와 참된 것을 구별하는 데 초점을 두고 있다고 하였다. 따라서 설교자는 설교할 때 일반적인 것과 특수한 것, 곧 이분법적인 논리를 가지고 말씀을 제시해야 한다고 하였다. 연역적인 논리 대신 삼단논법에 기초한 귀납법적인 논리의 사용을 주장한 것이다.[24)]

이와 같은 라무스의 논리학은 퍼킨스에 의해 채택되었고, 퍼킨스의 설교 신학은 후대의 청교도 설교에 큰 영향력을 미쳤다. 이제 퍼킨스가 빌립보 3장을 어떻게 라무스의 논리에 기초하여 설교했는지 살펴보도록 하자.

라무스의 논리 구조(McKim 1985, 505)

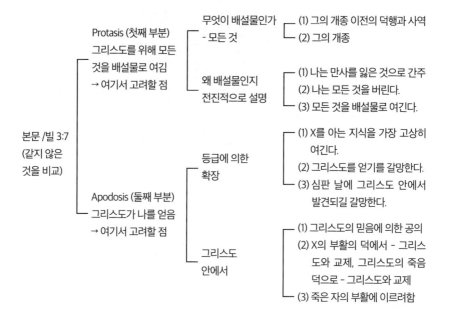

edited by Catherine M. Dunn (Northridge, Ca: San Fernando Valley State College, 1969), xvii.

24) Donald Mckim, "The Functions of Ramism in William Perkins' Theology", *The Sixteenth Century Journal*, XVI, No. 4 (1985), 504~506.

퍼킨스는 이처럼 라무스의 논리를 따라 설교 내용을 기억한 후, 설교함으로 전달 효과를 극대화하였다. 그는 설교 전달에서 인간적 논리로 성령의 도움을 무시하면 안 된다고 가르쳤다. 설교는 인간을 대상으로 하는 것이므로 인간적 논리가 필요하지만, 청중의 심리를 변화시켜야 하므로 성령의 임재와 도움이 필요하다고 본 것이다. "말씀을 선포하는 사역자가 설교하는 동안 스스로 모든 것을 하는 것 같지만, 실상은 말하는 자가 그 자신이 아니라 그 속에서, 그리고 그를 통하여 일하시는 하나님의 성령이기 때문이다"(Perkins 1617, 2:670). 그러므로 설교자는 자신의 음성과 표정, 그리고 제스처에 이르기까지 성령께서 함께해 주시도록 기도해야 한다고 하였다.

퍼킨스는 효과적인 설교 전달을 위해 논리와 성령의 도움뿐만 아니라 청중의 마음을 얻어야 한다고 하였다. 청중의 마음은 얻는 길을 청중을 책망보다는 격려하는 것이라고 하였다. 마르틴 루터(Martin Luther, 1483~1546)가 "율법의 공포만을 전하고, 복음의 교훈과 위로를 전하지 않는 목사는 지혜롭지 않은 건축자와 같아서 집이 무너지면 다시 세우지 못한다."고 제자들에게 말한 것처럼, 설교자는 정죄보다는 말씀 안에서 격려하는 자가 되어야 한다는 것이다. 퍼킨스는 이러한 믿음으로 복음과 율법을 조화롭게 전하고자 힘썼다. 율법을 전하면서도 복음을 전하였고, 은혜를 강조하면서도 율법적인 내용을 조화롭게 포함하였다. 그의 설교는 모두가 율법이었고, 복음이었던 셈이다.

퍼킨스의 설교는 말의 잔치로 끝나지 않고 삶을 통해서 실천되었다. 그는 언제나 기도하는 일과 말씀 연구하는 일에 전념하였고, 생활 가운데 경건을 실천하였다. 언행과 삶을 통해 경건을 드러내었고, 언쟁 대신 항상 화평을 추구하였으며, 과격하거나 급진적인 자세보다는 중용적인 견해를 밝히었다. 그럼에도 불구하고, 그의 설교는 열정적이어서 청중들은 항상 뜨겁게 반응하였다. 그의 설교를 들은 청중들은 항상 감동과 감격하였고, 죄를 회개하고 거룩한 삶을 추구하였다. 아울러 퍼킨스의 장점 가운데 하나는 설교체였다. 그는 종교 개혁자들의 전통에 따라 어린아이로부터 어른, 학식 있는 자와 못 배운 자 모두가 이해할 수 있는 쉬운 말로 설교하였다. 평이한 문체(plain style) 설교 전통을 지킨 것이다.

• 퍼킨스의 영향

퍼킨스의 설교 신학은 많은 청교도에게 영향을 미쳤고, 17세기 중반에 열린 웨스트민스터 총회에 크게 영향을 주었다. 웨스트민스터 총대들은 퍼킨스의 가르침을 따라 설교자의 덕목으로 경건과 학문을 내세웠다. 청교도들은 설교자가 갖추어야 할 자격으로 학문성을 강조하면서, 설교자는 반드시 성경 원어에 대한 지식이 있어야 한다고 하였다. 목사 후보생은 반드시 "히브리어와 헬라어 성경을 읽고, 그것을 라틴어로 번역"할 수 있어야 하며, 이 영역에서 부족함이 발견된다면 "다른 공부도 철저히 살피고, 특별히 논리학과 철학을 습득했는지 검토"해야 한다고 하였다.[25]

청교도들은 퍼킨스의 가르침에 따라 설교 내용을 성경에서 찾고자 하였다. 설교자는 하나님의 말씀을 대언하는 자이므로 성경만을 전해야 한다고 본 것이다. 곧 "설교하도록 하나님의 보내심을 받은 사람은 하나님의 이름으로 말하고, 그가 말하는 것은 마치 하나님이 하늘로부터 말씀하시는 것과 같이해야 한다."고 하였다. 우리 구주 예수 그리스도께서 그의 제자들이 말씀을 선포하러 갈 때 '너희 말을 듣는 자는 곧 나의 말을 듣는 것이요, 너희를 저버리는 자는 곧 나를 저버리는 것'이라고 하신 것처럼(눅 10:16), "말씀을 전하는 모든 설교자는 하나님께서 그의 입술에 집

---

25)   "The Form of Presbyterian Church Government," 413.

어넣어 주신 것만을 말해야 하며, 그때 하나님이 설교자 가운데 함께하며 설교하도록 붙들어 주신다."고 하였다. [26]

청교도들은 또한 퍼킨스의 가르침을 따라 신학적 교만과 종교적 위선을 싫어하였다. 그들은 좋은 설교자가 되도록 서로 격려하였고, 하나님의 영광을 가리는 일이 없도록 서로 권면하며 경계하는 것을 아끼지 않았다. 웨스트민스터 「예배 모범서」는 선언하기를, 설교자는 "하나님의 말씀을 전하는 일에 고통스럽지만 한 치의 나태함도 있어서는 안 된다. 가장 교육받지 못한 사람도 이해할 수 있는 쉬운 말로 설교하되 인간의 간교한 지혜로 말하는 것이 아니라 성령의 능력과 예수 그리스도의 십자가의 능력이 잘 드러나야 한다. 그리스도의 영광과 사람의 거듭남과 회심 및 구원의 사역을 신실하게 전하되 개인의 영광을 구해서는 안 된다. 지혜롭게, 진지하게, 진솔한 사람으로 하나님께서 가르치신 것과 같이 마음을 설득하고 가르치되, 그 모든 것이 예수 그리스도에 관한 진리가 되도록, 그리고 그분의 양 떼들 앞에서 본보기가 되도록 가르쳐야 한다."라고 하였다.

퍼킨스의 설교 신학은 영국과 뉴잉글랜드 청교도들의 설교 형성에 지대한 공헌을 하였다. 특히 퍼킨스가 설교의 목표로 삼았던 구원과 회심은 청교도의 설교 주제였다. 퍼킨스가 회심을 위한 준비로써 죄에 대한 혐오, 자신의 죄악과 몽학 선생으로서의 율법 기능의 인식, 그에 기초한 그리스도와의 연합, 중생, 칭의, 사죄, 화해, 양자, 성화, 하나님의 형상 회복에 대하여 강조하였던 것처럼, 청교도들은 이 주제들을 가지고 설교하곤 하였다. 퍼킨스의 설교관은 청교도 설교 운동의 신학적 기초가 되

---

26)   Peter Lewis, *The Genius of Puritanism* (Sussex, England: Carey Publications, 1979), 35.

었고, 그 위에서 영국과 뉴잉글랜드 청교도들이 설교 운동을 전개함으로
17세기는 설교의 전성시대를 이루었다.

교회 역사를 빛낸 위대한 설교자들

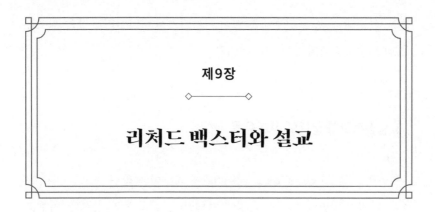

제9장

◇────◇

리처드 백스터와 설교

퍼킨스의 설교 신학이 소개되면서 청교도 설교 운동이 시작되었고, 그와 함께 사회적 변화가 감지되었다. 성경에 대한 무지와 온갖 미신 가운데서 방황하던 이들이 하나님 말씀의 빛으로 돌아오면서 바른 신앙으로 돌아왔고, 그들 가운데 영적 각성 운동이 일어났다. 불의와 죄를 미워하면서 회개하였고, 의와 순결을 사랑하기 시작하였다. 공의와 공평을 사랑하면서 거룩함을 추구하는 분위기가 점차로 퍼져 갔다. 교회당은 예배드리기 위해 몰려드는 이들로 가득 채워졌고, 예배에 참석한 사람들은 무엇보다도 목사로부터 설교 말씀을 듣는 것을 더 사모하였다. 설교자가 어느 지역을 방문하면 온 동네 주민들이 그를 찾아와서 성경에 관하여 묻고, 설교해 줄 것을 간청하는 일이 여기저기서 나타났다.[1] 말씀의 부흥 운동이 영국 전역에서 일어난 것이다.

1. 왕정복고와 청교도 설교 운동

윌리엄 퍼킨스(William Perkins, 1558~1602)에 의하여 시작된 청교도 설교 운동은 17세기 중반에 이르러 절정에 이르렀다. 설교 운동의 결과, 대부분의 영국 교회에서 청교도 목사의 설교를 들을 수 있었다. 귀족과 천민에 이르기까지 청교도 신앙을 따르고, 지지하게 되었다. 성경 중심적 개혁 운동을 훼방하던 교회의 당국자는 물론이고 정치 지도자까지 성경을 하나님의 말씀으로 믿고 그 말씀을 따라 살려고 하였다. 이러한 상황에서 찰스 1세가 왕권신수설(divine right of kings)에 근거하여 절대왕정을 추구하자, 청교도들은 절대 권력을 부인하며 청교도혁명을 일으켰다. 그들은 찰스 왕의 훼방에도 불구하고 1643년 7월 웨스트민스터 사원에 영국 교회 개혁을 위한 교회 회의를 소집하였다.

청교도가 이처럼 영국 사회를 변화시킬 수 있었던 비결은 설교였다. 청교도들은 경건하고 학적으로 갖추어진 이들, 설교할 수 있는 능력이

---

1) 　케임브리지 임마누엘 대학의 초대 학장이던 로런스 차더톤(Laurence Chaderton, 1536~1640)이 고향을 방문하였을 때 주민들이 그에게 몰려온 후 설교를 요청하였다. 차더톤이 2시간 이상 설교한 후 강단에서 내려오려고 하자, 교인들은 그에게 "목사님! 제발, 제발 부탁하오니 조금 더, 조금만 더 설교하여 주십시오."라고 애원하였다고 한다. 이러한 일은 특별한 경우가 아니라 청교도 사회에서 일반적으로 일어났고, 어떤 경우에는 2~3편의 설교를 들은 후에야 해산하였다고 한다. Leland Ryken, *Worldly Saints: The Puritans as They Really were* (Grand Rapids, Michigan: Zondervan Publishing House, 1986), 91.

있는 자들을 목회자로 세웠다. 그 결과 청교도 목사들은 바로 설교자였고, 영국 사회는 뛰어난 설교자의 무리를 가질 수 있었다. 로런스 차더톤(Laurence Chaderton, 1536~1640), 윌리엄 위태커(William Whitaker, 1548~1595), 윌리엄 에임스(William Ames, 1576~1633), 리처드 십스(Richard Sibbes, 1577~1635), 폴 베인스(Paul Baynes, 1573~1617), 제임스 어셔(James Ussher, 1581~1656), 토머스 굿윈(Thomas Goodwin, 1600~1680), 존 오언(John Owen, 1616~1683), 리처드 백스터(Richard Baxter, 1615~1691), 토머스 맨튼(Thomas Manton, 1620~1677), 그리고 존 번연(John Bunyan, 1628~1688) 등 헤아릴 수 없는 설교자들이 있었다. 그 가운데 몇 사람에 대해 간략히 살펴보고, 특히 키더민스터의 부흥을 이끈 리처드 백스터를 고찰하며 후기 청교도의 설교 운동에 대해 살펴보도록 하자.

· 토머스 굿윈과 설교

토머스 굿윈은 당대의 "괄목할 만한 학자요, 성경을 상세히 해석할 수 있는 뛰어난 은사를 가지고 있었던" 설교자로[2] 1600년 영국 노퍽(Norfolk) 근교에서 태어났다. 그는 케임브리지(Cambridge)에 있는 트리니티 대학(Trinity College)에서 공부하여 1616년 학사 학위를 받았고, 1619년 캐서린 홀(Catherine Hall)로 옮긴 후 1620

토머스 굿윈

년 연구 조교가 되었다.[3] 그는 1620년 청교도 설교자 토머스 베인브리지(Thomas Bainbridge, d. 1646) 박사의 설교를 통해 회심한 후 목사가 되려고 결

---

2)   토머스 굿윈의 생애와 신학 사상에 대해서는 필자의 졸저인 『청교도 이야기』 (2001a) 제8장 "독립파 운동의 기수, 토머스 굿윈"을 참고하십시오.

3)   Sidney Lee, "Thomas Goodwin" in *Dictionary of National Biography, 1885~1900*, (London: Smith, Elder & Co., 1894).

심하였다. 1625년 설교 면허를 받은 후 1628년 케임브리지의 홀리 트리니티 교회(Holy Trinity Church)의 강사가 되어 설교하였다.

굿윈의 홀리 트리니티 설교 운동은 성공적이었다. 그의 성공 비결은 논리적인 설교 전개와 평이한 설교체에 있었다. 그는 라무스(Peter Ramus, 1515~1572)의 논리에 기초하여 설교를 구성하면서 미사여구로 꾸미거나 난해한 용어로 장식하지 않았다. 그는 쉬운 용어를 사용하여 노동자로부터 학자에 이르는 여러 계층의 사람들이 이해할 수 있게 하였다. 설교에 장문이나 복문 대신 단문을 사용하여 청중이 쉽게 알아들을 수 있게 하였고, 감성이나 지성이 아닌 의지에 호소하여 삶의 개혁을 이끌었다. 그의 설교를 듣기 위하여 많은 학생이 몰려왔고, 그들은 굿윈의 설교를 듣고 죄의 심각성과 부패성을 깨달은 후 회개하고 새로운 사람이 되었다. 케임브리지에서 회개 운동이 시작되었다.

그렇지만 호사다마(好事多魔) 격으로 당국의 감시와 박해도 가중되었다. 캔터베리 대주교 윌리엄 로드(William Laud, 1573~1645)가 청교도 박해를 명하면서 수많은 이들이 숨거나 신대륙으로 떠났다. 굿윈은 1534년 케임브리지 대학을 떠났다. 1639년 그에 대한 수배령이 내리자 네덜란드로 피신하였다. 네덜란드에서의 피신 생활을 하던 그는 귀국할 기회를 엿보다가 영국 정부의 감시가 느슨해지자, 1640년 귀국하여 런던에 앵커레인 교회(Anchor Lane Church)를 세워 설교 운동을 재개하였다.

앵커레인 교회에서 부흥 운동이 일어나면서 굿윈의 명성도 높아졌다. 1643년 의회가 그를 웨스트민스터 총회의 총대로 선임하자, 그는 총회에 출석하여 활발하게 활동하였다. 신앙고백서 작성 작업에 참여하였고, 성경적 개혁 운동을 지원하였다.[4] 독립파였던 그는 총회에서 소수파에 속

---

4)   총회 촬요는 1643년 8월부터 1644년까지 243번에 걸쳐 총회로 모였는데, 거기서

해 있었다. 그는 다수를 차지한 장로파에 반대하여 목회자 사이의 평등성, 지역 교회의 자율성 등 독립파의 신학적 입장을 소개하였고, 총회에서 회중 교회의 위상을 높였다. 간혹 하원에 초청을 받아 설교하곤 하였다.

1649년 웨스트민스터 총회가 끝나자, 굿윈은 옥스퍼드로 건너가 막달렌 대학(Magdalen)의 학장에 부임하였다. 그는 학문과 경건의 조화를 강조하였고, 스스로 경건하게 생활함으로 학생들로부터 존경을 받았다. 주중에는 학사 일에 전념하였고, 주일 오후에는 성경을 강해함으로 학생들의 영적 각성을 지원하였다. 특히 주일 오후에는 학생들에게 성경을 강해하였는데, 그의 강해를 통해 옥스퍼드에서 큰 부흥이 일어났다. 그는 학생들에게 복음을 소개하면서 값없이 주시는 하나님의 은혜에 대해 웅변적으로 설교하였다. 이와 같은 굿윈의 생활과 설교, 그리고 성경 강해를 통해 학문의 본거지였던 케임브리지와 옥스퍼드에서 부흥 운동이 일어났고, 그 영향이 영국 전역으로 확산하였다.

• 존 오언과 설교

옥스퍼드의 부흥 운동은 토머스 굿윈이 홀로 이끈 것이 아니었다. 그와 동역하면서 옥스퍼드 설교 운동을 이끈 이가 바로 존 오언(John Owen, 1616~1683)이었다. 오언은 1616년 옥스퍼드 근교에서 태어나, 1628년 옥스퍼드의 퀸스 칼리지(Queens College)에 진학하였고, 1632년 우수한 성적으로 졸업하였다. 대학 졸업 후 잠시

존 오언

굿윈의 이름을 357번이나 언급하고 있다. 이는 그가 얼마나 총회 활동에 적극적이었는지를 보여 준다.

인생의 목적에 대하여 회의하며 죄 문제를 놓고 고민 중 우울증에 빠지기도 하였다. 이 일로 3개월 이상 언어 장애를 겪으면서 오언은 인생의 궁극적 목적이 하나님의 영광을 위하여 사는 것이라고 깨닫고 목사가 될 결심을 한 후 1637년 21세의 나이에 성공회 사제 안수를 받았다.

오언은 1642년 런던에서 토머스 굿윈을 만나서 독립파로 전향하였다. 굿윈의 설교를 듣고 크게 각성한 후 더 많은 신학적 지식을 얻기 위해 청교도 설교자인 리처드 십스(Richard Sibbes, 1577~1635)와 존 코튼(John Cotton, 1584~1652)의 글을 읽었다. 이들의 글을 통해 구원의 절대적인 필요성을 깨달았지만, 인간 스스로 죄성을 억누를 수 없었으므로 크게 절망하고 있었다. 이러한 때에 한 무명의 청교도 설교자가 성 마리아 교회(St. Mary's Church)에서 마태복음 8장 26절을 본문으로 설교할 때 드디어 회심을 체험하였다. 그때 그는 "하나님이 살아 계시며, 자신은 세상이 조성되기 전 그리스도 안에서 선택되었으며, 그를 사랑하시는 하나님이 그에 대한 계획을 세우고 계시다"는 확신을 하게 된 것이다. [5]

회심 체험 후 오언은 목회 사역에 전념하였다. 1643년 오언은 에섹스(Essex)에 있는 포댐(Fordham) 교회에 부임하였고, 매리 루크(Mary Rooke)와 결혼하였다. 거듭남을 체험하여 신앙적 확신이 분명해졌고, 결혼 후 생활이 안정되면서 설교에 은혜가 넘쳤고, 아울러 설교자로서 명성도 높아졌다. 의회는 그에게 여러 차례에 걸쳐 의회에 와서 설교해 달라는 요청을 하였고, 드디어 1646년 장기 국회(Long Parliament) 앞에서 설교하였다. 1649년에는 올리버 크롬웰(Oliver Cromwell, 1599~1658)의 요청에 따라 종군목사가 되었다. 의회 군에 입대한 지 얼마 안 되어 청교도혁명이 성공적으

---

5)   Peter Toon, *God's Statesman: The Life and Work of John Owen* (Exeter: The Paternoster Press, 1971), 12.

          교회 역사를 빛낸 위대한 설교자들

로 끝나자, 오언은 카기샬로 내려가 목회에 전념하였다.

오언은 1651년 다시 크롬웰의 요청에 따라 옥스퍼드로 갔고, 1652년 옥스퍼드 대학의 부총장이 되었다. 그는 회중 교회주의자였지만 장로교도에 대하여 관용적이었고, 성공회 예배에 참석하는 것을 거부하지 않을 정도로 포용적인 인물이었다. 그는 무정부주의를 주장하며 사회적 혼란을 조장하던 퀘이커 교도들을 말씀으로 제압하였고, 민주와 평등, 그리고 법치주의를 내세우면서 옥스퍼드 내에서의 혼란을 잠재웠다. 그는 경건과 학문으로 학생들의 존경을 받았을 뿐만 아니라, 그의 영향으로 많은 청교도 학자들이 옥스퍼드에서 배출되었다.[6]

오언은 1657년 코넌트(John Conant, 1608~1694)에게 부총장직을 물려주고, 런던으로 돌아가서 설교 운동을 전개했다. 그렇지만 런던에 있는 동안 많은 어려움을 당하였다. 1658년 그의 후원자였던 크롬웰이 죽고, 1660년 찰스 2세(Charles II, 1660~1665)에 의하여 왕정복고(1660)가 이루어지면서 청교도에 대한 끔찍한 박해가 시작되었기 때문이다. 1662년 3월 찰스 2세가 「통일령」(Act of Uniformity)을 내려 모든 비국교도 목사들을 교회로부터 추방하자, 오언은 런던을 떠나 고향 스타댐턴(Stadhampton)으로 이사하였다. 그는, 그곳에서 은밀하게 교회를 세운 후 설교 운동을 이어 갔다. 하지만 이 일로 검거되었고, 잠시 후에 석방되었으며, 1664년과 1665년 체포령이 다시 내려지자 런던으로 피신하여 은밀히 설교 운동을 벌였다.

박해 중에도 오언이 설교 운동을 계속한 것은 하나님의 나라가 설교를 통해서 이루어진다고 믿었기 때문이다. 하나님 나라는 회심을 통해 거듭

---

6)　　그 가운데는 존 로크(John Locke)가 있는데, 로크는 오언을 통하여 사회계약 사상을 익혔다. 그래서 그는 통치자와 백성의 관계가 계약에 매여 있다고 주장하였고, 이러한 로크의 사회계약설은 18세기 장자크 루소를 통해 민약론으로 나타났으며 결국은 프랑스혁명과 미국 독립운동의 기초가 되었다.

난 신자들이 늘어나서 커 간다. 회심은 사탄의 지배로부터 성도들을 구원하는 일이다. 이는 인간의 의지나 물리적인 힘으로 이룰 수 없고 말씀과 성령의 사역으로 성취된다. 사탄의 왕국, 곧 "어두움의 세력은 물리적인 힘이나 무기, 세속적 권세로 이길 수 없고 말씀에 의해서만 정복할 수 있다." 왜냐하면 성령의 검인 말씀만이 사람을 회개시킬 수 있고, 믿음 가운데 의로운 일들을 성취할 수 있기 때문이다.[7] 씨가 땅에 떨어져야 열매를 맺는 것처럼 설교를 통해 말씀의 씨가 인간의 마음 밭에 떨어질 때 새로운 생명 운동이 일어난다고 본 것이다. 이런 맥락에서 그는 설교를 "회심의 수단이요 사람의 마음을 변화시키는 도구"라고 평하였다 (Owen 1981, VII: 282).

오언은 회심 운동이 성경에 기초한 하나님의 말씀이 성도들에게 해석되고 적용될 때 일어난다고 하였다(Owen 1981, IV: 38). 설교의 내용은 기복적이 아닌 바로 "예수 그리스도를 통한 구원과 생명"이어야 하며, 설교자는 믿음과 회개를 전제로 설교해야 한다는 것이다. 이러한 맥락에서 그는 목사들에게 (설교의 핵심 내용이) "믿음과 회개에 기초하여 그리스도를 통한 구원과 생명을 전하는 것이 아니면, 무엇을 전해야 합니까? 그리고 모든 사람은 믿음으로만 구원을 받는다는 것, 곧 이에 기초한 진리를 전하는 게 아니라면 무엇을 전해야 합니까?"(Owen 1981, X: 398)라고 묻곤 하였다. 곧 설교를 통해 인간 속에 퍼져 있는 죄의 심각성과 부패성을 지적함으로 회개를 유도하고, 구원으로 이끌어야 한다고 본 것이다.

회심을 유도하기 위하여 죄의 위험성과 인간의 부패성을 강조해야 한

---

7)   John Owen, *The Works of John Owen* (Edinburgh: The Banner of Truth Trust, 1981), IV: 482, 483. 오언에 의하면 성령은 "설교를 도우시는 분"으로서(Owen 1981, III: 150), 말씀이 전해질 때 말씀과 함께 인간의 마음에 역사하여 회심을 일으킨다(Owen 1981, III:248).

다는 오언의 주장은 그의 많은 설교에 자주 나타난다. 그는 『죄의 억제』(On the Mortification of Sin, 1656)에서 인간 속에 감추어 있는 죄의 위험성과 사람의 영혼을 속이는 죄의 기만성, 죄와 정욕의 실상, 거듭난 자아와 본능과의 관계 등에 대하여 설명하면서 하나님의 성품에 참여하려면 죄를 억제해야 한다고 주장하였다. 또한 『유혹에 관하여』(On Temptation, 1658)에서는 자신 속에 교묘하게 숨겨져 있는 도덕적 부패, 오만함, 외식주의, 그리고 죄를 유발하는 유혹의 위험성을 지적하였다. 그리고 유고로 출판된 『신자 속에 있는 죄』(On Indwelling Sin in Believers, 1688)에서는 사람들이 범하는 죄 가운데 가장 무섭고 두려운 것은 불신이라고 지적하면서 죄악의 위험성을 경고하고, 죄를 이기기 위해 매일 말씀과 기도로 무장하고, 자신의 육체적인 자아를 부단히 죽이는 생활을 하여야 한다고 설교하였다.

이처럼 오언은 죄와 인간의 부패성을 지적하면서 설교자는 청중의 회심을 위하여 힘써야 한다고 하였다. 곧 설교자들은 항상 죄의 위험성과 기만성을 지적하면서 죄를 억제해야 한다고 하였다. 그리고 "믿음과 회개, 순종을 강요"하여 청중의 회심을 이끌어야 한다고 하였다(Owen 1981, III:295). 이러한 회심 운동이 일어나도록 교회들은 "열심히, 부지런히, 힘껏" 설교 사역을 지원해야 한다고 하였다. 설교의 궁극적인 목적이 "사람들의 영혼을 하나님께로 돌아서게 하는 데(conversion)" 있기 때문이다(Owen 1981, XV: 115).

이러한 오언의 설교관은 18세기 부흥 설교자들의 핵심적인 가치관이 되어 근세의 부흥 설교자들은 중생과 회개를 강조하게 되었다. 이제 오언과 같은 시대 같은 땅에서 살았던 뛰어난 설교자 토머스 맨튼과 존 번연에 대해서 간략하게 살펴보자.

• 토머스 맨튼과 설교

토머스 맨튼(Thomas Manton, 1620~1677)은 영국 남
서부 지역에 있는 서머싯(Somerset)에서 목사 집안
에서 태어났다. 그의 아버지와 할아버지는 경건
한 목사로 맨튼에게 문법학교 교육을 위하여 집
에서 가까운 곳에 있던 디본샤(Devonshire) 티버튼
(Tiverton) 자유 학교(free school)로 보냈다. 자유 학교

토머스 맨튼

는 전통적 교수법에 구애받지 않고 학생이 흥미 있는 과목을 자유로이
배울 수 있는 학교였다. 맨튼은 이 학교에서 우수한 학생으로 인정받아
1634년 대학 진학 자격을 얻었고, 1635년 옥스퍼드의 와덤 대학(Wadham
College)에 진학하여 1639년 하트 홀(Hart Hall)에서 학사 학위를 받았다. 그
는 1640년 목사 안수를 받고 엑시터(Exeter) 근교의 소우톤(Sowton)에서 "비
판을 받지 아니하려거든 비판하지 말라"는 제목으로 첫 번째 설교를 하
였고,[8] 1640년에서 1643년 사이에 엑시터(Exeter) 근교의 소우톤(Sowton),
1643년부터 1645년 사이에는 콜리톤(Colyton)에 있는 학교에서 성경 강사
로 일하였다.

맨튼은 1645년 7월 런던 근교 미들섹스(Middlesex) 카운티에 있는 시골
마을인 스토우크 뉴잉턴(Stoke Newington)으로 옮겨 설교 운동을 시작하였
다. 그는 거듭남의 역사가 말씀과 성령에 의해 일어나며, 에스골 골짜기
의 해골들이 말씀을 들을 때 살아난 것처럼 하나님의 말씀을 들을 때 거
듭나는 일이 일어난다고 주장하면서 주간(week days) 성경 강해 프로그램

---

8)   William Harris, "Some Memoirs of the Life and Character of the Reverend and
Learned Thomas Manton, D. D. in *The Complete Works of Thomas Manton* (London:
James Nisbert & Co.), I:ii.

을 개설하였다. 그는 1640년 중반 이사야 53장,[9] 1640년 말 야고보서, 그리고 1640년 말에서 1650년 초반에 유다서를 설교하여 스토우크 뉴잉턴의 부흥을 이끌었다.[10]

스토우크 뉴잉턴 부흥과 함께 맨튼의 이름이 널리 알려지자, 장기 의회의 초청을 받아 여러 번 설교하였다. 1647년 6월 30일 금식 기도일에 스가랴서 14장 9절에 근거하여「식객에게서 나온 고기; 또는 분열되고 혼란스러운 시대 속에서 연합의 소망들」(Meat out of the Eater; or, Hopes of Unity in and by Divided and Distracted Times)이라는 제목으로(Manton, V:377~409), 1년 뒤인 1648년 6월 30일에는 의회 앞에서 계시록 3장 20절을 본문 삼아「영국의 영적 침체; 그 원인과 치료」(England's Spiritual Languishing; with the Causes and the Cure)라는 제목으로 설교하였다(Manton, V:411~440). 한편 그는 웨스트민스터 총회의 3명의 서기 가운데 한 사람으로 일하였고, 1658년에는 『웨스트민스터신앙고백서』2판의 서문을 쓰도록 임명받았다.

맨튼은 1656년 웨스트민스터 대사원(Westminster Abbey)의 강사로 임명받아 런던으로 갔다. 같은 시기 오바댜 세지윅(Obadiah Sedgwick)의 후임으로 코벤트 가든(Covent Garden)에 부임하여 설교하다가, 1658년 올리버 크롬웰(Oliver Cromwell, 1599~1658)의 초청으로 종군목사가 되었다. 그렇지만 그 해 크롬웰이 죽고, 영국이 사회적 혼란에 빠졌다. 독립파와 장로파의 갈등이 절정에 달하였기 때문이다. 이러한 상황에서 찰스 2세(Charles II)가 장로교 회복을 공언하자, 맨튼은 1660년 브레다로 가서 찰스를 모셔 와

---

9) Thomas Manton, *The Complete Works of Thomas Manton* (London: James Nisbert & Co.), IV:8.

10) Derek Cooper, *The Ecumenical Exegete: Thomas Manton's Commentary on James in relation to its Protestant predecessors, contemporaries and successors* (Ph. D. thesis, Lutheran Theological Seminary at Philadelphia, 2008), 52~53.

왕으로 옹립하였다.

왕정복고 후 맨튼을 비롯한 청교도들은 심각한 위기에 처하게 되었다. 왕정복고 후 찰스가 로체스터 학장직을 제안하였지만, 맨튼은 양심을 핑계로 거절하였다. 찰스가 성공회를 국교로 선언하면서 장로교도를 토사구팽했기 때문이다. 1662년 찰스가 통일령이 선포한 후 장로교도는 「엄숙한 동맹과 서약」을 포기하고, 「공동기도서」에 충성을 맹세하고, 「39개조 신조」에 서명해야 했다. 그러나 맨튼은 찰스의 성공회 정책에 동의하지 않았다. 그는 1662년 8월 17일, 코벤트 가든에서 히브리어 12장 1절을 본문으로 그 교회에서 마지막 설교를 한 후 8월 24일 2,000여 명의 청교도들과 함께 비국교도 운동을 전개하였다. 비록 교회로부터 추방당했지만, 맨튼은 코벤트 가든에 있는 자신의 집에서 설교 운동을 계속하였다. 1670년 집회법을 위반으로 6개월 동안 투옥되자, 그는 설교와 글 쓰는 일을 계속했다. 1672년 사면받아 집에서 설교할 수 있는 허가를 받고 피너 홀(Pinner's Hall)의 강사가 되었고, 그곳에서 '아침 강좌'를 열어 설교 운동을 전개하였다. 그러나 이듬해 의회는 그의 면죄를 취소했고, 설교 운동을 금하였다. 맨튼은 이처럼 박해 중에도 설교 운동을 계속하다가 1677년 10월 18일 그의 아내와 세 명의 자식들을 남겨 놓고 하나님의 부름을 받았다.

오늘날 사람들은 맨튼에 대해 잘 모르지만, 당시 그는 존 오언보다 높은 존경과 사랑을 받았다. 그의 경건과 인격, 그리고 능수능란했던 강해 설교 때문이었다. 그의 영감 넘치는 글들은 1870년 영국에서 22권의 전집으로 출판되었고, 오늘날에도 청교도 애호가들로부터 많은 사랑을 받고 있다. 라일(John Charles Ryle, 1816~1890)은 이 책을 추천사를 쓰면서 맨튼을 "관찰하지 않고는 말하거나 행동하거나 아무것도 쓸 수 없는 사람"이라고 평하였고, 스펄전은 그의 글에는 "산더미 같은 엄청난 건전한 신학"

을 담고 있으며, 당시 설교자 가운데 그를 견줄 수 있는 이가 없다고 평하면서, "맨튼은 똑똑하지 않았지만 영리하였고, 웅변적이지 않았지만 강력했고, 놀랍지는 않았지만 깊이 있는 설교자였다."고 하였다.[11] 이제 맨튼과 같은 시대를 살면서 설교 운동을 전개한 청교도 존 번연에 대해 간단히 살펴보도록 하자.

• 존 번연과 설교

영국의 작가요 청교도 설교자였던 존 번연 (John Bunyan, 1628~1688)은 1628년 베드포드샤 (Bedfordshire) 엘스토우(Elstow)에서 냄비를 고치던 땜장이의 아들로 태어났다. 그는 너무나 가난하여 학교 교육을 받지 못하였고, 아버지로부터 땜장이 기술을 배울 뿐이었다. 1644년 의회 군에 지원하여 알파벳과 군사 영어를 익

존 번연

혔지만, 그의 생활은 모든 악덕과 불경건함 자체였다. 그는 3년간의 군대 생활을 마친 후 1647년 제대하여 엘스토우로 돌아와 땜장이 일을 하던 중, 1649년 경건한 젊은 여인을 만나 결혼하였다.

번연의 생활은 결혼과 함께 전적으로 달라졌다. 그의 아내는 시집오면서 유산으로 받은 아서 덴트(Arthur Dent)의 『천국으로 가는 평범한 사람의 길』(Plain Man's Pathway to Heaven)과 루이스 베일리(Lewis Bayly)의 『경건의 실천』(Practice of Piety)을 가져올 정도로 신실한 여인으로 번연에게 큰 영향을 미쳤다. 번연은 땜장이 일을 하면서 종을 울리고 춤추고 게임을 즐기면

---

11) Charles H. Spurgeon, *Flowers from a Puritan's Garden* (Harrisonburg, Virginia: Sprinkle Publications, 1976), iii.

서 살아왔다. 그렇지만 결혼 후 아내의 강요로 교회 예배에 출석하곤 하였다. 그러던 중 어느 날 존 기포드(John Gifford) 목사의 설교와 마르틴 루터의『갈라디아 주석』을 통하여 개종하였고, 점차 설교자로 성장해 갔다.

1657년 기포드 목사가 죽자, 교회의 요청으로 그는 설교 사역을 시작하였다. 그의 설교는 간증이 주된 내용이었고, 간증 설교는 청중들에게 큰 감동을 주었다. 번연의 소문을 들은 여러 교회가 그를 초청하였고, 그와 함께 그는 탁월한 설교자로 알려졌다. 그는 1658년에서 1660년 사이에 영국의 방방곡곡을 순회하며 설교 운동을 이끌었다. 번연은 빈부귀천을 막론하고 배움이 있든 없든, 모든 사람이 알아들을 수 있게 짧은 문장에 단순한 용어를 사용하여 설교하였다. 그는 친구들에게 설교 노트를 보내어 충고를 요청하는 등 전심을 기울여 최고의 설교문을 작성하였고, 설교에 은혜를 주실 것을 간절히 기도한 후 강단에 올라가서 힘 있게 전하였다. 청중들은 번연의 간단하면서도 단순한 설교와 강력한 메시지에 큰 감동을 받았고, 그가 서는 곳마다 회개 운동이 일어났다. 경망스럽고 혈기를 내던 사람들이 경건하고 진지한 사람들로 변하였고, 타인을 비난하기를 좋아하던 사람들이 다른 이를 칭찬하며 격려하였다. 이기적이던 자들이 다른 이들을 배려하는 등 삶의 변화가 시작된 것이다.

설교 운동으로 번연의 명성과 영향력이 커졌지만 반면에 그를 싫어하는 자들도 많아졌다. 정규적인 신학 교육을 받지 못하고 설교 면허도 없는 번연의 설교를 통하여 많은 이들이 은혜를 받고 변화되자, 기성 교회의 설교자들이 시기하곤 하였다. 이러한 상황에서 1660년 찰스 2세가 비국교도들의 설교를 금하는 명령을 내렸다. 평신도 설교자에 불과했던 번연이 설교하는 것은 교회 당국에 대한 전면적인 도전이 될 수 있었다. 그렇지만 그는 설교를 멈추지 않았다. 그는 결국 체포되었고, 집회법을 어겼다는 이유로 투옥되었다. 1660년 11월에 사형선고를 받고 12년을 감옥에서 보냈다. 그는 옥중에서 자신의 삶을 돌아보면서 영적 자서전이라고 할 수 있는 『죄인 괴수에게 넘치는 은혜』(Grace Abounding to the Chief of Sinners)을 썼고, 그의 명저 『천로역정』(Pilgrim's Progress)[12]을 저술하였다. 그는 모범수로 인정받아 감형받고, 1672년 석방되었다. 석방 후에 정부 당국이 설교를 금했지만, 죽을 때까지 설교를 멈추지 않았다. 번연은 런던에서 설교 여행을 하던 중 병에 걸렸고, 1688년 59세의 나이로 하나님의 부르심을 받았다.

번연은 배움이 짧았지만 대설교자였고, 설교를 통하여 큰 부흥을 일으켰다. 설교자 번연이 이처럼 뛰어난 부흥 운동가로 나설 수 있었던 것은 그에게 단점보다는 장점이 많았기 때문이다. 그의 몇 가지 장점에 대해 간략하게 살펴보자.

첫째로, 그는 성경에 정통한 목사였다. 많은 성경 구절을 암송하여 설교에 인용하였고, 말씀을 묵상하여 깨달은 진미를 설교하였다.

둘째로, 고난의 의미를 알았다. 학교 교육을 받지 못할 정도로 가난하였고, 설교 때문에 사형선고를 받는 등 혹독한 고난을 겪었다. 청중은 이처럼 고난을 아는 번연의 설교를 머리가 아닌 가슴으로 받아들였다.

셋째로, 그는 인간의 연약함을 잘 알고 있었다. 그는 인간이 전적으로 타락한 존재하는 것을 잘 알고 있었고, 이러한 점 때문에 항상 근신하는 생활을 하였다. 따라서 청중은 그의 신앙 인격에 매료되어 마음을 열었고, 말씀의 부흥을 체험할 수 있었다.

마지막으로 그는 뛰어난 언어 구사력을 가지고 있었다. 이러한 요인들이 그가 당대의 뛰어난 설교자로 만들었고, 박해 가운데서도 큰 부흥이

---

12) 『천로역정』은 영어로 된 책 가운데 가장 많이 팔렸는데, 그가 죽은 후 250년이 된 1938년까지 1,300판이나 인쇄되었다.

가능하였다.

2. 리처드 백스터와 설교

청교도들은 목사의 조건으로 경건한 인성과 지고한 학문을 요구하였다. 하나님의 말씀을 전하려면 성경 원어를 읽고 해석할 수 있는 능력과 교인을 지도할 수 있는 지혜가 있어야 했기 때문이다. 그래서 청교도 사회에서 목사가 되려면 옥스퍼드나 케임브리지를 졸업해야 했다. 그렇지만 모든 이들이 다 대학을 졸업한 것이 아니라 독학으로 목사가 된 이들도 있었다. 존 번연과 리처드 백스터가 바로 그랬다.

후기 청교도 설교자 가운데 한 사람인 백스터는 대중적인 설교자로서 다수의 책을 저술하였다.[13] 그의 글은 라틴어로 쓴 학구적인 논문으로부터 가족들을 위한 요리 문답에 이르기까지 다양하다. 그는 학문성과 경건성이 뛰어나므로 많은 학자는 그를 청교도 가운데 가장 영향력 있는 인물로 간주한다. 그의 동료였던 토머스 맨튼은 백스터를 "사도 시대 이후 기독교회가 배출한 가장 탁월한 인물 가운데 한 사람"이라고 평하였다.[14] 그리고 그의 명작 『참 목자상』(The Reformed Pastor)에서 보여 준 백스터의 목회 사역 원리는 수백 년이 지난 오늘날에도 목회자들이 닮고자 하는 목회의 모델이다.

---

13) 백스터는 그의 대표작인 『참 목자상』 외에도 170권의 책을 썼는데, 그 가운데 대부분이 논쟁적이거나 경건에 관한 글들이다.

14) Peter Lewis, *The Genius of Puritanism* (Sussex, England: Carey Publications, 1979), 25.

· **설교자 백스터의 형성**

영국 청교도 지도자요 설교자인 리처드 백스터
(Richard Baxter, 1615~1691)는 1615년 11월 12일 샤이
롭셔(Shyropshire)주의 로우튼(Rowton)에서 태어났다.
아버지가 도박으로 재산을 탕진하는 바람에 그는
10살까지 할아버지 집에서 지내야 했지만, 1625년
부친이 성경을 읽다가 회개하고 새사람이 되면서 리처드 백스터
아버지 밑에서 자랄 수 있었다. 백스터는 1630년에 아버지가 행상인으
로부터 산 리처드 십스(Richard Sibbes, 1577~1635)의 책을 읽다가 거듭나는 은
혜를 체험하였다.[15]

백스터는 1629년 로우톤 근교에 있던 도닝턴 자유학교(Donington Free
School)에 입학하여 라틴어를 공부하였고, 1632년 졸업과 함께 스승의
권면을 받아들여 정치가가 되기 위해 런던으로 가서 헨리 허버트 경(Sir
Henry Herbert)의 도제가 되었다. 그러나 그는 3개월도 못 되어 도제 생활
에 실망하고 귀가하였다. 정치인이 되기보다는 성직자가 되려고 한 것
이다. 대학 진학의 기회를 놓친 백스터는 성직자가 되기 위해 그 지역 목
사인 프랜시스 가베트(Francis Garbet)로부터 신학 훈련을 받았다. 그는 리
처드 십스, 윌리엄 퍼킨스, 이즈키엘 컬버웰(Ezekiel Culverwell, 1553~1631)과
에드먼드 버니(Edmund Bunny, 1540~1619)의 글을 읽었고, 스콜라 철학의 글
을 연구한 후 리처드 후커(Richard Hooker, 1554~1600)와 조지 다운햄(George
Downham, 1566~1634) 등 영국 성공회 신학을 공부한 후 1638년 12월 워스터
(Worcester)에서 성공회의 사제로 안수받았다.

---

15)   William Haller, *The Rise of Puritanism* (Philadelphia: University of Pennsylvania
Press, 1972), 66.

그해 백스터는 더들리(Dudley)로 가서 자유학교 성경 교사로 일하였고, 1639년에는 브리지노스(Bridge North)로 사역지를 옮겼다. 하지만 그는 브리지노스에서 성공회 신앙에 대해 회의를 갖기 시작하였다. 성공회의 교리들이 성경에서 많이 떠나 있고, 예배와 생활이 형식적이며 공허하다는 것을 발견하였고, 성직자의 복장 제도가 계급적 상징이며, 성찬에 무릎을 꿇고 경의를 표하는 것은 우상숭배와 같고, 성호 긋는 것은 비성경적이며 미신적이라는 것을 깨달았다. 성경은 만인제사장주의를 통해 교직자 사이의 평등사상을 가르치고, 성찬은 그리스도를 상징할 뿐 경배의 대상이 될 수 없고, 성호를 긋는 것은 성경에서 기원을 찾을 수 없는 것들이라는 것을 확인하였다.

1640년 청교도로 개종한 백스터는 청교도들이 추구했던 것처럼 성경이 보여 주는 목회를 하고 싶어 하였다. 성경대로 신령과 진정으로 예배하며, 설교와 권징 등 교회의 표지를 드러내는 목회를 하고자 한 것이다. 하지만 그를 초청하는 교회가 없었다. 미천한 학력과 볼품없는 외모 탓이었다. 그러던 중 그해 한 시골 교회, 곧 키더민스터(Kidderminster)에 있던 세인트 메리(St. Mary) 교회의 초청을 받게 되었다. 키더민스터는 3,000여 명의 주민이 있었지만 대체로 무지하였다. 날짜와 시간을 모를 정도로 무지하였고, 무질서하였다(Pattison 1903, 191). 교회에는 믿는 자가 거의 없어서 교회 당국은 1년에 4번 정도 설교자들을 파송하여 관리할 정도였다.

• 백스터의 설교

백스터는 키더민스터로 가서 목회와 자신의 발전을 위해 온전히 투자하였다. 열심히 교인들을 심방하고 양육하였고, 동시에 설교와 성경 연구에 전념하였다. 그는 좋은 설교자가 되기 위해 독서에 투자하였다. 런던에 있을 때부터 알고 지내던 화이트 홀(White Hall) 서점의 주인에게 책을 주문한 후 책이 도착하면 읽곤 하여 1만여 권의 책을 읽었는데, 그 가운데 대부분은 교부, 스콜라 철학자, 중세 철학, 형이상학, 변증, 의학, 약학 등에 관한 것이었다. 특히 그는 토마스 아퀴나스(Thomas Aquinas, 1225~1274), 둔스 스코투스(Duns Scotus, 1266~1274), 옥캄의 윌리엄(William of Ockham, 1287~1347), 토머스 브래드워딘(Thomas Bradwardin, 1290~1349)과 같은 중세 스콜라 철학자, 그리고 에라스무스(Desiderius Erasmus, 1466~1536)와 같은 인문주의자들의 글도 읽었다.

백스터가 키더민스터에 부임한 후 영국은 극도의 혼란 가운데 빠져 가고 있었다. 찰스 1세의 종교 정책으로 인해 발생한 왕당파와 의회파의 갈등이 결국 1640년에 이르러 내란으로 발전하였고, 1642년 10월에는 왕당파와 의회군이 키더민스터에서 전투를 벌이기도 하였다. 신변의 위협을 느낀 백스터는 왕당파를 피해 코벤트리(Coventry)로 갔고, 1645년 7월 올리버 크롬웰(Oliver Cromwell, 1599~1658)의 종군목사가 되었다. 하지만 갑작스러운 건강 악화로[16] 종군 1년 6개월 만인 1647년 1월 제대하였다. 그는 건강이 심히 약화되었지만, 성도들의 염려를 두려워하여 은밀히 5개월 정도 요양하였고, 건강이 회복되자 그해 6월 키더민스터로 돌아갔다.

키더민스터에 귀환한 백스터는 목회에 전념하였다. 주일에는 설교와 교육, 월요일과 화요일에는 정기적인 심방, 주중에는 설교 준비와 교리

---

16) 백스터를 괴롭힌 것은 신장결석이었다. 그는 건강을 위해 매일 저녁 식사 시간 전에 1시간씩 산책하였다. 건강할 때는 설교를 어떻게 준비할 것인지 고민하였으나 건강이 나빠지자 남은 시간이 얼마 남지 않았다는 생각으로 글을 쓰기 시작하였다. 특히 병고 가운데 눈물과 고통 가운데 하나님의 위로를 기대하면서 쓴 책이 『성도의 영원한 안식』(Saint's Everlasting Rest)이다.

문답 교육에 심혈을 기울였다. 특히 그는 매주 월요일과 화요일을 심방의 날로 정하고 열네 가정씩 방문하여 교인들의 영적 상태를 살폈다. 교인들이 기독교의 기본 신앙을 고백하는지 확인한 후 교리 문답을 가르치면서[17] 가정 예배를 일상화하도록 지도하였다.

백스터의 목회는 성공적이었다. 백스터의 설교로 교인이 늘어나 키더민스터 교회당은 5개의 갤러리를 더 확장해야 할 정도가 되었다. 매주 800여 가족이 예배에 참석할 정도로 교회가 부흥하였고(Baxter 1657, 49), 매일 아침과 저녁에 가정 예배 시간이 되면 키더민스터의 모든 골목에서 예배드리는 소리를 들을 수 있었다. 모든 가정으로부터 찬송과 설교, 기도 소리가 울려 나왔다. 모든 주민이 예배에 참석하였으며, 말과 행실의 변화가 엿보였다. 세상의 관심사에서 떠나 경건한 대화와 거룩함의 추구 등 현저한 부흥이 일어났다. 백스터는 다음과 같이 키더민스터 부흥을 회상하였다. "내가 여기에 부임했을 때, 하나님께 예배드리는 가정이 한 거리에 하나 정도 있었지만, 내가 떠날 때는 예배하지 않거나 진지하게 신앙을 고백하지 않는 자, 그들의 믿음에 대한 답변을 주기를 싫어하는 이는 하나도 없었습니다."(Pattison 1903, 191~192)[18]

키더민스터의 부흥은 주변의 마을들로 확산하였다. 교회 부흥에 대한 소식을 접한 목사들은 백스터를 찾아와 그 비결을 물었고, 백스터는 그들에게 목회자 세미나를 제안하였다. 많은 이들이 세미나에 참여하여 말씀을 고찰하면서 큰 변화가 나타났다. 10여 명의 술에 취한 낭독자(reader)와 겨우 한 명의 경건한 설교자가 있던 키더민스터 주변 마을은 세

---

17)   Richard Baxter, *Gildas Silvianus; The Reformed Pastor*, 2nd edition (1657), 49.

18)   Albert H. Curriea, *Nine Great Preachers* (Boston: The Pilgrim Press, 1912), 128~129.

미나 이후 20여 명의 경건한 목사들로 채워졌다. 부흥의 물결이 퍼져 가자, 목회자들은 1655년 12월 4일 교회 부흥을 위한 연합 수련회를 계획하여 백스터를 강사로 초청하였다.[19] 설교 운동이 영국 전역으로 확산하여 간 것이다.

키더민스터 지역의 부흥은 백스터를 영국이 사모하는 설교자로 만들었다. 1654년 그는 의회 지도자인 브로길 경(Roger Boyle, Lord Broghill, 1621~1679)의 초청을 받아 크롬웰과 의회 앞에서 2번에 걸쳐 설교하였다. 그는 성탄 이브에는 웨스트민스터 사원에서 말씀을 전하였고, 많은 교계 지도자들을 만나 교제를 나누었다.[20] 한 달에 걸친 런던 사역을 성공적으로 마친 백스터는 1655년 1월 키더민스터로 돌아왔고, 1660년까지 영국 교회의 설교 운동을 이끌었다.

하지만 백스터의 설교 운동은 왕정복고 후 방해받았다. 1660년 4월 찰스 2세(Charles II, 1630~1685)가 「통일령」(Act of Uniformity)을 내려 설교 운동을 금하였기 때문이다. 백스터는 설교권을 박탈당하였고, 당국의 감시 대상이 되었다. 그런데도 그는 굴하지 않고 설교 운동을 이어 갔다. 1685년 제임스 2세(James II, 1633~1701)가 영국을 로마 천주교 국가로 환원시키려고 하자, 백스터는 반대 운동을 주도하였고, 이 일로 2년간 옥고를 치렀다. 이러한 고난 가운데도 꿋꿋이 설교자로서 품위를 유지하던 백스터는 1691년 12월 8일 하나님 품에 안겼다.

---

19) 목사들의 요구에 부응하여 세미나를 진행하기 위하여 강의안을 준비하였지만 갑작스러운 발병으로 세미나에 참석할 수 없게 된 백스터는 강의 원고를 보내어 읽게 하였다. 이 글이 바로 『참 목자상』(*Gildas Silvianus; The Reformed Pastor*)이다.

20) 백스터는 런던에서 여러 명의 의회 지도자들을 만나 교제하였는데, 그 가운데는 당시 가장 덕망 있고 경건한 목사로 알려져 있던 제임스 어셔(James Ussher, 1581~1656)가 있다.

• 좋은 설교자의 조건

뛰어난 설교자였던 백스터는 교회 부흥에 남다른 관심이 있었다. 그는 하나님의 말씀을 사모하는 청중이 있고, 좋은 설교자가 있을 때 부흥이 일어난다고 보았고, 부흥의 열매인 회개 운동이 저녁에 일어난다는 확신으로 저녁 집회를 강화하였다.[21] 그는 설교의 궁극적인 목표를 성도들을 영적으로 바로 세우는 데 있다고 보고, 이를 위하여 설교자는 설교를 통해 회개를 촉구하여야 한다고 가르쳤다. 백스터는 설교자가 갖추어야 할 덕목을 다음과 같이 지적하였다.

첫째로 스스로 영적인 상태를 검증하여야 한다. 구원의 은혜는 성직을 맡은 여부와 무관하기 때문이다. 그는 설교자들에게 이렇게 말하였다. "… 형제들이여! 설교자라고 해서, 능력 있는 설교자라고 하여 하나님이 구원하실 거라고 절대로 생각하지 마십시오. 하나님은 오히려 그리스도 안에서 믿음으로 의롭다고 인을 치신 자, 성화된 자, 그래서 결과적으로 그 주님의 사역 안에 있는 신실한 사람을 구원하십니다. 그러므로 당신 스스로 주의하십시오. 먼저 당신이 청중들에게 이러한 사람이 되라고 선포한 바로 그러한 사람이 되십시오"(Baxter 1657, 57~58).

둘째로 언행일치의 삶을 살아야 한다. 전하는 말씀과 실제의 삶이 다를 때 구원의 은혜로부터 제외될 수 있기 때문이다. 그는 목사들에게 "당신이 전하는 하나님의 구원 은총이 당신을 비켜 가지 않도록 스스로 주의 깊이 살피시오. 또 당신이 설교하는 복음의 효과적 사역으로부터 당

---

21)   한국 교회가 크게 부흥한 1970년대 이전에는 모든 교회에는 저녁 예배가 있었다. 그렇지만 1980년대 이후에 교회 성장 신학과 실용주의적 가치관이 한국에 소개되면서 저녁 예배가 사라졌고, 그에 비례하여 회심자 수가 줄어들었다. 그 결과 교회는 세상과 구별되지 않게 되었고, 교회의 영향력이 감퇴하면서 교인 감소 현상이 나타나게 되었다. 이러한 점에서 한국 교회의 부흥을 기대한다면 먼저 저녁 예배를 회복해야 할 것이다.

신 스스로 이방인이 되지 않도록 주의하시오……. 수많은 설교자가 청중들에게 지옥에서 벗어나도록 극도의 주의를 기울이며 신실히 살펴보라고 수백 번씩 설교했으면서도, 그들은 정작 지옥에 가 있습니다."라고 외쳤다(Baxter 1657, 57). 설교자는 언행일치의 삶을 살아야 하고, 이를 위해 항상 자신을 말씀에 굴복시키고, 경고를 실천하며, 직무에 맞게 생활하고, 설교한 대로 생활해야 한다는 것이다.[22] 백스터는 목사의 이중적인 생활의 위험성을 지적하면서 이렇게 말하였다: "우리는 성경을 펼칠 때 성경 안에서 자신에 대한 사형선고를 읽게 되지나 않을지 떨리는 마음을 가지고 성경을 읽지 않습니까? 설교를 써 내려가면서 자신의 영혼에 고소장을 쓰고 있다는 생각이 들지는 않습니까?"(Baxter 1657, 58, 59).

셋째로 성경을 부지런히 연구하여야 한다. 설교자는 성경을 해석하는 자이므로 성경과 청중에 대한 지식이 있어야 하기 때문이다. 그는 이렇게 말하였다: "설교자는 구원받기 위해 알아야 할 모든 비밀스러운 것들을 가르칠 지식이 있어야 하며, 어린아이가 되어서는 안 됩니다. 이 사실은 설교를 맡은 사람들에게 얼마나 필요한 것인지 모릅니다. 해결되어야 할 신학적인 난제들이 얼마나 많은지요! 그런데도 반드시 알아야만 하는 근본적인 것들을 선포해야 하지 않겠습니까? 설명해야 할 모호한 성경 구절들은 또 얼마나 많습니까? … 그것은 연구에 게으르거나 연구의 맛을 가끔 맛보므로 얻어지는 것이 아닙니다. 태만함은 겸비한 연구를 가장합니다. 성령만이 우리에게 온전하게 그 직무를 수행할 수 있도록 하십니다. … 하나님은 우리에게 게으르지 말고 성령 안에서 열심을 품고

---

22)   백스터는 설교자들에게 이렇게 경고하였다: "당신은 다른 이들에게 범하지 말라고 설교한 그러한 실제적인 죄들 가운데 살지 않도록 주의하십시오. … 만일 죄가 악한 것이라면 어째서 당신은 그 죄 가운데 살고 있습니까? 만일 죄가 악한 것이 아니라면, 왜 당신은 사람들이 그것을 피하도록 합니까?"(Baxter 1657, 58, 59).

주님을 섬기라고 말씀하십니다"(Baxter 1657, 80). 부단한 기도와 부지런한 말씀의 연구로 좋은 설교자가 될 것을 역설한 것이다.

넷째로 솔선수범해야 한다. 설교자는 언행에서 신중하고 일치된 생활을 해야 한다는 것이다. 그는 이렇게 말하였다. "여러분의 모범이 교리에 상반되지 않게 주의하십시오. 파멸을 초래하게 될지도 모르는 걸림돌을 눈먼 자 앞에 놓지 않도록 주의하십시오. 여러분의 혀로 말한 것을 여러분의 생활로써 망쳐 버리지 않도록 주의하십시오. 여러분 자신의 불경건한 행동으로 말미암아 거룩한 하나님의 영광과 말씀 선포 사역에 치명적인 방해가 되지 않도록 하십시오. … 단 한 번의 교만한 말, 퉁명스러운 말, 짐이 되는 말, 불필요한 관심, 탐욕스러운 행동은 많은 경우에 설교의 영광을 잘라 내게 됩니다. 여러분이 이제까지 공들여 이룩한 열매들을 모두 날려 버리게 되는 것입니다"(Ibid., 78~80).

백스터는 이와 같은 언행일치의 삶을 내세우면서 영적으로 깨어 있을 것을 종용하였다. "내 마음이 차가워질 때는 나의 설교도 차가워지며, 내 마음이 혼란스러워질 때는 나의 설교도 혼란스러워"지기 때문이다(Ibid., 67). 그는, "우리는 정욕과 격정과 세상의 것을 추구하지 말고, 믿음과 사랑으로 열심히 살며, 많은 시간을 가정에서 본을 보여야 합니다. … 특히 남이 알지 못하는 은밀한 기도와 묵상에 힘써야 합니다."라고 주장하였다(Ibid., 68). 왜냐하면 설교자도 타락한 성품과 성질을 가지고 있고, 수많은 이들의 눈이 주시하고 있고, 설교자의 죄가 다른 사람들의 죄보다 더 극악한 결과를 가져올 수 있기 때문이다(Ibid., 25~47). 백스터는 "여러분이 이야기할 때 최대한도로 신중하고 진지하게 말씀하십시오. 또한 성도들을 대할 때 삶과 죽음의 갈림길에 선 것처럼 열심을 다 하십시오. 그리고 설교단에서 격동적인 훈계를 할 때도 그런 태도를 유지하십시오."라고 가르쳤다(Ibid., 52).

• 백스터의 설교와 영향

백스터는 대설교자요 모범적인 목회자였지만 볼품없는 외모의 소유자였다. 넓은 이마와 매부리코에 머리는 어깨까지 내려왔으며, 늘 검은색에 흰 줄이 처져 있는 가운을 입고 설교하였다. 하지만 그는 끊임없는 기도와 연구로 설교를 준비한 후 열정적으로 설교하였고, 심방을 통해 설교 말씀을 성도들의 마음속 깊이 뿌리내리게 함으로써 스스로 목회자의 이미지를 만들어 갔다. 웅변적으로 설교하는 대신 낭독하는 형식을 취했지만, 힘을 다하여 애절하게, 그리고 최선을 다하여 설교하였다. 그가 스스로 고백했던 것처럼, "임종을 앞둔 사람이 죽어 가는 사람들에게 권하는 것처럼 설교하였다." (Curriea 1912, 128~129).

백스터는 설교에 항상 회개를 촉구하곤 하였다. 하나님의 구속 사역을 강조한 것이다.[23] 회심을 통하여 구원 사역이 일어나고, 그와 함께 교회 부흥이 시작되기 때문이다. 이러한 관심으로 그는 『회심치 않은 자를 부르심』(Call to the Unconverted, 1663)이라는 책을 저술하고, 이 책에서 설교의 목적이 죄인을 말씀으로 설득하여 성령으로 거듭나게 함으로 회심에 이르도록 하는 데 있다고 썼다. 설교자는 죄에 대해 심각하게 경고하고 엄숙하고도 진지하게 하나님께 돌아올 것을 호소해야 한다는 것이다. 불같은 열정으로 청중의 양심과 마음을 겨냥하여 회개를 촉구하면서 죄에 대해서는 천둥과 같은 소리로 책망하고, 지옥의 공포에 대해서는 무섭게 경고하며, 탕자의 아버지가 가졌던 심정으로 하나님께 돌아오도록 기다려야 한다고 주장하였다.

---

[23] 하나님의 구속 과정에 대한 설교로는 존 코튼의 『은혜 계약에 관하여』(A Treatise of the Covenant of Grace), 토머스 셰퍼드의 『건전한 신자』(The Sound Believer)와 『열 처녀의 비유』(The Parable of Ten Virgins), 토머스 후커의 『영혼의 소명』(The Soul's Vocation), 존 대븐포트(John Davenport)의 『성도의 정착지』(The Saints' Anchor-Hold) 등이 있다.

백스터는 미사여구의 사용이 청중에게 혼란만 더한다고 주장하면서 청중이 알아들을 수 있는 문장과 단어를 쓸 것을 역설하였다. "쉬운 말들은 매우 귀한 것들을 설명하는 데 가장 유익한 연설이 됩니다. 정교함은 장신구를 위한 것이요, 섬세함은 기쁨을 위하여 있지만 정작 필요한 답변을 주지 못합니다. 그렇습니다. 청중은 정교함과 섬세함을 관찰하지 못하며, 청중에게 필요한 어떤 답변도 주지 못합니다"(Baxter 1657, 133). "만일 귀하가 가르칠 목적으로 설교하지 않는다면 무엇을 전하겠다는 말입니까? 만일 사람들을 가르치려 한다면, 왜 이해할 수 있도록 설교하지 않습니까? 전하고자 하는 내용이 높은 수준일 경우에 그것을 가능한 한 쉽게 가르치려고 노력해도 사람들이 이해하지 못하는 경우가 있습니다. 그런데도 고의로 미사여구를 사용함으로 전달하고자 하는 내용을 흐리게 하거나 자신의 마음을 감추는 것은 어리석은 자들에게 오히려 자기의 어리석음과 오만, 그리고 위선을 드러내는 것입니다"(Ibid., 133~134).

백스터는 설교의 전달에도 최선을 다하였다. 발음과 억양에 주의하고, 연설이 아닌 개인적으로 말하는 것처럼 설교하고자 하였다. 불분명한 어휘나 표현을 지양하고, 진지하게 말하되(Ibid., 175), 졸리는 투의 말을 피하고, 사랑과 열정을 가지고 말씀을 증거하되(Ibid., 176), 시종일관 강한 어조를 유지해서도 안 된다고 가르쳤다(Ibid., 177). 그는 목사들에게 "아무리 훌륭한 주제일지라도 그것이 제대로 전달되지 않으면, 성도들을 감동하게 할 수 없습니다. 특히 짐짓 꾸미는 태도를 보여서는 안 되며, 개인적으로 이야기하는 것처럼 친근하게 말해야 합니다."라고 말하면서 친근한 어조와 친절한 말로 회개를 촉구해야 한다고 하였다(Ibid., 178).

백스터는 질병으로 사경을 헤매면서도 설교 운동을 이끌었다. 신장결석으로 언제 죽을지 모르는 상황에서 "수년간 강단에서 살아 내려오지 못하면 어쩌나 하는 두려움 가운데 강단에 서서 죽어 가는 사람이 죽어

교회 역사를 빛낸 위대한 설교자들

가는 사람들에게 설교"하였고, 때로는 기력이 없어서 "마치 저세상에 다녀온 사람처럼 제가 세상에 대하여 설교하였다." 그의 설교는 쉽고, 직설적이며, 대화체(talking style) 형식이었을 뿐만 아니라 사력을 다하여 말씀을 증거했기 때문에 청중의 열정적인 반응을 일으킬 수 있었다. 도널드 드머레이(Donald Demaray)가 지적한 것처럼, "백스터가 키더민스터를 유명하게 만들었으나, 백스터를 진정으로 유명하게 만든 것은 그의 질병이었다."[24]

백스터는 키더민스터에서 1641년 4월부터 1642년 6월까지 15개월, 그리고 잠시 크롬웰의 종군목사로 일한 후 1647년 6월부터 1660년 4월까지 12년 9개월 목회하였다. 총 14년 3개월밖에 안 되는 짧은 기간 동안 키더민스터에서 목회하였지만, 키더민스터와 영국 교회에 미친 영향은 엄청났다. 특히 『참 목자상』(The Reformed Pastor)을 통하여 진정한 목회의 성격을 제시하고, 심방과 교인 양육, 그리고 경건한 가정을 만들기 위한 수단으로 가정 예배를 주장한 것은 신대륙을 건설한 미국의 청교도들에게 큰 영향을 미쳤다. 위대한 부흥사 조지 휫필드(George Whitefield, 1714~1770)의 간증은 백스터의 강렬한 영향력을 입증하고도 남는다. 그는 1743년 12월 31일 키더민스터를 방문하고, 그의 『일기』(Journal)에 키더민스터를 돌아보는 중 이 집 저 집에서 가정 예배를 드리는 소리가 들려왔다고 말하면서 다음과 같이 방문 소감을 적어 놓았다: "나는 훌륭하신 백스터 씨의 교훈과 사역, 그리고 다스림의 달콤한 향기들이 오늘날까지 이곳에 남아 있는 것을 발견하고 크게 원기를 회복하게 되었다."[25]

---

24)   Donald Demaray, *Pulpit Giants: What made them Great*『강단의 거성들』, 나용화 역 (서울: 생명의 말씀사, 1976), 25.

25)   George Whitefield, *George Whitefield's Journals* (Edinburgh: The Banner of Truth Trust, 1992), 1743년 12월 31일.

맺는말

지금까지 우리는 영국 청교도의 설교 운동에 대해 간단하게 살펴보았다. 말씀으로 돌아가서 예배하며 생활할 것을 촉구한 청교도의 개혁 운동은 회심을 중시하게 되었고, 회개 중심의 설교는 교회의 부흥을 이끌었고, 문화 영역까지도 새롭게 만들어 놓았다는 것을 확인하였다. 야만적이라고 불리던 노르만의 후손들이 서로 배려하고 존경하는 신사들(Gentry)로 변해 간 것이다. 설교 운동을 통해 그들의 심중에 하나님의 말씀이 자리를 잡고, 말씀에 따라 생각하며 행동하면서 사랑을 실천하는 경건한 민족으로 변화된 것이다.

청교도의 설교 운동은 사회적인 측면에서도 큰 변화가 있었다. 왕권신수설에 근거하여 절대왕정을 추구하던 정치체제를 거부하고 국민의 주권을 강조하는 민주정치를 실천할 수 있게 만들었다. 그들은 모든 백성이 하나님 앞에서 동등하며, 정의와 공평이 실시되는 이상적인 사회를 꿈꾸었다. 이상적인 사회는 인간의 변덕에 따라 지배되는 곳이 아닌 법이 지배하는 곳에 이루어진다고 믿었다. 그러므로 그들은 왕 또는 통치자가 아닌 법이 다스리는 사회를 만들고자 하였다. 통치자가 권력을 제한 없이 행사하는 절대왕정을 거부하고 법이 다스리는 공화정을 추구한 것이다.

청교도들은 소명의 궁극적인 목적을 치부가 아닌 봉사라고 믿었다. 봉사를 통하여 하나님을 섬긴다는 믿음으로 청교도들은 그들의 노동 윤리를 확립하였다. 이러한 노동 원리에 기초하여 공익 주도의 자본주의를 출현시켰다. 그들은 사욕이 아닌 공리를 강조하며 금욕과 절제를 강조함으로 사회 발전을 추구한 것이다. 이러한 청교도의 이상과 비전을 제시한 것이 바로 청교도들의 강단이었고, 청교도 목사들은 설교를 통하여 성경을 온전하게 해석하고 적용함으로 청교도 운동을 성공적으로 만들었다.

제10장

◇———◇

존 코튼과 뉴잉글랜드 청교도 설교

교회 개혁 운동에 대한 박해가 가중되면서 청교도들은 성경적 개혁 운동을 꽃피울 새로운 세상을 꿈꾸며 신대륙으로 이민하였다. 1620년 메이플라워호(the Mayflower)를 타고 분리주의자(Pilgrim Fathers)들이 매사추세츠의 플리머스(Plymouth), 1630년 존 윈스럽(John Winthrop, 1588~1649)을 비롯한 800여 명의 비분리주의 청교도(Non-separatistic Puritan)들이 보스턴(Boston)에 도착하였다. 1631년 '인디언의 사도'(Apostle of Indians) 존 엘리엇(John Eliot, 1604~1690)과 로드아일랜드(Rhode Islands)의 건설자 로저 윌리엄스(Roger Williams, 1603~1681), 1633년 '매사추세츠의 대변인'이라고 불린 존 코튼(John Cotton, 1584~1652)과 토머스 후커(Thomas Hooker, 1586~1647), 1635년 리처드 매더(Richard Mather, 1596~1669)와 토머스 셰퍼드(Thomas Shepard, 1605~1649) 등 내로라하는 설교자들이 신대륙에 속속 도착하였다.

1. '언덕 위의 도시'와 존 코튼

뉴잉글랜드에 도착한 청교도들은 성경에 기초하여 법을 제정하고, 성도들이 다스리는 나라를 세워서 유럽의 모든 나라가 우러러보는 '언덕 위의 도시'(City on a hill), 곧 '거룩한 정부'(Holy Commonwealth)를 세우고자 하였다.[1] 그들은 거룩한 정부가 자연인이 아닌 거듭난 성도에 의해 다스려질 때 이룰 수 있다는 확신 가운데 선거권과 피선거권을 교회 회원에게 주도록 하였다. 교회 회원의 자격으로 바른 신앙의 고백, 도덕적인 무흠(無欠), 그리고 거듭남의 체험을 요구하였다. 그들이 교회 회원의 자격으로 거듭남의 체험을 요구한 것은 위선자도 신앙을 고백하고, 흠 없이 사는 체할 수 있고, 위선자가 통치권을 가질 때 위선과 거짓이 다스림으로 교회와 사회적 혼란을 초래할 수 있기 때문이었다.

사람이 거듭나는 것은 예수 그리스도께서 말씀하신 것처럼 "물과 성령"으로 이루어지는 것(요 3:5)으로 자연적인 출생 방법이 아닌 초자연적인 방법, 곧 성령과 말씀 사역으로 일어난다. 그래서 사도 베드로는 거듭남이 "썩어질 씨로 되는 것이 아니라 하나님의 말씀으로" 된다고 하였다(벧전 1:23). 하나님의 말씀이 선포될 때 성령께서 구원의 은혜를 성도에게 적용하심으로 영적으로 거듭나게 되는 것이다. 이러한 점에서 설교는 거듭남을 가져오는 중요한 은혜 수단이다. 설교를 통하여 자연인이 거듭나는 역사가 일어나고, 거듭난 신자들이 사회의 다수를 이룸으로 교회 개혁과 사회 개혁이 완성될 수 있게 된다.[2] 이러한 믿음으로 '언덕 위의 도

---

1)   필자의 졸저인 『청교도 이야기』(서울: 도서출판 이레, 2001a)를 참고하라.

2)   설교는 거듭남의 수단일 뿐 아니라 최고의 정보 수단이었다. 당시 영국 왕실이 국내 소식을 인쇄화하는 것을 금하였으므로, 설교는 정치, 또는 정치사상만 아니라 사회의 모든 소식을 알려 주는 가장 중요한 정보 매체였다. 당대 최고의 지성인이었던 설교자들

시'를 구상하면서 뉴잉글랜드의 기초를 놓았던 초기 청교도 가운데 한 사람이었던 보스턴 교회의 목사 존 코튼과 그의 설교에 대해 살펴보도록 하자.[3]

• 설교자 존 코튼의 형성

당시 영국과 뉴잉글랜드에서 가장 영향력이 있던 청교도인 존 코튼(John Cotton, 1584~1652)은 1584년 12월 4일 영국의 더비(Derby)에서 변호사인 로우랜드 코튼(Rowland Cotton)의 4명의 자녀 중 둘째로 태어났다. 그는 더비에 있는 문법학교(Grammar School)를 마친 후 13세가 되던 1598년에 케임브리지의 드리니디 대학(Trinity College)에 진학하였다.

존 코튼

그곳에서 그는 논리, 수사, 윤리, 신학, 역사와 아리스토텔레스(Aristotle)의 형이상학 등을 공부하였고, 1603년에 학사, 1606년에는 석사 학위를 받았다. 그 후 히브리어, 헬라어와 라틴어를 더 연구하여 고전어의 대가가 되었고, 1608년부터 1612년 사이에는 케임브리지의 신설 대학인 임마누

이 설교를 통하여 사회 문제에 대하여 신앙적으로 진단하거나 평가하면서 자신의 문학적 소양을 표현하고, 정치적 견해를 밝히면서 이는 곧 여론으로 형성되었다. 이러한 이유로 17세기와 18세기의 영문학을 연구하는 이들은 설교를 가장 중요한 대상으로 삼곤 하였다. 한 예로 1930년대 최고의 영문학자요 하버드 대학의 교수였던 페리 밀러(Perry Miller)는 청교도 설교에 관해 연구하여 근세 영문학 연구를 주도하였고, 이러한 청교도 연구를 통해 사장(死藏)되어 있던 청교도 연구의 길을 넓게 열어 놓았다.

3)   존 코튼의 설교와 설교 운동에 대하여는 필자가 1987년 미국 웨스트민스터 신학교(Westminster Theological Seminary)에 제출한 철학 박사 학위 논문인 "Churches Resurrection: John Cotton's Eschatological Understanding of the Ecclesiastical Reformation"(Westminster Theological Seminary, 1987)을 참고하라. 이 논문은 나중에 『청교도와 교회 개혁』(수원: 합동신학교출판부, 1994)이라는 제목으로 출판되었다.

엘 대학(Emmanuel College)에서 "정상급의 강사, 학생감(dean), 교리 문답 교수로 학생을 가르쳤다"(Mather, 1979, 254).

코튼은 임마누엘 대학에서 가르치던 중 청교도 신학자요 그 대학의 초대 학장으로 일하던 로런스 차더톤(Laurence Chaderton, 1536~1640)으로부터 큰 영향을 받았다. 차더톤의 경건과 생활을 보면서 그리스도인의 삶이 무엇인지를 배웠고, 그의 영감 넘치는 설교를 통하여 많은 은혜를 받았다. 이때부터 그는 청교도에 대해 열린 마음을 갖게 되었고, 1609 영적인 각성을 하였다. 장황한 문장이나 미사여구가 아닌 쉽고 짧은 문장의 설교로 청중의 심장(heart)에 호소하던 리처드 십스(Richard Sibbes, 1577~1635)[4]의 설교를 통해 회심을 체험하였다.

십스의 설교는 지성과 감성, 학문과 경건의 조화를 이루었고,[5] 성도들을 책망하는 대신 감싸 주는 형태였다. 그는 『상한 갈대와 그슬린 아마』(Bruised Reed and Smoking Flax)에서, 죄인들에게 오래 참고 기다리시는 하나님을 소개하면서 "가시는 자기 자신을 찌르지 않지만, 사람의 손이 닿으면 깊이 찔리게 됩니다. 하나님은 피조물인 우리의 유익을 위해 이 세상을 선하게 지으셨지만, 우리의 타락한 마음 때문에 그것이 악하게 되었습니다."[6]라고 설교하였다. 신앙적인 갈등을 겪는 성도들에게는 "전투가 없으면 승리도 있을 수 없습니다. 하지만 승리는 우리가 아닌 그리

---

4) 십스는 늘 부드러운 음성으로 설교하였고, 설령 하나님의 진노에 대하여 경고할 때도 결코 그의 목소리를 절대 높이지 않았다.

5) 십스의 설교 주제는 그리스도의 인간되심과 그리스도 안에 있는 하나님의 영광, 그리스도의 권세와 오래 참으심, 하나님과의 교제, 하나님 약속의 풍부함, 성령과 믿음에 의한 칭의, 신자 안에 거하는 죄, 구원의 확신과 기쁨 등이었다.

6) I. D. E. Thomas, compiled, *A Puritan Golden Treasury.*『청교도 명언 사전』, 이남 종 역 (서울: 크리스챤 다이제스트, 1992), 184.

스도에 의해 주어집니다. 그리스도께서 우리를 위해 세상을 이기셨으므로 우리의 대적 원수를 주님보다 더 두려워해서는 안 됩니다. 우리의 시선을 원수의 위협보다는 주님이 우리에게 주신 약속에 더 고정해야 합니다."라고 역설하는 등(Thomas 1992, 249) 성도들의 상한 심령을 싸매곤 하였다.[7]

회심 후 코튼은 설교자로 명성을 얻었다. 1609년 그는 케임브리지의 피터 하우스 학장이던 로버트 썸(Robert Some)의 장례 설교를 한 후 유명해졌고, 이때부터 그를 따르는 이들이 많아졌다. 그는 목회자로 살 것을 다짐한 후 1610년 목사 안수를 받고, 케임브리지의 세인트 메리 교회(St. Mary Church)에서 설교를 시작하였다. 그는 십스가 그랬던 것처럼, 미사여구 대신 평신도들의 언어로 설교하면서 성도들의 상처 난 심령을 보듬었다. 율법을 설교하면서도 은혜를 역설하였고, 죄의 부패성을 지적하면서도 용서하시고 은혜를 베푸시는 하나님의 사랑을 전하였다. 그 결과 허다한 무리가 회개하고 돌아왔다.

• 영국에서의 설교 사역

코튼은 28살이 되던 1612년 링컨 주의 보스턴(Boston)에 있던 성 보톨프 교회(St. Botolph's Church)의 청빙을 받았다. 그는 보스턴에 도착하자마자 성경 연구와 기도에 전념함으로 설교를 준비하였고, 성령께 의존하여 설교함으로 보톨프 교회의 부흥을 이끌었다. 그의 설교를 듣기 위해 매 주일 2,000여 명이 넘는 사람들이 몰려왔다. 그 가운데에는 윌리엄 허친슨

---

7) 십스의 설교를 듣고 존 코튼과 휴 피터(Hugh Peter, 1598~1660)를 비롯한 수많은 청교도가 회심하였다. William Haller, *The Rise of Puritanism* (Philadelphia: University of Pennsylvania Press, 1972), 66.

(William Hutchinson, 1586~1641)처럼 보스턴에서 수십 리 떨어진 곳에서 살던 이들도 적지 않았다. [8] 천여 명이 살던 보스턴에 2천여 명이 몰려들었기 때문에 보톨프 교회는 코튼의 설교를 듣기 위해 몰려온 사람으로 차고 넘쳤다.

설교 운동이 일어나자, 코튼은 교회 개혁에 박차를 가하였다. 1615년 그는 보톨프 교회 안에 남아 있던 비성경적인 의식과 제도들, 곧 로마 천주교회의 미신적 잔재를 제거하자고 설교하였다. 그의 설교를 들은 교인들은 교회 안에 남아 있던 가톨릭교회의 모든 유물을 교회로부터 제거하였다. 보톨프 교회에서 로마 천주교의 "불경스러운 것들이 사라졌고, 미신이 폐지되었으며, 참된 종교가 모두에게 환영을 받았다. 보스턴시의 행정 관료들은 물론이고 시장까지도 청교도라고 불렸으며, 반면 사탄을 따르는 자들은 보스턴에서 하찮은 존재가 되어 버렸다."[9] 설교 운동이 시작되면서 성도들은 설교와 기도, 찬송으로 이어져 신령과 진정으로 예배드리곤 하였다.

이처럼 활발하게 일어나던 코튼의 설교 운동은 1625년부터 어려움을 당하였다. 1625년 왕위에 오른 찰스 1세(Charles I, 1625~1649)가 캔터베리 대주교 윌리엄 로드(William Laud, 1573~1645)를 통해 설교 운동을 방해하고 청교도를 박해했기 때문이다. 로드는 고등종교법원(High Commission Court)을

---

8)   코튼의 설교를 듣기 위해 보스턴 근교의 허다한 사람들이 마차를 타고 성 보톨프로 몰려왔다. 특히 윌리엄 허친슨 같은 사람은 수십 리 길을 마다하지 않고 예배에 참석할 뿐 아니라 1633년 코튼이 신대륙으로 떠나자 그를 따라 매사추세츠까지 왔다. 그의 부인 앤(Ann Hutchinson, 1591~1643)도 코튼을 따랐지만 뉴잉글랜드 보스턴에서 율법폐지론(Antinomianism)을 주장하여 코튼에게 큰 어려움에 몰아넣기도 하였다.

9)   Cotton Mather, *Magnalia Christi Americana: The Great Works of Christ in America.* 3rd edition. 2 volumes (Edinburgh: The Banner of Truth Trust. 1979), 1:258.

열어 청교도 지도자들을 투옥한 후 고문하고, 심지어는 화형에 처하였다. 박해가 일어나자, 존 윈스럽(John Winthrop, 1588~1649)을 비롯한 비분리주의적 청교도들은 뉴잉글랜드로의 이민을 계획하였다. 그는 1628년 매사추세츠 식민회사(Massachusetts Bay Company)를 세운 후 신대륙으로 이민할 사람들을 모집하고, 1630년 3월 말 860여 명의 청교도와 함께 신대륙으로 출항하였다. 이때 그들에게 환송 설교를 한 사람이 바로 존 코튼이다. 그는 사무엘하 7장 10절과 시편 22편 27, 30, 31절을 본문으로「하나님의 정착촌에 대한 하나님의 약속」(God's Promise in His Plantation)이라는 제목 아래 설교를 하였다.[10]

코튼은 환송 설교를 통해 이민자들에게 모든 충고와 권면을 아끼지 않았다. 이민자들을 향한 하나님의 뜻은 선하며, 그들의 장래도 밝다고 지적한 후, 미래에 대한 경고를 잊지 않았다. 그는 이민자들에게 뉴잉글랜드에 정착한 후 성경에 기초하여 살아야 한다고 말한 후, 뉴잉글랜드에서 형통하게 되었을 때 하나님을 잊지 않도록 조심하고 근신하라고 하였다. 아울러 이민자들은 "새 이스라엘"이며, "여호와의 약속을 따라" 새 땅을 기업으로 받을 자들이며, 그곳에서 다시 옮기지 않고 영원히 거하게 될 것이라고 설교하였다. 이민자와 그들이 거주할 뉴잉글랜드의 장래를 낙관적으로 본 것이다.[11]

코튼이 신대륙으로 떠난 이민자들을 위하여 환송 설교하였다는 소문이 퍼지면서 교회 당국의 코튼에 대한 감시가 시작되었다. 1632년 로우드 대주교는 코튼을 고등종교법원에 소환하였다. 대주교의 소환에 응하

---

10)   오덕교『청교도와 교회개혁』(수원: 합동신학교출판부, 2001), 77.

11)   John Cotton, "Gods Promise in His Plantation"(London, 1630). *Old South Leaflets* No. 3의 속표지에서 재인용.

든 응하지 않든 엄청나게 고난받을 것으로 판단한 코튼은 피신을 결심하고, 1633년 5월 세인트 보틀프 교회에 담임 목사 사직서를 제출한 후, 그해 7월 런던으로 가서 공안 당국의 삼엄한 경계를 뚫고 신대륙으로 향하는 그리핀 호(the Griffin)에 승선하였다(오덕교 2001, 81).

• 뉴잉글랜드에서의 설교 사역

그리핀 호에는 코튼과 토머스 후커(Thomas Hooker, 1586~1647), 사무엘 스톤(Samuel Stone, 1602~1663) 등 3명의 청교도 목사와 200여 명의 이민자가 승선해 있었다. 8주간의 항해 후 그들은 1633년 9월 4일 매사추세츠의 보스턴(Boston)에 도착하였다. 코튼이 도착하자, 뉴잉글랜드의 여러 교회가 그를 담임 목사로 청하려고 하여 혼란이 일어났다. 2주 후인 9월 17일 뉴잉글랜드의 모든 목사와 장로, 행정 관료들은 이 문제를 해결하기 위해 보스턴에서 모였다. 그들은 오랜 시간의 토의 후 "만장일치로 코튼을 보스턴에 머물도록" 결정하였다.[12] 보스턴 교회는 청교도 전통에 따라 목사 청빙을 위한 전 교인 금식 기도를 가진 후, 10월 10일 코튼을 교사(doctor), 곧 신학 교육과 교리를 가르치는 목사로 위임하였다. 보스턴 교회에는 이미 존 윌슨이 담임 목사로 부임해 있었으므로 코튼을 교사로 청한 것이다. 비록 코튼이 교사로 청빙을 받았지만, 그는 담임 목사보다 더 많은 월급을 받았다(오덕교 2001, 82).

코튼은 신대륙 도착 후 뉴잉글랜드 청교도 운동의 옹호에 앞장섰다. 1633년 로저 윌리엄스(Roger Williams, 1603~1683)가 지상에 흠이 없고 완전한

---

12) John Winthrop, *The History of New England From 1630 to 1649*. Edited by Savage. Reprinted edition (Salem, New Hampshire: Ayer Company Publishers Inc. 1992), 108.

교회를 세워야 한다고 주장하면서 뉴잉글랜드 교회로부터의 분리를 주장하자, 코튼은 윌리엄스의 분리주의 운동을 비판하면서 뉴잉글랜드 청교도 운동을 변호하였다. 초대교회 당시 도나투스(Donatus, 313~355) 논쟁 때에 아우구스티누스(Augustinus of Hippo, 354~430)가 그랬던 것처럼, 그는 지상 교회는 불완전하며, 교회가 비록 부패하였다고 하더라도 그 교회로부터 떠나서는 안 되고, 그 안에 남아 있으면서 개혁 운동을 전개해야 한다고 주장한 것이다(오덕교 2001, 276~285).

코튼은 세속 정부 일에도 적극적으로 참여하였다. 그는 1636년 5월 뉴잉글랜드 식민지를 위한 헌법 초안 위원으로 위촉받았고, 그해 12월 초안 위원들 가운데 가장 먼저 『모세와 그의 형법』(Moses His Judicial)이라는 법전을 일반 법원에 제출하였다.[13] 이 초안은 모세의 형법에 기초한 것으로, 우상숭배와 미신을 금하는 등 종교적인 냄새가 짙었지만, 공평과 정의의 실현을 강조하였고, 인디언과의 무역 문제 등 다양한 현안을 다루었다. 하지만 매사추세츠 정부는 초안의 내용이 너무 구약적이라는 이유로 채택하지 않았다(오덕교 2001, 158).

코튼은 이 일로 마음이 상했지만 뉴잉글랜드를 떠나지 않았다. 1642년 영국 의회로부터 귀국하여 의회가 추진하는 교회 개혁 운동을 이끌어 달라는 편지를 받았지만, 코튼은 뉴잉글랜드에서 추진하고 있는 개혁 운동을 중단할 수 없다는 이유로 사양하였다. 1년 후 의회가 웨스트민스터 사원(Westminster Abbey)에서 총회를 열고 그를 다시 초청하였지만, 그는 일이 바쁘다는 이유로 귀국하지 않았다. 그 후 웨스트민스터 총회가 『신앙고백서』(The Confession of Faith)를 작성하고 장로교 교회 정치체제를 지지하

---

13) 매사추세츠 주지사였던 존 윈스럽(John Winthrop)은 이를 "a model of Moses his judicials, compiled in an exact method"라고 칭하였다(Winthrop 1992, 1:196).

교회 역사를 빛낸 위대한 설교자들

는『장로교 정부형태론』(The Form of Presbyterian Church Government)을 채택하자, 코튼은 뉴잉글랜드 방식의 교회 개혁안을 마련하였다.

코튼은 웨스트민스터 총회가 취한 교회 정치사상은 뉴잉글랜드가 추구하는 정치사상과 크게 다르다는 것을 확인하고, 이 문제를 해결하기 위해 대회 소집을 요구하였다. 1648년 매사추세츠의 케임브리지에서 대회가 열리자, 코튼은『케임브리지 강령』(Cambridge Platform)의 초안자로 임명받아 뉴잉글랜드 방식의 종교개혁을 옹호하는 데 앞장섰다. 코튼은 회중 교회 정치체제의 신적 기원을 주장하면서 성경이 제시하는 교회 정치원리가 교회의 자율과 교직자 사이의 평등, 그리고 교회의 연합임을 확인하였다. 아울러 웨스트민스터 총회가 교인을 바른 신앙을 고백하는 자로 규정한 것은 미흡한 조처이며 거듭남의 체험이 요구되어야 한다고 주장하였다. 코튼은 이처럼 언덕 위의 도시를 건설하기 위하여 진력하다가 1652년 감기로 하나님의 부름을 받았다.

2. 코튼과 설교

코튼이 활동하던 뉴잉글랜드에는 내로라하는 설교자들이 많았다. 그 대표적인 사람이 코네티컷의 개척자였던 토머스 후커(Thomas Hooker, 1586~1647)였다. 그는 신앙적 박해를 피해 네덜란드로 갔다가 뉴잉글랜드에 이민한 청교도 1세로 뉴잉글랜드 건설에 큰 영향을 미쳤다. 그는 설교의 초점을 성도들의 죄를 지적하고 바로 잡는 데 두곤 하였다. 설교를 준비하면서 성경 본문을 여러 번 읽고 나서 묵상하고, 금식과 기도로 설교문을 작성하여 암송하여 설교를 예행 연습하였고, 그 후 하나님의 은혜가 설교에 임하길 간절히 기도한 후 강단에 올라갔다. 그는 먼저 성도들 가운데 퍼져 있던 죄 또는 인간의 죄성에 대해 지적하며 회개를 촉구하였고, 다음으로 그들의 상처를 감싸 주었다. 그는 은혜받으려면 철저히 회개해야 함을 촉구하는 율법적인 설교를 한 것이다. 하나님은 죄를 싫어하고 죄인을 벌하시는 징계하시는 분이므로 그의 진노의 손에서 벗어나려면 철저하게 회개해야 한다고 가르쳤다.[14]

설교에서 인간의 죄성을 지적하던 토머스 후커와는 달리, 코튼은 하나님의 크신 은혜에 호소하곤 하였다. 하나님의 공의보다는 사랑에 초점을 맞추어 설교한 것이다. 이 같은 코튼의 설교에는 소금이 맛을 내듯 언제나 은혜가 넘쳤다. 수많은 이들이 그의 교회를 찾았고, 회심하거나 개종하였다.[15] 이처럼 코튼을 좋아하는 이들이 많아지자, 어떤 이는 그의 설교를 속기하여 은밀하게 출판하기도 하였다.[16]

• 코튼과 청교도 설교

코튼을 이처럼 영향력이 있는 설교자로 만든 것은 바로 청교도 신학이

---

14) 후커의 설교는 『구원의 적용』(The Application of Redemption: The Ninth and Tenth Books, 1656)이라는 책으로 출판되었는데, 그는 이 책에서 은혜받으려면 철저히 회개해야 한다고 가르쳤다. 그는 교인을 책망하는 데 초점을 둔 것이 아니라 성경이 명하는 율법적인 요구를 성도들에게 소개하였다.

15) 그의 설교를 듣고 개종한 사람 가운데 케임브리지 대학의 교수였던 존 프레스톤(John Preston, 1587~1628) 박사, 독립파 지도자인 토머스 굿윈(Thomas Goodwin, 1600~1679), 그리고 올리버 크롬웰(Oliver Cromwell)의 자문관이었던 존 오언(John Owen, 1616~1683) 등이 있다.

16) 한 예로 코튼이 목요 강좌를 통하여 요한계시록의 일곱 대접을 강해하자, 험프리(Humfrey)라는 사람은 코튼의 설교를 속기하여 1642년 런던에서 『일곱 대접을 부으심』(*The Powring Out of the Seven Vials*)이라는 제목으로 출판하였다. 윈스럽에 의하면, 코튼은 자신의 허락이나 교정 없이 이 책을 출판한 험프리에 대하여 매우 불쾌하게 여겼다고 한다(Winthrop 1992, 2:69~70). (오덕교 2001, 86 footnote).

었다. 그는 당대의 청교도 신학자들의 글을 애독하였고, 그들로부터 많은 영향을 받았다. 곧 청교도 신학의 기초를 놓은 윌리엄 퍼킨스(William Perkins, 1558~1602), 당대의 저명한 청교도 학자로『신학의 정수』(The Marrow of Sacred Theology)를 저술한 윌리엄 에임스(William Ames, 1576~1633), 대설교가 윌리엄 위태커(William Whitaker, 1548~1595)와 리처드 십스(Richard Sibbes, 1577~1635), 그리고 폴 베인스(Paul Baynes, 1573~1617)로부터 신학을 배웠다. 아울러 그는 고전어의 대가로 신약성경을 헬라어를 읽고 해석할 수 있었고, 라틴어와 히브리어에 능통하여 당대의 뛰어난 학자들과 설교자의 글을 모두 읽은 학자였다.[17]

이 많은 이들 가운데 코튼에게 가장 큰 영향을 준 이는 칼빈이었다. 코튼의 외손자인 코튼 매더(Cotton Mather, 1663~1728)에 의하면, 코튼은 매일 칼빈의 글을 읽음으로 하루를 시작하고 끝냈다(Mather 1979, 1:274). 그는 칼빈의『기독교 강요』(Institutes of Christian Religion)를 애독하였고, 칼빈과 그의 동료들이 편찬한『제네바 성경』의 각주(foot note)를 가지고 설교를 작성하였다(오덕교 2001, 26). 그는 칼빈의 제네바 교회를 지상에서 가장 순결한 교회로 간주하였고, 제네바 교회를 모델로 삼고 뉴잉글랜드를 개혁하고자 하였다. 신대륙 도착 후 시작한「아가서」강해에서, 그는 지상에 '여왕과 같은 교회', '첩과 같은 교회', 그리고 '처녀처럼 순결한 교회'가 있다고 논하

---

17) 코튼이 그의 설교나 책에 인용하거나 비판한 책에는 존 버나드(John Bernard)의 『요한계시록 주석』(Commentary on the Revelation), 칼빈의『기독교 강요』(*Institutes of the Christian Religion*)와 글들, 토머스 브라이트맨(Thomas Brightman)의『요한계시록 강해』(*Apocalypsis Apocalypseos*)와 패트릭 포브스(Patrick Forbes)의『성 요한의 계시록에 대한 한 학구적 주해』(*A Learned Commentarie vpon the Revelation of Saint Iohn*), 로마 가톨릭 신학자 로버트 벨라민(Robert Bellarmine)의『기독교 신앙 논쟁, 오늘날의 이단들에 대하여』(*Disputationes Roberti Bellarmini ... de Controversiis Christianae Fidei, Adversus Huius Temporis Hereticos*) 등이 있다. (오덕교 2001) 제2장과 제3장 참고.

면서[18] 뉴잉글랜드는 제네바처럼 '처녀처럼 순결한 교회'가 되어야 한다고 역설하였다(Winthrop 1992, 105).

- ### 교회사 속의 설교

코튼은 교회 역사를 설교의 역사로 보았고, 설교 역사를 세 시대로 구분하였다. 곧 설교 운동이 활발하고 하나님의 말씀이 왕 노릇을 하며 다스리던 초대교회 시대, 말씀의 빛이 가려져서 설교 운동이 중지되어 있었던 중세 시대, 마지막으로 설교의 부흥으로 모든 교회와 국가에서 하나님의 말씀이 다시 한번 부흥하게 될 종교개혁 시대로 나누었다(오덕교 2001, 172).

초대교회는 예수 그리스도, 바울과 베드로와 같은 사도들, 아우구스티누스(Augustine of Hippo, 354~430)와 크리소스토무스(John Chrysostom, c. 349~407)와 같은 뛰어난 설교자들이 있었다. 당시 성도들은 성경을 하나님의 말씀이며, 신앙과 생활의 기준으로 삼았다.

그러나 중세에 접어들면서 성경의 권위가 무시되었다. 스콜라 철학자, 교회 법학자, 수도사와 수도승들이 "우의적이고 이교적이며 부패한 성경 해석" 방법을 교회에 소개하면서 말씀의 빛이 사라졌다.[19] 특히 교황청이 1229년 프랑스 리용의 설교자였던 피터 왈도(Peter Waldo, c. 1140~c.1205)를 이단으로 정죄하고 성경을 금서로 지정하면서 말씀의 빛이 완전히 사라져서 암흑시대가 되었다.

그 후 1517년 루터가 일어나 종교개혁 운동을 전개하면서 성경의 권

---

18)   John Cotton, *A Brief Exposition of the Whole Book of Canticles, Or, Song of Solomon.* Reprinted edition. (Edinburgh: James Nichol, 1868), 49.

19)   John Cotton, *The Powring Out of the Seven Vials: Or, An Exposition of the Sixteenth Chapter of the Revelation, With an Application of It to Our Times* (London, 1645), 116.

위가 회복되었고, 강단이 살아났으며, 설교의 전성시대가 왔다. 예배의 중심에 설교가 들어서면서 모든 "어두움의 안개와 무지, 오염된 것들"이 교회들로부터 제거되었다. '마지막 때의 영광스러운 교회 시대'(Latter day glory of the church)가 전개된 것이다(Cotton 1962, 36).

코튼은 이처럼 설교 운동과 함께 교회의 마지막 시대가 시작된다고 보았다. 그때 하나님은 그의 신실한 종들을 천하만국에 보내셔서 흑암에 묻혀 있는 로마교황청의 정체를 밝혀내고, 로마 가톨릭의 교리들이 하나님에게서 온 것이 아니라 지옥의 심연에서 올라온 것이라는 밝힐 것으로 보았다. 이처럼 설교 운동으로 하나님에 관한 지식이 퍼져 나감으로 어둠의 정체가 드러나고, 하나님과 하나님의 나라에 대한 지식이 "강물이 바다를 덮음과 같이" 온 세상에 전파됨으로, 영광스러운 교회 시대가 온다고 설교하였다(Cotton 1645, 144, 151, 146).

• 설교, 회심의 수단

코튼은 마지막 시대에 설교 운동을 통하여 교회의 영광스러운 때가 온다고 믿었다. 설교를 통해 거듭나고, 회심을 통해 하나님의 나라가 확장됨으로 사탄의 영향력은 약화될 것이라고 본 것이다. 코튼은 태초에 하나님께서 말씀으로 천지를 창조하셨던 것처럼, 오늘날에도 설교 사역을 통해 영적으로 죽어 있는 이들을 살리는 재창조 사역을 이룬다고 하였다. 곧 설교 가운데 성령께서 설교자가 전하는 말씀을 청중에게 적용함(cum verbum)으로 재창조 사역이 일어난다고 하였다. 그는 다음과 같이 외쳤다. "하나님의 말씀은 썩지 않는 씨앗이고, 의문이 아니라 영입니다(벧전 1:2). 말씀과 성령이 하나님의 형상을 잉태할 때 드디어 거듭나게 됩니다. 하나님의 말씀과 성령이 씨를 뿌릴 때에 사람이 거듭나게 됩니다."[20]

코튼은 복음적인 설교를 통하여 영적으로 죽어 있던 자들을 살리고, 부패한 인간의 심성을 고친다고 하였다. 설교를 통해 전파되는 하나님의 말씀으로 사람의 마음이 각성하게 되고 "영육 간에 썩지 아니할 영광스러운 형태로" 고침을 받게 되므로, 설교는 죄인을 하나님께로 이끄는 개혁의 동인(動因)이라는 것이다.[21] 그러므로 설교는 교회 개혁을 이끌며, 성도들이 다스릴 천년왕국을 준비하는 강력한 도구가 된다고 주장하였다.[22]

• 설교자의 직무

코튼은 설교자를 하나님의 대사(大使)로 보았다. 설교자는 "세상의 모든 나라를 하나님과 화해하도록 설득하기 위해" 보내심을 받은 자[23]이므로 설교 내용이 설교자 자신의 말이 아닌 그를 보내신 하나님의 말씀만 전해야 한다고 보았다. 다른 말로 하면, 설교자는 세상의 철학이나 윤리를 강론하는 대신 죄인들을 영적으로 거듭나게 하고, 거듭난 성도들이 신앙 안에서 자라게 하며, "영혼을 살릴 수 있는 생명의 말씀"만을 전해야 한다고 하였다.[24]

---

20)   John Cotton, *An Exposition of the First John*. Reprinted edition. (Evansville, Indiana: Sovereign Grace Publishers, 1962), 335.

21)   John Cotton, *A Brief Exposition of the Whole Book of Canticles, Or, Song of Solomon*. Reprinted edition (Edinburgh: James Nichol, 1868), 171.

22)   이 부분에서는 필자의 졸저인 『청교도와 교회의 개혁』, "제3장 교회 개혁의 수단" 부분을 참고하시오.

23)   John Cotton, *Of Holinesse of Church Members* (London, 1650), 22.

24)   John Cotton, *John Cotton's Answer to Roger Williams* (Providence, Rhode Island: Narrangansett Club, 1867), 214.

설교자가 순수한 복음만을 전하려면 하나님이 세우신 규칙에 충실해야 한다. 설교자는 좌로나 우로 치우치거나, 하나님께서 성경을 통해 의도하신 것 이상으로 설교해서는 안 되고, 성경에 있는 그대로 전하여야 한다고 하였다(Cotton 1962, 34). 코튼은 『요한 일서 강해』(An Exposition of First John)에서 "설교자는 성경이 증거하는 것만을 전해야 합니다. 왜냐하면 성경만 확실한 진리이기 때문입니다. … 하나님의 말씀을 인간의 전통이나 잔꾀로 섞어 전해서는 안 됩니다. 만일 귀하가 그렇게 설교한다면, 그것은 썩어 냄새나며 생기 없는 것이 될 것입니다. … 귀하는 하나님의 말씀에 꿈이나 인간의 공상들로 섞지 말고, 오히려 권능과 성령의 예증 가운데 전하십시오"라고 역설하였다(Cotton 1962, 25, 73).

코튼은 설교자에게 필요한 덕목으로 먼저 언행일치의 삶을 내세웠다. 설교자는 "하나님의 모든 뜻을 증거하고(렘 30:15), 모범적인 대화로(딤전 4:12)" 설교한 것을 실행해야 한다는 것이다(Ibid., 34). 아울러 설교자에게는 정결한 삶과 복음에 대한 열정, 그리고 하나님의 일을 기쁨으로 하려는 자세가 필요하다고 하였다. 아무리 훌륭한 설교자라도 강단에서 전한 말씀과 생활이 다르다면 그의 설교는 거짓이 되고, 복음에 대한 열정이 없이 설교하면 주문 낭독과 같이 될 뿐이요, 자원하는 마음이 아닌 의무감으로 하면 열매를 기대할 수 없기 때문이다. 코튼은 다음과 같은 말을 남겼다. "초대교회의 목사들과 목회자들은 대학 교육을 받지 않고도 이 일을 잘 수행하였습니다. 그렇다면 많은 외적인 도움과 수단을 활용할 수 있는 때에 우리가 이러한 자질을 갖추지 못하였다면 얼마나 부끄러운 일입니까? 귀하는 신실한 목회자가 되기를 원합니까? 귀하가 가르치는 교리들이 꿀송이가 떨어지는 것과 같이 되게 하십시오. 기쁜 마음으로, 자유스럽게, 달콤하게 전하십시오"(Cotton 1968, 32).

3. 코튼의 설교 구성과 전달

코튼은 성경을 신앙생활의 원리로 삼는 것보다 더 중요한 게 올바른 해석이라고 생각하였다. 중세 스콜라 철학자들은 성경을 영적으로 해석하다가 오류에 빠졌고, 루터와 재세례파들은 그에 대한 반작용으로 문자적 해석만 강조하여 편협하게 되었기 때문이다. 코튼은 칼빈의 가르침에 따라 성경을 역사적·문법적 해석 차원에서 해석해야 한다고 주장하면서 다음의 원리에 충실해야 한다고 하였다.

• 성경 해석

첫째, 계시의 다양성(diversity) 가운데서 유일성(unity)을 찾아야 한다고 하였다. 성경 각 권은 저자와 시대적인 배경이 다르지만, 내용은 하나이기 때문이다. 모세를 비롯한 40여 명의 저자에 의하여 성경이 기록되었지만, 성경의 내용은 모순되지 않고 하나의 통일된 의미 곧 예수 그리스도를 계시한다. 이러한 통일성은 성경 저자가 성령 하나님임을 입증하므로, 성경을 해석하다가 그 의미를 깨닫기 힘들 때 설교자는 다른 성경의 조명을 받을 것을 주장하였다. 왜냐하면 하나님이 교회에 주신 특별 계시 안에는 통일성이 있기 때문이다. 그래서 그는 성경을 연구하다가 해석하기 어려운 경우 다른 구절, 다른 장, 그리고 다른 책을 찾아서 그 의미를 찾아야 한다고 하였다(Cotton 1962, 363).

둘째로, 구약 계시와 신약 계시의 연속성을 주장하였다. 성령께서 인간 저자를 사용하여 구약을 기록하신 것처럼 신약도 기록하셨으므로, 성경 계시는 연속적인 의미가 있다고 하였다. 따라서 구약은 신약 안에서 해석되어야 한다고 하였다. 그는 재세례파(Anabaptist)가 예수 그리스도 안에서 구약이 폐지되었다고 주장하자, 폐지된 것이 아니라 예수 그리스도 안에서 완성되었음을 강조하였다. 곧 의식법은 예수 그리스도의 대속과 죽음의 예표이며, 할례는 은혜 계약의 표일 뿐만 아니라 예수 그리스도 안에서 세례로 이어졌으며, 유월절 만찬은 성찬으로, 안식일은 주일로 완성되었다고 하였다.

셋째로, 계시의 점진성을 주장하였다. 구약시대에는 모형과 비유로 말씀하여 그 의미가 모호하였지만, 신약시대에는 예언의 실재가 되는 그리스도 예수께서 나타나셨다. 그러므로 신약시대의 성도들은 구약시대의 사람들보다 더 바르고 정확하게 성경을 해석할 수 있게 되었다는 것이다. 예수 그리스도께서 구약의 마지막 선지자인 세례 요한에 관하여 "여자가 낳은 자 중에 세례 요한보다 큰 이가 일어남이 없도다. 그러나 천국에서는 지극히 작은 자라도 그보다 크니라."(마 11:11)고 말씀하신 것처럼, 신약시대의 성경 해석은 구약시대보다 더 구체적이고 확실해진다는 것이다. [25]

넷째로, 성경을 초대교회 회복 차원에서 해석해야 한다고 하였다. 코튼은 그리스도께서 유대인들의 전통을 배격하고 성경의 원래 의미에 충실하려고 하셨고, 사도들이 할례주의 또는 율법주의를 배격하고 그리스도의 가르침에 충실히 하려고 했던 것처럼, 설교자는 예수 그리스도께서 세우신 초대교회 원형을 복구할 수 있게 성경을 해석해야 한다고 하였다(Davidson 1982, 122). 설교자들은 초대교회 이후로 신앙을 왜곡해 온 로마 천주교회의 그릇된 전통과 교리가 무엇인지 지적하고 제거함으로 초대교회의 회복할 수 있게 성경을 주해해야 한다는 것이다. 곧 뉴잉글랜드 설교자들은 루터나 칼빈보다 더 힘 있게 말씀 운동을 전개하여 성경적

---

25)   Edward H. Davidson, "John Cotton's Biblical Exegesis: Method and Purpose." *Early American Literature*, Volume XVII(1982), 122.

초대교회를 뉴잉글랜드 안에서 회복해야 한다고 하였다. 코튼은 이러한 믿음으로 다음과 같이 청교도들에게 경고하며 권하였다. "만일 여러분이 뉴잉글랜드를 타락한 사회로 만들고 부정하거나 세상의 방식으로 살아 간다면, 영국인들은 우리의 개혁 운동을 하나의 망상(delusion)으로 간주하고, 통치자나 장로들의 고안품 정도로 취급하며, 불충한 자들의 분리 운동으로 평가할 것입니다. 사회의 모든 구조는 하나님의 말씀에 따라 다스릴 수 있도록 성경의 조명 아래 개혁되어야 합니다. 구약에서 유대 인의 역사를 보고 신약에서 그리스도와 사도들의 가르침을 살펴보면 종 교 생활이 어떻게 사회 문제에 영향을 미쳤나를 보여 줍니다. 이스라엘 이 하나님을 떠날 때 재앙이 따랐고, 회개하고 하나님께 돌아올 때 상을 받았습니다. 유대인들이 그리스도를 거절할 때 예루살렘의 멸망과 로마 의 멍에 아래서 고통당하였습니다. 초대교회가 바울의 교훈을 따라 생활 할 때 번성하였습니다. 그러나 말씀을 떠날 때 하나님의 진노를 받았습 니다. 개종하고 돌아올 때 하나님의 보상이 있었던 것과 같이, 하나님의 말씀에 근거하여 사회가 개혁될 때 하나님의 축복이 임하게 됩니다. 그 러므로 하나님의 축복이 임하도록 철저히 말씀에 의한 개혁을 이루어야 합니다"(Cotton 1645b, 22, 23).

코튼은 이처럼 초대교회의 회복을 꿈꾸면서 1639년과 1640년 사이에 보스턴에서 요한계시록 13장을 16번에 걸쳐 강해한 후『요한계시록 13 장 강해』(Exposition Upon the Thirteenth Chapter of the Revelation)라는 제목으로 출 판하였다. 그는 이 강해에서 성경을 삼단논법에 기초하여 해석한 후, 거 기서 얻어 낸 교훈을 성도들에게 적용하였다. 먼저 그는 대전제로 '섭리 가운데 하나님의 계시가 실현되어 가고 있다는 것'을 설명하였고, 소전 제로 '로마 천주교회의 통치 시기에 교회의 타락과 이단이 일어났다.'고 논한 후, 결론으로 '하나님은 부패한 로마 천주교로부터 개혁주의 교회로의 개혁을 의도하고 계시다'고 설득함으로, 교회 개혁이 종말론적이면서도 필연적으로 일어날 사건이라는 것을 알렸다(Davidson 1982). 교회 부흥의 시대가 온다고 역설한 것이다.

코튼은 요한계시록 16장 해석에서도 같은 원리를 적용하여 설교하였다.[26] 그는 대전제로 초대교회의 설립에 대하여 논하고, 소전제 부분에서 로마 천주교회를 통한 초대교회로부터의 타락을, 마지막 결론 부분에서 종교개혁 운동에 의한 초대교회로의 회복, 설교 운동이 일어날 것을 설교하였다. 이와 같은 논리에 근거하여 그는 사회와 교회 개혁을 외쳤고, 이를 통해 뉴잉글랜드를 하나님의 말씀이 다스리는 '언덕 위의 도시'(city on a hill)로 만들고자 하였다. 일곱 나팔에 대한 해석에서도 그는 대전제로 백성들이 지도자 또는 백성 스스로 연약해져서 타락하였음을 밝힌 후, 소전제에서 하나님은 타락한 백성과 함께 타락한 통치자를 보냈다고 논하고. 마지막 결론에서는 하나님께서 교회를 개혁하고 정결케 할 것을 의도하고 있다고 주장하면서 교회와 사회 개혁을 역설하였다(오덕교 2001, 95~102).

다섯째로, 성경을 인간의 지혜에 의존하지 않고 하나님의 지혜에 기초해서 강해해야 한다고 하였다. 성경 해석의 기술이 인간에게 있는 것이 아니라 하나님께 있기 때문이다. 성경 해석자는 성경의 한 단어, 한 구절의 말씀에 자신을 맡김으로 성경이 보여 주는 의미를 찾아야 하는데, 마치 하나님이 우리 안에서 말씀하시는 것처럼, 그리고 근신하며 순종의 자세로 하나님이 보여 주는 것을 기다려야 하며, 그 가운데 한 구절의 말

---

26)   코튼의 이 설교는 나중에 『일곱 대접을 부으심』(*The Powring Out of the Seven Vials: Or, An Exposition of the Sixteenth Chapter of the Revelation, With an Application of It to Our Times* (London, 1645)이라는 제목으로 출판되었다.

씀은 다른 구절의 말씀 해석에 따르고, 한 구절은 다른 구절로 해석할 수 있게 발전시켜야 한다고 하였다. 그러므로 성경 해석자는 자신의 주관이 아닌 성경의 지시를 따라 성경 사이에 서로 비교하고, 그 안에서 교훈을 유추하고, 성경이 보여 주는 교리와 이치를 따라야 한다고 하였다.[27]

여섯째로 수사법의 적절한 사용을 지지하였다. 코튼을 비롯한 뉴잉글랜드 청교도들은 영국 국교도의 풍유적이며 수사적인 해석을 비판하고 받아들이지 않았다. 특히 우상이나 화상 등 신앙적 상징물의 사용을 반대하였다. 하지만 그들이 성찬과 세례 등 상징적인 의미까지 거부한 것은 아니다. 그들은 성례와 함께 설교를 풍요롭게 할 수 있는 수사적인 비유를 거부하지 않았다. 바울이 설교에 가끔 풍유법을 사용했고, 윌리엄 퍼킨스가 조심스럽게 풍유적인 것을 사용하라고 권한 교훈에 따라 풍유법을 사용한 것이다. 그들이 시용한 풍유는 넓은 의미에서 가정적인 이야기, 비유를 통한 예증, 교인과 목사의 대화, 존경받는 성도들에 관한 이야기, 위선자에 관한 이야기들이 포함되고 있다.

코튼은 또한 설교에 다양한 수사법을 사용하였다. 그의 설교에는 왕(king)을 왕관(crown)으로 표현하는 것처럼 대상과 관련이 되는 다른 사물이나 속성을 대신할 것을 예로 들어 그 대상을 설명하는 환유법(metonymy), 사물 일부나 그 속성을 들어서 그 전체나 자체를 나타내는 대유법(代喩法), 본래의 뜻은 숨기고 비유하는 형상만 드러내어 표현하려는

---

27) 성경 본문을 비교하고 유추하는 성경 해석의 전통은 루터로부터 시작된다. 그는 사물들의 유사성을 비교·유추하여 해석함으로 설교를 풍요롭게 할 수 있다고 하였다. 성경 구절을 상호 비교하여 말씀이 제시하는 영적인 의미를 찾을 수 있다고 본 것이다. 뉴잉글랜드 청교도 가운데 존 대븐포트(John Davenport, 1597~1670)와 코튼 매더(Cotton Mather, 1663~1728) 등이 이 전통을 따랐고, 특히 대븐포트는 에스겔 37장을 본문으로 삼아 설교하면서 마른 계곡을 비천해진 교회 상태의 상징으로, 마른 뼈는 힘을 잃은 교인을 의미하는 것으로 해석하였다.

대상을 설명하거나 그 특질을 묘사하는 은유법이 자주 나타난다. 또한 감탄, 질문, 강요, 기원, 의인법, 생략법과 대화와 유추도 사용하곤 하였다. 다양한 수사법을 통하여 하나님의 시각에 맞추어 해석하고자 한 것이다.

일곱째로, 의지에 초점을 두어야 한다고 하였다. 설교는 회심과 변혁을 목표하는 것이므로, 설교의 초점은 인간의 지성과 감성만 아니라 의지에 초점을 맞추어야 한다. 곧 인간을 변화시키기 위해 설교자는 먼저 인간의 심리를 이해해야 하고 영혼에 초점을 두고 설교해야 한다고 하였다. 인간 심리를 관장하는 곳은 영혼이며, 혼이 이성, 양심, 연상, 기억, 의지, 감정을 다스리기 때문이다. 코튼은 혼의 기능을 오성(understanding)과 의지(will)로 크게 단순화한 칼빈의 가르침에 따라 인간의 본성을 내적인 거룩함과 외적인 경건에 영향을 주도록 숙고하는 면(reflective halves)과 행동적인 면(active halves)으로 나누었다. 곧 어떤 것에 대하여 숙고하여 그것에 대한 지식을 얻고(오성), 그 지식에 따라 적극적으로 행동하게 된다고 하였다(의지). 그러므로 설교자는 먼저 지성을 자극하고 감정적으로 동의를 얻은 후 의지에 호소해야 한다고 하였다. 사람은 깨달음에 근거하여 행동하기 때문이다. 또한 코튼은 "의지가 선하면 이해하는 것도 선하고, 감정과 언어도 선하며, 우리 손이 행하는 모든 일들, 우리의 입으로 나오는 모든 말이 선한 의지, 즉 잘 지켜진 마음으로부터 나온다"고 주장하면서 의지에 초점을 두고 설교할 것을 역설하였다.

코튼은 이와 같은 원리에 따라 성경을 해석하고, 청교도 전통에 따라 본문 해설, 교리 유추, 논증, 적용으로 구성한 후,[28] 라무스의 논리에 따

---

28) 이러한 설교 구조는 윌리엄 퍼킨스(William Perkins, 1588~1603)가 『설교의 기술』(The Arte of Prophesying, 1592)에서 주장하였고, 윌리엄 에임스(William Ames,

라 설교를 작성하였다. 그는 먼저 (1) 주제(본문의 요약) 또는 전제를 제시한 뒤, (2) 주제로부터 중요한 교리를 유추하고, (3) 유추된 교리를 삶 속에 적용하도록 하였다. 곧 성경의 본문으로부터 주제를 유추하고, 그 주제에 맞추어 대지와 소지를 나누면서 그에 따라 각각 성경을 배분하고, 다시 종합하는 순서를 밟았다. 설교를 시작하면서 성경 본문으로부터 주제를 제시한 것은 바로 청교도 설교 전통이었다.[29]

• 교리 유추

코튼은 본문에서 주제를 발견하고, 주제를 통해 전해야 할 교리를 유추하였다. 교리는 성경 본문에 분명하게 나타날 수도 있지만, 그렇지 않은 예도 있다. 곧 성경 본문이 우의적이거나 상징적일 경우에 모든 정보를 이용하여 본문이 제시하는 객관적인 의미를 찾아내야 한다. 그리고 교리가 세워지면 교리를 성경 구절을 인용하여 논증하였다. 그는 교리(dogma) 또는 교훈(doctrine)을 논증하기 위하여 (1) 동일한 교훈과 관련 있는 것을 인용하거나, (2) 교훈 또는 교리와 대조되거나 정반대되는 것을 이용하여 예증하였다. 곧 하나님을 빛이라고 설명한다면, 마귀를 어두움

1576~1633)가 『신학의 정수』(*The Marrow of Sacred Theology*, 1623)에서 발전시켰다. 그리고 리처드 버나드(Richard Bernard, 1568~1641)가 『신실한 목자』(*The Faithful Shepard*, 1607)에서 주장한 바 있다. 코튼은 이러한 설교 구조를 애용하였다.

29) 설교 시작과 함께 주제를 제시한 것은 청교도 전통이었다. 리처드 백스터(Richard Baxter)가 "설교는 성경 본문에서 출발해야 한다. 왜냐하면 선지자들은 여호와의 말씀으로 설교하였고, 우리 주님도 그의 아버지가 주신 말씀만 전하였다. … 사도 바울도 성경 외에는 어떠한 것을 근거로 설교하지 않았다. 이러한 배경에서, 많은 설교자가 성경 본문으로부터 설교를 시작하였고, 그것을 성경 저자, 상황, 성경의 전후 내용과 관련하여 설명하였다. 이렇게 한 이유는 성령께서 의도하신 바 그 한계를 구분하기 위해서였다." 코튼은 항상 설교 초반에 주제를 제시하곤 하였다.

으로 해석하는 방식을 취한 것이다.

코튼은 이처럼 유추된 교리를 상반된 진리에 따라 제시하고 비교·검토하였고, 논증 과정을 거쳐 대지와 소지로 나누었다. 대지 또는 소지를 설명할 때는 정(正), 반(反), 합(合)이라는 변증법으로 설명하였다. 또한 흑백의 논리나 상호 반대되는 개념을 이용하여 사건을 분석하고 비판하였으며, 논증할 때는 다른 성경을 통해 증명하였다. 즉 본문에서 교리를 유추하고, 유추된 교리를 흑백 논리에 비추어 상호 비교한 것이다. 예를 들면 "가"는 성경에서 이렇게 말한다(긍정), "나"는 성경에서 이처럼 부정한다(부정). 그러므로 "가"를 택해야만 한다는 식으로 논리를 전개하였다. 그다음 합의를 통하여 진리를 확인한 후, 선택함으로 성경이 제시하는 교훈을 실천하도록 한 것이다.

• **설교의 적용과 전달**

코튼은 교리를 소개할 때, 그 교리를 개인과 사회와 관련하여 설명하였고, 그것을 삶 속에 적용함으로 교회와 사회를 개혁하고자 하였다. 곧 성경이 제시하는 교훈을 그가 살던 역사적 또는 사회적인 상황에 적용하고자 한 것이다. 따라서 말씀의 적용은 코튼의 설교에서 아주 중요한 요소였다. 그는 성경 본문이 제시하는 교리나 교훈을 청중에게 적용할 때 (1) 먼저 그릇된 교훈을 논박한 후, (2) 그리스도인이 하나님과 인간을 대하여 가져야 할 책임 또는 의무를 설명하고, (3) 고쳐야 할 부분을 바로 잡기 위한 교정 방법과 내용을 언급하고, (4) 영적인 위로로 청중을 품고 격려하면서 적용하였다. 그리고 코튼은 말씀을 적용할 때 그 자리에 없는 사람에 대해 먼저 언급하였고, 그다음으로 청중에게로 옮긴 후, 최종적으로는 설교자 자신에게 적용하였다.

코튼은 한 편의 설교를 작성하기 위하여 12시간 이상을 투자하였다.[30] 그는 설교에 미사여구를 사용하는 것을 반대하면서 청중이 알아들을 수 있는 쉬운 언어로 설교하였다. 학문성을 강조하는 설교는 청중이 쉽게 이해할 수 없게 만들기 때문에 교육적으로나 영적으로 무익하고 혼란을 초래할 수 있기 때문이다. 코튼은 설교의 목적이 사람들의 귀를 즐겁게 하는 데 있지 않고 회중의 삶을 변화시키는 데 있다고 보았다. 그래서 그는 인크리스 매더(Increase Mather, 1639~1723)가 그의 부친 리처드 매더(Richard Mather, 1596~1669)[31]의 설교에 대하여, "아버지의 설교 형태는 사람의 머리 위에 화살을 날리는 것이 아니라 마음과 양심을 향하여 화살을 쏘는 평이한 것이었다. 모호한 문맥, 외국어, 불필요한 라틴어의 인용 등을 가능한 한 피하였다."[32]고 했던 것처럼, 회중의 양심에 초점을 맞추어 설교하곤 하였다.

· 설교의 암송

잘 준비된 설교라 할지라도 전달이 미흡하면 효과가 반감될 수밖에 없다. 설교자가 은혜 넘치는 설교를 하려면 설교 원고로부터 자유로워야 한다. 원고로부터 자유롭기 위해서는 전달을 위한 철저한 준비가 필요하

---

30) 청교도들은 한편의 설교를 마련하기 위하여 많은 시간을 할애하였다. 예일 대학교를 세운 바 있는 코튼 매더(Cotton Mather)는 한 편을 설교를 준비하기 위해 보통 11시간, 대각성운동을 일으킨 조너선 에드워즈(Jonathan Edwards)는 13시간 이상을 할애하였다. 그들은 토요일에 준비된 설교를 암송하여 주일예배를 준비하였다.

31) 리처드 매더는 영국 리버풀(Liverpool)의 저명한 설교자였지만 청교도 신앙 때문에 교회 당국의 소환을 받게 되자 1635년 신대륙으로 이민하여 뉴잉글랜드의 발전을 위해 큰 공헌을 하였다. 그의 설교 특징은 평이체에 있었다.

32) Leland Ryken, *Worldly Saints: The Puritans as They Really were.* (Grand Rapids, Michigan: Zondervan Publishing House, 1986), 103.

교회 역사를 빛낸 위대한 설교자들

다. 그래서 청교도들은 주초에 다음 주일을 위한 설교 준비를 마치고, 주중에 그 원고를 암송하곤 하였다. 한 예를 들어 보자. 매사추세츠주 케임브리지 교회 목사인 토머스 셰퍼드(Thomas Shepard, 1605~1649)는 주일 설교가 끝나면 즉시 다음 주 설교 작업을 시작하여 수요일까지 준비하였고, 그 후로는 설교 전달을 위해 기도와 묵상 가운데 시간을 보냈다. 그는 설교 준비를 등한시하는 것을 저주받을 죄악으로 간주하였다. 그는 이렇게 말했다. "하나님은 일주일 내내 세상일에 묻혀 살다가 토요일 오후에서야 서재로 가서 설교를 준비하는 자를 저주할 것이다. 그때는 기도하거나 말씀을 묵상하면서 울 수 있는 충분한 시간이나 마음을 다스릴 여유도 없기 때문이다."[33] 따라서 뉴잉글랜드 청교도 설교자들은 항상 토요일에 설교 예행연습을 하였고, 주일이 되면 강단에 올라 원고 없이 자유롭게 설교하였다. 코튼도 예외가 아니었다. 그리고 이러한 설교 운동을 통해 큰 부흥이 일어났다.[34]

• 코튼의 영향력

코튼은 영국 보스턴만 아니라 뉴잉글랜드 보스턴에서 괄목할 만한 부흥을 체험하였다. 매사추세츠주 초대 지사였고, 보스턴 교회의 장로였던 존 윈스럽(John Winthrop, 1588~1649)은 다음과 같이 기록해 놓았다. "코튼 씨가 보스턴 교회에 부임한 이래, 주님께서 그의 임재를 그 교회에 특별히 나타내는 것을 기뻐하였다. 매사추세츠만의 다른 모든 교회가 부흥을 체험한 숫자보다 더 많은 사람이 개종하여 보스턴 교회에 더하여졌다. …

---

33)   Babette May Levy, *Preaching in the First Half Century of New England History* (Hartford, Connecticut: The American Society of Church History, 1945), 82.

34)   George E. Ellis, "John Cotton in Church and State," *International Review* (1880), 9: 376.

여러 종류의 방탕한 자들과 악한 자들이 교회로 돌아와 그들의 죄를 고백하였고, 교회의 품으로 아쉬울 것 없이 받아들여졌다."(Winthrop, 1992, 1:116).

보스턴 교회에서의 부흥은 코튼의 뛰어난 설교와 무관하지 않다. 그의 설교는, 윌리스턴 워커(Williston Walker) 교수가 지적한 것처럼, "간결하고 평이하며, 직접적이고 고른 말들을 썼기 때문에 아주 무식한 사람이라도 이해할 수 있었다."[35] 또한 코튼이 섬겼던 보스턴 교회의 후임이었던 존 노턴(John Norton, 1606~1663)의 말처럼, "그의 설교와 연설은 인간의 지혜로 사람을 끄는 것이 아니라 성령의 예증과 권위가 나타났다."[36] 코튼이 쓴 『하나님의 공의와 함께하는 그의 자비』(Gods Mercie Mixed with His Justice)라는 설교집의 서문에서, 매슈 스왈로우(Matthew Swallowe)는 다음과 같이 코튼의 설교를 평하였다: "그는 빈 바구니와 같은 공허한 강론으로 그의 회중을 먹이지 않고, 하나님의 말씀만을 전하는 참된 유형의 설교만 고수하였습니다. 그의 설교는 모두 회중이 먹을 수 있는 고기이거나 그들을 고칠 수 있는 약과 같았습니다. 또한 그의 설교는 교리만이 아니라 열정적이고 거룩한 대화를 통하여 빛을 발하였습니다. 그의 생애는 살아 있는 소리(vita vocalis)였습니다. 곧 그는 강단에서 촉구한 경건, 정의, 절제에 대하여 친히 모범을 보였습니다. 그의 행동은 조용하긴 했지만 진정한 설교이었습니다. (나지안센의 그레고리가 바실에 대하여 말한 것과 같이)."[37] 그리

---

35) Williston Walker, *Ten New England Leaders*. (New York: Silver, Burdett, and Company, 1901), 71.

36) John Norton, *Abel Being Dead, Yet Speaketh*. (London: Tho[mas] Newcomb, 1658), 14.

37) John Cotton, *Gods Mercie Mixed With His Ivstice, Or, His Peoples Deliverance in Times of Danger*. (London, 1641), iii.

교회 역사를 빛낸 위대한 설교자들

고 보스턴 교회에서 코튼과 동사(同事) 목사로 함께 일하였던 존 윌슨(John Wilson, 1591~1667) 목사는 다음과 같이 코튼의 설교를 논하였다: "코튼 씨는 권위와 예증과 생활로 설교하였기 때문에, 그가 어떤 선지서나 사도의 말씀을 가지고 설교할 때, 나는 그가 설교하는 것이 아니라 바로 그 선지자나 사도가 설교하는 것과 같이 느꼈습니다. 실로 나는 예수 그리스도 바로 그분이 나의 심장에 대고 설교하는 것처럼 느꼈습니다."(Mather 1979, 1:275).

이 같은 코튼의 설교로 말미암아 허다한 이들이 회개하고 하나님 앞에 돌아왔고, 심지어는 큰 죄를 폭로하기도 하였다. 그의 설교는 상처 난 심령을 위로하고, 죄악을 찾아내는 힘이 있었기 때문이다. 코튼 매더에 의하면, 코튼이 '살인하지 말라'는 제6계명을 본문으로 설교한 적이 있었는데, 그의 설교를 들은 한 여인이 죄의 중압감을 이기지 못하고 16년 전에 자신의 남편을 독살하고 정부(情夫)와 결혼한 사실을 토해 냈다(Mather 1979, 1:275). 이처럼 코튼의 설교는 설득력과 감화력, 그리고 영향력이 대단하였다. 그의 설교는 개개인의 삶에 큰 영향을 미쳤을 뿐만 아니라 사회의 제반 영역에도 적용되곤 하였다. 에녹 폰드(Enoch Pond)가 지적한 것과 같이, 코튼의 설교는 "사회와 관련된 것이라면 바로 법원의 규칙으로 제정되었고, 교회 문제에 관한 것이라면 교회의 관행으로 채택되었다."[38]

코튼이 이처럼 뛰어난 설교자가 될 수 있었던 것은 코튼만 가진 경건과 학문 덕분이다. 그는 매일 기도와 명상으로 하루를 시작하였고, 늘 성경을 암송하였으므로 사람들은 그를 "걸어 다니는 성경"이라고 불렀다. 이러한 이유로 코튼의 설교에는 언제나 그의 해박한 성경 지식과 학문성

---

[38]   Enoch Pond, "Memoir of John Cotton," In *North American Review* (1834), 495.

이 드러난다. 그는 이처럼 경건했을 뿐만 아니라 뛰어난 학자였다. 그는 뉴잉글랜드에서 신학 석사(Master of Divinity) 학위를 가진 2명의 목사 가운데 하나로(당시 신학 석사 학위는 문학 석사를 마친 후 7년간 공부하여야 받을 수 있었다.) 라틴어, 히브리어, 헬라어에 능통하고 라무스(Peter Ramus, 1515~1572)의 논리에도 능통한 뛰어난 학자여서 성경을 역사적·문법적으로 해석하고, 논리적으로 구성한 후 영감 넘치게 설교할 수 있었다.

• 신대륙에 미친 영향

코튼은 설교를 통해 매사추세츠만 식민지를 성도들이 다스리는 거룩한 나라로 만들어 갔다. 그가 설교할 때마다 뉴잉글랜드에서 지도적인 위치에 있던 이들이 참석하였고, 그들은 코튼의 설교를 통해 뉴잉글랜드를 이끌어 갈 영감을 얻곤 하였다. 그의 설교에 힘입어 뉴잉글랜드의 모든 가정, 교회와 사회 영역에서 성경을 최고의 권위로 여기게 되었고, 그리스도의 말씀 안에서 자유와 평등을 누리는 거룩한 공동체가 세워져 갔다. 온 사회가 성경 안에서 성결을 추구하는 뉴잉글랜드의 고유한 삶의 방식 곧 '뉴잉글랜드 방식'(New England Way)의 개혁 운동을 이룰 수 있었다.

코튼은 칼빈의 전통을 따라 목사의 직무를 구별함으로 설교 운동을 활성화하였다. 그는 칼빈이 제네바에서 행했던 것처럼 목사 업무를 심방하고 위로하며 권면하면서 교회를 관리하는 업무, 그리고 그릇된 교리로부터 교회를 지키면서 성도들을 가르치는 교사(Doctor)의 업무로 구별하였다. 이러한 교직 업무의 세분화와 함께 설교에 전념하는 이들이 등장하게 되었다. 곧 교사에 속하는 강사(lecturer) 또는 기관 목사(chaplain)들이 교회가 없는 마을을 찾아 설교하거나 부유한 개인을 위해 설교함으로 온 누리에 설교 운동이 일어날 수 있었다. 아울러 코튼은 매주 목사들이 모여서 설교를 놓고 토론하고 상호 간 평가해 주는 '우애협회'(Brotherhood)를 만들어 설교자의 발전을 도모하였다. 코튼이 우애협회를 통해 양육한 대표적인 인물이 코네티컷주 뉴헤이븐 식민지를 세우고 뉴헤이븐 교회를 섬겼던 존 대븐포트(John Davenport, 1597~1670)였다.

코튼은 교회와 사회 개혁만 아니라 설교 운동을 확산하기 위해 목요 강좌(Thursday lecture)를 개설하였다. 목요 강좌는 그가 영국에 있을 때 시작하였고, 1633년 신대륙에 도착한 후로 보스턴에서 가졌다. 1634년 매사추세츠주 정부는 이 강좌를 공식적인 예배 행사로 인정한 뒤로 18세기 후반 독립 전쟁 때까지 지속되었다. 목요 강좌는 뉴잉글랜드의 기초를 놓은 가장 중요한 행사였다. 에녹 폰드(Enoch Pond)는 이렇게 기록해 놓았다: "뉴잉글랜드에서 목요 강좌가 열릴 때면 언제나 주지사를 비롯한 행정 관료들이 참석하였다. 주지사는 그의 자문 위원들과 동행하였다. 강좌가 끝난 후 행정 관료들이 모임을 하고, 이어 시민들의 모임이 있었다. 이때 시의 법규가 채택되었고, 당시 사람들의 관심이 집중되었던 여러 문제가 논의되었다"(Pond 1834, 495). 코튼은 목요 강좌를 통하여 요한계시록과 전도서와 아가서와 요한 2서와 요한 3서, 그리고 디모데전서와 디모데후서 등의 성경을 강해하면서 로마 가톨릭교회의 부패와 죄악을 폭로하고, 하나님의 말씀이 다스리는 영광스러운 그리스도의 나라가 임하도록 교회와 사회의 개혁을 촉구하였다. 이러한 코튼의 설교들은, 맥클리어(James Maclear)가 지적한 것과 같이, 뉴잉글랜드에서 "초기 이민자들의 종교 생활에 정서적으로 막대한 영향을 미쳤다."[39] 그 결과 뉴잉글

---

39) James F. Maclear "New England and the Fifth Monarchy: The Quest for the Millennium in Early American Puritanism." In *Puritan New England: Essays on Religion, Society, and Culture*. Edited by Alden T. Vaughan and Francis J. Bremer (New York: St. Martin's Press, 1979), 69.

랜드는 인간적 전통과 죄를 싫어하며 성경만 사랑하는 거룩한 국가(Bible commonwealth)가 될 수 있었다.

코튼과 청교도들은 설교를 통하여 죄인이 변하여 성자가 되고, 거룩한 성도들이 탄생하게 된다고 믿었다. 이러한 믿음으로, 1635년 매사추세츠주 정부는, "모든 사람은 교회당에서 1.5마일 이상 떨어진 곳에 집을 지어서는 안 되고, 통치자는 교회에 참석하지 않는 자를 견책하여야 한다."고 결의하였다. 1640년 매사추세츠주와 코네티컷주, 뉴헤이븐의 관리들이 자리를 함께한 후, 모든 주민에게 예배 참석을 명하는 결의를 하였고, 이때부터 뉴잉글랜드의 온 가정은 주일예배에 의무적으로 참석하였고, 주일 오후에는 모든 식구가 함께 모여 주일 낮 예배 때에 들은 설교를 복습하곤 하였다. 온 가족이 가장을 중심으로 모여서 설교 내용의 이해 여부를 묻고 토론하여 삶 속에 적용하게 하였다. 뉴잉글랜드 방식의 가정 예배 전통을 창출한 것이다.[40] 이처럼 코튼과 초기 청교도들은 예배를 드리기 위해 모이는 일에 힘을 썼고, 코튼이 뉴잉글랜드 청교도 사회에 마련해 놓은 목요 강좌는 미국교회 속에 뿌리를 내렸고, 19세기 미국 선교사들이 한국에 도착한 후로 수요 예배로 발전하였다.

---

40) 일반적으로 목사들은 주일에 두 번, 강좌 일에 한 번, 또는 공직자 선거일이나 감사일과 금식일에 설교하곤 하였다. 이러한 설교들은 나중에 인쇄되어 나왔다.

교회 역사를 빛낸 위대한 설교자들

제11장

후기 뉴잉글랜드 청교도 설교자와 설교

유럽의 모든 나라가 우러러볼 수 있는 '언덕 위의 도시'(city on a hill)를 꿈꾸면서 신대륙으로 이주한 청교도들은 회심한 성도들에게 교회 회원권을 주고, 그들이 선거권과 피선거권을 행사하게 함으로 성도가 다스릴 수 있게 하였다. 그들은 성경에 근거하여 법을 제정하여 성경 정치(Bibliocracy)를 구현할 수 있게 하였고, 교회 개척에도 열심을 내어 1650년경 매사추세츠(Massachusetts), 코네티컷(Connecticut), 로드아일랜드(Rhode Islands), 뉴햄프셔(New Hampshire) 등 4개 주에 50여 개의 교회를 세웠다.[1]

---

1)　청교도들이 최초로 신대륙에 도착한 것은 1620년이다. 분리주의적 청교도들이 메이플라워를 타고 플리머스에 도착한 것이다. 그러나 그들이 뉴잉글랜드 청교도 사회에 미친 영향은 미미하므로, 학자들은 청교도의 본격적인 신대륙 이주를 1630년, 곧 비분리주의 청교도들의 매사추세츠로의 대 이주를 그 기점으로 삼는다.

이처럼 초기 청교도들은 매사에 적극적이었고, 제네바를 모델로 삼아 신 대륙에 하나님의 나라를 세우겠다는 꿈을 구체적으로 실현해 나아갔다.

1. 애가체 설교와 교회 개혁 회의

그렇지만 이러한 청교도의 낙관주의는 17세기 후반에 이르러 사라지 기 시작하였다. 1세대 개척자들이 한 명 두 명 세상을 떠나면서 뉴잉글 랜드의 분위기가 점차 어두워져 간 것이다. 1649년 매사추세츠 초대 지 사 윈스럽(John Winthrop, 1588~1649), 1652년 보스턴 교회의 교사요 목사인 코튼(John Cotton, 1584~1652), 1657년에 플리머스 정착촌(Plymouth Plantation) 을 개척한 브래포드(William Bradford, 1590~1657), 1667년 보스턴 교회의 목 사 윌슨(John Wilson, 1591~1667), 1669년 도르체스터 교회의 목사 리처드 매 더(Richard Mather, 1596~1669), 1670년 코네티컷주 뉴헤이븐의 존 대븐포트 (John Davenport, 1597~1670) 목사 등 내로라하던 청교도 1세대들이 세상을 떠 났다. 물론 인크리스 매더(Increase Mather, 1639~1723), 사무엘 윌라드(Samuel Willard, 1640~1707), 솔로몬 스토다드(Solomon Stoddard, 1643~1729)와 같이 뛰어 난 2세대 또는 3세대 목회자들이 있었지만, 암울해진 뉴잉글랜드의 영적 분위기를 쇄신시키기에는 역부족이었다. 이러한 상황에서 1670년대 이 후 등장한 설교체가 애가체(Jeremiad, 哀歌體) 설교이다.[2]

---

2)   이 부분에 대하여는 Perry Miller, *The New England Mind: From Colony to Province* (Beacon Press, 1953), 127~169. 특히 130~131을 보라.

• 애가체 설교

애가체 설교는 뉴잉글랜드 청교도 사회가 사회적 또는 종교적 침체기를 맞으면서 나타났다. 청교도들은 종교적·사회적 침체의 원인을 세속화와 종교적 나태함에서 찾고, 회개하고 하나님께 돌아갈 것을 촉구하였다. 선지자 예레미야가 하나님이 "너를 순전한 참 종자 곧 귀한 포도나무로 심었거늘" 이스라엘은 "내게 대하여 이방 포도나무의 악한 가지가 되었다."(렘 2:21)고 한탄하면서 회개와 하나님께로 돌아갈 것을 외친 것처럼, 청교도 설교자들은 먼저 1세대 청교도들의 신앙적 모범을 찬양한 후, 현재의 나태해진 영적 상태를 들추어내면서 속히 회개하여 하나님께로 돌아갈 것을 주장하였다. 이와 같은 설교 형식을 애가체 설교라고 부르는데, 애가체 설교는 당시 "뉴잉글랜드의 지성인들의 가장 보편적인 문학적인 형태"[3]로, 대각성운동(the Great Awakening)이 일어난 1730년대까지 널리 퍼져 있었다. 그러면 이러한 애가체 설교가 등장하게 된 사회적 요인이 무엇이었는지 간략하게 살펴보자.

첫째로, 교회 회원권자가 급속히 감소되고 있었다. 청교도 1세대들은 신앙적 박해를 피해 신대륙으로 왔으므로 교회 앞에 그들의 회심 체험을 확실하게 간증할 수 있었고 교회 회원권을 얻는 데 큰 어려움이 없었다. 그래서 그들은 회심 체험을 한 자에게 교회 회원권을 주고, 그들이 참정권을 행사할 수 있게 하였다. 그렇지만 2세대들은 신앙 문제로 고난을 겪거나 극적으로 영적 체험을 한 경우가 적어서 회심 체험을 간증하는 데 어려움이 많았다. 그 결과 시간이 흐르면서 교회 회원권자의 수가 줄어들게 된 것이다.

---

3)　　"Declension in a Bible Commonwealth," *Proceedings of the American Antiquarian Society*, LI (1941), 54.

둘째로, 뉴잉글랜드의 미래에 대한 불확실성을 고조시키는 사건들이 많이 나타났다. 1662년에는 대기근이 뉴잉글랜드를 휩쓸었고, 1675년에는 인디언 추장 필립의 공격으로 시작된 "필립 왕의 전쟁"(King Philip's War)이 일어나 12개의 백인 마을이 파괴되었고, 500여 명의 주민이 살해당하였다. 1677년, 1689년, 1690년, 그리고 1702년에는 천연두가 창궐하여 많은 이들이 생명을 잃었고, 1676년과 1679년에는 보스턴(Boston)에 대화재가 있었으며, 1677년에는 신대륙을 오가던 무역선의 파선으로 물자 부족 현상이 나타나 극심한 경제적인 시련이 있었다. 특히 1692년에는 세일럼(Salem)에서 마녀 소동이 일어나는 등 혼란스러운 사건들이 연이어 발생하였다.

셋째로, 모국인 영국의 정치적 압박과 간섭이 심해지고 있었다. 1660년의 왕정복고를 이룬 왕실은 성공회를 국교로 삼고 청교도 박해 정책을 전개하였고, 1662년에 매사추세츠 정부에게 준 특허권을 취소하여 뉴잉글랜드의 존재 자체를 위협하였다. 1684년 영국 정부는 특허권을 완전히 무효화한 후, 1686년 뉴잉글랜드 직접 다스리기 위하여 에드먼드 앤드로스(Edmond Andros, 1637~1714)를 매사추세츠의 총독으로 파송하였다. 그는 청교도 신앙을 부인하면서 보스턴 중심가에 성공회 교회당인 킹스 채플(King's Chapel)을 세워 성공회 확산을 도모하였다.

넷째로, 종교 다원화, 곧 종교적 관용 정책이 청교도들에게 강요되었다. 청교도들은 바른 신앙을 고백하는 곳에 하나님의 복이 임하고, 그릇된 신앙을 묵인하는 곳에 하나님의 진노가 임한다고 믿었으며, 이러한 믿음으로 하나의 정통 신앙만을 고집해 왔다. 1633년 로저 윌리엄스(Roger Williams, 1603~1683)가 신앙의 자유를 외치며 종교적 분리주의 운동을 전개할 때, 1646년 로버트 차일드(Robert Child, 1613~1654)가 모든 자에게 참정권을 확대할 것을 주장하며 성도의 통치를 방해할 때, 1660년경 퀘이

커(Quaker)들이 주관적 체험을 중시하면서 성경에 근거한 객관적 신앙을 부인할 때, 청교도들은 정통 신앙을 고수하면서 종교적 관용을 거부하였다. 모든 종교를 인정하는 종교 다원화 정책은 혼합주의로서 뉴잉글랜드를 영적 혼란으로 몰아가고, 이는 결국 하나님의 진노를 초래할 것이라고 믿었기 때문이다. 그럼에도 불구하고 윌리엄과 메리(William and Mary)가 1689년 「종교 관용론」(Act of Toleration)을 선언하고 뉴잉글랜드가 종교 다원화를 수용할 것을 명령하자, 뉴잉글랜드 청교도들이 받은 충격은 엄청났다. 종교적 관용 정책을 취하면 하나님의 진노를 초래할 것이요, 왕의 명을 거절하면 영국으로부터 보호받을 수도 없을 수 있었기 때문이었다.[4]

다섯째로, 이주민 사이에 경제적 불평등이 커 갔다. 17세기 중엽부터 뉴잉글랜드 사회에 지역적·경제적 갈등이 극심해졌다. 해안에 접해 있던 도시들은 유럽과 교역함으로 경제적 혜택을 입어 부유했지만, 내지에 있던 도시들은 여전히 낙후한 상태를 면치 못하고 있었다. 무역으로 부유해진 상인들은 점점 더 부를 축적하였지만, 농민들은 어려움을 피할 길이 없었다. 결과적으로 지역 간·직업 간 경제적 불평등이 심화하고 사회 분열 현상이 나타나고 있었다.[5]

---

4) 종교적 관용에 대한 청교도 2세들의 입장은 단호하였다. 우리안 오크(Urian Oaks, 1631~1681)는 「뉴잉글랜드의 하나님과의 논쟁」(New England Pleaded with God)에서 종교적 관용을 "모든 가증한 것의 첫 태생"이라고 정죄하였고, 토머스 셰퍼드 2세(Thomas Shepard Jr., 1660~1726)는 종교적 관용을 주장하던 퀘이커를 "뱀의 소굴"로, 종교적인 관용 정책을 "사탄의 정책"이라고 비판하였다. Samuel E. Morison, *Builders of the Bay Colony*. A Classical Edition (Boston, Ma: The Northeastern University Press, 1981), 125.

5) 세속화와 탐욕으로 인해 사회적 갈등이 심화하여 가자, 청교도들은 이것이 "세상에 대한 과도한 사랑"으로부터 왔다고 보았다. 1669년 열린 교회 회의는 당시 퍼져 있

여섯째, 교육열이 심하게 저하되고 있었다. 1세대 청교도들은 교육을 통하여 인재를 양육하고, 그들을 통하여 사회 개혁을 이룰 수 있다는 믿음으로 교육을 강조하였다. 그들은 신대륙에 도착하자마자 초등학교와 문법학교를 세웠고, 뉴잉글랜드 정착한 지 6년만인 1636년 하버드 대학(Harvard College)을 세웠다. 그렇지만 1670년대에 이르면서 교육열이 현저하게 떨어졌다. 1672년 하버드 대학은 단 한 명의 졸업생도 배출하지 못했고, 1673년에는 겨우 6명이 졸업하였다.[6] 교육열 저하 현상이 급격하게 나타나자, 1679년 열린 교회 회의는 "우리 수가 얼마 안 되고 궁핍했을 때도 학문을 장려하는 풍조가 만연하여 대학에는 학생들로 가득 찼었습니다……. 그렇지만 이제 우리 수가 많아지고 좀 더 잘 살 수 있게 되자 교육 기관들이 비천하고 황폐한 상태에 처하여 있음을 애통해야 할 것입니다."라고 언급히 였다(Smith 1963, 1:201).

이처럼 세월이 흐르면서 교회 회원 수의 감소, 재앙과 전쟁, 질병의 만연, 무역선의 파선, 영국 정부의 뉴잉글랜드에 대한 정치적 간섭과 종교적 압박의 증가, 뉴잉글랜드 이민자 사이에 지역별 갈등과 경제적 불균형의 심화, 교육열이 감소하자, 많은 청교도 지도자들은 뉴잉글랜드의

던 세속화와 탐욕 사상에 대해 논하면서, "1세대들이 황무지로 온 것은 신앙 때문이었지만, 지금 세대는 토지에 대한 소유욕을 자제할 줄 모른다. 농장과 상품들을 하나님의 것보다도 더 좋아한다."고 하였다. 부한 자들은 옷과 장신구로 꾸미기를 좋아하고 더욱 교만해져 갔다. 가난한 사람들은 가난으로 인한 죄책감에 빠져 있다고 지적하면서, 부자들은 "목과 팔이 없는 옷을 즐겨 입고, 머리카락과 [옷의] 가장자리를 펼치며 치장하곤 하였는데, 가장 가증스러운 것이 젖가슴을 드러내는 것"이라고 하였다. H. Shelton Smith, Robert T. Handy, and Lefferts A. Loetscher, *American Christianity: An Historical Interpretation With Representative Documents*. 2 Volumes (New York: Charles Scribner's Sons, 1963), 1:201.

6)   Samuel E. Morison, *The Puritan Pronaos, Intellectual Life of New England in the Seventeenth Century* (New York: New York University Press, 1936), 93.

장래에 관하여 비관하기 시작하였다. 특히 청교도 제2세대 또는 제3세대들은 신대륙의 미래에 관하여 암울하고 비관적으로 보기 시작하였다. 그들은 이러한 종교적·사회적 현상을 뉴잉글랜드에 대해 하나님이 기뻐하지 않을 뿐만 아니라 진노하려고 하는 징조일 것이라고 믿었다.[7]

• 선거일 설교와 애가체

청교도들은 이와 같은 사회적 퇴조 현상들을 뉴잉글랜드를 벌하려는 하나님의 진노 징조로 간주하였다. 하나님의 영광이 뉴잉글랜드로부터 떠나고 있다고 본 것이다. 1662년 큰 기근이 뉴잉글랜드를 휩쓸자, 마이클 위글스워즈(Michael Wigglesworth, 1631~1705)는 「하나님과 뉴잉글랜드와의 논쟁」(God's Controversy with New England)이라는 시를 쓰면서 다음과 같이 말하였다.

> 내가 그처럼 목이 곧은 자들에게 무엇을 할까?
> 내가 그와 같은 원수들을 어떻게 제압할까?
> 나의 은혜를 경멸하는 자들을 무엇으로 갚을까?
> 내가 그들의 촛대를 확실히 옮기고,
> 촛불을 꺼 버릴 것이다. 그들의 영광스러운 대낮의 빛을
> 내가 속히 이집트의 흑암의 밤으로 바꿀 것이다.[8]

---

7) Williston Walker, *The Creeds and Platforms of Congregationalism.* (Philadelphia and Boston: Pilgrim Press, 1969), 411.

8) What shall I do with such a stiff-neckt race?
How shall I ease me of such Foes as they?
What shall befall despisers of my Grace?
I'le surely bear their candle-stick away,
And Lamps put out. Their glorious noon-day light

뉴잉글랜드로부터 촛대가 옮겨지고 있다는 마이클 위글스워즈의 비관론은 1670년대 이후로 뉴잉글랜드에 널리 퍼졌다. 그 대표적인 예가 매년 5월, 설교자들이 선거일을 앞두고 모인 기도회 때 행한 선거일 설교 (election day sermon)이다. [9] 청교도들은 선거일 설교에서 뉴잉글랜드 황무지를 이끌어 갈 지도자의 자질, 곧 통치자와 백성의 관계, 백성과 통치자 사이의 의무와 권리, 행정 관료의 자격과 역할에 대해 설교하곤 하였다. 곧 통치자에게 '지혜, 경건, 정의로움'(wise, godly, and just)과 같은 덕목이 있어야 한다는 것, 통치자는 모든 일에 공익을 우선해야 한다는 것, 그리고 사익을 채우려는 권력 남용의 유혹을 극복해야 함을 설교하였다. 한편 투표권을 가진 주민들은 사익에 따라 투표해서는 안 되고, 공의를 실천함으로 경건한 사회를 건설할 수 있는 비전과 지도력을 갖춘 이를 뽑아야 한다고 하였다. 1650년대에 이르면서 청교도 2세대들은 1세대가 황무지인 신대륙으로 이주한 이유, 공동체로서의 뉴잉글랜드의 사명, 뉴잉글랜드가 당면한 문제, 뉴잉글랜드 공동체의 사명을 재음미하면서 평가하고, 미래를 향한 비전을 제시하곤 하였다.

그러나 1670년대 초반부터 뉴잉글랜드 설교체는 갑작스럽게 애가체로 바뀌었다. 뉴잉글랜드 교회와 사회가 세속화되었다는 지적과 함께 회개를 촉구하는 설교가 나타나기 시작하였다. 1672년 토머스 셰퍼드 2세 (Thomas Shepard Jr, 1635~1677)는 보스턴에서 행한 선거일 설교인『눈 - 노예, 또는 주 예수 그리스도로부터 온 표어』(Eye-Slave, Or, A Watch-Word from our Lord Jesus Christ)에서 하나님이 뉴잉글랜드에서 이루신 놀라운 일들에 대해

I'le quickly turn into a dark Egyptian night.

9)　　청교도의 선거일 설교 제도는 18세기 중엽까지 존재했고, 설교의 내용은 독립 전쟁과 함께 프랑스 계몽주의의 영향을 받아 정치적으로 바뀌었다.

열거한 후, 이러한 복을 유지하려면 첫째, 더욱 말씀에 순종해야 하며, 둘째로 기독교 신앙을 떠나거나 세속화되어서는 안 된다고 경고하였다. 1673년 우리안 오크스(Urian Oakes, 1631~1681)도 선거일 설교, 『뉴잉글랜드에의 호소』(New England Pleaded with)에서 신대륙에서 일어나고 있는 다양한 비기독교적인 움직임과 세속화 현상을 열거한 후, 이러한 세속화는 결국 하나님의 진노를 초래하게 될 것이라고 경고한 후 신앙적 나태의 회개를 촉구하였다. 1674년 사무엘 토리(Samuel Torrey, 1632~1707)는 『개혁에의 촉구』(An Exhortation unto Reformation)라는 설교에서 2세대 청교도의 신앙이 크게 변질하였다고 말하면서, "참으로, 그렇습니다. 뉴잉글랜드의 심장부가 변하였습니다. 유별나게도 이 시대의 죄악에 오염되어 있습니다. 신성모독과 교만, 호색, 육체적이고, 반역의 영들로 채워져 가고 있습니다. 많은 이들이 방종하며, 육체를 따르고, 형식적이며 외식합니다. 하나님을 예배하는 일에도 영적 우상들이 가득 채워져 있습니다."라고 지적하였다.[10]

이 같은 애가체 설교의 절정은 인크리스 매더(Increase Mather, 1639~1723)의 설교를 통하여 확인할 수 있다. 그는 1639년 매사추세츠 도르체스터 교회의 목사이던 리처드 매더(Richard Mather, 1596~1669)의 아들로 태어나, 1656년 하버드 대학을 졸업하였고, 그 후 아일랜드로 건너가서 석사 학위를 마쳤다. 1660년 왕정복

인크리스 매더

---

10)   H. Shelton Smith, Robert T. Handy, and Lefferts A. Loetscher, *American Christianity: An Historical Interpretation With Representative Documents.* 2 Volumes (New York: Charles Scribner's Sons, 1963), 1:198.

고가 되자 뉴잉글랜드로 돌아온 그는 보스턴 제2 교회를 맡아 1723년까지 그 교회를 섬겼다. 그는 1677년 선거일 설교에서, "복음을 위해 이 땅에 온 초대 기독교인들처럼 바벨론의 먼지를 그처럼 완전히 털어 낸 세대는 결코 없었습니다."라고 선조들의 신앙을 높이 평가한 후 그들의 신앙적 열정을 계승하자고 외쳤다. 그렇지만 1년 후인, 1678년 설교한 『다음 세대를 위한 기도』(Pray for the Rising Generation)에서는 설교 어조를 바꾸었다. 그는 이 설교에서 교회 부흥을 위한 기도의 필요성을 말한 후 뉴잉글랜드 교회가 회칠한 무덤이 되었다고 논하였다. "이런 이유로 기도가 한층 더 필수적인 것이 되었습니다. 회심이 이 세대에 극히 드문 것이 되었습니다. 지난 세대, 우리 선조들의 때는 설교 말씀을 듣고 허다한 사람들이 회개했고, 수백 명씩 회심하기도 했습니다. 그런데 오늘날 이런 일을 우리 가운데 볼 수 있습니까? 분명히 말씀하지만, 온전한 회심을 보기 힘들어졌습니다. 이 세대 사람들은 더 부패해져 있으며, 회개를 모른 채 (주께서 그의 성령을 부어 주시는 경우를 제외하고는) 몰락하고 있습니다. 그들 중 많은 이가 세속화되어 술에 찌들어 있고, 입만 무성하고, 욕설을 달고 살뿐만 아니라 호색을 즐기며, 하나님의 능력을 비웃으며, 선한 일을 경멸하며, 불순종하고 있습니다. 받은 교육 때문에 교양이 있어 보이고 겉으로 선하게 보이지만, 실상 그들은 거듭남의 의미를 전혀 알지 못한 채 살아가고 있습니다."[11]

---

11)   Thomas Prince, Jr., ed., *The Christian History, Containing Accounts of the Revival and Propagation of Religion in Great Britain, America, & c.* (Boston, 1743), no. 13, May 28, 1743. John Gillis, *Historical Collections Accounts of Revival*, 『18세기의 영적 부흥』김남준 역 (서울: 도서출판 솔로몬, 1992), 1:70.

• 개혁을 위한 모임

　이같이 교회의 침체를 염려하며 회개를 촉구하는 설교들이 10여 년이나 계속되었지만, 회개의 징조나 개선의 움직임이 전혀 보이지 않았다. 오히려 세속화 현상과 함께 영적인 침체가 온 사회를 덮었고, 하나님의 심판과 진노의 먹구름이 뉴잉글랜드 위에 몰려오자, 1679년 5월 인크리스 매더와 솔로몬 스토다드 등 17명의 뉴잉글랜드 청교도 지도자들은 매사추세츠주 정부에 "1647년 교회들의 결의로 통과된 「케임브리지 강령」(Cambridge Platform)에 나타난 권징을 부활시키고, 분열과 이단, 방탕을 예방하고, 복음의 가르침에 따라 교회들이 하나 되도록 하기 위한" 대회 소집을 요구하였다. 주 의회는 그들의 청원을 승인하고, 그해 9월 보스턴에 대회를 소집하였다(Walker 1969, 415). 대회가 열리자, 매사추세츠의 모든 교회는 대회의 성공적 운영을 위해 금식 기도로 참여할 것을 선언하였다.

　대회는 먼저 뉴잉글랜드가 당면한 문제에 대해 진단하였다. 그들은 먼저 "하나님이 뉴잉글랜드와 싸우시는 것을 부인할 수 없다. 인디언 전쟁과 보스턴 화재를 주신 것이 바로 그러한 증거"라고 선언한 후, 하나님께서 뉴잉글랜드에 대해 진노하시는 이유가 무엇인지 다음과 같이 지적하였다: (1) 개인적인 기도와 헌신 등 신자 가운데 경건 능력의 쇠퇴, (2) 하나님의 법과 사회질서를 경시하는 교만한 모습이 나타남, (3) 성도의 교제가 무시되고, 예배에 인위적인 요소들이 첨가됨, (4) 재세례파와 퀘이커 등 이단 사상의 확산. (5) 일상 시 불필요하게 맹세하거나 불경건하게 예배하는 등 신성모독과 불경한 행동의 만연. (6) 주일에 예배와 구제 대신 여행하거나 개인 사업을 하며, 세상적인 대화로 소일하는 등 주일 성수가 되지 않음, (7) 아침과 저녁으로 드리던 가정 예배가 사라짐. (8) 자주 화를 내며, 신경질적인 모습을 보이며, 무절제하고, 오래 참지 못하며, 과음하는 등 죄악에 대한 열정과 증오의 확산, 불의한 비난과 중상, 도에 지나친 감정 표현의 만연, (9) 경박한 자가 많고, 도박, 게으름이 퍼지고 있으며, 약속을 파기하는 일이 늘어남, (10) 상인들의 지나친 폭리 추구, 기술자들의 과다한 임금 요구 등 탐욕의 확산, (11) 땅의 소산만을 의지, (12) 교회 개혁을 싫어함, (13) 이기심과 이기주의로 하나님의 나라와 그의 의를 구하는 공동체 사상의 배척, (14) 복음을 경시하고, 죄를 뉘우치지 않으며, 불신앙이 지배함(Smith, Handy, and Loetscher 1:204~216 참고).

청교도들은 "이러한 악들을 치료"하여 진노의 먹구름을 피하여야 한다고 보고 '자신으로부터'(begin with what concerned himself and his) 개혁 운동을 전개하기로 다짐하였다. 그리고 교회 갱신 방안으로 (1) 지도자들의 솔선수범, (2) 모든 교회와 개인이 "성경에 기초하여 작성된 케임브리지 권징 강령에 따라 믿음과 복음 안에서 살겠다는 서명을 다시 할 것, (3) 공적이며 사적인 신앙고백, 회개 없는 성찬 참여 금지, (4) 철저한 교회 권징의 실시, (5) 적법한 방법에 따라 교회 일군의 선출, (6) 목사 후보생들을 위한 정부의 지원, (7) 음란, 이단, 분열, 무질서를 추방, 정부의 승낙 없는 공공 유흥업소에서의 술 판매 금지, (8) 개혁을 위한 신실한 서약, (9) 교회 계약의 갱신, (10) 교회마다 하나님과 동행할 것을 서약, (11) 개혁 신학과 교리를 바로 전파하기 위해 학교들을 세울 것 등을 제안하였다(Walker 1969, 433~435).

• 『뉴잉글랜드를 떠나는 영광』

이처럼 뉴잉글랜드 청교도들은 개혁을 위한 세부적인 방안을 제시하고 다짐했지만, 교회의 영적인 침체는 계속되었다. 신앙적 퇴보 현상이 두드러졌고, 사회 분위기가 더욱 흉흉해 가던 1680년 어느 날, 뉴잉글랜드 상공에 커다란 혜성이 나타났다. 청교도들은 이를 하나님의 심판을 알리는 징조로 간주하면서 두려워 떨었지만 달라진 것은 하나도 없었다. 영적 침체 현상이 이어지면서 교회는 세속적 가치관에 의해 도전을 받았고, 교인의 감소 현상도 크게 일어났다. 이처럼 암담한 상황에서 웨이마우스(Weymouth) 교회의 사무엘 토리(Samuel Torrey, 1632~1707) 목사는 1683년 5월 16일『죽어 가는 종교 생활에 대한 탄원』(A Plea for the Life of Dying Religion)이라는 선거일 설교를 하면서 당시 교회의 상태를 이렇게 진단하였다: "우리의 신앙과 생활이 심각하게 쇠퇴하여 치명적인 부패, 곧 신앙 생활이 부패해져 있습니다. 우리 신앙이 이미 상당히 죽어 있거나, 간신히 이름만 유지하고 있으며, 남아 있는 것도 곧 죽어 버리게 될 지경입니다. 신앙적 쇠퇴와 함께, 우리는 모두 영적 사망에 이를 위험에 이르렀습니다. 이것이야말로 우리가 깊이 각성하며 뉘우치면서 얻은 고찰입니다. 아! 우리의 신앙이 상처를 입어 치명적으로 되었습니다.

그러면 회심 사건이 없을 때 어떻게 하나님에 대한 존경심이 사라지는 지를 생각해 봅시다. 오직 회심 사역으로 종교가 보급되고 지속되며, 사람 안에서 참된 생명이 살아나게 됩니다. 회심의 사역이 중지되면, 신앙도 죽게 됩니다. 지각이 사라지고, 회복의 가능성도 사라집니다. 아! 은혜, 거룩함, 그리고 경건의 능력이 쇠퇴하고 있습니다. 참되고 진실한 신앙이 기독교인들이 마음에서 사라져 가고 있습니다."[12]

이러한 상황에서 18세기를 맞았지만, 교회의 침체는 계속되었고, 청교도의 절망감은 절정에 이르렀다. 1702년 인크리스 매더는 선거일에『뉴

---

12)   Samuel Torrey, "A Plea for the Life of Dying Religion," in Thomas Prince, Jr., ed., *The Christian History, Containing Accounts of the Revival and Propagation of Religion in Great Britain, America, &c.* (Boston, 1743), no. 13, May 28.

잉글랜드를 떠나는 영광』(The Glory Departing from New England)이라는 설교
를 하면서 뉴잉글랜드의 영광이 소진되었고, 하나님의 영광이 뉴잉글랜
드로부터 떠나고 있다고 한탄하였다: "무슨 일이 있었기에 순금과 같던
교회가 이처럼 변했습니까? 아! 우리의 영광스러웠던 교회 위상이 아주
추해졌습니다. 디르사(Tirzah)처럼 아름답고 예루살렘처럼 어여쁘던 (뉴
잉글랜드) 교회가 깃발 내린 군대처럼 되었습니다! 예수 그리스도와 교제
할 그때는 그리스도의 영광이 임하였고, 그 영광이 얼마나 컸던지요. 많
은 이들이 회개하고 돌아와서, 하나님이 그들 속에서 행하신 일을 기쁨
으로 증거했습니다. 매일 구원받을 사람들이 교회로 와서 등록했습니
다. 그러나 오늘날 수많은 집회가 있지만, 집회를 통해 온전히 회심하였
다는 이들을 찾을 수 없습니다. 설교단을 보십시오. 과거와 같은 그런 영
광이 그곳에 머물고 있습니까? 뉴잉글랜드에는 학식에 뛰어난 교사들
(doctors)과 거룩한 목사들이 있었습니다. 보스턴에서 코튼(Cotton)과 노턴
(Norton) 같은 목사를 어느 때에 볼 수 있을까요? 어느 때 뉴잉글랜드에서
후커(Thomas Hooker), 셰퍼드(Thomas Shepard), 미첼(Mitchell)과 같은 이들을 다
시 볼 수 있을까요?"[13]

수십 년이 흘러도 부흥의 소식이 들리지 않고, 절망적인 상황이 계속
되었다. 50년 이상 교회의 부흥을 기대하면서 기도와 교회 갱신 운동을
전개했던 인크리스 매더는 1721년 다음과 같이 교회의 침체를 애통해하
였다. "지금 내 나이 83세입니다. 나는 이 나라의 1세대 개척자들과 교제
하였고, 65년간 복음 전도자로 살았습니다. 그러나 지금 내 모습은 무너
져 기초만 남은 성전을 바라보면서 애통했던 옛날 선지자의 처지와 다를

---

13)   John Gillis, *Historical Collections Accounts of Revival*『18세기 위대한 영적 부흥』, 김
남준 역 (상)(서울: 솔로몬, 1997), 72.

바 없습니다. … 이 땅에 경건의 모습이 사라져 가는 것을 보면서 통탄하고 있습니다. … 전에는 뉴잉글랜드의 가장 큰 관심이 신앙이었지만 지금은 신앙을 버리고 세속화로 향하는 모습만 보일 뿐입니다. 오! 나의 머리는 물이 되었으며, 나의 눈은 눈물의 샘이 되었구나"(Prince 1743, no. 8). 교회의 갱신을 간절히 사모했지만, 여전히 세속화되어 가던 보스턴과 동부 해안에 있던 교회의 모습을 보면서 절망하며 통탄한 것이다.

2. 솔로몬 스토다드와 설교

이처럼 대서양 동부 해안 교회들이 영적인 침체 가운데 빠져 절망하고 있을 때 뉴잉글랜드의 변방인 매사추세츠 서부, 노샘프턴으로부터 부흥의 서광이 비쳐 오기 시작하였다. '코네티컷 계곡의 교황'(the pope of Connecticut Valley)이라고 불리던 솔로몬 스토다드(Solomon Stoddard, 1643~1729)의 설교 운동을 통하여 노샘프턴(Northampton) 교회로부터 교인 수가 늘어나고, 자신의 죄를 고백하며 회심 체험을 간증하는 자들이 증가하고 있다는 소문이 뉴잉글랜드 전역으로 퍼져 갔다.

• 스토다드와 "추수"

노샘프턴 교회의 부흥을 이끈 솔로몬 스토다드는 1643년 보스턴의 부유한 상인인 앤서니 스토다드(Anthony Stoddard)와 주지사 존 윈스럽의 조카인 메리 다우닝(Mary Downing)[14]의 아들로 태어났다. 유복하게 자란 그

---

14) 메리 다우닝의 형제가 영국 최초의 증권 시장을 개척한 조지 다우닝 경(Sir George Downing)이며, 그의 이름에서 런던에 다우닝 스트리트(Downing Street)가 생겨났다.

는 뉴잉글랜드 최고 명문인 케임브리지 문법학교를 졸업한 후 하버드 대학에 진학하여 1662년 신학 수업을 마쳤고, 대학교 도서관 관리인으로 일하다가 건강 악화로 학교를 떠났으며, 1667년부터 1669년 사이 바베이도스(Barbados)에서 요양하였다. 건강 회복과 함께 보스턴으로 돌아온 그는 영국으로 건너가서 목회하려는 계획을 세웠고, 출국 준비를 하던 중 매사추세츠주의 노샘프턴(Northampton) 교회의 청빙을 받았다. 그는 젊은 나이에 요절한 엘리아자르 매더(Eleazar Mather, 1637~1669)의 후임으로 노샘프턴 교회를 맡았고, 1670년 교회의 축복 가운데 매더의 부인이었던 에스더(Esther Mather)와 결혼한 후 13명의 자녀를 두었다.

스토다드는 노샘프턴에서 60년 가까이 목회하면서 여러 차례의 부흥을 체험하였다. 그의 후임이요, 외손자인 조너선 에드워즈(Jonathan Edwards)는 이렇게 기록해 놓았다. "나는 이곳에 정착한 세 번째 목사입니다. 엘리아자르 매더씨가 첫 번째 목사로, 그분은 1669년에 목사 안수를 받았습니다. 그의 뒤를 이어 스토다드 목사가 부임하여 60여 년간 목회하였습니다. 그는 탁월한 재능과 은사를 가졌고, 널리 알려진 분이며, 복을 받은 분이었습니다. 그의 목회는 사역 초기부터 아주 성공적이어서 많은 영혼이 그로 인해 회심하였습니다. 그는 자신이 다섯 차례의 영적 추수를 체험하였다고 말했습니다. 첫째는 1679년, 두 번째는 1683년, 세 번째는 1696년, 네 번째는 1712년, 그리고 다섯 번째로 1718년에 추수하였다고 했습니다. 이 가운데 특히 1683년, 1696년, 1712년의 수확은 첫 번째와 다섯 번째보다 훨씬 더 놀라울 정도로 많은 영혼이 하나님께 돌아왔다고 합니다."[15] 스토다드는 교회 부흥으로 뉴잉글랜드 목사들과 교

---

15)   Jonathan Edwards, *A Faithful Narrative of the Surprising Work of God in the Conversion of Many Hundred Souls in Northampton and the Neighboring Towns and Villages*

회들의 부러움을 샀다. 대부분의 뉴잉글랜드 교회들이 체험하지 못한 부흥을 여러 차례 겪었기 때문이다. 사실상 노샘프턴 교회의 부흥은 당시 전통주의를 고수하던 동부 연안 청교도들의 시각으로 보면 매우 특이한 현상이었다. 그러면 노샘프턴 교회의 부흥을 가져온 스토다드의 설교 특징에 대하여 간단히 살펴보도록 하자.

• **부흥을 위한 설교의 조건**

스토다드는 교회의 부흥이 설교자와 밀접한 관련이 있다고 보았다. 1723년 출판한 『설교자의 결점을 질책함』(Defects of Preachers Reproved)에서 교회에서 부흥이 일어나지 않는 주된 이유를 목사의 책임이라고 지적하였다. 목사가 영적 거듭남의 필요성을 느끼지 못하거나 아예 그러한 회심 체험이 없는 경우, 설교 내용이 빈약하거나 바른 신학을 갖지 않았기 때문에 교회의 부흥이 일어나지 않는다는 것이다.

스토다드는 설교자들에게 필요한 것이 부단히 자신과 목회, 설교에 대해 부지런히 성찰하는 것이고, 교회 부흥을 위하여 좋은 설교를 하여야 한다고 하였다. 그에 의하면, 좋은 설교는 회개의 필요성을 외치고, 삶의 변화를 요청하는 설교이다. 그는 칭의의 조건이 되는 그리스도에 대한 믿음에 관해 설명하면서 참된 믿음은 지적 동의가 아닌 실천이라고 하였다. 믿음은 지적으로 깨닫거나 동의하는 것이 아닌 "그리스도에게 옮", "그리스도에게 문을 엶", "그리스도의 그늘에 쉼", "그리스도 위에 집을 세움"과 같이 그리스도를 마음에 받아들이고, 의탁하는 전인적인 행동을 포함하는 것이라고 하였다.[16] 아울러 그는 좋은 설교가 갖추어야 할 몇

(Boston, 1737), 12.

16)   Solomon Stoddard, *The Defects of Preachers Reproved in a Sermon Preached at*

가지를 제시하였다.

첫째로, 설교의 목표를 성도의 회심(悔心)에 두어야 한다. 그는 성경이 인간의 전적 타락과 죄에 대한 하나님의 엄중한 심판, 거듭남 없이는 지옥의 형벌을 피할 수 없다는 것을 가르치지만, 설교자 대부분이 성경 교리보다는 현세의 물질적 번영과 풍요, 부귀와 영광만 전하므로 회심이 일어나지 않는다고 하였다. 따라서 회심을 통한 부흥을 원한다면 죄의 심각성과 거듭남의 절대적 필요성, 그리고 지옥의 고통과 심판을 설교해야 한다고 하였다. 그는 이렇게 주장하였다: "어떤 목사들은 도덕적 의무와 경건한 사람들이 누리는 복된 상태에 대해 많이 외치지만, 죄인들을 각성시키려고 하거나 그들이 당할 위험에 대해 알려 주려고 하지 않습니다. 그들은 개혁을 외칩니다. 그들이 있는 자리에서 개혁을 외치는 것은 아주 필요한 일이지만, 죄인들이 심판과 저주에 대해 자주 듣지 못한다면 회심자가 없을 것이고, 대부분이 깊은 잠에 빠져 있게 될 것입니다. 나쁜 설교는 마치 지옥이 없는 것처럼 귀를 즐겁게 하거나 하나님이 그들을 저주하실 정도로 거친 분이 아니라고 느끼도록 하는 설교입니다"(Stoddard 1723). 죄에 대해 설교하지 않은 곳에서 영적인 각성이 있을 수 없고, 영적 각성 없이 부흥할 수 없다고 주장한 것이다. 스토다드는 회심을 촉구하는 설교가 전해질 때 교회 부흥이 이루어질 수 있다고 하였다. 회심을 촉구하는 설교는, "첫째, 하나님의 진노를 초래하는 범죄를 방지하고 제거하여 현세에서 공적인 번영을 더욱 누리게 하고, 둘째, 회심에 큰 장애가 되는 악행으로부터 성도들을 구출하여 영적인 부흥을 가져온다."(Stoddard 1724, 20~21)는 것이다. 그러므로 설교자는 지옥 불과 심판, 그리고 온갖 죄악을 책망하여야 한다고 하였다. 비록 회중이 이러한 주제

Northampton, May 19, 1723 (New London, Conn., 1724).

를 가지고 설교하는 것을 싫어할 수 있지만, 회심한 후에는 오히려 그것들에 대해서 감사하게 될 것이라고 하였다.[17]

둘째로, 양심에 초점을 두고 설교해야 한다. 회심은 말씀과 성령이 양심을 자극할 때 일어나므로, 설교자는 양심에 초점을 맞추어 "인간 마음의 완악함과 율법의 엄중함을 지적해야" 한다는 것이다. 그는 이렇게 말하였다. "사람들은 말씀으로 치료받기 전에 먼저 그들의 비정상적인 상태를 보아야 합니다. 그들이 그리스도의 진귀함을 알기 전에 먼저 그들의 악한 마음과 율법의 엄중함을 알아야 합니다. 스스로 양심을 치료할 수 있다고 생각하는 자는 자신의 치료를 위해 그리스도에게 오지 않을 것입니다. 그러므로 그들이 그리스도에게 오기 전, 참으로 그들에게 요구되는 것이 무엇인지 알도록 만들어 주어야 합니다"(Stoddard 1723). 양심의 각성에 초점을 맞출 것을 주장한 것이다. "그들의 양심에 찔림을 받는다면, 그러한 설교는 성도를 건강한 믿음으로 양육하는 수단(딛 1:3)이 되어, 삶을 개혁하고, 영원한 생명의 길을 마련"하기 때문이다(Stoddard 1724, 27). "설교자는 인간의 재치나 언변을 과시하기 위해서 세워진 자가 아니라 인간의 양심에 불을 붙이기 위해서 부름을 받은 자이고, 인간에게 헛된 웃음을 주기 위해 있는 자가 아니라 인간들의 양심을 찌르고 고통을 주기 위해" 존재하는 자이기 때문이다.[18]

셋째로, 은혜의 수단들을 적극적으로 활용해야 한다. 거듭남은 물과 성령"에 의해 일어나며(요 3:5), 이는 은혜의 수단인 설교와 성찬을 적극적으로 활용함으로 비롯된다고 본 것이다. 따라서 설교자는 하나님이 교회

---

17) Keith J. Hardman, *Seasons of Refreshing: Evangelism and Revivals in America* 『부흥의 계절』, 박응규 역 (서울: 기독교문서선교회, 2006), 58.

18) Solomon Stoddard, *The Presence of Christ with the Ministers of the Gospel* (Boston, 1718), 28.

에 주신 은혜의 수단을 모두 사용하되, 특히 성찬을 모든 교인에게 개방해야 한다고 하였다. 회심 체험을 한 사람에게 교회 회원권을 주고, 성찬에 참여하도록 하는 등 "닫힌 성찬"(closed communion) 정책을 추구하던 동부 해안의 청교도와는 달리, 스토다드는 "열린 성찬"(open communion) 정책을 통하여 교인들을 교회로 모으고, 말씀으로 회심을 도모하고자 한 것이다. 성도가 "만약 교회의 의식-성찬, 설교, 말씀-에 참여하면 은혜의 순간을 준비하는 것이 되고," 이는 교회 부흥으로 이끌 수 있다고 생각한 것이다(Hardman 2006, 57). 스토다드는 이러한 믿음으로, 유아세례를 받고 교회에서 자라면서 수치스럽게 생활하지 않고 "자신을 점검하고 주의 몸을 분별할 줄 아는 지식을 가진" 교인이라면 -그들이 회심 체험을 교회 앞에서 입증하지 못하였다고 하더라도- 성찬에 참여할 수 있도록 허락하였다. 곧 1677년부터 14세 이상의 입교인만 성찬에 참여하게 하였고, 1690년에는 성찬을 회심의 규례(converting ordinance)로 선언하고, 모든 성도의 성찬 참여를 독려하였으며,[19] 교회 앞에서 회심 체험을 입증해야 했던 공적 신앙고백 제도를 폐지하였다. 스토다드는 이처럼 혁신적인 방법으로 온 성도가 은혜의 자리에 올 수 있게 하였다. 페리 밀러(Perry Miller) 교수가 지적한 것처럼, 그는 "동부에 대항하는 서부, 17세기에 대항하는 18세기, 그리고 새로운 세기와 새로운 세상의 선구자로 다가온 … 뉴잉글랜드의 첫 번째 부흥사"로,[20] 교회 부흥을 위해 신학과 논리의 껍데기

---

19)   스토다드의 열린 성찬에 대해 인크리스 매더 목사(Increase Mather)는 2가지 측면에서 이단적 발상이라고 정죄하였다. "하나는 거룩함이 성찬식에 참여하는 데 필수 요건이 아니라고 주장하는 점이고, 다른 하나는 성찬식이 회심시키는 의식이라는 점이다." Increase Mather, *A Dissertation Concerning the Strange Doctrine of Mr Stoddard* (Boston, 1701), 1.

20)   Perry Miller, "Solomon Stoddard," *Harvard Theological Review* 34 (1941): 316~317.

를 깨고, 사람들을 거룩한 성품에 참여시키기 위한 설교 신학을 정립하였던 셈이다.

스토다드는 교회 부흥을 위한 설교 원리를 제시할 뿐만 아니라 좋은 설교를 작성하기 위하여 최선을 다하였다. 그는 청교도 전통에 따라 라틴어나 히브리어를 설교에 사용하지 않으려고 했고, 미사여구나 수사학적 언어 대신 쉬운 단어를 쓰고자 하였으며, 단순한 논리에 따라 설교를 구성하였다. 설교 원고가 준비되면 그것을 암송하기 시작했고, 토요일에는 여러 차례에 걸쳐 설교 예행 연습한 후, 주일 아침에 강단에 올라가 설교하였다. 스토다드는 원고 낭독형 설교를 좋아하지 않았다. 왜냐하면 원고 설교는 청중들을 "지루하게 만들고, 권위가 없으며, 감동을 주지 못하기" 때문이다(Stoddard 1724, 18). "낭독형 설교는 전달에서 권위도 없고 서기관들의 냄새가 나며(마 7:29), 다른 설교에 비해 유익하지 않다. 수사학적 설교는 논쟁적일 수 있지만, 이성적인 강연보다 내용의 기억을 어렵게 만든다. 그러나 성령의 능력을 힘입는 설교는 매혹적인 인간의 지혜의 말로 하는 것보다 더욱 유익하게 한다"(Stoddard 1723, 18)는 것이다.

스토다드의 설교 운동은 큰 열매로 나타났다. 하드만이 지적한 것처럼 스토다드는 "죄와 지옥, 율법의 공포에 대해 설교하면서 회중에게 열린 성찬을 실시하고, 쉬운 용어를 사용하여 거듭남의 사랑스러움과 율법의 공포 사이에 균형을 유지하였고, 이 모든 것 위에 엄격한 교회 규율을 결합하여" 노샘프턴 교회의 부흥을 이루었다(Hardman 2006, 61). 지옥에서 당할 유황불 심판을 자세하게 설교하여 성도들이 죄에 대한 경각심을 불러일으키게 하였고, 회심을 목표로 양심을 자극하여 회개 운동이 일어나게 한 것이다(Miller 1941, 316~317). 스토다드는 이처럼 죄의 보편성, 지옥의 공포, 그리고 양심에 초점을 맞추어 설교한 후, 메시아이신 예수 그리스도의 속죄 사역을 강조함으로 성도들의 양심을 깨우쳤고, 그 결과 수차례에 걸친 부흥을 체험하였다.

3. 중부 식민지의 설교자 후레링하이즌과 테넌트

매사추세츠 노샘프턴에서 솔로몬 스토다드의 영적 "추수"와 함께 뉴
잉글랜드의 여러 곳에서도 소규모의 부흥 조짐이 있었다. 1712년에서
1713년 사이 햄프셔 카운티(Hampshire County)의 각성, 1720년대 초반의 템
스 강 계곡(Thames River Valley)의 부흥, 1720년대 후반의 지진으로 인한 부
흥 운동(1727)이 일어났고,[21] 중부 식민지인 뉴저지에서 후레링하이즌과
테넌트 가문을 통해 설교 운동이 일어났다.

• 후레링하이즌과 설교

시어도어 후레링하이즌(Theodore Jacobus Frelinghuysen, c. 1692~c. 1747)은
1691년 독일 국경에 가까운 네덜란드 동프리스란트(East Friesland)의 링엔

---

21)　자연재해도 부흥에 일조하였다. 1727년 10월 29일 월요일에 보스턴에 대지진이
일어나자, 토머스 프린스(Thomas Prince) 목사는 "영광의 하나님이 일어나셔서 온 나라
의 땅을 흔들어 놓으셨다."고 기록한 후, 지진이 일어난 그다음 날인 화요일 아침 보스턴
북부 교회당에서 노회가 열리자, 허다한 사람이 새벽 5시부터 이 교회에 몰려왔고, 교회
가 수용할 수 없을 정도가 되자 남부 교회로 몰려갔다고 하였다. 목요일에는 금식 기도
의 날로 선포되었고, 지진을 모면해 달라는 기도와 함께 하나님의 은혜가 내려와 진정으
로 회개하고 주님께 돌아갈 수 있도록 기도하면서 각성 운동이 일어났는데, 프린스가 섬
기던 교회만 해도 이 사건이 있고 난 뒤 8개월 후에 80명의 신자가 늘어났고, 대부분이
회심을 체험하였다고 하였다. Thomas Prince, *The Christian History, Containing Accounts
of the Revival and Propagation of Religion in Great Britain, America, & c.* (Boston, 1743).
no. 13, May 28, 1743. John Gillis, *Historical Collections Accounts of Revival,* 『18세기의 영
적 부흥』 김남준 역 (서울: 도서출판 솔로몬, 1992), 1 : 92, 93.

(Lingen)에서 개혁파 목사의 아들로 태어났다. 후레링하이즌은 1714년 경건주의의 영향이 강했던 링엔 대학교(University of Lingen)를 졸업한 후 1715년 독일개혁교회(German Reformed Church)에서 목사 안수를 받았다. 그는 링엔에서 14개월 정도 목회하였고, 나중에 엥쿠이젠(Enkhuisen)으로 이사하고, 거기 있던 라틴어 학교에서 성경을 가르쳤다.

후레링하이즌은 1719년 6월 미국 중부 식민지인 뉴저지(New Jersey)의 래리탄 계곡(Raritan Valley)에 있던 네덜란드 개혁파교회(Dutch Reformed Church)의 초청을 받고 암스테르담 노회의 파송을 받은 후, 1720년 1월 대서양을 건너 뉴저지에 도착하였다. 그는 뉴저지의 래리탄(Raritan), 뉴브런스위크(New Brunswick), 씩스마일런(Six Mile Run)과 쓰리마일런(Three Mile Run) 등지에 교회를 세웠고, 하나님의 부르심을 받은 1747년까지 이 교회들을 섬겼다.

후레링하이즌은 개혁파 목사였지만 경건주의적인 사람이었다. 『뉴저지 백과사전』(Encyclopedia of New Jersey)은 그에 대하여 설명하기를, "『하이델베르크 요리문답서』(Heidelberg Catechism)에 충실했고, 경건주의, 회심, 회개, 엄한 도덕적 기준, 개인적 헌신, 출교, 교회 권징을 강조하였으며, 신앙적 무관심론(indifferentism)과 공허한 형식주의에 대항하여 싸웠다."[22] 고 하였다. 정통 신학보다는 성경 연구와 하나님을 향한 열정을 더 중시하고, 교파보다는 그리스도 안에서의 성도됨을, 성경 지식보다도 이웃에 대한 사랑의 실천을 강조한 경건주 목사였던 셈이다. 그는 형식적인 신앙생활과 죽은 정통 신학의 무익함을 지적하면서 철저한 권징의 실시, 가정에서의 신앙 교육, 신앙고백에 따르는 경건의 실천 등을 강조하였다.

---

22) *Encyclopedia of New Jersey* (Rutgers University Press, 2004).

후레링하이즌의 경건주의적 신앙은 그의 설교에 잘 나타나 있다. 그는 교인들이 죄의 영향 아래 있다는 것을 깨닫도록 죄에 대해 직설적으로 설교하였으며, 청중을 거듭난 자와 그렇지 않은 자로 나누고, 신자 가운데 일부가 거듭나지 못했다고 지적하였다. 이분법적으로 세상과 교인을 선과 악으로 나누었다. 그의 부흥 집회에 참석했던 보엘(Boel)이라는 사람은 그를 만난 후 받은 느낌을 이렇게 썼다. "우리는 큰 은혜를 줄 것이라고 기대하며 기쁨과 사랑으로 그를 영접했습니다. 그런데, 이런! 그는 우리에게 큰 유감을 남겼습니다. 곧 우리는 기대했던 것과는 전혀 다른 결론을 내리게 되었습니다. 강단으로부터 우리를 향한 비난의 소리가 쏟아졌기 때문입니다……. 그는 항상 엄하고 격렬한 말투로 우리 모두를 회심하지 않은 자로 정죄했습니다."[23] 그는 이처럼 성도들을 정죄한 후 지옥의 공포를 선포하고, 그들의 영적 각성을 유도하였다. 왜냐하면 그는 성도를 죄에 대한 고뇌와 뉘우침, 자신의 영적 상태에 대한 절망감, 자신의 의에 대한 혐오 과정을 거친 후 거듭나서 그리스도에게만 소망을 두는 자라고 보았기 때문이다. 이런 믿음으로 그는 교인들의 죄를 폭로하고 정죄하곤 하였다.

후레링하이즌은 또한 성찬과 권징을 교인들의 영적 각성의 수단으로 사용하였다. 그는 오직 성결하게 생활하며 경건에 힘쓰는 자들만 성찬에 참여할 수 있게 하였고, 말씀으로 훈련받지 못한 자들과 범죄자들은 성찬에서 제외하였다. 아울러 그는 신대륙에서 네덜란드어의 사용과 네덜란드식의 예배 의식을 고집하던 암스테르담 노회의 정책은 잘못이라고

---

23)   Joseph Anthony Loux Jr. "A Historical Study of T. Frelinghuysen(sic)and the Complaint of 1725." *Boel's Complaint Against Frelinghuysen.* Edited and Translated by Joseph Anthony Loux Jr. (Rensselaer, New York: Hamilton Printing Co. 1929).

지적하고, 예배와 교회 제도를 미국 현지에 맞게 할 것을 주장하였다. 곧 주기도문을 예배 순서에서 제외했고, 교회 안에서 소규모 모임들을 만들어 제자들을 훈련하였으며, 평신도에게 설교를 맡기는 등 급진적인 개혁 운동을 전개하였다.

하지만 이러한 후레링하이즌의 개혁 운동은 일부 교인들의 반발을 샀다. 정죄 위주의 설교와 기도, 거듭난 신자와 그렇지 않은 자의 구별, 엄격한 권징의 시행, 주기도문의 생략 등 그의 경건주의적 경향에 대해 교인들의 반발한 것이다. 1720년 그가 교인 가운데 몇을 거듭나지 못하였다는 이유로 성찬에서 제외하자, 그들은 후레링하이즌이 정통 교리를 가르치지 않으며, 교인 가운데 아무도 크게 뉘우친 사람이 없다고 단언하여 교회를 혼란으로 몰고 간다고 주장하면서 그를 암스테르담 노회에 고소하였다. 노회가 진상조사위원회를 만들자, 그는 노회 탈퇴를 선언하였고 1723년 9월 반대자들을 출교 처분하였다.

이러한 혼란 가운데도 래리탄 교회는 부흥하였다. 많은 사람이 회심하고, 교인 수가 많이 증가하였다. 그가 섬기던 네 곳의 교회에서 1726년 38명, 1729년 16명, 1734년 16명, 1739년 50명, 1741년에 22명이 회심하는 등 180명이 새롭게 태어났다.[24] 후레링하이즌의 이러한 부흥 운동은 조지 휫필드(George Whitefield, 1714~1770)와 조너선 에드워즈(Jonathan Edwards, 1703~1758)가 대각성운동으로 가는 길을 개척하였다. 휫필드는 1739년 11월 20일에 쓴 일기에서 다음과 같이 후레링하이즌에 관하여 기록해 놓았다. "말씀을 들으러 온 많은 사람 가운데는 주님이 영광 받기를 기뻐

---

24)   Abraham Messler, *Forty Years of Raritan: Eight Memorial Sermons with Notes for a History of the Reformed Dutch Churches in Somerset County, New Jersey* (New York: A Lloyd, 1873).

하며, 주의 자녀들을 영광스럽게 하려고 주님이 사용하는 여러 사역자가 있었다. 그중의 하나가 네덜란드 칼빈주의자 사역자, 흐릴링 하우젠(Freeling Housen)으로, 뉴브런즈윅(New Brunswick)에서 약 4마일 떨어진 곳에 있는 교회의 목사이다. 그는 예수 그리스도의 노병으로, 주께서 시작하려는 위대한 부흥 운동의 첫 개척자였지만, 육신의 형제들로부터 극심한 반대를 받아 왔다고 한다."[25] 그리고 조너선 에드워즈도 그에 대해 논하면서 "이 경건한 신사의 사역으로 인하여 큰 부흥이 신대륙에서 일어나게 되었다."고 언급하였다. [26]

구원에 있어서 회심의 절대적 필요성을 강조하고, 철저한 교회 치리를 시행하여 래리탄 계곡의 부흥을 이끈 후레링하이즌의 부흥 운동은 뉴잉글랜드인들에게 부흥 운동에 대한 기대감을 제공하였고, 부흥에 대한 긍정적 태도를 품게 하였다. 특히 그의 "개인적 경건의 강조, 술과 담배, 춤의 금지, 안식일 준수" 등 경건주의적인 경향은 미국 복음주의 하부 문화를 구성하는 데 일조하였고, [27] 회개의 촉구와 권징의 실시를 강조함으로 부흥 운동을 촉구한 시도는 후대에 부흥 신학의 규범이 되었다. [28]

---

25)   George Whitefield, *George Whitefield's Journals* (Edinburgh: The Banner of Truth Trust, 1992), 351~352.

26)   C. C. Goen, ed., *The Great Awakening*, in *The Works of Jonathan Edwards* (New Haven, Conn.: Yale University Press, 1972), 4:156.

27)   Randall Balmer, "'습관적 신앙생활'의 극복: 18세기 경건주의와 미국 부흥 전통" in *Modern Christian Revivals.*『근현대 세계 기독교 부흥』Edited by Edith L. Blumhofer & Randall Balmer, 이재근 역 (서울: CLC, 2011), 37~43.

28)   18세기 중반에 부흥 운동이 확산하면서 네덜란드 경건주의자들은 미국 복음주의의 주류에 편입되었고, 경건주의적 배경을 가진 스코틀랜드 계통의 신파(New Side) 장로교도와 연합하여 식민지의 종교 구조를 바꾸어 놓았다.

• 테넌트가(家)와 설교

래리탄의 부흥 운동은 윌리엄 테넌트(William Tennent, 1673~1746)가 신대륙으로 이민하면서 테넌트가(家)의 사람들에 의해 이어졌다. 테넌트는 1673년 스코틀랜드의 미드 칼더(Mid Calder)에서 태어나 1695년 에든버러 대학을 졸업한 후 1706년 스코틀랜드 장로교회에서 목사 안수를 받았다. 그는 1718년 대서양을

길버트 테넌트

건너 뉴욕에 도착하였고, 1720년에서 1726년 사이 뉴욕에서 생활하며 4명의 아들에게 신학을 가르쳤다. 1726년 필라델피아 근교로 이사하여 오늘날 와민스터(Warminster)에 있는 네샤미니 와익(Neshaminy Warwick) 장로교회를 섬겼다.

윌리엄 테넌트는 1727년 큰아들 길버트 테넌트를 제외한 3명의 아들들과 그 지역에 사는 12명의 가난한 농촌 아이들에게 통나무집에서 신학을 가르쳤다. 그는 좋은 설교자 양육을 목표로 삼고 학생들을 가르쳤다. 성경을 바로 읽고 해석할 수 있도록 히브리어와 헬라어를 익히게 하였고, 좋은 설교를 작성할 수 있도록 신학과 논리학을 가르쳤으며, 신앙적 열정을 고무하면서 경건을 실천하게 하였다. 이 학교는 나중에 통나무대학(Log College)으로 알려졌다. 이 학교 졸업자들은 전도에 앞장섰고, 방방곡곡으로 흩어져 성경 중심적이면서도 체험에 호소하는 설교 운동을 전개하였고, 대각성운동이 일어나면서 신파(New Side) 장로교 운동을 주도하였다.

신파 장로교 운동을 이끈 대표적인 인물로서 뉴저지에서 부흥을 주도한 이는 윌리엄의 큰아들 길버트(Gilbert Tennent, 1703~1764)이었다. 그는 아일랜드에서 태어나, 1718년 아버지를 따라 미국에 이민하여 1725년 예

일 대학을 졸업하였다. 그 후 그는 내샤미니로 가서 아버지 윌리엄을 도와 통나무 대학의 학생들을 가르쳤고, 1726년 후레링하이즌이 섬기던 뉴저지의 네덜란드 개혁파교회가 영어권에 속한 이들이 섬길 설교자를 구한다는 소식을 듣고, 뉴저지로 갔다. 그는 그때의 느낌을 이렇게 기록해 놓았다. "네덜란드 사람 칼빈주의 사역자인 프릴링후사(Freelinghousa) 목사의 수고는 뉴브런스위크와 인근 지역, 특히 그가 부임했던 당시의 사람들에게 엄청난 축복이었다……. 그곳에 갔을 때는 [부흥이 있은 지] 이미 7년이 지났지만, 나는 그의 사역에 많은 열매가 있었다는 것을 보고 기뻤다……. 내가 앞에 언급한 곳에서 갔을 때, 얼마나 많은 영혼이 모였는지 기억하지 못하나 하나님의 자비로 인하여 여기저기에 적지만 매우 빈번한 이삭줍기가 있었다. 그것은 전체적으로 주목할 만한 숫자였다"(Gillis 1992, 1:93). 뉴저지에서 히다한 사람들이 하나님의 품으로 돌아오고 있음을 확인한 것이다.

그렇지만 테넌트가 뉴저지에 도착했을 때 교인들의 영적 상태는 그다지 좋지 않았다. 주민 대부분이 스코틀랜드인들이었고, 후레링하이즌이 간혹 그들을 방문하면, 그때만 예배에 참석할 정도로 형식적인 신앙생활을 하는 이들이 많았다. 주민들은 세속적이었으며, 공동체는 극심한 내분 상태에 있었다. 교회는 "아이를 배지 못한 태에 젖줄이 마른 여인과 흡사"했고, 신자들은 이름만 살아 있고 "극소수를 제외하고는 가정예배를 전혀 드리지 않았으며, 그들의 마음은 무지에 덮여 있었다"(Gillis 1992, 94).

테넌트는 래리탄에 부임하자마자, 설교 준비에 최선을 다하였다. 그는 뛰어난 외모와 위엄 있는 음성을 가진 설교자로 청중들을 말씀으로 설득하고 설득하였지만 실패하였다. 그는 낙심 중에 후레링하이즌을 찾아가서 조언을 구하였고, 그에게서 많은 걸 배웠다. 후레링하이즌이 설교 때

교회 역사를 빛낸 위대한 설교자들

마다 거듭남의 필요성을 강조하는 것을 본, 그는 거듭남을 강조하기 시작하였다. 회심을 강조하는 설교를 시작한 것이다. 죄의 비참함을 생생하게 묘사한 후 하나님의 심판, 영적 변화에 대한 내적인 변화의 필요성을 강조하면서 회심을 촉구하였다. 그 결과 성도들 사이에서 영적 각성이 일어났고, 교회의 부흥으로 이어졌다.

1738년 조지 휫필드가 신대륙에 도착하여 동부 13개 주를 중심으로 대각성운동을 전개하자, 테넌트는 휫필드를 따라 뉴잉글랜드로 갔다. 그는 뉴잉글랜드 청교도들의 종교적 위선과 형식주의를 비판하고 회개를 촉구하였다. 그는 형식적인 신앙의 공허함과 죄인들에게 임할 하나님의 무서운 심판에 대해 설명한 후 회개를 촉구하였다. 그 결과 수많은 이들이 하나님께로 돌아왔다. 3개월 동안의 보스턴 설교 기간 중 600여 명이 넘는 사람들이 그를 찾아와 영적인 문제에 대해 상담하였고, 그의 인기는 높아져 갔다. 하지만 테넌트의 설교는 점차 정죄 위주로 변하였고, 그에 따라 반대하는 이들이 많아졌다. 반대자 가운데는 부흥 운동이 초래한 무질서에 대해 비판하는 이들이 나타나자, 테넌트는 이들을 무식한 광신자들이라고 몰아붙였다. 이러한 상황에서 그는 1740년 3월 8일 펜실베이니아주의 노팅엄(Nottingham)에서 「회심치 못한 목사의 위험성」(The Danger of Unconverted Ministry)이라는 설교하였다. 그는 부흥 운동을 반대하는 구파(old side) 목사들을 회심하지 못한 사람들로 간주하면서 '바리새인의 교사이고, 시각장애인을 인도하는 시각장애인'이요, 그들의 기도는 냉랭하며, 상담은 효과가 없다고 정죄한 후, 청중들에게 그러한 목사들로부터 떠나라고 선동하였다. 테넌트의 분열을 책동하는 설교는 화약고에 불을 붙이는 격이 되었고, 이는 결국 1741년 미국 장로교회의 분열을

초래하였다. [29)]

그럼에도 불구하고, 통나무 대학 출신들은 설교 운동을 통하여 많은 열매를 맺었다. 그들의 활약에 대해 간략히 살펴보도록 하자. 사무엘 블레어(Samuel Blair, 1712~1751)는 스루스베리(Shrewsbury)에서 설교 운동을 일으켰고, 아론 버(Aaron Burr, 1716~1757)는 뉴욕의 뉴어크(Newark), 새뮤엘 핀리(Samuel Finley)는 펜실베이니아의 노팅엄(Nottingham), 로버트 스미스(Robert Smith)는 펜실베이니아의 페쿠아(Pequa)와 랭커스터(Langcaster)에서 각각 설교 운동을 전개하여 큰 부흥을 체험하였다. (특히 핀니와 스미스는 그들이 거주하는 곳에 통나무 대학을 세워 장로교 신학을 후진들에게 전수하므로 부흥 신학을 확산시켰다). 그들은 1738년 뉴브런스위크 노회(Presbytery of New Brunswick)를 설립하였고, 이 노회는 부흥 운동을 지지하던 신파(New Side)의 막강한 요새가 되어 미국 장로교 신학의 기초를 미련하였다.

맺는말

청교도들은 성경에 기초하여 법을 제정하고, 회심한 성도들이 참정권을 행사하게 하여 성경이 다스리는 나라를 세우고자 하였다. 하지만 세월이 흐르면서 청교도 교회들은 제도화되었고, 교회 운영은 경직화되어 갔고, 교회도 세속화되어 갔다. 신앙이 형식적으로 되고 세속적 가치관이 교회 안에 뿌리내려 가자, 청교도들은 교회를 바로 세우기 위한 대회의 소집, 개인적 경건 운동, 부흥 설교, 회개 운동, 그리고 성찬 참여자의

---

29) 오덕교, 『장로교회사』 개정증보판 (수원: 합동신학대학원대학교 출판부, 2006), 256, 259~261.

교회 역사를 빛낸 위대한 설교자들

자격 완화 등 다양한 방법을 동원하여 교회 부흥을 추구하였지만 1세대
가 세상을 뜬 후 80년 이상, 곧 그들이 신대륙에 도착한 지 120년이 될 때
까지 부흥을 체험하지 못하였다.

그렇지만 중부 식민지와 뉴잉글랜드의 서부 지역에서는 작지만, 몇몇
설교자들을 통해 설교 운동이 일어났다. 후레링하이즌과 솔로몬 스토다
드가 바로 그러한 사람들이었다. 그들은 성도들 속에 깊이 뿌리내리고
있는 죄의 해악을 지적하고 회개를 촉구하여 영적 침체에 빠져 있던 교
회를 다시 세웠다. 그들은 사람의 귀를 즐겁게 해 주는 말이 아니라 인간
의 부패성을 지적하고 하나님께 돌아올 것을 촉구하여 교회를 다시 살렸
다. 죄와 인간의 전적 부패, 그리스도를 통한 구원, 내세의 형벌과 구원
에 대해 담대하게 설교함으로 부흥 운동을 일으킨 것이다. 이제 다음 장
들에서 대부흥의 시대를 만들어 낸 위대한 설교자인 조지 횟필드, 존 웨
슬리, 요나단 에드워즈와 그들의 설교 운동에 대해 살펴보자.

제12장

◇――――◇

조지 휫필드와 설교

　영국의 찰스 2세(Charles II, 1660~1685)는 1660년 왕정복고 후 공화정(共和政)을 폐지하고 청교도 운동을 금하였다. 모든 청교도는 성공회로 개종하거나 비국교도로 박해받으면서 생활해야 하였다. 청교도의 신령과 진정으로 드리던 설교 중심적 예배는 성공회 정책에 따라 의전(儀典) 중심으로 바뀌었다. 하나님의 말씀을 절대적 권위로 삼았던 교회 생활은 교회의 전통에 따라 운영되었다. 성도들은 강압적으로 성공회로 개종해야 했으며, 거부할 때 공직에서 추방되고 자녀들은 대학에 진학할 수 없게 되었다. 모임의 자유를 제한받았고, 목사들은 양심에 따라 설교할 수 없었고, 교회 당국의 명령을 어기면 가차 없이 구금되거나 엄벌을 받았다. 설교자들은 거주의 자유를 제한당하였고, 감시의 대상이 되었다. 자연스럽게 설교 운동은 위축되었고, 교회의 부흥을 기대할 수 없게 되었다. 17세기 후반의 영국은 영적으로 매우 암울한 시기였던 셈이다.

1. 조지 휫필드와 시대적 배경

암울한 17세기가 지나고 18세기에 이르러 영국은 농업 국가에서 공업 국가로 옮겨 갔다. 산업화 과정을 거치면서 많은 사회문제가 일어났다. 농촌 사람들이 일거리를 찾아서 도시로 몰려옴으로 실업자 문제, 주거 문제, 빈부 격차의 심화 등 사회 갈등이 시작되었고, 폭동으로 이어지기도 하였다. 런던과 버밍햄에는 폭도들에 의한 방화 사건, 감옥 습격 등이 빈번했고, 다른 지역에서도 약탈과 강도질이 끊임없었다.[1] 술주정뱅이들이 엄청나게 많아져 '술 취한 시대'(Gin Age)라고 불렸고, 런던의 홀번(Holborn)에는 세 집 건너 한 집이 술집이었다.[2] 감옥은 죄수들로 가득 찼고, 온갖 부패의 온상이 되었다. 사회는 "거칠고, 잔혹하며, 이교적 관습으로 가득 차 있었다. 전통적으로 지켜 오던 주일(主日)은 술주정, 동물 학대, 에봇 브롬리 뿔 춤(Abbots Bromley horn Dance, 중세 시대부터 전해 온 영국 전통춤으로 사슴뿔 장식을 하고 춘다)을 추는 날로 되었다."[3]

---

1)   Gerald R. Cragg, *The Church and the Age of Reason, 1648-1789.* 『근세교회사』 송인설 역 (서울: 크리스챤 다이제스트, 1999), 125.

2)   Keith J. Hardman, *Seasons of Refreshing: Evangelism and Revivals in America,* 『부흥의 계절: 미국의 전도와 부흥 운동 역사』 박응규 역 (서울: 기독교문서선교회, 2006), 108.

3)   베빙턴 in *Modern Christian Revivals.* 『근현대 세계 기독교 부흥』 Edited by Edith L. Blumhofer & Randall Balmer, 이재근 역 (서울: CLC, 2011), 71.

• 자연신교의 확장

　청교도들이 사라진 교회는 성공회 신부들로 채워졌고, 그들은 자연신교(Deism)를 비판 없이 받아들이고 추종하였다. 특히 고위 성직자 중에 자연신교에 매혹당한 이들이 많았고, 그들은 자연신교를 옹호하기도 하였다. 사회 상류층에 속하던 지식인들은 존 로크(John Locke, 1632~1704)의 자연신론에 근거한 합리주의와 뉴턴(Issac Newton, 1642~1727)의 중력 법칙 등 새로운 사상을 받아들였고, 그러한 사상을 지지한다고 공표함으로 스스로 진취적인 인물임을 드러내곤 하였다. 그들은 로버트 보일(Robert Boyle, 1627~1691)이 주장한 것처럼, 하나님을 시계공(clock maker)과 같은 존재로 간주하였다. 시계를 만든 자가 시계 밖에 존재하는 것처럼, 창조주 하나님은 이 세상을 떠나 존재하는 초월자라고 주장하였다. 따라서 세상일은 하나님이 개입하지 않는 공간으로, 자연 또는 인간이 다스리는 영역이 되었다. 또한 프랜시스 베이컨(Francis Bacon, 1561~1622)의 『신지식론』(Novum Organum)에 근거하여 사람들은 하나님의 존재와 영혼 불멸 등 선험적인 지식을 부인하였고, 오직 경험된 것만을 참된 지식으로 간주하기 시작하였다. 이러한 자연신교의 영향으로, 사회 전 계층에서 선험적인 지식을 무시하는 경향이 강해졌고, 기독교 신앙은 도전을 받았다.

　영국 사회에서 사회적 격변과 자연신론의 도전이 있었지만, 교회는 무관심한 채 그에 대한 대책을 세우지 못하였다. 종교계를 이끌던 성공회 지도자들은 권위만을 내세웠고, 예배도 공동기도서에 따라 형식적으로 드려졌다. 교인들은 형식주의에 길들어 있었고 소외된 사람들에 관한 관심을 전혀 보이지 않았다. 목회적인 돌봄의 실패, 교구 체제의 경직, 권위적인 국교 체제로 인하여 가난한 백성은 점점 교회로부터 소외되었다. 능력 있고 언변 좋은 설교자들이 많았었지만, 자연신교와 합리주의의 영향 아래 있었으므로 설교 내용이 도덕과 윤리의 강조 일색이었다. 더구나 설교가 수필 형식을 취했고, 지나칠 정도로 지적이며 무미건조하였으므로 회중의 심령을 자극하지 못하였다.

교회 지도자들은 빛과 소금의 역할 대신 부정부패를 일삼았다. 성직 매매가 만연하였고, 성직을 부정 축재의 수단으로 이용하는 사례가 많았다. 그 대표적인 것이 공석 목회(Absenteeism)였다. 존 호틀리(John Hotly)라는 성공회 주교는 친척 중 성직자가 많았는데, 그들의 도움으로 고속 승진하여 윈체스터(Winchester) 교구의 재무관, 대성당 명예 참사 회원, 성 십자가(Holy Cross) 병원의 병원장, 그리고 6개 교회를 더 맡아 그 교회들과 기관들로부터 사례를 받아 챙기면서 죽을 때까지 사치스럽게 살았다(Cragg 1999, 125). 그러나 하층의 성직자들은 교회를 맡기조차 어려웠고, 맡는다고 해도 사례가 아주 적어 생활하기 힘들었다. 18세기 초반에 영국에서 성직록(聖職錄)을 받는 이가 11,000명이었는데, 절반가량이 1년에 50파운드, 2,100명 정도가 30파운드, 1,200명이 20파운드 미만을 사례로 받았다. 링컨 주에서는 최소 생활비도 안 되는 5파운드에서 20파운드를 받는 목회자들도 많았다(Cragg 1999, 125). 성직 겸직은 담임 목회자의 부재(不在)를 의미하였기 때문에 부목사가 교회를 맡았는데, 그들은 선반공이나 벽돌공보다도 낮은 대우를 받았다. 대주교 테니슨(Thomas Tenison, 1636~1715)이 1713년에 쓴 글에 의하면, 부목사들은 매년 5~6파운드 정도의 생활비를 받으며 "머물 만한 집이 없어 어렵게 생활하고, 조금이라도 나은 보수를 주는 교회를 찾아 이 교구 저 교구를 떠돌며 유랑하였다"(Cragg 1999, 125).

교회의 세속화와 함께 교인들은 자연신교의 영향 아래 무의미한 삶을 영위하였다. 자연신론주의자들은 하나님 없이 사는 행복한 세상, 곧 이성에 기초하여 판단하고, 생활하여 모두가 평등하며 행복을 누리는 유토피아를 꿈꾸었지만, 그 결과는 전혀 다르게 나타났다. 대중의 오락은 매우 저속했고, 부패해졌다. 유흥을 즐기기 위해 동물을 잔인하게 학대하였으며, 아프리카 흑인들을 사냥하여 노예로 매매하였다. 가난하고 비참한 유아 살인과 신생아를 거리에 방치하여 죽게 하는 악독한 풍습, 풍기문란, 퇴폐적인 극장의 운영, 법을 무시하고 정부의 권위를 부정하는 무정부주의, 정치인들의 부정과 부패, 공직자의 뇌물 수수 등이 만연해 있었다.

이성 중심의 이성의 시대에 산다고 하였지만, 사람들은 비이성적으로 행동하였다. 가난한 사람들의 인권은 무시되었고, 그들이 당하는 참상은 이루 말할 수 없었다. 재판에 긍휼함이 없었고, 판결은 가혹하였으며, 생계 문제로 죄를 범한 이들을 가차 없이 처형하였다. 빵을 훔치는 등 좀도둑질을 하였다는 이유로, "심지어는 작은 나무를 부러뜨렸다는 이유로, 영주의 토끼를 잡았다는 이유로 교수형에 처하기도 하였다"(Hardman 2006, 109). 인성이 타락하여 일상생활에서 즐기는 행사 중 하나가 교수형일 정도였던 거다. "교수형에 달릴 사람을 구경하기 위해 몰려드는 이들이 인산인해를 이루었고, 손뼉을 치기도 하였다. 감옥의 형편은 상상을 초월할 정도로 끔찍하였다. 젊은이와 노인이, 그리고 초범자와 중범자가 생존을 위해 격투하도록 강요받았다."[4] 이처럼 사회악과 도덕적 부패가 만연한 시대였지만, 교회는 이 같은 죄악에 대해 고발하거나 지적하지 못한 채 속수무책이었다. 타락한 사회 관습에 대항하는 지도적 역할을 포기하고 있었던 셈이다.

---

4)   Arnold Dallimore, *George Whitefield: The life and times of the great evangelist of the 18th century revival* (Edinburgh: The Banner of Truth, 1988), 1: 19~27.

교회 역사를 빛낸 위대한 설교자들

• 교회 갱신을 위한 시도들

이와 같은 상황에서 세속주의를 비판하며 교회 갱신을 추구하는 이들이 있었다. 어떤 이들은 교회의 세속화 원인을 자연신교에서 찾고 다시 성경에서 말하는 신앙으로 돌아갈 것을 촉구하였고, 혹자는 세상으로부터 차별화하기 위해 경건 생활의 실천을 강조하였으며, 또 다른 이들은 찬송을 회복함으로 의전 중심이 된 예배를 회복하고자 하였다. 오늘날로 말하면, 바른 신학 운동, 성령 충만한 영성 운동, 그리고 경배와 찬양 등의 찬송 운동을 통하여 교회를 갱신하고자 하였다.

신학적인 개혁을 추구한 대표적인 인물 가운데 조셉 버틀러(Joseph Butler, 1692~1752)가 있다. 그는 자연신교의 허구성을 파헤칠 목적으로 『종교의 유추』(Analogy of Religion)라는 책을 써서 자연신론주의자들이 절대적 권위로 내세웠던 이성의 기능이 제한적이라고 지적하였다. 이성은 하나님께서 인간에게 주신 다양한 기능 가운데 하나에 불과하며, 이성이 인간에게 주어진 다양한 기능 위에 군림하려고 하는 것은 잘못된 것으로, 이성의 능력은 제한적이어서 계시의 도움이 절대적으로 필요하다고 역설하였다. 자연신론주의자들이 주장하는 것처럼, 자연은 빛과 이성으로 이해할 수 있는 것이 아니며, 이성이 자연계에서 최고의 권위를 갖는 것이 아니라 오직 하나님의 말씀만이 확실한 진리요, 최종적인 권위라고 주장하였다. 버틀러는 이러한 논리를 전개하며 이성이 아닌 완전하신 하나님의 계시로 돌아갈 것을 주장하였다.

윌리엄 로우(William Law, 1686~1761)는 교회 갱신의 방법으로 경건의 회복을 주장하였다. 1726년에 출판한 『그리스도인의 완전』(Treatise on Christian Perfection)에서 교회 갱신의 방법으로 구제와 성결한 삶의 필요성을 역설했고, 1728년 출판한 『경건과 거룩한 삶으로의 진지한 부르심』(Serious Call to a Devout and Holy Life)에서는 고행과 도덕적인 삶을 내세웠다. 경건한 삶은 하나님께 바쳐진 생활로, 모든 그리스도인은 시간과 물질을 바르게 활용하며, 가난한 자를 구제하고, 매일 시간을 정해 놓고 기도하고, 찬송하며 겸손하게 살아야 한다는 것이다. 그는 매일 9시, 12시, 오후 3시, 그리고 저녁에 기도 시간을 갖고, 하루를 마친 후 취침 전 그날에 있었던 일을 돌아보면서 스스로 성찰할 것을 주장하였다. 자기 성찰을 통해 겸손과 순종, 회개 여부에 관해 확인하며, 실천할 것을 권면하였다. 겸손은 경건 생활을 움직이는 생명과 혼이며, 모든 덕행의 기초요, 거룩한 열망의 가장 좋은 안전 방책이므로 겸손의 실천을 강조하였고, 이를 통하여 교회 갱신을 이룰 것을 주장하였다.

이러한 시기에 등장한 것이 찬송 운동이었다. 찬송을 통해 영성을 고무함으로 교회 갱신을 이루고자 한 것이다. 그 대표적인 인물로 '근대 찬송가의 아버지' 또는 '영국 찬송의 아버지'(Father of English Hymnody)라고 불리는 아이작 왓츠(Isaac Watts, 1674~1748)가 있다. 원래 비국교도(Nonconformist)였던 그는 옥스퍼드나 케임브리지 대학에 진학할 수 없게 되자 1690년 런던 근처에 있던 비국교도 학교(Dissenting Academy)에 진학하여 신학 훈련을 받았고 찬송과 논리를 연구하였다. 그는 교회를 새롭게 할 수 있는 방안으로 찬송 운동을 선택하고, 1707년 『찬송』(Hymns), 1719년에는 『신약의 언어로 모방한 다윗의 찬송』(The Psalms of David, Imitated in the Language of the New Testament)을 발간하였다. 그는 찬송을 하나님께 드리는 기도로 이해하고, 가사를 성경 구절 외에 복음적인 글도 포함함으로 프로테스탄트 찬송 역사에 새로운 전기를 마련하였다.[5] 종교 개혁자 존 칼빈(John Calvin,

---

5) 왓츠가 세운 복음적인 찬송의 전통은 영국에서 찰스 웨슬리(Charles Wesley), 에드워드 페로네(Edward Perronet), 앤 스틸(Ann Steele), 사무엘 스터네트(Samuel Stennet), 아우구스투스 토플레이디(Augustus Toplady), 존 뉴우턴(John Newton), 윌리엄 쿠퍼(William Cooper), 레지날드 히버(Reginald Heber)와 같은 찬송가 작가, 그리고

1509~1564)이 시편 가사만을 회중 찬송의 가사로 사용했던 것을 세상의 언어로 된 복음적인 내용을 포함함으로 복음 찬송 시대를 연 것이다. 그가 작사한 750곡이 넘는 찬송 시는 복음적이고 은혜로워서 수많은 언어로 번역되었고, 오늘날에도 많은 사람에 의해 사랑을 받고 있다.[6] 그러나 찬송 운동 역시 교회 갱신을 이루는 데는 역부족이었다. 다만 존 웨슬리와 조지 휫필드에 의한 설교 운동이 일어났을 때 찬송은 설교 운동을 활성화하는 역할을 하였다.

찬송 운동과 함께 독일 경건주의의 영향을 받은 교회 갱신 단체들도 생겨났다. 경건주의 사상이 영국에 전해지자, 경건주의를 모델 삼아 영국 교회의 갱신을 시도하는 운동들이 일어난 것이다. 한 예로 런던의 청년들은 1678년 교회 갱신 단체를 조직하고 기도와 성경 읽기에 전념하면서 서로 신앙적으로 격려하고 성도의 교제, 빈민 구제, 군인 전도, 선원 전도, 감옥 방문, 죄수 돕기 운동을 전개하였다. 그 후 이와 유사한 경건주의적 신앙 단체들이 속속 생겨나서 1700년경에는 런던에 100개 이

사무엘 데이비스(Samuel Davies), 티머시 드와이트(Timothy Dwight), 존 르랜드(John Leland), 피터 카트라이트(Peter Cartwright) 같은 미국 찬송가 작사자에 의해 이어지고 있다(Marini 2003, 76).

6)   왓츠의 찬송은 한국에서도 널리 사랑을 받고 있다. 최신판 『새찬송가』에는 그가 작사한 12개의 찬송이 수록되어 있다: 6장 '목소리 높여서 주 찬양하여라', 20장 '큰 영광 중에 계신 주, 나 찬송합니다', 46장 '이날은 주님 정하신 참 기쁜 날일세', 71장 '예부터 도움되시고 내 소망 되신 주', 115장 '기쁘다 구주 오셨네. 만백성 맞으라', 138장 '햇빛을 받는 곳마다 주 예수 다스리시고', 143장 '웬 말인가 날 위하여', 149장 '주 달려 죽은 십자가', 151장 '만왕의 왕 내 주께서', 249장 '주 사랑하는 자 다 찬송할 때', 349장 '나는 예수 따라가는 십자가 군사라', 353장 '십자가 군병 되어서 예수를 따를 때' 등이 바로 그것이다. 직전에 나온 『통일 찬송가』에 16곡, 그 이전에 나온 『새 찬송가』에도 12곡이 수록되어 있었다. 왓츠의 찬송은 여전히 한국 교회에서 널리 애창되고 있다.

상이 존재하였다. [7] 하지만 그들에게는 필립 슈페너와 같은 유능한 경건주의 지도자가 없었다. 설령 지도자들이 있었다고 하더라도 일반 서민과 영국 성공회의 지지를 받지 못하였으므로 1710년경에는 모두 사라졌다.

• 어스킨 형제와 해리스의 설교 운동

랠프 어스킨

이처럼 영국에서 영적 무질서가 완연하던 시기에 스코틀랜드와 웨일스에서 몇몇 설교자에 의한 설교 운동이 일어났다. 스코틀랜드에서의 설교 운동은 에벤어저 어스킨(Ebenezer Erskine, 1680~1754)과 랠프 어스킨(Ralph Erskine, 1685~1752) 형제에 의해 일어났다. 그들은 비국교도 운동을 지지하던 장로교 목사들로서, 합리주의와 경험주의 사상의 한계성을 지적하면서 완전 무오한 성경으로 돌아가자고 외쳤다. 어스킨 형제는 장로교 목사였던 헨리 어스킨(Henry Erskine, 1624~1696)의 아들들로, 아버지로부터 신앙적인 영향을 많이 받았다. 헨리 어스킨은 장로교 목사로 노섬벌랜드(Northumberland)에서 목회하였고, 찰스 2세의 「통일령」(Act of Uniformity)에 대항하는 운동을 전개하다가 1662년 교회로부터 추방당하였다. 그럼에도 불구하고, 그는 설교 운동을 전개하다가 체포되어 수년간 감옥에서 지내다가 1688년 명예혁명을 맞아 석방되었다. 그는 1689년 종교 관용령(Act of Tolerance)에 따라 설교권을 허락받은 후 버위크샤(Berwickshire)로 가서 목회를 재개하였다. 그는 설교를 통해 오직 성경대로 믿고 생활할 것을 외쳤고, 교권주의와 합

---

7)   Williston Walker, *A History of the Christian Church* (Edinburgh: T. & T. Clark Ltd., 1986) 662.

리주의 신학에 대항하여 싸웠다.

어스킨 형제는 이러한 부친의 영향을 받아 자라났다. 형인 에벤에저에서는 1697년 에든버러 대학을 졸업한 후 1703년 장로교 목사로 안수받고 포트목(Portmoak)에서 목회를 시작하였고, 1731년까지 설교를 통해 허다한 사람이 교회로 돌아오는 큰 부흥을 체험하였다. 그는 성경적인 신앙으로의 회귀, 순교적 신앙의 회복, 즉각적인 회개를 외쳤고, 그의 설교를 들은 청중은 자신이 지은 죄에 대해 통회자복(痛悔自復)하면서 하나님께로 돌아왔다. 교인 수가 늘어나 교회당에 청중을 수용할 수 없게 되자, 그는 1714년 야외에서 예배를 드리기 시작했다. 동생 랠프도 뛰어난 설교자였다. 그는 에든버러 대학을 졸업한 후 평신도 서임권에 반대하였고, 성경으로 돌아가서 지역 교회의 자율권을 회복할 것을 외쳤으며, 설교 운동을 통하여 많은 이들을 교회로 불러들였다. 어스킨 형제가 가는 곳에는 하나님의 말씀에 갈급했던 자들이 몰려와 인산인해를 이루었다.

에벤에저와 랠프는 성경적 원리에 따라 교회를 운영하고자 하였다. 그들은 스코틀랜드 장로교 총회가 성경적 신앙의 보존을 강조한 에드워드 피셔(Edward Fisher, ?~1655)의 『현대 신학의 정수』(Marrow of Modern Divinity)를 정죄하자, 이에 항거하였고, 평신도의 서임권(lay patronage act)을 반대하는 설교를 함으로써 스코틀랜드 장로교회의 좌경화를 비판하였다. 이 일로 인하여 그들은 목사직을 정직(停職)당한 후 1740년 목사직에서 제명되자, 조합장로교회(Associate Presbytery)를 조직하여 스코틀랜드 장로교 회복을 위해 수고하였다(오덕교 2006, 187~189).

같은 시기에 웨일스에서는 하웰 해리스(Howell Harris, 1714~1773)에 의해 설교 운동이 일어났다. 해리스는 웨일스의 트레페카(Trefeca)라는 도시에서 비국교도인 목수의 아들로 태어났다. 정부 당국이 비국교도에게 대학 진학을 금하였으므로, 그는 비국교도 학교(Dissenting Academy)에 진학하여 신학을 공부하였다. 학교 졸업 후 트레페카로 가서 학교를 운영하던 중, 1735년 3월 종려 주일에 프라이스 데이비스(Pryce Davies) 목사의 설교를 듣고 크게 각성하였다. 데이비스 목사는 성찬 참여자의 자격에 대해 설교하면서 성찬을 받기 전에 먼저 자신의 영적 상태를 살필 것을 권하였다. 주의 식탁에 참여하기 부적절하다면 교회 출석하기 부적절하고, 교회 출석하는 데 부적절하다면 그리스도의 죽음에 참여하는데도 부적절하므로, 진정으로 성찬을 받기를 원한다면 성찬에 참여할 만한 자격을 갖추라고 외쳤다. 회개하고 새롭게 출발할 것을 권한 것이다. 스스로 괜찮은 교인이라고 자부하던 해리스는 데이비스 목사의 설교를 듣고 자신이 복음에 아주 부적절한 사람이라는 것을 깨달았다.

새로운 삶을 살 것을 결심한 해리스는 즉각적으로 실천하였다. 설교를 듣고 집으로 오는 도중에 이전에 불화하고 지내던 사람을 찾아가 화해를 청하고, 경건 서적을 읽으며 하루 15번씩 기도하기 시작하였다. 그런데도 영적으로 만족할 수 없게 되자, 교회 동료들과 함께 공동기도서를 읽으면서 기도하였다. 그는 마음을 그리스도에게 고정하기로 하고, 매일 밤새우면서 자신과 이웃, 사회에 대해 미흡하게 대했던 점을 살핀 후 회개하는 기도를 드리곤 하였다. 이러한 수단들을 통해 은혜를 체험한 해리스는 자신의 체험을 간증하였다. 그의 설교를 듣는 이들이 하나님 앞에 돌아오기 시작하면서 웨일스의 부흥이 시작되었다. 1737년 대니엘 로우랜즈(Daniel Rowlands, 1711~1790)가 동참하면서 부흥 운동은 열기를 더해 갔다. 1738년에는 그의 설교를 듣고 회심한 거부(巨富) 마마듀크 기윈(Marmaduke Gwynne)이 그를 돕기 시작하면서 웨일스 설교 운동은 절정에 이르렀다. 하지만 그의 설교 운동은 교만 때문에 막을 내리게 되었다. 많은 사람이 회개하고 돌아오자 해리스는 스스로 교만해졌고, 사람들이 그를 떠났다. 1750년 대니엘 로우랜즈가 결별을 선언하였고, 그와 시드니 그리피스(Sidney Griffith) 부인과의 관계가 부적절한 것이라고 알려지면서 설교 운동도 막을 내렸다. 신학 훈련이 없고, 주관적인 간증 중심의 설교 운동의 한계와 위험성을 보여 준 것이다. 그렇지만 하나님은 조지 휫필드와 웨슬리 형제 같은 성경의 사람들을 통하여 설교 운동을 일으켰고, 그들을 통하여 진정한 설교 운동이 무엇인지 보여 주셨다.

2. 조지 휫필드와 설교

영국에서 청교도 설교 운동이 막을 내린 지 80년 만에 존 웨슬리(John Wesley, 1703~1791)와 찰스 웨슬리(Charles Wesley, 1707~1788) 형제, 그리고 조지 휫필드(George Whitefield, 1714~1770)[8]와 같은 영적 거장들에 의해 다시 설교 운동이 크게 일어났다. 휫필드와 웨슬리 형제는 신앙적 동지였고, 상호 협력하여 황폐해진 영국 교회와 사회를 말씀으로 회복한 인물들로서 그들보다 더 뛰어난 설교자를 교회 역사에서 찾기 힘들다. 하지만, 필자는 편의상 이장에서 "18세기 부흥 설교자 중 가장 위대한 설교자"로 "미국 최초의 종교적인 영웅"이었으며, "그 시대의 이적"(the miracle of the age)으로 불렸던[9] 조지 휫필드와 그의 설교에 관하여 논한 후 다음 장에서 웨슬리에서 설교에 대해 살펴보고자 한다.

조지 휫필드는 그가 이룬 업적에 비해 세상에 널리 알려지지 않은 인

---

8)　어떤 사람들은 휫필드를 화이트필드라고 발음하는데 이는 옳지 않다. Whitefield 의 발음 기호가 witfi:ld이기 때문이다.

9)　Harry S. Stout, "Heavenly Comet: As George Whitefield blazed across England, Scotland, and America, his dramatic Preaching Caused excitement broadening on panic." *Christian History* 12:2 (1993), 9.

물 가운데 하나이다. 그와 같은 시대에 일했던 존 웨슬리나 조너선 에드워즈(Jonathan Edwards, 1705~1758)에 대하여는 아는 사람이 많지만, 그를 기억하거나 아는 이는 그렇게 많지 않다. 그렇지만 횟필드가 없었다면 웨슬리의 부흥도, 에드워즈의 대각성운동도 불가능하였다. 웨슬리를 설교 운동의 현장에 초청하고, 미국 대각성운동을 주도한 인물이 바로 횟필드이기 때문이다. 그는 22세에 영국에서 설교 운동을 시작한 후 25세에 신대륙에서 대각성운동을 전개하였고, 미국인의 80%가 그의 설교를 한 번 이상, 영국과 미국에서 1,000만 명 이상이 그의 설교를 들었다. 그는 시대적인 요청을 재빨리 파악하였고, 영적인 전쟁을 성실히 수행한 신앙의 용장이었다(Stout 1993, 9). 마틴 로이드 존스(Martin Lloyd Jones, 1899~1981)는 "복음적인 각성 운동을 일으킨 18세기의 설교자 가운데 조지 횟필드보다 주목할 만한 인물은 없다."고 하였고,[10] 존 라일(John C. Ryle, 1816~1900)도 그를 높이 평가하면서 18세기의 인물 중 "그의 이름 앞에 다른 사람을 내세운다면 불공정하다."고 단언하였다.[11]

• 설교자 조지 횟필드의 형성

횟필드는 1714년 12월 16일 영국의 글로스터(Gloucester)에서 토머스 횟필드(Thomas Whitefield)와 엘리자베스(Elizabeth Whitefield)의 7명의 자녀 가운데 막내로 태어났다. 아버지 토머스 횟필드는 포도주 판매상으로 중상류층에 속하였고, 글로스터에서 벨 여관(Bell Tavern)을 운영하고 있었다. 칼빈주의 신앙을 고백하였고, 개혁 신학에 철저하였던 그의 가정은 횟필드

---

10)　D. Martin Lloyd-Jones ed. 『조지 횟필드』 정영식 역 (서울: 새순출판사, 1986), 15.

11)　J. C. Ryle, *The Christian Leaders of the Last Century or England a Hundred Years Ago* (Edinburgh and New York, T. Nelson and Sons, Paternoster Row, 1869), 31.

가 2살 되었을 때 아버지가 세상을 떠나면서 어려움을 겪었다. 어머니가 아버지의 유산인 벨 여관을 맡아 운영하였고, 당시의 전통을 따라 카플 롱덴(Capel Longden)이라는 사람과 재혼하였지만, 경제적인 어려움이 컸다.

조지 횟필드

횟필드는 4살에 홍역을 앓을 때 간호사의 실수로 눈 주위에 흉이 생겼고, 그때부터 사시(斜視)처럼 보이게 되었다. 가난과 흉한 외모로 인하여 어린 횟필드는 소외되거나 무시당하는 등 심적인 고통을 많이 겪었다. 이러한 환경 탓으로 횟필드는 "거짓말을 좋아하고, 욕설과 하찮은 농담을 잘하며, 안식일을 범하며, 극장에 드나들고, 카드놀이를 좋아하고, 연애소설을 읽는 것을 좋아"하는 소년으로 자랐다(Lloyd Jones 1986, 15).

횟필드는 12살이 되던 1726년 세인트 메리 드 크립트 문법학교(St. Mary de Crypt Grammar School)에 진학하여 라틴어, 소설과 희곡 읽기, 수사와 웅변을 공부하였다. 특히 연극을 좋아하여 연극 연습에 몰두하면서 며칠씩 학교에 가지 못할 때도 많았다. 그는 무대에 서는 것을 두려워하지 않았고, 연기자로 타고난 능력을 마음껏 발휘하곤 하였다.[12] 1727년 어머니가 불행하였던 카플 롱덴과의 결혼 생활을 정리한 후 홀로 여관을 운영하면서 일손이 필요해지자, 횟필드는 휴학하고 1년 반 이상 어머니를 도왔다. 그는 그때의 모습을 다음과 같이 회상하였다. "나는 푸른 앞치마를 두르고 접시를 닦고 방을 청소하였다. 한마디로 말해서, 나는 일 년 반 동안 전문적인 심부름꾼이 되었다."(Lloyd Jones 1986, 16).

---

12) Joseph Tracy, *The Great Awakening: A History of the Revival of Religion in the Time of Edwards & Whitefield* (Edinburgh: The Banner of Truth Trust, 1976), 38.

횟필드는 1728년 어렵사리 세인트 드 크립트 문법학교에 복학하였다. 1732년에는 학문적인 욕구를 충족시키기 위하여 옥스퍼드로 갔고, 펨브로크 대학(Pembroke College)에 진학하였다. 여전히 형편이 어려웠던 횟필드는 부유한 학생들의 심부름을 하며 공부할 수밖에 없었다. 아침에 동료 학생들을 가르치거나 그들의 목욕하는 일을 도왔고, 방을 청소해 주고, 책을 날라다 주는 일을 하곤 하였다. 이렇게 학교생활을 하던 중 그는 웨슬리 형제가 인도하던 홀리 클럽(Holy Club)의 회원이 되었고, 홀리 클럽을 통하여 자존감을 회복할 수 있었다. 그는 홀리 클럽의 회원들로부터 많은 격려를 받았고, 지도 교수인 조지 루크(George Henry Rooke, 1702~1754)의 끊임없는 격려에 힘입어 대학 생활을 성공적으로 마칠 수 있었다.[13]

홀리 클럽은 횟필드의 인격 형성과 생활에 큰 영향을 미쳤다. 횟필드는 15명의 회원과 함께 토머스 아 켐피스(Thomas a Kempis, 1380~1471)의 『그리스도를 본받아』(Imitation of Christ), 종교 개혁자인 마르틴 루터(Martin Luther, 1483~1546), 존 칼빈(John Calvin, 1509~1564), 토머스 크랜머(Thomas Cranmer, 1489~1556), 휴 래티머(Hugh Latimer, 1487~1555), 존 후퍼(John Hooper, 1495~1555), 가드너(Gardner)의 글을 읽었다. 청교도 설교자 존 번연(John Bunyan, 1628~1688)과 필립 헨리(Philip Henry, 1631~1696), 그리고 복음적 경건주의자인 윌리엄 로우(William Law, 1686~1761) 등 신앙인의 전기를 읽고 삶의 지혜를 넓혔고, 반(反)로마 천주교도가 되었다.

대학 3학년이던 1734년 횟필드는 찰스 웨슬리(Charles Wesley, 1707~1788)의

---

13)   Holy Club에서의 자기 성찰과 훈련의 과정은 횟필드와 웨슬리에게 영성의 기초가 되었다. 철저한 자기 부인, 경건의 실천 그리고 말씀과 기도의 생활을 통해서 그들은 18세기를 이끌 지도자로 준비되었다.

추천으로 헨리 스쿠갈(Henry Scougal, 1650~1678)의『인간 영혼 속에 있는 하나님의 생명』(Life of God in Soul of Man)을 읽었고, 이 책을 통하여 자신이 형식적 그리스도인에 불과하다는 것을 발견하였다. 그는 당시의 상황을 이렇게 기록하였다: "하나님은 내가 거듭나야 하며 그렇지 않으면 저주받게 된다는 것을 보여 주셨다. 사람이 교회에 출석하고, 기도문을 암송하며, 성례에 참여한다 해도 여전히 그리스도인이 아닐 수 있다는 사실을 깨달았다……. 이 책을 불태워 버릴까, 아니면 내다 버릴까, 아니면 더 깊이 연구할까 고민하다가 깊이 연구하기로 하였다. 그러고는 책을 손에 쥔 채 하늘과 땅의 하나님께 이렇게 기도하였다. '주님, 제가 만약 그리스도인이 아니라면, 혹시 제가 진정한 그리스도인이 아니라면, 예수 그리스도를 위해서 기독교가 무엇인지 제게 가르쳐 주셔서 제가 저주받지 않게 해 주옵소서!'……. 바로 그 순간에 나는 내가 새로운 피조물이 되어야 한다는 점을 깨달았다."[14]

그 후로 휫필드는 철저한 금욕주의자로 변신하였다. 하루 세 번씩 기도하고, 자주 한 주간씩 금식하며 기도하였다. "여러 날, 여러 주간을 나는 땅바닥에 엎드려져서 예수 그리스도의 이름으로 사단을 향해 자신으로부터 떠날 것을 명하였으며……. 집요하게 달려들어서 내 영혼을 뒤에 흔들어 놓는 가증한 생각들로부터 자유롭게 해 달라고 부르짖었다"(Whitefield 1992, 52). 1년 가까이 금욕하며 생활하던 중 1735년 봄에 중병을 얻었다. 그는 병상에서 자신을 돌아보면서 자기 훈련과 선행으로는 구원을 얻을 수 없다는 것을 뼈저리게 느끼게 되었다. 그 후 청교도 리처드 백스터(Richard Baxter, 1615~1691)의『회개하지 않는 자를 부르심』(Call to the

---

14)   George Whitefield, *George Whitefield's Journals* (Edinburgh: The Banner of Truth Trust, 1992), 52.

Unconverted), 조셉 앨린(Joseph Alleine, 1634~1668)의 『회개치 않은 자들에 대한 경고』(An Alarm to the Unconverted), 윌리엄 로우(William Law, 1686~1761)의 『진지한 부르심』(Serious Call)과 매슈 헨리(Matthew Henry, 1662~1714)의 성경 주석을 접하면서 점차 청교도와 칼빈주의 신학에 호기심을 갖게 되었고, 결국 그리스도를 믿는 믿음을 통해서만 구원을 얻을 수 있다는 것을 깨달았다.

• 휫필드의 초기 설교 운동

휫필드는 영적 각성을 한 후, 죄 가운데 살아가는 자들에게 복음을 전하지 않고는 견딜 수 없다고 생각으로 죄수들을 찾아가 설교하였다. 그는 또한 자신의 소명을 확인하기 위해 기도하던 중에 목회자가 될 결심을 한 후 1736년 여름 영국 성공회에서 부제(deacon)로 안수받았다. 그는 이때 받은 느낌을 "감독의 손이 내 머리 위에 얹어질 때 내 심장이 녹아버렸고, 나는 나의 마음과 혼과 영혼을 바쳤다."라고 피력하였다.[15] 안수받은 후 한 주일이 지난 6월 27일, 그는 유아세례를 받고 자라난 글로스터의 세인트 메리 드 크립트 교회당(St. Mary de Crypt)에서 첫 번째 설교를 하였다. 당시의 기억을 다음과 같이 기술하였다. "많은 청중을 보는 순간 당황하였지만, 하나님의 임재를 느끼며 나의 마음은 평온해졌다. 중학교 시절에 익혔던 웅변, 대학 시절에 죄수들을 방문하여 권면하고, 가난한 사람들을 찾아가 격려하면서 얻은 경험들이 내게 말할 수 없는 큰 도움이 되었다. 나는 이러한 경험을 되살리므로 지나치게 움츠러들지 않을 수 있었다. 설교하면서 성령의 불길이 달아오름을 느꼈다"(Lloyd Jones 1986,

---

15)   T. Harwood Pattison, *The History of Christian Preaching* (Philadelphia, American Baptist Publication Society, c1903), 265.

19). 비록 20대 젊은이의 미숙한 설교였으나, 그의 설교를 들은 청중 가운데 15명이 죄를 회개하고 하나님의 품으로 돌아오는 역사가 일어났다.[16]

이러한 체험은 횟필드에게 설교자로서의 자신감을 가질 수 있게 만들었다. 자신감을 얻은 횟필드가 설교 운동을 시작하자, 그의 웅변적이며 영감이 넘치는 설교를 듣기 위해 수많이 이들이 몰려왔고, 그의 설교를 들은 사람들은 회개하고 하나님께 돌아왔다. 횟필드의 설교가 알려지자, 런던에 있던 교회들이 그를 초청하였다. 그가 가는 곳마다 수천 명이 몰려들었다. 누구도 모방할 수 없는 그의 연극적인 설교 묘사를 흉내 낼 수 없었다. 그가 연극 기법을 활용하여 죄에 대한 회개와 영적인 거듭남의 필요성을 외치자, 청중들은 눈물 콧물을 흘리며 하나님께로 돌아왔다.

횟필드는 1735년 10월 14일 웨슬리 형제가 미국 조지아로 떠나자, 잠시 홀리 클럽을 지도하였다. 웨슬리 형제는 횟필드에게 조지아에 와서 함께 동역할 것을 요청하였고, 횟필드는 그들의 요청을 받아들여 미국으로 건너가려고 하였다. 그러나 항해의 지연으로 1738년 2월 2일 대서양을 건너 미국 조지아의 사바나(Savannah)에 도착하였다. 신대륙의 생활상을 돌아본 그는 고아들을 도와야 할 필요성을 절감한 후 사바나에 보육원을 세웠다. 그 후 그는 영국과 미국에 있는 성도들로부터 기증을 받아 고아들을 지원하였다. 조지아에 머물면서 자신의 소명이 선교사가 아닌 순회 설교자임을 확인하고 귀국을 결심하였다.

1738년 9월 9일 영국으로 돌아온 횟필드는 순회 설교를 하면서 고아들을 위한 보육원 건축 기금을 모금하려고 하였다. 하지만 그의 기대는 실망으로 바뀌었다. 성공회 목사들이 교회 문을 굳게 닫았기 때문이다.

---

16)   John Gilles, *Memoirs of the Life of the Reverend George Whitefield, M. A.* (London, 1772), 10.

당시 런던에 있던 목사의 대부분이 아리우스 사상(Arianism)과 소시누스(Socinus)주의, 또는 자연신교에 빠져 있었으므로 칼빈주의 신학을 강조하던 휫필드에 비우호적이었기 때문이었다. 그들은 그리스도의 대속과 성령의 역사를 거부하면서 휫필드의 설교 운동을 비난하였다.

런던 교회들이 출입을 금하자, 휫필드는 야외로 나가서 옥외 집회를 열었다. 그는 1739년 2월 17일 브리스틀(Bristol) 근교에 있는 킹스우드(Kingswood)로 가서 천막을 친 후 당시 교회가 돌보지 않던 광부들에게 복음을 전하였다. 광부들과 함께 2만 명이 넘는 사람이 몰려와 옥외 집회는 대성공을 거두었다.[17] 그는 그들에게 자신이 전하고자 하는 말씀의 요지를 웅변적으로, 그리고 풍부한 상상력을 동원하여 전하였다. 하나님의 용서하시는 은혜, 믿음으로 그리스도를 영접할 때 오는 평화, 그에 따라오는 즐거운 헌신에 대하여 설교했다. 그 결과 "광부들의 두 볼에는 하염없이 눈물이 흘러내렸다. 그들 중 수백 명이 깊이 회심하였고, 그 사건이 말해 주는 것 같이, 확실하고 철저한 회개로 복된 결실을 보았다. 그들의 변화는 모두가 알 수 있을 만큼 명백하였다"(Murray 1971, 23).

• 휫필드와 대각성운동

휫필드는 브리스틀 설교 사역을 성공적으로 끝냈다. 그의 명성도 널리 퍼졌고, 순회 설교에 대한 기대감도 커 갔다. 그렇지만 그는 순회 설교 사역보다는 북아메리카 사바나에 세운 보육원을 돕는 일에 더 신경이 갔다. 그래서 그는 갓 시작한 브리스틀에서의 옥외 집회 사역을 존 웨슬리에게 맡기기로 다짐한 후 그를 초청하였다. 웨슬리가 자신을 고리타분한

---

17)   휫필드의 런던과 런던 주변에서 행한 사역에 대하여는 Ian H. Murray, "Whitefield in 'the Jerusalem of England,'" *Banner of Truth* (Jan 1971), 17~28을 참고하라.

칼빈주의자라고 공개적으로 비난했지만, 그는 1739년 3월 웨슬리를 초청한 것이다. 횟필드는 웨슬리가 그해 4월 도착하자, 그와 함께 킹스우드, 블랙히드(Blackheath), 그리고 런던에서 옥외 설교 운동을 전개하였다. 그 후 횟필드는 브리스틀 교회를 웨슬리에게 맡긴 후, 1739년 8월 사바나 보육원 설립 자금을 모으기 위한 순회 전도 목적으로 신대륙으로 갔다.

횟필드는 미국 식민지의 중앙에 있는 필라델피아를 첫 순회 설교지로 택하였다. 필라델피아는 신대륙의 중요한 항구도시로 경제의 중심지요, 가장 개화된 도시였다. 그는 11월 6일 필라델피아 중심가에 있는 크라이스트처치(Christ Church)에서 설교하였다. 이때 아주 많은 사람이 몰려와서 교회당이 수용할 수 없었고, 옥외까지 사람으로 가득 찼었다. 횟필드의 설교를 듣고 많은 사람이 새롭게 되었다. 신앙적 각성과 생활의 개혁 운동이 일어난 것이다. 자연신론자로 복음에 대해 무관심했던 벤저민 프랭클린(Benjamin Franklin, 1706~1790)은 횟필드의 설교 후에 나타난 변화에 대해 이렇게 증거하였다: "참으로 신기한 일은 그의 설교를 듣자마자 필라델피아 주민들의 생활 자세가 급속히 달라진 것이다. 종교에 관하여 관심을 기울이지 않고 무관심하던 세상이 온통 종교적으로 성장해 가는 것처럼 보였다."[18]

필라델피아에서 성공적으로 순회 집회를 마친 횟필드는 뉴욕으로 이동하며 집회를 열었고, 집회가 더할수록 더 많은 사람이 몰려왔다. 필라델피아에서 8,000명, 필라델피아 근교의 작은 도시 네샤미니(Neshaminy)에는 5,000명이 모였고, 팩스 매너(Fagg's Manor)와 같은 작은 마을에도

---

18)   Benjamin Franklin, *The Autobiography of Benjamin Franklin* (Houghton, Mifflin and Company, 1888), 131.

12,000명이나 운집하였다. 휫필드의 소식이 퍼져 나가면서 그가 가는 곳에는 말씀을 듣기 위하여 사람들이 구름처럼 몰려왔다. 휫필드는 이처럼 필라델피아와 뉴저지에서 성공적으로 설교 운동을 마치고, 1739년 영국으로 돌아왔다. 그다음 해 미국으로 다시 건너갔다.

1740년 가을, 휫필드가 뉴잉글랜드 순회 설교 운동을 벌이자, 뉴잉글랜드 신문들은 그것을 톱뉴스로 게재하였다. 그가 가는 곳은 어디나 인산인해를 이루었다. 보스턴에서는 몰려온 사람들을 수용할 장소가 없었고, 마블헤드(Marblehead)와 세일럼(Salem)과 같은 해안 도시에도 그의 설교를 듣기 위하여 많은 사람이 몰려와서 사람이 사람 위로 걸어 다닐 정도였다. 1740년 10월 12일에 쓴 일기에 휫필드는 보스턴 순회 설교 운동을 이렇게 기록하였다: "나는 영적 충고를 얻으러 온 사람들에게 내가 할 수 있는 최선을 다해 설교하였다. 씨월 박사(Dr. Sewall)의 교회당(meeting house)에서도 권능 있게 설교했는데, 얼마나 많은 사람이 몰려왔는지 내가 실내에 들어갈 때 창문을 통해 들어가지 않으면 안 되었다"(Whitefield 1992).

휫필드는 마블헤드 설교 사역을 마친 후 10월 17일, 조너선 에드워즈가 목회하던 매사추세츠의 노샘프턴(Northampton)에 도착했다. 그는 노샘프턴 교인들에게 받은바 은혜를 잊지 말라고 권하고, 몇 해 전에 있었던 부흥의 열기를 다시 회복하라고 충고하였다. 휫필드의 설교에 힘입어 많은 이들이 말씀으로 돌아왔고, 에드워즈도 큰 은혜를 받고 눈시울을 적셨다. 그 후 휫필드는 보스턴으로 가서 보스턴 광장(Boston Common)에서 집회를 열었고, 하버드 대학에서 학생과 교수들에게 설교하였다. 그의 설교 운동에 힘입어 뉴잉글랜드 전역에서 큰 회개 운동이 일어났는데, 학자들은 이를 "대각성운동"(the Great Awakening)이라고 부른다.

· 횟필드의 순회 설교

1741년 3월, 설교 운동을 성공적으로 마친 횟필드는 영국으로 돌아왔다. 귀국과 함께 웨슬리와 신학 논쟁에 빠졌다. 웨슬리 형제는 아르미니우스주의자로, 인간에게 자유의지가 있고, 그에 따라 하나님의 은혜를 받아들일 수도 있고 거절할 수도 있다고 하였다. 그들은 그리스도의 죽음이 어떤 특정한 사람들을 위한 것이 아니라 모든 사람을 위한 것이라는 만인 구원설(universal salvation)을 주장하면서[19] 횟필드를 융통성 없는 칼빈주의자요 신성모독적인 예정론자라고 비난하였다.

웨슬리와 횟필드의 신학 논쟁은 1739년 3월 시작하였다. 당시 웨슬리가 횟필드의 신학 사상에 오류가 있다고 공격하자, 횟필드는 신학 논쟁으로 인해서 복음을 전파하는 일에 지장이 오지 않도록 하려고 참았다. 하지만 웨슬리가 그를 계속 비난하자, 1740년 12월 웨슬리에 답하는 31쪽 분량의 팸플릿을 출판하며 이렇게 썼다: "바울이 베드로의 외식함을 책망한 것을 기억하면서, 내가 너무나 오랫동안 침묵으로 일관해 왔다는 것에 두려움을 갖게 되었습니다. 그러니, 친애하며 존경하는 이여! 내가 당신이 크게 잘못한 일에 대해 말한다고 해서 화내지 마십시오. 귀하가 이 교리에 대해 제기한 중요한 이유가 무엇인지 심각하게 살펴보아야 할 것입니다. 그리고 성경에 신실하게 비추어 보십시오. 그러면 나를 정죄한 것들이 아무런 근거가 없다는 것을 깨닫게 될 것입니다. 친애하는 이여! 귀하는 그 설교에 귀하의 이름을 밝히지 않았습니다. 나도 친구답지

---

19) 횟필드와 웨슬리의 신학적인 논쟁에 대하여는 J. D. Walsh, "Wesley Vs. Whitefield," *Christian History* 12:2 (1993), 34~37과 Edwards M. Panosian, "The Awakener," *Faith for the Family* (Jan. 1976), 16~18, 그리고 Irwin W. Reist, "John Wesley and George Whitefield: A Study in the Integrity of Two Theologies of Grace," *Evangelical Quarterly* 47 (1975), 26~40을 참고하라.

않게 귀하가 궤변의 저자라고 밝히고 싶지 않습니다. 그리스도를 위해서 경솔한 짓을 그만두십시오. 그리고 말씀을 읽는 데 전념하십시오. 은혜 언약이 무엇인지 살펴보십시오. 그리고 귀하의 육체적인 궤변을 버리십시오."(Walsh 1993, 38).

이러한 충고에도 불구하고 웨슬리의 공격이 이어지자, 휫필드는 1741년 웨슬리와 관계를 단절하고 완전히 결별하였다.[20] 대부분이 웨슬리를 따라갔지만, 웨일스 지역의 칼빈주의자들은 휫필드의 편에 섰다. 그들은 1743년 웨일스 칼빈주의적 감리교 연합협회(Welsh Calvinistic Methodist Association)를 조직하고,[21] 휫필드를 연합회 초대 의장으로 추대하였다. 이 연합회는 1747년에 31개 지역 협회로 늘어났지만, 휫필드가 설교 운동에 전념하기 위해 의장직의 사의를 표한 후 명실상부하게 되었다. 더구나 휫필드의 일곱 차례나 미국을 방문하는 등 미국 사역에 관심을 두었기 때문에 연합회는 유명무실하게 되었고, 1770년경에는 와해 단계에 이르렀다.[22]

휫필드는 웨슬리와 결별한 후, 영국과 스코틀랜드와 웨일스를 순회 설교 운동을 하였다. 이 바쁜 와중에도 그는 1741년 11월 14일 엘리자베

---

20) 휫필드는 웨슬리 형제들과 헤어질 때 복음 전파가 지장받지 않을까 두려워하였다. 어떤 사람이 그에게 "웨슬리를 천국에서 볼 수 있을까요?"라고 묻자, 그는 "나는 두려워하지 않습니다. 비록 그는 천국 보좌에 아주 가까이 있을 것이지만, 우리는 멀리 떨어져 있게 될 것입니다. 그러므로 그의 얼굴을 거의 볼 수 없겠지요."라고 하였다(Adams 1986, 118). 두 사람은 결코 신앙적으로 하나 될 수 없었지만, 인간적으로는 화해하였다. 휫필드의 장례식에 웨슬리가 환송 설교를 하였다는 것을 보면 알 수 있다.

21) 휫필드와 웰쉬 감리파와의 관계에 대하여는 S. M. Houghton, "George Whitefield and Welsh Methodism," *Evangelical Quarterly* 22 (1950), 276~89를 보라.

22) C. E. Watson, "Whitefield and Congregationalism," *Transaction of the Congregational Society* 8 (1922): 175.

교회 역사를 빛낸 위대한 설교자들

스 제임스(Elizabeth James)라는 과부와 결혼하였다. 하지만 그는 순회 설교로 인하여 가정사에 충실하지 못하였고, 이로 인하여 아내로부터 많은 불평을 받았다. 그는 1742년 영국과 스코틀랜드 순회 설교를 한 후 런던에 머물렀다. 1744년은 횟필드는 4개월 된 아들을 잃었고, 폭도의 침실 침입으로 생명의 위협을 당했다.[23] 그해 8월, 그는 폭도에게 다친 몸을 이끌고 아내와 함께 신대륙으로 건너가 설교를 계속하였다. 1745년에서 1748년 사이 제3차 미국 순회 전도 여행을 하였고, 1748년에서 1751년 사이에는 영국과 웨일스와 스코틀랜드에서 순회 설교 운동을, 그리고 1751년에서 1752년에는 4차 미국 순회전도 여행을 하였다.[24] "나는 녹슬어 없어지는 것보다는 닳아 없어지는 쪽이 좋다"(I would rather wear out than rust out)고 자주 언급했듯이, 그는 쉬지 않고 열심히 설교하였다. 그는 설교 차 스코틀랜드를 15번 방문하였고, 아일랜드를 2번, 네덜란드와 버뮤다, 그리고 지브롤터를 1번 방문하였다. 미국을 7번 방문하는 등 대서양을 13번이나 건넜다.

횟필드는 34년간의 성공적인 전도사역을 마치고, 1770년 9월 30일 뉴잉글랜드에서 주님의 부르심을 받았다. 그가 집회를 마치고 뉴베리포트(Newberryport)의 오울드사우스 장로교회(Old South Presbyterian Church) 목사관에 도착하자, 사람들이 몰려온 후 그에게 설교를 요청하였다. 그는 사택으로 올라가는 계단에 서서 촛불이 꺼질 때까지 그들에게 설교하였고

---

23) 횟필드는 명성이 있는 설교자였지만 많은 박해도 받았다. 그의 설교 운동을 방해하던 이들이 그가 지날 때 돌, 창, 썩은 달걀, 그리고 죽은 고양이를 그에게 던지기도 하였다(Pattison 1903, 269).

24) 횟필드의 스코틀랜드 선교 여행에 대하여는 Ian H. Murray, "Whitefield and the Evangelical Revival in Scotland," *Banner of Truth* (Apr. 1970), 8~24와 Dudley Reeves, "Whitefield in Scotland," *Banner of Truth* (Mar 1977), 23~32를 참고하라.

[25] 그날 밤 천식으로 하나님의 품에 안겼다. 그의 유해는 고향인 크립트 (Crypt)에 있는 교회당으로 옮겨졌고, 장례식은 런던에서 거행되었는데 6천여 명의 성도가 참석하였고, 존 웨슬리가 설교하였다.

에벤에셀 포터(Ebenezer Porter)는 횟필드의 비명(碑銘)에 다음과 같이 기록하였다. "1714년 12월 16일 영국 글로스터에서 출생하여 옥스퍼드 대학을 졸업하였다. 1736년 부제 안수받고, 34년간 목회하는 동안 대서양을 13회나 건넜고, 18,000번 이상의 설교를 하였다. 십자가의 군병으로서 겸손, 경건, 정열적이었고, 하나님의 전신 갑주를 입고 자신의 유익, 안락, 평탄, 또 생명보다도 그리스도의 명예를 우선시하였다. 설교가로서 그의 깊은 경건성과 사심 없는 열성, 그리고 풍부한 상상력은 행동과 언어에 전례 없는 기운을 주었다. 그의 웅변은 대담하고 강렬하며, 예리하며 대중적이었다. 영감받지 못한 이는 아무도 그처럼 설득력 있고 위엄 있게 많은 군중에게 설교하거나, 강한 영향력으로 복음의 순수한 진리들을 청중들의 가슴에 굳게 심지는 못하였다. 그는 비할 데 없이 수고스러웠던 그의 생애를 영원한 안식으로 갑작스럽게 바꾸어 천식으로 1770년 9월 30일 생을 마감하였다."[26]

3. 조지 횟필드의 설교

교회 역사상 횟필드처럼 설교 사역을 시작하여 마칠 때까지 청중에게

---

25) J. R. Wakeley, "Whitefield's Last Days," *Banner of Truth* (Apr 1970): 4~7.

26) Donald Demaray, *Pulpit Giants: What made them Great* 『강단의 거성들』, 나용화 역 (서울: 생명의 말씀사, 1976), 123~124.

영향을 미치며, 전폭적인 지지를 받으며 설교한 사람도 없을 것이다. 그가 가는 곳마다 일손을 제쳐 놓고 사람들이 몰려왔고, 설교를 들은 이들은 하나님의 사람으로 새롭게 태어났다. 휫필드가 이처럼 청중들로부터 사랑과 존경을 받으며 회개 운동을 전개한 설교자가 될 수 있었던 것은 그의 그리스도 중심적 신앙 때문이었다.

휫필드는 거짓 없는 겸손의 사람이었다. 그는 자신에게 쏟아지는 찬사와 영광을 오직 하나님께 돌렸고, 그리스도의 이름만 높였다. 그는 자주 이렇게 기도하였다: "내 이름은 사라지게 하고, 모든 사람의 발길 아래 짓밟히게 하소서. 그렇게 함으로써 그리스도의 이름이 영화롭게 될 수 있도록⋯⋯. 내 이름은 모든 곳에서 사라지고, 내 친구들에게서조차도 나를 잊게 하소서. 그렇게 함으로써 복되신 그리스도의 뜻이 증진되도록."[27] 이것이 휫필드의 기도였고, 노래였다. 이러한 점 때문에 J. C. 라일은 휫필드를 "사려 깊고, 거짓 없이 겸손한 사람"이며, "주 예수 그리스도를 불처럼 사랑했고 ⋯ 주의 일에 대하여 지칠 줄 모르는 근면한 사람"이었고, 그리스도를 위하여 "끝까지 극기한 사람"이었으며, 모든 사람에게 "놀랄 만큼 공평하고 바른 눈을 갖고 대했고, 한결같이 기쁘고 맑게" 대하였고, 보기 드물 정도로 "자애롭고, 관용하며 너그러웠던 사람이었다."(Lloyd Jones 1986, 44~47 재인용).

아울러 휫필드는 규칙을 강조하였지만 메소디스트답게 스스로 시간과 자기 관리에 철저하였다. 그는 항상 새벽 4시에 일어나 기도로 하루를 열었고, 5시와 6시에 설교하였다.[28] 평상시에 밤 10시면 취침하였지

---

27) Sherwood E. Wirt, "George Whitefield: The Awakener." *Moody Monthly* 79 (Sept 1978): 55, 60, 62, 64.

28) 휫필드의 경건 생활에 대하여는 Ian H. Murray, "George Whitefield: A Spur to Ministers." *Banner of Truth* (Apr. 1970), 32~40을 참고하시오.

만, 때로는 기도와 독서로 온밤을 지새우기도 하였다. 한 주간에 12차례의 설교를 하였고, 어떨 때는 한 주에 40시간에서 60시간 정도 설교하였다. 1742년 휫필드가 영국에 머물 때의 한 주간 일정을 살펴보면 그가 얼마나 분주하게 살았는지 확인할 수 있다. 그는 주일 아침 6시 30분에 수백 명의 신자에게 성찬을 베푼 후, 오전과 오후 예배 때 설교하였고, 다시 저녁 5시 30분에 설교했으며, 그 뒤 각계각층의 사람들에게 맞추어 강론한 후 하루를 마쳤다. 월요일, 수요일, 목요일 아침 6시에도 설교했고, 월요일, 화요일, 수요일, 목요일, 토요일 저녁에는 강의하였다(Lloyd Jones 1986, 26). 이처럼 분주하였지만, 그는 매일 기도하는 것과 말씀 연구하는 일을 잊지 않았다. 이처럼 자기 관리에 철저함이 바로 그를 위대한 설교자의 반열에 오를 수 있게 만들었다(Stout 1993, 2).

· 휫필드의 설교 핵심

휫필드는 고매한 인격과 경건을 갖춘 설교자였다. 그는 은혜가 넘치는 설교를 하여 성도들의 존경과 사랑을 받았다. 그는 칼빈주의 전통에 따라 역사적 문법적으로 성경 본문을 해석하였고, 대소 주제를 따라 설교를 구성하였다. 곧 서론, 교리에 따른 주제 배분(division of the subject), 적용, 그리고 결론으로 설교를 마쳤다. 그는 보통 설교의 가장 나중에 적용하는 형식을 취했지만, 기회가 되면 언제든지 적용하려고 하였다. 휫필드의 설교 내용은 전적으로 성경에 기초하였고, 교리적인 성격이 강하지만 복음적이었다. 그는 설교에 항상 죄의 심각성, 인간의 부패성, 하나님의 사랑, 예수 그리스도의 대속, 하나님과 죄인을 화해시키는 성령의 은혜, 회개의 절대적 필요성, 믿음, 거룩함 등을 말하였다. [29]

---

29)   C. C. Goen, *Revivalism and Separatism in New England 1740-1800* (Middletown,

순회 설교자였던 횟필드는 언제나 먼저 하나님의 무한한 사랑에 관하여 소개한 후 청중에게 회개를 촉구하는 형식을 취하였다(Whitefield 1992, 1:19).[30] 그는 언제 어디서든지 먼저 하나님의 관심과 사랑을 설교함으로 청중의 마음을 열게 하였다. 그는 이렇게 설교를 시작하였다: "나는 인정하지 않을 수 없습니다. 우리가 정오의 태양이 눈부시게 빛나는 것을 알고 있는 것처럼 하나님께서 우리를 사랑하신다는 것과 우리 또한 하나님을 사랑한다는 사실을 알아야 합니다."[31] 이렇게 하나님의 관심과 사랑에 관하여 소개한 다음, 그는 죄인들에게 하나님과 화해할 것을 촉구하였다. 하나님의 사랑을 소개한 후 회개를 촉구하는 횟필드의 설교에 청중들은 마음을 열고 큰 은혜에 동참하였다. 그의 설교를 들은 한 청중은 이렇게 썼다: "횟필드의 설교는 마치 검으로 우리의 마음을 잘라 내는 듯 했습니다……. 얼마나 웅장하고, 힘 있고, 감동적인 사랑으로 죄인들에게 하나님과 화해할 것을 간청하였는지! 설교가 끝났을 때 사람들은 마치 바닥에 사슬을 묶어 놓은 것처럼 꼼짝하지 않았습니다."[32]

이처럼 횟필드의 설교 핵심은 하나님의 사랑이었다. 그는 하나님의 사랑을 항상 전할 뿐만 아니라 자신의 삶을 통해 사랑을 나타냈으므로, 그를 본 사람들은 한결같이 그를 사랑의 사람으로 평하였다. 횟필드를 만났던 한 보스턴 목사는, "그는 하나님의 사랑으로 충만한 자로서 내게 나

Connecticut: Wesleyan University Press, 1987), 15.

30)   Ian Murray, *Pentecost-Today?*『성경적 부흥관 바로 세우기』, 서창원 역 (서울: 부흥과 개혁사, 2001), 137.

31)   "The Beloved of God", *Sermons on Important Subjects, George Whitefield* (London 1825), 630. (Murray 2001, 137 재인용).

32)   Henry Venn, *Life of George Whitefield* (London: Hodder & Stoughton, 1876), 2:400~401. Murray 2001, 127에서 재인용.

타났으며, 그리스도를 위한 비범한 열정이 타오르는 사람이었습니다."라고 증언하였고,[33] 에드워즈의 아내인 사라 에드워즈(Sarah Edwards)는, "그는 사랑으로 붉게 타오르는 심장으로 말하는 사람이었습니다."라고 평하였다.[34] 보스턴의 브랫틀 스트리트 교회(Brattle Street Church) 목사인 윌리엄 쿠퍼(William Cooper)의 증언은 이를 더욱 확증해 준다: "그는 자신을 미워했던 세상을 사랑하였습니다. 성경을 읽으며 흘렸던 그의 눈물은 진실한 것이었습니다. 그리스도를 향한 바울의 사랑과 순결함은 그의 안에서도 그대로 나타났습니다. 그는 바울의 발자취를 따랐습니다. 타오르는 열정과 그의 사도와 같은 사랑이 똑같이 닮아 보였습니다."(Murray 2001, 138).

사랑의 설교자 휫필드는 하나님의 사랑을 노래하며 복음을 전하였다. 그는 이러한 사랑을 설교하면서 알 엘리엇(R. Eliot)이 그의 영결 예배 때 언급했던 것처럼, "원죄, 거듭남, 그리스도를 믿음으로 의롭다고 함을 얻음, 성도들을 궁극적인 구원으로 인도하는 하나님의 은혜, 영원하고 조건 없는 선택과 같은 칼빈주의적인 교리들"을 설교하였고(Goen 1987, 59), 특히 사우스캐롤라이나(South Carolina) 찰스턴 독립 회중교회(Charleston's Independent Congregational Church)의 조시야 스미스 목사(Josiah Smith, 1704~1781)가 지적했던 것처럼 원죄, 칭의, 중생에 대해 집중적으로 설교하였다.[35] 인간의 죄의 경향성을 말하면서 거듭남의 필요성을 강조하고, 성화를 위한 성령의 부어 주심을 강조한 것이다. 휫필드에 의하면, 성령의 부어 주

---

33)   Luke Tyerman, *The Life of the Rev. George Whitefield*, (Nabu Press, 2012), 1:422.

34)   Ian H. Murray, *Jonathan Edwards: A New Biography* (Edinburgh: The Banner of Truth Trust, 2000), 162.

35)   Alan Heimert and Perry Miller ed. *The Great Awakening: Documents Illustrating the Crisis and Its Consequences* (Indianapolis: Bobbs~Merrill Educational Publishing, 1978), 63~64.

심은 모든 사역자에게 필요한 은혜로, "그렇게 될 때 전 세계는 사랑의 불길로 휩싸일 것이다……. 이 가엾은 땅이 그렇게 될 수만 있다면. 그러나 선지자들의 후대에 하나님의 성령이 부어지지 않는 한 결코 그런 일은 일어나지 않을 것이다." 교회 부흥은 성령의 부어 주심을 통해 가능하다고 본 것이다.[36]

• 횟필드와 설교 전달

교회 역사를 빛낸 수많은 설교자 가운데 횟필드만큼 설교 전달 기술을 통달한 이는 없을 것이다. 그는 어렸을 때 어머니가 운영하던 여관에서 자주 있던 목사 모임에 설교자들이 하는 설교를 흉내 내기 좋아하였고, 문법학교를 다니면서 연극반에서 연극을 하면서 연기 기술을 배웠고, 대학 시절 간수들에게 설교하는 등 다양한 기회를 통하여 설교 기술을 터득하였다. 그는 이처럼 설교 기술을 터득했을 뿐만 아니라 설교 전달에 천부적인 재질을 가지고 있었다.[37] 그렇지만 설교자로서 그의 외모는 미흡한 면이 있었다. 그의 보통 키에 우아한 자세, 평범하면서도 아름다운 얼굴을 가졌지만, 사시 눈을 가지고 있어서 볼품이 없었다.

그렇지만, 그에게는 다른 사람이 가지지 못한 아주 좋은 성대가 있었으므로, 사람들은 그를 "설교에 있어서 데모스테네스"(Demosthenes of the Pulpit)라고 불렀다. 그가 들판이나 거리에서 집회를 열었을 때 보통 2만 5천에서 3만 명의 사람들이 운집하였지만, 설교 듣는 데 어려움을 당한 이

---

36)   D. MacFarlan edited. *The Revivals of the Eighteenth Century, particularly at Cambuslang* (Edinburgh: Jonestone, n.d.), appendix, 7-8. (Murray 2001, 137).

37)   Malcolm Purcell, "Preacher for the Ages." *Moody Monthly* 71 (Apr 1971): 26~27, 47~49. 퍼셀은 이 글에서 횟필드의 생애를 기술하고 있으며, 그의 연설과 메시지를 분석하였다.

는 아무도 없었다. 벤저민 프랭클린(Benjamin Franklin)에 의하면, 횟필드가 필라델피아에서 설교할 때 3만 5천 명이나 몰려와 시청에서 프런트 스트리트(Front Street)를 가득 채웠지만 아무 어려움 없이 설교를 들을 수 있었다(Franklin 1888, 131). 그는 대서양을 횡단하면서 설교하곤 하였는데, 그 배안에 탔던 사람들만 아니라 그 옆을 지나가던 배에 탄 사람들도 우렁찬 그의 설교를 듣고 은혜를 받을 정도였다(Adams 1986, 119).

횟필드는 또한 언어를 자유자재로 활용하는 은사가 있었다. 그는 제스처의 활용, 음성의 높낮이, 그리고 언어의 구사에서 능수능란하여서 "메소포타미아"라는 단어 하나로도 사람을 웃기고 울릴 수 있었다. 당시에 널리 알려진 개릭(David Garrick, 1717~1779)이라는 셰익스피어 연극 연기자는 횟필드의 언어 구사력에 대해 말하면서 "그의 얼굴은 언어 자체"였다고 하였고, 그의 제자들에게 누구든지 횟필드처럼 "오!"라고 말할 수 있다면 100달러를 상금으로 주겠다고 제안하기도 하였다(Stout 1993, 10).

횟필드는 원고 없이 설교하곤 하였다. 그는 1739년 2월 2일 자 일기에 "원고 없이 설교한 것은 이번이 처음이다. … 그러나 전과 마찬가지로, 지금도 나 자신은 원고 없이 설교하도록 나를 억누르고 있다."고 써 놓았다. 그리고 이틀 뒤에, "나는 원고 없는 설교로 더 큰 빛과 지식을 얻게 됨을 발견하였다. 그러므로 이제부터는 성령께서 내게 말씀하시는 대로 말하지 않음으로 성령을 소멸하게 해서는 안 되겠다."고 다짐하였다(Adams 1986 119). 횟필드는 그 후 항상 원고 없이 설교하면서 얼굴과 얼굴을 대하듯 말씀을 전하였다. "우리"라는 말로 청중을 추상적으로 대하지 않고, "여러분"이라는 말을 사용하여 대상을 구체화하여 말씀을 적용하였다(Lloyd Jones 1986, 39).

이같이 횟필드는 좋은 성대로, 자유자재로 언어를 구사하며, 원고 없이 설교하였고, 그 결과 청중들은 그의 영적인 권위에 압도되어 설교

교회 역사를 빛낸 위대한 설교자들

에 몰입하였고, 말씀을 삶 속에 적용하였다. 횟필드의 설교를 직접 들었던 영국의 설교자 존 뉴턴(John Newton, 1725~1807)은 다음과 같이 평하였다. "내가 이전에 들었던 수많은 훌륭한 설교들은 횟필드의 설교에 비하면 절반도 못 미치는 것들이었습니다. 나는 이전에 그러한 설교를 한 번도 들어 본 적이 없으며, 하늘의 영광을 미리 맛본 적이 없습니다."라고 하였다. 그는 또한 횟필드의 설교 방식에 대해 언급하기를, "… 나는 그의 설교 속에 숨어 있는 그의 능력과 경험과 열정에 대해서는 그 무엇으로도 표현할 수 없습니다. 물론 내가 그러한 영향력에 사로잡히길 소망했지만 말입니다. 나의 마음은 너무나 감동하여 종일토록 친구나 음식에 대해서도 거의 잊어버린 채 지냈습니다."라고 하였다. [38]

횟필드의 설교는 독특하였고, 흉내 내기만 해도 은혜가 있었다. 댈리모아는 다음과 같은 이야기를 소개하였다. 어느 마을의 한 주점에 흉내 내기를 잘하는 웨이터가 있었다. 어느 날 손님들이 횟필드가 설교하는 모습을 흉내 내 보라고 하자, 그는 크게 망설였다. 주인까지 나서 흉내 낼 것을 요청하자 그는 조심스럽게, "나는 그리스도 안에서 참 말을 하고 거짓을 말하지 않습니다. 여러분이 회개하지 않는 한 여러분 모두는 저주를 받을 것입니다."라고 횟필드의 설교를 흉내 내었다. 그의 흉내 내는 설교를 듣고 거기 모인 사람들이 크게 각성하여 술집을 찾지 않아, 결국은 술집 문을 닫았다(Dallimore 1988, 1:500~501).

• 횟필드의 설교 특징

횟필드는 설교에 난해한 논증이나 번잡한 사유로 청중을 괴롭히지 않

---

38)   Josiah Bull, *John Newton* (London: Religious Tract Society, 1868), 72~73.
(Murray 2001, 128).

았고, 길고 복잡한 장문이나 복문을 사용하지 않았다. 오히려 그는 명료하고 간결한 단어, 쉽고 간결한 문장을 사용하곤 하였다. 청중의 눈높이에 맞추어 설교하고자 한 것이다. 그래서 그는 서민의 언어로 자신이 전하고자 하는 설교의 요점을 말한 후 그것을 구체적으로 설명하였다. 간결한 성구, 적절한 설명, 타당한 예화가 휫필드가 쓰던 주된 무기였던 셈이다. 존 라일은 이 점이 바로 그의 설교가 성공할 수 있었던 주요 요인이었다고 주장하였다(Lloyd Jones 1986, 39).

휫필드 설교의 둘째 특징은 눈으로 보는 것처럼 설명하는 뛰어난 묘사력이 있었다. 그는 설교하면서 적절하게 감정을 드러낼 뿐만 아니라 얼굴과 몸을 통하여 기쁨, 슬픔, 두려움, 분노, 애처로움, 경멸, 증오, 시기, 놀람, 사랑을 표현함으로 청중이 눈으로 보는 듯이 이해할 수 있게 만들었다. 그의 설교에 대한 평가는 언제나 회중들이 "보았고", "느꼈고", "들었다"는 것이다.[39] 휫필드는 이러한 연극적인 사실 묘사를 통하여 설교를 더욱 생생하게 만들었고, 그의 생동감 넘치는 묘사는 청중을 설교에 몰입하게 만들었다. 그 한 예를 들어 보자. 휫필드가 영국에서 옥외 집회를 열었을 때 냉담하고 권위적이라고 소문이 나 있던 체스터필드 경(Chesterfield, 1694~1774)이 은밀하게 참석하였다. 이 집회에서 휫필드가 회개하지 않은 죄인의 가련한 상황을 눈먼 거지로 비유하며 설교하기를, '눈먼 거지는 자신을 인도하던 개를 잃고, 지팡이에 의지하여 밤길을 걸었습니다. 결국 그는 죽음의 벼랑을 향하여 걸어가고 있었습니다.'라고 말하자, 청중은 숨소리를 죽이며 설교에 압도되어 있었다. 그리고 휫필

---

39) 예일 대학의 교수인 해리 스타우트(Harry Stout)도 휫필드의 설교가 주로 연상과 연극화하는 데 그 특징이 있다고 지적하면서 이러한 요소가 그를 영향력 있는 설교자로 만들었다고 평하였다(Stout 1991, 94).

드가 눈먼 거지가 죽음의 벼랑에 떨어지는 순간을 묘사할 때, 체스터필드 경이 번쩍 일어나 달려가면서 큰 소리를 내어 '소경이 떨어진다. 소경이 떨어진다.'고 외쳤다(Dallimore 1988, 2:388). 휫필드의 연상법과 연극적 설교 기법을 적용함으로 이러한 결과를 만들어 낸 것이다. 이러한 일은 종종 일어났다. 한 번은 휫필드가 설교에서 침몰하는 배를 묘사하자, 겁에 질린 사람들이 생명선으로 옮겨 타려고 부지중에 자리에서 벌떡 일어나 기도 하였다(Adams 1986, 119).

휫필드 설교의 셋째 특징은 확신과 설득력에 있다. 그는 언제나 확신에 근거하여 설득함으로 청중을 말씀 가운데 이끌었고, 그 결과 그의 설교를 들은 사람은 대부분 풍성한 은혜를 체험하였다. 댈리모아에 의하면, 보스턴에 사는 한 사람이 휫필드로부터 우스갯거리를 얻기 위하여 전도 집회에 참석하였다. 그는 한 가지 소재를 얻고 빠져나오려고 했지만, 인파를 뚫고 나올 수 없었으므로 휫필드의 설교를 다 듣게 되었고, 결국 그리스도의 신실한 제자가 되었다(Dallimore 1988, 2:196). 벤저민 프랭클린의 간증은 휫필드의 설교가 얼마나 설득력이 넘쳤는지를 소개한다. 그는 이렇게 일기에 써 놓았다: "얼마 후 나는 우연히 휫필드의 설교를 들을 기회가 있었다. 설교를 듣는 중 그가 헌금 순서로 설교를 끝내려 한다는 것을 알게 되었다. 나는 단 한 푼도 연보하지 않겠다고 결심하였다. 그때 내 주머니에는 한 움큼의 동전과 은화 서너 개, 금화 다섯 개가 있었다. 그가 설교를 계속해 나갈 때, 내 마음은 누그러지기 시작했고, 나는 동전을 내기로 하였다. 또 다른 그의 웅변이 내게 충격을 주어 나를 부끄럽게 했고, 나는 은화를 내기로 하였다. 그리고 마침내 (설교가 끝난 후 헌금 주머니가 앞에 왔을 때) 나는 감격에 겨워 내 주머니를 모두 털어 헌금 쟁반에 금화를 포함한 모든 것을 넣어 버렸다."(Franklin 1888, 141). 이처럼 휫필드의 설교가 설득력이 뛰어났기 때문에 회의주의자 데이비드 흄(David

Hume, 1711~1776)도 그의 설교에 몰입되어 "빈정대는 것을 잊었다"(Ryle 1869, 36). 그는 휫필드의 설교를 듣기 위하여 20마일이나 되는 길을 오가야 했으나, 설교를 듣고 나서는 그럴 만한 충분한 가치가 있다고 고백하였다 (Pattison 1903, 267).

마지막으로, 휫필드의 설교 특징은 감정에 호소하는 경향이 높았다. 그는 감정이 풍부하였고, 열정과 연민이 넘쳤다. 그는 설교할 때 때로는 진지하였고, 때로는 사자처럼 외쳤으며 눈물로 호소하였다. 그의 말년에 그와 함께 전도 여행을 했던 코닐리우스 윈터(Cornelius Winter, 1742~1808)는, "그는 설교를 눈물을 흘리지 않고 끝낸 적이 없었다."(Demaray 1976, 211)고 하였다. 이처럼 휫필드의 설교는 감정에 호소하곤 하였으므로, 논증과 사변으로 움직일 수 없는 사람들을 설득하는 데 부족함이 없었다. 그의 풍부하면서도 자연스러운 감정 표현은 그에 대한 청중이 가진 편견의 벽을 허물어 내었고, 그 결과 많은 사람이 말씀을 부담 없이 수용할 수 있게 하였다. 그렇지만 이러한 휫필드의 감정에 호소하는 설교는 조녀선 에드워즈가 지적한 것처럼, 열정적 광신주의의 길을 여는 부작용도 있었다.

맺는말

지금까지 우리는 18세기 당시 말씀의 사자 조지 휫필드의 생애와 그의 설교에 대하여 살펴보았다. 그는 18세기 교회를 위하여 하나님이 내려 주신 특별한 그릇이었다. 그처럼 많은 사람을 그리스도에게로 인도하고 수많은 죄인을 회개시킨 사람도 없었다. 귀족과 천민, 부자와 가난한 사람, 배운 자와 무식한 사람들이 다 나와서 그가 전하는 말씀을 듣고 새롭게 각성하였다.[40] 실용주의자 벤저민 프랭클린이 말씀을 접하게 되고, 회의주의자 데이비드 흄이 기독교에 적대적인 자세를 가질 수 없었던 것도 바로 휫필드 때문이었다. 그의 복음적인 신앙 운동은 영국 교회 안에서 복음주의 집단의 생성과 발전의 기초가 되어 노도 광풍처럼 밀려오던 자연신교와 합리적인 신학 사상을 잠재울 수 있었다.

휫필드가 이러한 이단들과 회의론자들과 싸운 방법은 냉엄하고 무미건조한 비평이 아니라 온전한 복음을 가르치고, 실천하며, 전파하는 삶이었다. 또한 그는 도시 선교, 지역 선교, 구역 조직, 야외 전도, 가정 선교, 사회봉사와 같은 진취적인 방법을 동원하여 현대 목회의 기초를 마련하였다. 효과적으로 청중을 설득하기 위하여 원고에 얽매이지 않은 설교를 하였고, 풍부한 상상력을 동원하여 하나님이 인간에게 주시고자 하는 말씀의 풍성한 의미를 청중에게 전달하였다.

휫필드의 칼빈주의적인 신앙과 사건 장면을 극적으로 묘사하는 설교 방식은 19세기에 와서 찰스 스펄전(Charles H. Spurgeon, 1834~1892)의 개혁주의적인 신학과 설교에서 '오관에의 호소'(sense appeal)의 기초가 되었다. 휫필드의 삶과 설교는 21세기를 살아가야 할 그리스도의 교회 지도자들 특히 설교자들에게 본보기가 된다. 그러므로 교회가 새로워지기 위해서는 휫필드와 같은 말씀의 사자들이 더 많이 일어나야 할 것이다.

---

40)　조지 휫필드의 청중은 존 웨슬리보다는 상위 계층이 많았다. 1781년 웨슬리를 따르던 이 가운데는 신사 계층이 8명, 숙녀가 21명뿐이었다(Blumhofer 2011, 66). 하지만 휫필드의 집회에는 많은 귀족이 참석하곤 하였다. 사역 초기에 헌팅턴 백작 부인의 집에서 작위 계층의 사람들에게 설교하였을 때 다트머스 백작, 버찬(Buchan) 백작이 회심하였고, 황태자 프레데릭은 그의 왕위 계승 때에 조지 휫필드를 주교로 삼으려고 하기도 하였다(Blumhofer 2011, 67).

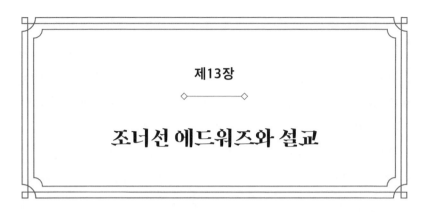

제13장

조너선 에드워즈와 설교

18세기는 이성이 절대적 권위를 가졌던 '이성의 시대'(age of reason)였지만 사실 교회 부흥의 시대(age of revival)였기도 하였다. 교회 부흥은 영국과 신대륙에서 일어났는데, 영국에서는 조지 휫필드(George Whitefield, 1714~1770)에 의하여 시작되어 존 웨슬리(John Wesley, 1703~1791)에 의하여 결실을 거두었고, 신대륙에서는 조너선 에드워즈(Jonathan Edwards, 1703~1758)에 의해 시작되어 조지 휫필드에 의해 대각성운동(Great Awakening)으로 이어졌다.

1. 설교자 조너선 에드워즈의 형성

에드워즈는 경건한 청교도 목사로 18세기 최고의 개혁주의 신학자요 사상가이며, 지성인일 뿐만 아니라 대각성운동을 이끈 위대한 설교자였다.[1] 그는 존 웨슬리(John Wesley, 1703~1791)와 동갑내기로, 1703년 10월 5일 미국 동부 코네티컷주의 윈저 팜스(Windsor Farms)에서 태어났다. 아버지 티머시 에드워즈(Timothy Edwards, 1668~1759)는 하버드 대학을 졸업한 경건하며 사려 깊은 청교도 목사로, 코네티컷주 윈저 팜스에서 63년간 목회하면서 많은 성도로부터 존경을 받았다. 어머니 에스더 스토다드(Esther Stoddard)는 노샘프턴(Northampton) 계곡의 교황이라고 불리던 솔로몬 스토다드(Solomon Stoddard, 1643~1729)의 딸이었다. 에드워즈는 이들의 11명의 자녀 가운데 외아들로 태어났다.

• 에드워즈의 신앙적 각성

조너선 에드워즈

에드워즈는 어려서부터 아버지로부터 교육받았고, 신앙적으로 많은 영향을 받았다. 그는 더듬거리며 말 배우기 시작하던 유아기 때부터 아버지로부터 영어로 읽고 쓰는 교육을 받았고, 6세부터는 그리스어와 히브리어, 그리고 라틴어를 배웠기 때문에 대학 입학 전에 그리스어와 히브리어로 된 성경만 아니라 라

---

1)   20세기 영국의 저명한 설교자였던 마틴 로이드 존스(Martin Lloyd Jones, 1899~1981)는 에드워즈를 최고의 신학자요 설교자로 평하였다. 그는 말하기를, "저는 그 사람을 다니엘 로우랜드와 조지 휫필드보다 앞에 놓아야 한다는 것을 두렵게 생각하고 매우 송구스럽게 생각합니다. 참으로 어리석게도 청교도들을 알프스의 산에 비유하고 루터와 칼빈을 히말라야의 산에 비유한다면, 조너선 에드워즈를 에베레스트산에 비유하고 싶은 시험을 받곤 합니다. 제게 있어서 그는 언제나 사도 바울을 가장 닮은 사람인 것 같습니다."라고 하였다. D. Martyn Lloyd-Jones, *The Puritans* 『청교도 신앙: 그 기원과 계승자들』 서문강 역 (서울 생명의 말씀사, 1987), 365.

틴어로 된 초대 교부의 글을 자유자재로 읽을 수 있었다. 어려서부터 뛰어난 집중력과 관찰력을 가지고 있던 그는 집 주변의 농장에서 놀면서 거미의 생태를 관찰하였고, 11살에는 관찰을 토대로『거미에 대하여』(On Spider)라는 논문을 썼는데, 흥미롭게도 이 논문은 오늘날에도 곤충학자들이 자주 인용할 정도라고 한다. 12살이 되던 1715년, 부친의 설교를 통하여 신앙에 대해 눈을 뜬 에드워즈는 복음성가를 작성하였고, 매일 5번 이상 기도하곤 하였다.

에드워즈는 1716년 예일 대학(Yale College)에 입학하였다. 이 대학은 하버드 대학이 신학적으로 좌경화의 길을 걷자, 인크리스 매더(Increase Mather, 1639~1723)를 비롯한 청교도들이 1701년 설립한 학교로, 지성 중심의 학풍을 유지하던 하버드와는 달리 청교도 신앙의 계승을 주장하면서 기도와 성경 연구를 강조하였다. 에드워즈는 대학에 진학한 후 잠시 신앙적인 방황을 하였지만, 곧바로 믿음으로 돌아와 경건과 학문 연마에 전심전력을 기울였다. 그는 14살이던 1717년 영국의 합리주의 철학자 존 로크(John Locke, 1632~1704)의『인간 오성론』(Essay Concerning Human Understanding)을 읽고 크게 큰 영향을 받았고, 이 책을 근거로 하여『인간의 마음에 관하여』(Note on the Mind)라는 논문을 썼고,[2] 1720년 예일 대학을 수석으로 졸업하였다.

학문적 호기심이 강했던 에드워즈는 예일 대학의 석사 학위 과정에 진학하여 2년간 연구에 전념하였고, 1721년 "사람들이 율법의 선생이 되려고 하나 자기가 말하는 것과 자기가 확증하는 것도 깨닫지 못하는 도다"(딤전 1:7)는 말씀을 읽고 나서 묵상하던 중 하나님의 전적인 은혜가 없

---

2)   이 논문은 존 로크(John Locke)의 사상을 크게 반영하고 있으며, 학자들에 의해 자주 인용되고 있다.

이는 구원받을 수 없다는 사실을 깨달았고, 이 말씀을 통해 회심하였다. 회심 체험 후 경건하게 살 것을 다짐한 후 죄와의 투쟁, 시간의 효율적인 활용, 경건의 실천, 자족하는 생활, 올바른 인간관계의 정립, 언어와 행동에서의 절제 등 70개 항의 "결심문"(Resolutions)을 작성하였고, 이를 점검하기 위해 매일 일기를 썼다. 1722년 목사가 될 결심한 후 강도사 시험에 응시하여 설교 자격을 얻었고, 그해 8월 뉴욕에 있는 한 장로교회의 청빙을 받아 목회를 시작하였다. [3]

· 뉴욕과 뉴헤이븐 사역

그렇지만 뉴욕 장로교회에서 목회는 오래가지 못하였다. 모교인 예일 대학 이사회가 목회를 정리하고 속히 학교로 돌아오라고 요청했기 때문이다. 에드워즈가 뉴욕 장로교회에 부임한 후 며칠이 안 지난 1722년 9월, 예일 대학 학장 티머시 커틀러(Timothy Cutler, 1684~1765)와 강사 대니얼 브라운(Daniel Brown), 그리고 전직 강사인 새뮤얼 존슨(Samuel Johnson, 1696~1772)이 청교도 신앙을 버리고 영국 성공회로 개종한 '대 배교' 사건이 일어나자, 뉴잉글랜드 청교도 지도자들과 대학 이사회가 모여 해당 교수들을 해고한 후, 학교를 정상화할 젊고 유능한 학자를 구하던 중 에드워즈를 적임자로 보고, 그를 초청한 것이다. 에드워즈는 이사회의 초청을 받자, 기도하면서 생각한 후 1723년 4월 뉴욕 장로교회를 사임하고 뉴헤이븐으로 돌아갔다.

예일 대학으로 돌아온 에드워즈는 신학 연구와 교육에 전념하면서 학

---

3)　　이안 머리는 에드워즈의 학창 생활과 회심, 회심의 성격에 관해 연구한 바를 다음의 논문에서 설명하였다. Ian H. Murray, "Jonathan Edwards," *Banner of Truth* (Dec 1974):23~32; (Apr 1975):7~18.

교 재건을 위해 최선을 다하였다. 한편 그는 코네티컷주를 건설한 토머스 후커(Thomas Hooker, 1586~1647)의 외 종손녀요, 뉴헤이븐 교회 담임 목사 제임스 피어폰트(James Pierpont, 1659~1714)의 딸인 사라(Sarah Pierpont, 1710~1758)를 만나 교제하였다. 사라는 하나님 중심적 신앙인으로 명랑한 여인으로 현모양처형의 여인이었다. 에드워즈는 1727년 사라와 결혼한 후(슬하에 3남 8녀를 두었다), 그해 2월 15일 목사 안수를 받았다. 바로 그해 그는 외할아버지 솔로몬 스토다드가 목회하던 노샘프턴 교회로부터 부목사 청빙을 받아 노샘프턴으로 이사하였다. 그는 2년간 할아버지를 도와 부목사로 일하였고, 1729년 2월 11일 할아버지가 소천하자, 그를 이어 담임 목사가 되었다.

· **노샘프턴 사역**

에드워즈가 담임 목사에 취임할 당시 노샘프턴(Northampton)은 82년의 역사를 가진 마을로, 200여 호의 가정이 살고 있었다. 마을 사람들은 순수하고 "건실하며 규모 있고 선한 사람들"로, 다른 동네보다 "이단 사설(邪說)의 영향으로부터 훨씬 잘 보존"되어 있었다.[4] 노샘프턴이 "항구들로부터 멀리 떨어져, 내륙 깊숙이 있을" 뿐만 아니라 솔로몬 스토다드의 뛰어난 "역량과 탁월한 경건 덕분"에 세속화의 영향을 덜 받은 것이다 (Edwards 2002, 43). 주민들은 "합리적이고 이해력이 있는 사람들"로 그들 사이에 "분열과 다툼이 적었고…… 인근 마을보다 더 친하게 지내고 있었다"(Edwards 2002, 43).

노샘프턴 교회의 초대 목사인 엘리아자르 매더(Eleazar Mather)는 1661

---

4)   Jonathan Edwards, 『놀라운 회심 이야기』(*A Faithful Narrative of the Surprising Work of God*), 양낙흥 역 (서울: 크리스챤 다이제스트, 2002), 44.

년 7월에 부임하여 1669년 7월까지 8년, 2대 목회자인 솔로몬 스토다드는 1669년 11월 부임하여 1728년까지 60년간 이 교회를 섬겼다. 스토다드는 60년의 목회 가운데 1679년, 1683년, 1696년, 1712년과 1718년 등 5번에 걸쳐 부흥을 경험하였다. 그렇지만 1718년 이후로 부흥이 없었기 때문에 노샘프턴 교인들은 영적 침체 가운데 생활하고 있었다.[5]

영적 침체는 뉴잉글랜드 전역에서 볼 수 있는 현상이었다. 강단에서 감동 어린 설교가 들려지지 않았고, 정통 신학은 자연신교와 합리주의 사상으로부터 무시당하고 있었다. 세속적 도덕성과 종교적 경건성을 혼동할 정도로 영적 분별력이 없었고, 골방 기도와 각종 사경회가 사라진 지 오래였다. 주일을 성수하지 않았으며, 인디언과의 전쟁으로 많은 젊은이가 죽었기 때문에 사회 분위기는 암울하였다. 이러한 상황에서 뉴잉글랜드의 장래를 비관하는 애가체(哀歌體) 설교가 교회마다 들려지고 있었다.

2. 노샘프턴 부흥과 대각성운동

할아버지 스토다드의 뒤를 이어 담임 목사가 된 에드워즈는 오직 기도와 설교에 전념하였다. 교회 부흥을 위해 열심히 기도하며 설교하였지만, 교인들의 반응은 냉랭하였다. 그러나 6년간의 고난의 사역이 있고 난 뒤 1733년 말경부터 영적인 변화가 서서히 감지되기 시작하였다. 청년들이 에드워즈의 설교에 귀를 기울였고, 그 후 "고분고분해졌고, 충고

---

5)   Edwin Scott Gaustad, *The Great Awakening in New England* (Gloucester, MA.: Peter Smith, 1965), 17.

에 귀를 기울이는" 등 변화를 보이기 시작하였다(Edwards 2002, 45). 어느 주
일날 에드워즈는 마태복음 16장 17절을 본문으로 삼고, "성령께서 인간
영혼에 직접적으로 나누어 주시는 신적이고 초자연적인 빛은 성경적인
동시에 이성적인 교리이다"(A Divine and Supernatural Light Immediately Imparted to
the Soul by the Spirit of God, Shown to be Both a Scriptural and Rational Doctrine)라는 설
교를 하였다. 그는 설교를 통해 주일 오후 예배 후, 또는 목요 강좌 후에
술집에 가지 말고 집으로 돌아가서 자신의 영적인 상태를 파악하라고 권
하였다. 그 결과, 청년들이 "즉시 그리고 거의 예외 없이 순종하는 모습
을 보였다"(Edwards 2002, 45). 교회 부흥의 조짐이 시작된 것이다.

• 부흥 운동의 전조

1734년 4월 한 청년이 급성 가슴막염에 걸려 이틀 만에 사망하자, 교
인들 사이에 죽음과 내세에 관한 관심이 일어났다. 그 후 결혼한 지 얼마
안 된 젊은 여인이 임종을 맞으면서 새로운 분위기가 형성되었다. 에드
워즈는 이렇게 증언하고 있다. "아프기 전부터 영혼 구원의 문제에 관해
깊은 관심과 열정을 가지고 있던 그 여인은, 아프기 시작하면서도 자신
의 구원 문제에 대한 해답을 찾기 위해 마음속의 깊은 갈등을 떨쳐 버리
지 못한 채 하루하루 살아가고 있었다. 그렇게 지내던 중 죽음이 가까이
다가오자 하나님의 자비로운 손길에 의한 구원의 증거들이 그 여인에게
나타나기 시작하였다. 그 여인은 평온한 마음으로 죽음을 맞이했으며,
오히려 마지막 순간까지 다른 이들을 격려하고 위로하며 권면하는 모습
을 보여 주었다." 이 일이 있고 나서 "사람들의 언행에 종교적 관심과 열
정이 선명히 드러나기 시작하였다."(Edwards 2002, 46). 이러한 상황이 전개
되자, 에드워즈는 전 교인에게 목요집회(Thursday Lecture)를 마친 후에 소그
룹으로 모이자고 제안하였다. 그때 청년들이 그 제안을 받아들였고, 나

중에 나이 든 사람들도 청년들을 따라 모임을 만들었다.

이러한 시기에 인간의 전적 타락과 예정론을 부정하는 아르미니우스 사상(Arminianism)이 뉴잉글랜드 전역에 퍼져 가고 있었다. 1720년대만 해도 그릇된 신앙 사상이 뉴잉글랜드에 나타나지 않았다. 그래서 1726년 코튼 매더(Cotton Mather, 1663~1728)는 뉴잉글랜드에 있는 "200여 교회의 목사 가운데 한 명도 아르미니우스 주의자를 따르지 않는다."고 주장할 정도였다. 그러나 1730년 초반부터 아르미니우스주의가 신속하게 퍼지기 시작하였고, 지각 있는 청교도들은 그 위험성을 지적하기 시작하였다. [6] 에드워즈는 1731년 7월 8일 보스턴에서 열린 공개강좌에서 「하나님은 구속 사역에서 영광을 얻으셨고, 그 모든 것을 전적으로 의존하는 인간의 위대함으로 말미암아 영화롭게 되었다」(God Glorified in the Work of Redemption, by the Greatness of Man's Dependence upon Him, in the Whole of it)는 제목으로 강의하면서 아르미니우스주의자들의 구원 교리를 비판하고, 인간의 전적 부패와 무능, 구속 사역에서 하나님의 절대 주권 등을 강조하면서 개혁 신학을 옹호하였다.

에드워즈는 이처럼 교회에 해롭다고 생각하던 아르미니우스 사상이 노샘프턴 주민들의 입에서 오르내리자, 1734년 11월 로마서 4장 5절에 기초하여 「오직 믿음에 의해 얻는 칭의」(Justification by Faith Alone)라는 일련

---

6)   아르미니우스주의가 사상이 번져 가자, 코네티컷주 라임(Lyme)의 목사 조너선 파슨스(Jonathan Parsons, 1705~1776), 로드아일랜드에서 인디언 선교를 하던 조셉 파크(Joseph Park) 목사, 토운톤의 조시아 크로커(Josiah Crocker) 목사, 글로스터의 존 화이트(John White) 목사 등 많은 이들이 1730년부터 1734년 사이에 아르미니우스주의의 위험성을 알리는 책을 발간하였다. Cotton Mather, *Ratio Disciplinae Fratrum Nov-Anglorum* (Boston, 1726), 5; Jonathan Edwards, *The Works of Jonathan Edwards: Great Awakening*. vol. 4. Edited by C. G. Goen (New Haven and London: Yale University Press, 1972), 4:6~8.

의 설교를 통해 아르미니우스 주의를 비판하였다. 그는 아르미니우스주의를, 믿음을 새로운 종류의 순종으로, 복음을 새로운 종류의 율법으로 간주하는 신율법주의(Neo-Legalism)라고 규정하고, 그들이 "인간 자신의 미덕이나 공로로 의롭다고 함을 얻는다고 가르치는 것은 복음의 본질과 목적에 정면으로 어긋난다."고 비난하였다. "복음의 본질과 목적은 사람을 낮추고, 구원에 관한 모든 영광을 구세주이신 그리스도께 돌리는 데 있기 때문이다."[7] 그는, 인간은 전적으로 부패하였고, 모든 인간의 행위가 하나님 앞에서 가증하므로 율법의 행위로는 의롭다고 함을 받을 수 없다고 하였다. 따라서 사람이 의롭게 되는 것은 오직 믿음, "즉 우리 영혼이 우리를 대신해서 돌아가신 구주를 영접하고 그분과 연합함으로 가능하다"고 주장하였다(Edwards 2002a, 182). "예수 그리스도 안에서, 그리고 예수 그리스도로 인하여 의롭다고 함을 얻고, 믿음으로 그와 연합"된다고 주장한 것이다(Edwards 2002a, 52).

• 노샘프턴 부흥 운동

에드워즈의 「오직 믿음에 의하여 얻는 칭의」라는 설교가 끝난 후 노샘프턴 교회의 영적 각성이 시작되었다. 처음에는 한두 사람이 회개하고 변하는 모습을 보이더니 나중에는 여러 명이 갑작스럽게 회개하고 새롭게 되었다. 회심의 모습은 다양하였지만, 대체로 비슷한 형태로 나타났다. 먼저 사람들은 죄의 심각성과 비참함을 깨달았고, 또한 "자신들의 타고난 본성이 전적으로 악하다는 것을 알게 되었다." 이러한 사실을 깨달

---

7) Jonathan Edwards, "Justification by Faith Alone" 『기독교 중심』, 이태복 옮김 (서울: 개혁된신앙사, 2002a), 85, 139. 2002년에 출판된 『놀라운 회심 이야기』와 구별하기 위해서 앞으로는 Edwards 2002a로 약어 표기한다.

은 뒤, 사람들은 "갑작스럽게 양심에 찔려서 마치 화살에 심장이 꿰뚫린 것처럼 떨었다"(Edwards 2002, 58, 59). "자신의 악행과 죄가 되는 다른 행위들," "심각한 본성의 부패, 하나님에 대한 적대감, 교만, 불신, 그리스도에 대한 거부, 의지의 고집스럽고 완고함"(Edwards 2002, 63)을 깨달은 후에는 죄를 미워하기 시작하였고, 저주받을 자신을 구하려고 예수 그리스도께서 대속하는 죽음을 죽었다는 사실을 깨닫고는 (죄로부터의) 해방감으로 기뻐 날뛰었다. "전형적인 청교도 회심"(Edwards 1972, 4:28~29) 운동이 시작된 것이다. 회심 운동은 "마을의 젊은이와 기타 많은 사람의 마음에 전광석화처럼 퍼져 갔다. 진지함과는 거리가 먼 사람들과 부흥 운동을 악용할 것으로 생각했던 사람들도 크게 각성하였다"(Edwards 2002, 48). 그 결과 노샘프턴에 있었던 몇 가지 괄목할 만한 변화들이 일어났다. 그 몇 가지를 변화에 대해 간략히 정리해 보자.

첫째로, 생활의 변화가 나타났다. 각성한 사람들은 죄와 방종을 두려워하였고, "즉각적으로 자신들의 죄악된 행실을 끊어 버렸다." 사람들은 "다툼, 중상모략, 그리고 다른 사람의 일에 간섭하는 것을 즉시로 중지하였다. 술집이 텅텅 비었고, 주로 집에서 가족과 함께 생활하였다"(Edwards 2002, 59). 은혜를 받은 자들은 "잘난 체하거나 건방지거나 자기만족적이거나 광신적인 태도를 보이지 않았다." 오히려 "온유함, 겸손함, 겸양"을 드러냈고(Edwards 2002, 86), 마을에서 "떠들고 노는 일, 불경하고 방종한 대화, 그리고 음란한 노래"들이 사라졌다.[8]

둘째로, 관심이 달라졌다. 관심과 대화가 세속적인 데서 신앙적인 것

---

8)   Jonathan Edwards, "An Account of the Revival of Religion in Northampton 1740~1742" (Edwards 2002b, 125). 이 책은 『놀라운 회심 이야기』와는 구별되는 논문이지만, 양낙홍 교수가 번역한 글에 포함되어 있다. 그렇지만 구별해야 할 필요성이 있으므로 Edwards 2002b로 앞으로는 표기할 것이다.

으로, 일시적인 것에서 영원한 것으로 옮겨졌다. "남녀노소, 빈부귀천을 막론하고 마을 전체 주민들은 기독교의 위대함과 내세의 영원 세계를 사모하였다. 마른 뼈들이 부딪치는 소리가 점점 더 커졌다. 모임이나 만남에서의 모든 대화 내용은 오직 신앙과 관련된 것이었고, 사람들의 생각이 신기할 만큼 세상으로부터 멀어졌다. 세상일은 아주 사소한 것이었고, 그저 의무감 때문에 하는 것 같았다"(Edwards 2002, 48). 그렇지만 만사를 제쳐 두고 "성경을 읽고 기도하는 등 신앙적인 일에만 전념한 것은 아니었다"(Edwards 2002, 48). 일상생활을 영위하면서도 마음속에 하나님 나라를 갈망하고, 그리스도에 대해 많이 이야기하였다. "그리스도의 탁월성과 희생적 사랑, 구원 방법의 영광스러움, 하나님의 경이롭고 값없이 주시는 주권적인 은혜, 회심 가운데 나타나는 하나님의 영광스러운 사역, 말씀의 진실성과 확실성, 하나님의 완전함을 보는 일"이 얼마나 달콤한지 말하곤 하였다(Edwards 2002, 50).

셋째로, 은혜의 수단들을 적극적으로 활용하였다. 주민들이 "성경을 읽고, 기도하며, 묵상하며, 열심히 예배와 공적·사적 모임에 참석하였다"(Edwards 2002, 59). 모임은 항상 "만원을 이루었으며"(Edwards 2002, 49~50), 사람들이 자주 출입하는 곳은 "이제 선술집이 아니라 목사관이었다"(Edwards 2002, 59). 주민들은 교회 중심으로 생활하면서 모여 예배하는 일에 전념하였다. 에드워즈는 이렇게 기록하였다: "주의 날은 기쁜 날이었고, 주의 장막은 사랑스러웠다. 예배는 아름다웠으며, 예배 때 청중은 생기로 넘쳤다. 모든 사람이 예배에 참석했고, 목사의 입에서 나오는 하나님의 말씀을 한마디도 빼놓지 않으려고 귀를 기울였다. 말씀이 선포되는 동안 수시로 눈물을 흘렸다. 어떤 이는 (죄에 대한) 슬픔과 고뇌로 울었고, 다른 이는 기쁨과 사랑으로 눈물을 흘렸다. 이웃에 사는 영혼에 대한 염려와 동정으로 우는 이들도 있었다. 찬양도 훨씬 활기를 띠었다. 하나님은 우리의 찬송 가운데, 즉 거룩함과 아름다움 가운데 섬김을 받으셨다. 예배를 드리면서 그처럼 은혜 충만하게 그리고 고양된 마음으로 찬양한 적이 전에 없었다"(Edwards 2002, 49).

갑작스러운 "성령의 부으심"[9]이 "모든 종류의 사람들 위에 나타났다. 즉 경건한 자나 사악한 자, 높은 자나 낮은 자, 부유한 자나 가난한 자, 현명한 자나 우둔한 자 모두에게 영향을 미쳤다"(Edwards 2002, 54). 그 결과 "1735년 봄과 여름에 이르러 하나님의 임재가 온 동네에 가득해 보였다……. 마을이 그처럼 하나님의 사랑과 기쁨, (영적) 고뇌로 가득 찬 적이 없었다. 대부분 가정에서는 하나님의 임재를 입증하는 표시가 있었다. 곧 가족에게 임한 구원으로 인해 기뻐했고, 부모들은 거듭난 자녀들로 인해, 부부들은 상대방으로 인해 기뻐하였다"(Edwards 2002, 49).

에드워즈의 설교를 통하여 노샘프턴 교회는 크게 부흥하였고, 성령의 사역은 전 주민에게 퍼져 갔다. "젊은이만이 아니라 나이 든 사람도 구원을 얻고 변화되었다." 특히 1735년 3월과 4월에는 "평균 하루에 네 사람, 일주일에 거의 30명이 회심하는 일이 일어나"(Edwards 2002, 57), 총 300명 이상이 회심을 체험하였고, 성찬 참여자가 노샘프턴 전 인구를 아우르는 "620명이 되었다"(Edwards 2002, 55).[10] 회심자 가운데 15세 이하가 33명, 15세에서 40세에 이르는 젊은이들이 217명이었고, 40대 이후가 50여 명이었다. 40대 이후의 중년 가운데는 40대가 18명, 50대가 20명, 60대가 10명, 70대가 2명이었고, 어린이 가운데는 10세에서 14세 사이의 아이들

---

9) 에드워즈는 대각성운동을 "성령의 부으심", "축복의 소나기", "하나님 구원의 축복을 부으심"이라고 부르곤 하였다. (Edwards 2002, 52, 54).

10) 대각성운동이 이전에는 여성 성도들이 주로 회심 체험을 고백하였으나 후에는 남녀의 수가 같았고, "마을에서 16세 이상 되는 사람 절대다수가 예수 그리스도에 대한 구원에 이르는 지식을 소유하게 되었다"(Edwards 2002, 56).

이 30여 명, 9~10세가 2명, 겨우 4살 된 아이도 있었다(Edwards 2002, 56).

참으로 노샘프턴의 부흥은 이례적이었다. 2개월 만에 300명이 회심하고 교회 회원권을 갖게 되었다. "보통 때 같으면, 사람들이 가능한 모든 노력을 동원하고 일상적인 은혜의 수단을 다 써서 일 년 동안에 얻을 수 있는 인원"이 겨우 4~5명이었는데(Edwards 2002, 57), 2개월 만에 300명이 넘는 사람들이 회심하였다. 이러한 통계는 현대 부흥 집회에서 볼 수 있는 것처럼 예수 믿겠다고 손들고 나온 사람들의 수가 아니라 교회 앞에서 자신의 거듭남을 생활로 입증한 자들의 숫자였다는 점에서 더욱 놀라운 것이었다.[11]

· 부흥의 확산

노샘프턴의 부흥 운동 소식은 즉각적으로 주변 도시들로 퍼졌다. 이 소식을 들었을 때 대부분은 믿지 못하였고, 잘못된 일이 일어난 것으로 오해하기도 하였다. 조너선 에드워즈가 노샘프턴 교인들을 광신주의로 몰아가고 있다거나 노샘프턴 사람들이 "정신이상"(distemper)에 걸렸다고

---

11)   제랄드 모런(Gerald F. Moran)은 "초기 미국 기독교 부흥 운동과 문화: 뉴잉글랜드 청교도 사례 연구"에서, 대각성 이전의 미국은 신앙의 쇠퇴기가 아니라 급격하게 성장한 시기였다고 주장하였다. 그에 의하면, 설교 자격을 갖춘 대학 졸업생이 1700년에서 1740년 사이에 10배 늘어났고, 이 시기의 대학 졸업자 1,252명 중 558명(42%)이 목회자가 되었다. 성직 이탈 비율도 안정적이었다. 5년 단위로 계산할 때 이탈 비율이 5%를 넘지 않았고, 뉴잉글랜드의 목사 90% 이상이 평생 한 교회를 26년 정도 목회하였다. 1710년 87개이던 교회는 1740년에 207개로 늘어났다. 이처럼 대각성 이전에 이미 부흥이 준비되고 있었다고 하였다. Edith L. Blumhofer & Randall Balmer ed. *Modern Christian Revivals*『근현대 세계 기독교 부흥』이재근 역 (서울: 기독교문서선교회, 2011), 83, 99. 그렇지만 이 시기에 회심한 신자의 수는 매우 적었고, 드디어 에드워즈의 설교 운동 이후 본격적인 회심 운동이 일어났다. 결론적으로 교회의 안정이나 회심 없는 교회 인구의 수적 증가는 교회 성장과 무관하다는 것을 보여 주고 있다.

본 것이다.[12] 그러나 몇 사람들이 노샘프턴을 방문하여 현장을 확인한 후에는 크게 달라졌다. 진정한 부흥이 일어났음을 확인한 방문자들은 한결같이 "양심의 찔림을 받았고", "죄에 대한 깨달음이 훨씬 더 깊어졌으며……, 하나님이 이곳에 내려 주신 신적 축복의 소나기에 참여"하게 되었다(Edwards 2002, 51). 방문자들이 돌아가 부흥 운동에 대해 듣고 본 바에 대해 보고하면서 노샘프턴의 각성 운동은 매사추세츠와 로드아일랜드 그리고 코네티컷 강가를 따라 32개의 도시로 번져 나갔다.[13] 북으로 매사추세츠주의 노스필드(Northfield), 동으로 로드아일랜드주의 프로비던스(Providence)까지 부흥 운동이 퍼져 갔다.

바른 신앙은 지성과 감성 그리고 의지적 요소가 균형과 대칭을 이룰 때 유지되지만 그렇지 못할 때 사라진다. 사탄은 사람의 약점을 이용하려고 지성이나 감성 또는 의지 등 한쪽에 치우치게 만들어서 신앙의 균형을 깨트리고 극단적으로 되게 한다. 노샘프턴에서 부흥이 절정에 있을 때 이러한 영적 쏠림 현상이 나타나기 시작하였다. 몇 사람들이 감정에 호소하다가 "갑자기 웃음을 터트리는 동시에 눈물이 홍수처럼 흘러내리면서 큰 소리로 울기도 하였다"(Edwards 2002, 76). 신앙을 격한 감정으로 발

---

12)   George Marsden, *Jonathan Edwards: A Life* (New Haven: Yale University Press, 2003), 161~162.

13)   1735년 3월 사우스 해들리(South Hadley), 서필드(Suffield), 디어필드(Deerfield), 해트필드(Hatfield)로 퍼졌고, 4월 둘째 주에는 서부의 스프링필드(West Springfield), 롱메도우(Long Meadow), 엔필드(Enfield), 웨스트필드(Westfield), 노스필드(Northfield) 등 군(county) 지역으로 확산되었다. 이어서 에드워즈의 부친 티머시(Timothy Edwards)가 목회하던 이스트 윈저(East Windsor)를 중심으로 코번트리(Coventry), 레바논(Lebanon), 더럼(Durham), 스트랫퍼드(Stratford) 등 코네티컷 전 지역으로 퍼지게 되었고, 1736년에는 뉴헤이븐(New Haven), 길퍼드(Guilford), 헤브론(Hebron), 볼턴(Bolton) 등 뉴헤이븐 식민지 내에도 부흥 운동이 일어났다.

산시킨 것이다.

동시에 은혜 체험 여부를 자신의 감정에 의존하여 평가하는 이들이 나타났다. 그들은 자신의 감정에 따라 회심 체험 여부를 판단하곤 하였다. 신앙이 약한 자들은 자신의 구원에 대해 염려하다가 "때로 두려움과 당혹감에 사로잡혔고" "광신적 망상"이나 "우울증"에 빠지기도 하였다(Edwards 2002, 77, 117). 자기의 감정에 기초하여 회심 체험의 증거를 찾는 이들이 많아지면서 괄목할 만한 영적 체험을 하지 못한 자들은 구원 여부에 대해 스스로 의심하기도 하였다. 에드워즈의 삼촌으로 우울증이 심했던 조셉 하우리(Joseph Hawley)가 바로 그런 사람이었다. 그는 영적 신비 체험을 구하였으나 얻지 못하자, 자신이 버림받은 자라고 판단하고 1735년 5월 자살하였다. 자살 사건이 발생하면서 노샘프턴의 영적 분위기가 갑자기 식었고, 부흥 운동도 끝이 났다. 1735년 여름이 끝나 갈 무렵. 영적 부흥의 바람은 영적인 광기로 대체되었고, 사람들은 예배당 증축을 놓고 나뉘어 당을 지어 헐뜯고 싸웠다.[14]

• 대각성운동의 전개

극단적 체험 중심 신앙 운동이 확산하자, 부흥의 불길은 사그라졌다. 4년 이상 영적 침체가 계속되다가 1739년 조지 휫필드(George Whitefield, 1714~1770)가 미국을 방문하면서 다시 타오르게 되었다. 그는 남부 조지아로부터 필라델피아, 뉴욕, 보스턴을 거쳐 북부 뉴햄프셔에 이르기까지 13개 주를 오가면서 순회 집회를 인도함으로 부흥의 불길을 지폈다. 동시에 노샘프턴 교회에도 부흥의 가시적인 조짐들이 나타나고 있었다.

---

14)　Douglas A. Sweeney, *Jonathan Edwards and the Ministry of the Word*, 『조너선 에드워즈와 말씀 사역』 김철규 역 (서울 복 있는 사람, 2011), 141.

1740년 봄이 되면서 젊은이들의 대화가 이전과 달리 진지해졌고, 음란한 말이나 농담 대신 신앙 중심적인 주제로 대화를 나누곤 하였다. 주민들로부터는 다시 목사관을 찾아 신앙 상담을 요청하는 등 변화의 징조가 나타났다. 그해 10월 중순쯤 에드워즈가 휫필드를 초청하자, 휫필드가 노샘프턴을 방문하여 4일간 설교하였다. 그는 성도들의 영적인 퇴보를 질책하며 하나님께로 돌아갈 것을 외쳤다. 그때 "교인들은 전례 없이 녹아내렸으며, 그들은 설교 시간 내내 울었다." 그 후 주민들의 "대화 주제가 신앙 문제가 되었고, 그들은 신앙 모임을 자주 가지면서 가능한 모든 기회를 사용하여 설교 말씀을 들으려고 하는 등 더욱 적극성을 보였다"(Edwards 2002b, 126).

휫필드가 지나간 지 2개월이 되던 1740년 12월 중순쯤 에드워즈는 설교를 통하여 하나님께로 돌아갈 것을 다시 한번 외쳤다. 그때 청년들 사이에 죄에 대한 각성과 함께 회개 운동이 다시 일어났다. 이렇게 시작한 노샘프턴 부흥 운동은 1741년 5월이 되면서 절정에 이르렀다. 어느 날 에드워즈가 한 가정집에서 설교하면서 "… 젊은이들과 어린이들이 하나님의 일의 위대함과 그의 영광을 체험한 후 하나님을 찬송하고, 사랑하며, 기뻐하며, 높이 받들었다. 하나님을 모르는 자연인에 대한 깊은 동정심을 드러냈고, 동시에 자신들의 악하고 비참한 처지와 상태에 대해 절망하며 염려하였다. 그리하여 그 집이 부르짖는 소리로 가득 찼다. 이 소식을 듣고 이웃 도시에 사는 사람들이 몰려왔다. 그들은 노샘프턴에서 일어나고 있는 일을 본 후 크게 감동하였고, 똑같이 압도당하였다"(Edwards 2002b, 127).

회개 운동은 주일예배 때에도 계속 나타났다. 주일예배가 끝난 후 에드워즈가 17세 미만의 청소년들을 따로 모아 교회 안에서 일어나고 있는 각성에 관해 설명하자, 청소년들이 크게 감동하였다. 그들은 죄에 대해 회개하고, 울면서 집으로 돌아갔다. 청년들의 신앙적 각성은 교회 내의 다른 모임으로 퍼져 갔다. 1741년 여름, 에드워즈가 16살에서 20살 사이의 청소년들을 자기 집으로 불러 모아 "겸손, 자기 정죄, 자기혐오, 사랑과 기쁨을 불러일으키는 관점"에 대해 설교하자, 그들 사이에도 큰 회개 운동이 일어났다.

성도들은 "공중예배가 끝난 후 예배당에 머물며, 은혜를 열정적으로 사모하는 사람들과 대화를 나누려고 하였다." 영적 관심이 확산하여 갔으며 기도와 찬송 소리가 더 커졌고, 어린이들도 금식에 참여하기도 하였다. 일부 사람들은 기도와 찬송, 금식 등을 통해 구원에 이르는 은혜를 받았다고 믿기도 하였다(Edwards 2002b, 128). 그 후 설교 말씀을 듣고 놀라거나, 기뻐 날뛰고, 비명을 지르며, 기절하고, 심지어는 경련을 일으키는 이들도 나타났다. 기도하던 중 "육체적으로 맥이 풀려 집에 돌아갈 수 없는 이들"도 생겨났다. 그와 함께 다수의 사람이 "과거 어느 때보다도 자기 본성에 숨겨져 있는 죄성, 생활에서 죄악된 모습을 더 깊이 깨닫게 되었고", 이러한 각성은 생활의 겸비로 이어졌다(Edwards 2002b, 129). 사람들은 "겸손해졌고, 자신을 비우게 되었으며, 더욱 상한 심령이 되었고, 순수하고, 큰 기쁨, 거룩한 생활에 대한 더 큰 열망을 가지게 되었다. 반면에 스스로에 대한 자신감은 훨씬 작아졌고, 자기의 거짓된 마음에 대한 불신은 더욱 커졌다"(Edwards 2002b, 130).

• 「진노하시는 하나님의 손안에 있는 죄인들」

에드워즈는 1741년 7월 8일 설교 역사상 기념비가 될 만한 설교인 「진노하시는 하나님의 손안에 있는 죄인들」(Sinners in the Hands of An Angry God)이라는 설교를 코네티컷의 엔필드(Enfield)에서 하였다. 그는 "그들이 실족할 그때 내가 보복하리라. 그들의 환란 날이 가까우니 그들에게 닥칠 그

일이 속히 오리로다."라는 신명기 32장 35절을 본문으로 하여 하나님을 부인하면서 불순종하는 자들에게 임할 하나님의 심판에 대해 설명하였다. 그는 많은 이들이 인간의 이성이나 지식을 의지하지만, 이는 지옥 불 위에 달린 거미줄을 의지하는 것과 같다고 지적하고, 인간의 이성과 지식을 의지하는 것은 하나님 진노의 불이 나타날 때 순간에 사라질 것이라고 하였다. 영혼 구원을 위해 자신의 행위나 공로를 의지하지 말고 하나님께 돌아오라는 내용으로 설교하였다.

그는 이 설교의 첫 부분에서 "그들이 실족할 그때"라는 말씀을 네 가지 의미로 해석하고,[15] 둘째 단원에서는 대적이 없는 하나님의 절대적인 권능에 대하여, 그리고 찍혀 던져질 나무, 이미 확정판결이 난 죄인들, 준비 완료된 형장, 죄인을 삼킬 태세를 갖춘 마귀, 끝없이 파괴하려는 죄의 본성, 예상 못할 순간에 집행될 형, 꾀를 부린다고 해도 피할 수 없는 죽음, 어리석음을 후회하는 지옥의 사람들, 그리고 구원받지 못할 거듭나지 않은 자의 모습 등에 대해 구체적으로 설명하였다(Edwards 2003, 22:405~409). 마지막 셋째 단원인 적용 부분에서 그는 이렇게 외쳤다: "육체적인 자들은 지옥 구덩이 위, 하나님의 손에 매달려 있습니다. 그들은 불타오르는 구덩이에 들어가야 할 마땅한 자들로, 이미 판결이 선고되어 있습니다. 하나님은 그들을 준엄하게 꾸짖으십니다. 그들을 향한 하나님의 분노는, 하나님의 진노로 인해 실제로 지옥에서 모진 고통을 겪고 있는 자들을 향하신 분노만큼이나 큽니다. 그들은 하나님의 분노를 조금도 누그러뜨리거나 진정시킬 수가 없습니다. 악마가 그들을 기다리고 있

---

15) Jonathan Edwards, *The Works of Jonathan Edwards: Sermons and Discourses 1739-1742*. Edited by Harry S. Stout and Nathan O. Hatch, vol. 22 (New Haven and London: Yale University Press, 2003), 22:404~405.

으며, 지옥의 문이 활짝 열려 있습니다. 삼킬 듯한 불꽃은 그들을 집어삼키고 말 것입니다. 그 불꽃은 이글거리며 타오르고 있고, 그들은 어떤 중보자에 대해서도 관심이 없습니다. 그들이 안전하게 피할 수 있는 아무 데도 없습니다. 도피처나 붙잡을 만한 것이 없습니다. 그들을 순간마다 지켜 주고 있는 것은, 언제 폭발할지 모르는, 어떤 의무에 매이지 않는, 몹시 분노하신 하나님의 인내뿐입니다"(Edwards 2003, 22:409). 에드워즈는 이렇게 하나님의 진노를 설명한 후, 설교를 마치면서 "그러므로 그리스도 밖에 있는 모든 사람은 이제 각성하십시오. 그리고 다가올 진노로부터 피하십시오. 전능하신 하나님의 진노가 지금 이 회중 대부분의 머리 위에 분명히 머물러 있습니다. 모든 사람은 소돔으로부터 나오십시오."라고 외쳤다(Edwards 2003, 22:418).

에드워즈는 큰 소리를 지르며 설교하거나 고함치지 않았으며, 조용하면서도 진지하게 감성적인 음성으로 말하였다. 그는 설교 원고를 한 대목, 한 대목 읽어 가면서 직설적으로, 그리고 차분하게 설교하였다. 그렇지만 그의 설교를 들은 청중은 지옥의 공포를 느꼈고, 죄인에 대한 하나님의 심판을 무서워하면서 덜덜 떨었다. 지은 죄를 회개하고 탄식하며 흐느꼈고, 어떤 이는 지옥 불에 떨어질까 봐서 교회 기둥을 꽉 잡기도 하였다. 당시 설교를 들은 롱메도우 교회(Longmeadow)의 스티븐 윌리엄스(Stephen Williams) 목사는 당시 청중의 반응을 이렇게 기록해 놓았다: "그들은 '내가 구원을 받으려면 어떻게 해야 하나! 오! 나는 지옥에 가고 있구나! 오! 내가 그리스도를 위해 무엇을 해야 하나?' 하고 울부짖었다"(Edwards 2003, 22:400).

1741년 9월 이후 노샘프턴 부흥의 불씨는 잠시 식어 가는 듯하였다. 그러나 1742년 2월 초, 에드워즈가 잠시 외출 중일 때 순회 설교자인 세무엘 뷰엘(Samuel Buell)이 노샘프턴을 방문하여 보름간 설교한 후 교회 분위기가 달라졌다. 뷰엘은 자신과 함께 온 사람들에게 통성기도를 이끌게 하였고, 그 영향으로 "온 동네가 밤낮으로 크고도 계속된 흥분 가운데 있는 것 같았다"(Edwards 2002b, 131). 신앙적 열정주의가 노샘프턴 교회에 소개된 것이다. 그러나 이러한 열정적인 집회를 통해 회심한 사람은 하나도 없었다. 단지 종교적 감정만 고조시켰을 뿐이었다.

• 부흥 운동의 옹호

에드워즈는 1737년 노샘프턴에서 일어난 부흥 운동을 소개하고 설명하기 위해 『놀라운 회심 이야기』(A Faithful Narrative of the Surprising Works of God)를 출판하였다. 1738년에는 성령의 사역을 온전히 밝히기 위해 『사랑과 그 열매』(Charity and its Fruits)를 출판하여 기독교인은 방언과 이적, 치유 등 특별한 은사보다는 사랑과 같이 모든 사람이 가질 수 있는 일반 은사를 가질 것을 주장하였다. 1740년경에 부흥 운동이 감정 중심적으로 되어 가고 격정적이 되면서 부흥에 대한 부정적 평가들이 나오자, 에드워즈는 1741년 『성령 사역의 증거들을 분별하는 표지들』(The Distinguishing Marks of a Work of the Spirit of God)을 써서 부흥 운동을 옹호하였다. 그는 부흥 운동 때 나타난 기절, 비명, 경련, 웃음 발작 등의 육체적 효과들을 성령의 역사라고 할 수 없음을 밝히면서, 성령의 사역은 육체적이 아닌 내적인 성품의 변화를 가져오는 것이라고 지적하였다.

1741년경 부흥 운동에 대해 냉소적인 풍조가 만연해지자, 변증할 필요성을 느낀 에드워즈는 1742년 『현재 뉴잉글랜드의 부흥에 대한 몇 가지 견해』(Some Thoughts Concerning the Present Revival of Religion in New England)를 출간하였다. 그는 이 책에서 종교적 광신주의를 비판하고, 진정한 부흥은 삶의 변화로 나타난다고 역설하는 등 부흥 운동을 옹호하였다. 1743년 찰스 촌시(Charles Chauncy, 1705~1787)가 『뉴잉글랜드 종교 상태에 대한 시기적절한 성찰』(Seasonable Thoughts on the State of Religion in New England)을 출판하고, 익명의 저자도 『최근의 뉴잉글랜드의 종교적 동요의 고찰』(The Late Religious Commotions in New England Considered)을 발간하여 대각성운동을 비판하였다. 그들은 부흥 운동이 하나님이 아닌 사탄에게서 왔다고 주장하였다. 하나님은 질서의 하나님인데, 대각성운동과 함께 나타난 교회의 무질서와 혼란은 사탄으로부터 온 것이기 때문이라고 하였다. 이러한 상황에서 1742년 회중 교회 총회가 부흥 운동을 정죄하자, 에드워즈는 1742년과 1743년 진정한 영적인 각성이 무엇인지 설교를 통해 밝히고, 1746년 그것들을 모아 『신앙과 정서』(A Treatise Concerning Religious Affections)라는 제목으로 출판하였다.[16]

부흥에 대한 찬반 논쟁이 일어나면서 뉴잉글랜드 각성 운동은 소강기에 접어들었다. 설교자로서의 에드워즈의 명성도 사라졌고, 뉴잉글랜드의 영적인 분위기도 암담해졌다. 노샘프턴 교회도 영적 침체에 빠져 갔다. 이러한 시기, 곧 1747년 스코틀랜드에서 기도합주회(Prayer Concert) 운동이 일어나자, 에드워즈는 이 운동을 지원하기 위해 『그리스도의 왕국이 지상에 임하길 바라는 명백한 동의와 가견적 연합을 추진키 위한 겸허한 시도』(A Humble Attempt to Promote Explicit Agreement and Visible Union of Christ's Kingdom on Earth)라는 책을 출판하였다.[17] 부흥 운동을 위한 국제적인 기

---

16) 대각성운동에 관한 에드워즈의 입장을 확인하려면 이 책의 부록인 "조너선 에드워즈의 영적 각성 이해"를 참고하라.

17) 에드워즈는 이 책에서 부흥을 위한 국제적인 기도회를 제안하였다. 모든 성도가 각자의 일정표를 따라 매주 토요일 저녁과 주일 아침에 얼마의 시간을 따로 떼어 목사의 주일 설교를 위해 기도하고, 1년을 네 분기로 나누어 분기가 시작되는 첫 화요일을 기도일로 정하여, 온종일이나 반나절 정도를 강단의 부흥을 위해 기도할 것을 제안하였다. 기도회 참석은 사적인 기도 모임이든 공식적인 기도회이든 또는 개인의 골방이든 각 참여자의 처지에서 가장 실제적인 방식을 따르도록 할 것을 권하였다. Jonathan Edwards,

도 운동을 제안한 것이다.

3. 에드워즈의 설교와 영향

에드워즈는 전형적인 부흥 설교자가 아니었다. 그는 휫필드처럼 우렁찬 음성이나 연극적인 묘사 능력을 소유하지 않았다. 그의 음성은 맑고 깨끗하였으나 큰 키에 비하면 가냘팠다. 날카로운 눈빛, 항상 진지하고 단정한 외모, 진실한 언행, 차분하고 침착한 성격의 사람이었다. 그는 냉정할 정도로 지성적이었지만, 기도에 전념할 뿐만 아니라 말씀을 무엇보다 더 사랑했으므로 큰 설교자가 될 수 있었다. 그는 어려서부터 한적한 곳에서 기도와 말씀 묵상을 즐겼고, 70개의 결심문을 작성하여 매일 저녁 그것의 실천 여부를 확인하곤 하였다. 성인이 된 후에도 매일 새벽 4~5시에 일어나 오직 기도와 성경 연구에 전념하였으며, 하루 "13시간씩 어려운 주제들에 관해 연구하고 깊이 생각하고 고찰한 후 정리하였으며, 설교의 논거들을 세웠고, 진리와 원리들을 발견하는 좋은 습관이 있었다."[18] 이와 같이 그는 경건과 학문에 전념하였기 때문에 단순한 설교자 또는 교리 해설자를 뛰어넘어 개혁 신학에 정통한 학자요 설교자가 될 수 있었다.[19]

A Humble Attempt to Promote Explicit Agreement and Visible Union of Christ's Kingdom on Earth 『기도합주회』, 정성욱, 황혁기 옮김 (서울: 부흥과 개혁사, 2004), 48~49.

18)   Sereno E. Dwight, *Life of President Edwards* (New York: G. & C. & H Carvill, 1830), I: 113.

19)   Ola Elizabeth Winslow, *Jonathan Edwards, 1703-1758* (New York: Collier Books, 1961), 115.

• 에드워즈의 설교 특징

에드워즈는 설교 본문을 택할 때 주로 한 구절을 가지고 설교하곤 하였다. 「오직 믿음에 의한 칭의」라는 설교의 본문은 로마서 4장 5절, "일을 아니 할지라도 경건치 아니한 자를 의롭다고 하시는 자를 믿는 자에게는 그 믿음을 의로 여기시나니"였고, 「진노하시는 하나님의 수중에 있는 죄인들」이라는 설교의 본문은 "그들이 실족할 그때 내가 보복하리라."라는 신명기 32장 35절의 한 구절 말씀이었다. 또한 고린도전서 13장을 강해인 『사랑과 그 열매』는 각 절을 본문으로 삼아 16번에 걸쳐 설교하였다. 그러면 노샘프턴의 부흥 운동과 대각성운동을 이끈 에드워즈의 설교는 어떤 특징이 있는지 살펴보도록 하자.

첫째로, 에드워즈는 설교를 칼빈주의 전통에 따라 구성하였다. 그는 성경 본문을 택한 후 성경 해석으로 들어갔다. 본문의 전후 구절을 읽고 묵상하고, 문법적으로 해석하면서 성경 저자가 의도한 말씀의 의미를 찾아내려고 애썼다. 그는 성경을 해석하면서 간결하고 정확하며 정밀하게 하였고, 해석된 본문으로부터 먼저 교리를 유추하고, 유추된 교리들을 성경과 자연, 세상의 지혜를 가지고 입증하였으며, 마지막으로 그것을 삶 속에 적용하였다. 전통적인 칼빈주의 전통에 기초하여 설교를 본문 강해, 교리 유추, 그리고 적용의 순으로 구성한 것이다. 그는 특히 적용에 초점을 두고 설교하였다. 한 예로, 그는 「진노하시는 하나님의 수중에 있는 죄인」이라는 설교를 38개의 문단으로 구성하였는데, 그중 19개의 문단을 적용에 할애하였다.

둘째로, 에드워즈는 설교할 때 수사학이나 웅변술에 의존하지 않았다. 다만 조용조용한 음성으로 청교도 전통에 따라 쉬운 언어를 사용하여 천천히 설교하였다. 모호한 단어나 혼란을 일으키는 용어를 피하고, 단순하며 꾸밈이 없는 문체를 사용하였다. 설교에 여러 마디로 구성된 단어보다는 한 마디로 구성된 단어를 주로 사용한 것이다. 애덤스 교수에 의하면, 에드워즈가 설교에 사용한 단어 중 82%가 5개 이하의 알파벳 문자였고, 그 가운데 25%가 3개의 문자, 23%가 2개 문자 이하이며, 보통 4개의 문자로 구성된 단어였다. 그리고 그의 설교문은 짧고 분리 가능한 절로 구성되어 있다.[20] 그의 설교문은 구어체(口語體)였고, "여러분"과 같은 2인칭을 주로 사용하였다. 설교를 대지와 소지로 나누는 등 논리적으로 구성하였고, 생생한 연상법과 수사학적인 평행법, 질문을 자주 사용하곤 하였다.[21]

셋째로 에드워즈는 원고 암송형 설교자였다. 에드워즈의 설교 전달 방식에 관하여는 긍정적인 평가보다는 비판적인 평가가 많았다. 소리의 높낮이가 전혀 없는 일정한 톤이라는 것, 설교 도중 원고에서 눈을 떼지 않았다는 점, 학문적인 내용을 주로 설교하여 듣는 이들을 잠들게 했다는 것이 바로 예이다. 한 예로, 디머레이(Donald Demaray)는 에드워즈가 근시여서 "한 손에는 원고를 움켜쥐고, 다른 한 손에는 촛불을 치켜들고, 고개를 깊이 숙인 채 원고를 읽어 내려갔다."고 하였고,[22] 19세기 후반의 학자인 윌리엄 에드워즈 파크(William Edwards Park)는 설교 도중에 "에드워즈가 눈을 들었을 때 청중들과 눈을 마주치기 싫어서 교회 입구에 걸려 있는 종의 밧줄을 보았다."고 하였다.[23]

---

20)　　Jay E. Adams, *Sermon Analysis: A Preacher's Personal Important Textbook and Workbook* (Denver: Accent Publications, Inc., 1986), 107~108.

21)　　Ralph G. Turnbull, "Jonathan Edwards and Great Britain," *Evangelical Quarterly* 30 (1958): 68~74.

22)　　Donald Demaray, *Pulpit Giants: What made them Great* 『강단의 거성들』, 나용화 역 (서울: 생명의 말씀사 1976), 69.

23)　　(Sweeney 2011, 89) 재인용. 에드워즈의 눈이 날카로워서 원고에서 눈을 떼면 사

그렇지만 에드워즈에 관한 역사적 기록들은 이런 주장을 뒷받침하지 않는다. 그의 목회에 큰 영향을 미친 이들은 조부 스토다드와 부친인 티머시 에드워즈였다. 스토다드는 원고 설교를 강력하게 비판하였고, 티머시는 설교의 암송을 강조하곤 하였다. 에드워즈는 이러한 조상들의 영향으로 설교를 완벽하게 작성한 후, 동료 목사나 교인들에게 읽어 줌으로 주일을 준비하였다. 그리고 "사람들을 끌어들이는 매력적인 표현을 구현해 내기 위해 자신의 원고 곳곳에 각종 기호를 표시"하였는데, 이러한 노력에 힘입어 에드워즈의 "설교를 들은 많은 이들이 크게 울부짖으며 반응하였다."(Sweeney, 2011, 88).

이처럼 에드워즈는 청중의 관심을 끄는 방법을 개발하고, 설교 전달의 효과를 높이기 위해 부단히 노력하였다. 히치콕(Hitchcock)에 의하면, "그는 처음에는 가로세로 각각 10cm의 종이에 쓴 원고를 읽었으나, 원고 외의 말을 할 때 더 열정적이었고, 더욱더 큰 효과를 나타냈다"(Adams 1986, 108). 에드워즈의 전기를 쓴 제자 사무엘 홉킨스(Samuel Hopkins, 1721~1803)는 에드워즈의 설교 습관에 대해, "에드워즈는 원고에 얽매이지 않았다. … 설교 도중 원고를 작성할 때 미처 생각하지 못한 아이디어가 떠오를 때면 이를 가장 적절하고 강력하게 전달하였다. 물론 이 모든 과정은 그의 탁월한 표현 능력을 통해 잘 전달되었는데, 가끔 파토스와 함께 수반되기도 하였다. 이럴 때면 그가 미리 작성해 온 어떤 원고에 의존한 설교보다도 듣는 이들의 마음이 강력하게 움직였다."고 하였다.[24] 에드워즈의

람들이 덜덜 떨 정도였다고 하며, 노샘프턴 교회의 종이 풀어져서 떨어져 있는 것을 보고, 농담 잘하는 한 사람이 "에드워즈가 종을 맨 줄을 쏘아 보니 그만 떨어졌다."고 농담을 하였다는 이야기도 전해 온다.

24) Samuel Hopkins, *The Life and Character of the Late Reverend Jonathan Edwards* (Boston: S. Kneeland, 1765), 48-49.

설교 전달 방식이 원고 읽는 방식에 매이지 않았음을 밝힌 것이다. 이러한 생각이 있었으므로, 그는 1746년 조지 휫필드가 "원고에 얽매이지 말고 요점을 가지고 강단에 올라가서 설교하라."고 권면했을 때 기쁨으로 받아들인 것이다.

넷째로, 에드워즈는 주로 교리 중심으로 기독교 신앙을 변증하는 설교를 하였다.[25] 「오직 믿음에 의한 칭의」에서 칭의의 기초가 인간의 행위가 아닌 하나님의 은혜임을 강조하였고, 그리스도인의 의는 그리스도에 의하여 성도들에게 전가된 의임을 설명하였다. 또한 「진노하시는 하나님의 수중에 있는 죄인들」에서, 그는 인간을 구원하시고자 하는 하나님의 의지에 대해 논하면서 성도의 구원은 전적으로 인간이 아닌 하나님의 의지에 달려 있음을 성경적으로, 그리고 교리적으로 입증하였다. 그는 아래와 같이 설교하였다. "패역한 자들을 지옥에 떨어지지 않도록 지켜 주는 것은 아무것도 없습니다. 오직 하나님의 선하신 의지만이 그들의 지옥행을 막아 줍니다. 하나님의 선하신 의지란 무한히 선한 의지입니다. 어떠한 의무에도 구속되지 않는 하나님의 자의적인 의지입니다. 하나님의 의지는 어떠한 형태의 어려움에도 방해받지 않습니다. 하나님의 선하신 의지가 아니라면 악한 자들이 한순간이라도 보존될 수 없습니다"(Edwards 2003, 22:407). 그는 또한 설교집인 『사랑과 그 열매』(Charity and Its Fruits)에서도, 성령의 은사를 일반 은사와 특별 은사로 나눈 후, 특별 은사가 반드시 일반 은사와 함께 사용되어야 함을 주장하였다. 성경을 교리적으로 해석하면서 방언과 이적을 하는 은사, 병 고치는 은사 등 특별 은

---

25) 킴낵은 에드워즈의 미출간된 24편의 초기 설교를 분석 평가하면서 에드워즈의 설교가 교리적이며, 정통 개혁파 신학에 확실히 서 있다고 주장하였다. Wilson H. Kimnach, "Jonathan Edwards Early Sermons: New York, 1722~23" *Journal of Presbyterian History* 55 (1977): 255~266.

사는 일반 은사인 사랑과 함께하지 못할 때 무가치하고 무의미함을 밝힌 것이다.

다섯째로, 에드워즈는 시대적 요청에 응답하는 설교를 하였다. 1734년 아르미니우스 사상이 뉴잉글랜드에 상륙하여 신학적 혼동을 일으킬 조짐을 보이자, 그는 교회를 지키기 위해 「오직 믿음에 의한 칭의」라는 설교를 하였다. 찰스 촌시(Charles Chauncy, 1705~1787) 등 이성주의자들이 대각성운동을 사탄의 역사라고 비난하자, 그는 1742년과 1743년 부흥 운동에 대한 올바른 이해를 돕고, 비판하는 자들의 오해를 불식시키기 위해 일련의 설교를 한 후, 이 설교들을 모아 1746년 『신앙과 정서』(A Treatise Concerning Religious Affections)를 출판하였다. 열광주의자와 이성주의자의 도전에 응전하고 교회를 보호하기 위하여 설교한 것이다. 이처럼 에드워즈의 설교는 당대에 발생한 사건과 문제에 대한 정면적인 답변이었다.

여섯째로, 에드워즈는 사람들의 귀를 즐겁게 해 주기보다는 성경적 진리만을 전하고자 하였다. 영적으로 잠자고 있던 청중을 깨우려고 지옥, 진노, 형벌 등 사람들이 듣기 싫어하는 주제를 가지고 설교하면서 하나님을 소개하였다. 그는 「진노하시는 하나님의 수중에 있는 죄인」에서 50번 이상 지옥에 대하여 말하였고, 믿지 않는 자들이 받게 될 지옥의 고통을 생생하게 설명함으로 각성을 촉구하였다. '불 못', '뜨거운 오븐', '불의 입', '용광로', '검', '불길', '뱀', '노한 바다', '검은 구름이 몰려옴', '배출구로 인해 오염된 물', '화살로 장전된 활', '도끼', '들 수 없는 무거운 짐' 등 20여 개의 은유를 사용하여 하나님의 진노와 지옥의 고통을 묘사하고 자비로운 하나님을 소개함으로 청중의 회심을 끌어내고자 하였다(Edwards 2003. 22:401).

일곱 번째로, 에드워즈는 성구를 많이 암송하고 인용하였다. 그는 「진노하시는 하나님의 수중에 있는 죄인」에서 무려 24개의 성구를 인용하였고, 「죄인들의 저주에서 나타나는 하나님의 공의」(The Justice of God in the Damnation of Sinners)에서 34번, 「우리의 약함, 그리스도의 강함」(Our Weakness, Christ's Strength)에서 19번의 성구를 인용하였다.[26] 미국 웨스트민스터신학교(Westminster Theological Seminary)의 제이 애덤스 교수(Jay E. Adams)는 에드워즈의 15편의 설교를 살펴본 후 총 374개의 성구를 인용하였다고 밝혔다(Adams 1986, 107). 이러한 통계치는 에드워즈가 설교 한편에 대략 25개의 성구를 인용했음을 보여 준다.

마지막으로 에드워즈는 설교의 초점을 성도의 영적 각성에 두었다. 그는 연역 논리에 따라 설교를 전개하며, 성도들이 말씀을 생생하게 느낄 수 있도록 하였다. 죄의 위험성을 구체적이고 확실하게 깨우침으로 성도들의 영혼을 구원하려고 한 것이다. 그는 노샘프턴 교회를 떠나면서 이렇게 말하였다. "나는 여러분을 두려움 가운데서 각성시키기 위해 노력했을 뿐만 아니라 나의 모든 힘을 다하여 여러분을 얻으려고 노력했습니다"(Adams 1986, 107). 성도들의 영적 각성과 구원에 초점을 맞추어 설교하였음을 고백한 것이다. 따라서 그의 설교에는 호소력과 설득력, 감화력이 넘쳐났다. 그의 교회에 출석 중이던 한 성도는 다음과 같이 에드워즈의 설교 특징에 대해 고백하였다. "에드워즈가 웅변 때문에 우리 도시에서 유명해졌다고 생각하면 잘못입니다. 그는 세련된 목소리와 큰 소리로 강조하지 않았습니다. 거의 몸짓 없이 똑바로 서서 설교했습니다. 그는 취미를 만족시키거나 상상력을 매혹하기 위해 자기의 우아한 스타일이나 잘생긴 용모를 사용하지 않았습니다. 그렇지만 그의 설교는 청중들

---

26)   Jonathan Edwards, *The Works of Jonathan Edwards: Sermons and Discourses 1734-1738*. Vol. 19. Edited by M. X. Lesser (New Haven and London: Yale University Press, 2001), 336~376; 377~390.

에게 중요한 진리를 웅변적으로 전하였고…… 그는 설교의 말씀 하나하나에 강렬한 감정으로 쏟아부으며 설교하였습니다. 그 결과 처음부터 끝까지 전체 청중의 건전한 관심을 사로잡았습니다. 그래서 지금도 지워질 수 없는 감동들이 남아 있습니다. 에드워즈는 내가 지금까지 들어 본 사람 중에서 가장 훌륭한 웅변가였습니다."(Sweeney 2011).

에드워즈는 이처럼 위대한 설교자였다. 설교자로서 에드워즈의 위대성은 패티슨(T. Harwood Pattison)이 지적한 것처럼, "그 자신에 있었다. 비상할 정도로 진중한 성격의 배합, 심오한 영적 통찰력, 생생한 상상력에 기초한 강한 통찰력, 주제에 대한 철학적 이해, 논리적 명확성, 보기 드물 정도로 의지의 능란함, 상당할 정도의 부드러움, 불타는 신앙심, 단순한 목표, 그리고 하나님을 영화롭게 하고 인간의 영혼을 구하려는 최종적인 목적, 의지와 지성, 감정을 완전히 하나로 통일함에 있었다."[27] 이제 에드워즈와 대각성운동이 미국과 미국 사회에 미친 영향에 대해 간략하게 살펴봄으로 결론을 맺도록 하자.

· 에드워즈의 영향

청교도들이 뉴잉글랜드에 도착한 지 100여 년 만에 대각성운동이 일어났다는 것은, 1980년대 이후로 영적 침체 가운데 빠져 있는 한국 교회에게 부흥을 결코 포기해서는 안 된다는 것을 교훈한다. 하나님이 조너선 에드워즈라는 한 설교자를 통하여 갑작스럽게 영적으로 죽어 있는 자들을 일으킴으로 뉴잉글랜드 사회는 새롭게 되었다. 교회와 사회에 대한 비관적인 분위기가 사라졌고, 신대륙의 장래에 대한 낙관론이 지배하게

---

27)   T. Harwood Pattison, *The History of Christian Preaching* (Philadelphia, American Baptist Publication Society, c1903), 358~359.

되었다. 설교 운동을 통하여 회개와 각성 운동이 일어나 뉴잉글랜드에 천국 왕국이 임하고, 영광스러운 교회 시대가 올 것으로 믿기 시작한 것이다.[28]

이와 같은 낙관론과 함께 전국 전역에 수많은 교회가 세워졌고, 교회와 교인 수가 증가하였다. 뉴잉글랜드의 대표적인 교단이었던 회중 교회는 1740년에 380개의 교회에서 1760년에는 530개로 늘어났고, 당시 34만 명의 뉴잉글랜드 인구 중 2만 5천 명에서 5만 명 정도가 회심하여 교회 회원권을 얻었다. 회심자가 늘어나면서 가정과 사회가 개혁되고, 죄악이 사라졌다. 사회 전반에서 도덕을 중시하며, 경건을 추구하는 풍토가 마련되는 등 사회 변화가 일어났다. 그 몇 가지 변화를 간단히 살펴보자.

첫째로, 이민자들 가운데 국민적 일체감이 형성됐다. 조지 휫필드를 비롯한 순회 설교자들이 조지아에서 뉴잉글랜드에 이르기까지 다니면서 설교하면서 이민자들 사이에는 신앙적 일체감이 형성되었고, '우리는 하나'라는 의식이 자리를 잡아가게 되었다. 이처럼 신대륙 이민자들의 일체감이 형성되어 갈 때 영국이 정치적 · 경제적 압력을 가해 오자, 그들은 영국에 저항하면서 독립 전쟁을 일으키게 되었다. 이런 맥락에서 볼 때, 대각성운동은 미국의 독립운동을 이끈 원동력이 되었다.[29]

둘째로, 선교 열이 고취되었다. 데이비드 브레이너드와 에드워즈, 그리고 조지 휫필드는 한결같이 선교적 열정이 넘쳤던 사람들이었다. 휫필드가 미국에 온 것도, 에드워즈가 스탁브리지에 간 것도 선교에 관한

---

28)　James A. De Jong, *As the Waters Cover the Sea: Millennial Expectations in the Rise of Anglo-American Missions 1640-1810* (Kampen, Netherlands: J. H. Kok, 1970), 130.

29)　Edwards M. Panosian, "America's Theologian - Preacher," *Faith for the Family* (Nov 1976):12~13, 42~43.

관심 때문이었다. 조너선 에드워즈의 사위였던 데이비드 브레이너드도 인디언 선교를 위해 헌신하였고, 선교하다가 병을 얻어 죽었다.[30] 이러한 선교 마인드를 가진 순회 설교자들의 설교 운동을 전개하자, 그들의 선교 열정에 힘입어 많은 청년이 선교사로 헌신하였고, 이들을 훈련하기 위해 학교들이 세워졌다. 대표적인 학교가 바로 다트마우스 대학(Dartmouth College)이었다.

셋째로, 교단별로 목회자 양성을 위한 교육 기관들이 설립되었다. 부흥 운동으로 소명 받은 젊은이들이 신학교의 문을 두드리자, 각 교단에서는 인재 양성을 위해 대학들을 세웠다. 윌리엄 테넌트가 세운 통나무 대학은 1746년에 뉴저지 대학(New Jersey College)으로 개칭되었고, 나중에 프린스턴 대학(Princeton University)이 되었다. 장로교회는 1752년 펜실베이니아 대학(University of Pennsylvania), 1754년 컬럼비아 대학(University of Columbia)을 세웠고, 침례교회는 1764년 브라운 대학(Brown University)을 세웠고, 네덜란드 개혁교회는 1766년 러트거스 대학(Rutgers University)을 세웠다. 장로교의 버지니아 노회는 1776년 햄던 시드니 대학(Hampden Sidney College)을 세웠다.

---

30) 데이비드 브레이너드(David Brainerd)의 선교에 대한 헌신은 후에 윌리엄 캐리(William Carey)와 헨리 마틴(Henry Martyn) 같은 현대 선교 운동의 선구자들에게 큰 영감을 주었다.

교회 역사를 빛낸 위대한 설교자들

제14장

◇────────◇

존 웨슬리와 설교

조지 횟필드와 조너선 에드워즈와 함께 설교 운동을 통하여 18세기를 빛나게 만든 또 다른 설교자는 존 웨슬리(John Wesley, 1703~1791)이다. 특히 횟필드와 웨슬리는 영국의 부흥을 이끈 설교자들이었다. 그들은 같은 시대에 같은 공간에서 설교 운동을 전개하였다. 그들을 비교하는 게 쉬운 일이 아니다. 굳이 그 차이점을 언급해야 한다면 횟필드가 18세기를 대표하는 설교자라면, 웨슬리는 뛰어난 순회 설교자이며 교회 조직의 명수였다. 웨슬리는 영국과 아일랜드, 스코틀랜드를 순회하면서 설교 운동을 전한 후, 교회를 관리하여 감리교회를 창설하였다. 먼저 설교자 웨슬리가 나타나게 된 배경에 대해 간단히 살펴본 후 그의 복음적 설교 운동에 대해 고찰하도록 하자.

1. 설교자 웨슬리의 형성

존 웨슬리는 1703년 영국 링컨에서 37km 북서쪽에 있는 엡워스 (Epworth)라는 곳에서 신앙의 가문에서 태어났다. 그의 할아버지 존 웨슬리는 왕정복고 후 청교도 신앙을 지켜 오면서 많은 박해를 받은 비국교도 목사였고, 아버지 사무엘 웨슬리(Samuel Wesley, 1662~1735)는 옥스퍼드 대학을 졸업한 후 엡워스 교회를 섬긴 목사로, "고집이 세고 비현실적인 인물로 완강한 논쟁가요, 고집불통이었으며, 단호한 토리 당원"이었지만, 뛰어난 시인이었고, 대표적인 저술로『시로 쓴 그리스도의 생애』(Life of Christ in Verse)와『욥기 주석』이 있다. [1] 웨슬리의 어머니 수잔(Susanna Annesley)은 비국교도 목사인 사무엘 애니스리 박사(Samuel Annesley)의 25명의 자녀 가운데 막내로, 탁월한 재능과 강한 책임감, 영적인 은사를 소유한 여장부였다.

• 웨슬리의 가족 배경

웨슬리의 형제자매는 19명이었는데, 그중 8명은 유아 시절에 죽었다. 존 웨슬리는 15번째였고, 동생 찰스(Charles Wesley, 1707~1788)는 18번째였다. 웨슬리 형제들은 걷고 말하기 시작할 때부터 신앙으로 교육받으며 자라났다. 그들의 교육은 주로 어머니 수산나가 맡았는데, 그는 대학을 졸업하지 않았으나 신학적인 지

존 웨슬리

1)　　　Gerald R. Cragg, *The Church and the Age of Reason, 1648-1789.*『근세 교회사』. 송인설 역 (서울: 크리스챤 다이제스트, 1999), 139.

식만 아니라 프랑스어, 라틴어, 헬라어를 잘하였다.

수산나의 자녀 교육 방법은 독특하였다. 그는 어린 자녀들을 공평하게 대하였고, 자녀들에게 하나님에 관한 굳건한 신앙, 이웃에 대한 사랑과 예의, 형제 사이 우애를 중시하도록 가르쳤다. 존 웨슬리가 성장한 후 그에게 편지를 보내면서 그의 자녀 교육에 대하여 이렇게 회상하였다: "아이들이 말을 시작하면서부터 주기도문을 가르쳤는데 항상 잠자리에 들거나 일어날 때 주기도문을 하도록 하였다. … 그리고 그들이 기억할 수 있도록 간단한 교리와 성경 구절들도 외우게 하였다. 아이들이 어릴 때, 곧 제대로 말하거나 걷기 전에 안식일을 다른 날과 구별하도록 가르쳤다. 이어서 가정 예배를 드릴 때는 조용히 하도록 명했고……. 한 아이가 글을 배우기 시작하면 하루 전날에 집 안을 전부 정리하고, 아이들에게 각자가 해야 할 일을 정해 주고, 다음 날 9시부터 12시까지 또는 2시부터 5시까지, 너도 알다시피, 공부 시간에 방해가 없도록 하였다. 하루 시간을 두고 글자를 익히면서 대문자와 소문자를 모두 가르쳤다. … 글을 깨우치면 곧 철자법을 익히게 하였고, 그 사람 다음에는 한 줄을, 그 사람 다음에는 한 절을 읽게 함으로 한 과를 완전히 숙지할 때까지 계속하였다. 아이들은 공부 시간이 되면 모두 쉬지 않고 책을 읽었는데, 그날 공부가 끝나기 전에 그날 배운 것을 낭독하고 공부방을 나왔다. … 누구든지 그 시간에는 각자의 공부만 6시간씩 전념하도록 하였다. … 아이들 모두 석 달 동안 공부한 것이지만 보통 여자들이 평생을 두고 배워서 읽는 것보다 더 잘 읽었다."[2] 이 같은 어머니의 헌신으로 웨슬리 형제들은 학문의 발전만 아니라 신앙적인 성숙, 곧 영혼에 관한 관심과 인내력

---

2) John Wesley, *Journals* 『존 웨슬리의 일기』, 김영운 역 (서울: 크리스챤 다이제스트, 1990), 108~110.

제14장_ 존 웨슬리와 설교   377

을 갖춘 아이들로 자라 갔다.

• 옥스퍼드, 홀리 클럽

웨슬리는 1714년 11살의 나이에 런던에 있던 왕립학교(Charterhouse School)에 입학하였고, 1720년에 옥스퍼드에 있는 그리스도 대학(Christ College)으로 진학하였다. 옥스퍼드 대학에서 그는 많은 책을 읽음으로 학문의 폭을 넓혔다. 1721년 제러미 테일러(Jeremy Taylor, 1613~1667)의 『거룩한 삶과 죽음에 대한 규칙과 연습』, 윌리엄 로우(William Law, 1686~1761)의 『그리스도인의 완전』, 토머스 아 켐피스(Thomas à Kempis, 1380~1471)의 『그리스도를 본받아』(Imitation of Christ) 등을 읽었고, 이러한 책들을 통하여 인간이 구원을 받으려면 적선과 공로가 필요하다고 믿었다. 곧 율법을 준수해야 하나님이 원하는 사람이 될 수 있다고 믿은 것이다. 그 후 그는 윌리엄 로우의 『경건한 삶으로의 진지한 부르심』(Serious Call to a Devout and Holy Life, 1728)을 읽고, "어중간한 기독교인으로 존재한다는 것이 불가능하다는 것"을 깨달았고, 하나님께 온전히 헌신하기로 하였다.

웨슬리는 1724년 대학 졸업 후 성공회 사제가 될 결심을 하고, 1725년 9월 25일 부제(deacon) 서품을 받았다. 1726년 링컨 대학(Lincoln College)의 특별 연구원(Fellow)이 되어 그리스어와 신약성경을 가르쳤다. 1727년 8월 문학 석사 학위를 받은 후, 1729년 11월까지 엡워스에서 아버지를 도와 목회하였다. 1728년 9월 22일 사제(priest) 서품을 받았고, 링컨 대학의 특별 연구원이 갖추어야 할 상주 요건을 채우려고 옥스퍼드로 돌아갔다.

웨슬리는 특별 연구원으로 일하면서 동생 찰스 일행이 만든 홀리 클럽(Holy Club)을 지도하였다. 이 단체는 1728년 찰스 웨슬리가 옥스퍼드 대학에서 리처드 커크햄(Richard Kirkham)과 모건(William Morgan)과 함께 경건 도모를 위해 만든 모임이었다. 웨슬리의 지도로 홀리 클럽 회원들은 매일

6시부터 9시까지 함께 모여서 기도하고, 성경과 경건 서적을 읽었고, 서로 신앙으로 격려하곤 하였다. 매 주일 성찬식을 행하고, 수요일과 금요일은 오후 3시까지 금식하였다. 월요일과 화요일에는 고전, 수요일에는 윤리와 논리학, 목요일에는 히브리어와 아람어, 금요일에는 철학, 토요일에는 수사학을 함께 공부하였다. 신약 헬라어를 공부하고, 신학과 경건에 관한 책들을 읽고, 엄격하게 생활하였다. 이러한 특이한 행동과 규범 때문에 그들에게 '성경 벌레'(Bible moth), '규칙주의자'(Methodist) 또는 '홀리 클럽'(Holy Club)이라는 별명을 얻었다. 그들은 영적 성장을 위하여 매일 다음 사항에 관하여 스스로 물으면서 점검하였다: "(1) 선을 행하고 악을 막기 위해 가능한 모든 방법을 사용하였는가? (2) 이웃을 섬기는 데 필요하다고 생각되는 일을 해 보았나? (3) 이웃과 대화하기 위해 매일 적어도 한 시간을 썼는가? (4) 낯선 사람과 이야기하며 불신앙적인 것에 대해 지적하고, 참 신앙이 하나님의 형상을 회복하는 것이라고 설명하여 주었나? (5) 그들에게 공적인 기도회, 설교, 성찬에 참여시키려고 할 수 있는 모든 것으로 설득하였는가? (6) 사람을 방문한 후 동행자에게 "내가 잘못한 것이 없었느냐"고 물어보았나? (7) 누군가가 충고를 요청해 왔을 때 최선을 다하여 응하고 권면하여 주었는가? (8) 이웃과 더불어, 이웃을 위해서 기뻐하였는가? (9) 다른 이를 향한 내 모든 행동의 동기가 선의였는가?"[3]

회원들은 학문 연구와 경건 함양하면서 사회봉사에도 앞장섰다. 가난한 사람들을 돕고, 정규적으로 병원을 방문하여 환자를 위문하였다. 1730년 이후에는 활동 범위를 사회사업 영역으로 넓혔다. 윌리엄 모건의 제안에 따라 옥스퍼드 감옥에 있는 죄수들을 찾아가서 글을 가르치

---

3)   Basil Miller, 『요한 웨슬리의 생애』 주상지 역 (서울: 생명의 말씀사, 1981), 39~40.

고, 복음을 전하며, 때로는 빚을 갚아 주고, 출옥한 후에는 일자리를 찾아 주었다. 빈민가의 사람들을 찾아가서 음식, 옷, 의약품과 책을 나누어 주었고, 그들의 교육을 위하여 학교를 운영하였다.

• 조지아 선교 사역

1735년 4월 부친이 소천한 후, 웨슬리는 북아메리카 조지아 식민지의 총독 제임스 오글소프(James E. Oglethorpe) 대령으로부터 초청을 받았다. 조지아 식민지 정착민의 신앙생활을 지도하고, 인디언에게 복음 전도를 요청받은 것이다. 웨슬리는 이 초청을 받고, 그해 10월 14일 북아메리카로 떠났다. 그의 출국 목적은, 그가 언급했던 것처럼, "궁핍을 모면하려는 것도 아니요, 오물 또는 쓰레기 같은 부와 명예를 얻기 위함도 아니었다. 다만 영혼을 구하고, 전적으로 하나님의 영광을 위해서였다"(Wesley 1990, 44).

웨슬리는 대서양을 항해하면서 여러 차례 폭풍에 시달렸다. 노도 광풍으로 배의 돛대가 부러지는 등 위험에 닥칠 때마다 두려움 가운데 떨었다. 그렇지만 그와 함께 항해하던 데이비드 니치만(David Nitschmann, 1695~1772) 감독과 26명의 모라비안 교도들은 풍랑이 일 때도 찬양과 기도를 쉬지 않았고, 그 가운데서 하나님께 감사를 표했다. 웨슬리는 이들을 통해 자신의 믿음이 약하다는 것을 확인하였다. 그는 1736년 1월 25일의 일기에 다음과 같이 썼다: "그들은 겸손히 다른 여객들을 위하여 봉사하는 일을 계속하면서 침착함을 입증하였다. … 어떤 보수도 바라지도 않고 봉사하였다. … 떠밀리거나 내동댕이쳐져도 그들은 다시 일어나 봉사하는 일을 쉬지 않았다. 그들의 입에서 불평이라고는 찾아볼 수 없었다. … 예배가 시작되고 시편 찬송을 부를 때 파도가 덮쳐서 큰 돛대가 산산이 부서지고 갑판과 갑판 사이로 쏟아져 내렸다. 마치 큰 바다 깊은 물이 우리를 다 삼켜 버릴 것 같았다. 영국인 사이에서는 귀를 찢을 듯한 비명이 터져 나왔지만, 독일인들은 계속하여 조용히 시편 찬송을 낭송하였다. 나는 후에 그들 중 한 사람에게 '당신은 두렵지 않습니까?' 하고 물으니, 그는 '아니요. 하나님께 감사할 뿐입니다.'라고 대답하였다"(Wesley 1990, 46~47).

웨슬리 일행은 1736년 2월 5일 미국 조지아에 도착하였다. 웨슬리는 조지아에 도착한 다음 날 경건주의에 대해 알려고 경건주의 목사 슈팡겐베르크(August Spangenberg, 1704~1792)를 찾아갔다. 그때 그는 웨슬리에게 이렇게 말하였다. "'내 형제여, 나는 먼저 당신에게 한두 가지 묻겠습니다. 당신 자신 속에 증언이 있습니까? 하나님의 성령이 당신의 영과 더불어 당신이 하나님의 자녀 됨을 증언합니까?'라고 물었다. 나는 당황했다. 무슨 말을 해야 할지를 몰랐다. 그는 내가 당황해하는 것을 관찰하고서 재차 물었다. '당신은 예수 그리스도를 압니까?' 나는 잠시 주춤하다가 '나는 그분이 세상의 구세주이심을 압니다.'라고 답하였다. 그러자 그는 다시 '옳습니다. 그러나 그분이 당신을 구원하셨다는 것을 압니까?'라고 물었다. 나는, '그분이 나를 구원하기 위해 돌아가셨을 것으로 희망합니다.'라고 대답하였다. 그는 다만 이렇게 덧붙였다. '당신 자신을 압니까?' 이에 대해, '나는 압니다.'라고 답하였다. 그러나 그것은 빈말이어서 두려웠다"(Wesley 1990, 47).

슈팡겐베르크를 만난 후 웨슬리는 오글소프 총독의 인도를 받아 신설 도시 사바나(Savannah)로 가서 크라이스트 교회를 맡아 섬겼다. 그렇지만 웨슬리의 목회는 어려움이 많았다. 그가 고교회(High Church) 정책을 추구하면서 성직자의 권위를 내세우는 등 고자세를 취하였기 때문이다. 결국 그는 주민들로부터 외면당하였다. 주민들은 웨슬리가 설교할 때 특정 인물을 비난한다고 불평하였고, 교인들과의 싸움과 논쟁에 휘말린다는 불평을 높였다(Wesley 1990, 49). 이러한 상황에서 웨슬리는 사바나의 최고 행정관의 조카딸인 소피아 홉키(Sophia C. Hopkey)를 짝사랑하였다. 그녀가 다른 남자와 결혼하자, 웨슬리는 그녀에게 수찬 금지령을 내렸다. 이에 홉키는 웨슬리가 정당한 이유 없이 성찬을 금함으로 자신의 명예를 훼손했다고 고소하였다(Wesley 1990, 56).

곤경에 처한 웨슬리는 2년 정도 섬기던 사바나에 있는 크라이스트 교회를 사임한 후 1737년 12월 영국으로 돌아왔다. 1738년 1월 31일 그는 조지아 사역에 대해 돌아본 후, 다음과 같이 소감을 기록해 놓았다: "내가 조지아의 인디언들에게 기독교의 본질을 가르치기 위하여 고국을 떠난 지 2년 4개월 만에 돌아왔다. 그동안에 내가 배운 것은 무엇인가? 도대체 다른 사람들을 회개시켜 하나님 앞으로 인도하려고 아메리카로 갔던 내가, 왜 스스로 회개하고 하나님 앞으로 돌아서지를 못하는가? (이것이 내게 확실치 않다). 내가 말은 이렇게 하지만 내가 미친 것은 아니다. 나는 진실을 말하고 정신이 멀쩡한 상태이다"(Wesley 1990, 63). 선교 사역을 회심 체험 없이 하려다가 실패하였음을 자인한 것이다.

· 알더스게이트의 체험

영국으로 돌아온 웨슬리는 모라비안 경건주의파 선교사 피터 뵐러 (Peter Böhler, 1712~1775)를 만나 교제하였다. 웨슬리는 뵐러로부터 루터의 『갈라디아서 주석』을 소개받았고, 그의 제안에 따라 1738년 5월 24일 런던 알더스게이트 스트리트(Aldersgate street)에서 모이던 모라비안 집회에 참석하였다. 그는 그날의 기억을 다음과 같이 기록해 놓았다. "나는 저녁에 달갑지 않은 마음으로 알더스게이트 스트리트에서 모이는 집회에 참석하였다. 그곳에서 한 사람이 루터의『로마서 서문』(Preface to the Epistle to the Romans)을 읽었다. 9시 15분경 그 사람이 그리스도 안에 있는 믿음을 통하여 하나님께서 심중에서 일함으로 나타나는 변화에 대해 읽을 때,

내 마음이 이상하게 뜨거워짐을 느꼈고, 내가 그리스도를 신뢰하고 있으며, 그리스도만이 나의 구원임을 깨달았다. 그리고 그리스도께서 나의 죄들을 사하여 주셨고, 죄와 사망의 법으로부터 구원하셨다고 확신하게 되었다"(Wesley 1990, 70). 웨슬리는 모라비안 집회에서 루터의 글을 통하여 드디어 영적 회심을 체험한 것이다.

웨슬리는 알더스게이트 체험을 통하여 하나님을 직접 아는 법을 발견하고, "듣거나 본다는 식의 비유를 사용하여 하나님을 아는 것을 표현하기 시작하였다."[4] 그는 옥스퍼드로 돌아가서 알더스게이트에서 있었던 회심 체험을 간증하며 설교하였다. 그는 몰려온 무리 앞에서 "당신 스스로는 믿음도 구원도 얻을 수 없습니다. 하나님의 은혜만이 가능합니다. 은혜는 값없이 주시는 것이며, 분에 넘치는 선물입니다. 당신을 구원하는 믿음도, 하나님이 임의로 주시는 구원도 다 하나님의 은혜입니다. 당신이 믿는다는 것도 그의 은혜의 실례요, 믿음으로 구원을 받는 것도 역시 하나님의 은혜입니다"[5]라고 외치면서 구원의 은총을 설교하였다.

웨슬리는 경건주의에 대해 더 알고 싶어, 1738년 6월 초 경건주의자들의 본산지인 헤른후트(Hermhut)로 가서 진젠도르프(Nicholaus Zinzendorf, 1700~1760) 백작을 만났다. 그는 경건주의자들과 함께 생활하면서 그들의 신앙이 진지하고 뜨겁지만, 주관적인 경향이 심하여 감정에 치우칠 뿐만 아니라 세상에 대해 배타적이라는 사실을 확인하였다. 경건주의가 분파주의적이요, 반(反)제도주의적이며, 반(反)전통주의적임을 발견한 것이다. 3개월 정도의 경건주의 탐방을 마친 웨슬리는 귀국하여 독일에서 받

---

4)   Edith L. Blumhofer & Randall Balmer ed. *Modern Christian Revivals*『근현대 세계 기독교 부흥』이재근 역 (서울: 기독교문서선교회, 2011), 58.

5)   William Canon,『웨슬리 신학』남기철 역 (서울: 기독교대한감리회교육국, 1986), 101.

은 신앙적 열정에 관하여 영국 교회에 소개하고자 하였다. 그렇지만, 교회 당국은 웨슬리의 설교 운동을 막는 조처를 내렸다. 경건주의에 빠진 그를 광신자로 간주하여 교회 강단에 세울 수 없게 한 것이다.

2. 웨슬리의 설교

고립무원 상태에 있던 웨슬리에게 구원의 손길을 내민 것은 조지 휫필드였다. 휫필드는 1739년 2월 브리스틀에서 큰 부흥을 일으킨 후 많은 무리가 그를 따랐지만, 신대륙에 있는 고아들을 돌보겠다는 약속을 저버릴 수 없었으므로 브리스틀에 머물 수 없었다. 그는 자신이 이룬 설교 사역을 감당할 수 있는 이로 웨슬리를 생각하고, 오갈 데 없던 웨슬리를 초청하였다. 그렇지만 웨슬리는 휫필드의 초청을 받아들이기 곤란한 상태에 있었다. 왜냐하면 웨슬리가 그의 초청을 받기 바로 한 달 전에 그를 신성모독적인 예정론자라고 비난했기 때문이었다. 더구나 그는 감정에 호소하는 휫필드의 연극 스타일의 설교를 허식이라고 보았고, 옥외 집회를 교회법에 어긋나는 것으로 판단했기 때문이다. 진로를 놓고 고민하던 웨슬리는 경건주의자처럼 제비뽑기하고, 1739년 4월 2일 브리스틀로 갔다.[6]

• 브리스틀 설교 사역

웨슬리는 브리스틀에 도착하자마자, 휫필드와 함께 간절히 기도하였

---

6)   James Monroe Buckley, *A History of Methodism in the United States* (New York: Harper and Brothers, 1898), 88~89.

다. 그들이 힘을 모아 설교 사역을 위하여 기도한 후 놀라운 은혜들이 나타났다. 웨슬리는 일기에 "우리가 쉬지 않고 기도했을 때 하나님의 전능하신 능력이 우리에게 임하였다. 허다한 자들이 말할 수 없는 기쁨으로 부르짖다가 바닥에 엎드러질 정도였다"라고 기록해 놓았다(Murray 2001, 127). 휫필드도 같은 날에 쓴 일기에 이렇게 썼다. "그 순간, 마치 오순절과 같았다. 때때로 기도하느라 온 밤을 보내기도 하였다. 종종 우리는 새 술에 취한 것과 같이 충만해 있었다. 그리고 나는 자주 그들이 하나님의 임재하심에 압도된 것을 목격하였다. 사람들은 하나님이 참으로 땅에서 거하시리까? 라고 부르짖었다."[7] 웨슬리와 휫필드 모두 기도를 통하여 하나님의 임재를 확인한 것이다.

옥외 설교 운동을 통해 복음 운동의 서광을 발견한 웨슬리는 본격적으로 설교 운동을 전개하였다. 웨슬리는 1739년 4월 2일 브리스틀에서 약 1,000여 명에게 설교하였고, 그 후 킹스우드(Kingswood)에서 1,500명, 로우즈 그린(Rose Green)에서 5,000명에게 설교하였다(Wesley 1990, 76). 그는 청중들에게 설교하면서 "나는 산을 교단으로 삼고, 하늘을 울리는 칠판으로 삼으며, 복음이 유대인에게 거절되었을 때 그의 종들을 길과 울타리로 보내신 나의 창조주의 일을 한다."라고 외쳤다(Miller 1981, 87). 그해 6월 11일에는 "나는 온 세계를 교구로 생각한다. 이 말의 의미는, 내가 세계 어느 곳에 있을지라도 구원의 기쁜 소식을 기꺼이 들으려는 모든 사람에게 선포하는 일이 온당하고 정당하며 나에게 허락된 의무라고 생각한다는 말이다"라고 선언하였다(Wesley 1990, 82). 교구의 목사들만이 설교할 수 있다는 영국 교회의 규정을 거부하면서 옥외 집회의 정당성을 주장하기 시작한 것이다.

---

7)   John Gillis, *Memoirs of the Life of George Whitefield* (London 1772), 34.

• 순회 설교 운동

　웨슬리의 설교를 들은 청중의 대부분은 광부들과 제철소 노동자들, 방직공과 직물업자들, 어부 등 가난한 자들이었다. 그는 이들에게 하나님의 크신 사랑을 설교하면서 하나님과 화해를 촉구하였다. 그는 먼저 세상 속에 널리 퍼져 있는 죄의 보편성을 소개한 후, 하나님은 죄인과 죄악을 싫어하시고 그것들을 엄중하게 심판하실 것이라고 말하였다. 끝없는 하나님의 사랑과 용서하심을 설명한 후, 하나님의 품 안에 돌아와 잃어버린 하나님의 형상을 회복할 것을 설교하였다.

　웨슬리의 설교에 청중은 즉각적인 반응을 보였다. 그들은 자신의 죄성, 연약함과 추악함을 인식하였고, 자력으로 구원받을 수 없다는 생각으로 좌절감으로 절규하거나 괴로워하였다. 웨슬리는 다음과 같이 청중의 반응에 관하여 썼다: "내가 설교하는 동안 내 앞에 있던 한 사람이 죽은 듯이 쓰러졌고, 두 번째 세 번째 사람들도 쓰러졌습니다. 반 시간이 지나자 다른 다섯 사람이 털썩 주저앉은 후 괴로워하였습니다. 우리는 주님을 불렀고, 주님은 우리에게 평안으로 응답하였습니다(Cragg 1999, 142).

　허다한 사람들이 웨슬리의 설교를 통하여 각성하고 하나님께로 돌아왔다. 웨슬리는 다음과 같이 간증하였다: "나는 순식간에 두려움과 공포와 절망의 영에서 벗어나 사랑과 기쁨과 평화의 영으로 변화되는 수많은 사람을 보았습니다. 그들을 이제껏 지배하던 죄로 가득한 욕망에서 벗어나 하나님의 뜻을 행하려는 순전한 갈망으로 변화하는 것을 수없이 보았습니다. 내가 바로 이제까지 보았고, 현재도 눈으로 보고 있으며, 귀로 들은 증인 가운데 하나입니다. … 전에는 사자 같던 사람이 이제 어린양과 같이 되었고, 술주정뱅이가 이제는 술을 끊고 모범적으로 생활하며, 오입쟁이였던 자가 이제는 '육신으로 더럽혀진 옷'을 몹시 미워하는 사람이 되었습니다"(Wesley 1990, 78~79). 새롭게 변한 사람들은 "하나님의 이름을 망령되이 부르거나, 안식일을 어기거나, 술 취하지 않고, 악한 일을 피하고, 자선에 참여하고, 병자를 방문하고, 거룩한 교회 의식에 참여하는" 등 믿음의 도를 지키며 선행을 실천하였다. 주일을 거룩하게 지키려는 사람들이 늘어나면서 주일에는 가게들이 문을 닫았고, 사치스러운 옷을 벗고, "꽃 장식을 뽑아 버리고, 곱슬머리도 잘라 버리고, 레이스도 버렸다. … 헛된 세상 유행을 따르는 데 시간과 돈을 투자하는 것보다 더 귀한 곳에 사용하려는 움직임"이 일어났다(Blumhofer 2011, 73).

웨슬리는 설교 운동을 영국에서 주변 지역으로 확대해 나아갔다. 1747년 아일랜드를 방문하여 순회 설교를 시작하였고, 1751년에는 스코틀랜드에서 순회 설교를 하였다. 그는 이 지역들을 20번 이상 방문하여 순회 설교 운동을 전개하였다. 매년 평균 500회 이상 순회 부흥 집회를 뒀고, 평생 5만 번 이상 설교하였다. 그리고 50년 넘게 순회 설교를 하여 지구의 10바퀴, 곧 40만 km 이상을 걸으면서 설교하였다.[8] 웨슬리가 설교하는 곳에는 항상 사람들로 가득했다. 그의 순회 집회에는 수십 명에서 수만 명까지 몰려왔다. 가장 많은 인원이 참석한 곳은 1773년 8월 21일에 있었던 아일랜드의 레드루스(Redruth) 집회였다. 당시 그는 70세의 노인이었지만, 3만 명이 넘는 청중에게 설교했고, 그의 목소리가 얼마나 좋았던지 "가장자리에 있는 사람도 그의 설교를 똑똑히 들을 수 있었다"(Wesley 1990, 327).

웨슬리는 노년에도 설교 운동을 멈추지 않았다. 노년에도 건강하였으므로 설교가 짐이 되지 않았던 셈이다. 그의 건강 비결은 스스로 고백한

---

8)   Paul Johnson, *A History of Christianity* (New York: Macmillan Publishing Company, 1979), 366.

것처럼, "(1) 50여 년간 항상 아침 4시에 일어났으며, (2) 새벽 5시에 설교한 것이 또 다른 건강 요법이 되었으며, (3) 1년에 7,200km 이상 바다든 육지든 여행하였다."는 데 있었다(Wesley 1990, 333). 그는 임종 전까지 설교하였고, 1791년 3월 2일 런던에서 88세의 나이로 하나님의 부름을 받았다. 그는 임종 전 행한 설교에서, "무엇보다도 좋은 것은 하나님께서 우리와 함께하신다는 사실이다."라고 증언하였고, 마지막 숨을 내쉰 후, "내 호흡이 있는 한 나는 창조주를 찬양하리라. 내가 죽어 다시는 찬양할수 없을 때는 능력의 천사가 찬양하리라"라는 찬송가를 한 소절 부르고 오전 10시쯤에 "그가 밝힌 소원대로 앓는 소리도 내지 않고 형제들이 지켜보는 가운데" 하나님의 품에 안겼다(Wesley 1990, 405~406).

3. 웨슬리의 설교와 영향

웨슬리는 아담한 체구를 가진 설교자였다. 그의 "키는 165cm 정도였고, 체중이 55kg 정도밖에 안 나갔으나 근육형이었고, 힘이 세었다. 담갈색의 밝은 눈과 준수한 용모, 그리고 매부리코에 번듯한 이마와 맑은 피부 등이 합쳐져 그의 얼굴은 보는 사람을 사로잡았다."(Wesley 1990, 33). 그는 설교 원고를 썼지만, 그것을 그대로 읽지 않았다. 상황에 따라 원고 내용에 부연하여 설교하거나 아예 단축하여 설교하기도 하였다. [9] 그는 설교할 때 열정적이었지만, 그의 태도는 늘 차분하였다. 매사에 서두르거나 주저하지 않았고, 어떤 말을 하든 항상 정곡을 찌르곤 하였다. 그는

---

9)   T. Harwood Pattison, *The History of Christian Preaching* (Philadelphia, American Baptist Publication Society, c1903), 257.

사람들을 울리고 웃게 했지만, 어떤 일에도 놀라지 않았고, 간혹 그의 설교 운동을 훼방하는 폭도들을 만났을 때 두려워하지 않았다. 무슨 일이든지 목표를 세우면, 그것을 이루기 위하여 총력을 기울였다. 그는 교회의 설립자요 관리자로서 교인을 섬기면서 하나님 나라 확장을 위해 온갖 노력을 다하였다. 교회 안에서 발생한 모든 일을 지도하였고, 설교자들을 임명하며, 분쟁을 해결하였다. 이러한 와중에 틈틈이 설교를 준비하고, 수많은 논문과 글을 써서 교회가 나아갈 길을 제시하였다.

• 웨슬리의 설교 특징

웨슬리는 설교를 신앙 각성과 사회 개혁의 방편으로 이해했고, 설교는 개인적으로 하나님의 형상을 회복하고, 사회적으로는 도덕적·영적인 회복을 성취함으로 거룩한 사회를 건설하고자 하였다. 이러한 목적으로 그는 영국의 방방곡곡의 광장과 거리, 빈민촌과 광산촌 등지에서 순회 설교하였다. 그는 제목 설교와 교리 설교를 주로 했다. 믿는 자들을 대상으로 그리스도인의 덕목을 가르칠 때는 제목 설교를 하였고, 불신자들에게 구원의 길을 제시하고자 할 때는 교리 설교를 하였다. 불신자들에게 회개와 믿음, 성화(성결)와 같은 기독교의 중요 교리를 설명함으로 잃어버린 하나님의 형상을 회복하고자 한 것이다.

웨슬리는 강해 설교자라기보다는 전도 설교자로서 설교 내용을 간단히 메모한 후 강단에 올라가 설교하였다. 그는 원고 없이 즉흥적으로 설교하곤 하였고, 설교에 미사여구를 사용하지 않고 쉬운 언어로 쉽게 설명하려고 하였다. 설교의 목적이 청중의 영혼을 구하는 데 있다고 보았기 때문이다. 그는 언어를 지나친 언어 묘사와 과장하여 표현하는 것을 싫어하였다. 중요한 내용을 소개할 때는 청중의 이해를 돕기 위해 여러 단어를 동원하기도 하였다. 1746년에 출간한 설교집의 서론에서 그는 이렇게 자신의 마음을 드러냈다: "나는 평범한 사람들을 위한 평범한 진리를 전할 목적으로, 모든 멋지고 철학적인 사색들과 골치 아프고 복잡한 논리들을 피하고, 가능한 한 학문성을 드러내지 않으려고 최선을 다하였다. 가끔 원어 성경을 인용하는 것을 제외하고는, 이해하기 쉽지 않은 단어나 일상생활에서 사용되지 않는 단어들, 그리고 신학계에서 즐겨 사용하지만, 일반인이 잘 모르는 전문적인 언어를 설교에 사용하지 않으려고 애썼다."[10] 청중의 눈높이에 맞추어 청중의 언어로 설교하려고 했던 것이다. 그는 이러한 입장에서 큰 소리로 명확하게, 구어체 또는 대화체 방식으로 3시간 정도 설교하였다(Johnson 1979, 366).

웨슬리의 청중은 다양한 계층의 사람들이었는데, 그 가운데 깡패, 폭도, 빈민촌 거주민, 광부, 창녀 등 하층 계층이 많았다. 그는 이들에게 항상 시기적절한 주제를 정하여 설교하였다. 한 예를 들어 보자. 그는 1739년 10월 17일에 교도소를 방문하고, 오전에는 중형에 처해 있는 죄수들에게 "값없이 주시는 은혜"에 대해 설교한 후, 오후에는 "회개와 죄의 용서"에 대해 설교하였다. 같은 달 웨일스를 방문하였을 때, 그를 초청한 사람이 예수 믿지 않는 불신자라는 것을 발견한 그는 "마음이 가난한 자는 복이 있다."는 산상수훈 말씀을 가지고 설교하였고, 다음 날 아침에는 "주 예수를 믿어라. 그리하면 구원을 얻으리라"는 말씀으로 구원으로 초대하였다. 죄의 형벌에서 벗어나기 위해서 구세주가 필요하다는 것을 역설한 후, 그들에게 복음을 받아들이라고 촉구한 것이다.

웨슬리는 설교할 때 몇 주제에 매여 설교하지 않고, 다양한 주제를 가지고 자유자재로 설교하였다. 1739년 2월부터 11월까지 설교한 설교 제

---

10) John Wesley, *Sermons on Several Occasions. First Series. Consisting of Fifty Three Discourses* (London: J Mason, 1846), Preface. 1.

목들을 보면 웨슬리의 관심이 어디 있었는지 확인할 수 있다. 그는 그때 중생의 필요성, 죄의 심각성, 값없이 주시는 구원, 회개와 죄의 용서, 구원으로의 초대, 선교, 성령의 은혜, 하나님의 나라, 완전 성화, 구세주의 필요성 등 성경이 보여 주는 모든 주제로 설교하였다. 그는 죄, 회개, 중생, 그리고 성결 등을 중점적으로 설교했고, 특히 그가 좋아한 설교 주제는 스스로 고백한 것처럼, "우리의 지혜와 의와 성결과 구원되는 그리스도"였다.[11]

• 웨슬리의 영향

조지 휫필드와 웨슬리의 설교 운동이 있기 전, 영국 사회는 합리주의와 자연신론의 영향으로 성경의 권위와 기독교적인 가치관이 배척되고 있었다. 이성이 절대적인 권위를 가진 이성주의 시대였음에도 불구하고, 영국 사회는 부정과 부패, 빈부의 양극화, 간음과 매춘, 알코올중독과 폭력이 만연해 있었다. 그렇지만 휫필드와 웨슬리의 설교 운동이 일어난 후 성경의 권위와 인권에 관한 관심이 커졌고, 회개 운동이 전개되면서 은혜와 사랑, 긍휼함이 넘치는 사회로 변하였다. 경건하고 영력 있는 설교자들의 등장하였고, 복음을 듣지 못한 자들에 관한 관심이 일어나면서 세계 선교 운동이 시작되었다. 설교 운동으로 인하여 일어난 사회 변화에 대해 간단히 살펴보도록 하자.

첫째로, 인도적인 자선 사업이 크게 일어났다. 자연신론주의자들과 합리주의자들이 세상 질서를 바꾸므로 새로운 세상을 만들려고 한 것과 달리, 웨슬리는 사회를 구성하는 개개인의 사람이 변함으로 세상을 바꿀

---

11)   한 예로, 웨슬리는 1739년 6월 14일 브리스틀, 7월 17일 브래포드, 10월 15일 웨일스의 데 보든에서 같은 제목으로 설교하였다.

수 있다고 믿었다. 곧 죄로 말미암아 부패해진 하나님의 형상을 회복함으로 사회를 바꾸기 위하여 기득권만 아니라 소외층에 관한 관심을 기울였다. 산업혁명이 일어난 후 직장을 찾아 도시로 온 이들에게 직업을 소개하고, 병자들과 빈민의 구호와 구제에 힘썼고, 공장 노동자와 광부들을 보듬었다. 웨슬리는 매주 7일 가운데 4일을 노동자를 방문하여 신앙적인 상담을 하였고, 가난한 자들을 위한 생필품 보급, 약국 개설, 신용조합 운영, 과부와 고아를 위한 숙소 건축, 그리고 이들을 위한 무지 퇴치 운동을 전개하고, 학교를 세웠고, 도서 보급을 하였다. 이러한 인도적 자선 사업 운동으로 영국 사회는 빛을 찾기 시작하였고, 해가 지지 않는 빅토리안 왕조의 기초가 세워지게 하였다.

둘째로 사회 개혁 운동이 일어나게 되었다. 웨슬리는 인권의 중요성을 가르치면서 죄수와 환자들의 인권을 중시하고 보호하고자 하였다. 그는 감옥과 병원을 찾아가 복음을 전하면서 이러한 기관들의 제도 개선이 필요함을 깨달은 것이다. 그래서 그는 감옥과 병원의 개선 운동을 전개하였고, 한 걸음 사회 속으로 더 나아가, 밀수 행위를 정죄하고, 난파선의 약탈을 비판하였고, 인권 착취적인 강제징집을 반대하고, 노예제도의 폐지를 주장하였다. 1744년『노예제도에 대한 사색』(Thoughts on Slavery)을 출판하면서 흑인도 하나님의 형상을 가진 인간이라고 주장하고, 흑인을 노예로 삼고 매매하는 것은 "5만 가지 악의 총합"이라고 비난하였다. 이러한 웨슬리의 가르침은 윌버포스(William Wilberforce, 1758~1836)와 존 뉴턴(John Newton, 1725~1807)의 노예 폐지 운동, 존 하워드(John Howard, 1726~1790)의 감옥 개선 운동으로 나타나게 되었다.

셋째로, 복음적인 목회자 양성 프로그램이 나타나게 되었다. 웨슬리의 설교 운동은 광부와 노동자 등 하층 계급에서 시작되었음으로 청중의 대부분이 문맹자와 비판 능력이 없는 사람들이었다. 이러한 사람들 가운데

교회 역사를 빛낸 위대한 설교자들

열심 있는 자를 설교자로 세웠으므로 대부분 설교자가 라틴어를 모르고 무지한 편이었다. 웨슬리는 목회자의 질을 높이지 않으면 순회 설교 운동도 성공할 수 없다고 생각하여 목회자의 수준을 높이기 위해 교육 프로그램을 개발하고, 교재를 발행하기 위하여 출판사를 세웠다.[12] 그는 또한 3년에서 5년간 여성을 교육할 계획을 세운 후 하루 5~6시간씩 교육하였다. 이러한 노력의 결과, 문맹률이 많이 감소하게 되었다. 1780년대 그는 정규 학교에 갈 수 없는 가난한 아이들을 모아 주일학교를 세웠고, 1801년경에는 주일학교 학생이 20만 명이 넘었다. 이와 같은 웨슬리의 교육 투자는 근대 신학 교육의 기초를 마련하였다(Blumhofer 2011, 69, 70).

마지막으로, 복음주의적 부흥 신학이 나타나게 되었다. 횟필드와 웨슬리는 옥외에서 순회 설교를 하였고, 설교를 통해 죄의 심각성에 대해 지적한 후 하나님의 크고 넓은 사랑에 관해 설명하여 준 후 회개를 촉구하고, 복음 찬송을 도입하여 청중의 마음을 하나로 모아서 은혜받을 준비를 하게 하였다. 웨슬리를 도와 찬송 운동을 이끈 대표적 찬송가 작가로 토플레이디(Augustus M. Toplady, 1740~1778)와 찰스 웨슬리가 있는데, 토플레이디는 "고요한 바다로"(『새찬송가』 373장)와 "만세 반석 열리니"(494장) 등의 찬송을 지었고, 찰스 웨슬리는 7,000여 편의 찬송시를 지었는데, 그 중 『새찬송가』에 13곡이 실려 있다.[13] 찰스 웨슬리의 찬송은 복음주의적으

---

12) 웨슬리는 1778년 순회 설교자 교육을 위해 『아르미니안 매거진』(Arminian Magazine)을 발행했고, 1791년에는 그것을 매달 7천 부씩 찍어 회람시켰다.

13) 찰스 웨슬리가 작시한 찬송 가운데 『새찬송가』에 15장 "하나님의 크신 사랑", 22장 "만유의 주 앞에", 23장 "만입이 내게 있으면", 34장 "참 놀랍도다. 주 크신 이름", 105장 "오랫동안 기다리던", 126장 "천사 찬송하기를", 164장 "예수 부활했으니", 170장 "내 주님은 살아 계셔", 174장 "대속하신 구주께서", 280장 "천부여 의지 없어서", 388장 "비바람이 칠 때와", 522장 "웬일인가 내 형제여", 595장 "나 맡은 본분은" 등 13곡이 수록되어 있다.

로, "훈련된 감정, 교훈적 목적, 명료함, 간명함이 다른 찬송 작가와 다른 점"이라고 할 수 있다(Blumhofer 2011, 66). 웨슬리의 복음 찬송은 순회 설교 운동을 성공적으로 이끄는 데 공헌하였고, 이와 같은 횃필드와 웨슬리의 회심 설교와 복음 찬송은 현대 대중 집회의 길을 열었고, 부흥 신학의 기초를 마련하였다.

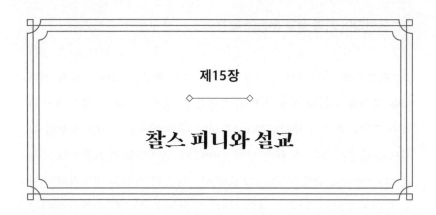

제15장

◇━━━━◇

찰스 피니와 설교

조지 휫필드와 조너선 에드워즈에 의해 시작된 제1차 대각성운동은 북아메리카를 하나로 만드는 촉매제가 되었다. 북아메리카 동부의 13개 주에서 일어난 순회 설교 운동의 영향으로 신앙적·정서적 일체성이 형성되었고, 그에 기초하여 국가적 정체성을 갖게 되었다. 이러한 상황에서 프랑스가 신대륙을 지배하기 위하여 1754년 영국에 전쟁을 선포하며 '프랑스-인디언 전쟁'(French-Indian War, 1754~1763)을 일으키자, 13개 주 정착민들은 영국 군대를 지원하였다. 그렇지만 영국의 군인과의 접촉은 신대륙의 젊은이들 가운데 자연신론과 무신론, 세속적 가치관이 미국의 지성인 가운데 침투할 기회를 주었다.

1. 프런티어 지역 설교 운동의 배경

프랑스와의 전쟁에서 승리한 영국은 전비 확충을 위해 본국과 신대륙에 과세를 부과하였다. 식민지 주민들은 영국 정부의 과세가 불공정하고 불합리하다고 주장하였고, 과세에 대한 항거는 영국으로부터 독립으로 발전하였다. 독립 전쟁이 일어나자, 미국인들은 프랑스의 지원을 받아 영국에 대항하였다. 그렇지만 프랑스의 지원은 미국인의 신앙을 흔들어 놓았다. 미국의 젊은이들이 프랑스인들과 접촉하면서 볼테르 (Voltaire, 1694~1778)와 루소(Jean-Jacques Rousseau, 1712~1778), 디도로(Denis Diderot, 1713~1784) 같은 이들의 계몽주의 사상을 받아들이게 되었기 때문이다. "프랑스 사람들은 미묘하고 부드러운 방식으로 추악한 사상(계몽주의)을 불어넣는 방법, 냉소적으로 논쟁하며 날려 버리는 방법, 그리고 더 진일보한 세계의 목소리를 내면서 논쟁을 압도하는 방법을 완벽하게 알고 있었다."[1]

· 계몽주의 사상의 확산

계몽주의자들은 성경 계시와 전통적인 권위를 부정하였다. 볼테르는 이성의 효율성을 믿었다. 그는 사회적 진보는 이성에 의해 달성될 수 있다고 보았고, 정치적, 종교적, 그리고 어떤 권위로 이성에 도전할 수 없다고 하였다. 이러한 맥락에서 그는 성경의 권위를 비웃었고, 예수를 계획적인 사기꾼이라고 주장하였다. "유대인 중 자신들과 폭도를 구별하기

---

1) Timothy Dwight, *Travels in New England and New York* (Cambridge, 1969), 4. 261. Keith J. Hardman, 『부흥의 계절: 미국의 전도와 부흥 운동 역사』(*Seasons of Refreshing: Evangelism and Revivals in America*), 박응규 역 (서울: 기독교문서선교회, 2006), 141 재인용.

위해 선지자 행세를 한 자가 하나 있었는데, 그는 큰 소란을 일으킨 후 신으로 추앙되었다."(Hardman 2006, 141)고 하였다. 그는 1767년 1월 5일 프로이센 왕 프리드리히 2세에게 편지하면서 "우리의 기독교는 확실히 이 세상을 감염시킨 종교 중 가장 터무니없고, 가장 모호하고, 가장 피비린내 나는 종교입니다. 폐하께서는 이 악명 높은 미신을 제거함으로써 인류를 영원히 섬길 것입니다. 나는 깨우쳐 줄 가치가 없고 모든 멍에를 잘 메는 무뢰한들 사이에서 말하는 것이 아닙니다. 나는 정직한 사람들 사이에서, 생각하고 싶은 사람들 사이에서 말하는 것입니다……. 죽어 가면서 한 가지 유감스러운 점은 인간의 정신이 지적할 수 있는 가장 훌륭하고 고귀한 이 사업에 당신을 도울 수 없다는 것입니다."[2] 기독교를 악명 높은 종교로 비판하면서 기독교 파괴를 가장 고귀한 사명으로 간주한 것이다.

이러한 반기독교적 정서는 영국의 무신론자였던 토머스 페인(Thomas Paine, 1737~1809)을 통하여 미국에 소개되었다. 그는 영국 태생으로 1774년 벤저민 프랭클린의 초청으로 미국에 온 후 1776년 『상식』(Common Sense)이라는 47쪽의 소책자를 출판하여 영국으로부터의 독립을 옹호하면서 사람이 사람답게 사는 삶은 성경에 의존하지 않고 상식에 따라 사는 것이라고 하였다. 그는 1790년대에는 프랑스에서 살면서 프랑스혁명을 옹호하였고, 1791년 「인간의 권리」(Rights of Man)을 써서 인권을 옹호하였고, 1794년 쓴 『이성의 시대』(Age of Reason)에서 기독교가 신적인 기원을 가진 종교가 아닌 인간이 만든 종교이며, 성경 내용은 고대 신화와 유사한 것으로 상식적이 아닌 모순되는 이야기로 가득 차 있다고 주장하였다. 예

---

2)   Chris Mathews, *Modern Satanism: Anatomy of a Radical Subculture* (Greenwood Publishing Group, 2009), 16.

수는 "도덕적인 개혁자이며 혁명가"이며, "계획적인 사기꾼"에 불과하고, 메시아 환상에 빠져서 산 정신병자라고 주장하였다.[3] 그는 이렇게 고백했다: "나는 이제는 신을 믿지 않는다. 그리고 나는 이 삶 너머의 행복을 바란다. 나는 유대교, 로마교회, 그리스교회, 터키교회, 개신교, 내가 아는 어느 교회에서도 공언한 신조를 믿지 않는다. 나의 마음은 나의 교회이다. 유대인이든 기독교인이든 터키인이든 모든 국가 교회 제도는 다름 아닌 인간의 발명품이며, 인류를 두렵게 하고 노예화하며 권력과 이익을 독점하기 위해 세워졌다. 음란한 이야기, 관능적인 방탕함, 잔인하고 구차한 처형, 끊임없는 복수로 성경의 절반 이상이 채워진 것을 보면 성경을 하나님의 말씀이라기보다는 악마의 말씀이라고 부르는 게 더 옳을 것이다. 그것은 인류를 타락시키고 잔인하게 만드는 악마의 역사이다. 그리고 나는 잔인한 모든 것을 혐오하기 때문에, 진심으로 그것을 혐오한다."[4]

이와 같은 반기독교적인 사상들이 쏟아져 들어오면서 미국의 젊은이들이 기독교 신앙으로부터 멀어졌다. 그들은 자신을 계몽주의자 또는 회의주의자로 간주하는 것을 자랑스럽게 여기면서 내세와 하나님의 존재를 당당하게 부인하였다. 반기독교적 운동이 퍼지면서 많은 대학이 계몽사상에 의해 점령되었고, 회의주의의 온상으로 변하였다. 대학에서 예수 그리스도를 주님으로 고백하는 신자를 만나는 것이 드물 정도가 되었다. 1796년 노스캐롤라이나 대학교에 입학한 조셉 콜드웰(Joseph Caldwell)은, "노스캐롤라이나는 변호사로 넘쳐 나는 것 같다. 변호사직은 부모가 자녀를 교육하는 거의 유일한 직업이다. 종교가 너무 유행하지 않고, 이

---

3) Peter Gay, *Deism: An Anthology* (Princeton, N. J., 1968), 171~172.

4) Thomas Paine, *The Theological Works of Thomas Paine* (R. Carlie 1824), 31.

교회 역사를 빛낸 위대한 설교자들

처럼 침체 상태에서 종교가 사람들에게 그 대의명분을 수행하도록 이끌 만한 충분한 전망이 없다. 뉴저지에서는 종교가 대중의 존경과 지지를 받고 있지만 노스캐롤라이나와 특히 동쪽에 있는 주에서는, 모든 사람이 사람들로부터 존경심을 얻기 위해서 해야 할 첫 번째 일을 성경의 핵심 교리에 관해 모든 사람이 고려할 수 있는 만큼 자주 공개적으로 부인하는 거라고 믿는다."고 썼다.[5] 이러한 반기독교적 정서가 퍼지면서 1790년경 메인주 바우든 대학(Bowdoin College)에는 그리스도인 단 한 명뿐이었다(Hardman 2006, 147). 불신앙과 불경건이 암세포처럼 온 나라에 번져 간 것이다.

• 드와이트의 설교 운동

불신앙운동이 확산하면서 미국 인구의 10% 정도만이 기독교인이라고 고백하였다. 그와 함께 술집과 알코올중독자의 증가, 안식일 경시 풍조의 만연, 어린이 학대, 방종과 폭동이 이어졌다. 교회는 스스로 갱신할 힘이 없었고, 무능한 대학들은 교육 부재 상태에 있었다. "대학교회는 거의

티머시 드와이트

폐쇄될 위기였고, 교내에는 폭력이 난무했으며, 기독교 신앙에 회의적이었던 대다수 학생의 기숙사는 포도주와 술로 가득 차 있었다. 무절제와 불경, 도박, 방종이 비일비재하였다."[6] 정치 지도자들의 불신앙은 한

---

5)   Luther L. Gobbel, *Church-State Relationships in Education in North Carolina Since 1776* (Durham, N.C.: Duke University Press, 1938), 6; Ernest Trice Thompson, *Presbyterians in the South*. Vol. one: 1607~1861 (Richmond, VA: John Knox Press, 1963), 126에서 재인용.

6)   Lyman Beecher, *Autobiography*, ed. Barbara Cross (Cambridge, Mass., 1961),

층 더 심각하였다. 제3대 대통령 토머스 제퍼슨(Thomas Jefferson, 1743~1826)은 자연신론자였고, 그를 보좌하던 국방부 장관이던 헨리 디어본(Henry Dearbon)은 "교회가 존재하는 한 좋은 정부를 희망할 수 없다."고 하였고, 찰스 리(Charles Lee) 장군은 "교회나 교회 묘지든지, 또는 장로교회나 침례교도의 집회소가 있는 곳에서 1마일 이상 떨어지지 않은 곳에 절대로 묻히지 않겠다."(Hardman 2006, 148)고 선언할 정도로 반기독교적 문화가 지배하였다. 위선, 형식주의, 신앙적 냉담, 불경건 등 반기독교적인 분위기가 팽배하였던 셈이다.

이처럼 반기독교적인 분위기가 확산하고 있을 때 미국의 동부 해안 지역과 서부 개척지에서 소수의 사람에 의하여 설교 운동이 시작되었다. 1767년 동부 해안 지역, 코네티컷의 노퍽(Norfolk)에서 설교 운동이 있었고, 1776년 킬링리(Killingly), 1781년 레바논(Lebanon), 1784년 뉴브리튼(New Britain), 1792년 이스트 해담(East Haddam)과 라임(Lyme), 1795년 파밍튼(Farmington)과 뉴하트퍼드(New Hartford), 1796년 밀퍼드(Mildford)에서 설교 운동이 일어나면서 부흥의 숯불이 쌓여 갔다. 이러한 설교 운동의 절정은 티머시 드와이트(Timothy Dwight, 1752~1817)에 의해 일어났다.

드와이트는 1752년 노샘프턴에서 미국의 명문가인 독립 전쟁을 이끈 티머시 드와이트 소령과 조너선 에드워즈의 셋째 딸 메리의 아들로 태어났다. 그는 영특하여 유아기에 영어를 익혔고, 4살이 되기 전에 성경을 읽었다.[7] 1769년 예일 대학을 졸업한 후 뉴헤이븐에 있는 홉킨스 문법학교(Hopkins Grammar School)에서 교사로 일하였고, 1771년 예일 대학의 강

---

1. 27.

7)   Benjamin Woodbridge Dwight, *The History of the Descendants of John Dwight of Dedham, Mass.* (J. F. Trow & Son, Printer and Bookbinders, 1874), 144~183.

사로 임명받아 1777년까지 가르쳤다. 그는 어리다는 놀림을 받지 않으려고 하루 4시간 정도의 수면 외의 나머지 시간은 강의와 강의안 준비에 전심전력하였다. 연구에 전념하다가 시력이 약해져 나중에는 거의 보지 못하게 되었다. 드와이트는 1777년 강도사 인허를 받은 뒤 종군목사로 독립 전쟁에 참여하였고, 1778년 아버지가 소천하자, 전역하여 노샘프턴으로 돌아왔다. 1783년 그린필드 힐 교회(Greenfield Hill Church)를 맡아 섬기던 중 1795년 예일 대학의 학장으로 부름을 받았다.

드와이트가 예일로 돌아간 1795년, 당시 전교생은 110명에 불과하였다. 학생 대부분은 불신앙에 찌들어 있었고, 홉스(Thomas Hobbes, 1588~1679)와 흄(David Hume, 1711~1776), 그리고 틴달(Matthew Tindal, 1657~1733)과 같은 이들의 자연신교에 심취되어 있었다. 드와이트는 학장 취임과 동시 불신앙과의 전쟁을 선포하고, 토론과 설교, 그리고 상담을 통하여 신앙 재건 운동을 전개하였다. 그는, '성경은 하나님의 말씀인가?'라는 주제를 제시한 후 학생들과 토론을 벌였다. 토론 가운데 종교에 대한 회의심 표명을 허락하면서 신앙적 난제에 대해 자유롭고 개방적으로 논의할 수 있게 하였다. 채플 설교를 통해서 바른 신학 체계를 제시하고, 회의주의 철학을 비판하여 학생들에게 바른 가치관을 심어 주었다. 6개월간 쉬지 않고 토론과 설교한 후 조금씩 학생 사이에 변화가 나타났다. 학생들 사이 성행하던 카드놀이나 밤새워 노는 일이 사라지고, 꾸준히 기도하는 이들이 생겨났다. 1796년 초, 학생 스스로 도덕적 상태를 점검하려는 움직임이 일어났고, 1797년에는 '예일 대학 도덕 모임'(Moral Society of Yale College)이 만들어졌다. 각성 운동이 시작된 것이다.

학생들의 이러한 변화는 신앙적 각성으로 이어졌다. 1802년 이른 봄, 드와이트의 설교를 듣고 4학년 학생 2명이 회심하였고, 그해 여름방학이 시작되기 전에 50명이 하나님께 돌아왔다(Hardman 2006, 157~158). 나중에는 전교생 160명 중 80명이 회심하고, 신앙에 대해 비판적이던 이들도 돌아왔다. 각성 운동과 함께 학생들의 대화 주제는 세상의 쾌락에서 영생으로 옮겨졌고, 성경 연구와 기도 운동이 일어났다(Hardman 2006, 159). 그리고 1808년 4월, 그리고 1813년과 1815년에도 각성 운동이 일어났고, 각성 운동은 주변의 대학들로 퍼져 갔다. 곧 다트마우스 대학(Dartmouth College), 윌리엄스 대학(Williams College), 암허스트 대학(Amhurst College), 그리고 뉴저지 프린스턴 대학(Princeton College)에서도 일어났다. 드와이트의 설교 운동은 나다니엘 테일러(Nathaniel Taylor, 1786~1858), 아쉘 네틀톤(Asahel Nettleton, 1786~1844), 그리고 리먼 비처(Lyman Beecher, 1775~1863)에 의해 계승되어 부흥 신학으로 발전하였다.

• 맥그리디의 설교 운동

동부 해안선을 중심으로 설교 운동과 함께 서부 개척지에서도 설교 운동이 크게 일어나고 있었다. 서부 개척 운동은 1763년 '프랑스-인디언 전쟁'이 끝난 후 중서부 지역으로부터 시작되었다. 1769년 테네시의 와타우가 리버밸리(Watauga River Valley)에 최초의 정착촌이 세워졌고, 1774년에는 켄터키주 헤로즈버그(Harrodsburg)에 정착촌이 건설되었고, 1775년에 트란실바니아(Transylvania)로 가는 길이 열리면서 본격적인 서부 개척이 시작되었다. 농민, 투기꾼, 사냥꾼, 광부, 상인, 대장장이, 숙련공, 변호사, 심지어 악당에 이르기까지 다양한 무리가 서부로의 이주 대열에 참여하였다. 서부로의 이주는 점차 규모가 커져서 1800년의 인구조사에 의하면, 켄터키에 220,955명, 테네시에 105,602명, 그리고 북서부 지역에 51,006명이 정착하였다(Hardman 2006, 176). 특히 1803년 토머스 제퍼슨 (Thomas Jefferson, 1743~1826) 대통령이 당시 미국 땅과 거의 같은 면적에 달하던 루이지애나(Louisiana)를 프랑스로부터 매입한 후 이주 운동이 절정

교회 역사를 빛낸 위대한 설교자들

에 이르렀다.

서부로의 이주 동기는 신앙보다는 경제적인 이익 추구에 있었다. 감리교 순회 설교자였던 프란시스 애스베리(Francis Asbury, 1745~1816)는 일기에 당시 이주자들에 대해 기록하면서, "생각해 보면, 여기에 온 100여 명 가운데 단 한 명도 신앙 때문에 온 사람은 없다. 넓고 좋은 땅을 차지하기 위해서 여기로 왔을 뿐이다."라고 하였다.[8] 그들은 재산을 늘리기 위해 수단·방법을 가리지 않았고, 절제할 줄 몰랐고, 방탕을 일삼았고, 불법을 자행하였다. 그들은 "하나님의 섭리적 부르심과 종교에 대한 아무런 존중심 없이, 공상이나 변덕, 가상(假想)의 흥미에 이끌리어 이곳저곳으로 방황하였다."[9] 이처럼 어둠의 세력이 지배하던 개척지에 말씀의 빛이 밝혀지기 시작하였다. 말씀 사역은 1780년대 후반 노스캐롤라이나에서 제임스 맥그리디(James McGready, 1763~1817)와 바튼 스톤(Barton Stone, 1772~1844)에 의하여 시작되었다.

제임스 맥그리디는 1763년 스코틀랜드-아일랜드 계통의 이주민의 후손으로 펜실베이니아에서 태어났고, 1785년 서부 펜실베이니아에 있는 존 맥밀런 아카데미[John MacMillan's Academy, 나중에 워싱턴과 제퍼슨 대학(Washington and Jefferson College)]에 진학하여 문학과 신학을 공부하였다. 1788년 레드스톤 노회에서 목사 안수를 받은 후, 1789년 노스캐롤라이나로 사역지를 옮겼다. 그가 맡은 노스캐롤라이나교회의 형편은 아주 열악하였다. 그런데도 그는 기도와 설교에 열정을 다하였고, 1791년부터 부흥 운동을 일으켰다. 그는 잔잔한 목소리로 조리 있게 말하다가 가끔

---

8)   Francis Asbury, *The Journal and Letters of Francis Asbury* (Nashville, 1958), 2:125(Hardman 2006, 176에서 재인용).

9)   Wood Furman, ed., *A History of the Charleston Association of Baptist Churches* (Charleston, South Carolina, 1811), 145(Hardman 2006, 176에서 재인용).

우레와 같이 외치곤 하여 "천둥의 아들"이라는 별명을 얻었고, 설교를 통하여 율법의 엄격함과 악인들이 가게 될 지옥의 공포를 설파하였다. 그는 불신자가 가게 될 지옥을 불길이 끊임없이 타오르는 유황 연못, 고통 속에 괴로워하는 이들, 밑바닥이 없는 웅덩이로 비유하며 그려 냈고, 청중은 그의 지옥 설교를 듣고서 덜덜 떨었다(Thompson 1963, 1:131). 설교 운동이 큰 열매를 맺자, 호사다마 격으로 설교를 방해하는 자들도 나타났다. 그들은 혈서를 써서 노스캐롤라이나를 떠날 것을 요구하였고, 스토니 크릭(Stony Creek) 집회소를 찾아와 좌석을 부수고, 강단에 불을 질렀다(Ibid.).

맥그리디는 1796년 노스캐롤라이나를 떠나 켄터키주로 옮겼다. 그는 켄터키 남서쪽 로건 카운티의 머디 리버(Muddy River)와 레드 리버(Red River), 그리고 개스퍼 리버(Gasper River)에 교회를 세웠다. 그곳에는 여러 주에서 도망쳐 온 이들로 차고 넘쳤다. 말 도둑, 살인범, 노상 강도범, 화폐 위조범 등 각종 범죄인이 우글거렸고, 위협과 약탈이 만연해 있었다. 맥그리디는 1798년 이들에게 천국의 아름다운 모습을 소개한 후, 지옥의 공포를 생생하게 묘사하며 설교하였다. 그의 설교를 들은 청중은 "자신들을 삼키려는 불바다와 유황불을 상상하며 덜덜 떨었고, 그들이 하나님의 분노로 말미암아 끔찍한 지옥에 던져질 것이라는 생각에 사로잡혔다."(Hardman 2006, 182). 그 후 그들은 자신의 구원을 위해 울부짖으며 회개하였다.

지옥 설교를 통하여 많은 회심자가 나오자, 맥그리디는 윌리엄 하지(William Hodge)와 윌리엄 매기(William McGee)를 초청한 후, 함께 설교 운동을 하였다. 그들은 맥그리디가 세운 교회를 하나씩 맡아 목회하던 중 1800년 6월 3개 교회 합동 수련회를 개최하였다. 수련회에 사오백 명이 모였다. 그들은 하루씩 맡아 설교하고, 마지막 날에 성찬 예배를 드렸다. 성

교회 역사를 빛낸 위대한 설교자들

찬 예배 때 설교한 이는 맥그리디였다. 그는 설교를 통해 교구민들의 돈과 물질에 대한 집착, 호의호식, 자기 사랑, 부정행위, 안식일에 대한 무시, 욕설, 무도회, 파티, 경마, 그리고 도박에 대해 비난한 후 회개를 촉구하였다. 설교가 끝나자, 청중은 회개하며 큰 소리로 하나님의 자비를 구하였다(Thompson, 1963, 1:132). 회개 기도가 끝나지 않자, 목사들은 그들이 광신주의에 빠지지 않도록 진정할 것을 권하였다. 그럼에도 불구하고, 울부짖음은 계속되어 "온 땅이 진동하였고, 자비를 베풀어 달라는 절규가 천국을 향하여 메아리쳤다."[10]

이 같은 프런티어 지역에서의 부흥 운동은 인간의 노력으로 일어난 게 아니라 하나님의 역사였다. 맥그리디는 다음과 같이 당시 상황을 회고하였다: "1800년은 이 땅에서 우리가 볼 수 있었던 그 어떤 해와도 비교할 수 없는 엄청난 해였습니다. 은혜를 입었다는 사람들이 말하던 지존자의 능력과 은혜, 성령 하나님의 달콤한 산들바람 같은 역사, 그리고 영혼을 소생하게 하는 하늘 축복의 단비, 이 모든 것을 우리는 즐겼습니다. 우리는 이것을 상상할 수 없을 정도로 대단하게 생각했었지만, 그것은 폭우가 쏟아지기 전에 뿌려지던 몇 방울의 물에 불과하였습니다."[11] 하나님이 하신 것이라고 고백한 것이다. 맥그리디와 함께 설교했던 바튼 스톤 목사는 당시 일어난 일에 대해 다음과 같이 썼다: "대초원의 가장자리 부분에 수많은 군중이 모여 있었습니다. … 그 광경은 참으로 신기하고 유별했습니다. 무엇이라고 묘사하기가 어려울 정도였습니다. 아주 많은 사람이 마치 전장에 쓰러져 있는 것처럼 엎드러져 있었습니다. 그들은

---

10) John McGee to Thomas L. Douglas, in *Methodist Magazine* (London, 1821), 4.190: Conkin, *Cane Ridge*, 59~60 (Hardman 2006, 183 재인용).

11) Ian Murray, *Revival and Revivalism: The Making and Marring of American Evangelicalism 1750-1858* (Edinburgh: Banner of Truth Trust, 1994), 151.

여러 시간 동안 아무 숨소리도 없이, 미동도 없는 자세 그대로 엎드려 있었습니다. 가끔 깊은 신음, 찢어질 것 같은 비명, 혹은 자비를 갈구하며 열렬하게 기도를 할 때만 잠시 잠깐 생명이 붙어 있다는 것을 나타냈습니다"(Murray 1994, 165, 166).

이 같은 설교 운동이 일어난 후 1개월만인 1800년 7월 말 맥그리디는 개스퍼 리버에서 성찬 예배를 드렸다. 설교 운동의 소문을 듣고 수백 km 거리에 있던 레드 리버 사람들이 몰려오자, 그는 천막을 친 후 숙소 겸 집회 장소로 사용하였다. 본격적인 천막 집회 시대가 시작된 셈이다. 집회는 맥그리디가 목요일부터 3일간의 설교한 후, 윌리엄 매기가 주일 저녁에 마태복음 14:25~32를 본문으로 설교하였다. 매기는 설교 후 자신이 느낀 점을 다음과 같이 기록해 놓았다: "하나님의 권능이 모든 회중을 흔드는 것 같았습니다. 설교가 거의 끝날 무렵에 크게 뉘우치는 울음소리가 설교자의 목소리보다 크게 울렸습니다. 집회가 끝난 후에도 참석한 성도의 대부분은 경건한 모습이었고, 숙연한 분위기가 고조되고 있었습니다. 아무도 집으로 돌아가려고 하지 않았습니다. 배고픔도, 졸림도 그들에게 전혀 영향을 미치지 못하였습니다. 오직 영생만이 그들의 관심사였습니다. 거의 모든 참석자에게서 각성과 회심이 있었고, 그중 일부의 회심은 제겐 너무도 이상하고 놀라운 것처럼 보였습니다. … 이미 수년간 성찬에 참여해 왔던 근엄한 교수들이 바닥에 엎드러져서 울부짖기를, '불과 며칠 전만 해도 지금의 나처럼 행하는 사람을 내가 얼마나 경멸해 왔던고! 그런데 지금 내가 이렇게 하지 않을 수 없구나!'라고 하였습니다. 흑인과 백인을 막론하고 모든 사람이 극한 비탄 가운데서 하나님께 울부짖으며 자비를 구하면서 흩어졌습니다."[12]

---

12)   James McGready, "A Short Narrative of the Revival of Religion in Logan County,

교회 역사를 빛낸 위대한 설교자들

부흥의 소식을 전해 들은 켄터키주의 바튼 스톤 목사는 개스퍼 리버를 방문하고, 1801년 5월 케인 리지(Cane Ridge)에서 설교하였다. 설교에 큰 은혜가 나타나자, 그는 3개월 후 8월에 2차 집회를 열었다. 온 마을의 "거리마다 거룩한 캠프로 향하는 수많은 마차와 수레들, 말들, 그리고 걸어서 오는 사람들로 가득 찼다."(Hardman 2006, 187). 이번에는 7명의 목사가 6일간 같은 주제로 설교하였고, 1만에서 2만 5천 명 정도가 참석하였고, 수천 명이 회심하였다. 존 핀리(John B. Finley)라는 사람은 그의 삼촌에게 당시의 상황을 이렇게 써서 보냈다. "모인 사람들의 숫자는 약 1만에서 2만 1천 명 정도로 추정되고, 그중 성찬에 참여한 사람은 828명이었습니다. 모든 사람은 진지하였고, 그들의 대화는 신앙과 거룩함에 관한 질문들이었습니다. 금요일부터 다음 주 목요일까지 사람들이 맨바닥에 앉아 밤낮으로 다양한 형태로 하나님을 예배하였습니다. … 사람들이 어느 정도 모이게 되면 설교자가 통나무 또는 나무 그루터기 위에 올라가 권면 또는 설교했습니다. 안식일 밤에는 100개 이상이 되는 촛불이 동시에 켜졌습니다. 제 기억으로는 8살에서 50살까지의 연령층에 속하는 100여 명의 사람이 하나님의 자비를 구하며 땅바닥에 엎드려 울었습니다. 누군가가 쓰러지면 그는 다른 사람들에 의해서 모임 장소 밖으로 실려 나갔고, 목사가 그와 대화하고 기도해 준 후 몇 사람이 그 사람 주위에 모여 그의 상황에 맞는 찬송을 불러 주었습니다."[13]

호사다마 격으로 말씀 중심의 부흥 운동을 체험 중심으로 이끌고 하는 이들이 나타났다. 체험을 중시하면서 육체적 반응을 중시하는 경향이 일

---

in the State of Kentucky, and the Adjacent Settlements in the State of Tennessee, from May 1797, until September 1800."*New York Missionary Magazine* 4 (New York, 1803): 193.

13)   William W. Woodward, *Surprising Accounts of the Revival of Religion in the United States of America* (Philadelphia, 1802), 225~226. (Hardman 2006, 188 재인용).

어난 것이다. 히스테리성 웃음, 무아지경, 개처럼 짖어 대기, 몸이 꼬이고 덜덜 떠는 경련 등이 찬송 중이나 설교 중에 나타났다. 경련 현상은 귀부인이나 천한 사람, 심지어 주정꾼과 예배를 방해하기 위해 온 깡패 등 빈부귀천을 막론하고 나타났다. 이러한 현상과 함께 하나님을 찬양하는 대신 저주와 독설을 퍼붓기도 하였다. 사탄의 유혹으로 광신주의 현상이 나타난 것이다.

서부 개척지에서의 설교 운동은 미국인들의 생활에 큰 변화를 가져왔다. 설교 운동과 함께 음주, 알코올중독, 신성모독, 도박과 경마, 투계 같은 사행성 오락이 사라지고, 간음과 간통 같은 죄가 대폭으로 줄어들었다. 1801년 켄터키를 여행한 버지니아의 워싱턴 대학(Washington College)의 조지 백스터(George Baxter, 1771~1841) 학장은 설교 운동이 남긴 영향에 대해 이렇게 썼다: "여행 중 나는 켄터키 사람들이 완전히 변하였다는 소식을 주민들로부터 전해 들었습니다. 전에는 사악하고, 예의가 없고, 부도덕했던 사람들이 눈에 띌 만큼 진지하고 침착해졌다는 것입니다. 그리고 실제로 나는 켄터키가 가장 도덕적인 주임을 발견하였습니다. 불경스러운 언사는 거의 들어 본 적이 없었고, 종교적 경건함이 켄터키 전역에 퍼져 있었습니다."[14] 이와 같은 사회 변혁과 함께 계몽사상과 회의주의가 힘을 잃었고, 경건한 신자들이 사회의 주도권을 가지게 되었다.

드와이트와 프런티어 지역에서 일어난 제2차 대각성운동으로 교회가 크게 성장하였다. 제2차 대각성운동이 있었던 1795년부터 1835년 사이 교회는 인구 성장을 크게 앞질렀다. 미국 인구가 3배로 늘어난 데 비하여 교인은 5배나 늘어났다. 1800년 7%에 불과하던 프로테스탄트 인구는 1835년 12.5%로 늘어났다. 1800년 365,000이던 프로테스탄트 신자

14) *Methodist Magazine* 26 (1803):3(Hardman 2006, 191 재인용).

교회 역사를 빛낸 위대한 설교자들

가 1850년에는 350만 명으로 급격히 늘어난 것이다(Rosell 1971, 23). 이처럼 드와이트와 맥그리디에 의하여 시작된 제2차 대각성운동은 찰스 피니에 의해 절정을 이루었다. 이제 피니와 그의 설교에 대해 살펴보도록 하자.

2. 찰스 피니와 설교

제2차 대각성운동을 이끈 설교자요, "현대 부흥 신학의 아버지"[15]라고 불리는 찰스 피니(Charles Grandison Finney, 1792~1875)는 1792년 8월 미국 코네티컷주 워렌(Warren)에서 농부의 아들로 태어났다. 9명의 형제자매 가운데 7번째로 태어난 그는 2살 때 부모를 따라 뉴욕주의 오네이다 카운티(Oneida County)로 이사하였다. 오네이다는 오지로 설교자가 없어 종교적 혜택을 누릴 수 없는 곳이었다. 피니는 1806년 해밀턴 오네이다 학교(Hamilton Oneida Academy)에 입학하여 선교사요 그 학교의 교장 사무엘 커크랜드(Samuel Kirkland, 1741~1808)로부터 깊은 영향을 받았다. 1808년 부모를 따라 뉴욕주 서부에 있는 온타리오 호수(Lake Ontario) 근처로 이사하였고, 1812년 예일 대학에 진학하기 위해 고향 워렌으로 돌아왔다. 삼촌과 함께 생활하면서 대학 진학을 포기하였고, 독학으로 헬라어와 히브리어, 라틴어 공부를 공부한 후 뉴저지에 있는 한 학교의 교사가 되었다.

• 설교자 피니의 형성

피니는 교사 생활에 흥미를 잃고, 1818년 법률가가 되려고 뉴욕으로

---

15)   John D. Woodbridge, *Great Leaders of the Christian Church* (Chicago: Moody Press, 1988), 318.

갔다. 그는 애덤스(Adams)에 있는 한 법률 사
무소에 수습생으로 취직하였다. 당시에는 변
호사가 되려면 지역 변호사 아래서 수습생으
로 일해야 했기 때문이다. 그는 수습생으로
생활하면서 법률 조항에 성경 구절이 자주 인
용되는 걸 보고 성경을 보기 시작하였다. 그
는 이때의 상황에 대해 다음과 같이 언급했

찰스 피니

다. "내가 애덤스 법률 사무소에서 공부하기 위해 갔을 때, 종교에 대해
무지한 이교도나 마찬가지였다. 나는 주로 변방에서 자라나 생활하였
다. 안식일에 대해 생각해 본 적이 거의 없었으며, 종교적 진리에 대해서
도 확실히 아는 게 없었다. 애덤스에서 나는 생애 처음, 뉴저지의 프린스
턴에서 교육받은 목회자인 조지 게일(George Washington Gale, 1789~1861)로부
터 장시간에 걸쳐 정기적으로 신앙 훈련을 받았다. 내가 프린스턴에 갔
을 때 그는 그 지역 장로교회의 목사가 되어 있었으며, 그의 설교는 구학
파(old school) 방식이었고, 철저히 칼빈주의자였다."[16]

피니는 1821년 자신의 구원 문제에 대해 성찰하였다. 구원의 확신을
얻기 위해 온갖 방법을 다 사용하였다. 틈틈이 성경 연구와 기도에 전념
하던 어느 날 "너희가 전심으로 나를 찾고 찾으면 만나리라"(렘 29:13)라는
말씀이 다가왔다. 뉴욕 애덤스 근교의 숲속으로 들어가서 이 말씀을 붙
잡고 밤새도록 기도하였다. 하나님을 찾던 중 하나님을 만나는 극적인
회심을 체험하였다.

은혜 체험 후 그는 조지 게일 목사와 자신이 맡고 있던 성가 대원들에

---

16)   Charles Finney, *Memoirs of Rev Charles G. Finney*, Garth M. Rosell and Richard
Dupuis edited (Grand Rapids: Zondervan Publishing, Co., 1987), 7~8.

게 자신의 체험을 간증하였다. 그의 간증을 들은 성가 대원들은 큰 은혜를 받았고, 이때부터 간증 설교를 하여 교회 부흥이 일어났다. 그 지역의 목사들은 피니에게 신학교 진학을 권하였고, 세인트로렌스(St Laurence) 노회는 그를 목사 후보생으로 받아들였다. 피니는 게일 목사를 도와 애덤스 교회를 섬기면서 그 밑에서 신학을 공부한 후 1823년 강도사 인허를 받았고, 1824년 3월 제퍼슨(Jefferson)과 세인트로렌스 카운티의 선교사로 임명받았다. 그리고 그해 7월 목사 안수를 받고, 제퍼슨 카운티 북쪽에 있는 앤트워프(Antwerp)와 에번스 밀스(Evans Mills)로 가서 목회를 시작하였다.

• 피니의 설교 운동

제퍼슨에서 목회를 시작한 피니는 1824년 10월 루디아 앤드류스(Lydia Andrews)와 결혼하였다. 그는 아내의 내조를 받으면서 성공적으로 목회하였다. 그의 성공은 주로 설교로 인한 것이었다. 그는 설교하면서 화려하고 고상한 언어를 사용하지 않았고, 일상적이고 통속적인 말투로 설교하였다. 그는 서부 개척지의 순회 설교자들처럼 감정에 호소하지 않았고, 성도들이 절제 없이 반응하는 걸 싫어하였다. 지나칠 정도로 천박한 말로 청중을 향해 설교했으므로 기성 교회 목사들로부터 환영받지 못하였다. 그럼에도 불구하고 그는 청중에게 도전적인 자세로 직설적으로 호소하여 앤트워프와 에번스 밀스 지역의 부흥을 일으켰다.

제퍼슨 카운티에서 성공적으로 설교 운동을 마친 피니는 1825년 오네이다 호수 근처를 여행하다가 우연히 조지 게일 목사를 만났다. 피니는 그와 함께 집회를 열었고, 허다한 무리가 참석하였다. 소위 "웨스턴 부흥 운동"이 일어난 것이다. 그때 피니와 함께 설교했던 게일 목사는 이렇게 썼다: "여자나 아이뿐 아니라 권세 있는 자, 교육 수준이 높은 자 …… 법률가와 판사, 전문 직종에 있는 이들, 부유한 자들도 회심하였다……. 그의 놀라운 성공 비법은 그의 능력 있는 논변이었다. 그는 복음을 두려움 없이 담대하게 전하였다. 그는 무엇보다 기도의 사람이며, 신실한 종이다. 그가 전력을 다한 것은 많은 영혼을 그리스도께 인도하는 것이었다. 그는 자신에 대한 평판이나 관심에는 아랑곳하지 않았으며, 그리스도로 말미암지 않은 어떤 것에도 영향을 받지 않았다. 그는 바나바 같은 선한 사람이었을 뿐 아니라 성령이 충만하였고, 수많은 사람을 주께로 돌아오게 하였다."[17]

피니는 1826년 5월 뉴욕주 이티카(Itica)에 있는 제일장로교회에서 설교하였다. 그 교회의 목사였던 사무엘 아이킨(Samuel C. Aikin, 1793~1863)에 의하면, "그는 엄숙하게 예배를 인도했고, 때로 죄인들을 두려움에 떨게 만들고, 하나님이 임재하신 것처럼 교인들을 겸손하고 침묵하도록 만들었다. 그래서 무섭기까지 하였다."[18] 피니의 설교가 있은 뒤로 500여 명의 교인이 증가했으며, 이티카 시민들 가운데 수천 명이 회심하였다.

피니는 설교 운동을 더욱 활성화하기 위하여 1826년 뜻을 같이하는 여러 사람과 그가 설교하였던 교회 목사들을 중심으로 오네이다 복음주의협의회(Oneida Evangelical Association)를 만들었다. 그는 그해 여름에 어번(Auburn), 가을에 트로이(Troy)에서 집회를 열어 많은 회심자를 얻었고, 1828년 필라델피아, 그리고 1829년과 1830년 뉴욕에서 순회 설교 집회를 하여 부흥을 일으켰다. 필라델피아 설교 집회 때에 5천 명이 회심하

---

17) *Autobiography of George Washington Gale* (Published privately, New York, 1964), 273. Ian Murray, *Pentecost-Today?* 『성경적 부흥관 바로 세우기』 서창원 역 (서울: 부흥과 개혁사, 2001), 64~65에서 재인용.

18) Samuel C. Aikin, *A Narrative of the Revival of Religion in the County of the Oneida, Particularly in the Bounds of Presbytery of Oneida, in the Year of 1826* (Utica, N.Y., 1826), 23~24. (Hardman 2006, 215 재인용).

였다.

피니는 1830년 9월 뉴욕주의 로체스터(Rochester)시 복음화 집회에 초청을 받고 가서 1831년 3월까지 6개월 동안 설교 운동을 전개하였다. 그는 로체스터시의 모든 교회를 찾아 설교하였고, 그곳에서 가장 괄목할 만한 업적을 이루었다. 교회당마다 피니의 설교를 듣기 위해 사람들로 차고 넘쳤고, 그의 설교를 듣고 수많은 이들이 변화되었다. 피니의 설교 후 로체스터에서 "집, 가게, 사무실, 거리에서 종교가 화두였다. 시에 유일하게 있던 극장은 마구간으로, 서커스장은 비누와 양초 공장으로 개조되었다. 술집(Grog)은 문을 닫았고, 안식일은 지켜졌다. 교회당은 행복한 예배자들로 붐볐으며, 모든 자선 사업에 관심이 쏟아졌고, 사랑의 샘이 열렸고, 사람들은 선하게 되었다."[19] 10여만 명이 기독교 신앙으로 돌아왔고, 로체스터시 법원이 복음화되었으며, 로체스터에서 활동하던 40여 명의 변호사가 목회자가 되었다. [20]

피니는 여러 도시로부터 집회 요청을 받았고, 설교하였다. 1831년 로드아일랜드의 프로비던스(Providence)에서 설교하였고, 1831년 8월부터 1832년 4월까지 9개월간 보스턴(Boston)에서 시 복음화 전도 집회에서 설교하였다. 그해 피니는 뉴욕의 채텀 스트리트 채플(Chatham Street Chaple)로 옮겼다. 그는 이때부터 노예 주인들을 성찬에 참여할 수 없게 하는 등 노예 폐지 운동을 시작하였다. [21] 그가 이 교회에 부임할 당시 약 800명의 교인이

19)   Eddie Hyatt, *2000 Years Of Charismatic Christianity*, (Lake Mary, Florida: Charisma House, 2002), 126,

20)   C. E. Fant, Jr. & W. M. Pinson, Jr. *20 Centuries of Great Preaching* (Texas: Word Books, 1976), 3:317.

21)   Marianne Perciaccante, *Calling Down Fire: Charles Grandison Finney and Revivalism in Jefferson County, New York 1800-1841* (2005), 2-4.

있었으나, 70일간의 저녁 모임 후에는 1,500~2,500명으로 늘어났다.

피니는 설교자로서 좋은 자질이 있었다. 그의 음성은 컸고, 음성의 고저를 조절하는 등 언어를 자유자재로 사용하는 재주가 있었다. 또한 언어 구사력이 풍부하여 시기적절한 언어를 사용하곤 하였다. 그는 경이로울 정도로 위엄성 있었다. 이러한 분위기로 인하여 "누구도 황홀경에 빠져 할렐루야를 반복적으로 외치지 않았다." 그는 지옥 불에 대해 설교할 때 보통 성직자처럼 검은 옷을 입은 것이 아니라 회색 옷을 입었다. 그리고 "마치 법정과 배심원 앞에서 논증하는 변호사처럼' 정확하고 논리적으로, 그런데도 위트와 열정을 실어 설교하였다. 변호사와 부동산 중개인, 제분업자, 제조가, 그리고 상업계의 거물들이 회심의 행렬에 동참하였다. 극장은 마구간이 되고 술집은 문을 닫았다"(Hardman 2006, 223~224).[22]

• 『진정한 부흥』

피니는 설교 운동을 통해 부흥을 체험하고, 이 부흥을 주제로 삼아 1834년에서 1835년 사이에 채텀 스트리트교회에서 강의하였다. 그는 이 강의를 통하여 "어떤 의미든 부흥은 기적이 아니며, 기적에 의존하는 것이 아니다. 올바른 수단들을 적용하면 거기에 상응하는 결과가 도출되듯이, 부흥도 적절한 수단들을 바르게 사용해서 얼마든지 이룰 수 있는 하나의 순수한 철학적 결과라고 할 수 있다."고 가르쳤다.[23] 부흥과 회심이 인간적인 산물이며, 죄인을 구원하기 위해 하나님께서 필요로 하는 것은

---

22)   Whitney R. Cross, *The Burned-over District* (Ithaca, N.Y., 1950), 155.

23)   피니는 강의 내용을 모아 『진정한 부흥』(*Lectures on Revival of Religion*)이라는 책으로 냈다. Charles G. Finney, *Lectures on Revival of Religion*, W. G. McLoughlin Jr. edited (Cambridge, Mass., 1960), 13.

인간 스스로 하나님의 뜻에 동의를 표하는 것이라고 본 것이다.

피니의 이러한 부흥 신학은 부흥이 하나님의 주권에 속한다고 주장해 온 장로교 구학파(Old School)에 대한 정면 도전이었다. 구학파는 피니가 인간에게 구원을 선택할 수 있는 자유의지가 있다고 주장하는 등 아르미니우스주의로 기울자 크게 반발하였다. 신학적 문제로 어려움에 빠지게 되자, 그는 1835년 3월 장로교회를 떠났다. 그는 회중교회인 뉴욕 브로드웨이 교회(New York's Broadway Tabernacle)로 옮겼다. 같은 해 오벌린 대학(Oberlin College)이 그를 조직신학 교수로 초청하자, 교회의 허락을 받고 교수 사역을 동시에 하였다. 오벌린 대학은 갑부요 노예 폐지론자였던 아서 터펜(Arthur Tappan, 1786~1865)과 루이스 터펜(Louis Tappan, 1788~1873) 형제를 중심으로 세운 대학이었다.

피니는 브로드웨이 채플에서 설교하면서 오벌린 대학에서 가르쳤고, 많은 학생에게 영향을 미쳤다. 특히 흑인 노예 해방 운동을 전개하여 미국 사회에 큰 영향을 미쳤다. 그는 1849년 11월 영국으로 건너가 여러 도시에서 부흥 집회를 인도했고, 1851년 3월 런던의 휫필드 태버나클(Whitefield's Tabernacle)에서 설교하였다. 1851년 8월부터 1865년까지 오벌린 대학의 총장으로 일하였고,[24] 설교 운동을 전개하다가 1875년 83세의 나이로 하나님의 부름을 받았다. 피니의 영향으로 60만 명 정도 회심하였고(Fant 1976, 3:321), 그중 10만 명이 1857~1858년 사이에 그의 설교와 교육, 그리고 저작들로 말미암아 직접·간접적인 영향을 받아 그리스도인이 되었다.[25]

---

24)　피니가 오벌린 대학의 학장에 취임했을 당시의 재학생은 571명이었는데, 그의 임기 동안 1,070명으로 급증하였다(Fant 1976, 3:321).

25)　찰스 피니, 『승리의 생활: 로마서 설교집』, 양낙홍 역 (서울 크리스챤 다이제스트, 1993), 22.

3. 피니의 부흥 신학과 설교

피니의 부흥 신학은 새로운 게 아닌 18세기 후반 에드워즈 제자인 사무엘 홉킨스(Samuel Hopkins, 1721~1803)에 의해 시작된 '새 신학'(New Divinity)을 발전시킨 것이다. '새 신학'을 주장한 이들은 자유의지, 원죄의 개념, 예수 그리스도의 속죄 성격, 신자에게 전가된 그리스도의 의에 관심을 두고 신학 운동을 전개하였다. '새 신학'을 이끈 초기 지도자들은 비교적 철두철미한 칼빈주의적 입장을 가졌지만, 시간이 가면서 아르미니우스(Jacob Arminius, 1560~1609) 신학으로 변하였다. 이러한 변화는 특히 인간의 자유의지에 관한 입장에서 두드러지게 나타났다. 에드워즈나 홉킨스는 인간의 타락을 강조하며 자유의지의 제한성을 주장했으나, 티머시 드와이트는 자유의지가 손상되지 않은 것으로 간주히였다. 드와이트의 이르미니우스적인 견해는 부흥에 관한 입장에 드러나는데, 그는 부흥이 하나님의 주권에 속한 게 아닌 설교와 성찬과 같은 은혜의 수단을 적절히 쓸 때 일어날 수 있다고 하였다. 부흥이 인간이 의도대로 일어날 가능성이 있는 것으로 본 것이다.

드와이트의 부흥 신학은 나다니엘 테일러에 의해 뉴잉글랜드에 자리 잡아갔다. 감독파(Episcopalian)와 구 칼빈주의자들(Old Calvinists)이 제2차 대각성운동을 감정주의 경향이 짙다고 비판하자, 테일러는 '새 신학'의 입장에 서서 부흥 운동을 옹호하였다. 그는 칼빈주의 예정론을 운명론이라고 비판하면서 인간에게 자유의지가 있고, 그 자유의지로 선과 악, 구원과 유기를 선택할 수 있다고 주장하였다. 예정론, 곧 운명론은 자유와 모순될 뿐만 아니라 인간의 무책임을 합리화함으로 부도덕으로 이끌기 때문에 계시, 인간의 부패, 하나님의 주권, 그리스도의 속죄와 중생 개념과 같은 전통적인 기독교의 가치관은 새롭게 해석되어야 한다고 주장하였다.

교회 역사를 빛낸 위대한 설교자들

• 피니의 부흥 신학

피니는 이러한 '새 신학' 파의 부흥 사상을 적극적으로 수용하였다. 그는 구속 사역에서 인간의 역할을 강조했던 테일러보다 한 걸음 더 나아갔다. 교회 부흥이 하나님의 주권에 속한 게 아니라 인간에게 달려 있다고 주장한 것이다. 1837년 출판한 『진정한 부흥』(Lectures on Revival of Religion)에서, 인간이 원하고, 부흥을 위해 올바른 수단과 방법을 동원하기만 하면 언제든지 부흥이 일어날 수 있다고 주장하였다.[26] 그는 이렇게 주장하였다: "당신이 왜 부흥을 체험하지 못하는 줄 아는가? 그것은 오직 하나의 이유, 즉 당신이 부흥을 원하지 않기 때문이다. 당신이 그것을 위해 기도하지 않고 갈망하지도 않으며, 그것을 위해 별다른 노력을 하지 않고 있기 때문이다." 또한 그는 이 책에서 "만약 교회가 해야 할 모든 의무를 다 수행한다면 천년왕국은 3년 안에 이 나라에 임할 수 있다. … 만약 교회가 해야 할 모든 의무를 수행한다면 전 인류 복음화는 머지 않은 날에 완성될 것이다"라고 주장하였다(Finney 1960, 34, 346). 부흥을 하나님의 주권에 속한 것으로 본 조너선 에드워즈와 달리, 인간에 의해 부흥을 이룰 수 있다고 주장한 것이다.

피니는 칼빈주의 신학을 부흥 운동의 걸림돌로 간주하였다. 칼빈주의자들이 인간의 전적 부패와 타락을 주장하면서 구원받기 위해 인간이 할 수 있는 일이 아무것도 없다고 주장함으로 부흥을 막는다는 것이다. 그는 칼빈주의적 죄에 대한 관점을 비판하면서, "죄는 죄인 자신의 행위이

---

[26] 이안 머리에 의하면 이 책은 출판과 함께 베스트셀러가 되었다. 1837년까지 뉴욕에서만 12,000권이 인쇄되었고, 영국에서는 1840년까지 13판이 출판되었다. 이처럼 많이 팔려 나가게 된 이유를 머리는, "첫째는 부흥에 대한 관심사가 영미권에 널리 퍼져 있었고, 둘째로 피니 자신이 부흥을 체험한 설교자이며, 셋째는 피니의 글이 무엇인가 새로운 것을 제시한다는 인식이 널리 퍼졌기 때문이다"라고 지적하였다(Murray 2001, 66).

거나 그 자신이 만든 그 무엇으로, 인간이 완전히 통제할 수 있는 것이며, 전적으로 책임져야 하는 것"(Finney 1993, 207~208)이라고 하였다. 인간의 타락은 자발적인 사건이며, 인간이 타락 상태에 빠진 것도 의지의 선택에 따른 것이라고 본 것이다. 인간이 죄로 타락했더라도 자유의지까지 오염된 것이 아니므로 자유의지를 활용하여 그리스도를 믿기로 결단하면 새사람이 될 수 있으므로, 설교자는 복음을 전함과 동시에 청중이 믿고 받아들이도록 촉구해야 한다고 주장하였다. 청중에게 의지적으로 믿음의 사건을 강조함으로 믿게 해야 한다는 것이다. 그는 또한 인간의 전적 타락과 부패, 그리고 원죄 교리를 부인하였다. 하나님만이 인간 본성의 변화를 시킬 수 있다면 인간이 회개하지 않음에 대해 책임을 물을 수 없으며, 인간에게 책임을 물어야 한다면 그것에 순종할 능력을 인간에게 주셨기 때문이라고 주장하였다(Finney 1993, 125).

피니는 부흥이 하나님의 주권에 속한 것이 아니라면, 인간 편에서 부흥을 위해 연구·개발할 수 있음을 내세우며, 교회 부흥을 위한 "새로운 방법론"(New Measures)을 제시하였다. 즉 부흥 집회가 열리는 지역의 집들을 방문할 심방 그룹의 조직, '기도하는 그리스도인'(Praying Christian)과 같은 단체를 만드는 일, 집회 시에 구도자 석(Anxious seat)을 두는 방법(Finney 1987, 116), 공개적으로 개인의 이름을 부르면서 기도하는 것, 집회 때에 여성이 간증할 수 있게 하는 것, 즉각적인 순종을 요구하기(Finney 1960, 190), 무릎 꿇고 그리스도께 영원히 자신을 바치도록 호소하기(Finney 1960, 255), 스스로 기도하게 하여 구원의 기회를 얻게 하기(Finney 1960, 261), 설교에 감동을 한 자들을 앞으로 나아오게 하여 공개적으로 자신들의 죄를 고백하고 다시는 죄를 짓지 않을 것을 다짐하게 하는 방법 등이었다(Finney 1960, 304).

그러나 피니의 이러한 신학적 추론과 부흥을 위한 "새로운 방법론"(New

교회 역사를 빛낸 위대한 설교자들

Measure)은 많은 비판을 초래했다. 신학적 추론이 성경적이지 않을뿐더러 "새로운 방법론"이 인위적이라는 이유에서였다. 성경은 인간이 전적으로 부패하였고, "허물과 죄로 죽어"(엡 2:1) 있을 뿐만 아니라 진리에 대해 "깨닫는 자도 없고 하나님을 찾는 자도 없고, 다 치우쳐 함께 무익하게 되고 선을 행하는 자는 하나도 없도다."(롬 3:11~12)라고 가르치기 때문에 피니의 주장은 성경에서 떠났다는 것이다. 이러한 맥락에서 뉴잉글랜드 부흥 설교자 아쉘 네틀튼(Asahel Nettleton, 1783~1844)은 피니의 부흥 신학과 '새로운 방법론'이 오류투성이요, 반드시 저지되어야 할 대상이라고 논하였다. 그는, "지금 보고 있는 것처럼 교회 안에 '시온성 안에서의 내전' 즉 기독교인들의 집안싸움인 신학 논쟁이 벌어지고 있다. 우리 형제 피니의 친구들은 그리스도에게 확실히 큰 해를 끼치고 있고, 사람들의 영혼을 그리스도에게로 회심시키는 일보다 목회자들과 그리스도인들을 자기편으로 만드는 데 더 열심을 내고 있다."고 비난하였다.[27] 아울러 구학파(Old School)를 대표하는 프린스턴 신학교의 찰스 하지(Charles Hodge, 1797~1878)는 "죄인들이 스스로 거듭날 수 있으며, 자신들이 원할 때 언제든지 회개하고 믿을 수 있다고 하는 교리처럼 영혼을 파멸에 이르게 하는 교리는 없을 것이다."라고 주장하며 피니의 부흥 신학을 비난하였다.[28]

• 피니의 설교

피니는 매력 있는 외모와 인격적 자질을 갖춘 설교자였다. 83kg의 체

---

27) Bennet Tyler and Andrew Alexander Bonar, *Nettleton and His Labours: Being the Memoir of Dr. Nettleton* (1854), 344. Ian Murray, *Pentecost-Today?* 『성경적 부흥관 바로 세우기』 서창원 역 (서울: 부흥과 개혁사, 2001), 211에서 재인용.

28) Charles Hodge, *Systematic Theology* (London: Nelson, 1874), 2:277.

중, 185cm의 훤칠한 키, 금발에 푸른 눈동자의 소유자로 재기가 남달랐다. 댄스와 첼로 연주, 운동 경기에 남다른 재능이 있었다. 그의 청중 가운데 하나였던 헨리 스탠튼(Henry B. Stanton)은 다음과 같이 그의 외모와 설교 형식에 대해 말하였다. "키 크고, 신중하게 보이는 남자, 성직자의 복장이 아닌 회색 옷을 입은 사람이 강단에 올라갔다. 소량의 머리가 그의 긴 이마를 가렸고, 그의 눈은 빛나는 푸른빛이었고, 그의 모든 움직임은 권위가 있었고, 은혜로웠다. 나는 들었다. 그것은 설교 소리가 아니라 법률가가 법정과 배심원 앞에서 논증하는 것 같았다. 법률가가 설교자가 된 것은 아마도 그가 성직자가 되기 전에는 없었던 것 같다. 그의 설교는 논리의 연속이었고, 교묘한 예증으로 빛났고, 드물게 감싸는 듯하며 가락이 어우러진 듯한 목소리로 긴급하게 호소함으로 강조하기도 하였다."[29]

피니의 설교를 더욱 빛나게 만든 것은 그의 신앙 체험과 인격이었다. 그는 젊었을 때 애덤스 근교의 숲속에서 성경 말씀을 붙잡고 밤새도록 기도함으로 응답받은 후 회심하였기 때문에 언제나 기도를 강조하였다 (Fant 1976, 3:321). 그는 또한 자신을 부정하는 신앙인이었고, 인격자였다. "단순한 성격이었고, 가정적이며, 항상 이해하기 쉽게 말하며, 눈에 가득 찬 눈물과 가슴에 연민의 정을 품고 죄와 심판에 대해 설교한 설교자였고"(Demaray 1976, 78), 사랑과 애정이 충만하였던 연민의 사람이었다.[30] 이

---

29) T. Harwood Pattison, *The History of Christian Preaching* (Philadelphia, American Baptist Publication Society, c1903), 368~369.

30) Charles Finney, *The Autobiography of Charles G. Finney: The Life Story of America's Greatest Evangelist, in His Words*. Helen Wessel edited 『찰스 피니의 자서전』, 양낙홍 역 (서울: 생명의 말씀사, 1984), 22. 피니가 설교자로 나서기 전 항구에서 잠시 일하고 있을 때 한 창녀가 그를 유혹한 일이 있었는데 피니가 그녀를 바라보며 눈물을 흘리자, 창녀도

교회 역사를 빛낸 위대한 설교자들

러한 점이 바로 그를 능력 있는 설교자로 만들었다.

피니는 설계자가 건물의 청사진을 그리는 것처럼 종이 위에 설교의 개요를 적어 나면서 설교를 작성하였다. 설교 개요가 완성되면 설교 구성을 위해 생각하거나 기도에 몰입하였다. 그 후 전체 내용을 재구성하였고, 설교 내용이 만족스럽지 않으면 다른 내용으로 대체하기도 하였다. 이처럼 철저한 준비를 통하여 설교를 작성하고, 1시간 반에서 2시간 정도 설교하였다.

피니는 영혼 구원에 초점을 맞추어 설교하곤 하였다. 곧 그는 거듭나지 못한 이들의 타락한 모습, 성령을 통한 완전한 변화의 필요성, 예수 그리스도의 인성과 신성, 모든 인류의 구원 필요성을 채우는 그리스도의 대속적 죽음과 그로 말미암는 효과, 성령의 은사 및 거룩하게 하시는 사역, 회개, 신앙, 이신득의, 성화, 구원의 조건으로서의 견인 등을 주로 설교하였다. 피니의 설교 주제는 회심이었던 셈이다. 아무리 많은 사람을 교회로 모은다고 하더라도 회심이 없는 설교를 하게 된다면 허사를 경영하는 것이기 때문이다.

피니는 수천 명의 성도를 모았지만, 회심의 중요성을 무시했던 왈도 에머슨(Ralph Waldo Emerson, 1803~1882)을 조롱하는『어떻게 하면 아무도 회심시키지 못하는 설교를 할 수 있을까?』라는 팸플릿을 작성하였는데, 회심을 초래하지 못하는 설교의 특징을 다음과 같이 나열했다. "1. 설교의 동기를 죄인을 구원하기보다는 인기를 얻는데 두라. 2. 하나님을 기쁘시게 해 드리는 것보다 청중을 기쁘게 하고 명성을 얻기 위해 연구하라. 3. 사람을 많이 모으기 위해 대중적이고 일시적이며 선풍을 불러일으킬 수 있는 주제를 택하라. 4. 죄를 추상적으로 비난하고, 당신의 회중 안에 유

_____

감동되어 울고 말았다는 이야기가 전해 내려오고 있을 정도로 그는 연민의 사람이었다.

포된 죄들에 대하여는 가볍게 지나쳐라. 5. 덕의 사랑스러움과 천국의 영광에 대해서만 설교하고 죄의 죄 됨에 대하여는 지적하지 말라. 6. 결석한 자의 죄만 책망하고, 출석한 자들은 스스로 만족하게 하여서 그들이 설교를 즐기도록 하고 마음이 상해서 돌아가게 하지 말라. 7. 세상적인 교인들에게 하나님은 너무 선하시므로 설사 지옥이 있다 하더라도 아무도 지옥에 보내시지 않을 것이라는 인상을 주어라. 8. 어떤 거듭남도 불필요하다는 것을 보여 주기 위하여 하나님은 모든 사람의 아버지가 되시며 인간은 모두 형제라는 것을 설교하라"(Finney 1993, 19). 올바른 설교는 죄인의 구원에 초점을 두고, 하나님을 기쁘게 해 드리려는 동기에서 해야 하며, 이를 위하여 죄에 대해 구체적으로 지적할 것을 주장한 것이다. 회개와 거듭남이 없는 설교는 만담에 불과하기 때문이다. 이처럼 피니는 회심을 중시한 설교자였고, 그의 설교를 듣고 개종한 사람의 85%가 신앙을 고수했다고 한다.

피니의 설교에는 그의 신학과 인격이 반영되어 있다. 그는 구원을 하나님과의 관계에서의 완전한 인격적인 변화로 보았고, 모든 죄를 회개하고 버려야 구원을 받는다고 가르쳤다. 피니는 회심 체험을 인격적 변화로 보았고, 인격적인 변화는 하나님을 닮아 가는 것으로 이해했다. 피니의 주장을 인용해 보자: "인격의 변화는 이기적인 상태로부터 적극적으로 하나님과 인간을 사랑하는 상태로의 변화를 의미합니다. 은혜 체험을 할 때까지 모든 죄를 고백하고, 그리스도의 대속적인 죽음을 통한 사죄의 확신에 이를 때까지 하나님을 찾아야 합니다. 죄는 육체적인 연약함과는 구별되는 자발적인 행위이며, 의지의 그릇된 선택이므로 죄에서 벗어나려면 인간성에서 도덕적인 변화가 요구됩니다."(Finney 1993, 27) . 피니는 풍성한 감정과 상상력의 소유자였지만, 회심은 지성적 활동, 곧 이해에 의해서만 가능하다고 가르쳤다. 그는 진리 제시에 기도와 성령의 사역이 필수적이라고 보고 기도에 열심을 내었고, 외부로부터 공격이나 저주를 받을 때 보복, 저주하거나 논쟁하지 않으려고 하였다. 왜냐하면 이러한 것들이 교회의 부흥을 방해할 수 있기 때문이다(Finney 1993, 27~28).

피니는 원고 없이 간단한 메모만 가지고 설교하였다. 설교 내용을 원고로 쓰지 않고, "신중하게 작성된 그의 설교의 골격, 곧 책으로 말하면 반 장 정도인 카드 한 면에 쓴 것을 보고 설교하였다"(Finney 1984, 26). 피니의 "묘사는 즉흥적이었지만, 내용이나 형식은 전혀 조잡하지 않았고," 논증적이며 논리적이었다(Finney 1984, 35). 설교에 쉽고 단순한 용어를 사용하였고, 예화는 일상생활 가운데 일어나는 것들을 활용하였다. 그는 대화체의 설교를 선호하였고, 논리는 반복법을 많이 사용하였고, 논증적인 면이 강하였다. 1828년 브레이너드(Brainerd)에게 쓴 편지에서 피니는 좋은 설교자가 갖추어야 할 요건을 제시하였다. (1) 자신의 스타일을 갖고, (2) 일상적인 언어인 구어체를 써야 하며, (3) 미사여구를 피하고, (4) 진지하게 전하고, (5) 청중이 이해할 수 있도록 통속적이라고 할 수 있는 언어의 사용을 두려워하지 말고, (6) 하나님의 은혜가 나타나도록 기도하는 게 필요하다고 하였다. 그는 이렇게 말하면서 "비록 당신이 천사의 지혜를 가지고 있다고 하더라도, 기도의 영을 잃어버린다면, 당신은 아무것도 할 수 없을 것이다. 만일 당신이 영성을 잃어버린다면 즉시 연구를 중단하고, 회개하고, 하나님께 돌아서거나 아니면 다른 직업을 찾아 나서는 것이 더 나을 것이다. 왜냐하면 세상적인 마음을 가진 목사보다 더 추하고 가증스러운 존재를 상상할 수 없기 때문이다"(Finney 1993, 33)라고 하였다.

피니는 신앙적 균형을 강조하였다. 그는 성령의 역사 없이 진정한 영적인 체험이 불가능하다고 하였지만, 불건전한 신비주의나 감정적 흥분에 빠지지 않을 것을 주장하였다. 감정이 우위를 점하게 되면, 의지가 무력화되고, 이는 열광주의에 빠질 수 있으므로, 참된 신앙은 논리와 의지에 호소해야 한다는 것이다. 피니의 설교법에 관하여 죠셉 톰슨 박사(Dr. Joseph P. Thompson, 1819~1879)는 다음과 같이 지적했다: "피니의 설교법은 독특하였다. 그에게는 일찍이 법률 공부를 통하여 훈련된 분석력과 고도의 조직력이 있었다. 그는 오류와 궤변을 단번에 뚫어 보고, 복잡한 감정과 동기, 혹은 행동을 분석하였다. … 하나님의 진리에 대한 그의 실험적 지식은 깊고 철저했으며, 진리 안에서 인간 심성의 작용에 관한 그의 실험적 지식은 광범위하고 철학적이었다. 그리하여 그의 설교는 양심을 탐색하고 판단을 확신시키며 의지를 휘저어 동의하든지 거부하든지 하게 만들었다. 그는 웅변술을 연구하지 않았으므로 설교가 우아하지 않았지만, 이상한 능력이 있었다. 청중 사이에 영적 분위기가 조성되면 그의 호흡, 제스처, 그리고 강조점과 감탄사 등에서 최고의 웅변적 효과를 자아내었다. 그의 말에는 항상 성실한 확신이 함께하였다. 진지한 마음의 힘이 그의 논리와 병행하였다."(Finney 1984, 25~26).

피니는 설교 운동을 통해 수많은 사람을 하나님의 품으로 인도하였다. 1831년 있었던 피니의 앤도버 대학 집회에 참석했던 파크(E. A. Park)라는 사람은 58년이 지난 1891년 회상하면서 그때 피니를 통해 받았던 인상을 잊을 수 없다고 하였다. 당시 피니는 디모데전서 2:25를 본문으로 「하나님과 사람 사이의 중보자이며 사람이신 예수 그리스도」라는 제목으로 1시간 45분 정도 설교하였고, 이때 그를 비판하기 위해 그곳에 온 사람마저도 큰 은혜를 받았다고 하면서, "그의 설교는 매우 탁월할 뿐만 아니라 과연 혁명적이었다. 너무나 진지하였기 때문에 일부러 꾸민 것이라고 말할 수 없었다. 그러나 굳이 말로 표현하면, 그의 설교는 극적이었다. 그의 수사학적 표현 중에 어떤 것은 형언할 수 없을 정도로 아름다웠다."

교회 역사를 빛낸 위대한 설교자들

고 하였다.[31]

• 피니의 영향

찰스 피니가 살던 시대는 인구의 급격한 증가로 인한 사회적 혼란, 교통망과 기술력의 혁명, 급속한 경제적 성장, 인구의 서부로의 대이동 등 격변의 세기였다. 그는 이러한 격변기에 설교 운동을 전개하여 60만 명이 넘는 회심자를 배출하였다. 그는 또한 신학자로서 사회적 행동주의를 고취하였고, 금주법과 여권 운동 및 교육 운동에 앞장섰으며, 노예 해방과 인종 차별 반대 운동을 통하여 미국인의 양심을 깨운 인물이었다. 이처럼 그가 미국 사회에 엄청난 영향을 미쳤지만, 동시에 그가 후대에 미친 부정적 영향도 간과할 수 없다. 그 몇 가지를 살펴보도록 하자.

첫째, 교회 안에서 감정 중심적 열광주의가 자리 잡는 계기를 마련하였다. 서부 개척지에서 부흥 운동이 절정에 이르렀을 때, 사람들은 발작, 경련, 무아지경, 황홀경 등 육체에 나타난 현상을 은혜 체험으로 간주하면서 부흥에 대한 이해가 달라지기 시작하였다. 전통적인 의미에서 부흥은 회심 운동에 기초한 것이었지만, 제2차 대각성운동 이후로는 영적 체험의 여부로 바뀌면서 경건보다는 영성 개발을 중시하게 된 것이다. 피니는 감정에 호소하는 식의 신앙 운동에 대해 반대했지만, 그의 인본주의적 부흥 사상이 역설적으로 광신주의적 신앙 운동을 부추기는 역할을 하였기 때문이다. 하나님의 주권보다는 인간의 의지를 더 중시함으로 인본주의적 신앙 형태로 나아갈 수 있게 한 것이다. 한 예로, 그는 기도하면 반드시 응답이 온다는 '믿음의 기도' 운동을 전개했다. 믿고 기도하면

---

31)   G. F. Wright, *Charles Grandison Finney* (Boston: Houghton, Mifflin, 1891), 72~74 (Murray 2001, 64 재인용).

주시겠다고 하였으므로, 인간이 힘을 다해 기도하면 모든 것이 성취된다는 주장, 즉 기도를 만사형통의 방편으로 간주한 것이다. '믿음의 기도' 운동은 그의 지지자들 가운데 널리 퍼졌다. 피니의 제자들 가운데 퍼졌던 체험주의 신앙의 한 예를 들어 보자. 피니의 지지자로서 세대주의자인 에드워드 어빙(Edward Irving, 1792~1834)이 1834년 스코틀랜드에서 죽자 그의 추종자들은 흰옷을 입고 그가 부활하기를 기도하였다.[32] 하나님이 받으시는 기도는 인간의 뜻에 좌우되는 게 아니라 하나님의 뜻에 따르는 것이라는 것을 망각한 것이다.

둘째, 교회 회원의 자격 기준을 크게 낮추어 교회의 세속화를 가속화했다. 제2차 대각성운동, 특히 피니의 부흥 운동 이전에 복음 사역의 성공 여부를 판단하는 기준은 거듭남과 성화, 곧 회심한 성도의 숫자였다. 교회는 거듭난 신자들의 모임이므로 교회 회원의 자격은 엄격하였고, 교인의 도덕적 수준이 매우 높았다. 교인이 되기 위해서는 바른 신앙의 고백과 회심의 체험, 그리고 경건한 생활이 요구되었다. 그러나 피니의 부흥과 함께 교회 회원의 자격이 완화되었다. 설교자의 초청에 순종하여 교회 앞으로 걸어 나오기만 하면 회심자로 간주하였으므로, 이때부터 더는 회심을 강조하지 않게 되었다. 이는 결국 회심을 경시하게 했고, 죄를 피상적인 것으로 간주하는 풍조가 늘어났다. 예수를 믿는다고 말하기만 하면 교인으로 간주하게 되었으므로 거듭난 신자와 아닌 자를 구별할 척도가 없어지게 되었다(Murray 2001, 74, 78). 교회의 세속화를 앞당기게 된 셈이다.

셋째, 부흥과 회심에 대한 신학적 변질을 초래하였다. 18세기의 설교

---

32)   Gardiner Spring, *Personal Reminiscence of the Life and of Times Gardiner Spring*. 2 volumes (New York: Scribner, 1866), 1:229.

자들은 부흥을 회심이나 개인적인 은혜의 체험으로 일어나는 것으로 이해하였으나 피니 이후의 근대와 현대의 부흥 신학자들은 즉각적인 회심보다는 영적인 순례 과정을 중시하기 시작하였다. 영성 훈련이 회심 사건을 대신하게 된 것이다. 세례와 성찬에의 적극적인 참여, 참회를 통한 은혜 등 영성 훈련을 통하여 교회 갱신을 이루고, 부흥이 가능하다고 본 것이다. 하지만 전통적 부흥 설교는 청중이 영적인 무지를 깨닫게 만들어 삶의 변화를 맞도록 유도하는 데 목적을 두었으므로 회개를 촉구하였다. 부흥 운동은 타락을 전제로 하고, 상실에 대한 의식과 이전에 높았던 영성 회복의 필요성 인식하는 데서 출발하기 때문이다. 다른 말로 하면 부흥은 영적인 나태를 은근히 꾸짖는 기능이 있고, 영적인 황금기에 대한 기억을 불러일으키는 과정을 포함하고 있었다. 그러나 피니의 부흥 신학은 인위적인 훈련을 통해 영적인 각성을 하게 하고 교회 성장을 추구하게 만들어 진정한 의미의 교회 부흥을 기대할 수 없게 만들었다.

마지막으로, 피니의 부흥 신학은 하나님 없는 인간 중심의 부흥 신학의 길을 열었다. 피니의 부흥 운동 이후 직업적인 전문 부흥사들이 등장하였고, 그들은 '새로운 방법론'에 기초하여 부흥을 위한 인위적 방안을 도입하였다. 한 예를 들어 보자. 피니의 추종자 가운데 장로로서 직업적인 부흥사로 나선 제이콥 냅(Jacob Knapp, 1799~1874)이라는 사람이 있었는데, 그는 도시 중심으로 150번 이상의 집회를 인도하였는데 은혜를 받는 '새로운 방법론'에 입각하여 생업을 떠나서 금식하라고 외쳤다. 그는 기도와 금식으로 준비하고, 설교와 권면에 귀 기울이며, 겸손히 죄를 고백한 후 주님께서 그들을 찾아오셔서 그들 위에 그의 의를 전가할 때까지 주님을 찾으라고 하였다. 말씀을 통해 각성하고 회심하는 것이 아니라 금식과 절제와 같은 인간적인 노력을 통하여 은혜를 체험하게 한 것이다. 19세기 후반 이러한 피니의 '새로운 방법론'을 교회들이 받아들였고,

20세기에는 교회 성장 신학으로 발전하였다. 교회 성장을 위해서는 어떤 수단과 방법을 가리지 않게 된 것이다. 이러한 관점에서 하버드 대학교의 신학부장이었던 윌라드 스페리(Willard L. Sperry)의 다음과 같은 지적은 합당하다고 할 수 있다. "지난 세기를 지나면서 부흥은……. 시간이 지나면서 점차 관행화되고 틀에 잡히더니 결국은 조작될 수 있는 것으로까지 전락하고 말았다. 빌리 선데이(Billy Sunday)는 우리의 주요한 종교적 제도들의 최종적인 변질의 모습을 대변하고 있다……. 그들의 신학은 때때로 신뢰받을 수 없었고…… 그들의 기교는 너무나 쉽게 드러났고, 또한 치장에 능하였다."[33] 성경보다는 인위적인 방법을 더 중시함으로 교회다움을 상실하게 된 것이다.

---

33)   Willard L. Sperry, *Religion in America* (New York, 1946), 159~161.

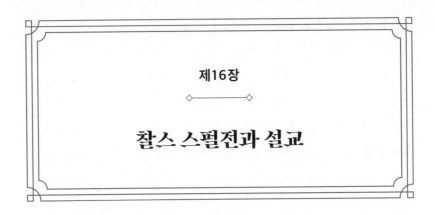

제16장

찰스 스펄전과 설교

존 웨슬리의 설교 운동이 있고 난 뒤로 영국 사회는 많은 면에서 새로워졌다. 윌리엄 윌버포스(William Wilberforce, 1759~1833)에 의해 노예 폐지 운동이 전개되어 흑인 노예들에게 자유가 주어졌고, 1835년 조지 뮬러(George Müller, 1805~1898)에 의해 고아 돌보기 운동이 시작되었으며, 1840년 샤티스베리 경(Lord Schatesbury, 1801~1885)에 의해 어린이 노동 착취를 금하게 되었고, 1845년 정신병원을 관광 장소로 이용하던 악습이 폐지되었다. 본격적인 사회 개혁 운동이 일어난 것이다. 병원과 감옥의 개선, 노동자의 인권과 복지, 노예 해방과 같은 사회 개혁 운동이 활발하게 이루어졌다.

1. 설교자 스펄전의 형성

아울러 19세기 영국인들은 번영을 누렸다. 빅토리아 여왕(Queen Victoria, 1819~1901)이 온건한 개혁 운동을 추진하여 정치적·경제적인 안정을 누릴 수 있었다. 질병 퇴치와 철저한 위생 관리로 인한 인구의 급증, 철도 부설을 통한 교통의 원활해짐, 해외 식민지의 개척 등 소위 '해가 지지 않은 대영 제국'을 이루었다. 시대적 변화에 맞춰 영국 왕실은 1828년 비국교도들에 대한 박해의 수단으로 이용되던 「심사율」(審査律, Test Act)을 폐지하였다. 그와 함께 비국교도의 활동이 두드러지게 나타났다. 그중 괄목할 만한 것이 침례교도의 활약이었는데, 1801년 652개에 불과하던 침례교 교회당이 1851년에는 2,789개로 늘어나는 등 19세기에 큰 발전을 하였다.

· 19세기 영국 사회와 교회

이와 같은 정치적·경제적인 안정에도 불구하고, 영국 사회는 매우 불안정하였고, 사회적 갈등이 양극화되고 있었다. 신흥 중산층은 산업혁명으로 경제적인 풍요를 누렸지만, 서민과 노동자들은 식생활과 주거 등 빈곤에 허덕였다. 중산층과 서민의 임금 격차는 커졌고, 생활 여건이 달라졌으며, 평균 수명의 차이도 크게 벌어졌다. 당시 빈민과 노동자의 평균 수명이 25세에 불과할 정도로 하층 계급은 비참한 생활을 이어 가고 있었다. 빈부 간 갈등이 커지면서 사회의 기초가 흔들릴 수 있는 상황으로 나아가고 있었다.

사상적인 혼란도 가중되어 가고 있었다. 미래에 대한 막연한 낙관론이 확산하고, 사회적 진화를 믿는 이들도 많이 늘어나면서 성경의 권위를 무시하는 풍조가 번져서 갔고, 존 로크(John Locke, 1632~1704)의 자연신교

사상과 데이비드 흄(David Hume, 1711~1776)의 회의주의가 비판 없이 영국인의 의식 속에 수용되고 있었다. 이러한 상황에서 찰스 다윈(Charles Darwin, 1809~1882)이 1859년『종의 기원』(On the Origin of Species)을 발표하자, 많은 지식인이 진화론을 받아들이고 사회 각 분야에 적용함으로 반기독교적인 사상이 사회 각 영역에서 뿌리를 내리고 있었다.

신학자들은 성경의 고등 비평 사상을 수용하기 시작하였고, 성경의 영감과 권위를 부인하는 경향이 강해졌다. 강단은 하나님의 말씀보다 도덕적 교훈을 전하기 바빴고, 그리스도인답게 사는 것보다 교회 사업을 더 중시하였다. 종교 생활이 형식적으로 기울면서 예전과 의식을 통해 기독교의 정체성을 확인하고자 하는 이들이 나타났다. 옥스퍼드 대학의 존 키블(John Keble, 1792~1866)과 존 뉴맨(John Newman, 1801~1890)이 바로 그러한 사람들이었다. 그들은 설교보다 의전(儀典)을 중요시하여 의식 중심의 예배를 드릴 것을 주장하였다.[1] 제단에서의 촛불 사용, 성직자의 복장 착용, 성찬식에서 포도주에 약간의 물을 혼합하는 혼합 성배의 시행, 십자가 성호 긋기, 성수의 사용 등을 내세우면서 예전 운동을 전개하였다. 같은 시기 존 다비(John Nelson Darby, 1800~1882)에 의해 인류의 역사를 7세대로 나누어 설명하는 세대주의(Dispensationalism) 신학이 나타났고, 신비주의 운동도 일어나고 있었다.

• 스펄전의 성장과 회심

이처럼 영적인 암흑기에 횃불처럼 등장한 인물이 바로 "사도 시대 이

---

1) 　성공회 주교였던 뉴맨은 로마 가톨릭이 영국 성공회의 뿌리라고 주장하면서 가톨릭 신앙으로의 회귀를 주장하였고, 나중에 로마 가톨릭으로 개종하여 교황청으로부터 추기경으로 서임받았다.

후 가장 영향력 있고 ⋯ 가장 유능한 설교자"였고,[2] "설교자 가운데 왕자"였던[3] 찰스 하돈 스펄전(Charles Haddon Spurgeon, 1834~1892)이다.[4] 그는 1834년 6월 17일 영국 에식스(Essex)의 작은 도시로, 런던에서 64km 동북쪽에 있는 켈비돈(Kelvedon)에서 태어났다. 그의 조상은 로마 가톨릭교회의 박해를 피해 프

찰스 스펄전

랑스에서 영국에 이민 온 위그노들(Huguenots)로, 성공회 정책을 거부하고 비국교도 신앙에 충실했던 사람들이었다. 할아버지 제임스 스펄전(James Spurgeon)은 청교도 신앙을 고백하는 독립파 목사였고, 아버지 존 스펄전 (John Spurgeon, 1810~1902)도 칼빈주의 신학을 고백하는 비국교도 목사였다. 찰스 스펄전은 17명의 자녀 중 첫 번째 아들로 태어났고, 형제 중 9명은 유아 시절에 죽었다.

스펄전은 1835년 태어난 후 얼마 안 되어 할아버지가 목회하던 스탐본 (Stambourne)으로 이사했다. 비국교도 목사였던 아버지가 교회 형편이 어려워서 그를 돌볼 수 없었기 때문이었다. 스탐본에는 약 500명의 주민이 살았고, 할아버지는 많은 신앙적 동지가 많았다. 스펄전은 할아버지가 신앙적 동지들과 교회 문제와 신학에 대해 자주 토론하는 것을 보면서 자랐다. 특히 그들의 대화를 통해 청교도와 칼빈주의에 대해 알게 되

2)   Andrew W. Blackwood, *Preaching from the Bible* (New York: Abingdon-Cokesbury Press, 1941), 41, 9.

3)   드러먼드는 그의 책 제목으로 스펄전을 설교자들의 왕자라고 칭하였다. Lewis A. Drummond, *Spurgeon: Prince of Preachers* (Grand Rapids, Mich., Kregel Publications, 1992).

4)   20세기 독일의 저명한 신학자요, 설교자였던 헬무트 틸리케(Helmut Thilicke, 1908~1986)는 스펄전의 강의안과 설교를 모아 『스펄전과의 만남』(*Encounter with Spurgeon*)이라는 책을 출판하면서 설교자들에게 "그대가 가진 모든 것을 팔아 스펄전을 사라"고 권하였다. 스펄전은 위대한 설교자로 보배 같은 하나님의 사람이었기 때문이다.

었다. 성경이 하나님의 성령에 의해 영감된 말씀으로써 신앙과 예배, 믿음의 기초가 된다는 것을 믿게 되었고, 이러한 신앙에 기초한 신학이 칼빈주의라는 것을 깨달았다.

스펄전은 어려서부터 많은 책을 읽었다. 그는 할아버지의 서재에서 놀면서 청교도의 책을 찾아 읽곤 하였는데, 어린 그에게 가장 영향을 미친 책 가운데는 존 폭스(John Foxe, 1516~1587)의 『순교 사기』(The Book of Martyrs)와 존 번연(John Bunyan, 1628~1688)의 『천로역정』(Pilgrim's Progress)이 있다. 글을 모르던 시절에는 이 책들 속의 삽화들을 보면서 책 내용을 파악하곤 하였고, 이러한 독서 습관으로 그는 "놀이보다 책을 더 좋아하는 사려 깊은 소년으로 성장해 갔다."[5] 그가 『천로역정』을 완독한 것은 6세 때였고, 100번 이상 읽었다고 한다. 그는 폭스의 『순교 사기』를 통하여 하나님의 수많은 성도를 화형에 처하거나 참수한 로마 가톨릭교회의 위선과 잔악상을 배웠다. 스펄전의 이 두 권의 책에 대한 사랑은 특별하였다. 그는 이 책들이 "어린이를 위한 크리스마스 선물로 완전하다."고 극찬하였고, 어린이들의 신앙 양육 교재로 사용하기도 하였다.

스펄전은 7살이 되던 1841년 8월 드디어 부모가 있는 콜체스터(Colchester)로 돌아갔다. 비국교도였던 스펄전의 아버지 존 스펄전은 「심사율」의 대상이었으므로 정부가 공인하는 교회에서 일할 수 없었고, 사회적 · 경제적 차별을 받고 있었다. 그래서 그는 한 광산업자의 사무실에서 일하면서 톨즈베리에 있는 조그만 회중 교회를 섬겼다. 스펄전은 아버지를 존경하였고, 아버지를 흉내 내면서 설교자로 커 갔다. 스펄전의 어머니는 인자한 성품을 가진 여인이었고, 어린 스펄전에게 성경 이야기를 들려주

---

5)　George C. Needham, *Charles H. Spurgeon, His Life and Labors* (Manchester: Albert Needham Publisher, 1890), 29.

면서 기도해 주곤 하였다. 스펄전은 부모의 배려 가운데 콜체스터 문법 학교에 입학하여 라틴어, 기하학, 고전과 수학을 배웠다.

스펄전은 이처럼 어려서부터 조부와 부모로부터 신앙 교육을 받고 자랐다. 그는 10살이 되기 전에 존 오언(John Owen, 1616~1683), 리처드 십스(Richard Sibbes, 1577~1635), 존 플레이블(John Flavel, 1627~1691)과 매슈 헨리(Matthew Henry, 1662~1714)와 같은 저명한 청교도들의 글을 읽었고, 신앙적으로 매우 성숙해 있었다. 1844년 여름, 그가 10살이었을 때 스펄전의 집을 방문했던 런던 선교회 소속의 선교사 리처드 닐(Richard Knill)은 그의 인격과 신앙을 보고, 머지않아 그가 런던에서 가장 큰 비국교도 집회소 로우랜드 힐(Rowland Hill)에서 설교하게 될 것이라는 덕담을 하였다. 그의 덕담은 그대로 이루어져서 10년 후 그곳에서 설교하였다.

15살이던 1849년 8월 스펄전은 외삼촌이 교사로 있던 뉴마켓 아카데미(New Market Academy)에 입학하였다. 뉴마켓 아카데미에서 그는 자신의 죄성과 영적인 무능함을 깨달았고, 영혼 구원 문제에 대해 고민하였다. 그렇지만 그가 가졌던 칼빈주의적 신앙은 흔들리지 않았다. 그는 학교생활을 하며 시간을 내어 로마교황청의 위선에 관하여 연구한 후 『교황제도를 폭로함』(Popery Unmasked)이라는 책을 썼다. 이 책은 그의 첫 번째 저서로, 295쪽의 방대한 분량의 책이었다. 그는 이 책으로 유명하게 되었고, 교장으로부터 상을 받았다.

스펄전은 방학을 이용하여 잠시 여행을 떠났다. 1850년 1월 6일, 그는 여행 중 한 초대감리교회(Primitive Methodist Church)에서 한 평신도 설교자가 이사야 45장 22절을 본문으로 설교할 때 은혜를 받고 영적 각성을 하였다. 스펄전은 그때 평신도 설교자의 설교 모습을 다음과 같이 기록해 놓았다. "그는 많은 말을 하지 않았다. 그가 본문을 반복하여 말하도록 하신 하나님께 감사한다. 그리고 거기에는 더 말이 필요하지 않았다……

그리고 그는 말을 멈추더니 내가 앉아 있던 갤러리를 바라보면서 말하였다. "아주 비참하게 보이는 저 젊은이!" 그리고 그는 소리쳤다. 마치 초대 감리교회만이 그렇게 할 수 있다고 생각하는 것과 같이. "보시오! 젊은이! 지금 보시오!" 그 후 나는 내 눈이 아닌 나의 마음으로 그리스도를 보았다. 나는 그리스도께서 구세주라는 것을 깨닫게 되었다."[6] 스펄전은 평신도 설교자의 설교를 통해 영적인 오관을 열어 십자가상에서 고통당하는 그리스도의 고난을 본 것이다. 이 설교로 그는 삶의 전환점을 만났고, 이러한 감격 때문에 매년 몇 차례, 평생 280번 이상 언급하였다.

평신도 설교자를 통해 각성한 스펄전은 조상들이 섬기던 독립 교회에 속해 있을 것인지 아닌지를 놓고 고민하다가 침례교도가 되기로 하였다. 그는 1850년 4월 4일 뉴마켓 침례교회로 교적을 옮긴 후, 5월 3일 침례를 받았다. 믿는 자들에게만 세례를 주어야 한다는 침례교의 가르침이 성경적이라고 믿고, 다시 세례를 받은 후 침례교로 개종한 것이었다.[7] 영적 각성과 개종 후 스펄전은 성경과 청교도의 글을 읽고 연구하는 데 더 많은 시간을 내었다. 청교도들의 책을 읽고, 연구하면서 청교도의 신학 사상만 아니라 설교체를 자신의 것으로 만들어 갔다.

- **스펄전과 케임브리지 설교 운동**

스펄전은 뉴마켓 아카데미를 마친 후 1850년 6월 케임브리지로 이

---

6)   Charles H. Spurgeon, *Spurgeon's Sermons, The Memorial Library* (New York: Funk and Wagnalls Co., n. d), 1:319.

7)   그렇지만 유아들에게 할례를 베푼 것처럼, 유아들이 세례를 받은 것은 성경적이라고 볼 수 있다. 왜냐하면 세례는 계약적 의미가 있기 때문이다. 그리고 성경이 믿는 자와 그들의 자녀에게 세례를 줄 것을 명하고 있고(행 16:31), 세례(침례)가 하나, 곧 한 번이라고 말씀하고 있으므로(엡 4:5) 재세례는 성경적이라고 할 수 없다.

사하였다. 그해 10월 그는 세인트 앤드류스 침례교회(St. Andrew's Baptist Church)에 등록한 후 주일학교 교사로 교회를 섬겼다. 동시에 그는 설교에 관심이 있어서 평신도 설교자 연합회에 가입하여 활동하였다. 그해 겨울, 스펄전은 케임브리지 근교 테버샘(Teversham)에 있는 한 오두막집에서 몇 명의 농부들과 같이 신앙 수련회를 했고, 그들의 요청으로 평생 처음으로 설교하였다. 첫 설교임에도 불구하고, 그의 설교는 영적 감화력이 있었고, 청중들은 뜨겁게 반응하였다.

스펄전은 오두막집 설교를 통해 하나님이 자신에게 주신 은사가 설교라는 것을 확인한 후, 1851년부터 순회 설교 운동을 시작하였다. 매주 케임브리지 근교에 있는 13개 마을을 방문하여 설교하기 시작한 것이다. 순회 설교를 통해 설교자로서 명성이 얻은 스펄전은 1851년 10월 케임브리지에서 몇 마일 떨어져 있는 워터비치(Waterbeach) 침례교회로부터 설교자로 청빙 받았다. 겨우 17살의 소년이 첫 목회자로 부름을 받은 것이다. 스펄전이 이 교회에 부임했을 때 40여 명의 교인이 모였지만, 2년 후에는 400여 명으로 늘어났다. 10배의 성장이 일어난 것이다(Drummond 1992, 163). 그는 19살까지 약 2년간 이곳에서 600회 이상 설교하였다. [8]

나이 어린 목회자였음에도 불구하고 스펄전은 워터비치 교인들로부터 사랑과 존경을 받았다. 그는 교인들의 형편을 알기 위해 열심히 가정을 방문하였고, 심방 후에는 모든 교인의 자녀 이름을 기억하였다. 그는 교인들의 인격을 존중하였고, 매사에 신중하였다. 공적이든 사적이든 교인들을 만나면 먼저 복음을 제시하였다. 하나님과의 관계가 온전한지 확인하고 그렇지 않을 때는 관계 회복을 권하였다. 그는 병자와 마음이 상한

---

8)   Eric W. Hayden, *Spurgeon on Revival: A Biblical and Theological Approach* (Zondervan Publishing House, 1962), 2.

자들을 자주 방문하였고, 성도들의 임종은 어떤 경우든 지키려고 하였다. 이처럼 신실한 젊은 목회자 스펄전을 통하여 워터비치 교인들의 삶도 크게 달라졌다. 저녁이 되면 가족과 함께 예배드리는 이들이 많아졌고, 이러한 예배의 회복은 생활 개혁으로 이어졌다. 모든 가정에서는 찬송과 기도, 성경을 읽는 소리가 울려 났고, 사람들의 삶에서 폭언과 폭력, 구타와 난동, 술주정 같은 것을 찾아볼 수 없게 되었다(Drummond 1992, 163~164).

스펄전은 이처럼 목회 사역에서 큰 열매를 맺었지만, 공부에 대한 열정을 버릴 수 없었다. 그가 받은 공적 교육은 뉴마켓 아카데미에서 1년 공부한 것이 전부였기 때문이다. 더구나 그는 심사율의 대상이었으므로 진학의 문이 닫혀 있었다. 심사율이 1828년 폐지되었지만, 케임브리지나 옥스퍼드와 같은 학교는 여전히 비국교도를 좋아하지 않았다. 따라서 스펄전이 진학할 수 있는 대학은 교단에 속한 학교였다. 그는 대학 진학을 위해 침례교단 소속의 스테프니 대학(Stepney College)에 지원하였지만, 대학 여직원의 실수로 입학을 허락받지 못하였다. 직원이 그를 입학 책임자인 학장이 아닌 다른 이의 방으로 안내하였고, 스펄전은 2시간이나 기다리다가 집으로 돌아왔기 때문이다. 그는 이 사건을 "하나님의 손에 이끌린 여직원의 실수"라고 언급하곤 하였다(Drummond 1992, 171~172).

2. 스펄전의 목회와 설교

스펄전은 1853년 11월 길드홀에서 열린 케임브리지 주일학교 연합회(Cambridge Sunday School Union) 연례집회의 설교 강사로 초청받았다. 그는 이 집회를 성공적으로 마쳤고, 이 집회를 통하여 유명 인사의 대열에 서게 되었다. 10대의 설교자가 나타났다는 소문을 들은 런던의 뉴파크 스트리트 교회(New Park Street Church)가 그를 1854년 4월 담임 목사로 청빙 하였다. 뉴파크 스트리트 교회는 런던에서 가장 큰 교회로, 스펄전이 어리다고 생각하여 6개월간 설교한 후 청빙 여부를 결정하자고 제안하였다. 그때 스펄전은 "회중이 그렇게 하는 것을 원하지 않을 것이며, 나도 걸림돌이 되는 걸 원하지 않는다."고 말하면서 자신에 대한 평가 기간을 3개월로 단축하자고 제안하였다(Drummond 1992, 197~198). 교회가 이 제안을 받아들이자, 스펄전은 런던으로 이사하였다. 교인들은 그의 목회와 설교에 크게 만족하였고, 한마음으로 그를 담임 목사로 세웠다. 이로써 스펄전은 19세의 청년으로 대교회의 담임 목사가 되었다.

• 뉴파크 스트리트 교회

뉴파크 스트리트 침례교회는 약 200년의 역사를 가진 교회로 당시 런던에 있는 침례교회 가운데 가장 컸고, 1,200개의 좌석을 가지고 있었다. 이 교회를 담임했던 목사들 가운데는 특수 침례교회의 설교자로 명성을 날린 벤저민 키치(Benjamin Keach, 1640~1674), 그리고 신학자 존 길(John Gill, 1697~1771)과 존 리폰(John Rippon, 1751~1836) 등이었다. 역사와 전통이 있는 뉴파크 스트리트 교회가 대학도 못 나온 어린 시골 청년을 담임으로 초청하자, 많은 이들의 관심을 끌었다. 특히 신문들의 관심이 남달랐다. 어떤 신문은 스펄전이 어리고, 학력 없는 목사라고 지적하였고, 다른 신문은 스펄전의 설교를 극찬하거나 혹평하였다. 한 예로, 입스위치(Ipswich)의 『익스프레스신문』(Express)은 스펄전의 설교에 "악한 냄새가 나며, 저속하며, 연극적이다."라고 비난하기도 하였다(Drummond 1992, 14). 이러한 악의적인 비난과 칭찬에도 불구하고, 스펄전은 요동하지 않고, 설교에만 전념하였다. 교인들은 스펄전의 설교에 대해 뜨거운 반응을 보였고, 수

많은 이들이 교회로 몰려들었다. [9]

스펄전의 설교를 통해 뉴파크 스트리트 교회는 크게 부흥하였다. 스펄전이 뉴파크 스트리트 교회에 부임하였을 때 출석 교인 수는 313명에 불과하였지만(Drummond 1992, 208), 1년 후 1천 2백 개의 좌석을 갖춘 교회당도 비좁았다. 좌석이 없어서 예배 때 자리에 앉지 못하거나, 예배를 드리지 못하고 집으로 돌아가는 이들이 늘어나자, 1855년 교회는 4천 5백 명의 좌석을 가진 엑시터 홀(Exeter Hall)을 빌렸다. 그러나 얼마 후 엑시터 홀도 채워지자, 1856년 1만 2천 명을 수용하는 서리 가든즈(Surrey Gardens) 음악당을 빌려 예배드렸다. 하지만 이 음악당도 비좁게 되고, 만여 명이 밖에서 다음 예배를 기다려야 할 정도가 되었다.

설교자로서 스펄전의 명성이 런던을 넘어 영국 전역으로 퍼져 갔다. 설교 듣기 원하는 이들이 늘어나자, 1855년 스펄전은 한 해 동안 전한 설교를 모아 「뉴파크 스트리트 강단」(New Park Street Pulpit)이라는 제목으로 출간하였고, 매주 주일 설교를 인쇄하여 배포하였다. 1856년 11월부터 1859년 12월 사이에 주일예배에 평균 1만 명이 넘었고, 1857년 10월 7일 크리스탈 팔라스(Crystal Palace)에서 모인 국가 금식 기도회 때는 그의 생애 중 가장 많은 숫자인 23,654명이 참석하였다(Drummond 1992, 251). 스펄전은 영국, 스코틀랜드, 아일랜드와 웨일스를 여행하면서 순회 설교 운동을 전개하였고, 네덜란드와 프랑스에서 매주 8회 또는 12회의 이상의 설교를 하며 대중 집회를 인도하였다. [10]

---

9)   뉴파크 스트리트 교회는 나중에 메트로폴리탄 태버나클로 개명되었다. 스펄전은 이 교회를 38년간 목회하였고, 그가 이 교회를 떠날 때는 평균적으로 5,311명이 참석하였다. 스펄전의 목회하는 동안 14,460명이 교인 수에 가입되었다.

10)   1859년의 영국의 부흥에 미친 스펄전의 영향에 대하여는 Ian H. Murray, "A Hundred Years Ago: C. H. Spurgeon and the 1859 Revival," *The Banner of Truth* (Feb

스펄전은 22살이 되던 1856년 1월 뉴파크 스트리트 교회의 교인이요, 당시 번창하던 리본 제조업자의 딸인 수산나 톰슨(Susanna Thompson)과 결혼하였고(Drummond 1992, 225), 그해 9월 쌍둥이 아들, 찰스(Charles Spurgeon Jr)와 토머스(Thomas Spurgeon)를 얻었다. 그들은 스펄전을 따라 목사가 되었다. 토머스 스펄전은 스펄전이 섬기던 메트로폴리탄 태버나클의 후임 목사가 되었고, 찰스 스펄전 2세는 스펄전이 세운 바 있는 보육원을 맡아 섬겼다. 스펄전의 아내 수산나는 33살 때부터 예배에 참석하지 못할 정도로 병약했지만, 남편 내조에는 최선을 다하였다. 그는 남편 스펄전을 매우 존경하였고, 간혹 "각하"를 의미하는 디르샤다(Tirshatha, 페르시아 황제 치하에서 유대의 총독을 부르던 칭호)라고 부르며 남편에 대한 애정과 존경심을 표하였다(Drummond 1992, 230). 사랑이 넘치는 가정을 이룬 것이다.

• 메트로폴리탄 태버나클

스펄전은 늘어나는 교인들을 수용하기 위해 새 예배당을 신축하고, 1861년 3월 18일에 입당하였다. 신약이 헬라어로 기록된 것처럼 교회당도 헬라의 건축 양식에 따라 짓는 게 좋다고 생각한 그는 예배당을 헬라식으로 짓고 이름을 메트로폴리탄 태버나클(Metropolitan Tabernacle)이라고 명하였다. 메트로폴리탄 태버나클 건축 후 3년째이면서 런던에서의 목회 10년 차가 되던 1864년에는 교인 수가 2,934명으로 늘어났다(Drumond 1992, 209). 메트로폴리탄 태버나클은 5,600개의 좌석을 가진 예배당이었지만 몰려드는 신자들을 수용하기에는 역부족이었다. 결국 스펄전은 주일예배를 2부로 드렸고, 매주 약 10,000명이 참석하였다(Drummond 1992,

---

1959): 4~11을 참고하시오.

교회 역사를 빛낸 위대한 설교자들

209).[11] 1867년 교회당을 수리하기 위해 5주간에 걸쳐 애그리컬추럴 홀 (Agricultural Hall)을 빌려 사용하였고, 그때 2만 명이 넘는 사람이 참석하였다. 교회당이 좁아 교인을 수용할 수 없었다. 교회당 문제로 고민하던 그는 성도들에게 다른 교회로 가서 예배하라고 권하였다. 그렇지만 한 사람도 떠나지 않았다. 이러한 상황에서 그는 성도들에게 교회에 참석하지 못하는 이들을 위해 자리를 양보할 것을 부탁하였다. 성도들은 스펄전의 제안대로 자리를 양보하는 운동을 전개하였다. 그렇지만 예배당은 즉시 새 신자로 채워졌다(Hayden 1962, 3).

스펄전은 교회의 사람으로 교회를 바로 세우는 일에도 앞장섰다. 그는 노예제도가 악한 것이라고 비판하면서 폐지를 촉구하였다. 이 일로 인하여 그는 미국 남침례교회(Southern Baptist Church)와 불편하게 되었다. 미국 출판사들은 스펄전의 글을 출판하며 그의 노예 폐지 주장을 삭제하곤 하였다. 그는 또한 성공회의 의식주의 운동도 반대하였다. 1862년 영국 성공회(Anglican Church)가 세례를 받으므로 거듭나게 된다는 '세례에 의한 중생 교리'(baptismal regeneration)를 공포하자, 스펄전은 거듭남이 교회 의식의 수행이 아닌 말씀과 성령의 역사로 일어난다고 주장하며 의식주의를 비판하였다. 아울러 그는 교단이 다르더라도 같은 신앙을 가진 이들과 협력하는 일에는 주저하지 않았다. 1877년 스코틀랜드 자유 장로교회(Free Church of Scotland)가 그를 초청하자 선뜻 찾아갔고, '중국내지선교부'(China Inland Mission)를 설립한 허드슨 테일러(James Hudson Taylor, 1832~1905)를 위해 인적·물질적 후원을 아끼지 않았다.

한편 그는 정통 신학에 도전하며 교회를 허무는 이들과는 대립각

---

11)   Jay E. Adams, *Sermon Analysis: A Preacher's Personal Important Textbook and Workbook* (Denver: Accent Publications, Inc., 1986), 185.

을 세웠다. 19세기 후반 대부분의 영국 교회가 찰스 다윈(Charles Darwin, 1809~1882)의 진화론과 성경에 대한 고등 비평을 수용하자, 그는 1877년 '교회 침체 논쟁'(Down Grading Controversy)을 제기하였다. 진화론은 창조론을 뒤집어 놓는 이교적인 사상이고, 성경 고등 비평은 성경 해석상의 문제가 아니라 신앙의 본질에 속한다고 주장하면서, 이러한 사상들 때문에 교회 정체성을 잃게 되었고 영적 침체 현상이 가속화한다고 지적한 것이다. 그는 진화론과 자유주의 신학에 대항하고, 바른 신앙 운동을 확산할 목적으로 월간지『검과 모종삽』(The Sword and Trowel)을 발행하였고, 이 잡지를 통해 그는 속죄 희생이나 성경의 영감을 부정하는 자, 이신칭의 교리를 악평하는 자들에 대항하여 싸울 것을 주장하였다.

스펄전은 설교자로서 유별난 은사를 가진 사람이었지만 건강에는 그렇지 못하였다. 그는 젊어서부터 요통, 좌골신경통, 류머티즘으로 고생하였다. 하지만 이러한 질병들이 그를 설교단으로부터 끌어내리지는 못하였다. 노후에 그를 힘들게 괴롭힌 건 류머티즘 통증이었다. 그는 이러한 질병과 싸우면서 설교 운동을 계속하였고, 1891년 6월 7일 메트로폴리탄 태버나클에서 마지막 설교를 한 후, 1892년 1월 31일 프랑스 남부에 있는 마튼(Menton)에서 하나님의 부름을 받았다.

스펄전의 소천은 많은 사람을 슬픔 가운데 몰아넣었다. 신문들은 그의 사망 소식과 함께 로마 가톨릭교회 추기경 매닝(Cardinal Manning, 1808~1892)과 빅토리아 여왕의 손자인 에드워드 왕자(Albert Victor Christian Edward, 1864~1892)의 사망을 알렸다. 에드워드 왕자는 귀한 신분으로 태어났지만, 고약한 성격과 지적장애 때문에 대중의 존경을 받지 못하였다는 평이 많았고, 추기경 매닝은 종교적으로 귀한 신분에 속하였지만, 교권의 노예처럼 살았다는 평가를 받았다. 그러나 스펄전은 명문가 출신도 아니고 대학을 졸업하지도 못했지만, 그가 영국 사회에 미친 영향은 엄청나다고 평가하였다. 그의 사망 소식이 전해지자, 런던 시민들은 상가를 철시하고, 애도를 표하였다. 그의 시신이 2월 9일 프랑스로부터 런던으로 돌아와 메트로폴리탄 태버나클에 도착하였을 때 6만 명 이상이 문상하였고, 2월 11일 장례식에는 10만 명 이상이 운집하였다.

3. 스펄전과 설교

위대한 설교자였던 스펄전은 칼빈주의자로서 간증이나 체험, 자신이 믿는 교리보다는 성경 본문을 설명하는 데 초점을 두고 설교하였다. 스펄전은 자신의 설교에 관하여 이렇게 논하였다: "나는 철학자들의 5만 마디의 말보다 차라리 이 책(성경)으로부터 다섯 마디의 말을 전하고자 한다. 부흥을 원한다면 먼저 하나님의 말씀에 대한 존경심을 회복하여야 한다. 만일 사람들의 회심을 진정으로 원한다면 우리는 설교에서 참으로 하나님의 말씀만을 전하지 않으면 안 된다."[12] 그는 좋은 설교자가 되려면, 먼저 성경의 최종적인 권위를 인정하고, 설교를 통한 성경 신앙의 회복을 믿어야 한다고 보았다. 스펄전은 이와 같은 '성경의 사람'(man of the book)이었고, 성경에서 말하는 말씀만 전하는 설교자였다.

· 스펄전의 설교 신학
스펄전은 신구약 성경이 예수 그리스도에 대해 증언하며(요 5:39), 설교자의 사명은 설교를 통해 예수 그리스도를 나타내는 것이라고 믿었다.

---

12) Charles Haddon Spurgeon, *Lectures to My Students*『목회자 후보생들에게』, 이종태 역 (서울: 생명의 말씀사, 1993), 1:65.

설교자는 예수 그리스도의 신성과 인성, 죽음과 부활의 의미를 인간의 구원과 관련하여 증거해야 한다고 본 것이다. 그는 한평생을 성경 연구에 전념하였고, 설교를 통하여 그리스도만 드러내고자 하였다. 한 마디로 언급한다면, 스펄전을 위대한 설교자로 만든 것은 성경에 대한 믿음과 예수 그리스도에 대한 사랑과 충성이었다. 누군가 스펄전의 형제에게 스펄전의 성공 비결을 물었을 때, 그는 "아마도 그것은 스펄전이 나사렛 예수만을 사랑하고, 나사렛 예수께서 그를 사랑하셨기 때문입니다"(Adams 1986, 186)라고 답했듯이, 그는 그리스도만 사랑하고 자랑하며 전하는 설교자였다.

스펄전은 칼빈주의자로서 칼빈주의 핵심이 성경 중심적이며 그리스도 중심적인 신앙이라고 믿었다. 그는, "나는 자신을 어떤 교리에 엄격하게 묶어 놓지 않는다. 오히려 칼빈주의의 5대 강령을 복음의 아름다운 천사들이나 된 것처럼 사랑한다."라고 고백하곤 하였다. 곧 성경은 죄인의 구원을 위해 기록되었으며, 구원의 핵심 교리는 인간의 전적 타락과 부패, 무조건적 선택, 제한 속죄, 거부할 수 없는 은혜, 그리고 성도의 견인으로, 설교자는 이러한 성경적 구원관에 기초하여 설교해야 한다고 주장하였다. 십자가에 못 박히신 그리스도를 전하려면, 바늘이 먼저 오고 실이 따르는 것처럼, 먼저 율법의 요구에 관해 전한 후 복음을 제시해야 한다(Spurgeon 1993, 62)고 하였다. 이를 위해 설교자는 인간 본성의 타락을 설명하고(Spurgeon 1993, 62), 죄의 결과는 하나님의 진노를 초래한다는 것을 알린 후(Spurgeon 1993, 66), 믿음으로만 의롭게 된다는 교리를 힘 있게 소개하며 예수 안에서 나타난 하나님의 사랑과 풍요한 긍휼을 제시하고(Spurgeon 1993, 67), 청중을 믿음 안으로 초청하여야 한다(Spurgeon 1993, 73)고 하였다. 이러한 내용에 기초하여 설교하면서 감정보다는 오성에 호소하며(Spurgeon 1993, 68), 무게감이 있게, 엄숙하게, 진지하게 권하되(Spurgeon

교회 역사를 빛낸 위대한 설교자들

1993, 75); 특히 회심을 목표로 삼고, 회심을 기대하고, 회심을 위해 설교하라고 가르쳤다(Spurgeon 1993, 78).

스펄전이 설교에 칼빈주의 신학을 내세우면서 성경만을 강조할 때[13] 그의 설교를 질시하는 이들도 적지 않았다. 보수적인 칼빈주의자(High Calvinist)뿐만 아니라 아르미니우스주의자로부터도 비난을 받았다.[14] 『세계 신문』(The World Newspaper)은, "스펄전은 명목상으로 칼빈주의자"라고 하였고, 서리 채플(Surrey Chapel)의 담임 목사는 매주 설교를 통해 스펄전이 이전 주에 행한 설교에 어떤 점에서 칼빈주의 신학에서 어떤 점에서 미흡했는지 지적하곤 하였다. 한편 아르미니우스주의자들은 스펄전의 설교가 지나치게 칼빈주의적이라는 이유로 배척하였다(Drummond 1992, 15). 그런데도 우리는, 이안 머리(Ian H. Murray)가 『잊혀진 스펄전』(The Forgotten Spurgeon)에서 지적한 것처럼, 스펄전이 철두철미한 칼빈주의자였고, '비진리와 불신앙에 타협하지 않는 진리의 투사'였다는 것을 인정하지 않을 수 없다.[15] 그는 인간의 전적인 타락과 하나님의 절대적인 주권을 믿었을 뿐만 아니라 회심하기 위해 먼저 기도와 절제 등 신앙적 행위가 필요하다고 주장하는 아르미니우스 경향을 띤 일부 청교도의 예비 이론(Preparation theory)을 철저히 거부하였다.

---

13) 아이버 베일리는 스펄전의 설교 목회와 F. W. Robertson의 설교 목회를 비교한 후, 그의 신학이 정통 신학에 기초한다고 지적하였다. Ivor Baily, "The Challenge of Change: A Study of Relevance Versus Authority in the Victorian Pulpit," *Expository Times* 86 (1974): 18~22.

14) Mark Hopkins, "Nonconformity's Romantic Generation: Evangelical and Liberal Theologies in Victorian England," *Baptist Quarterly: Incorporating the Transactions of the Baptist Historical Society* (Vol. 41~42), 29.

15) Ian H. Murray, *The Forgotten Spurgeon* (Edinburgh: Banner of Truth Trust, 1973), 7.

• 스펄전의 설교 준비

스펄전은 항상 설교를 성경 연구와 기도로 준비하였다. 그는 성경을 하나님의 오류가 없는 말씀이라는 전제에 기초하여 성경을 해석함으로 설교하였다. 성경 해석은 성경 본문의 전후 문맥을 살피는 문법적 해석을 따랐고, 해석을 통하여 교리 또는 교훈을 얻고, 교리 또는 교훈을 예증하고, 삶의 현장에 적용하였다. 청교도의 설교 전통에 충실하였던 셈이다. 그는 성경을 영적으로 해석하는 것을 좋아하지 않았다. 다만 교리와 강해 원리가 희생되지 않는 범위 내에서만 조심스럽게 영해하기도 하였다. 이러한 본문 해석과 설교를 구성한 후, 그는 평소 쉬지 않고 한 독서와 연구한 것을 설교에 인용하고, 설교를 위해 기도함으로 설교 내용을 더욱 윤택하고 풍요롭게 만들었다.

스펄전의 설교 장비는 책이었다. 그는 독서를 통해 설교 내용을 준비하였다. 그에게 독서만큼 설교에 필수적인 도움을 준 요소는 없었다. 그는 할아버지로부터 물려받은 1천여 권의 청교도에 관한 책, 자신이 구매한 7천여 권의 청교도와 칼빈주의 신학 서적, 그리고 신학과 일반 학문, 과학에 관한 책 등 12,000권 이상의 장서가 있었고, 이 가운데 특히 청교도의 책들을 애독하였다. 6살 때 번연(John Bunyan, 1628~1688)의『천로역정』(Pilgrim's Progress)을 읽은 후, 백스터(Richard Baxter, 1615~1691)의『회심치 않은 자들을 부르심』(A Call to the Unconverted), 존 폭스(John Foxe, 1516~1587)의『순교 사기』(The Book of Martyrs), 필립 도드리지(Philip Dodridge, 1702~1751)의『인간 영혼 속에 종교의 생성과 발전』(The Rise and Progress of Religion in the Soul), 조셉 앨린(Joseph Alleine, 1634~1668)의『회심치 않은 자에 대한 경고』(An Alarm to the Unconverted), 헨리 스쿠갈(Henry Scougal, 1650~1678)의『인간 영혼 속에 있는 하나님의 생명』(Life of God in Soul of Man) 등을 즐겨 읽었다(Drummond 1992, 21).

스펄전은 칼빈처럼 독서를 통해 설교를 준비하였다. 매주 6권 이상의 책을 읽었고, 책을 읽을 때는 뜻을 새기면서 자세히 살펴 읽었기 때문에 읽은 책의 내용을 정확하게 기억하곤 하였다. 그는 이러한 경험에 기초하여 목사 후보생들에게 다음과 같이 권하였다. "책을 읽을 때 철저하게 읽으라. 흠뻑 몸에 밸 때까지 그 안에서 찾아라. 읽고 또 읽어서 소화하라. 바로 여러분의 살이 되고 피가 되게 하라. 좋은 책은 여러 번 독파해서 주를 달고, 분석해 놓으라"(Spurgeon 1993, 320). 정독함으로 설교 준비에 철저할 것을 권한 것이다. 그는 설교를 준비할 때 매슈 풀 (Matthew Poole, 1624~1679)의 『공관복음』(Commentary on Synoptic Gospel), 매슈 헨리(Matthew Henry, 1662~1714)의 신구약 주석, 그리고 에드워드 로빈슨(Edward Robinson, 1794~1863)의 『팔레스타인과 주변 국가에 대한 성경적 고찰』(Biblical Researches in Palestine and Adjacent Countries) 등을 주로 참고하였다(Ibid.).

스펄전은 자연을 관찰하여 설교를 준비하곤 하였다. 설교 내용이 건조해지는 것을 막기 위해 자연계에서 일어나는 일들을 예를 듦으로 설교를 활성화한 것이다. 그는 목사 후보생들에게 다음과 같이 권하였다: "각종 꽃은 여러분을 가르치려고 기다리고 있다. 들의 백합화를 보라. 장미에서 배우라. 개미에게서 배울 수 있고, 살아 있는 모든 것에게서 가르침을 받을 수 있을 것이다. 아침 바람에 흔들리며 반짝이는 나뭇잎 하나에게서 설교를 들을 수 있으며, 쇠잔해진 잎새들이 한 잎 두 잎 떨어질 때 설교 말씀이 여러분 곁은 지나가고 있다. 숲은 하나의 서고(書庫)이고, 한 권의 철학서이며, 바위는 하나의 역사이고, 그 바위 밑을 흐르는 강은 하나의 노래이다. 눈을 뜬 그대여! 가서 찾아보라!"(Spurgeon 1993, 153). 자연계를 관찰함으로 설교 예화를 찾을 것을 권한 것이다.

스펄전은 설교를 준비하면서 기도로 무장하였다. 설교 내용을 다듬고 새김으로 설교를 설교답게 만들기 위해 기도한 것이다. 그는 항상 자신이 행할 설교에 대해 묵상하면서 기도했을 뿐만 아니라 청중들에게 설교를 위해 기도로 지원해 달라고 요청하였다.[16] 기도와 설교가 밀접한 관계를 갖는다는 것을 확신하고 있었기 때문이다. 그는 다음과 같이 논하였다. "여러분이 펜을 여러분의 마음의 잉크에 적시면서 진지하게 주님께 매달린다면 글이 술술 나올 것이며, 하늘 문 앞에서 무릎을 꿇고 긁어모은 재료를 가지고 힘차게 설교하게 될 수 있을 것입니다. 기도는 정신적인 훈련이자 높은 차원에서의 영적인 전쟁입니다. … 기도의 영적인 전쟁을 통해서 우리는 우리의 속눈을 깨끗이 청소해서 하나님의 빛에 비추어 진리를 읽습니다. 본문 내용만 가지고 얘기할 때 보물이 쏟아지지 않다가도 기도의 열쇠를 대면 보물 상자의 문이 저절로 열리는 때가 많습니다. … 기도는 심오한 진리로 들어 올리는 지렛대와 같습니다. … 참으로 훌륭하고 거룩한 이들은 언제나 기도를 설교 준비의 가장 중요한 요소로 삼았습니다"(Spurgeon 1993, 1:65~67).

스펄전은 기도하면서 청중의 필요를 살피는 과정을 통해서 설교 본문을 택하였고, 때로는 순간적으로 떠오르는 영감에 의해 본문을 정하기도 하였다. 설교 본문이 정해지면 해석 작업으로 들어갔는데, '성경은 성경이 해석한다'(Scripturae scriptura interpretum)는 칼빈의 가르침에 따라 성경을 성경으로 해석한 것이다. 그는 성경에 설교 자료와 예화만이 아니라 일화, 직유, 비유가 풍부하게 매장되어 있다고 보았고, 이러한 맥락에서 좋은 설교자가 되려면 부지런히 성경을 읽고 묵상하고, 관찰해야 한다고 하였다. 나쁜 설교자들은 게으른 자들로, 스펄전은 그들이 강단에 설 자격이 없는 자들이며 사람들의 영혼을 망하게 하는 사단의 도구라고 못 박았다.

---

16)   Peter Y. De Jong, "Praying for the Preacher," *Torch and Trumpet* 13 (Feb. 1963): 20.

스펄전은 설교 준비가 완료되면 성경 본문에 대해 깊이 묵상하였다. 심오한 묵상 후 영혼의 깊은 곳에서부터 우러나온 설교만이 청중을 변화시킬 수 있다고 보았다. 묵상은 삶으로 이어지게 하는 촉매제로, "무엇을 믿는다는 것은 마치 하나의 잔에 수정 빛 차가운 물이 반짝임을 보는 것이지만 그것을 묵상한다는 것은 그 물을 들이 마시는 것이다. 독서가 과일을 모으는 일이라면, 묵상은 그 진액을 짜서 즙을 내는 것"이라고 하였다. 그는 이처럼 묵상의 중요성을 강조할 뿐 아니라 묵상함으로 설교를 정교하게 만들었고,[17] 이러한 묵상이 그의 설교 특징이라고 할 수 있는 센스 어필(sense appeal)의 기초가 되었다.

스펄전은 즉흥적인 설교를 싫어하였고 설교 준비를 위해 많은 시간을 투자하였다. 주일 설교가 끝나면 다음 주 설교 준비로 들어갔으며, 토요일에 가서야 설교가 거의 마무리되었다. 그는 설교 제목을 대체로 성경 본문으로부터 채택했고,[18] 설교 내용은 요점과 예화가 탁월한 균형을 이루도록 하였다. 그는 설교할 때 긴 서론과 지루하게 반복되는 본론, 또한 반복적인 어투로 결론을 내리는 것을 아주 싫어하였다.[19] 단순 명료한 설교를 좋아한 것이다.

---

17)   스펄전의 설교 방법, 메시지의 내용, 그리고 신학에 대하여 살피려면 Ian H. Murray, "The Forgotten Spurgeon," *Banner of Truth* (Mar. 1962): 16~32; (Feb 1963):1~72를 참고하라.

18)   John Ackworth, *Bibliotheca Sacra* 101 (1944): 102~104.

19)   스펄전의 아내 수산나는 스펄전이 한 주간 동안 설교 주제와 구절에 대해 사색한 것에 대해 기록해 놓았는데, 그에 의하면, 스펄전은 토요일 밤에 최종적으로 마무리하곤 하였다. [Susannah] Spurgeon, "Sermon Preparation at 'Westwood,'" *Banner of Truth* (Oct. 1969): 29~32.

• 스펄전의 설교 전달

스펄전의 설교를 들은 사람의 총수는 1,000만 명이 넘으며, 설교를 들은 대부분 사람은 회심하였다. 그의 설교를 직접 듣지 못하였지만, 문서 매체를 통해 회심한 사람도 많았다. 한 여인은 식료품 가게에서 산 버터를 싸고 있던 종이에 인쇄된 설교를 읽다가 개종하였고, 한 청소원은 스펄전이 애그리컬처럴 홀(Agricultural Hall)에서 설교 연습을 하며 "세상 죄를 지고 가는 하나님의 어린양을 보라"고 외쳤을 때, 그 음성을 듣고 깜짝 놀라서 각성한 후 예수 그리스도를 믿게 되었다.

스펄전의 청중은 다양한 계층이었다. 영국 총리였던 윌리엄 글래드스턴(William Ewart Gladstone, 1809~1898), 저술가 존 러스킨(John Ruskin, 1819~1900), 플로렌스 나이팅게일(Florence Nightingale, 1820~1910), 미국 제20대 대통령이 된 제임스 가필드(James Garfield, 1831~1881) 장군, 그리고 왕족, 의회 의원 등 정치가와 군인, 작가, 미술가, 목사 등 영국의 최고위층 인사들이 그의 설교를 들었다. 때로는 빅토리아 여왕(Queen Victoria, 1819~1901)이 평민으로 가장한 채 교회당을 찾기도 하였다. 반면에 교인 대부분은 중산층과 하층 사람들, 곧 공장 노동자들, 가난한 자, 거지, 도둑, 술주정뱅이, 심지어 창녀들이 포함되어 있었다. 이런 맥락에서 스펄전의 교회는 "구멍가게 주인들의 교회"라는 평을 받기도 하였다.

스펄전은 다혈질의 성격이었지만 스스로 잘 규제하였고, 대담하면서도 독창적이었으며,[20] 겸손한 사람으로 자신을 절대 내세우지 않았다.[21]

---

20)   Warren W. Wiersbe, "Sidelights on Charles H. Spurgeon." *Moody Monthly* 73 (Mar 1973) 55~56, 58~61.

21)   스펄전은 겸손하였으므로 성도들의 사랑과 존경을 받았다. 그는 힘들 때마다 어린 시절의 낭만을 상기시키는 시골로 내려가 쉬곤 하였는데, 어느 날 시골에 내려가 한 감리교회에서 예배를 드렸고, 설교자의 설교를 통해 영적인 새 힘을 얻었다. 스펄전이

그는 동시에 8가지의 생각을 떠올릴 정도로 천재적인 순발력을 가지고 있었고,[22] 유머를 좋아하였다. 항상 재치가 넘치는 말과 뛰어난 언변을 과시한 것이다.[23] 아주 작은 키에 연갈색 쌍꺼풀눈을 가졌고, 목소리는 허스키였다. 멋을 즐길 줄 알았으나 목사 복의 착용을 싫어하였고,[24] 아름다운 성대와 조지 휫필드만큼이나 풍부한 성량을 가지고 있어서 확성기 없이 2만 3천 명 이상에게 설교할 수 있었다. 고저가 분명한 음성과 감성에 호소하는 어투로 설교하면서 때로는 감상에 빠져 눈물을 흘리기도 하였다(Adams 1986, 186). 제스처를 자연스럽게 하였고, 그의 제스처 사용은 오늘날 많은 설교자에게 교범이 되고 있다.

스펄전은 설교에 대한 영감이 떠오르면 편지 봉투나 종이쪽지에 요점을 메모하였다가 설교를 작성하곤 하였다. 매주 약 10편의 설교를 원고로 썼으나 강단에 올라가서는 원고 없이 약 40분에서 45분 정도 하였고, 1분에 약 140개의 단어를 사용하였다. 느릿느릿하게 말하지 않고, 빨리 했던 셈이다. 그의 설교는 교육적(teaching type)인 면이 강했고, 설교 내용은 전통적인 교리로 가득 차 있다. 그렇지만 그의 설교 방식은 센스 어필

목사에게 다가가서 설교에 감사를 표하자, 그는 누구냐고 물었다. 스펄전이 자신을 알리자, 목사는 얼굴이 붉다 못해 창백해지면서 자신이 행한 설교가 바로 스펄전의 설교 중 하나였다고 고백하였다. 그때 스펄전은 "예. 나는 그것을 알고 있었습니다. 그러나 그것은 내가 듣기 원하였던 바로 그 설교였습니다. 왜냐하면 내가 설교한 그 말씀을 즐기고 있었기 때문이지요."라고 인사하였다(Ray 1905, 44~46).

22) John Pitts, "The Genius of Charles Haddon Spurgeon." *Christianity Today*, 27 (February 1970): 6~8.

23) S. M. Houghton, "Spurgeon and His Sermons." *Banner of Truth* (Oct. 1973): 17~26.

24) 스펄전은 35세가 넘으며 안개로부터 목을 보호하려고 반다이크식으로 수염을 길렀다. 청교도 사상에 근거하여 가운을 착용하지 않았으나 제네바를 방문하여 칼빈의 강단에서 설교할 때만 착용하였다고 한다(Hayden 1962, 3).

을 사용하는 등 현대적 감각이 넘친다. [25]

스펄전은 성경 교리와 교훈을 설명할 때 예화를 적절하게 사용하여 설교의 효과를 극대화하였다. 예화 없이는 설교하지 않았다. 그는 적절한 예화를 발굴하기 위하여 다른 설교자들의 설교 예화를 연구하였고, 특히 토머스 맨튼(Thomas Manton, 1620~1677)의 설교를 주목하였다. 그는 맨튼과 같은 청교도들의 아름다운 예화들을 편집하여 『청교도들의 정원에서 꺾어 온 꽃들』(Flowers from a Puritan's Garden)을 출판시켰다.

스펄전은 설교에서 난해한 말보다는 쉬운 단어를 사용하였다. 그는 극적인 언어 기법을 사용하였고, 직유법과 은유법, 그리고 웅변적인 예증을 통해 성경이 제시하고 교훈하는 교리를 가지고 청중을 설득시켰다. 설교자가 경험하지 못한 세계와 사건에 관해 설명할 때 유추법과 대조법을 적절하게 사용하여 청중의 이해를 돕곤 하였다. 곧 경험하지 못한 사건을 설명할 때 이미 알고 있던 것과 비교함으로 그 가치를 최대한 끌어올려 청중의 마음을 사로잡고자 한 것이다.

• 스펄전과 센스 어필

이러한 수사학적 기술보다 스펄전의 설교를 더욱 설교답게 만든 것이 센스 어필이다. [26] 센스 어필(Sense Appeal)은 설교에서 '외적인 자극을 사용하지 않고 오관에 호소하는 기술'로, 스펄전 설교의 대부분이 이 기법을 따르고 있다. 따라서 센스 어필은 그의 설교를 다른 이의 설교로부터 구별하는 기준이 된다. 제이 애덤스 교수에 의하면, 그의 『메모리얼 라이브

---

25)   Patricia S. Kruppa, "Charles Haddon Spurgeon: A Preacher's Progress." Ph. D. dissertation (Princeton Theological Seminary, 1968), 13.

26)   Edmund K. Simpson, "Spurgeon's Intellectual Qualities." *Evangelical Quarterly* 6 (1934): 381~97.

러리』(Memorial Library)에 있는 425개의 설교 가운데 135개가 감각에 호소하는 형식을 취하고 있다. 이는 그의 설교 가운데 3분의 1에 해당하는 분량이다. [27]

스펄전의 감각에 호소하는 기법은 예수 그리스도의 설교에서 나타나는 회화적인 묘사, 그리고 조지 휫필드(George Whitefield, 1714~1770)의 연극적인 묘사를 통해 나타났고, 스펄전에 의해 가장 발전한 모습이 되었다. 그는 『천로역정』의 저자인 번연(John Bunyan, 1628~1888)과 청교도들의 설교에 관한 연구와 상상력, 그리고 자연에 관한 집중적인 관찰과 전 감각의 영역에 관한 연구를 통해 센스 어필 기법을 획득하고 발전시켰다. 그는 센스 어필에 상상력과 감각적 호소를 배합하여 흥미를 유발한 후, 웅변적으로 설교함으로 청중이 설교에 몰입하게 만들었다. 스펄전의 이러한 설교 기법은 회중의 상황과 필요를 고려하지 않은 채 회중의 삶과 무관한 메마르고 지루한 산문체 설교에 찌들어 있던 19세기 교회에 충격을 주었고, 설교 활성화와 교회 부흥의 원인이 되었다. 스펄전의 감각에 대한 호소 중 몇 가지 예를 들어 보자.

첫째로 시각적인 호소이다. 스펄전은 시각적으로 흥미를 끌기 위해 설교 내용의 한 장면을 청중이 마음으로 그리게 하였다. 청중이 의식적으로 언어를 통해 마음속에 그림을 그리도록 유도한 것이다. 그는 이렇게 설명하였다. "만일 우리 중 누가 마음속 깊이 그러한 광경을 볼 수 있다면 정복당하지 않겠습니까? 그 마지막 심판의 날을 그려 보시기를 바람

---

27)   Jay E. Adams, *Sense Appeal in the Sermons of Charles Haddon Spurgeon* (Nutley, N. J.: Presbyterian and Reformed, 1975). 70 ff. 이 논문은 나중에 『설교 연구』(Studies in Preaching)라는 제목으로 출판되었다. 애덤스 교수는 현대 설교의 실패 원인을 센스 어필의 결핍에 있다고 지적하였다. Jay E. Adams, *Studies in Preaching* 『설교 연구』, 정양숙 역 (서울 기독교 문서선교회, 1994).

니다. 다른 모든 날은 그날을 위하여 존재하고 있습니다. ⋯ 기대하므로 그날을 바라보십시오!"(Spurgeon, 19:262; Adams 1994, 25 재인용). 그는 그리스도 의 죽음을 설교할 때 청중들이 그리스도의 고통스러운 수난을 마음으로 그리도록 하였다. "그 그림이 고통스럽다 해도 그것을 그리는 것이 여러 분에게 유익할 것입니다. 캔버스나 붓, 팔레트나 채료(採料), 아무것도 필 요 없습니다. 당신의 추리력으로 윤곽을 그리고, 당신의 사랑으로 세밀 한 부분을 채우도록 하십시오! 상상력이 채색을 진하게 한다 해도 나는 불평하지 않을 것입니다"(Spurgeon, 19:212; Adams 1994, 25~26 재인용). 그는 또 한 "여기를 보십시오. 십자가에 달린 저분을 보고 있습니까? 그의 가슴 위로 고요히 떨어지고 있는 그의 고통스러운 머리를 바라봅니까? 그의 볼 위로 뚝뚝 떨어져 내리는 핏방울을 보십니까? 그리고 저 가시관을 바 라봅니까? 꿰뚫린 그의 두 손, 못으로 잔혹하게 쪼개어져 겨우 체중을 지 탱하고 있는 그의 거룩하신 두 발을 바라봅니까?"(Spurgeon nd., 1:15; Adams 1994, 22 재인용). "당신은 십자가 위에 못 박힌 그분을 주시하여 보십니까? 그의 피 흘리는 손과 그의 발이 품어 내는 응혈을 보고 계십니까? 그를 보십시오!"라고 말하였다(Spurgeon, 19:195; Adams 1994, 26 재인용). 의식적으로 청중의 시각을 자극하여 그들이 설교 내용 속에 등장하는 현장에 참여하 게 한 것이다. 스펄전은 육체의 눈으로 사물을 보듯이 언어로 설교 현장 을 그려 나감으로 청중이 마음으로 설교 현장을 보게 하였고, 생생한 묘 사로 청중의 눈앞에 그림을 그려 주고, 시각에 호소함으로 청중이 마음 의 눈으로 그것을 볼 수 있게 함으로 청중으로 설교 현장을 보게 만들었 다.

둘째로, 청각에 호소하였다. 그는 노래나 유쾌한 소리로, 때로는 불협 화음을 내는 단어나 소리를 사용하여 설교함으로 청각적 호소의 효과를 극대화하였다(Adams 1994, 33). 한 예를 들어 보자. 그는 하나님의 권위에 머리를 숙이기를 거부하는 사람들에게 "당신은 그를 영화롭게 하지 않을 것입니까? 당신은 그를 영화롭게 하지 않을 것입니까?"라고 반복하여 외친 후, 목소리를 낮추어 떨리는 소리로 "네 하겠지요. 하게 될 것입니다. 지옥에서 올라오는 저주받은 자들의 신음이 하나님의 보좌에 영원히 상달될 찬송가의 굵은 저음이라는 것을 당신들은 알게 될 것입니다"라고 논하였다(Spurgeon, 14:13; Adams 1994, 33 재인용). 그는 이어 설교하면서 "우리가 그를 찬양하는 것을 그친다고 예수 그리스도의 이름이 잊힐 수 있을까요? 아닙니다. 돌들이 노래할 것이요, 언덕이 관현악이 될 것이며, 산들이 양처럼 뛰어놀 것입니다……. 태양이 합창을 지휘할 것이며, 달은 그의 은빛 하프를 연주하면서 그 소리에 화답하여 감미롭게 노래할 것입니다…. 그리스도의 이름이 잊힐 수 있을까요? 아니요!… 바람이 그것을 속삭일 것이요, 폭풍우가 외칠 것이며, 뇌성이 선포하고, 땅이 소리치며, 하늘이 그리스도의 이름으로 메아리칠 것입니다"(Spurgeon, 14:163~164; Adams 1994, 34 재인용). 청각적인 호소를 통하여 청중이 설교 장면 속에 전적으로 몰입하도록 만든 것이다.

스펄전은 시각적인 면과 청각적인 면을 동시에 연결해 그 효과를 극대화하였다. 이럴 때 시각에 호소하는 말을 먼저 한 후 그다음에 청각적 호소를 사용하였다. 멀리 보이는 장면을 스케치한 후 그것을 가까이 끌어들임으로 청중들이 마음으로 그곳에서 울려 나오는 음성을 듣게 한 것이다. 그 예를 들어 보자. "당신의 손과 발을 묶고 있는 천사가 당신을 깊은 구렁텅이의 입구로 단숨에 데려갑니다. 그는 당신에게 아래로, 아래로, 아래로 내려다보라고 명령합니다. 구렁텅이는 밑바닥이 없습니다(시각적 호소). 당신은 심연으로부터 올라오는 음산한 신음, 구렁텅이에서 울리는 끙끙거리는 소리, 고문으로 인하여 유령들의 찢어지는 듯한 비명을 들을 것입니다(청각적 호소). 당신은 떨며, 당신의 뼈는 양초 같이 녹고, 당신의 골수는 당신의 속에서 흔들립니다. 이제 당신의 힘이 어디 있습니까? 또한 당신의 자랑과 허세가 어디 있습니까? (시각적 호소). 당신은 외마디 비명을 지르며 울부짖고 자비를 애걸합니다(청각적 호소). 그러나 그 천사는 한 손아귀에 당신을 재빨리 움켜쥐고 "가라! 가!"라고 소리치며 당신을 힘껏 아래로 내던져 버립니다. 그러면 당신은 밑바닥 없는 구렁텅이 속으로 떨어져 내려갑니다. 당신의 발바닥이 쉴 수 있는 장소를 결코 발견하지 못할, 저 아래쪽으로 당신은 영원히 굴러 내던져 버려지게 됩니다."(시각적, 청각적 호소의 상호 교체; Spurgeon, 1:313~314; Adams 1994, 35).

그리고 스펄전은 다른 감각기관들을 자극하여 설교를 느낄 수 있도록 하였다. 곧 미각과 촉각, 그리고 후각에 호소하는 것을 잊지 않았다. 짠맛, 신맛, 단맛과 같은 단어를 사용하여 맛을 통한 미각, 그리고 접촉하여 느끼게 되는 감각인 뜨거운 것과 찬 것, 딱딱한 것과 부드러운 것, 거칠거나 고르게 느껴지는 촉각적인 용어를 사용하여 청중으로 설교를 접하게 하였다. 또한 냄새를 묘사하는 후각을 이용하여 설교하는 것을 잊지 않았다.

스펄전의 이러한 감각에의 호소는 천부적인 것처럼 보인다. 그러나 스펄전의 이러한 은사가 하늘에서 내려온 것이 아니라 그 스스로 체득하고 발전시킨 것임을 잊어서는 안 된다. 제이 애덤스(J. Adams) 교수가 지적한 것처럼, 스펄전의 센스 어필은 그 스스로 "열심히 공부한 결과"이며, "독서와 연습을 통하여 열심히, 그리고 의식적으로 훈련된 것이 틀림없기 때문이다"(Adams 1994, 76). 사실상 센스 어필은 그가 젊었을 때 초대감리교회에서 평신도를 통해 받은 은혜 체험 후 발전시켜 온 것으로, 그의 삶을 통해 체득해 온 것이라고 할 수 있다.

맺는말

지금까지 우리는 위대한 설교자 스펄전에 대해 살펴보았다. 그는 어려서부터 조상들로부터 칼빈주의 신학을 배웠고, 오직 성경만을 절대적인 권위로 인정하고 그에 기초하여 설교함으로 위대한 부흥의 역사를 이루었다. 성경을 성령으로 영감되어 완전하고 오류가 없는 하나님의 말씀이라는 믿음 가운데 설교하여 허다한 무리의 회심을 이끈 것이다. 아울러 스펄전을 위대한 설교자로 만든 것은 제이 애덤스 교수가 지적한 것처럼, 센스 어필 기법이었다. 그가 회심하게 된 설교가 바로 센스 어필에 기초한 한 평신도의 설교였고, 수많은 사람을 은혜의 자리로 이끈 것도 바로 그의 센스 어필에 기초한 설교였다.

스펄전은 설교자로 많은 설교집, 자서전, 성경 주해서, 기도에 관한 책, 경건 서적, 시와 찬송을 남겼다. 그가 뉴파크 스트리트 교회와 메트로폴리탄 태버나클에서 행한 설교는 63권이나 된다. 그의 설교는 1865년부터 인쇄되어 그의 생전에 25,000부가 팔렸고, 20여 개국의 언어로 출판되었으며, 영국에서 40판 이상 출판되었다. 그의 설교 중 약 3,500여 편이 출판되었는데, 그 가운데 425편을 발췌하여 출간한 『메모리얼 라이브러리』(Memorial Library)가 가장 사랑을 받고 있다.[28] 그리고 메트로폴리탄 태버나클에서 행한 설교들을 모아 출판한 것이 100만 부 이상 팔렸고, 그 가운데 무디 출판사(Moody Press)에 의하여 출판된 『은혜의 모든 것』(All of Grace)이 제일 많이 읽히고 있다. 틸리케가 설교자들에게 "그대가 가진 모든 것을 팔아 스펄전을 사라"고 권하였던 것처럼, 스펄전을 구매하여

---

28)   스펄전의 장서 5,103권이 미국 미주리주, 리버티(Liberty, Missouri)에 있는 윌리엄 쥬엘 대학(William Jewell College)에 보관되어 있다.

읽고 연구한다면, 오늘날 말씀의 기근 가운데 있는 교회에 생수를 공급하여 다시 교회를 교회답게 만들 수 있으리라고 믿는다.

제17장

◇————◇

무디, 그리고 현대 설교 운동

피니의 설교 운동 후 미국인의 영적인 생활은 급격히 퇴락해졌고, 사회는 혼란 가운데 빠져 갔다. 1835년 뉴욕에 발생한 대화재로 찰스 피니 (Charles G. Finney, 1792~1875)의 후견인이던 터펜(Tappan) 형제가 파산 지경에 이르렀다. 1837년 시작된 금융 대란으로 많은 회사가 파산하였고, 은행이 문을 닫았다. 사회적 혼란이 이어지자 이단 사상들도 고개를 들었다. 1820년대 말 조셉 스미스(Joseph Smith, 1805~1844)에 의하여 모르몬교가 생겨났다. 안식교의 창시자 윌리엄 밀러(William Miller, 1782~1849)는 1843년 3월 21일부터 그다음 해 3월 21일 사이에 그리스도의 재림이 있을 것이라고 하면서 사회적 혼란을 부추겼다.

1. 19세기의 영미 사회와 교회

이러한 무질서 가운데 있던 미국 사회를 더욱 혼란스럽게 만든 것이 바로 노예 폐지 논쟁이었다. 노예 폐지 논쟁은 피니의 설교 운동 이후로 급격하게 전개되었다. 영국에서 방적기가 발명되면서 면화의 수요가 늘어나자 면화 농업을 중시하던 남부는 노예제도의 존속을 주장하였지만, 상공업이 발전했던 북부는 즉각적인 폐지를 주장하였다. 이러한 갈등은 남부와 북부의 대립을 부추겼고, 결국 교회의 분열로 이어졌다. 1844년 침례교단이 남과 북으로 갈라진 후 1845년 감리교단, 그리고 1858년에는 장로교단이 나누어졌다. 이같이 교회의 분열과 함께 경제적인 갈등도 깊어 갔다. 1857년 겨울, 금융 위기가 다시 발생하여 5천여 개의 사업장이 파산하자, 사회 붕괴 현상이 가속화되었다. 교회의 분열, 경제 파산, 남과 북의 대결 등 사회 붕괴 현상이 나타나기 시작한 것이다.

• 정오 기도 운동

이러한 혼란과 갈등 가운데 빠져 허우적거릴 때, 하나님은 한 젊은 평신도를 통하여 기도 운동을 일으켰다. 곧 경제 파탄과 남북전쟁의 먹구름이 몰려올 때 네덜란드 개혁파 성도요 평신도 선교사이던 40대 후반의 사업가인 제러마이어 랜피어(Jeremiah Lanphier, 1809~1898)를 통하여 기도 운동을 일으킨 것이

제레미아 랜피어

다. 랜피어는 네덜란드 이민자로 16살에 재봉사 도제로 일하였고, 음악을 공부한 후 피니가 섬기던 브로드웨이 태버나클에서 성가 대원으로 섬겼다.

랜피어는 맨해튼에서 옷감 장사하면서 교회를 섬기던 중 1857년 7월 1일 뉴욕 풀턴 스트리트와 워싱턴 스트리트 모퉁이에 있는 북네덜란드 교회(North Dutch Church)로부터 평신도 선교사로 임명받았다. 신개발지인 맨해튼 인근에 몰려든 사람들을 전도하기 위해 그를 평신도 선교사로 임명한 것이다. 그는 사업을 정리하고 전도에 전념하였다. 사업주들을 찾아가서 전도하고, 호텔 주인들에게 투숙객들을 주일에 교회로 안내해 달라고 부탁하고, 자녀들을 주일학교에 보내도록 설득하였다. 그는 전도하면서 기도의 필요성을 인식한 후 "[수요일] 12시부터 1시까지 기도회가 있습니다. 5분, 10분, 20분, 또는 모든 시간을 멈추세요. 여러분의 시간이 허락하듯이요. "[1]라고 하는 전단지를 만들어 배포하였다. 2개월의 홍보 기간이 끝난 후, 첫 번째 정오 기도회가 9월 23일 12시에 때 참석자는 단한 사람, 랜피어뿐이었다. 30분이 지나 겨우 한 사람이 왔고, 끝날 무렵이 될 때 6명이 모였다. 예고한 대로, 그들은 1시까지 기도한 후 헤어졌다. 이 기도 모임은 다음 주에 20명, 그다음 주 40명으로 늘어났다.[2] 기도 운동이 활성화되자, 1857년 10월 랜피어는 수요일만 아니라 매일 모이도록 하였고, 기도 장소도 사람이 모이기에 편한 곳이면 어디든, 극장이나 술집에서도 모일 수 있게 조처하였다. 1858년 1월이 되면서 모임 장소가 하나 더 추가되었고, 2월에는 두 개가 더 추가되었다. 그리고 3월 중순에는 3천 명을 수용하는 버튼 극장(Burton's Theatre)이 기도자로 채워졌고, 3월 말에는 뉴욕시의 모든 교회와 공공장소에서[3] 법률가, 의사, 상

1)   Samuel I. Prime, *The Power of Prayer Illustrated in the Wonderful Displays of Divine Grace at the Fulton Street and Other Meetings in New York and Elsewhere, in 1857 and 1858.* (Carlisle, PA: Banner of Truth Trust, 1991). 7.

2)   www.cslewisinstitute.org/webfm_send/577.

3)   Ian H. Murray, *Revival and Revivalism: The Making and Marring of American*

인, 동(洞)서기, 은행원, 제조업자와 기술자, 짐꾼 등 매일 1만 명이 모여 기도하였다. 이렇게 시작된 정오 기도회는 1858년 4월에 뉴욕시의 20개 교회에서 모였고, 얼마 후에는 전국적인 모임으로 발전하였다.[4]

정오 기도회는 초교파적 모임이었다. 기도회는 질서 유지와 모임을 이 끄는 책임을 맡은 평신도 인도자가 사회로 찬송과 기도 후 성경을 봉독하고 말씀으로 권면하고, 인도자가 기도 제목을 읽은 후 함께 기도하였다. 한 사람이 5분 이상의 기도나 설교하지 못하도록 하여 많은 사람이 참여할 수 있게 하였고(www.cslewis), 분파적이거나 부당한 발언을 하면 인도자의 제재를 받았다. 폐회 전에 찬송가 한 장을 부르고, 목사가 있을 때는 축도한 후 마쳤다(Hardman 2006, 250). 기도 시간은 항상 한 시간이 넘지 않도록 운영되었다.

정오 기도 운동과 함께 큰 부흥이 있었다. 1857년 11월경 나이아가라 폭포 근처의 캐나다 온타리오주 해밀턴(Hamilton)에서 300~400명이 회개하는 일이 일어났고(www.cslewis), 1858년 1월 뉴욕 브루클린(Brooklyn) 교회에서 75명이 회심하였다(Hardman 2006, 251). 그해 3월 뉴욕 제13 교회에 한 주간 사이 127명의 새 신자가 등록하였다. 5월 뉴욕에서 5만 명이 회심하였고, 오하이오주의 200개 마을에서 총 1만 2천 명이 하나님께 돌아왔다(Hardman 2006, 254, 256). 정오 기도 운동은 뉴잉글랜드에도 소개되었고, 그 결과 1857년 10월부터 1858년 6월 사이 버몬트(Vermont), 메인 (Maine), 로드아일랜드(Rhode Island), 매사추세츠(Massachusetts)와 코네티컷

Evangelicalism, 1750–1858 (Carlisle, PA: Banner of Truth Trust, 1994). 342-43.

4)　피니의 회고록에 의하면, 네브래스카의 오마하에 사는 한 사람이 동쪽으로 2천 마일 정도 여행하는 가운데 미국 동부 지역의 모든 곳에서 기도 모임이 열린 것을 보았다고 한다. Charles G. Finney, *The Memoirs of Charles G. Finney, ed. Garth M. Rosell and Richard A. G. Pupuis* (Grand Rapids, 1987), 563.

(Connecticut)주에서 수많은 이들이 회심하였다. 뉴잉글랜드 회중 교회는 11,744명의 새 신자를 얻었다. 예일 대학(Yale College)에서 204명의 학생이 회심하였고, 앰허스트 대학(Amherst College)에서는 거의 전교생이 죄를 회개하고 거듭나는 역사가 일어났다(Hardman 2006, 257~258).

정오 기도 운동은 미국 중부 지역에서도 일어나서 1858년 뉴저지주의 뉴어크(Newark)의 전체 인구 7천 명 가운데 3천 명이 회심하였고, 펜실베이니아주에서는 1만 5천 명이 하나님께로 돌아왔다. 기도 운동은 켄터키(Kentucky), 오하이오(Ohio), 위스콘신(Wisconsin), 인디애나(Indiana), 미주리(Missouri), 아이오와(Iowa), 미시간(Michigan), 그리고 일리노이(Illinois)주로 이어졌다. 그 결과 1858년 한 해 동안 미국 전역에서 매주 5만 명이 교회에 등록하였고, 기독교인 비율도 10%나 증가하였다.[5] 그렇지만 이처럼 크게 타오르던 기도 운동은 흑인 노예 해방을 둘러싸고 남과 북이 갈등하면서 식어졌고, 내전으로 비화하면서 막을 내리는 것처럼 보였다.

· 웨일스 부흥 운동

정오 기도 운동을 통해 시작된 부흥의 불길은 대서양을 건너 영국으로 번져 갔다. 얼스터(Ulster),[6] 스코틀랜드(Scotland), 웨일스(Wales)에서도 기도

---

5)　　Frank G. Beardsley는 30만 명에서 100만 명이 회심하였다고 추정하였고, 피니는 미국 북부에서만 50만 명, Edwin Orr는 100만 명이 회심하였을 것이라고 하였다. Frank G. Beardsley, *A History of America Revivals* (New York, 1912), 236; Finney 1987, 565; J. Edwin Orr, *The Second Evangelical Awakening in Britain* (London: Marshall, Morgan & Scott, Ltd., 1949), 36~37 (Hardman 2006, 262~263 재인용).

6)　　마틴 로이드 존스는 미국의 1859년 부흥 운동이 같은 해 영국 얼스터에서 일어난 부흥 운동과 밀접한 관계가 있음을 지적한 바 있다. D. Martyn Lloyd-Jones, *Revival* (Crossway, 1987), 7.

운동이 소개되었고, 그와 함께 설교 운동이 일어났다.[7] 웨일스에서의 설교 운동이 괄목할 만했었는데, 대표적인 설교자로 험프리 존스(Humphrey Rowland Jones, 1832~1895)와 데이비드 모건(David Morgan, 1814~1883)을 들 수 있다.

정오 기도 운동이 소개되기 전, 웨일스 사람들은 도덕적으로 해이하게 생활하고 있었다. 사회적으로는 사기범과 성범죄가 높아 치안이 불안하였고, 콜레라의 창궐로 민심이 흉흉한 상태에 있었다. 종교적으로는 예배 참석률이 낮았고 주일 성수가 이루어지지 않았다. 주민들의 관심은 기도와 예배가 아닌 세상의 부와 쾌락에 있었고, 신앙생활에 열심을 낸다고 하는 이들 가운데서도 기도하는 이를 찾아볼 수 없었으며, 예배 시간에 졸고 있는 이들이 다수였다.

이러한 상황에서 웨일스를 새롭게 만든 이가 험프리 존스였다. 그는 1832년 카디건셔(Cardiganshire)의 트레드돌(Tre'r-ddol)에서 태어나 1847년 신앙적 체험을 하고 난 후 설교하여 많은 이들을 교회로 인도하였다. 그는 1854년 웨일스 웨슬리파 지방회에 목사로 가입하였고, 1856년 이민한 부모와 함께 살기 위하여 미국으로 건너갔다. 미국에 도착한 후 위스콘신에서 웨일스 사람들을 중심으로 목회하였고, 1857년에는 뉴욕주 오네이다(Oneida)에 열린 기도회에 참석하여 정오 기도 운동을 알게 되었다. 그는 기도회에 700여 명이 넘는 사람들이 모여 큰 은혜를 받는 것을 보고, 기도 운동을 웨일스에 소개할 생각으로 1858년 6월 고향 트레드돌로 돌아왔다.

---

7)　에드윈 오르는 미국의 기도 운동이 영국 교회의 성장만이 아니라 해외 선교와 교회의 사회적 행동 등에 강하게 영향을 미쳤음을 그의 저서를 통해 지적하였다(Orr 1949, 5~302).

존스는 고향에 돌아오자마자 일주일간의 기도 모임을 가진 후 본격적인 설교 운동을 전개하였다. 그는 자신이 체험한 것을 설교하였다. "그의 설교는 깊은 신념과 감정의 표현이었다. 그러나 그의 기도는 그의 설교보다 훨씬 더 놀랍고 효과적이었다. 그는 엄숙하고 눈에 띄는 성격을 가진 사람이었고, 때때로 그의 호소가 너무 감동적이어서 신도들을 완전히 조용하게 만들었다."[8] 존스의 설교는 큰 반향을 일으켰고, 설교가 끝날 때는 많은 이들이 울며 회개하며 강단 앞으로 나아왔다. 설교 운동을 전개한 후 5주째인 8월에는 100여 명이 회개하고 새롭게 태어났다. 오후에는 예배당 주변에 사람이 너무 많아 마차에서 내리기 힘들 정도였고, 새벽 5시에도 비슷한 형편이었다(Ibid.). 기도 운동에 힘입어 트레드돌은 완전히 새로운 마을로 변하였다. 존스가 그리스도의 십자가를 중심으로 하나님의 한없는 사랑을 증거하자, 성도들은 예수 그리스도의 은혜와 하나님을 아는 지식을 사모했다. 성도 사이에 퍼져 있던 혈기와 무절제가 사라졌고, 극기와 자기 부인을 추구했다.[9]

존스에 의해 시작된 웨일스 설교 운동은 데이비드 모건이 합세하면서 더욱 커졌다. 모건은 1814년 카디건 주 데빌스 브리지에서 경건한 칼빈주의 집안에서 태어났다. 그의 아버지는 목수이자 방앗간 주인이었다. 그는 22세 때에 교회 사역을 시작하였고, 27세인 1841년 부흥회에서 큰 은혜를 받은 후 1848년 설교자로 받아들여졌고, 1857년 목사 안수를 받았다. 그는 1858년 9월 험프리 존스를 처음 만났고 그의 집회를 통하여 부흥을 경험하였다. 그렇지만 그는 존스를 경계하였다. 그는 부흥이 하

---

8)   http://ukwells.org/revivalists/humphreyJones
9)   Ian H. Murray, 『성경적 부흥관 바로 세우기』(*Pentecost-Today*), 서창원 역 (서울: 부흥과 개혁사, 2001), 17.

나님의 뜻에 속한 것으로 보았지만, 존스가 부흥을 인간의 노력을 통하여 이룰 수 있다고 보았기 때문이다. 그럼에도 불구하고 두 사람은 설교 운동에 동역하였고, 그들이 가는 곳마다 큰 부흥을 경험하였다. 그들이 가는 곳마다 술집이 문을 닫았고, 회개 운동이 일어났다. 그 결과 부흥 운동은 웨일스 전역으로 확산하였다. 1866년 글러모건 주(Glasmorganshire)에 있는 작은 마을 아버라본(Aberavon)에서 수백 명이 회개하고 하나님 앞으로 돌아왔고, 1871년 카디프(Cardiff)에서도 큰 부흥이 일어났다. 카디프에서는 성도들이 새벽과 저녁에 모였고, 특히 저녁기도회를 통해 많은 이들이 새롭게 되었다. 저녁 집회 후 집에 가지 않고 늦은 밤까지 기도하고 회개하는 이들이 늘어났고, 대부분이 새로운 사람으로 태어났다. 기도회는 2주간이나 이어졌고, 그 결과 600명이 회개하였다(Murray 2001, 18).

그러나 존스의 기도 운동은 주관적으로 치우치기 시작하였고, 체험을 중시하는 경향을 띠게 되었다. 성령의 강림을 설교하면서 성령이 어느 날 어느 시에 눈에 보이게 임하실 것이라는 설교하기도 하였다. 이러한 신학적인 차이로 존스와 모건은 헤어지게 되었고, 웨일스 부흥 운동도 막을 내렸다.

웨일스 기도 운동은 10만 명 이상의 회심자를 배출하였고, 많은 젊은 이를 선교사로 배출하였다. 그 대표적인 인물이 한국 최초의 순교자가 된 토머스 선교사(Robert Jermain Thomas, 1840~1866)이다. 그는 웨일스에서 태어나 1858년 런던의 뉴칼리지(New College)를 졸업한 후 웨일스 기도 운동이 한창 일어나던 1860년경 큰 은혜를 체험하고, 1863년 목사 안수를 받은 후 중국 상하이에서 선교 사역을 하였다. 미국 국적의 제너럴셔먼(General Sherman)호의 통역으로 은둔의 나라인 조선(朝鮮)으로 와서 복음을

전하다가 1866년 순교하였다.[10]

2. 무디와 설교 운동

1860년 11월 6일 노예 폐지론자인 에이브러햄 링컨(Abraham Lincoln)이 대통령에 선출되자, 남부와 북부의 대립이 시작되었고, 1861년 4월 12일 남부 연합군이 북부군의 요새인 썸터(Sumter)를 공격하면서 남북전쟁이 시작되었다. 전쟁으로 온 국토가 황폐해지고, 수많은 사상자가 발생하는 등 절망적인 상황이 전개되었다. 전쟁과 함께 사회는 물론 군대 안에도 음주, 불경건, 성적 부패, 도박과 절도 등이 만연해 있었다.

그렇지만 이러한 끔찍한 전쟁 가운데 군대 내에서 영적 각성이 엿보이기 시작하였다. 종군목사들의 설교 운동에 힘입어 각성 운동이 일어난 것이다. 각성 운동이 처음 일어난 것은 1862년 9월경이다. 사우스캐롤라이나에 주둔하던 남부 연합군 가운데 93명이 회심하였고, 동시에 필라델피아에 주둔하던 북부 연방군 가운데도 회심 운동이 일어났다(Hardman 2006, 268). 종군목사들에 의하여 회개 운동이 일어났다는 소식에 고무된 YMCA는 1863년 군 선교를 지원할 인재를 모집하였다. 군대 안에 성경과 소책자를 배포하고, 군인의 병상을 돌아보며, 부상한 병사들의 부모에게 편지 쓰기 운동을 전개하였다. 민간의 지원으로 군 선교가 활발해지면서 1863년 가을 남부군 7천여 명이 회심하였다. 군 선교가 가장 효율적이며 성공적이었던 곳은 전쟁 포로수용소였다. 종군목사와 일반인이 협력하여 포로들에게 복음을 전하여 15만 명이 남부군 가운데 회심하

---

10)   오문환, 『토마스 목사전』(1928년 출간, 서울 대한기독교서회, 2020), 31.

였고, 북부군에서도 비슷한 숫자가 회심하였다(Hardman 2006, 276).

· 설교자 무디의 형성

이처럼 혼란스러웠던 시대에 일어난 인물이 바로 드와이트 리먼 무디(Dwight Lyman Moody, 1837~1899)이다. 그는 1837년 2월 5일 미국 동부의 매사추세츠주, 노스필드(Northfield)에서 에드윈 무디(Edwin J. Moody, 1800~1841)와 베시 무디(Betsey Moody, 1805~1896)의 9명의 자녀 중 여섯째로 태어났다. 무디의 어린 시절은 고난의 시기였다. 왜냐하면 아버지가 무디의

드와이트 무디

나이 4살이었을 때 죽었으므로 어머니 홀로 9남매를 부양해야 했기 때문이었다. 자녀들의 생계유지가 어려워지자, 어머니는 그들을 학교가 아닌 일자리로 보내야 하였다. 무디는 아는 사람의 주선으로 농장에 가서 일해야 했다. 그는 농장주를 따라 삼위일체 교리를 부정하는 유니테리언 교회에 출석하곤 하였다. 1854년, 무디는 새로운 직장을 찾으려고 보스턴으로 갔다. 그렇지만 직장을 구하기 어려웠고, 1885년 삼촌이 운영하는 작은 구두 가게에서 일하였다.

무디는 구두 가게에서 일하면서 구두 파는 일을 좋아하였고, 보스턴에서 약간의 여유로운 생활을 하였다. 삼촌의 권면을 받고, 마운트 버넌 회중교회(Congregational Church of Mount Vernon)로 교회를 옮겼다. 그곳에서 그는 주일학교 교사인 에드워드 킴볼(Edward Kimball) 목사를 만났고, 그를 통하여 큰 변화를 겪었다. 거칠고 무식한 모습을 벗은 후 은혜로운 하나님의 사람으로 변한 것이다. 킴볼을 처음 만났을 때만 해도 무디는 성경을 전혀 모르는 상태에 있었다. 그는 급우들 앞에서 신약을 구약에서 찾아

서 놀림감이 될 정도로 성경에 무지하였고, 1855년 4월 하나님의 크신 사랑을 소개하면서 "그리스도께로 돌아오라."고 역설하던 킴볼 목사의 설교를 통해 크게 각성하고 새로운 사람이 되었다. 그는 1856년 3월 3일 교회 회원권을 얻었고, 그 후 급속도로 성장하던 신흥 도시 시카고로 이주하였다.

시카고로 옮긴 무디는 구두 판매원으로 일하였고, 1857년 5월 플리머스(Plymouth) 회중 교회의 교인이 되었다. 그해 무디는 미국을 휩쓸고 있던 정오 기도 모임에 참석하였고, 그곳에서 큰 은혜를 체험하였다. 은혜 체험 후 복음을 위해서 일할 생각으로 YMCA에 가입하고, YMCA의 복음 전도에 참여하였다. 복음 운동에 참여하면서 그는 헨더슨(C. N. Henderson)이 운영하던 구두 회사로 직장을 옮겼다. 그는 성실히 일하여 사장의 총애를 받았고, 열심히 일하여 월급 외에 수수료만 5천 달러를 벌 정도로 성공한 사업가가 되었다. 1859년 말에 사장 헨더슨이 죽자, 그의 부인이 무디에게 유산을 맡아 줄 걸 요청하였다. 그렇지만 무디는 그 제안을 거절하였다(Hardman 2006, 283). 이미 순회 설교자가 될 결심을 하고 있었기 때문이다.

무디는 복음 전도를 위해 구두 판매 사업을 정리한 후 주일학교 운동에 참여하였다.[11] 자신이 그랬던 것처럼, 가난으로 인하여 배울 수 없는 아이들에게 교육 기회를 제공하기 위해서였다. 그가 주일학교 설립지로 찾은 곳은 시카고에서 가장 가난한 지역, 곧 황량하여 "쓰러질 것 같은 오두막집과 술집, 도박장들로 가득"한 지역이었다. 그는 1860년 이곳에 주일학교를 열고, 버려진 아이들을 찾아 가르쳤다. 그는 사탕을 주머니

---

11)   T. Harwood Pattison, *The History of Christian Preaching* (Philadelphia, American Baptist Publication Society, c1903), 400.

에 가득 넣고 다니며 아이들 속으로 들어갔고, 아이들에게 전도를 독려하여 학생 수를 1,500명으로 늘렸다. 무디의 학교가 시카고에서 가장 큰 주일학교로 성장한 것이다(Hardman 2006, 280).

무디에게는 시대의 요청을 재빨리 파악하는 은사가 있었다. 그는 남북전쟁이 한창 중임에도 불구하고 군대 안에서의 복음 운동이 활발하다는 소식을 듣고, 군대 복음화를 위해 헌신하기로 다짐하였다. 그는 군대 복음화의 활성화를 위하여 후방 교회가 지원해야 할 필요가 있다고 생각하였다. 곧 성경과 전도 책자를 군대에 보내도록 자신이 몸담고 있던 YMCA를 설득하였고, 드디어 1861년 미국기독교위원회(The United States Christian Commission)를 만들었다. 무디는 이 단체를 통하여 9회 이상 전쟁터를 방문하여 복음을 전하였다.

• 무디의 설교 운동

무디는 1862년 8월 28일 엠마 레벨(Emma C. Revell)과 결혼하였고, 1863년에는 일리노이 스트리트 교회(Illinois Street Church)를 세웠다. 이 교회는 그가 양육한 주일 학생을 중심으로 세워졌다. 무디가 이처럼 사심 없이 복음을 위하여 일하자, 존 파웰(John Farwell), 제이콥(B. F. Jacob), 조지 아머(George Armour), 사이러스 맥코믹(Cyrus McCormick)과 같은 부자들이 그의 후원자가 되었다.[12] 그는 1866년 시카고 지역 YMCA 회장에 선출되었고, 군대 복음화 운동, 주일학교 연합회 운동 등 초교파적 신앙 운동에 앞장섰고, 전국을 순회하며 각종 집회를 인도하면서 설교하였다.

무디는 1867년 봄, 활동 운동의 무대를 넓히기 위해 영국으로 건너갔

---

12)   Sydney E. Ahlstrom, *A History of the American People* (New Haven: Yale University Press, 1972), 744.

다. 영국에서 그는 4개월 정도 순회 설교 운동을 전개하였다. 그는 순회 설교 운동을 하면서 세대주의(Dispensationalism)를 창시한 존 넬슨 다비(John Nelson Darby, 1800~1882)와 설교자 해리 무어하우스(Harry Moorhouse, 1840~1880)를 만났고, 그들로부터 세대주의 신학 사상을 받아들였다. 세대주의자가 된 것이다.[13] 무디에게 가장 많은 영향을 미친 인물은 다비의 동역자인 무어하우스였고, 그를 통하여 많은 것을 배웠다.[14]

무어하우스를 만나기 전, 무디는 주로 정죄하는 설교를 하였다. 마치 법정의 검사처럼 청중의 죄에 대해 날카롭게 지적하곤 한 것이다. 그는 율법의 엄중함에 초점을 두고 죄에 대한 심판을 설교함으로 청중이 죄를 토하게 하고 하나님을 찾도록 하였다. 그렇지만 그는 무어하우스를 만난 후로 설교의 강조점을 바꾸었다. 죄에 대한 심판보다는 하나님의 자애로운 성품에 대해 더 강조하기 시작하였다. 무어하우스가 요한복음 3:16을 본문으로 삼아 하나님의 넘치는 사랑에 관하여 설교하는 것을 본 후, 회개는 채찍에 의해 일어나는 것이 아니라 하나님의 사랑에 녹을 때 스스로 하나님께 돌아오게 된다고 깨달았기 때문이다. 무디는 그때부터 하나님의 거룩하심과 율법의 정죄보다는 사랑의 하나님을 더 많이, 더 심도 있게 설교하였다. 그는 무어하우스를 만난 후 이렇게 다짐하였다. "내가

---

13) 다비는 성령의 직접 계시와 제도적인 교회로부터의 분리를 주장하면서 직업적인 목사가 필요 없다고 하였다. 그는 세상 역사를 7시대로 구분하고, 시대마다 하나님의 경륜이 다르게 나타났다고 하였다. 곧 천지 창조 후 아담의 타락 때까지는 순결, 아담의 타락으로부터 노아 홍수 때까지는 양심, 홍수로부터 아브라함 때까지는 인간의 권세, 그때부터 율법을 받을 때까지는 약속, 그로부터 그리스도의 십자가 사건까지는 율법, 십자가 사건 이후 재림 때까지는 은혜, 마지막으로 천년왕국 시대가 온다고 하였다.

14) 그는 한때 방탕하게 생활한 것으로 유명한데, 16살 때에 도박에 빠진 후 갱단의 두목으로 생활하였고, 19살이 되던 1859년 웨일스에 한창 전개되던 기도 모임에 참석하여 회심하였다.

만일에 사도 요한이 말한 '하나님은 사랑이시다'라는 말씀의 진정한 의미를 사람들에게 이해시킬 수 있다면, 나는 이 한 말씀만 가지고 온 세상에 두루 다니며 이 영광스러운 진리를 전파할 것이다."[15] 설교자의 사명이 죄인들을 위해 독생자를 내어 주신 하나님의 사랑을 전함으로 죄인들을 하나님의 품 안으로 돌아오게 하는 것임을 깨달은 것이다.

무디는 무어하우스와 교류하면서 율법보다는 복음을 더 많이 설교하였다. 그는 하나님의 사랑을 설교하면서 "몸짓을 많이 하지 않았지만, 그의 몸짓은 강렬하였다. 손바닥을 편 채로 손을 힘 있게 앞으로 내밀거나 두 손을 꼭 쥔 채로 망치처럼 내리쳤다. 그러나 그의 손에는 성경이 있었고, 성경을 든 채 몸짓하였다. 그는 (설교하면서) 성경을 자주 인용했고, 자주 읽었다. 그 앞에 있는 강대상에는 늘 성경이 펼쳐져 있었다. 그의 설교 또는 강해는 기독교의 핵심 교리를 설명하거나 성경 이야기를 연극적으로 소개하고, 청중의 삶에 적용하는 것이었고, 내용은 간략하였다."[16] 영국에서 설교 운동을 성공적으로 마친 무디는 1867년 가을 미국으로 돌아왔다.

영국에서 돌아온 무디는 설교 운동을 본격적으로 전개할 생각으로 설교 센터를 건립하는 일에 열심을 내었다. 그는 후원자 존 파웰(John V. Farwell, 1825~1898)의 도움을 받아 강당과 교실, 그리고 1,500석의 예배당을 갖춘 파웰 홀(Farwell Hall)을 건립한 후 1871년부터 설교 운동을 전개하였다. 그해 6월 인디애나폴리스에서 열린 전국 YMCA 대회의 주 강사로 설교하면서 하나님의 넓고 크신 사랑을 역설하여 많은 회심자를 얻었다.

---

15) D. L. Moody, *The Way to God* (Chicago: Fleming H. Revell Company, 1884), 7.

16) T. Harwood Pattison, *The History of Christian Preaching* (Philadelphia, American Baptist Publication Society, c1903), 401.

교회 역사를 빛낸 위대한 설교자들

이때부터 그는 미국 중서부의 저명한 개신교 설교자로 인정받기 시작하였다. 이 집회에서 그는 평생 동역자요 성악가인 아이라 생키(Ira D. Sankey, 1840~1908)를 만났고, 생키를 순회 설교에 초청하여 찬송을 부르게 함으로 청중에게 큰 은혜를 끼치게 하였다.

이처럼 무디는 만사가 형통한 것 같았지만, 호사다마 격으로 큰 시련도 겪었다. 인디애나폴리스 집회를 마친 후 4개월이 지난 1871년 10월 시카고 대화재로 그의 집과 모든 소유물, YMCA 빌딩, 파웰 홀, 일리노이 스트리트 교회당 등이 다 잿더미가 되었다. 설교 운동을 위한 전진기지가 불에 사라졌을 때 무디는 낙망하지 않고 다시 일어섰다. 그는 파웰 홀을 재건할 계획을 세운 후 자금 모금차 뉴욕으로 갔고, 그곳에서 생애의 전환점이 된 영적 체험을 하였다.[17] "말 그대로 영혼에 대한 열정으로 그를 불타오르게 한 일종의 체험"(Ahlstrom 1972, 744)을 한 것이다. 그는 당시의 체험을 이렇게 기록해 놓았다. "나의 마음은 모금에 있지 않았다. 모금을 호소할 수 없었고, 다만 하나님께서 나를 성령으로 충만하게 해 주실 것을 부르짖었다. 그렇게 부르짖던 어느 날, 오 잊지 못할 그날이여! 어떻게 표현해야 할지 모르겠다. 생각만 해도 가슴이 벅차올라 뭐라고 말해야 할지 모르겠다. 말로 표현하기 힘든 너무나 성스러운 체험을 하였다. 바울이 14년 동안이나 가슴에 묻어 두었던 체험과 같은 것이었다. 그날 체험한 것을 말한다면 하나님께서 친히 자신을 나에게 드러내 주셨다는 것 외에는 말할 수 없다. 그것은 모두지 형언할 수 없는 하나님의 사랑의 손길이었다. 그래서 나는 그 손길을 거두지 말기를 간절히 기도

---

17)　에릭 하이든은 무디와 스펄전의 성격, 모양, 성령에 대한 의존도에 대하여 비교하였다. Eric W. Hayden, "Spurgeon and Moody: Parallel Lives," *Moody Monthly* 73 (Apr. 1973): 61~66을 참고하라.

하였다. 나는 계속하여 설교했고, 설교의 내용을 바꾼 것은 없었다. 이전에 말하지 않은 새로운 진리를 말한 것도 아니었다. 그런데 수백 명이 회심하는 일이 일어났다. 혹시 누군가 전 세계를 내게 준다고 해도 나는 그 날의 영광스러운 경험과 바꾸지 않을 것이다. 그것은 비교할 수 없는 작은 먼지에 불과하기 때문이다."[18] "두 번째 회심"[19]을 체험한 것이다.

• 영국과 스코틀랜드 순회 설교

영적인 각성 후 무디는 1872년 7월 영국을 두 번째 방문하였다. 그는 런던에서 열린 마일드메이(Mildmay) 연례 집회의 주 강사로서 설교하였다. 그는 하나님의 사랑에 대해 열정적으로 설교하며 회개를 촉구하였고, 성도들은 뜨겁게 반응하였다. 무디는 이 집회를 통해 순회 설교에 대한 자신감을 얻었고, 도시민들을 상대로 설교할 것을 다짐하였다.[20]

무디는 1873년 6월, 생키와 함께 런던에서 설교하기 위해 세 번째 영국에 갔다. 그러나 영국 도착과 함께 그를 초청했던 이들이 죽었다는 소식을 듣게 되어 런던 집회를 무위로 끝날 수밖에 없었다. 이러한 상황에서 요크(York) YMCA가 그에게 설교 요청을 하자, 무디 일행은 5주에 걸쳐 요크에서 순회 설교하였고, 많은 이들이 회개하였다. 요크에서의 설교가 성공적으로 끝나자, 여러 곳으로부터 설교 요청이 왔다. 8월 선더랜드 (Sunderland), 그리고 9월 뉴캐슬(Newcastle)에서 요청이 있었고, 그곳에서 설교 운동을 크게 전개하였다.

---

18) W. R. Moody, *Life of Dwight L. Moody* (London: Morgan and Scott, n. d.), 135.

19) David H. Smith, Book Review on *Dwight L. Moody: American Evangelist, 1837-1899* (Chicago: The University of Chicago Press, 1969), *Indiana Magazine of History*, Vol. 66: No. 1, 83

20) J. L. 곤잘레스, 『현대교회사』 서영일 역, (서울: 은성, 1987), 203.

무디는 1873년 11월부터 12월 사이 스코틀랜드로 건너가 에든버러 (Edinburgh)에서 설교하였다. 개회 예배 전에 수많은 사람이 몰려와서 예배당이 가득 채워졌고, 늦게 도착한 수천여 명의 사람들은 집으로 돌아가야 할 정도였다. 그는 당시의 상황을 스코틀랜드 교회의 성직자들에게 다음과 같이 보고하였다. "에든버러에서 가장 큰 공공건물인 자유교회 홀(Free Church Hall)과 또 국교회 홀이 차고 넘칠 정도로 매일 저녁 수많은 인파가 몰려와서 기도하고 복음의 말씀을 듣고 있습니다. 하지만 그곳에 참석한 사람들의 숫자보다 더 놀라운 것이 있습니다. 그것은 그들 가운데서 나타나는 성령의 임재와 능력 행하심, 거룩한 두려움, 깊이 기도함, 믿음, 성령을 대망하는 태도, 구원받지 못한 영혼에 대해 근심하며 안타까워하는 모습, 그리고 점점 더 그리스도를 닮아 가고자 하는 갈망, 즉 그들의 거룩함에 대한 열망과 갈망의 모습들입니다"(Hardman 2006, 298~299). 설교 운동을 통하여 회개와 변혁이 일어난 것이다. 에든버러에서의 설교한 후 그가 가는 곳에는 항상 2천에서 4천 명의 인파가 몰려왔다.

무디는 에든버러 순회 설교를 마친 후 다음 해 1월부터 3월까지 글래스고(Glasgow), 애버딘(Aberdeen), 던디(Dundee), 인버네스(Inverness)를 비롯한 스코틀랜드 북부 지역에서 순회 설교를 한 후, 1874년과 1875년에는 아일랜드와 영국에서 순회 설교를 했다. 1874년 9월과 10월 아일랜드의 벨파스트(Belfast)와 더블린(Dublin)에서 설교하였고, 그해 12월 영국으로 옮겨 맨체스터(Manchester)에서 설교하였고, 1875년 1월에는 셰필드(Sheffield)와 버밍엄(Birmingham), 3월부터 6월까지는 런던에서 설교 운동을 전개하였다.

무디의 런던 설교 운동은 구체적이면서도 조직적이었다. 순회 설교가 아닌 교육적 차원의 설교 운동을 전개한 것이다. 그는 이 일을 위하여 대형 건물들을 임대하고, 그곳에서 각각 60회에 걸쳐 성경을 강해하였다. 애그리컬투럴 홀(Agricultural Hall)에서 연인원 72만 명, 왕립오페라 극장에서 33만 명, 보우로드 홀(Bow Road Hall)에서 60만 명, 체임버웰 그린(Chamberwell Green)에서 48만 명에게 성경을 강해하였고, 마지막 집회는 빅토리아 홀(Victoria Hall)에서 모였다. 빅토리아 홀에서 45번의 성경 강해를 하였고 40만 명이 설교를 들었다. 총 285회의 사경회를 통해 연인원 250만 명에게 말씀을 전한 것이다(Hardman 2006, 300). 얼스트롬 교수에 의하면, 영국과 스코틀랜드에서 2백만 명에서 3백만 명이 그의 설교를 듣고 새롭게 되었다고 한다(Ahlstrom 1972, 744).

영국에서 귀국한 무디는 1875년 7월부터 미국의 대도시를 중심으로 순회 설교하였다. 1875년 10월과 11월에 뉴욕의 브루클린(Brooklyn), 그후 2개월간 필라델피아, 4개월간 뉴욕, 그리고 1876년 10월부터 1877년 봄까지 시카고와 보스턴에서 설교하였다. 매번의 집회에는 보통 1만 2천 명에서 2만 명이 참석하였으며, 1876년 1월 19일에 열렸던 필라델피아 집회에는 율리시스 그랜트(Ulysses S. Grant, 1822~1885) 대통령과 정부 각료들이 참석하였다. 무디는 노년에 이르러서도 순회 설교 운동을 전개했다. 미국 동부 해안선을 따라 보스턴에서 뉴욕, 뉴잉글랜드 전 지역, 서부에서는 캐나다의 밴쿠버에서 캘리포니아의 샌디에이고까지 서부 해안선을 오가며 설교하였다.

• 무디의 영향

우리는 그리스도와 사람들을 향하여 사랑이 넘쳤던 위대한 설교자 무디의 부흥 운동에 대해 살펴보았다. 그는 대도시를 중심으로 다니는 순회 설교자로 피니의 실용주의적 부흥 사상을 따르면서도 더 온건한 견해를 밝히었다. 부흥을 고무하기 위해 인간적인 노력의 필요함을 역설하였지만, 피니처럼 구도석(求道席)을 마련하고 강단으로 초청하는 등의 "새로운 방법론"을 활용하지 않았다. 또한 부흥 집회에 찬송을 도입하고 복음 찬송을 보편화시켰지만, 감정에 호소하거나 감정주의에 휩쓸리지도 않았다.

그럼에도 불구하고 그의 신학은 성경 중심적인 개혁 신학보다는 폭이 넓었다. 얼스트롬(Sidney Ahlstrom, 1919~1984)이 지적한 것처럼, "드와이트 무디의 메시지는 미국의 낙관주의와 복음주의의 아르미니우스주의의 단순하고 비교적 악의 없는 혼합이었다. 그는 성경을 높이 들고, 청중이 찾는 것이 구원임을 확인시키면서, 그들에게 단지 "앞으로 나와서 영접하세요. 영접하면 된다."고 확신시켰다."(Ahlstrom 1972, 745). 죄에 대한 뉘우침이나 회개 없이 단순히 입으로 신앙을 고백하고, 강단 앞에 나옴으로 그리스도인 될 수 있다고 가르친 것이다. 무디가 이처럼 설교한 것은 설교의 유일한 목적이 영혼 구원에 있다고 보았기 때문이다. 그래서 그는 예수 그리스도 안에서 하나님의 구원 행위와 죄인의 개종과 구원이라는 단 하나의 내용으로 설교했다. 그에게 있어서 다른 모든 것은 부차적이었다. 이제 무디가 교회 역사에 남긴 영향에 대해 간단히 기술해 보도록 하자.

첫째로, 무디의 부흥 운동은 남북전쟁으로 인한 미국 사회의 무질서를 바로 잡고, 성경 중심적인 신앙 운동의 터를 견고하게 하였다. 개인주의와 금전 만능주의의 확산, 알코올중독과 살인, 이혼율이 증가, 진화론과 성경 고등 비평 사상의 확산 등 현대주의의 위협을 받고 있었지만, 그의 설교 운동으로 영국, 스코틀랜드, 아일랜드가 영적으로 새로워졌다. 그리고 호러스 부쉬넬(Horace Bushnell, 1802~1876)과 헨리 워드 비처(Henry Ward Beecher, 1813~1887)와 같은 당대의 신학자들이 원죄설만이 아니라 중생과 회심의 필요성을 부인하면서 교육과 훈련을 통한 인간 개조를 주장할 때

배움이 없었던 설교자 무디를 통해서 전통적 기독교 가치관을 옹호할 수 있었다. 무디는 시대적 조류에 저항하면서 성경의 무오와 영감, 절대적인 권위를 강조하였고, 인간의 타락과 부패, 회심과 중생의 필요성을 역설함으로 전통적인 기독교의 가치관을 지킨 것이다. 세속적 가치관과 타협하지 않고 기독교 신앙의 근본인 회심과 중생의 필요성을 고수한 것이다(Moody 1884, 23~24). 이러한 점에서 무디는 세속주의와 현대주의 사상의 도전으로부터 전통적 기독교 신앙을 지켜 냈다.

둘째로 온건한 복음주의적 부흥 신학의 기초를 마련하였다. 무디는 전반적으로 칼빈주의 신학에 서 있었지만 세대주의(Dispensationalism)를 포용하였고, 아르미니우스적 견해를 지지하기도 하였다. 그는 거듭남이 말씀과 성령의 역사로 일어난다고 보았지만, 거듭나기 위해 인간의 자유의지를 활용하여 회개하고 믿어야 한다고 가르쳤다. 거듭났기 때문에 믿고 회개하는 것이 아니라 회개하고 믿음으로 인해 거듭날 수 있다는 논리를 전개했고, 회심이 성령에 의해서 거듭난 자들 속에서 이루어지는 하나님의 역사로 보는 대신, 인간이 자유의지를 발동하여 회개하기로 하는 순간에 하나님께서 회심하게 하는 힘을 주신다고 설교하였다(Moody 1884, 71, 75). 인간 구원을 위한 하나님의 선행적인 역사보다는 인간의 자유의지에 기초한 결단을 앞세움으로 회심이 인간의 결정 여하에 따라 이루어진다고 보았다. 이처럼 무디는 성경적 신앙과 교리를 주장하면서도 다양한 신학적 견해를 수용하여 폭넓은 복음주의 부흥 운동의 길을 열어 놓았다.

셋째로, 무디의 설교 운동은 사회의 개혁을 이루어 냈다. 그는 구원 문제에서 하나님의 절대 주권을 강조하였지만, 현세적인 문제에서는 인간의 역할과 책임을 강조하였다. 부흥을 위해 기도가 중요하지만, 홍보 등의 인간적인 노력의 필요성을 강조하였다. 그는 광고를 중시하며 대중

매체를 통해서 부흥 운동을 소개하는 것을 마다하지 않고, "경제계에서 사용하는 방법들을 가지고 복음 전도대회들을 효과적으로 조직하고, 통합하였다"(Hardman 2006, 278). 부흥을 홍보할 때 선동적인 말이나 논쟁이나 분열을 일으킬 수 있는 용어를 사용하여 관심을 끌려고 하지 않았고, 사실대로 알리려고 하였다.[21] 한편 무디는 사회적인 개혁 운동을 고무시키기도 하였다. 그의 설교 운동에 힘입어 기독교 여성 절제회(Woman's Christian Temperance Union)가 조직되었고, 절제회는 금주와 금연 운동을 전개하였다. 부흥 운동을 통해 경건한 분위기가 조성되면서 음화와 매춘을 거부하는 사회 운동, 여성 차별 금지 운동, 여성과 아동의 노동 착취를 금하는 운동 등이 일어났다.

마지막으로 교육 사업과 세계 선교 운동의 기초를 제공하였다. 무디는 시카고에서 1860년 주일학교를 설립한 후 1886년 무디 성경학교(Moody Bible Institute), 1908년 로스앤젤레스 성경학교(Bible Institute of Los Angels, 나중에는 첫 자를 따서 Biola University로 약칭됨)를 세웠고, 1879년 고향 노스필드(Northfield)에 여자들을 위한 여학교, 1881년에는 남학생을 위한 학교를 세웠다. 무디는 세계 선교 운동에도 앞장섰다. 1870년경부터 세계 선교에 관심을 나타낸 후 대학생 선교 운동을 주도했다. 1883년 노스필드에서 세계 선교를 위한 제1차 연례집회를 열었고, 1885년 열린 제3차 대회는 아서 피어슨(Arthur T. Pierson, 1837~1911)이 주 강사로 나서 많은 젊은이에게 세계 선교에 대해 도전하였다. 특히 1886년 여름 버는 산(the Mount Vernon)에서 한 달간 열린 대학생 수련회에 참석한 학생 중 100여 명이 선교에 헌신하였고, 1887년 집회에서는 2,100명의 학생이 선교사로 나가기로 서원하였다. 이러한 선교 분위기가 확산된 가운데 1888년 존 모트

---

21)   박용호, 『미국교회 부흥 신학』, (서울: 기독교문서선교회, 2012), 제5장 참고.

(John Ralreigh Mott, 1865~1955)를 비롯한 학생들을 중심으로 학생자원운동(the Student Volunteer Movement)이 조직되었다. 선교 운동과 함께 "땅끝까지 복음을 전하라"는 그리스도의 지상명령이 온전히 실천에 옮겨짐으로 19세기를 기독교 역사상 "가장 위대한 세기"(The Great Century)로 만든 것이다. [22]

3. 20세기의 설교와 부흥

무디의 부흥 운동이 막을 내리면서 20세기가 도래하였다. 20세기의 부흥 운동은 영국의 웨일스, 세상의 땅의 끝으로 간주하였던 은둔의 나라 조선 등 전 세계적으로 일어났다. 그러면 먼저 1905년 웨일스에서 일어난 부흥 운동에 대해 간단하게 살펴보고, 은둔의 나라요 서양인의 눈에서 볼 때 땅끝 나라였던 한국에서 일어난 부흥 운동에 대해 간략히 살펴봄으로 대단원의 막을 내리도록 하자.

• 웨일스의 제2차 부흥 운동

웨일스에서 험프리 존스와 데이비드 모건의 기도 운동이 끝난 뒤 1880년에서 1887년 사이에 리처드 오언(Richard Owen, 1839~1887)에 의한 부흥 운동이 일어났다. 조지 휫필드(George Whitefield, 1714~1770)의 신학과 부흥 사

---

22) 케네스 라토렛(Kenneth Scott Latourette, 1884~1968) 교수는 19세기가 그리스도의 지상명령을 가장 충실하게 실천한 세기라고 보고, 1800년부터 1914년까지 일어난 세계 선교 운동을 『기독교 확장사』(A History of the Expansion of Christianity)를 저술하였다. 이 책은 6권으로 구성되었고, 각 권의 부제로 "위대한 세기"라는 말을 사용하였다. Kenneth Scott Latourette, A History of the Expansion of Christianity, 6 vols. (Grand Rapids, MI, Zondervan Publishing House,1970).

상을 고수하던 칼빈주의적 감리교도(Calvinistic Methodist)였던 오언은 어려서부터 가정 예배와 성경 암송 등을 강조하던 경건한 가정에서 자라났다. 그는 북웨일스 지역의 장로교 노회에서 목사 안수를 받은 후 설교 운동을 전개하였다. 그는 성경이 성령으로 영감된 하나님의 말씀으로 절대적으로 무오한 권위임을 믿었고, 회개와 성화를 강조하였다. 그의 설교를 통해 1만 3천 명이 회개하고 거듭나는 등 큰 부흥 운동이 있었다.[23] 그렇지만 웨일스의 부흥 운동은 오언이 1887년 48세의 젊은 나이에 소천하면서 급속도로 약화되었다.

오언이 죽은 뒤 웨일스 교회들은 다시 영적 침체를 겪었고, 교인 감소 현상을 체험하였다. 북웨일스의 칼빈주의적 감리교회의 경우, 1899년 한 해 동안 12,844명이나 교회를 떠났다.[24] 예배 참석자들이 줄어들고, 진화론과 성경의 영감을 부정하는 성경 고등 비평 사상이 교회를 침투하고, 세속주의적 가치관이 팽배했지만, 교회는 이에 대응할 만한 힘이 없었다. 이러한 시기에 영국에서 시작된 케직 사경회(Keswick Conventions)가 웨일스에 소개되었고, 이에 힘입어 셋 조슈아(Seth Joshua, 1858~1925)를 비롯한 웨일스 장로교도들은 1900년대 초반 다시 한번 교회 갱신을 기대하며 '전진 운동'(Forward Movement)을 전개하였다.

전진 운동의 지도자들은 웨일스 교회의 영적 침체 원인이 무엇인지 찾아내려고 하였다. 그 주요 원인이 지성 위주의 장로교회 태도라고 판단한 그들은 기독교의 감성 회복을 주장하였다. 기도 운동을 통하여 감성 회복 운동을 전개하고자 한 것이다. 논리적인 설교보다는 기도를 중시하

---

23)   Ian Murray, *Pentecost-Today?*『성경적 부흥관 바로 세우기』서창원 역 (서울: 부흥과 개혁사, 2001), 16.

24)   Maurice R. Smith, "Welsh Revival - Longing And Preparation" sentinellenehemie. free.fr

고, 기도를 통하여 성령의 임재를 구함으로 교회를 새롭게 하고자 하였다. 이러한 '전진 운동'은 웨일스 전역으로 확산하였고, 1904년 9월 셋 조슈아 목사가 뉴키(New Quay)에 있는 젠킨 교회(Jenkin Church)에서 설교할 때 절정에 달했다고 할 수 있다. 그는 당시 일어난 일에 대해 이렇게 기록해 놓았다.

> (9월 18일, 주일) "나는 성령의 권능이 이곳에서 일어나는 것처럼 강력하게 나타난 것을 보지 못하였다. … 설교하기가 아주 쉬웠다."
> (19일, 월요일) "이곳에서 큰 권능 가운데 부흥이 일어났다. 많은 사람이 구원의 확신을 두게 되었다. 기도와 증거의 영이 놀라운 태도로 임하였다. 젊은 이들이 많은 분량의 복을 받았다. 그들은 놀랍게도 기도, 찬송, 간증과 권면 운동을 펼쳤다."
> (20일, 목요일) "부흥이 계속되고 있다. 나는 밤 12시 그리고 1시가 되어도 교회당을 떠날 수 없었다. 예배를 몇 번 중지했지만, 인간의 힘으로 기도 모임을 중지시킬 수 없을 정도였다."(Maurice R. Smith, Ibid.).

이처럼 갑작스럽게 시작된 뉴키의 부흥 운동은 성령 중심적 부흥이었다. 성령 체험을 하면서 한 주간에 40명이 회개하고 새롭게 거듭나는 이적이 일어났다. 그들이 부흥을 위해 인간적인 수단을 동원하지 않았지만, 하나님의 주권적인 역사로 갑작스럽게 부흥 운동이 시작되었다.[25]

---

25) 웨일스의 부흥 운동은 인간의 노력으로 일어난 것이 아니라 하나님의 역사였다. 당시 부흥을 본 엘버 루이스(H Elver Lewis)는 "수많은 그리고 온갖 방법을 동원해서 1906년에도 부흥을 일으켜 보고자 노력하였다. 그러나 바람이 부는 것과 같이 자연스럽게 찾아왔던 1905년 초의 역사는 다시 일어나지 않았다. 나는 부흥이 일어나도록 노력하는 정성스러운 수고를 종종 목격했지만, 재앙 외에는 아무것도 일어나지 않았다."

교회 역사를 빛낸 위대한 설교자들

흥미로운 점은 참석자 모두가 성령 충만했지만, 부흥이 오래 이어지지 않은 것이다. 부흥 운동이 과격하고 광신적 운동으로 변했기 때문이다. 광신주의 운동은 셋 조슈아의 젠킨교회 집회에 참석했던 26세의 청년 이반 로버츠(Evan John Roberts, 1878~1951)에 의하여 시작되었다. 그는 1878년 7월 웨일스 칼빈주의 감리교도 집안에서 태어났고, 11살부터 23살까지 탄광에서 일하는 가운데도 매주 몇 시간씩 기도하면서 신앙생활에 남다른 열심을 보이던 청년이었다. 그는 목사가 되려고 1903년부터 뉴캐슬(New Castle)에서 목회자 훈련을 받았고, 1904년 가을, 전도자 셋 조슈아의 뉴키 집회에 참석하여 강력한 성령 체험을 하였다.

성령 체험 후 로버츠는 작은 모임을 이끌면서 교회 부흥에 대해 설교하였다. 그들의 설교를 듣고 사람들이 몰려오자, 로버츠는 순회 설교를 시작하였다. 순회 설교가 시작된 지 2주 만에 그는 전국적인 유명 부흥사로 알려지게 되었다. 그는 설교를 통해 기독교의 핵심 교리를 전파하면서 (1) 알려진 죄를 고백한 후 예수 그리스도를 통해 죄 용서를 받을 것, (2) 삶 속에 있는 불신적인 것들을 제거할 것, (3) 성령께 즉시 순종하도록 준비할 것, (4) 예수 그리스도가 주인임을 공개적으로 고백할 것을 역설하였다. 하지만 로버츠의 말씀 운동은 오래 지속되지 못하였다. 그 이유는 두 가지로 생각할 수 있다.

첫째로 언론들이 그를 시대적 영웅으로 변신시켰기 때문이다. 로버츠의 초기 설교 운동은 복음적이었지만, 당시 언론들은 로버츠를 그들의 시대정신을 제시할 수 있는 인물로 과대 포장하여 소개하였다. 신학 수

고 기록한 후, "우리는 참으로 기이하다는 것 외에는 어떤 설명을 할 수 없는 처지에 있을 뿐이다."라고 결론을 내렸다. H. Elver Lewis, *With Christ Among the Miners* (London: Hodder and Stoughton, 1906), 7, 10, (Murray 2001, 44)에서 재인용.

업을 시작한 지 겨우 2년밖에 안 된 청년을 기존의 교회 사상에 대항할 영웅으로 만들고자 한 것이다(Murray 2001, 214). 언론들은 성경의 절대적인 권위를 강조하던 기존 교회를 싫어하였다. 그래서 그들은 성령 중심적 은사와 영적 체험을 주장하는 로버츠의 주관적 부흥 운동을 내세움으로 기존 교회와 싸우게 한 것이다. 언론들은 로버츠가 전통적으로 내려오는 예배 형식을 탈피하여 새로운 방식을 추구한다고 높이 평가한 후, 이 같은 "공식적인 예배와 일상적인 설교 방식을 포기한다는 것은 새로운 시대가 도래하고 있다는 증거"라고 주장하였다(Murray 2001, 216). 성령의 체험과 임재를 강조함으로 성경의 절대적인 권위를 부정하는 현대 정신을 교회가 채택해야 할 것으로 제시한 것이다.

둘째로, 로버츠의 주관적 신앙 운동이 영적 피로감을 조성하였기 때문이다. 로버츠는 객관적인 진리인 성경보다는 주관적인 성령 체험을 더 높이고, 절대화하였다. "성령 외에는 누구도 우리의 인도자일 수 없다."고 주장하면서 성령의 직접적인 개입을 강조하고, 자신은 성령의 인도에 따라 짧게 또는 길게 설교하기도 한다고 역설하기도 하였다. "만약 하나님께서 당신에게 찬양이나 기도나 간증을 하라고 감동을 주신다면, 바로 그렇게 하라."고 하면서 찬양과 기도를 설교보다 더 중시하기도 하였다(Murray 2001, 215). 그의 성령적 신앙 운동은 시간이 갈수록 더 주관화되어 갔다. 그는 카디프에서 예정되었던 집회를 성령께서 막으신다고 하며 집회 철회를 선언하였고, 1905년 2월에는 "영어와 웨일스어를 또렷하게 말씀하시는 하나님의 음성을 느낌이 아닌 소리로 들었다"고 주장하는 등 자신을 성령과 직접 말하는 자로 각인시키기도 하였다. 그는 설교하러 단에 올라선 후에 회중이 조용해질 때까지, 곧 성령의 사역을 방해하는 것들이 완전히 제거될 때까지 잠잠히 서 있기도 했으며, 회중 가운데 300명의 위선자가 있다고 계수하기도 하였다. "즉흥적인 자기 생각을 성

교회 역사를 빛낸 위대한 설교자들

령의 감동으로 받아들이고, 초자연적인 것에 대한 지식을 추구하면서 이른바 '믿음의 기도'라는 것을 내세우고, 예배를 여자들에게 인도하게 맡기고, 특히 집회에서 사람들이 설교자의 요구를 긍정적으로 받아들이는 결단을 하는 순간 그들이 회심자가 된 것으로 간주하는 등" 열광적인 모습을 보였다(Murray 2001, 220). 결국 부흥 운동은 식어 갔고, 그는 부흥사로서의 명성과 대조되는 불결한 삶을 살다가 죽었다(Murray 2001, 219).

• 한국의 설교 운동과 부흥

웨일스와 거의 동시대에 동방의 은둔국이었던 조선에서도 설교 운동이 일어났다. 조선 땅에 복음이 공식적으로 전파된 것은 1885년 미국의 선교사 언더우드(Horace G. Underwood, 1859~1916)와 아펜젤러(Henry G. Appenzeller, 1858~1902)가 제물포항에 도착하면서부터 시작하였다. 대한제국이 1905년 일제의 강압으로 을사늑약을 맺고 국권을 상실하자, 온 백성들은 절망 가운데 빠지게 되었다. 이러한 상황에서 교회 지도자들과 선교사들은 나라와 민족을 위한 기도 운동을 전개하였다. 기도 운동이 전국적으로 확산한 가운데 1907년 1월 초부터 평양의 장대현 교회당에서 평안남도 도사경회가 열렸다.

평안도 도사경회는 1월 6일부터 시작되어 15일까지 열렸고, 선교사와 교회 지도자 등 1,500여 명이 참석하였다. 사경회 강사로 나선 길선주 장로는 1월 14일 저녁 설교를 통해 회개와 기도의 필요성을 강조한 후, 성령에 감동되어 스스로 자신의 죄를 고백하였다. 연이어 많은 이들이 자신의 죄를 공개적으로 회개하면서 회개 운동이 본격적으로 일어났다. 이 사실을 본 존 매큔(George S. McCune, 1872~1941) 선교사는 미국 북장로교 총회 선교부 책임자인 아서 브라운(Arthur J. Brown, 1856~1963)에게 편지하면서 "장대현 교회당에서 모인 지난 밤 집회는 최초의 절대적인 성령의 권능과 임재가 나타난 것이었습니다. 우리 중 아무도 지금까지 이전에 이와 같은 것을 경험하지 못했고, 우리가 웨일스와 인도에서 일어난 부흥에 대해 읽었지만, 성령의 역사는 지금까지 있었던 그 어떤 것도 능가할 것입니다."라고 썼다. 소안론(W. L. Swallen, 1859~1954) 선교사에 의하면, "2천여 명이 그리스도를 그들의 구주로 영접하였으며, 교회들은 교인으로 넘쳐났다. 예배 혼란을 막기 위해 남녀로 나눈 후 시차를 두어서 모이게 하였다."[26)

이렇게 시작한 평양에서의 각성 운동은 기도와 회개를 특징으로 한다. 기도로 부흥 운동이 시작하였고, 기도회를 통해 죄의 심각성을 깨달은 성도들은 자신의 죄에 대해 괴로워한 후 회개하는 운동이었다. 기도회 가운데 "때로는 전 교인이 함께 죄에 대해 애통해했고, 하나님께 자비를 구하였다. 어떤 사람들은 (죄에 대한) 슬픔을 억제하지 못하였고, 그때 회중은 통성기도를 중지하고 찬송가 한 장을 불렀다."(Zwemer and Brown 1908, 286). 이 같은 회개 운동은 평양신학교와 숭실대학교 등 기독교 학교의 학생들에게로 번졌고, 나중에는 사회적으로 확산하였다. 그 결과 금주와 금연, 축첩의 폐지 등의 생활 개혁이 일어났고, 매 주일 평양의 인구 4~5만 명 중 1만 4천 명이 넘는 사람들이 예배에 참석하였다. 평양에서의 각성 운동은 서울까지 파급되었고, 이러한 각성 운동을 통하여 은둔의 나라 조선이 전반적으로 새로워져 갔다.[27)

1920년대 이후 한국 교회는 일본 제국주의에 의한 신사 참배 강요로 많은 고난을 겪었다. 1950년 북한 공산당의 남침으로 희생된 순교자도

---

26)   Samuel Marinus Zwemer and Arthur Judson Brown, *The Nearer and Farther East; Outline Studies of Moslem lands and of Siam, Burma, and Korea* (New York: The Macmillan Company, 1908), 286.

27)   오덕교, 『장로교회사』, 개정증보판 (수원: 합동신학대학원대학교 출판부, 2006), 359.

셀 수 없었다. 충남 논산, 전라도 만경, 신안 등 수많은 곳에서 수십 명씩 공산주의자들에 의해 집단 처형되었다. 1960년대에 이르러 4·19혁명과 5·16 쿠데타 등 사회적 혼란을 겪었지만, 그 와중에서도 한국 교회는 크게 성장하였다. 특히 1970년대에 있었던 대형 집회를 통하여 한국 교회는 기독교 역사상 괄목할 만한 부흥 운동을 체험하였다. 1973년의 전도 집회와 1974년의 엑스플로 '74(Explo '74), 그리고 1977년의 민족복음화 성회와 같은 대형 집회를 통하여 큰 부흥이 이루어졌다.

1973년의 빌리 그레이엄 전도 집회(Billy Graham Crusade)는 20세기 최고의 전도자인 빌리 그레이엄(Billy Graham, 1918~2018)을 중심으로 서울과 지방의 대도시에서 열렸다. 학생은 학생에게, 청년은 청년에게, 실업가는 실업가에게 전도할 것을 목표로 삼고, 1973년 5월 부산, 광주, 대구, 춘천, 전주, 대전 등의 6개 지방 도시에서 일차적인 집회가 개최되었고, 5월 30일부터 6월 3일까지는 서울에 있는 여의도 광장에서 빌리 그레이엄을 주 강사로 본격적인 집도 집회가 열렸다. 지방 대회에 연인원 136만 명이 참석하여 3만7천 명의 결신자를 얻었고, 서울 집회에는 5일간 연인원 3백만 명이 참석하여 수많은 이들이 하나님의 품으로 돌아왔다. 전도

빌리그레이엄 크루세이드

집회가 열렸던 여의도 광장은 부흥 운동의 열기로 마치 하나님의 나라가 이 땅에 도래한 것과 같은 분위기였다.

1974년 8월 13일에서 18일 사이에는 한국대학생선교회(Campus Crusade for Christ) 총재인 김준곤 목사(1925~2009)와 미국 대학생선교회의 총재인 빌 브라이트(William R. Bright, 1921~2003)를 중심으로 여의도 광장에서 민족 복음화 요원을 훈련하는 집회가 열렸다. "예수 혁명, 성령 폭발"이라는 주제, "모이게 하소서! 배우게 하소서! 전하게 하소서!"라는 캐치프레이즈 아래 열린 이 집회는 전도 훈련과 전도 실습, 그리고 세계 석학 초청 강연회 등의 행사가 동시에 진행되었다. 당시에 민족 복음화 요원 훈련을 위해 등록비를 내고 323,419명이 전국에서 몰려왔고,[28] 서울 전역에 있는 초등·중등학교를 빌려 숙소 겸 교육장으로 삼아 훈련을 받았다. 30만 명이 넘는 사람들이 전도자 훈련을 받기 위해 등록금을 내고 한 장소에 모여 훈련받는 세계 역사상 초유의 사건이 일어난 것이다. 낮에는 민족 복음화 요원 훈련이 있었고, 밤에는 일반인들을 초청하여 여의도 광장에서 저녁 집회와 철야 집회를 뒀다. 연인원 650만 명이 집회에 참석하였고, 철야 기도회에는 수십만 명이 모여 기도하였으며, 420만 명에게 전도하여 274만 명의 결신자를 얻었다(오덕교 2006, 370). 이러한 집회의 영향으로 1975년 110만 명의 교인이 더해졌고, 헌금 액수도 64%나 증가하였다.

이러한 부흥에 힘입어 한국 교회의 부흥사들을 중심으로 1977년 8월 민족복음화대성회가 개최되었다. 한국인 강사들과 인기 연예인들이 간증자로 나섰고, 첫째 날 80만 명, 둘째 날 120만 명, 셋째 날 150만 명 등 연 350만 명이 참석하였고, 30만 명이 철야 기도하였으며, 3만 4천 명이 결신하였다. 1980년에는 여의도 광장에서 세계 복음화 성회를 개최하고, 10만

---

[28]   http://nh.kccc.org/history.html

명의 선교사 파송을 결의함으로 본격적인 선교 운동을 전개하였다. 부흥 운동의 결과는 엄청났다. 1970년에 13,007개의 교회와 3,235,475명이던 교인 수가 1976년에는 16,351개의 교회와 4,319,315명의 신자로, 1980년에는 21,243개의 교회, 7,180,627명으로 늘어났다. 10년 만에 8,200 교회가 더 늘어났으며 교인이 230% 증가한 것이다(오덕교 2006, 371).

그렇지만 한국 교회의 부흥은 1980년을 기점으로 정지되었고, 1990년대에는 침체 단계를 거치더니 21세기에 이르면서 교인 감소 현상으로 이어지고 있다. 한국 교회의 침체 요인을 사회·경제적인 변화에서 찾을 수 있겠지만, 필자는 교회 내부부터 찾아보고자 한다.

첫째로, 한국 교회로부터 부흥의 원동력인 설교가 사라졌기 때문이다. 마틴 로이드 존스(Martin Lloyd-Jones, 1899~1981)가 지적한 것처럼, 교회가 부흥할 때는 항상 설교가 중시되곤 하였다. 성경의 영감과 절대적인 권위를 믿고, 그 말씀에 기초하여 설교하는 칼빈주의적 신앙이 교회의 중심이 될 때 부흥이 일어났다. 하지만 성경보다는 인간의 이성을 강조하고, 영성 또는 인간의 감정에 호소할 때 교회의 부흥을 기대할 수 없었다.[29] 한국 교회도 마찬가지였다. 1970년대 초반, 한국 교회는 성경에 기초하여 설교 운동을 전개함으로 부흥을 체험하였다. 주일 낮 예배가 있기 전에는 먼저 전 교인이 모여 성경 공부를 하였고, 신령과 진정으로 예배하면서 성령으로 충만한 설교가 있었다. 대부분 설교자는 대지 설교를 통하여 성도들의 삶을 성경에 접목하곤 하였다. 하지만 1970년대 후반부터 설교보다는 간증을, 성경보다는 성령의 은사와 체험을 강조함으로 신비주의와 영성 신학 운동이 교회를 지배하게 되었다. 그 결과 강단에서

---

29)   Martin Lloyd-Jones, 『청교도 그 기원과 계승자들』, (Edinburgh: Banner of Truth Trust, 1987), 211.

말씀의 권능이 사라졌고, 그와 함께 회심 사건이 일어나지 않게 되었다. 따라서 교회는 회심 체험을 전혀 알지 못하는 사람들이 모인 인간적인 집단으로 변하였다.

둘째로, 부흥에 대한 왜곡된 사상이 한국 교회를 지배했기 때문이다. 조너선 에드워즈가 지적한 것처럼, 부흥은 전적으로 하나님에게 속한 사건이다. 그런데도, 한국 교회는 대부흥 운동 이후 부흥이 인간적인 수단과 방법을 통해서 일어날 수 있다고 믿는 교회 성장 신학을 수용하고 그에 기초하여 성장하고자 하였다. 찰스 피니가 제창한 바 있는 교회 부흥을 위한 "새로운 방법론"에 근거하여 "꿩 잡는 게 매"라는 생각으로, 목표 달성을 위해서는 수단과 방법을 가리지 않고 인간적인 방법들을 총동원하여 교회 성장만을 이루고자 한 것이다. 이는 결국 수단이 목적을 정당化하는 결과를 초래하여 교회는 인간에 의한, 인간을 위한, 인간적인 집단이 되어 감으로 세상의 손가락질과 멸시를 받게 되었다. 인간적인 방법만을 강조하다가 세상으로부터 소외될 뿐만 아니라 맛을 잃은 소금처럼 짓밟히게 된 것이다. 아울러 인간적인 방법을 추종하다 보니 하나님의 일하실 공간과 시간을 제한하였고, 하나님이 일하실 수 없게 되면서 교인 수의 감소 현상을 초래하게 되었다.

셋째로, 교회가 하나님이 주신 법도와 규례 대신에 실용주의 사상의 지배를 받고 있기 때문이다. 한국 교회는 초기로부터 복음을 전해 준 미국 선교사들의 영향으로 주일 성수를 강조해 왔고, 예배를 중시하였다. 미국은 건국 초기로부터 주일 성수를 강조해 온 국가로, 특히 19세기 말의 미국인들은 주일 성수를 신앙의 덕목 가운데 가장 존귀한 것으로 간주하였다. 이 같은 사회의 영향을 받고 장로교 신학교에서 청교도적 경건으로 훈련된 이들이 한국에서 선교 사역을 펼쳤기 때문에 주일 성수 사상은 자연스럽게 한국 교회의 전통이 되었다(Harvie M. Conn, 『한국장로교 신학사상』 2). 한국 교회는 이러한 선교사들의 영향을 받아 예배를 중시하였다. 한국 장로교회의 초대 목사인 길선주는 주일 성수를 강조하면서 새벽 예배를 도입하였고, 기도 운동을 통하여 1907년의 부흥을 이루었다. 하지만 1970년대 말부터 실용주의의 영향으로 새벽 예배가 약화하고, 저녁 예배가 거의 사라졌다. 저녁 집회가 사라지면서 회개와 회심이 자취를 감추게 되었고, 그 결과 교회는 거듭남을 알지 못하는 이들로 채워졌다. 실용주의의 영향으로 한국 교회는 그리스도인다운 생활보다는 기독교적인 사업을 중시하기 시작하였다. 하나님의 자녀다움을 나타내는 거룩함보다는 교회 사업을 얼마나 크게 벌이는지에 관심을 두게 되면서 세속의 경영 원리가 교회 행정에 도입되었다. 자연스럽게 교회와 세상을 구별하기 힘들게 만들어 교회의 세속화를 초래하였고, 교회가 빛과 소금의 역할을 포기하면서 세상으로부터 배척을 받게 된 것이다.

· 글을 마치면서

이제까지 우리는 교회 역사에 나타난 부흥 운동에 대해 간략하게 살펴보았다. 교회 역사는 부흥의 역사이며, 부흥 운동은 말씀에 사로잡힌 설교자들에 의하여 일어났고, 좌로나 우로 치우치지 않으며 하나님의 말씀을 중심으로 전할 때 더욱 발전하였음을 확인할 수 있었다. 이제 우리는 대단원의 막을 내리면서 교회 역사를 통해 몇 가지를 교훈 삼아야 할 것이다.

첫째로, 성경으로 돌아가야 한다. 부흥 운동은 영적인 회복 운동이며, 이는 결국 성경의 가르침으로 돌아가므로 성취된다. 인간의 이성이나 전통, 체험을 의존하는 대신 성경이 보여 주는 교훈을 따라서 믿고, 예배하고, 살아갈 때 진정한 부흥이 가능해진다. 그러므로 먼저 개인과 교회, 그리고 사회 전반에 성경의 교훈을 적용하고 그에 따라 개혁하는 운동이 일어나야 할 것이다. 종교 개혁자들이 외쳤던 것처럼, 교회의 표지(標識)를 회복해야 한다. 이를 위해서는 성경이 제시하는 것처럼, 바른 신학과 성경 해석에 기초한 설교 운동이 일어나야 하고, 거듭남을 입증할 수 있는 성도들에게 교회 회원권을 주어 공동 의회를 운영하고, 교회 권징을 철저히 실시하여 교회를 교회답게 만들어야 할 것이며, 말씀을 가장 흡인력 있게 받아들이는 유소년을 위한 주일학교 교육을 강화해야 할 것이다. 교회의 부흥은 장년보다는 항상 청소년을 중심으로 일어났기 때문이다. 그리고 저녁 예배를 다시 복원하여 "모이기를 폐하기를 어떤 사람들의 습관과 같이하지 말고 오직 권하여 그날이 가까움을 볼수록 더욱 그리하자"(히 10:25)는 말씀에 근거하여서 모임을 회복하여야 할 것이다. 회심 운동이 가장 효과적으로 일어나는 때가 바로 저녁 시간이기 때문이다. 한편 가정 예배를 드림으로 자녀들을 신앙으로 인도해야 할 것이다. 자녀를 신앙으로 바로 세우는 것이 가정 예배기 때문이다.

둘째로, 부흥 운동과 함께 나타나는 광신적인 열광주의(enthusiasm)를 경계해야 한다. 열광주의는 냉랭한 지성주의에 반대되는 견해로, 성경에는 관심이 없고 체험만을 중시하는 경향이 있어서 성경으로 시작한 부흥 운동을 광신으로 몰아가기 때문이다. 열광주의자들은 "신앙에 있어 정통적인 태도를 보일 수 있으나 객관적 진리와 가르침을 따르기보다는 감정이나 결과에 더 치중하며"(Murray 2001, 196), 성경으로 만족하지 못하고 자신 안에서 말씀하시는 성령에 관해 주로 많이 이야기한다. 그들은 신앙적 냉랭함을 극복하기 위해서는 어떤 불길이든 받아들여야 한다고 생각하고, 무조건 영적인 현상을 수용하는 자세를 취한다. 그 결과 성령의 인도하심과 그들 자신의 강력한 감정을 구별하지 못한다. 아울러 열광주의는 현상과 체험에 관심을 두고, 감정과 흥분을 가장 중요하게 간주하며 주관적인 감정에 의해 통제되며, 성경의 가르침에는 전혀 주의를 기울이지 않는다. 이처럼 광신주의자들은 지성을 무시하고, 음악이나 영적 흥분, 개인적인 최면 등을 통해 청중들의 감정이나 의지에 초점을 둠으로 교회를 혼란으로 이끈다(Murray 2001, 205-207). 미국에서 일어난 대각성운동 당시 제임스 대븐포트(James Davenport, 1716~1757)가 그랬고, 1904년 웨일스에서의 이반 로버츠, 그리고 1970년대 후반에 한국 교회 안에서 일어난 은사주의와 영성주의가 바로 그 예이다.

셋째로, 주관적 체험과 영적인 자만을 경계해야 한다. 영적인 자만은 광신주의 또는 열광주의자들에게서 쉽게 발견할 수 있는 오류 가운데 하나로, 광신주의자들은 성경이 제시하는 지성의 빛을 배제하고, 영적 열기만 고조시키며, 육체에 나타나는 현상과 환상 등 인간적 체험을 과도하게 신뢰한다. 진정한 성도는 하나님의 사랑과 거룩하심을 보면서 자신의 종교적 체험이 유한하고 불순물에 지나지 않는다는 것을 깨닫고 겸비한 자세를 취하지만, 열광주의자는 성령의 조명을 성경 말씀과 분리하고, 체험을 그 자체의 규범으로 삼기 때문에 믿음의 본질을 완전히 주관적인 것으로 만들고, 이러한 체험을 축적함으로 영적 교만에 빠진다.[30] 이러한 영적 "자만은 악마가 종교적인 독선을 갈망하는 사람들의 마음속으로 침투하기 위해 들어오는 관문"이므로,[31] 부흥이 일어났을 때 바로 잡거나 회피해야 할 첫 번째 대상이다.

마지막으로, 부흥을 위해 먼저 자신의 개혁을 위해 기도하고 회개하여야 할 것이다. 교회의 부흥은 구호가 아니라 실천이기 때문이다. 1857년

---

30)   Jonathan Edwards, *A Treatise Concerning Religious Affections.* In *The Works of Jonathan Edwards*, Volume 2. Edited by John E. Smith. (New Haven: Yale University Press, 1959), 51~61.

31)   Jonathan Edwards, *The Works of Jonathan Edwards.* (Edinburgh: The Banner of Truth, 1974). 2 vols. 1:398-399.

뉴욕 풀턴 스트리트에서 몇 사람이 모여 자신의 문제를 가지고 하나님을 찾을 때 미국을 휩쓴 큰 부흥이 일어났고, 20세기 초반 우리나라에 와 있던 몇 명의 선교사들과 교회 지도자들이 함께 기도하며 자신의 죄를 회개하면서 평양의 대부흥이 일어났다. 골방에서 사적으로 시작된 기도 운동이 전국을 휩쓰는 부흥 운동으로 발전하였다. 그러므로 다른 이의 회개와 영적 각성을 위해 기도하기 전에 먼저 자신의 죄를 놓고 기도해야 할 것이다. [32] 모든 그리스도인은 먼저 자신의 영적인 상태를 돌아보면서 기도하고, 회개한 후 교회의 부흥과 사회의 개혁을 위해서 기도해야 할 것이다. 적은 수라고 할지라도 이러한 기도의 숯불들, 자신부터 기도하면서 회개하는 성도들이 모여질 때, 하나님의 새로운 역사가 시작되기 때문이다.

---

32)   인위적 캠페인을 통해 부흥 운동이 일어난 적이 없다. 성경은 "너희 죄를 서로 고백하여 … 기도하라"(약 5:16)고 가르치고 있다. 먼저 스스로 기도하고, 다음으로 기도 운동으로 나아가야 할 것을 제시한 것이다. 이러한 맥락에서 볼 때, 교회의 부흥을 위해 기도하지 않으면서 기도 운동을 외치는 것은 위선적이며, 성경적이지도 않다.

부록

———————◆———————

조너선 에드워즈의 영적 각성 이해

신학의 원리를 어디에 두느냐에 따라 신학의 방향이 결정된다. 신앙의 원리를 이성이나 지성에 둘 때 스콜라 철학, 자연신교와 합리주의 같은 자유주의 신학으로 나아가게 된다. 반면 신앙의 본질을 감정이나 신앙 체험에 두면 신비주의와 경건주의 같은 열정적 광신주의로 나아갈 수 있다. 개혁 신앙은 정확하고 오류 없는 하나님의 말씀인 성경을 신앙의 원리로 삼고, 그에 기초한 신앙과 생활을 강조한다. 개혁주의자들은 이성과 감정의 중요성을 부인하지 않지만, 어느 한쪽으로 치우치는 것을 경계한다. 곧 믿음의 문제에서 좌로나 우로 치우치는 것을 거부하며 지성과 감정, 그리고 의지가 균형과 조화를 이룰 것을 강조한다. 이러한 맥락에서 고려할 만한 것이 바로 18세기 미국에서 일어난 대각성운동(The Great Awakening)과 그에 대한 해석이다.

• 들어가면서

대각성운동은 1734년 11월 매사추세츠주의 노샘프턴(Northampton)에서 시작되었다. 조너선 에드워즈(Jonathan Edwards, 1703~1758)는 아르미니우스 신학이 뉴잉글랜드에 도착하여 신앙적 혼란을 일으키자 「오직 믿음에 의한 칭의」(Justification by Faith Alone)라는 연속 설교를 하였고, 그 설교를 들은 노샘프턴 교인들이 영적인 각성을 하면서 부흥 운동이 시작되었다. 부흥 운동이 절정을 이룬 1735년 3월과 4월에는 "평균 하루에 4명, 일주일에 거의 30명이 회심하였고"(Edwards 2002, 57), 그 결과 300명 이상이 자신의 숨겨진 죄를 회개하면서 교회로 돌아와 성찬 참여자가 620명이 되었다(Edwards 2002, 55).[1] 노샘프턴 교회의 부흥 소식은 코네티컷 강가를 중심으로 퍼져 나갔고, 멀리 영국과 스코틀랜드까지 소개될 정도로 알려졌다. 이러한 노샘프턴 부흥 운동은 1738년 조지아에 도착한 조지 휫필드(George Whitefield, 1714~1770)에 의해 다시 점화되어 북아메리카의 13개 주로 번져 갔다.

대각성운동을 통해 황무지와 같던 뉴잉글랜드 사회는 하나님의 동산처럼 변화되었다. 신대륙의 황무지에서 거칠어진 사람들의 마음은 옥토로 바뀌었다. 그들은 미국 동부 지역을 휩쓴 부흥 운동을 통해 그리스도 안에서 하나라고 인식하게 되었으며, 하나님이 그들을 사용하기 위해 부르셨다는 선민의식을 품게 되었다. 그 결과 미국 사회를 이끌어 갈 지도자 양육을 위한 대학들이 설립되었다. 이처럼 대각성운동이 미국인들에게 큰 영향을 미쳤지만, 부흥 운동과 함께 열정적 광신주의자들이 일어나면서 뉴잉글랜드 사회를 무질서와 혼란으로 몰아넣었다. 이때 지성적 합리주의자들이 일어나 부흥 운동을 사탄의 역사로 정죄하면서 부흥 운동도 막을 내렸다. 이러한 상황에서 에드워즈는 여러 편의 설교와 글을 통해 열정적 광신주의자들과 지성적 합리주의자들을 비판하면서 진정한 영적인 각성이 무엇인지 밝히고자 하였다. 따라서 필자는 18세기 초반에 미국 뉴잉글랜드에서 일어났던 부흥의 논쟁 과정과 그에 대한 에드

---

1)   Jonathan Edwards, 『놀라운 회심 이야기』(*A Faithful Narrative of the Surprising Work of God*), 양낙흥 역 (서울: 크리스챤 다이제스트, 2002), 56. 대각성운동이 이전에는 여성 성도들이 주로 회심 체험을 고백하였으나 후에는 남녀의 수가 같았고, "마을에서 16세 이상 되는 사람 절대다수가 예수 그리스도에 대한 구원에 이르는 지식을 소유하게 되었다."

워즈의 신학적 입장을 살펴봄으로 오늘날 교회들이 부흥 또는 영적 각성에 대해 가져야 할 올바른 자세가 무엇인지 찾아보고자 한다.

1. 열정적 광신주의의 출현과 지성적 합리주의의 도전

호사다마(好事多魔)라는 말이 있듯이 하나님의 은혜가 넘치는 곳에는 사탄의 역사도 나타난다. 대각성운동이라는 하나님의 큰 역사가 일어났을 때 등장한 것이 바로 열정적 광신주의 운동이었다. 열정적 광신주의 운동은 대각성운동이 절정에 이르렀을 때 일어났다. 열정적 광신주의자들은 은혜 체험을 위한 인간적 노력의 필요성을 강조하면서 인간의 감정을 극대화할 것을 주장하였다. 그들은 신앙의 궁극적 목표를 신비 체험에 두었고, 이를 위해 영성 훈련을 강조하곤 하였다. 이러한 열정적 광신주의(Enthusiastic Fanaticism) 운동을 뉴잉글랜드에서 전개한 최초의 인물이 바로 제임스 대븐포트(James Davenport, 1716~1757)이다.

• 제임스 대븐포트와 열정적 광신주의 운동

대븐포트는 코네티컷주 뉴헤이븐(New Haven) 식민지를 개척한 존 대븐포트(John Davenport, 1597~1670) 목사의 증손자로, 코네티컷주의 스탬포드(Stamford)에서 태어났다. 그는 1732년 예일 대학을 졸업한 후 1738년 뉴욕주의 롱아일랜드에 청교도들이 최초로 세운 사우스홀드(Southhold) 교회의 목사로 초청을 받아 부임하였다. 그는 1740년 보스턴에서 있었던 조지 횟필드의 부흥 집회에 참석하여 큰 은혜를 받았고, 이때부터 횟필드의 추종자가 되었다. 그는 횟필드를 목회 모델로 삼고 순회 설교 운동을 전개하기로 다짐한 후 1741년 7월에 뉴잉글랜드로 떠났다.

대븐포트가 첫 번째 순회 설교지는 코네티컷주 동부 해안에 있는 뉴런던(New London)이었다. 그는 횟필드의 부흥 설교를 모방하여 열정적으로 설교하였지만, 그의 설교는 내용은 너무나 주관적이었을 뿐만 아니라 감정적이었다. 그는 청중의 영적 감정을 고조시키는 데 설교의 초점을 두었다. 그는 격한 감정으로 24시간 열변을 토하다가 실신하기도 하였고, 청중에게 더 큰 소리로 열정적으로 기도할 것을 강조하였다. 그의 집회에 참석자 중 다수의 부녀자는 집회가 끝난 후 밤늦게까지 소리 지르며 기도하며 찬송가를 불렀다. 어떤 이들은 노래하며 거리를 돌아다녔고, 히스테리적이 되기도 하였다.[2]

뉴런던 집회를 마친 대븐포트는 코네티컷 해안을 따라 동쪽으로 이동하여 뉴헤이븐(New Haven)으로 갔다. 그렇지만 뉴헤이븐 교회의 목사 조셉 노예스(Joseph Noyes, 1716~1761)는 그를 환영하지 않았다. 그의 열정적 광신주의적 설교 운동이 교인들에게 미칠 영향을 염려하였기 때문이다. 뉴헤이븐 교회가 집회를 허락하지 않자, 그는 뉴헤이븐 교회 근처에서 옥외 집회를 열고 노예스 목사를 "양의 탈을 쓴 늑대"요, "회심치 못한 목사요, 마귀가 성육한 자"라고 비난하면서 청중에게 뉴헤이븐 교회를 떠나 다른 교회로 옮길 것을 권하였다.[3]

이 일이 있고 난 뒤 대븐포트는 점점 더 극단적으로 되었다. 그는 자신의 감정에 기초하여 성도들을 거듭난 자와 그렇지 않은 자로 구분하였다. 그는 거듭났다고 느껴지는 이들을 "형제"라고 부르고, 그렇지 않은

2)   Jonathan Edwards, *Some Thoughts on the Revival*, In *The Works of Jonathan Edwards*, volume 4 (New Haven: Yale University Press, 1972), 4:51, 52.

3)   H. Sheldon Smith, Robert T. Handy, and Lefferts A Loetscher, *American Christianity: An Historical Interpretation with Representative Documents* (New York: Charles Scribner's Sons, 1960), vol. 1, 312.

이들을 "이웃"이라고 불렀다. 목사들 가운데도 일부는 거듭났지만 다른 이들은 거듭나지 못하였다고 주장하기도 하였다. 한 걸음 더 나아가, 그는 자신을 특별한 존재로 부각하였다. 하나님이 보여 주는 몽환과 환상을 본다고 주장하면서 영적 교만을 드러내기 시작한 것이다. 이와 같은 영적 교만은 1742년 8월 그를 환영하기 위해 나온 보스턴 지역의 목사들에게 회심 여부를 물음으로 드러났다.

대븐포트가 교회 분리 운동을 전개하고 열정적 광신주의 운동을 확산시키자, 뉴잉글랜드 목사들의 염려도 커졌다. 그들은 대븐포트로 말미암아 일어난 교회의 혼란을 막기 위해 1742년 모임을 하고 광신적 분파 운동을 경계할 것을 다짐하였고, 대븐포트를 "충동적으로 목사를 판단하고, 거리에서 소리 높여 노래 부르며, 평신도를 선동하여 목사의 권위를 찬탈하는 자"(Edwards 1972, 4:53)라고 정죄하였다. 목사들이 열정적 광신주의를 정죄하자, 코네티컷주 정부는 순회 설교 운동이 격정적이고 분리주의적인 이라고 비난하면서 순회 설교를 금하는 조처를 내렸다. 그런데도 대븐포트가 설교 운동을 이어 가자, 코네티컷주 정부는 그를 체포하였고, 하트퍼드(Hartford)에서 열린 일반 법정은 대븐포트가 정신적인 문제가 있다고 판결하고 그의 거주지인 롱아일랜드로 추방하였다.[4]

롱아일랜드에 돌아온 대븐포트는 더욱 완고해졌고, 과격해졌다. 그는 순회 설교 운동을 방해하는 이들과 싸우고자 그의 지지자들을 모아 교회를 조직한 후 1743년 3월에 뉴런던으로 가서 이전보다 더 광신적이며 과격한 개혁 운동을 전개하였다. 그는 청중들을 향하여 생활의 개혁을 외친 후 세속적이고 물질적인 모든 것을 버릴 것을 강조하였다. 곧 부도덕

---

4)   Sidney E. Ahlstrom, *A Religious History of the American People* (New Haven: Yale University Press, 1972), 285.

한 내용의 책, 신분을 상징하는 가발, 부를 상징하는 사치스러운 옷과 보석, 그리고 성경을 제외한 모든 책을 불태울 것을 촉구하였다. 대븐포트의 설교를 들은 청중은 성경을 제외한 모든 책과 가발과 금은보석을 모아 불에 던져 버렸다(Edwards 1972, 61). 당시 불에 던져진 서적 중에는 존 플라벨(John Flavel, 1628~1691), 벤저민 콜맨(Benjamin Colman, 1673~1747), 인크리스 매더(Increase Mather, 1639~1723)와 같은 경건한 청교도의 책들도 포함되어 있었다(Ahlstrom 1972, 285).

광신적인 열정적 광신주의가 파죽지세로 뉴잉글랜드 전역으로 퍼져 가면서 교인들은 감정적인 느낌에 따라 거듭나지 못하였다고 생각되는 목사를 교회로부터 추방하거나 교회를 떠나 새로운 교회를 세우기도 하였다. 영적 체험을 절대시하는 분위기가 확산하자, 많은 이들은 인간의 상상력을 총동원하여 그들의 주변에서 일어나는 모든 사건을 영적으로 해석하거나 간주하기 시작하였다. 그들은 사회 안에서 일어나는 모든 신비스러운 일과 이적 현상들이 모두 하나님에게서 온 것으로 생각하고, 그러한 신비 체험에 따라 모든 것을 결정하였다. 신앙의 주관화 운동이 본격화되기 시작한 것이다.[5] 그 결과 사람들은 하나님으로부터 온 것과 사탄으로부터 온 것을 구별할 수 없을 정도가 되었다.

열정적 광신주의 운동은 에드워즈가 섬기던 노샘프턴 교회에도 나타나기 시작하였다. 에드워즈에 의하면, 노샘프턴의 초기 각성 운동, 곧 1734년과 1735년, 그리고 1741년까지만 해도 노샘프턴 교인들은 영적

---

5)   이러한 대븐포트의 광신주의는 당대의 부흥사들과 다른 것이었다. 보스턴의 Old South 교회의 목사였던 토머스 프린스는 "휫필드 씨나 테넌트 씨가 이곳에 와 있을 때 소리 지르거나 넘어지거나 기진하는 일을 본 적이 없었다."고 증언하였다. Thomas Prince, *The Christian History, Containing Accounts of the Revival and Propagation of Religion in Great Britain, America, & c.* (Boston, 1743), 2:386.

체험에 대해 건전한 생각을 보여 주었다. 신앙생활에서 지성·감정·의지의 균형을 중시하였다. 1734년에 일어난 노샘프턴 각성 때에 노샘프턴 교인들은 "죄를 깨닫고 구원을 체험한 후 기쁨과 놀라움 가운데 펄쩍펄쩍 뛰었고, 갑자기 웃음을 터뜨리는 동시에 눈물이 홍수처럼 흘러내리면서 소리 내어 울기도 하였다"(Edwards 2002, 76). 그들의 이러한 감정 표현은 은혜 체험의 결과였지, 은혜를 체험하기 위한 것이 아니었다. 그러므로 에드워즈는 은혜를 받은 후에 나타난 감정적 반응을 긍정적으로 보고 교인들이 눈물을 흘리거나 우는 것에 대해 경고하거나 지적하지 않았다.

그러나 1742년 이후로 교인들이 영적 각성의 은혜를 받기 위해 크게 기도하고, 울부짖는 등 감정에 호소하자[6] 에드워즈는 열정적 감정주의에 대해 경계심을 표하기 시작하였다. 에드워즈는 1742년 2월 순회 설교자였던 새뮤얼 뷰얼(Samuel Buel)이 노샘프턴 교회에 와서 체험을 중시하는 설교를 하고, 은혜를 체험하려면 큰 소리로 기도하거나 울부짖어야 한다고 하면서 열정적 광신주의가 뿌리를 내리기 시작하였다고 보았다. 그때부터 교인 가운데 몇몇이 영적인 각성을 하려고 영적 상상력을 동원하기 시작하였다. 어떤 이는 영적 각성에 대한 확신을 다지기 위해 회심 때의 느낌을 다시 소환하기 위해 회심 시간과 날짜를 기억해 내고자 하였다. 또한 종교적 감정과 신비 체험을 극대화하기 위해서 기도와 금식에 몰두하곤 하였다. 에드워즈에 의하면, 이러한 분위기가 확산하면

---

6)　　에드워즈는 1740년에서 1741년에 일어났던 부흥이 1735년과 1736년의 부흥보다 더 순수하였지만, 1742년 이후에는 열정적 광신주의로 변질하였다고 지적하였다. Jonathan Edwards, "An Account of the Revival in Northampton in 1740~1742" in *A Faithful Narrative of the Surprising Works of God in the Conversion of Many Hundred Souls in Northampton and the Neighboring Towns and Villages*, 『놀라운 회심 이야기』, 양낙흥 역 (서울: 크리스챤 다이제스트. 2002). 이 논문을 『놀라운 회심 이야기』(Edwards 2002)와 구분하기 위해 앞으로는 Edwards 2002b로 할 것이다. Edwards 2002b, 136.

서 "어떤 사람들은 일종의 황홀경에 빠져 24시간 계속 꼼짝도 하지 않고 누워 있었다. 그들의 감각은 마비된 것 같았다. 그때 그들은 강력한 상상 속에 빠져, 마치 천국에 올라가 영광스럽고 희열을 느끼게 하는 무엇인가를 보는 것 같았다. 이러한 무아지경에 이르렀을 때 사탄이 그 틈을 이용하였다. 대부분은 사탄이 기회를 타서 즉시 역사하는 것이 분명해 보였다. 그들 다수가 이성을 잃고 날뛰지 않게 하도록 주의를 기울이고 수고를 해야 할 필요가 있었다"(Edwards 2002b, 131).

열정적 광신주의가 확산하면서 사람들은 영적 황홀경에 빠져 하늘에서 오는 직접적인 계시를 구하였고, 직접 계시를 통해 "모든 광적 인상(印象)들을 발견하고 마음에 적용하고자 하였다. 그들은 황홀하게 나타난 인상들을 마치 방금 하나님이 특정한 사람에게 새로운 의미로 주신 말씀처럼, 그리고 성경의 말씀보다 더 많은 것을 내포하고 있는 것처럼 간주하였다."[7] 그 결과 열정적 광신주의자들은 말씀과 성령의 사역을 분리하고, 성령의 역사를 마술로 바꾸었다. 한 걸음 더 나아가 그들은 자신의 느낌에 기초하여 이웃에 사는 교인 또는 목사의 거듭남 여부를 논하였고, 다른 사람의 마음속을 훤히 들여다보는 것처럼 교인들의 마음 상태에 대해 말하기도 하였다(Edwards 1959, 2:280). 그 결과 객관적 신앙의 기준인 성경은 사라지고, 개인이 체험한 주관적 신앙이 절대적인 기준이 되어갔다. 성경에 기초하여 세워진 청교도 사회가 주관적 체험주의 신앙으로 변질해 버릴 위기에 처하여진 것이다.

열정적 광신주의가 뉴잉글랜드 전역으로 퍼져 갔지만, 교회들은 속수

---

7)   Jonathan Edwards, *A Treatise Concerning Religious Affections*. In *The Works of Jonathan Edwards*, Volume 2. Edited by John E. Smith (New Haven: Yale University Press, 1959), 2:289.

무책이었다. 노샘프턴 교회도 열정적 광신주의 영향 놓이게 되었다. 교인들이 열정적 광신주의자들의 감정에 호소하며 영적 황홀경을 높이 평가하는 간증을 듣고는 그들의 영성을 부러워하며 닮아 가려고 애썼다. 에드워즈는 당시 상황을 이렇게 기록해 놓았다: "열정적 광신주의자들과 비교할 때 우리 교인들은 아무것도 아닌 것으로 보였기 때문에 교인들은 열정적 광신주의자들에게 순복하고 그들의 행동을 본받고자 하였다. 그들의 말과 행동은 모두 옳고 당연하다고 생각하였다. 이러한 분위기는 교인들에게 이상한 영향을 주었으며, 결국 다수의 교인에게 깊은 상처와 불행한 결과를 남기게 되었다"(Edwards 2002b, 137). 이처럼 노샘프턴 교회가 열정적 광신주의로 기울어지자, 에드워즈는 뷰얼의 집회가 있은 지 한 달만인 1742년 3월 교인 총회를 소집하여 열정적 광신주의의 문제점을 지적하면서 올바른 신앙 운동을 전개할 것을 호소하였다. 그는 열정적 광신주의를 멀리할 것과 신앙에서의 균형을 유지할 것을 골자로 하는 교회 계약을 맺었다. 그는 감정주의를 경계하면서 좌로나 우로 치우치지 않는 건전한 신앙생활을 교회 안에 장려하려고 노력하였다.

• 찰스 촌시와 지성적 합리주의 운동

열정적 광신주의로 말미암아 사회적 혼란이 야기되자, 매사추세츠주 프로빈스(Province) 지역의 목사들은 1743년 5월 25일 모임을 하고 열정적 광신주의에 대해 논의하였다. 그들은 열정적 광신주의로 말미암아 사회적 혼란이 일어났고, 그 배후에 순회 설교자들이 있다고 주장하면서 다음과 같이 지적하였다. 첫째로 순회 부흥사들은 율법폐지론을 가르친다. 곧 그들은 "회심한 시간이 언제인지 알며, 회심 시간을 아는 것이 구원에 이르게 하는 믿음(saving faith)의 본질이라고 가르치면서 성화가 칭의의 증거가 되지 못한다."고 주장한다. 둘째로 순회 설교자들은 목사 가운데 거듭나지 못한 자들이 있다고 주장하여 교회 분리를 조장하고 있다. 셋째로 그들이 열정적 광신주의를 주장하는 것은 신학 교육을 정상적으로 받지 못하였기 때문에 지성보다는 감성에 호소한다. 넷째로 순회 설교자들은 교구 목회자의 승인 없이 교회 앞마당에서 집회를 여는 등 불법적인 설교 운동을 전개함으로 교회를 세우기는커녕 교회의 무질서와 혼란만 초래하고 있다. 그러므로 그들의 순회 설교 운동은 제지되어야 한다.[8]

1744년에는 하버드 대학 교수들의 비판이 있었다. 교수들은 신앙이 지적·이성적 판단에 기초하여 이해되어야 한다고 주장하면서 감정에 치우치는 것을 경계하였다. 그들은 감정에 호소하는 신앙 운동이 즉흥적인 결단을 강조하는 조지 휫필드의 영향이라고 지적하면서 휫필드를 "열정적 광신주의자요, 흠잡기 좋아하는 무자비한 자이며, 백성을 기만하는 자"라고 비난하였고(Smith 1963, 1:330), 그의 순회 전도는 "가장 악하고 해로운 경향이 있다."(Smith 1963, 1:334)고 평가하였다. 그 후 예일 대학의 교수들도 부흥 운동에 대한 비판에 동참하였고, 연이어 하버드 대학의 졸업생들이 그 뒤를 따랐다. 이처럼 뉴잉글랜드 전역에 신앙을 감정이 아닌 머리로 이해해야 한다는 사상이 확산하여 갔다.

이와 같은 열정적 광신주의에 대한 비판자 또는 반대자 중 주도적인 역할을 한 이가 바로 보스턴 제일교회의 목사였던 찰스 촌시(Charles Chauncy, 1705~1787)이었다. 그는 하버드 대학의 초대 학장을 지낸 찰스 촌시(Charles Chauncy, 1592~1671)의 증손자였지만 신학적으로는 폭이 아주 넓

---

8)　"Errors and Disorders: The Testimony of the Pastors of the Churches, 1743" In *The Great Awakening: Documents on the Revival of Religion 1740~1745.* Edited by Richard Bushman (Atheneum, New York, 1970), 127~128.

은 사람이었다. 칼빈주의적 신앙을 고백하는 청교도 가정에서 자라났지만 아르미니우스주의(Arminianism)와 유니테리언주의(Unitarianism)를 지지할 정도로 자유주의 신학을 따르고 있었다. 그는 하나님의 본질이 사랑이므로, 사랑의 하나님이 인류를 위해 결코 지옥을 만들어 놓을 수 없다고 하였다. 설령 지옥이 있다 하더라도 그곳에서의 형벌은 영원하지 않기 때문에 궁극적으로 모든 인류가 구원을 받게 된다고 하였다. 만인 구원설을 주장한 것이다. 그런데도 그는 항상 자신이 칼빈주의 정통 신학에 서 있다고 주장하였다.

촌시는 부흥 운동이 크게 일어나자, 1742년『열정주의를 서술하고 경계함』(Enthusiasm Described and Caution'd Against)이라는 책을 써서 부흥 운동에 대한 자기 생각을 밝혔다. 그는 이 책에서 횟필드의 순회 설교 운동으로 말미암아 열정적 광신주의가 일어났으며, 그로 인하여 미국 사회에서 교회 분열 운동이 일어나고 있다고 주장하였다. 같은 해 8월 4일 촌시는 스코틀랜드의 조지 위샤트(George Wishart, 1703~1785)에게 스코틀랜드에 알려진 횟필드의 부흥 운동은 거짓된 정보가 많고, 이상하게 과장되어 소개된 것도 있다고 편지를 썼다. 사람들이 횟필드를 "경건의 경이로움, 하나님의 사람"이라고 말하고 주님의 천사처럼 대하고 있지만, 실제로 그는 설교를 통해 "어린이나 여자들의 감정만 건드려 놓을 뿐 도덕성의 변화를 가져온 일이 없으며, 도리어 무자비하고, 남의 흠 잡기 좋아하는 쓴 마음만 심어 놓았다."고 비난하였다(Bushman 1970, 116, 118). 횟필드가 지나간 후에도 뉴잉글랜드에는 교만과 허영심, 사치와 무질서, 거짓말과 속임수, 부정행위가 만연하다는 지적도 하였다. 그는 횟필드를 열정적 광신주의의 원조라고 비판한 후, 제임스 대븐포트를 "지금까지 내가 본 사람 중 가장 거친 열정적 광신주의자"라고 못 박았다(Bushman 1970, 121).

촌시는 열정적 광신주의에 대한 공격에 박차를 가하기 위해 1743년

『뉴잉글랜드 종교 상태에 대한 시기적절한 사색』(Seasonable Thought on the State of Religion in New England)이라는 책을 발간하였다. 그는 이 책에서 대각성운동이 열정적 광신주의자들을 배출했고, 그 결과 많은 폐해가 발생하고 있다고 지적하였다. 곧 부흥 운동이 일어나면서 "순회 사역을 한다는 핑계로 목사들이 자신의 양 떼를 버리는 것, 교인들이 예배 때에 비명을 지르며 몸부림치는 현상, 신앙에 전념하기 위하여 자신의 직업을 경시하는 것" 등 온갖 폐해가 발생하고 있으며, 따라서 대각성운동은 성령의 역사가 아니라 사탄에 의해 온 것이라고 주장하였다. 하나님은 질서의 하나님이지 혼돈의 하나님이 아니기 때문이라는 것이다. 그리고 대각성운동이 일어난 후 회심하였다고 하는 이들이 큰 소리로 울거나 소리 지르는 것, 예배 중 격정에 빠져 쓰러지거나 졸도하는 것, 황홀경에 빠져 천국과 지옥을 오르락내리락하는 것, 한밤중에 고함치며 기도하는 것, 불학무식한 아녀자들이 회심을 체험하였다고 하여 다른 사람의 영적 상태에 대해 상담하는 등 열정적 광신주의는 교회를 혼란에 빠뜨리려는 사단의 궤계라고 주장하였다.[9] 촌시는 이처럼 부흥 운동을 비난할 뿐만 아니라 부흥 설교자들을 증오하였다. 1744년 가을 보스턴에서 횟필드를 만났을 때 그는 횟필드에게 "당신을 만난 것이 참으로 유감스럽다."고 말하였다. 이 말을 들은 횟필드는 그를 쳐다보며 "이런 악마 같으니!"라고 응수하였다.[10]

촌시가 이처럼 횟필드의 설교 운동을 정죄하고, 비난한 것은 이성과 감정에 대한 그의 인식론 때문이었다. 그는 합리주의자로 올바른 신앙은

---

9) Charles Chauncy, *Seasonable Thoughts on the State of Religion in New England* (Boston: Rogers & Fowle, 1743), 35ff.

10) Keith J. Hardman, *Seasons of Refreshing: Evangelism and Revivals in America*, 『부흥의 계절: 미국의 전도와 부흥 운동 역사』, 박응규 역 (서울: 기독교문서선교회, 2006), 103).

교회 역사를 빛낸 위대한 설교자들

이성의 지배를 받을 때 가능하다고 여겼다. 그렇지만 그가 항상 이러한 견해를 밝혀 온 것은 아니다. 신앙적 각성에서 이성보다 감정의 중요성을 주장하기도 하였다. 그는 "성령이 임하실 때 인간의 감정이 뜨거워질 뿐 아니라 정신이 맑아진다."(Chauncy 1743, 324)고 했고, "믿음은 단순히 사색적인 것이 아니라 활동적이어서 인간의 마음과 생활에 강력한 영향을 준다."(Chauncy 1743, 31)고도 하였다. 그러나 그는 당시 뉴잉글랜드에 퍼지기 시작한 자연신론과 합리주의, 그리고 이성의 절대적 권위를 강조하던 계몽주의와 접하면서 합리주의자가 되었고, 결국에는 신앙적 각성에서 감정적 요인을 경시하고, 이성의 역할을 절대화하는 태도를 보이었다.

촌시는 고조된 감성과 계몽된 이성이 균형을 이룰 때 바른 신앙이 구현된다고 믿었고, 이는 감정이 이성에 의해 지배를 받으므로 가능하다고 보았다. 곧 믿음의 감정적인 측면을 이성에 종속시킴으로 바른 신앙이 가능하다고 본 것이다. 그는, "확실한 것은 고조된 감정이 아니라 계몽된 지성이 항상 인간을 지배하는 안내자가 되어야만 한다. 이것은 종교적인 문제일 뿐만 아니라 다른 일에서도 마찬가지다. 하나님의 성령이 그들의 마음에 역사하실 때도 역시 그러하다"(Chauncy 1743, 326~327)고 하였다. 진정한 신앙인은 감정이 아닌 이성의 지배를 받는 자이며, 거듭난 사람은 그 신앙적 열정을 이성의 통제 아래 두는 자라는 것이다. 그는 이렇게 말하였다: "새롭게 된 인간에게 가장 필수적인 것 중 하나를 열정을 적절히 제어하는 것, 즉 성화된 이해력의 지배 아래 복종시키는 것이다. 이렇게 되기 전에는 새로운 피조물이라 부를 수는 있어도 새롭게 되었다고 할 수 없다. 비록 그 대상이 하나님 또는 다른 세계에 속한 것이라 할지라도, 이성적인 존재가 열정이나 감정에 의해서 이끌림을 받아서는 안 된다. 어떤 경우에도 그들은 잘 교육된 판단력의 지배 아래 있어야 한다."(Chauncy 1743, 324). 그러므로 이성에 의해 조절되고 지배되지 않은 열심이나 감정은 하나님으로부터 온 것이 아니며, 감정에만 호소하는 부흥 운동은 사탄의 역사라고 주장하였다. 성령의 역할은 이성을 계몽시키는 데 있으므로, 참된 그리스도인은 동물적인 열정의 지배를 받은 자가 아니라 이성의 통제 아래 있어야 한다는 결론이다.

2. 에드워즈의 지성적 합리주의와 열정적 광신주의 비판

에드워즈는 열정적 광신주의와 지성적 합리주의자들의 부흥에 대한 자세가 교회에 미칠 영향이 심각하다고 보고, 부흥 또는 영적 각성에 대한 극단적인 자세를 바로잡으려고 하였다. 그는 영적 각성을 위해 감정만 고조시키는 열정적 광신주의에 빠질 때 은혜에 대한 그릇된 자세를 갖게 될 뿐만 아니라 신앙적 주관주의로 나아갈 수 있고, 신앙에서 이성적 기능만 강조하고 감성적인 것을 무시할 때 신앙의 본질을 상실할 수 있다고 보았다. 곧 감정을 거부하다가 열정적인 설교와 그에 대한 뜨거운 반응을 금할 수 있고, 신앙의 핵심적인 요소인 감정을 무시함으로 극단에 치우칠 수 있다고 하였다. 성령이 일하실 때 믿음이 주입되고, 감정이 고조되고, 마음속에 내재한 성향이 감정에 의해 움직이고, 이성이 계몽될 수 있으므로, 인간의 연약함에서 기인한 오류나 고조된 감정에서 기인한 육체적 현상을 모두 사탄의 역사로 보아서도 안 되고, 정반대로 그 모든 이적적인 현상들을 성령의 사역으로 보아서도 안 된다고 주장하였다.

• **지성적 합리주의 비판**
에드워즈는 참된 신앙적 각성에 대해 밝히기 위하여 지성 또는 이성의

우위적 역할을 강조하던 합리주의자들의 오류를 지적하였다. 올바른 신
앙적 각성은 감성과 이성의 역할을 배제하지 않고, 그 모든 것을 포함해
야 한다고 주장한 것이다. 합리주의자들이 신앙에서 감정의 역할을 부인
하지만, 성경은 무엇보다도 감정의 역할을 중시하기 때문이다. 그는『신
앙과 정서』(A Treatise Concerning Religious Affections)에서 다음과 같이 진술하
였다: (1) 하나님이 인간에게 감성(affection) 기능을 주어 인간이 행할 수
있게 하였으므로, 참된 종교는 냉담하거나 침체적인 것이 아니라 열심
을 품은 감성적 종교이다. (2) 사랑과 미움, 소망과 두려움과 같은 감성
이 없는 세상은 죽은 세상과 같으므로 감성이 없는 종교는 죽은 종교이
다. (3) 감정이 움직이지 않고는 실천으로 이어질 수 없다. 다른 말로 하
면 말씀을 듣기만 하고 행하지 않는 것은 감정이 움직이지 않기 때문이
다. (4) 성경에는 경외, 소망, 사랑, 미움, 거룩한 열정, 슬픔, 애통, 감사,
연민, 열심 등의 감성적 표현이 나타나고 있다. (5) 성경은 감성 가운데
최고를 사랑이라고 하였고, 사랑을 참된 종교의 핵심으로 간주하였다.
(6) 성경의 인물들은 거룩한 감성을 소유하였다. (7) 예수 그리스도는 가
장 부드럽고 감성적인 마음의 소유하신 분으로서 하나님과 인간을 향하
여 강렬한 사랑을 나타내 보이셨다. (8) 성경이 묘사하는 천국은 사랑과
기쁨과 같은 감성으로 가득 차 있는 곳이다. (9) 하나님이 제정하신 교회
예배와 의식들은 감성을 그 중요 내용으로 한다. 감성이 없는 기도는 메
마르고, 감성이 없는 찬양은 공허하고, 감성이 없는 성례는 형식적이며,
감성이 없는 설교는 청중의 마음을 움직이지 못한다. (10) 성경은 감성
이 부족한 마음을 굳은 마음 혹은 완악한 마음, 죄라고 선언한다(Edwards
1959, 99~119). 에드워즈는 이처럼 신앙생활에서 감성적인 요소를 중시하
였고, 참다운 그리스도인은 신앙에서 감성적인 면을 무시하거나 부정하
지 않는다고 주장하였다.

이와 같은 에드워즈의 입장은 1741년 9월 예일 대학 졸업식장에서 행한『성령 사역의 증거들을 분별하는 표지들』(The Distinguishing Marks of a Work of the Spirit of God)이라는 설교에 잘 나타난다. 그는 합리주의자들이 대각성운동을 신비주의적인 운동이며, 무질서한 사탄의 역사라고 비난하자, 그들에게 부흥 운동에서 나타나는 감정적 현상을 무조건 배척할 것이 아니라 그들 중 "성경에 어긋나지 않는 범위 내에서" 일어난 것들이 있다면 비판하지 말고 받아들이라고 권하면서 다음과 같이 말하였다.[11]

(1) "성령은 성경에 제시해 놓은 원칙을 절대 어기지 않고, 그 원칙 안에서 일하시되, 우리의 상상과 이해를 초월하는 놀라운 방법으로 일하신다." 그러므로 부흥 운동에 나타난 현상들이 예외적이라고 해서 거부해서는 안 된다. 초대교회의 성령 사역이 특별했던 것처럼, 마지막 때에도 성령의 사역이 비상할 것이기 때문이다(Edwards 1998, 24~26).

(2) "사람들의 육체에 나타난 현상들을 하나님의 역사인지 아닌지 단정할 수 없다. 흐느껴 울거나 두려움에 떨거나 절망으로 신음하거나 큰 소리로 울부짖는 일, 육체적인 고통을 느끼거나 갑자기 힘이 쭉 빠지는 듯한" 경험을 하였을 경우, 이는 성령의 역사일 수도 있고 아닐 수도 있기 때문이다(Edwards 1998, 27).

(3) "부흥 운동 때문에 기독교가 사람들의 잡담거리가 되었다고 하여" 성령의 역사가 아니라고 해서는 안 된다. 하나님의 나라가 사탄의 왕국을 침노하면 세상에 동요가 일어나기 때문이다(Edwards 1998, 34~37).

(4) 영적인 황홀경과 같이 어떤 인상이나 환상이 사람들의 상상력에 나타난다고 해서 모두 사탄의 역사라고 할 수 없다. 그럴 수도 있지만,

---

11)　Jonathan Edwards, *The Distinguishing Marks of a Work of the Spirit of God*『부흥을 원하면 고정관념을 버려라』, 배응준 옮김 (서울: 도서출판 나침판사, 1998), 24.

교회 역사를 빛낸 위대한 설교자들

아닐 수도 있기 때문이다(Edwards 1998, 37~41).

(5) 다른 사람이 체험한 영적 은사를 같이 추구한다고 하여 참된 영적 체험이 아니라고 할 수 없다. 남의 모범을 따르는 것은 성경적이며 합리적이기 때문이다(Edwards 1998, 41~42).

(6) 부흥을 체험한 사람들이 지혜가 부족하고 비정상적으로 행동한다고 하여 부흥 자체를 거부해서는 안 된다. 고린도 교회는 혼란 가운데 있었지만, 그들이 받은 성령의 은혜는 참된 것이었기 때문이다(Edwards 1998, 49~50).

(7) 일부 부흥 사역에 오류가 나타나거나 사탄이 역사한 모습이 보인다고 해서 부흥 운동 자체를 거부해서는 안 되고, 더구나 일부 부흥사들의 그릇된 행동 때문에 부흥 자체가 잘못된 것이라고 해서도 안 된다. 이는 일곱 집사 중 하나였던 니골라가 이단자가 되었다고 해서 일곱 집사 전부를 이단이라고 할 수 없는 것과 마찬가지다(Edwards 1998, 52~53).

(8) "예외적이고 특별한 권능을 받은 것으로 보이던 사람들이 지독한 이단과 죄악에 빠져 버렸다고 해도" 부흥 운동이 하나님의 일이 아니라고 말할 수 없다. 언제나 가짜가 있는 것처럼 그 속에 여전히 진실이 존재하기 때문이다(Edwards 1998, 54).

(9) 설교자가 뜨거워져서 열정적으로 지옥의 공포에 대해 설교한다고 하더라도 그를 비난해서는 안 된다(Edwards 1998, 58).

에드워즈는 이처럼 합리주의자들을 향하여 교회에서 일어나는 일이 비상하게 보이거나 육체적인 현상으로 나타난다고 하여 거부하지 말고, 먼저 성경적인지를 살피라고 권면하였다. 부흥으로 말미암아 일어난 현상이 성경 말씀과 일치하는지 살펴보려 하지 않고, 단지 부흥 운동에 나타난 감정적 현상만을 보고 부흥 운동을 비판하는 것은 공정하지 못한 것이기 때문이다. 또한 부흥 운동을 성경이 아닌 철학이나 역사적 지식,

자신의 경험에 비추어 평가한 것은 옳지 않으며, 일부 부흥 운동가들의 허물을 보고 부흥 운동 자체를 거부하거나 부인하는 것도 잘못임을 지적하였다. 부흥 운동을 올바르게 이해하려면 신앙 현상을 이성적 기준에 따라 해석하지 말고 오직 성경에 기초하여 평해야 할 것이라고 주장하였다.

• 열정적 광신주의 비판

비록 에드워즈가 합리주의자들을 비판하며 신앙생활에서 감정의 중요성을 주장했지만, 부흥 설교자들의 열정적 광신주의를 받아들인 것은 아니다. 그는 휫필드가 극적으로 설교하면서 즉흥적인 결단을 요구하는 등 열정주의자의 모습을 보이자, "너무 충동적이며, 성급하게 다른 이들의 회심 체험 여부를 평가한다."고 비판하였다(Edwards 1972, 4:100~101). 대각성운동과 함께 다수가 성령의 영적 조명을 구하면서 열정적이며 광신적으로 되어 갈 때 에드워즈는 그들이 하나님의 역사를 "감각적인" 체험과 혼동하고 있다고 지적하였다. 열정적 광신주의자들이 상상력을 동원하여 본 영적 실재를 십자가에서 피를 흘리시는 그리스도로 간주하자, 그는 성령께서 조명해 주시는 것과 전혀 무관하다고 하였다. 불신자도 신자만큼 거룩한 것에 대한 생생한 상상력을 가질 수 있을뿐더러 마귀도 얼마든지 조작해 낼 수 있기 때문이다. 에드워즈는 열광적 광신주의자들의 오류를 다음과 같이 지적하였다: "하지만 어떤 사람들은 환상이나 상상을 지나치게 중요한 것으로 여긴다. 그들은 자신이 본 환상이 곧 선지자들이 보았던 환상과 같은 것이요, 하나님의 특별하신 계시요, 장차 나타날 사건을 암시하는 하늘의 특별하신 은혜로 간주한다. 내가 지금까지 경험한 바를 근거로 말하건대 그것은 잘못된 것이다"(Edwards 1998, 40).

에드워즈가 이처럼 열정적 광신주의에 대하여 부정적인 견해를 취한

교회 역사를 빛낸 위대한 설교자들

것은 그릇된 신학 원리에 기초하고 있기 때문이었다. 열정적 광신주의
는 (1) 하나님으로부터 오는 영적 각성을 기도와 금식과 같은 인간의 노
력으로 얻을 수 있는 것으로 간주하고, (2) 인간의 세 가지 심적 요소인
오성(understanding), 감성(emotion), 의지(volition) 가운데 감성에 치우쳐 있
고, (3) 영적 열기만 강조하며 오성의 빛을 배제하고, (4) 육체에 나타나
는 느낌이나 체험을 성경보다 더 중시하므로 주관적으로 만들고, (5) 환
상을 통해 본 것을 하나님으로부터 온 것으로 간주하여 계시의 절대적
권위를 부정하고, 그 결과 사람이 영적 자만에 빠지게 만든다는 것이다
(Edwards 1998, 51~61). 곧 성령의 조명을 객관적인 말씀과 분리하며, 체험을
신앙과 판단의 근거로 삼음으로 신앙의 기초를 붕괴한다고 믿었다. 그는
열정적 광신주의가 영적 교만, 그릇된 신학 원리, 그리고 마귀의 전략에
대한 무지에 기초하고 있다고 주장하였다. [12]

에드워즈는 열정적 광신주의를 사탄의 역사로 보았다. 사탄은 '거짓의
아비'로 모든 오류를 동원하여 교회를 혼동으로 이끌고, 교회의 부흥을

---

12)   열정적 광신주의자들의 영적 교만은 스스로 하나님으로부터 많은 빛을 받은 사람
으로 생각하거나 스스로 겸손하다고 생각하는 데서 온다. 영적으로 교만해질 때 심한 언
어로 남을 공박하거나 남으로부터 분리하려는 증상이 나타나며, 이러한 그릇된 행동은
그릇된 원리로부터 나온다. 곧 열정적 광신주의자들은 성경보다 성령의 직접 계시를 의
존하거나, (기도한 대로 이루어진다는 믿음보다는 어떤 형태의 응답이든 하나님의 거룩
하신 뜻에 순종하겠다는 자세가 중요하지만) 믿음으로 기도했으니 반드시 응답하리라는
확신에 근거하여 행동하며, 성령의 뜻은 무슨 일이 있어도 수행되어야 하고(예를 들어
이웃을 사랑해야 하나 지나치거나 무분별하거나 절제 없이 행하는 것은 옳지 않다), 현
재의 유익이 있다면 미래의 결과를 고려할 필요 없이 실행해야 한다는 그릇된 원리에 따
라 행동한다. 열정적 광신주의자들은 이러한 잘못된 원리에 따라 신적인 체험과 자연적
인 체험을 혼합함으로 신적인 것은 점점 약해지고, 자연적인 것들을 신적인 것으로 받아
들인다. 종교적인 감성의 많은 부분은 상상력에서 오는 자연적 인상에 근거한 것들인데,
마귀는 이런 것들을 집착하도록 만들어 교만의 영을 조장하고, 그리스도인의 체험에 따
르는 외적 효과들을 악용한다고 하였다.

방해하기 위해 수단과 방법을 가리지 않는다. 즉 사탄은 성도들이 영적으로 잠들게 하여 부흥이 일어나지 않도록 최선을 다하고, 부흥이 일어나게 되면 부흥 운동을 극단으로 몰아간다. 그 결과 광신적으로 되거나 부흥을 반대하게 만들어서 성도들 사이에 적대감이 생겨나 교회를 허문다고 본 것이다. 에드워즈는 이렇게 말하였다: "사탄은 빛의 사자로 가장하고, 이와 같은 열정적 광신주의를 통해서 나타난다. 초대 기독교회로부터 지금까지 사탄은 열정적 광신주의를 이용하여 성스럽고 복된 신앙의 부흥을 파괴하는 데 큰 성공을 거두었다. 성령께서 영광스러운 일을 시작하려고 큰 은혜를 내리실 때, '옛 뱀'은 가능한 한 빨리, 그리고 모든 수단을 연구하여 사악한 사상을 끌어들여 참된 신앙과 섞어 놓았다. 그렇게 하여 즉시로 모든 것들을 뒤죽박죽 섞어 놓고 어지럽게 만들어 놓았다. 이러한 혼란이 초래하는 암담하고 황폐한 결과를 목격하여 놀라기 전에는 아무도 그 해악의 정도를 상상할 수 없다. 진정한 신앙의 부흥이 크게 일어난다고 할지라도, 만약 이 사악한 것이 들어온다면, 기드온의 아들 아비멜렉이 저지른 악행과 같은 큰 해악이 발생하게 될 수 있는 위험성이 커진다. 그는 도망간 한 명을 제외하고 자기의 친형제 70인을 죽였다"(Edwards 1959, 2:287). 열정적 광신주의는 잘못된 신앙 사상으로 신앙의 본질을 훼손하고, 궁극적으로는 그리스도의 교회를 붕괴시키는 역할을 한다고 보았다.

에드워즈는 사탄이 교회를 공격하는 가장 큰 전략은 성도들이 객관적인 성경의 가르침을 떠나 주관적인 신비 체험을 중시하게 만드는 것이라고 간주하였다. 사탄은 환상과 영적 환희를 통하여 사람들을 유혹한 후 그것들이 직접 하나님으로부터 온 계시라고 여기게 만들고, 참된 감성에 거짓된 감성을 혼합시켜서 신앙적 혼란을 유도한다. 사도 시대 이후에 나타난 에세네파(Essenes)와 "고대 영지주의자들이나 몬타누스주의자들

(Montanists), 그리고 많은 이단이 바로 그랬다. 또한 하나님과 그리스도, 성자들이나 하늘의 천사들과 직접 대화를 나누고 있다고 생각하는 사람들도 그러한 상상에 빠졌던 자들이다"(Edwards 1959, 2:287). 사탄은 항상 이러한 방식으로 교회를 괴롭혀 왔는데, 그 영향을 받은 이들 가운데는 중세의 신비주의자들, 종교개혁 당시의 열정적 광신주의자들, 재세례파, 퀘이커, 율법폐지론자들이 있다고 소개하였다. 이처럼 에드워즈는 열정적 광신주의가 교회를 공격하는 사탄의 대로(大路)로 보았다.

에드워즈는 사탄의 둘째 전략을 상상력[13]과 공상(空想)을 통하여 자연인들을 기만하는 것으로 여겼다. 사탄은 자연인의 상상과 공상을 통해 거짓된 종교, 가짜 은혜, 그릇된 감성을 심는다고 본 것이다. 상상력은 "사탄이 자주 나타나는 영혼의 방으로," 사탄은 "사람의 기질이나 몸의 체질을 관찰한 다음에 사람의 공상에 암시를 집어넣고 불화살을 쏜다."는 것이다.[14] "사탄은 광명의 천사로 가장하고, 내면의 속삭임을 통해 성령의 조명이나 은혜로 위장한다. 어떤 사실이나 사건을 즉각적으로 암시하거나, 유쾌한 소리를 듣고 아름다운 이미지를 떠올리거나, 상상력이 다른 인상을 받게 하여 사람들이 그를 초청하게 한다. (Edwards 1959, 2:290).

---

13) 에드워즈는 상상력을 "현재에 존재하지 않고 또 감각으로 인식할 수 없는 외적인 본질(즉 외적인 감각의 대상이 되는 것들)에 대한 개념을 얻을 수 있는" 정신적인 능력으로 정의하였다(Edwards 1959, 2:286).

14) 에드워즈는 다음과 같은 앤서니 버지스(Anthony Burgess)의 말을 인용하였다: "상상은 마귀가 자주 나타나는 영혼의 방이다. 마귀는 사람의 합리적인 부분에 대해서 효율적으로 역사하지 못한다. 사람의 의지를 변화시킬 수도 없고, 마음을 바꿀 수도 없으므로 사람이 죄짓도록 그가 할 수 있는 최선의 방식은 암시나 설득을 통한 것뿐이다. 그러나 마귀가 어떻게 그런 일을 하는가? 상상력에 작용함으로써 하는 것이다. 그는 그 사람의 기질이나 몸의 체질을 관찰하고, 그다음에 그의 공상에 암시를 집어넣고 불화살을 쏜다. (Edwards 1959, 2:289).

이렇게 될 때 자연인들은 사탄이 가장 좋아하는 열정적 광신주의에 사로잡히게 되고, 사탄은 그때 그들의 "심령에 보금자리를 꾸민다."는 것이다 (Edwards 1959, 2:289).

3. 에드워즈와 바른 영적 각성

에드워즈는 참된 은혜의 결과로 나타나는 신앙적인 감성과 유사하지만, 실제적으로는 그와는 무관한 그릇된 것들이 많다고 보았다. 그는『신앙과 정서』제2부에서 하나님으로부터 온 것처럼 보이지만 사탄에게서 올 수도 있는 것들도 있으므로 성도들은 신앙생활에 나타나는 영적인 체험을 주의 깊게 살펴서 그릇된 신앙에 빠지지 않도록 해야 한다고 하였다.

• 영적 각성의 분별 기준

에드워즈는 이 책에서 신자에게 나타날 수 있는 감성적 현상의 불확실성을 지적하고, 모든 감성을 믿지 말고 성경에 비추어 그 진위를 살피라고 충고하였다. 바른 신앙은 감정적 체험에 기초하지 않기 때문이다. 외견상 은혜로운 감정들이 닮았고, 육체에 같은 영향을 미치지만, 사람들의 기질과 생활 방식에 같은 영향을 미치지 않는다는 것이다. 그는 이렇게 말하였다: "은혜의 정도는 결코 기쁨이나 열심의 정도에 의해 측정될 수 없는 것이다. 더구나 그러한 것들로 은혜를 받은 자와 받지 못한 자를 판단할 수 없다. 주안점을 두어야 할 것은 종교적 감정의 정도가 아니라 그것의 성격이다. 어떤 이들은 아주 큰 기쁨의 황홀경을 체험하고, 비상한 충만함을 느끼며, 육체적으로 압도당함을 자주 경험한다고 외치지만,

교회 역사를 빛낸 위대한 설교자들

그러한 일을 체험하지 않은 사람들에 비해 기독교인다운 모습을 훨씬 덜 드러내 보이기도 한다. 반면에 비범한 기쁨과 감정들을 덜 체험한 다른 이들은 겸손하고 사랑스럽고, 뛰어난 그리스도인으로서의 모습을 부각하기도 한다."(Edwards 2002b, 138). 그는 다음의 12가지 중립적인 현상들을 설명하였다. 이를 요약해 보도록 하자.

(1) 종교적 감성이 강렬하게 일어나는 것 - 성경은 마음과 뜻과 정성을 다해 하나님을 사랑하라고 하지만, 고도의 감성이 일어났다고 해서 구원의 은혜가 나타난 것으로 간주하지 않는다. 예수님이 예루살렘에 입성할 때 군중은 그에게 호산나라며 찬송하였지만, 얼마 뒤에는 십자가에 못 박으라고 외쳤다(Edwards 1959, 2:127~131).

(2) 육신에 나타나는 반응 - 인간은 영과 육으로 구성되었기 때문에 감성이 고조되면 몸에 그 결과가 나타난다. 그러지만 그 느낌에 의지하여 영적 은혜의 체험 여부를 말할 수는 없다(Edwards 1959, 2:132~135).

(3) 기독교에 대해 뜨겁고 확신 있게 말하는 것 - 마음에 가득한 것이 입으로 나오게 마련이지만, 그렇지 않은 경우도 많다. 마음에 선한 것이 가득해도 표현이 빈약하고, 악한 생각이 넘쳐도 유창한 언어로 말할 수 있다(Edwards 1959, 2:136~137).

(4) 마음속에서 있던 것이 아닌 급작스럽게 외부로부터 들어온 정서 - 이전에 경험하거나 전혀 생각해 보지 않은 것이 마음속에 떠오른다고 해도 거짓된 것일 수 있다. 성경은 모든 영을 믿지 말고 시험해 보라고 하였다. 사람의 상상 속에 떠오른 인상의 근원이 성령일 수도 마귀일 수도 있기 때문이다(Edwards 1959, 2:142).

(5) 마음에 큰 인상을 남긴 성경과 같은 말씀 - 마귀가 그리스도를 시험했던 것처럼 오늘날도 성경 구절을 가지고 사람을 미혹할 수도 있다. 그러므로 마음속에 말씀이 끊임없이 떠오르고, 성경 전체가 달게 느껴지

면서 눈물이 쏟아지거나 기쁨이 충만하고 모든 의심이 사라졌다고 하더라도 하나님으로부터 온 것이라고 결론 내릴 수 없다. 이단 교사들도 종종 이와 유사한 체험을 고백했기 때문이다. 이러한 체험은 인간의 어리석음과 타락성이 혼합되어 일어난다(Edwards 1959, 2:145~147).

(6) 사랑이라는 종교적 감정이 나타남 - 사랑이라는 종교적 감성이 일어난다고 하더라도 그것이 구원에 속한 은혜의 표징임을 결정하는 절대적 기준이 될 수 없다. 종교적 감정(정서) 가운데는 사랑이 최고이지만 모조품도 있을 수 있기 때문이다(Edwards 1959, 2:147).

(7) 슬픔, 기쁨, 감격, 열망 등의 종교적인 정서들 - 참된 사랑에서 신앙적 정서가 나오는 것처럼 거짓 사랑에서도 온갖 거짓 정서가 나올 수 있다. 죽은 나사로를 살린 후에 군중들이 예수 그리스도에 대해 보인 고도의 존경심, 사울이 왕위에 오를 때 드러낸 하나님의 은혜에 대한 감격 등, 슬픔과 기쁨, 감격의 느낌이 있을 수 있지만, 그것들은 잠시 후에 사라졌다(Edwards 1959, 2:148).

(8) 양심의 깨우침을 받고, 그 후에 기쁨과 위안이 오는 것 - 정죄 상태가 지난 후에 칭의와 축복 상태가 오고, 두려움의 단계가 지난 후에 위로의 단계가 있는 것은 성경적이다. 그렇지만 마귀도 이런 순서를 얼마든지 모방할 수 있다(Edwards 1959, 2:151~157).

(9) 종교 생활에 열정을 보이는 것 - 예배에 참석하여 찬송을 힘 있게 부르고, 설교를 열심히 들으며, 경건 서적을 읽는 등의 종교적인 행위에 전력한다고 해서 신앙적 정서라고 단정할 수 없다. 바리새인, 로마 천주교회의 수도승, 이사야 선지자 시대의 백성들은 외적 종교 행위에는 열심이었으나 구원과는 무관하였다(Edwards 1959, 2:163).

(10) 입술로 하나님을 찬송하고 영광을 돌리는 것 - "은혜 없는 사람들도 그리스도를 향해서 고도의 정서를 가질 수 있으며, 강한 정서가 입으

로 충만하게 나타나 감동한 일에 대해서 매우 열심히 전하지만" 그것이 신앙적인 정서라고 할 수 없다. 그리스도께서 말씀을 전하시고 이적을 하실 때 수많은 사람이 놀라 하나님께 영광을 돌렸고, 예루살렘으로 입성할 때 허다한 사람들이 '호산나' 부르면서 찬양하였고, 홍해를 건넌 후 이스라엘 백성이 하나님께 찬송하였지만, 그들은 모두 얼마 되지 않아서 그 종교적 정서를 잃어버렸다(Edwards 1959, 2:165~166).

(11) 구원의 확신을 하는 것 - 자신의 체험이 신적인 것으로 구원받았다는 확신을 준다고 해도 그 감정이 신앙적 정서라고 단언할 수 없다. 성도가 구원의 확신을 가지는 것은 성경적이지만, 자기도취일 수도 있기 때문이다. 위선자는 거짓 확신을 하면 그 확신을 절대로 의심하지 않는다. 위선자 가운데는 자신의 외적 도덕성이나 종교성에 확신의 근거를 두는 율법적 위선자와 거짓된 환상이나 계시에 확신의 근거를 두는 복음적 위선자가 있다(Edwards 1959, 2:167~172).

(12) 신앙적 영향을 미치는 것 - 종교적 정서가 모든 이에게 영향을 미치며, 사랑을 느끼게 하며, 기쁘게 하며, 다른 사람의 마음을 열게도 할 수 있지만, 그것을 신앙적 본질로 간주할 수 없다. 성도들은 판단력이 미숙하고 혹은 교만할 수 있으므로 다른 사람의 구원 여부를 종교적 감성에 근거해서 분별할 수 없기 때문이다. 이 점에서 에드워즈는 조지 휫필드나 길버트 테넌트(Gilbert Tennent, 1703~1764)가 다른 사역자들에게 종교적 감성이 부족하여 중생하지 못하였다고 비난을 퍼부은 것은 옳지 않다고 하였다(Edwards 1959, 2:181~183).

에드워즈는 이처럼 바른 신앙이 고도의 종교적 체험 여부에 근거하는 것이 아니라 하나님으로부터 받은 은혜를 실천하는 여부에 달려 있다고 보았다. 바른 신앙 운동은 지성과 감정, 그리고 의지의 균형을 추구하지만, 열정적 광신주의자는 오직 감정 체험을, 합리주의자는 지성적 이해만 추구함으로 신앙에 균형감을 잃어버리므로 건전한 신앙 운동을 극단으로 몰아간다고 보았다(Edwards 1959, 2:365). 따라서 복음적인 신자들은 감정적이나 지성적으로 치우치지 말고 지성·감정·의지에서 균형을 유지해야 한다고 하였다. 에드워즈는 신앙의 균형이 파괴된 신앙 운동이 몰고 오는 해독에 대해 이렇게 설명하였다: "위선자들은 종교적인 여러 종류의 정서에 대해 본질적인 부족함을 자주 나타낼 뿐만 아니라, 다른 이들을 향한 종교적 정서에서 이상한 치우침과 불균형을 보인다. 말하자면 사랑의 정서에 대해 어떤 사람들은 대단한 감정을 내비치고, 하나님과 그리스도에 대해 큰 사랑이 있는 것처럼 과시하기도 한다. 그들이 하나님과 그리스도로 말미암아 크게 감동하였을 수도 있다. 그러나 그들은 인간을 향한 사랑과 자비의 마음을 가지고 있지 않고, 질투와 시기와 복수심 어린 악한 말을 서슴없이 내뱉는다. … 그들은 이웃을 향해 악한 뜻과 독한 마음을 가지고 살아간다. 이웃에게 '무엇이든지 남에게 대접을 받고자 하는 대로 너희도 남을 대접하라'라는 원칙을 지키려고 하는 자세가 보이지 않는다. 반면에, 다른 사람에 대해서는 대단히 큰 인자함을 나타내고 매우 선량하고 관대하게 대하는 것 같지만, 하나님을 향해서는 아무런 사랑이 있지 않은 사람들도 있다."(Edwards 1959, 2:366).

에드워즈는 신앙에서의 균형 감각을 잃은 후 감정에 사로잡힌 나머지 이웃을 회심 체험하지 못한 자로 정죄하거나 다른 사람들의 마음속에 있는 죄를 멋대로 분별하는 것, 다른 사람들이 자기만큼 거룩하지 못하다고 판단하는 것, 믿음과 실천을 분리하는 것은 모두 사악한 것이라고 지적하였다. 감정이나 지성 가운데 하나에만 치우친 신앙, 하나님 사랑 또는 인간 사랑 가운데 한쪽만 강조하는 것은 수직적으로 하나님을 사랑하고 수평적으로 이웃을 사랑하라는 십자가의 신학을 부정하는 것이라고 하였다. 하나님에 대한 사랑이 없는 인간에 대한 사랑만 강조하는 것은 천박할 뿐만 아니라 도덕을 우상화하는 것이며, 인간에 대한 사랑이 없는 하나님 사랑만을 강조하는 것은 비활동적이고 자기만족적이라고 하였다. 그러므로 성도들은 올바른 신앙을 지키기 위해 신앙의 균형을 유지하면서 거룩함을 실천하는 삶을 살아야 한다고 결론지었다.[15]

• 온전한 영적 각성: 전인적 신앙의 회복

그럼에도 불구하고 어떤 학자들은 에드워즈가 반지성적 전통을 강조하는 감정주의에 서 있다고 비판하기도 한다.[16] 실제로 에드워즈의 심리학을 살펴보면 그는 지성(intelligence)과 감정(emotion), 그리고 의지(will)를 포괄하는 전인적(全人的)인 신앙을 강조하는 신학자였음을 알 수 있다. 그는 감성(affection)을 "경향성 내지는 의지를 더욱 강렬하고 민감하게 활용하는 것"으로, 격정(passion)을 "갑작스럽고 격렬해서 마음의 통제를 벗어나는 것"으로 비교하고 설명함으로 감성과 격정을 조심스럽게 구별하였다. 참된 감성은 이성적이나 격정은 반이성적이므로, 참된 종교는 격정에 근거하지 않고 감성에 근거한다고 하였다. 곧 "종교는 아는 것이 아니라 진리를 포용하는 것이며, 느끼는 것이 아니라 실천하는 것"이라고 보았다(Edwards 1959, 2:96).

---

15) Conrad Cherry, *The Theology of Jonathan Edwards* (Gloucester, MA: Peter Smith, 1974), 185.

16) 윈슬로우(Ola Winslow)는 "18세기 어법으로 미루어 볼 때, 에드워즈는 단순한 감정이 지성보다 종교적 인식의 원천에 가깝게 있으며, 지성은 종교적 지식과 구별되는 종교적 체험에 이르는 통로라고 인식했고, 그에게 있어 하나님에 대한 인식은 지적 경험이 아니라 감정적인 경험이었다."고 주장하였다(Winslow 1979, 216). 또한 페리 밀러(Perry Miller)는, "에드워즈는 단순한 개념적 이해와 마음의 인식 사이를 날카롭게 구분함으로써 이해력을 감정에 종속시키고자 하였다."고 언급하였다. Perry Miller, *Jonathan Edwards* (Westport, Connecticut: Greenwood Press Publishers, 1949), 184.

에드워즈에 의하면 하나님이 인간 영혼에 오성(understanding)과 경향성(inclination)이라는 2가지 기능을 주셨다. 오성은 인식, 분별, 판단하는 기능이며, 경향성은 좋고 싫음을 결정하는 기능이다. 경향성은 의지나 감성을 통해서 행동으로 표현되고, 의지와 감성은 그 본질상 같은 것으로서 단지 경향성을 활용하는 정도와 방법에 차이가 있을 뿐이다. 경향성이 조금 더 강렬하고 민감하게 활용될 때 감성(affection)이라고 부를 수 있다. 행동의 궁극적인 출발점은 마음(heart)이며, 마음으로부터 좋고 싫음을 분별하는 경향성(inclination)이 생기고, 행동의 직접적 원인은 의지 혹은 감성으로부터 나오며, 의지로부터 행동이 나온다는 것이다. 그러므로 인간의 의지나 감성이 독립되어 있지 않고 같은 뿌리, 곧 마음에 근거하고 있다고 보았다(Edwards 1959, 2:96~97). 인간의 개혁은 먼저 마음으로부터 시작되어야 하는데 마음이 변해야 경향성이 변화하고, 의지나 감성에도 변화가 오기 때문이다.

에드워즈는 지·정·의가 조화된 통전적(通全的) 심리학에 기초하여 신앙적 열정과 빛, 이성과 감정의 균형을 주장하였다. 믿음의 행위는 지성과 의지가 조화롭게 결합한 마음의 인식에서 나오며, 성령께서는 지·정·의의 요소가 조화된 통일체로서의 인간에게 은혜를 내리기 때문이다. 따라서 신앙의 본질을 논할 때 이성과 감정 사이에서 우위를 찾기보다는 잘못된 감정과 함께 진실한 감정이 병존할 수 있는지 그 여부를 밝히는 것이 필요하다는 것이다. 그는 『신앙과 정서』 제3부에서 참되고 거룩한 감성과 그릇되고 조작된 감성을 구별하는 기준을 다음과 같이 제시하였다:

(1) 거룩한 감성은 내적 동기에게서 나온다. 신령하고 은혜로운 신앙적 정서들은 마음에 미치는 신령하고 초자연적이며 신적인 감화와 작용에서 온다. 거듭남의 결과는 나무가 바람에 의하여 흔들리는 것과 같이

내적인 동기에 의한 것이기 때문이다(Edwards 1959, 2:197 ff).

(2) 거룩한 감성은 하나님으로부터 나오며 인간의 탐심과 무관하다. 은혜로운 신앙적 정서의 기본 바탕은 하나님께 속한 신적인 것 자체가 지닌 탁월하고도 초월된, 정감 어린 본질에서 온 것이며, 이기심이나 탐욕스러운 자기애에서 온 것이 아니다(Edwards 1959, 2:240 ff.).

(3) 거룩한 감성은 도덕적 탁월성에 기초한다. 참으로 거룩한 신앙적 정서들은 하나님께 속한 일들이 가진 도덕적 탁월성의 아름다움과 선함 때문에 사랑하게 한다(Edwards 1959, 2:253 ff.).

(4) 거룩한 감성은 성령의 조명을 통해 얻게 된다. 은혜로운 신앙적 정서들은 신적인 조명을 받음으로써 신적인 것들을 영적으로 이해하고, 각성한 마음으로부터 나온다. 영적인 이해는 단순히 교리적인 지식의 터득이 아닌 성령의 조명에 의하여 마음으로 진리를 분별하는 능력을 얻었다는 뜻이다. 성령의 조명으로부터 나온 지성은 하나님의 것을 이해하는 열쇠이다(Edwards 1959, 2:266 ff.).

(5) 거룩한 감성은 하나님에 대한 거룩한 확신에 기초한다. 참으로 은혜로우며 신령한 신앙적 정서들은 신적인 것의 실상과 확실성에 대해 가지는 논리적이고도 거룩한 확신에 따라 나타난다. 신적인 진리에 대하여 합리적이며 영적인 확신을 가진 사람은 진리에 관하여 우왕좌왕하지 않기 때문이다. 거듭난 성도는 확신에 기초하여 자신을 하나님께 맡긴다. 이러한 확신은 하나님의 영광으로 가득 차 있다(Edwards 1959, 2:291 ff.).

(6) 거룩한 감성은 복음적 겸손을 동반한다. 은혜로운 신앙적 정서는 복음적인 겸손을 수반한다. 겸손은 자연적 양심에서 나오는 율법적인 겸손과 성령에게서 나오는 초자연적인 원리에 기초한 복음적 겸손이 있다. 복음적 겸손은 '나는 죄인이므로 아무것도 아니다'라고 인정하는 것으로, 신앙생활에 복음적인 겸손이 수반되지 않으면 참된 기독교인이 아니다.

자신의 종교적인 업적을 남과 비교하여 위대하다고 생각하거나 자신의 겸손을 자화자찬하는 것은 겸손의 탈을 쓴 영적 교만이며, 바리새인이나 로마 천주교회의 수도승에게서 그런 예를 찾을 수 있다(Edwards 1959, 2:311 ff.).

(7) 거룩한 감성은 본성의 변화를 동반한다. 은혜로운 신앙적 정서와 그렇지 않은 정서의 또 다른 점은 성품의 완전한 변화 여부에 달려 있다. 감성은 고조되었으나 본성의 변화가 없는 것은 거짓이기 때문이다. 본성의 변화는 오직 하나님의 주권적인 은혜에 의해서만 가능하다(Edwards 1959, 2:340~343).

(8) 거룩한 감성은 그리스도의 성품을 닮아 간다. 은혜로운 신앙적 정서는 그리스도의 심령과 성품(사랑, 온유, 자비, 용서 등)을 드러내지만 그릇된 정서는 그렇지 않다(Edwards 1959, 2:344 ff.).

(9) 거룩한 감성은 온유와 자비, 사랑으로 나타난다. 은혜로운 신앙적 정서는 부드러운 마음과 그리스도인다운 자비와 사랑을 수반한다. 참된 신앙적 정서는 마음을 부드럽게 하지만, 거짓된 정서는 마음을 더 굳게 한다. 영혼의 부드러움을 수반하지 않는 정서는 거짓이다(Edwards 1959, 2:357 ff.).

(10) 거룩한 감성은 대칭과 균형을 유지한다. 은혜롭고 거룩한 신앙적 정서들은 아름다운 대칭과 균형을 유지한다는 점에서 거짓 정서와 구별된다. 참된 정서에는 균형감과 적절한 분배감이 있다. 한쪽에 치우치는 것은 적절한 분배감을 상실한 것이다(Edwards 1959, 2:365 ff.).

(11) 거룩한 감성은 영적 필요성을 더욱 갈구한다. 은혜로운 정서가 고양되면 될수록 신령한 은혜를 추구하고자 하는 영적 갈망이 더 커지지만, 거짓된 정서는 그 자체에 만족하여 안주한다. 참된 신앙적 정서는 감성이 고조될수록 다른 영적인 욕구를 요구하지만, 거짓 정서는 감성적

체험 그 자체에만 만족하기 때문이다(Edwards 1959, 2:376 ff.).

(12) 거룩한 감성은 삶으로 열매를 맺는다. 참된 신앙적 정서는 그리스도인으로 실천적 열매를 맺게 한다. 열매로서 나무를 알 수 있으므로 거룩한 열매를 맺는 정서는 참된 것이다. 참 그리스도인을 열매를 통해 확인할 수 있는데, 이는 사람의 양심에 하나님의 은혜가 임하면 선행의 열매를 맺는 것이 일반적 원리이기 때문이다. 선행으로 나타나지 않는 신앙고백은 위선이다(Edwards 1959, 2:383 ff.).

에드워즈는 이처럼 참된 신앙적 정서가 성화의 열매로 나타난다고 보았다. 곧 참된 신앙적 정서는 신적인 감화에서 나오고, 신적인 본질에 기초하기 때문에 도덕적으로 탁월하고, 거룩한 확신과 복음적 겸손을 동반한다. 성품의 변화를 통해 그리스도를 닮아 가고, 온유와 자애, 대칭과 균형, 신령한 성취를 향한 영적인 갈망을 하고 있으며, 실천의 열매를 맺는다. "빛은 없고 열기만 있는 곳에는 거룩한 것이 있을 수 없고,", "진정한 신앙은 주로 거룩한 감정 가운데 존재"한다(Edwards 1959, 2:120, 95). 이처럼 에드워즈는 참된 신앙적 각성을 감정이나 지성이 아닌 지성과 감성 그리고 의지로 이해되고 표현되어 균형과 대칭을 이루는 전인적인 것으로, 성화를 통해 표현되어야 한다고 보았다. 따라서 신앙적인 사람은 열정을 이성의 지배에 종속시키는 자가 아니라 열정적인 이성과 지적인 감정을 지니고, 성화의 과정에 있는 자라고 단언하였다.

맺는말

지금까지 우리는 18세기 중반 미국 사회를 흔들어 놓았던 대각성운동과 그와 함께 시작된 제임스 대븐포트를 중심으로 한 열정적 광신주의와 찰스 촌시를 비롯한 지성적 합리주의 운동이 전개되는 과정과 이에 대한 각 그룹의 입장을 살펴보았다. 대븐포트가 은혜 체험을 위해 큰 소리로 기도하며, 금식하는 등 열정적인 면을 강조하였다면, 촌시는 올바른 신앙을 지성에 기초한 것으로 보고 신앙에서 감성적인 요소를 배제할 것을 주장하였다. 에드워즈는 열정적 광신주의와 지성적 합리주의가 주장하는 신앙에서의 감성과 지성의 역할을 통합적으로 강조하였다. 특히 에드워즈는 대븐포트와 열정적 광신주의자들이 큰 소리로 기도하기, 금식 등 인위적인 노력을 통해 영적인 각성을 체험하고자 하는 것을 경계하면서 신앙에서의 균형과 대칭을 강조하였다. 진정한 은혜 체험은 인간의 노력이 아닌 하나님으로부터 기인하기 때문이다.

에드워즈는 영적인 각성 여부를 확인하기 위해서는 성경이 보여 주는 가르침에 기초해야 한다고 보았다. 곧 종교적 감성을 무시하지 않으면서도 지성을 강조하고, 지성적이면서도 감성을 중시하는 신앙 운동을 전개해야 한다는 주장을 폈다. 성경에 기초를 두고, 인간의 심적인 요소인 지성과 감성, 그리고 의지가 조화를 이루는 신앙적 체험이 바로 개혁교회가 추구해야 할 부흥 운동의 핵심 가치라고 본 것이다. 오늘날 교회들은 신앙에서의 조화와 균형을 유지하기 위해 부단히 노력해야 할 것이다. 설교와 기도, 찬송에서 좌로나 우로 치우치지 않고 중용적인 균형감을 유지하는 신앙 가운데서 유효소명의 종착점[17]인 성화를 추구하는 것이야말로 바로 교회가 추구해야 할 부흥의 궁극적 이상이라고 본다.

---

17)　Jonathan Edwards, *Charity and It's Fruits,* In *The Works of Jonathan Edwards,* 8 volume (New Haven: Yale University Press, 1989), 161~162, 169~170.

참고 및 인용 문헌

박건택

1990 『칼빈의 설교학』, 서울: 나비.

박용호

2012 『미국교회 부흥 신학』, 서울: 기독교문서선교회.

오덕교

2001 『청교도와 교회 개혁』, 수원: 합동신학교출판부.

2001a 『청교도이야기』, 서울: 도서출판 이레.

2004 『언덕 위의 도시: 청교도의 사회 개혁적 이상』, 수원: 합동신학대학원출판부.

2006 『장로교회사』 개정증보판, 수원: 합동신학대학원출판부.

2018 『종교개혁사』 개정증보판, 수원: 합동신학대학원출판부.

정장복

1986 『인물로 본 설교의 역사』, 서울: 장로회신학대학출판부.

John Ackworth

1944 *Bibliotheca Sacra* 101.

Jay E. Adams

1986 *Sermon Analysis: A Preacher's Personal Important Textbook and Workbook*, Denver: Accent Publications, Inc.

Sydney E. Ahlstrom

1972 *A History of the American People*, New Haven: Yale University Press.

Thomas Armitage

1897 *A History of the Baptists*, New York: Bryan Taylor and Co.

Augustine of Hippo

1980 *Confessions: A Select Library of the Nicene and Post Nicene Fathers of the Christian Church*, Grand Rapids, Michigan: Eerdmans Publishing Company. VIII.

1995 *De Doctrina Christiana*, Edited and translated by R. P. H. Green. Oxford:

Claredon Press.

Ivor Baily

1974   "The Challenge of Change: A Study of Relevance Versus Authority in the
        Victorian Pulpit." *Expository Times* (No. 86)

Roland Bainton

1982   *Here I Stand,*『마틴 루터의 생애』 이종태 역. 서울: 생명의 말씀사.

Frederick Barton edited

2005   『부흥 설교 103선집』 홍성국 역. 서울: 보이스사.

Richard Baxter

1657   *Gildas Silvianus; The Reformed Pastor,* 2nd edition.

Frank G. Beardsley

1912   *A History of America Revivals,* New York.

Kenneth Scott Latourette

1970   *A History of the Expansion of Christianity,* 6 vols. Grand Rapids, MI: Zondervan
        Publishing House.

Lyman Beecher

1961   *Autobiography,* Barbara Cross edited. Cambridge, Mass.

Andrew W. Blackwood

1941   *Preaching from the Bible,* New York: Abingdon-Cokesbury Press.

Edith L. Blumhofer & Randall Balmer ed.

2011   *Modern Christian Revivals,*『근현대 세계 기독교 부흥』 이재근 역. 서울: 기독교 문
        서 선교회.

Martin Bucer

1969   *De Regno Christi.* In *Melanchthon and Bucer,* The Library of Christian Classics:
        Ichthus Edition. Edited by Wilhelm Pauck. Philadelphia: The Westminster Press.

James Monroe Buckley

1898   *A History of Methodism in the United States,* New York: Harper and Brothers.

Richard Bushman edited.

1970   *The Great Awakening: Documents on the Revival of Religion 1740-1745,* Atheneum,
        New York.

John Calvin

1975   *Institutes of the Christian Religion*, 1536 edition. Grand Rapids, Michigan: William B. Eerdmans Publishing Company.

1844   *Commentary upon the Acts of the Apostles*, Edinburgh, Calvin Translation Society.

1848   *Commentary on the Corinthians*, vol. 1. Edinburgh: Calvin Translation Society.

2013   *Commentary on the Romans*, 『로마서』, 박문재 역. 크리스챤 다이제스트.

William Canon

1986   『웨슬리 신학』, 남기철 역. 서울: 기독교대한감리회교육국.

Harry Caplan

1929   "The Four Senses of Scriptural Interpretation and the Mediaeval Theory of Preaching." *Speculum* Vol. 4. No.3 (July)

Henry Chadwick

1999   *The Early Church*, 『초대교회사』, 박종숙 역. 서울: 크리스챤 다이제스트.

Charles Chauncy

1973   *Seasonable Thoughts on the State of Religion in New England*, Boston: Rogers & Fowle.

Conrad Cherry

1974   *The Theology of Jonathan Edwards*, Gloucester, Ma: Peter Smith.

John Chrysostom

1980   *Homilies on the Acts of the Apostles and the Epistle to the Romans: A Select Library of the Nicene and Post Nicene Fathers of the Christian Church*, Grand Rapids: Eerdmans Publishing Company.

1983   *Homilies on the Epistle of St. Paul the Apostle to Timothy, Titus, and Philemon: A Select Library of the Nicene and Post Nicene Fathers of the Christian Church*, Grand Rapids, MI: Eerdman Publishing Company.

1983b   *On the Priesthood: A Select Library of the Nicene and Post Nicene Fathers of the Christian Church*, Grand Rapids, MI: Eerdman Publishing Company.

Derek Cooper

2008   *The Ecumenical Exegete: Thomas Manton's Commentary on James in relation to its Protestant predecessors, contemporaries and successors*, Ph. D. thesis, Lutheran Theological Seminary at Philadelphia.

John Cotton

1630   "Gods Promise in His Plantation." London. *Old South Leaflets* No. 3.

1641   *Gods Mercie Mixed With His Ivstice, Or, His Peoples Deliverance in Times of Danger,* London.

1645   *The Powring Out of the Seven Vials: Or, An Exposition of the Sixteenth Chapter of the Revelation, With an Application of It to Our Times,* London.

1650   *Of Holiness of Church Members,* London.

1655   *An Exposition Upon the Thirteenth Chap of the Revelation,* London.

1867   *John Cotton's Answer to Roger Williams,* Providence, Rhode Island : Narrangansett Club.

1868   *A Brief Exposition of the Whole Book of Canticles, Or, Song of Solomon,* Reprinted edition. Edinburgh: James Nichol.

1962   *An Exposition of the First John,* Reprinted edition. Evansville, Indiana: Sovereign Grace Publishers.

Gerald R. Cragg

1999   *The Church and the Age of Reason, 1648-1789,*『근세교회사』. 송인설 역. 서울: 크리스챤 다이제스트.

Whiney R. Cross

1950   *The Burned-over District,* Ithaca, New York.

Albert H. Curriea

1912   *Nine Great Preachers,* Boston: The Pilgrim Press.

Arnold Dallimore

1988   *George Whitefield: The Life and Times of the Great Evangelist of the 18th Century Revival,* Edinburgh: The Banner of Truth.

Edwin Charles Dargan

1954   *A History of Preaching,* 2 vols. Grand Rapids, Michigan: Baker Book House.

Edward H. Davidson

1982   "John Cotton's Biblical Exegesis: Method and Purpose." *Early American Literature,* Volume XVII.

Donald Demaray

1976   *Pulpit Giants: What made them Great,*『강단의 거성들』. 나용화 역. 서울: 생명의 말

쓰사.

James A. De Jong

1970　　*As the Waters Cover the Sea: Millennial Expectations in the Rise of Anglo-American Missions 1640-1810*, Kampen, Netherlands: J. H. Kok.

Peter Y. De Jong

1963　　"Praying for the Preacher." *Torch and Trumpet* 13(Feb).

Lewis A. Drummond

1992　　*Spurgeon: Prince of Preachers*, Grand Rapids, Michigan, Kregel Publications.

Sereno E. Dwight

1830　　*Life of President Edwards*, New York: G. & C. & H Carvill.

Timothy Dwight

1969　　*Travels in New England and New York*, Cambridge. 4 volumes.

Jonathan Edwards

1959　　*A Treatise Concerning Religious Affections*. In *The Works of Jonathan Edwards* Volume 2. Edited by John E. Smith. New Haven: Yale University Press.

1972　　*The Works of Jonathan Edwards: Great Awakening*, vol. 4. Edited by C. G. Goen. New Haven and London: Yale University Press.

1974　　*The Works of Jonathan Edwards*, Edinburgh: The Banner of Truth. 2 vols.

1989　　*Charity and It's Fruits*, In *The Works of Jonathan Edwards*, 8 volume. New Haven: Yale University Press.

2001　　*The Works of Jonathan Edwards: Sermons and Discourses 1734-1738*, Vol. 19. Edited by M. X. Lesser. New Haven and London: Yale University Press.

2002　　*A Faithful Narrative of the Surprizing Work of God in the Conversion of Many Hundred Souls in Northampton and the Neighboring Towns and Villages*, 『놀라운 회심 이야기』, 양낙흥 역. 서울: 크리스챤 다이제스트.

2002a　　"Justification by Faith Alone"『기독교 중심』, 이태복 역. 서울: 개혁된신앙사.

2002b　　"An Account of the Revival of Religion in Northampton 1740~1742" Edwards 2002에 포함되어 있음.

2003　　*The Works of Jonathan Edwards: Sermons and Discourses 1739-1742*, Edited by Harry S. Stout and Nathan O. Hatch, vol 22. New Haven and London: Yale University Press.

2004   *A Humble Attempt to Promote Explicit Agreement and Visible Union of Christ's Kingdom on Earth*,『기도합주회』, 정성욱, 황혁기 역. 서울: 부흥과 개혁사.

George E. Ellis

1880   "John Cotton in Church and State." *International Review.*

Everett H. Emerson

1965   *John Cotton*, New Haven, Connecticut: College and University Press.

C. E. Fant, Jr. & W. M. Pinson, Jr.

1976   *20 Centuries of Great Preaching*, Texas: Word Books.

Sinclair Ferguson

1996   *The Art of Prophesying*, Edinburgh: Banner of Truth Trust.

Charles G. Finney

1960   *Lectures on Revival of Religion*, ed. W. G. McLoughlin, Jr., Cambridge, Mass.

1975   *Lectures on Revival of Religion*,『진정한 부흥』, 홍성철 역. 서울: 생명의 말씀사.

1984   *The Autobiography of Charles G. Finney: The Life Story of America's Greatest Evangelist, in His Words*, Helen Wessel edited『찰스 피니의 자서전』, 양낙흥 역. 서울: 생명의 말씀사.

1987   *Memoirs of Rev Charles G. Finney. Garth M. Rosell and Richard Dupuis*, edited. Grand Rapids, Mich.: Zondervan Publishing, Co.

1993   『승리의 생활: 로마서 설교집』, 양낙흥 역. 서울 크리스챤 다이제스트.

Benjamin Franklin

1888   *The Autobiography of Benjamin Franklin*, Houghton, Mifflin and Company.

Edwin Scott Gaustad

1965   *The Great Awakening in New England*, Gloucester, MA: Peter Smith.

Peter Gay

1968   *Deism: An Anthology*, Princeton, N. J..

John Gillis

1772   *Memoirs of the Life of the Reverend George Whitefield, MA.*, London.

1997   *Historical Collections Accounts of Revival*,『18세기 위대한 영적부흥』, 김남준 역 (상). 서울: 솔로몬.

C. C. Goen, ed.

1972   *The Great Awakening*, in *The Works of Jonathan Edwards*, New Haven, Conn.: Yale
University Press.

1987   *Revivalism and Separatism in New England 1740~1800*, Middletown, Connecticut:
Wesleyan University Press.

J. L. Gonzales

1987   *The Story of Christianity*, 『현대교회사』, 서영일 역. 서울: 은성.

William Haller

1972   *The Rise of Puritanism*, Philadelphia: University of Pennsylvania Press.

Keith J. Hardman

2006   *Seasons of Refreshing: Evangelism and Revivals in America*, 『부흥의 계절: 미국의 전
도와 부흥 운동 역사』, 박응규 역, 서울: 기독교문서선교회.

Joseph Haroutunian

1986   *Calvin Commentaries*, 『칼빈의 조직신학 해석』, 이창우 역, 서울: 기독교문화사.

Eric W. Hayden

1962   *Spurgeon on Revival: A Biblical and Theological Approach*, Zondervan Publishing House.

1973   "Spurgeon and Moody: Parallel Lives." *Moody Monthly* 73 (Apr.)

Alan Heimert and Perry Miller ed.

1978   *The Great Awakening: Documents Illustrating the Crisis and Its Consequences*,
Indianapolis: Bobbs-Merrill Educational Publishing.

Charles Hodge

1874   *Systematic Theology*, 2 volumes. London: Nelson.

Mark Hopkins

ncd.   "Nonconformity's Romantic Generation: Evangelical and Liberal Theologies
in Victorian England." *Baptist Quarterly: Incorporating the Transactions of the Baptist
Historical Society* (Vol. 41~42)

Samuel Hopkins

1765   *The Life and Character of the Late Reverend Jonathan Edwards*, Boston: S. Kneeland.

S. M. Houghton

1950   "George Whitefield and Welsh Methodism." *Evangelical Quarterly*, vol. 22.

1973   "Spurgeon and His Sermons." *Banner of Truth* (Oct.)

Philip Edgcumbe Hughes

1996   *Theology of the English Reformers*, Grand Rapids, Michigan: William B. Eerdmans Publishing Company.

Irenaeus,

1980   *Adversus Haereses: A Select Library of the Nicene and Post Nicene Fathers of the Christian Church*, Grand Rapids, Michigan: Eerdmans Publishing Company.

Paul Johnson

1979   *A History of Christianity*, New York: Macmillan Publishing Company.

John Kerr

1889   *Lectures on History of Preaching*, New York: A. C. Armstrong & Son.

Wilson H. Kimnach

1977   "Jonathan Edwards' Early Sermons: New York, 1722~23" *Journal of Presbyterian History* 55.

R. A Krupp

1991   *Shepherding the Flock of God: Pastoral Theology of John Chrysostom*, New York, Peter Lang.

Patricia S. Kruppa

1968   "Charles Haddon Spurgeon: A Preacher's Progress." Ph. D. dissertation. Princeton Theological Seminary.

Sidney Lee

1894   "Mildmay, Walter" *Dictionary of National Biography, 1885~1900*, 37. London: Smith, Elder & Co.

Babette May Levy

1945   *Preaching in the First Half Century of New England History*, Hartford, Connecticut: The American Society of Church History.

Peter Lewis

1979   *The Genius of Puritanism*, Sussex, England: Carey Publications.

Martin Lloyd-Jones

1977   『목사와 설교』, 서문강 역. 서울: CLC.

1986　『조지 휫필드』, 정영식 역. 서울: 새순출판사.

1989　『산상 설교집』, 문창수 역, 서울: 정경사.

1993　*Revival: Can We Make It Happen?*, 『로이드 존스의 부흥』, 서문강 역. 서울: 생명의 말씀사

Joseph Anthony Loux Jr

1929　"A Historical Study of T. Frelinghuysen[sic] and the Complaint of 1725." *Boel's Complaint Against Frelinghuysen*, Edited and Translated by Joseph Anthony Loux Jr. Rensselaer, New York: Hamilton Printing Co.

James F. Maclear

1979　"New England and the Fifth Monarchy: The Quest for the Millennium in Early American Puritanism." In *Puritan New England: Essays on Religion, Society, and Culture*, Edited by Alden T. Vaughan and Francis J. Bremer. New York: St. Martin's Press.

James McGready

1803　"A Short Narrative of the Revival of Religion in Logan County, in the State of Kentucky, and the Adjacent Settlements in the State of Tennessee, from May 1797, until September 1800." *New York Missionary Magazine* 4 (New York).

Donald Mckim

1985　"The Functions of Ramism in William Perkins' Theology", *The Sixteenth Century Journal*, XVI, No. 4.

Thomas Manton

1870　*The Complete Works of Thomas Manton*, London: James Nisbert & Co.

George Marsden

2003　*Jonathan Edwards: A Life*, New Haven: Yale University Press.

Cotton Mather

1726　*Ratio Disciplinae Fratrum Nov-Anglorum*, Boston.

1979　*Magnalia Christi Americana: The Great Works of Christ in America*, 3rd edition. 2 volumes. Edinburgh: The Banner of Truth Trust.

Increase Mather

1701　*A Dissertation Concerning the Strange Doctrine of Mr Stoddard*, Boston.

Abraham Messler

1873   *Forty Years of Raritan: Eight Memorial Sermons with Notes for a History of the Reformed Dutch Churches in Somerset County, New Jersey,* New York: A Lloyd.

Basil Miller

1981   『요한 웨슬리의 생애』, 주상지 역. 서울: 생명의 말씀사.

Perry Miller

1941   "Solomon Stoddard," *Harvard Theological Review* 34.

1949   *Jonathan Edwards,* Westport, Connecticut: Greenwood Press Publishers.

1953   *The New England Mind: From Colony to Province,* Beacon Press.

Samuel Miller

1842   *Presbyterianism The Truly Primitive and Apostolic Constitution of the Church of Christ,* Philadelphia: Presbyterian Board of Publication.

D. L. Moody

1884   *The Way to God,* Chicago: Fleming H. Revell Company.

W. R. Moody

n.d.   *Life of Dwight L. Moody,* London: Morgan and Scott.

Samuel E. Morison

1936   *The Puritan Pronaos, Intellectual Life of New England in the Seventeenth Century,* New York: New York University Press.

1981   *Builders of the Bay Colony,* A Classical Edition. Boston, MA: The Northeastern University Press.

William Mueller

1962   *John Donne: Preacher,* Princeton, New Jersey: Princeton University.

Ian H. Murray

1958   "An Introduction to Jonathan Edwards (1703~1758)." *Banner of Truth* (Feb.).

1959   "A Hundred Years Ago: C. H. Spurgeon and the 1859 Revival." *The Banner of Truth* (Feb 1959).

1960   "C. H. Spurgeon's Views on Training for the Ministry." *Banner of Truth* (July).

1970   "Whitefield and the Evangelical Revival in Scotland." *Banner of Truth* (Apr.)

1970b   "George Whitefield: A Spur to Ministers." *Banner of Truth* (Apr.)

1971   "Whitefield in 'the Jerusalem of England.'" *Banner of Truth* (Jan.).

1973   *The Forgotten Spurgeon*, Edinburgh: Banner of Truth Trust.

1974   "Jonathan Edwards." *Banner of Truth* (Dec.)

1994   *Revival and Revivalism: The Making and Marring of American Evangelicalism 1750-1858*, Edinburgh: Banner of Truth Trust.

2000   *Jonathan Edwards: A New Biography*, Edinburgh: The Banner of Truth Trust.

2001   『성경적 부흥관 바로 세우기』(Penticost-Today?), 서창원 역. 서울: 부흥과 개혁사.

George C. Needham

1890   *Charles H. Spurgeon, His Life and Labors*, Manchester: Albert Needham Publisher.

John F. New

1965   *Puritanism and Anglicanism: The Basis of Their Opposition, 1558-1640*, Stanford, California: Stanford University Press.

Leroy Nixon

1950   *John Calvin: Expository Preacher*, Grand Rapids, Michigan: William B. Eerdman Pub. Co.

John Owen

1981   *The Works of John Owen*, Edinburgh: The Banner of Truth Trust.

Edwards M. Panosian

1976   "The Awakener," *Faith for the Family* (Jan.).

1976a   "America's Theologian-Preacher." *Faith for the Family* (Nov.).

T. H. L. Parker

2006   *The Oracle of God: An Introduction to the Preaching of John Calvin*, 『하나님의 대언자』, 황영철 역. 서울: 익투스.

Harward Pattison

1903   *The Preaching of Christian Preaching*, Philadelphia: American Baptist Publication Society.

Jaroslav Pelikan, ed.

1967   *The Preaching of Chrysostom*, Philadelphia: Fortress Press.

William Perkins

1617   *The Workes of That Famous and Worthy Minister of Christ*, Vols 3. London.

Ray C. Petry

c. 1950 *Preaching in the Great Tradition: Neglected Chapters in the History of Preaching*, Philadelphia, The Westminster Press.

Enoch Pond

1834 "Memoir of John Cotton." In *North American Review* (33): 486~501.

Thomas Prince, Jr., ed.

1743 *The Christian History, Containing Accounts of the Revival and Propagation of Religion in Great Britain, America, & c,* Boston.

Malcolm Purcell

1971 "Preacher for the Ages." Moody Monthly 71 (Apr.).

Charles Ray

1905 *A Marvellous Ministry,* London: Passmore and Alabaster.

Dudley Reeves

1977 "Whitefield in Scotland." *Banner of Truth* (Mar.)

Irwin W. Reist

1975 "John Wesley and George Whitefield: A Study in the Integrity of Two Theologies of Grace," *Evangelical Quarterly* 47.

Garth M. Rosell

1971 *Charles Grandison Finney and the Rise of the Benevolence Empire,* Ann Arbor, Michigan.

Leland Ryken

1986 *Worldly Saints: The Puritans as They Really were,* Grand Rapids, Michigan: Zondervan Publishing House.

J. C. Ryle

1869 *The Christian Leaders of the Last Century or England a Hundred Years Ago,* Edinburgh and New York, T. Nelson and Sons, Paternoster Row.

Tony Sargent

1997 『위대한 설교자 로이드 존스』, 황영철 역. 서울: IVP.

Philip Schaff

1907 *History of the Christian Church,* volume 5. Grand Rapids: Eerdmans Publushing

Company.

2004   *History of the Christian Church*, 『교회사 전집』 8 vols, 이길상 역. 서울: 크리스챤 다이제스트.

Edmund K. Simpson

1934   "Spurgeon's Intellectual Qualities." *Evangelical Quarterly* 6.

E. M. Simpson

1948   *A Study of the Prose Works of John Donne*, Oxford.

H. Shelton Smith, Robert T. Handy, and Lefferts A. Loetscher

1963   *American Christianity: An Historical Interpretation With Representative Documents* 2 Volumes, New York: Charles Scribner's Sons.

W. S. Sperry

1946   *Religion in America*, New York.

Gardiner Spring

1866   *Personal Reminiscence of the Life and of Times Gardiner Spring* 2 volumes, New York: Scribner.

[Susannah] Spurgeon

1969   "Sermon Preparation at 'Westwood.'" *Banner of Truth* (Oct.)

Charles Haddon Spurgeon

n. d. *Spurgeon's Sermons, The Memorial Library*, New York: Funk and Wagnalls Co.

1993   *Lectures to My Students*, 『목회자 후보생들에게』, 이종태 역. 서울: 생명의 말씀사.

John Stacey

1982   "Wyclif and the Preaching Art." *The Expository Times*, Vol. 93.

Solomon Stoddard

1718   *The Presence of Christ with the Ministers of the Gospel*, Boston.

1724   *The Defects of Preachers Reproved in a Sermon Preached at Nothampton*, May 19, 1723. New London, Conn.

Harry S. Stout

1991   *The Divine Dramatist: George Whitefield and the Rise of Modern Evangelism*, Grand Rapids, Michigan: William B. Eerdmans Publishing Company.

1993   "Heavenly Comet: As George Whitefield blazed across England, Scotland, and

America, his dramatic Preaching Caused excitement broadening on panic." *Christian History* 12:2.

Douglas A. Sweeney

2011   Jonathan Edwards and the Ministry of the Word, 『조나단 에드워즈와 말씀 사역』, 김철규 역, 서울: 복 있는 사람, 2011.

William W. Sweet

1979   *The Story of Religion in America*, Grand Rapids, Michigan: The Baker Book House.

I. D. E. Thomas, compiled

1992   *A Puritan Golden Treasury*, 『청교도 명언 사전』, 이남종 역. 서울: 크리스챤 다이제스트.

Helmut Thielicke

1963   *Encounter with Spurgeon*, James Clarke and Co..

Peter Toon

1971   *God's Statesman: The Life and Work of John Owen*, Exeter: The Paternoster Press.

Joseph Tracy

1976   *The Great Awakening: A History of the Revival of Religion in the Time of Edwards & Whitefield*, Edinburgh: The Banner of Truth Trust.

Ralph G. Turnbull

1958   "Jonathan Edwards and Great Britain." *Evangelical Quarterly* 30.

Luke Tyerman

2012   *The Life of the Rev. George Whitefield*, Nabu Press.

Alice R. Vidler

1976   *The Church in an Age of Revolution*, New York: Penguin Books.

J. R. Wakeley

1970   "Whitefield's Last Days." *Banner of Truth* (Apr.).

Williston Walker

1901   *Ten New England Leaders*, New York: Silver, Burdett and Company.

1969   *The Creeds and Platforms of Congregationalism*, Philadelphia and Boston: Pilgrim Press.

1986   *A History of the Christian Church*, Edinburgh: T. & T. Clark Ltd.

J. D. Walsh

1993   "Wesley vs Whitefield," *Christian History*, volume 12. No. 2.

Lee Palmer Wandel

1990   *Always among us: Images of the poor in Zwingli's Zurich*, Cambridge: Cambridge University Press.

C. E. Watson

1922   "Whitefield and Congregationalsim," *Transaction of the Congregational Society*, vol. 8. E. wat

John Wesley

1846   *Sermons on Several Occasions*, First Series. Consisting of Fifty Three Discourses. London: J Mason.

1990   『존 웨슬리의 일기』, 김영운 역. 서울: 크리스챤 다이제스트.

George Whitefield

1992   *George Whitefield's Journals*, Edinburgh: The Banner of Truth Trust.

Ola Elizabeth Winslow

1979   *Jonathan Edwards 1703-1758: A Biography*, New York: Octagon Books.

John Winthrop

1992   *The History of New England From 1630 to 1649*, Edited by Savage. Reprinted edition (Salem, New Hampshire: Ayer Company Publishers Inc.

Sherwood E. Wirt

1978   "George Whitefield: The Awakener." *Moody Monthly* 79 (Sept).

John D. Woodbridge

1988   *Great Leaders of the Christian Church*, Chicago: Moody Press.

Herbert Workman

1926   *John Wyclif,* Oxford: The Clardon Press. Vols I-II.

Warren W. Wiersbe

1973   "Sidelights on Charles H. Spurgeon." *Moody Monthly* 73 (Mar).

Warren W. Wiersbe & Lloyd M. Merry.

1984   *The Wycliffe Handbook of Preaching and Preachers*, Chicago: Moody Press.

John Wycliffe

1953   *Advocates of Reform: From Wycliff to Erasmus*, Edited by Matthew Spinka.
Philadelphia: Westminster Press.

Samuel Marinus Zwemer and Arthur Judson Brown

1908   *The Nearer and Farther East; Outline Studies of Moslem lands and of Siam, Burma, and Korea*, New York: The Macmillan Company.

www.cslewisinstitute.org/webfm_send/577

색인

인명

용어

교회 역사를 빛낸 위대한 설교자들

교회 역사를 빛낸
위대한 설교자들
The Great Preachers Who Wrote Church History

ⓒ 오덕교, 2022

초판 1쇄 발행 2022년 8월 18일
　　2쇄 발행 2024년 4월 30일

지은이　　오덕교
펴낸이　　이기봉
편집　　　좋은땅 편집팀
펴낸곳　　도서출판 좋은땅
주소　　　서울특별시 마포구 양화로12길 26 지월드빌딩 (서교동 395-7)
전화　　　02)374-8616~7
팩스　　　02)374-8614
이메일　　gworldbook@naver.com
홈페이지　www.g-world.co.kr

ISBN 979-11-388-1191-0 (03230)